中国社会科学年鉴

郭沫若研究

YEARBOOK OF GUO MORUO STUDIES

赵笑洁 主编

中国社会科学出版社

图书在版编目（CIP）数据

郭沫若研究年鉴．2014／赵笑洁主编．—北京：中国社会科学出版社，2016.6
ISBN 978－7－5161－8180－5

Ⅰ．①郭…　Ⅱ．①赵…　Ⅲ．①郭沫若（1892～1978）—人物研究—2014—年鉴
Ⅳ．①K825.6－54

中国版本图书馆CIP数据核字（2016）第102036号

出 版 人　赵剑英
责任编辑　李敦球　马志鹏
责任校对　林福国
责任印制　张雪娇

出　　版　中国社会科学出版社
社　　址　北京鼓楼西大街甲158号
邮　　编　100720
网　　址　http://www.csspw.cn
发 行 部　010－84083685
门 市 部　010－84029450
经　　销　新华书店及其他书店

印刷装订　三河市东方印刷有限公司
版　　次　2016年6月第1版
印　　次　2016年6月第1次印刷

开　　本　787×1092　1/16
印　　张　38
字　　数　813千字
定　　价　186.00元

目　　录

上编　学术研究

第一篇　文学研究

一　论文集萃

二 文摘

第二篇 历史、考古、古文字研究

一 论文集萃

二 文摘

第三篇　海外研究、普及教育

一　海外郭沫若研究

二　郭沫若大众普及教育

中编　资讯・动态

第四篇　媒体专访、学人回忆

一　媒体视野

二　访谈

三　年度专访

第五篇　学术会议、文化活动

下编　资料集锦

第六篇　硕博论文摘选

第七篇　出版与课题动态

第八篇　馆藏资料与索引

上　　编

学术研究

第一篇

文学研究

一　论文集萃

2014年郭沫若文学研究述评

吴　彦　戚立强

1914年，郭沫若走出国门，东渡日本留学，揭开了自己生命中崭新的篇章。没有国外体验，也就没有我们现在看到的文化巨人郭沫若。2014年6月中国郭沫若学会贵阳会议上，山东师范大学魏建教授作了《走向世界的郭沫若研究》的报告，用大量的事实和数据勾勒了近些年来郭沫若研究不断走向世界。正如魏建教授所说："郭沫若研究本来就不应囿于中国！"郭沫若研究将来也必会更好地走出国门，走向世界，如同100年前郭沫若的行迹一般，我们有充足的理由相信郭沫若研究必将打开新的一页，走向一个崭新的发展阶段。

2014年的郭沫若研究，称得上是硕果累累。文学、历史、翻译等诸多方面都发表了很有分量的论著，在中国知网（WWW. CNKI. COM）上输入篇名搜索"郭沫若"，2014年搜索结果为175篇（实际上关于郭沫若的论文远远超出这个数字），其中有博士毕业论文1篇，硕士毕业论文3篇。[①] 本文仅就一年来郭沫若文学[②]方面的研究著述做简要述评。

---

① 这些论文分别是山东师范大学孟文博的博士毕业论文《郭沫若前期文艺论著校勘与发现》、安徽大学夏蕾的硕士毕业论文《郭沫若文艺美学思想研究——浪漫主义与表现主义的融合》、山西师范大学孙慧慧的硕士毕业论文《郭沫若的诗歌翻译研究——以〈雪莱诗集〉英译本为例》、华中师范大学石燕波的硕士毕业论文《论郭沫若戏剧的诗性特征》。

② 这里所评述的文学研究，有些地方乃是出于笔者自身圈定的范围，譬如并不包含翻译文学的研究，而有些研究如对《甲申三百年祭》和《说儒》的研究，虽然也可划为历史研究的范畴，但是笔者以为这些文字及本文所涉及的研究也并非纯粹的历史研究，实际上作为文学研究的某一类型也是可以的。至于将会议论文也纳入述评的范畴，乃是出于这样的考虑，所涉及的与会论文不仅在会议上宣读过，且已经在期刊网上正式出现，这些都是今年正式面世的可供随时调阅的研究文字，并非不为外界所知的抽屉文学（研究文字），自然应该在述评范围之内。至于今后这些会议文字是否会在其他刊物发表，抑或发表时和会议提交时是否一致，则不在本述评考虑范围之内。

一 文献史料考证

文献史料工作是研究的基础，这方面的工作做不好，很多所谓的学术研究只能是沙滩上的楼阁，看起来漂亮，经不起推敲，更受不住时间的检验。若是一定要为2014年的郭沫若文学研究找出最为闪亮的点，个人以为就是文献史料的考证。

山东师范大学文学院魏建教授主持的国家社科基金项目“郭沫若文学佚作的收集、整理与研究”虽早已结项，但他所带领的学术团队的许多科研成果在当下依然呈现井喷之势。2014年6月在贵阳召开的“走向世界的郭沫若与郭沫若研究”[①]会议上，北京郭沫若纪念馆张勇研究员的《〈女神〉等同于“五四”时期的郭沫若吗？——“女神时期”郭沫若佚诗解读》、山东大学威海分校孟文博博士的《郭沫若〈文艺论集续集〉汇校异文全录》、山东师范大学文学院周文博士的《意气之争抑或主义之辩？——对1926年郭沫若、巴金论战的再考》，都是史料考证和再解读的文章。张勇的文章后来刊发于《鲁迅研究月刊》，文章对“女神时期”郭沫若佚诗的艺术特色和思想内容进行了分析，指出这些佚诗的整理和研究“使我们更加深化了对郭沫若的认识，同时也解答了很多文学史中有关郭沫若研究的疑惑”。[②]周文在《“误记”与郭沫若诗学观》[③]一文中对郭沫若“最早新诗”和《泪浪》创作时间“误记”中的“三阅月”等问题作了详细的考证。可以毫不夸张地说，在郭沫若研究界，以山东师范大学魏建教授为中心，已经形成了一个富有朝气和活力的研究群体，更为可贵的是，这个群体近年来多专注于郭沫若研究史料文献的搜集整理与再解读。在任何学术研究中，史料文献都是基础，郭沫若研究也不例外。

贵阳会议另一个不容忽视的群体便是以四川乐山师范学院郭沫若研究中心为核心的研究群体。廖久明教授的《能够说郭沫若“删减史料以此证明崇祯帝‘沽名钓誉’吗?”——谨以此文纪念〈甲申三百年祭〉发表七十周年》和《片面之词何时休——评郭沫若抄袭说》（《博览群书》2014年第1期）、何刚博士的《鲁迅、唯物史观与“民族复兴”——郭沫若〈驳《说儒》〉撰著缘起初论》、杨华丽副教授的《〈杂文〉相关问题梳考》所做的也都是文献史料方面的工作。2014年正值《甲申三百年祭》发表七十周年，中国政府也扬起反腐的巨刃，这些使得《甲申三百年祭》的研究别具意义。廖久明还撰写了《论〈甲申三百年祭〉与国共两党的关系》，通过回顾国民

---

① 凡文中未加注释、未标明所发表刊物的引文和论文，均出自2014年6月贵阳会议所提交的论文，下同。论文内容具体请参见《“走向世界的郭沫若与郭沫若研究”学术会议论文集》（会议出版），或参见中国知网www. cnki. com。

② 张勇：《〈女神〉等同于“五四”时期的郭沫若吗？——“女神时期”郭沫若佚诗解读》，《鲁迅研究月刊》2014年第4期。

③ 周文：《“误记”与郭沫若诗学观》，《现代中国文化与文学》2014年第1期。

党和共产党对郭沫若此文的不同态度、原因和命运，深刻反思了历史成败因由，更有现实针对性地提出：“在大力反腐倡廉的今天，每一个共产党人（尤其是领导干部）都有必要认真看看《甲申三百年祭》。”[①] 文献史料研究的意义，绝不仅仅是在故纸堆里还原历史，更重要的是通过研究来发掘和激活其现实意义，这也是真正的研究者所应具备的人文情怀。何刚博士的《学术视野下的〈甲申三百年祭〉研究》则“从《甲申三百年祭》与当时民国学术之关系”这一新的视角做了探究，指出：“国共双方当时在思想文化战线上的斗争往往是以学术的面相呈现出来的，学术话语构成了建构各自革命意识形态时共同利用的思想资源和工具。”[②] 杨华丽副教授的《〈杂文〉相关问题梳考》对《杂文》（《质文》）这一在鲁迅和郭沫若的相关注释中反复出现的刊物的来龙去脉做了详细的考订，指出从第一号到第三号刊名是《杂文》，从第4号起刊名为《质文》。郭沫若研究与其他研究工作一样，期待和呼唤着新的史料文献的出现，然而，相比之下，已有史料文献的梳理考辩同样重要。当下郭沫若研究中存在的一些问题，都和处理已有史料时态度的不严谨或有意忽略有关。廖久明在驳斥走刀口所撰的《问题文豪郭沫若：删减史料涉嫌剽窃》一文时，对走刀口文章中的史料运用提出质疑，认为走刀口连“查证史料只需要输入电脑即可”这样简单的工作都做不好甚或不做，这样的文章实在“不严谨”，由此提出“在从事学术研究过程中，正人应该先正己”。科学的态度，严谨的史料，这是学术研究应该具备的基本素质，廖久明教授此文所引申出来的相关问题的确值得有关研究者深思并引以为戒。

郭沫若是一个文化名人，也是一个“问题文人”。将郭沫若作为“问题文人”吹毛求疵地给予批评的文字，所用史料文献往往存在大问题，可这些文字偏偏却能在现代化的媒介上大行其道，流传甚广，普通人不察之下便被误导；相比之下，郭沫若研究界虽然向来不乏严肃认真的学者在做着扎实的研究工作，可惜这些默默的工作在当下这个浮躁的世界却往往并不引人注意。笔者虽常常为这种状况感到可惜，却也深信只有真正的严谨的科学研究工作才能流传下来，哗众取宠之作看起来漂亮，终究只是过眼云烟罢了。北京郭沫若纪念馆的蔡震先生就是郭沫若研究界一位始终默默耕耘不求闻达的可敬学者。2014 年，蔡震先生贡献给大家的是几篇史事考证：《郭沫若与吴芳吉：一首佚诗，几则史料》《〈在轰炸中来去〉一文的误传》（《郭沫若学刊》第2期）和《〈豕蹄〉成书与“新文字”等史事》（《郭沫若学刊》第4 期）。郭沫若的留学生涯及早期文学活动中还有许多不为人知的史事，蔡震先生通过吴芳吉和郭沫若的几则史料，勾勒了郭沫若当时人际交往的一个朋友圈：吴芳吉、陈建雷和郭沫若，这是一个与《三叶集》不同的另一个朋友圈。前一个朋友圈讨论的是“诗论、诗歌创

① 廖久明：《论〈甲申三百年祭〉与国共两党的关系》，《郭沫若学刊》2014 年第4 期。
② 何刚：《学术视野下的〈甲申三百年祭〉研究》，《郭沫若学刊》2014 年第4 期。

作问题”，后一个讨论的则是“文学、艺术、哲学、爱情等等”①。通过史料的梳理勾勒，蔡震先生呈现了郭沫若早期文学活动更真实立体的人文地图。至于他在贵阳会议上提交的论文《郭沫若著译作品盗版本的考察辨析》（上），对郭沫若盗版书的种类、因由等诸多方面进行了剖析，赢得了与会者们一致的赞扬。版本学不仅仅古代文学研究需要，现代文学研究同样需要。孟文博的文章研究的是郭沫若著作的版本修订变化问题，蔡震先生则从郭沫若著作的真伪甄别入手，也可谓相映成趣。贵州师范大学文学院颜同林教授的《〈虎符〉版本校释与普通话写作》将《虎符》在50年代的修改再版与普通话写作的规约联系起来进行考察，为郭沫若著译版本研究提供了新的视角。武汉大学文学院的余蔷薇博士的《郭沫若新诗史地位形成中的〈女神〉版本错位问题》② 所研究的虽不是版本的修订或真伪问题，却另辟蹊径，通过文学史叙述所用《女神》版本和其历史地位的评价关联起来，认为《女神》历史文本的时间错位将郭沫若的新诗史地位一定程度地神话化了。结论如何可以继续商榷，但是郭沫若新诗评价的版本问题的确是需要重视的一个问题。

郭沫若是创造社的旗帜，研究郭沫若必定绕不开创造社。《创造》季刊尤其是创刊号，在郭沫若的文学活动中占有非常重要的一个位置。2014 年出现了两篇关于《创造》季刊的考证文章。华南师范大学文学院教授咸立强的《〈创造〉季刊“评论”栏综论》③ 对“评论”栏的名称、栏目设置、内容安排等诸问题作了考证辨析。《创造》季刊创刊号是郭沫若和郁达夫合作的产物，但只有在《创造》季刊登载的广告中，创刊号的目录才明确地标示了“评论”这一栏目名称，“‘评论’栏在目录和刊物内容页明确地被标示出来使用，乃是始于《创造》季刊第 1 卷第 2 期”。这一栏目名称的明确标示应该是郭沫若的功劳。更为全面系统地考证《创造》季刊的是魏建教授，他在《〈创造〉季刊的正本清源》一文中指出：《创造》季刊作为中国“20 世纪 20 年代最有影响的新文学期刊之一”，就连创造社研究专家们对于“这一刊物的名称、性质、创刊时间、刊物的出版发行者和编辑者、作者的大致情况等诸如此类基本问题”的表述和判定都不一致，根源所在，便是“以错误的材料为依据”，而所有这些问题的解决，最终“都需要从文献和史料上做正本清源的探究”。④ 魏建教授对《创造》季刊名称、创刊时间及各期目录等问题作了翔实准确的考订，希望这些成果能够为那些权威资料书和工具书吸纳，纠正以往模棱两可乃至错误的信息。

2014 年 8 月，浙江大学出版社出版了丁茂远教授的《〈郭沫若全集〉集外散佚诗词考释》，这无疑是郭沫若文献史料工作方面又一力作。四川大学王锦厚教授在为

① 蔡震：《郭沫若与吴芳吉：一首佚诗，几则史料》，《新文学史料》2014 年第 3 期。

② 余蔷薇：《郭沫若新诗史地位形成中的〈女神〉版本错位问题》，《文艺争鸣》2014 年第 5 期。

③ 咸立强：《〈创造〉季刊“评论”栏综论》，《郭沫若学刊》2014 年第 4 期。

④ 魏建：《〈创造〉季刊的正本清源》，《文学评论》2014 年第 4 期。

《〈郭沫若全集〉集外散佚诗词考释》所作序中指出，旧体诗词不但是郭沫若“整个文学创作极其重要的组成部分，而且也是极有创造性的部分”，“可以作为自传，也可以作为诗史”。[①] 既充分肯定了丁茂远教授工作的意义，同时也指出了郭沫若旧体诗词创作特别的价值。四川师范大学龚明德教授的《〈郭沫若年谱〉补遗》利用新发现的郭沫若书信等史料增补了《郭沫若年谱》中空缺的一些部分，并对研究者们提出“点滴增补”“据史实丰富”年谱的希望。[②]

二 文学与思想研究

郭沫若是一个“球形天才”，善于吸纳新潮而不伤食，善变是其特色，换句话说，便是始终走在自我否定的路途上。也正是因为这样，郭沫若文学创作和文学思想的“转变”成为备受学者们关注的话题。对于郭沫若转向马克思主义与“革命文学”这个问题，学界一般认为是接受国外思潮与无产阶级文学观念的结果。北京师范大学李怡教授在贵阳会议论文《世界观念与中国意识的纠缠——20年代中期郭沫若观念转折的一个内在逻辑》中指出：“郭沫若所接受世界新观念（后来称‘最新最进步’）的影响恰恰还包含了一种特殊的意图，即在这样一种世界观念中发现中国自己的问题意识。世界观念与中国意识一开始就是奇异地纠缠在一起。”认为郭沫若有着自己的“世界观念”与“中国意识”，从这种意识出发，可以理解郭沫若迅捷的“转向”问题。“一开始，郭沫若的个人理想就不是立足于个人遭遇的改善而是整体的生存境遇的关怀，不是聚焦于艺术独立的目标而是艺术力量的实现，所以，当他发现，这样的追求可以借助国家民族的整体改造加以实现的时候，当然就可以及时地调换船舵，顺势前行。”商丘师范学院文学院刘海洲副教授在贵阳会议论文《国家话语中的“时代颂歌”——论郭沫若建国后的诗歌创作与时代政治的互动》中，通过对郭沫若新中国成立后诗歌创作的整体观照与反思，剖析了郭沫若无奈与矛盾的心态。在严苛的环境下，郭沫若的“顺势前行”也充满了矛盾和痛苦。山东青年政治学院逯艳博士的《略论郭沫若“十七年”外交诗文的复杂性》探讨的也是郭沫若新中国成立后的诗歌创作。那些讴歌领袖的诗歌虽有阿谀奉承之嫌，却要看到诗人更深层次的用意，“借助文字的排序、称谓的变化、修饰语的调整等写作手法，最终要达到的其实还是作为‘公共人物’对国家最高利益的自觉捍卫”。西华大学人文学院王学东副教授的《巴蜀文化视野下的郭沫若文学思想》探讨了郭沫若文学思想与巴蜀文化的关系，指出郭沫若“自我表现”的文艺思想之所以过渡到“无产阶级艺术”，原因不仅是郭沫若自身文学思想发展所致，也是“巴蜀文化重实用、讲事功精神的体现”。四

① 王锦厚：《〈郭沫若全集〉集外散佚诗词考释·序》，《郭沫若学刊》2014年第3期。

② 龚明德：《〈郭沫若年谱〉补遗》，《郭沫若学刊》2014年第4期。

川大学周维东副教授的《〈三叶集〉研究二题》从郭沫若对“诗人的人格”的态度出发，剖析郭沫若对诗人的理解，指出郭沫若并不是将诗人“视为一种职业，而包含了传统读书人的道德诉求”，“郭沫若（包括同时代的人）还不能理解‘颓废’作为一种审美类型的意义”。有意思的是，西南大学文学院张武军博士的《是积极的浪漫还是唯美的颓废——对作为主义的郭沫若早期创作的重新考察》却认为“沈从文将郭沫若称为唯美派颓废派不无道理”。唯美、颓废之于郭沫若到底有着怎样的关系，各位学者的论述不必定于一端，见仁见智的论述恰恰说明了研究对象本身的错综复杂性。

《女神》向来都是郭沫若文学研究中最受关注的焦点。张勇和周文在评述2013年的郭沫若研究时曾说：“对《女神》这样经典作品的重复研究更是触目惊心，《女神》研究中文学思想和艺术特色成了永远也绕不开的话题，每一年都会有类似的研究文章出现，观点的复述和方法的重合都使得此类文章的理论价值和意义并不高。”[①]研究对象的重复恰恰说明其重要性，值得警惕的是研究本身了无新意的机械式重复。2014年的郭沫若文学研究，有关《女神》的文章仍然居多。我个人觉得，近年这方面的研究，其“理论价值和意义”都应该给以充分的肯定。山东师范大学文学院贾振勇教授的《我们的〈女神〉，中国的〈女神〉》，还有前面提到的张勇的《〈女神〉等同于“五四”时期的郭沫若吗？——“女神时期”郭沫若佚诗解读》、余蔷薇的《郭沫若新诗史地位形成中的〈女神〉版本错位问题》等，都是围绕《女神》展开的探讨。此外，在中国知网上以输入篇名搜索“《女神》”，出现的篇目中论述郭沫若《女神》的共有11项（除掉重复的1项），如张德明的《郭沫若〈女神〉与浪漫主义中国化》、李铁秀的《重估〈女神〉的“五四想象”及其审美超越价值》、逯艳的《论中国现代文学史（著作）的〈女神〉书写》、崔莹的《从词语的遣用看〈女神〉的“天人合一”思想》、彭冠龙的《郭沫若海洋体验与〈女神〉中“海的精神”》、何睿的《接受美学视域下的〈炉中煤〉》，等等。其中，逯艳的《论中国现代文学史（著作）的〈女神〉书写》[②]和本文前面提到的余蔷薇《郭沫若新诗史地位形成中的〈女神〉版本错位问题》相似，都对一些文学史著作中的《女神》评价做了描述，也算是接受史研究的一种。与余文不同的是，逯艳在描述文学史著作如何“经典化”《女神》的同时，也对一些文学史在评价等问题上表现出来的陈陈相因给予了批评。两篇文章对照着读，更能给人启发。《女神》出版至今已有90多年，从接受史的角度研究《女神》的条件已趋成熟，我们期待这方面更多更加系统化的研究成果的问世。彭冠龙的《郭沫若海洋体验与〈女神〉中“海的精神”》以“体验”作为切入点（“体验”在近来的研究中似乎颇为热门），考察了《女神》的“海洋精神”，并

---

① 张勇、周文：《2013年郭沫若研究述评——兼论近年郭研现状与问题》，《郭沫若学刊》2014年第4期。

② 逯艳：《论中国现代文学史（著作）的〈女神〉书写》，《山东青年政治学院学报》2014年第4期。

认为“在中国诗歌发展史上，《女神》这部诗集第一次体现了真正的‘海的精神’”。[①] 何谓“海洋精神”，这也是一个众说纷纭、见仁见智的话题，可是无论怎样，郭沫若《女神》中所使用的与海有关的意象及其体现出来的“海洋精神”在现代文学发展史上都是具有开拓意义的。

在郭沫若的文学创作中，话剧创作同样占有比较重要的位置。如果就文体研究而言，除了诗歌，学者们在2014年关注最多的，恐怕就是郭沫若的话剧创作了。贵阳会议提交的论文如北京大学外国语学院喻天舒、刘海英的《美狄亚的东方面孔——论郭沫若历史剧〈孔雀胆〉中王后忽的斤形象》、乐山师范学院杨兴玉博士的《郭沫若史剧研究综论：伦理与文学的纠缠》、贵州师范大学文学院颜同林教授的《〈虎符〉版本校释与普通话写作》、贵州学院秦坤博士的《从女性主义视域看郭沫若历史剧中的性别观》。此外，期刊上发表的王海远的《郭沫若的屈原研究》、邹佳良的《〈屈原〉人物形象的浪漫主义特征》和倪海燕的《“民国机制”与男性作家的“女权思想”——以郭沫若〈三个叛逆的女性〉为例》、冷卓凡的《从南后和婵娟的形象看〈屈原〉的悲剧性》、杨宏的《高校教材中〈屈原〉研究述评》等文，关注的对象都是郭沫若的话剧。话剧方面的研究可谓多点开花，有中西文学比较研究、语言研究、性别研究、伦理学研究、教材研究，角度多样，几乎每篇切入的方法和角度都不相同，在2014年的郭沫若研究中呈现出别样的绚烂。郭沫若的话剧创作还没有多到让大家的研究不撞车的地步，2014年郭沫若的话剧研究呈现出的近乎分工式的多点开花似的研究状态，起码说明了两点：第一是这个领域尚有许多值得挖掘的问题；第二是相关学者的研究慢慢走向了有机化，呈现出良好的发展态势，而这样的研究态势无疑更有利于郭沫若研究全面立体地展开。

在其他方面，2014年的郭沫若文学研究也时有精彩闪现。郭沫若的文学创作中，存在一种特别的现象，就是“已经正式发表而且编入集子的某些诗词，往往会有异体（或曰‘别体’）的存在”，浙江大学人文学院丁茂远教授将这一类“并非一般只是篇名的更换或个别字句的修改”的诗篇命名为“异体诗”，[②] 并将其划分成四种类型给予了论述。四川理工学院艺术学院的陈欲晓、梁川副教授的《郭沫若题画诗中的艺术主张》对郭沫若的“题画诗”这个以往不曾被注意的问题做了专门论述。乐山师范学院马文美博士的《〈牧羊哀话〉隐藏的情感模式》[③] 分析了小说隐藏的情感模式，即由禁忌情感引发的悲剧。成都大学邓经武教授则对郭沫若生平创作的唯一电影剧本《郑成功》做了详尽的分析。郭沫若在《郑成功》的创作上“所花费的时间和精力，远远超过其以前任何一部历史剧”，可就是这样一部“典型地体现着当时的

① 彭冠龙：《郭沫若海洋体验与〈女神〉中“海的精神”》，《郭沫若学刊》2014年第1期。

② 丁茂远：《郭沫若异体诗初探》，《郭沫若学刊》2014年第1期。

③ 马文美：《〈牧羊哀话〉隐藏的情感模式》，《郭沫若学刊》2014年第3期。

主流意识话语方式”的作品，却成了郭沫若“创作中最受冷遇的作品”。邓经武教授围绕着《郑成功》这样一部作品的创作及其相关事件展开的解读，对于我们理解新中国成立后位高权重的郭沫若的实际命运遭际亦不无裨益。

最后，我觉得需要提到的是四川郭沫若研究中心陈俐教授的《马识途与郭沫若研究——为马老百年寿诞作》①。该文深情地回顾了马识途先生为四川郭沫若研究学会、《郭沫若学刊》和全国郭沫若研究做出的贡献。郭沫若研究走到今天，能有现在的局面，离不开老一辈学人的努力开拓与扶持。2008 年 11 月在北京召开的“新时期郭沫若研究回顾”研讨会暨中国郭沫若研究会第五届年会上，新老会长交接时，与会者曾一致对老一辈学人致谢。我想，对老一辈学人致敬的最好方式，便是将他们对郭沫若研究所作的贡献一一陈述出来。若是《郭沫若学刊》能够开设这样一个栏目，每期刊载一篇这样的对于郭沫若研究的前辈学人的评述，对郭沫若研究来说，既是某种总结，也能为后学者指引方向，其价值和意义无须多言。

（作者为广州美术学院艺术与人文学院讲师、华南师范大学文学院教授）

---

① 陈俐：《马识途与郭沫若研究——为马老百年寿诞作》，《郭沫若学刊》2014 年第 4 期。

郭沫若著译作品盗版本问题的考察辨析

蔡　震

郭沫若著译作品的出版，是郭沫若文学活动和学术活动的重要组成，而在考察梳理郭沫若著译作品版本的时候，有一个情况特别需要关注，即郭沫若著译作品的盗版本问题。盗版本书是郭沫若著译作品出版过程中一个相当突出，而又难有定说，十分复杂的问题。但它会直接影响到对于郭沫若的生平活动，尤其是其创作著述活动的历史记述，需要予以甄别、辨析。

一　几则出版启事

1936 年 5 月 27 日的上海《申报》广告栏登出一则律师启事："顾苍生律师代表叶灵凤郭沫若警告侵犯著作权启事"。"启事"中这样写道：

> 兹据叶灵凤郭沫若二君委称，灵凤有著作物……沫若有著作物《中国古代社会研究》、《沫若诗集》、《水平线下》、《橄榄》、《黑猫》、《浮士德》、《少年维特之烦恼》、《银匣》、《法网》、《石炭王》十种，交现代书局出版，《文艺论集》、《沫若小说戏曲集》二种，交光华书局出版。以上各书著作权均属著作人所有，去岁光华书局及现代书局因营业亏损相继停业，积欠本人等版税甚巨，迄今尚未清偿。兹闻有人拟将上开各书旧有纸版私自抵押变卖翻印出版，本人等为顾全著作权蒙不法侵犯起见，为特委请贵律师登报警告，如有人未征得本人等之同意，擅将上开各书用旧纸版或改换方式翻印发卖，定予严究等语前来，据此合亟代表登报警告如上。

光华书局和现代书局是出版郭沫若著译作品最多的几家出版社中的两家。光华书局由沈松泉、卢芳、张静庐创办于 1925 年，沈松泉是其中的核心人物。书局在 1935 年因经营不善而歇业关闭。现代书局略晚一点创办于 1927 年，创办人为洪雪帆。书局先是设在上海海宁路，后移到福州路山东路 171 号的商报报馆二楼。此时，张静庐、沈松泉等人先后加入，张静庐任经理。1931 年，现代书局改组为股份公司，门面也扩大了，但后因经营业绩不佳，洪雪帆与张静庐之间产生了分歧，最终导致张静庐退出书局。在这样的情况下，现代书局因负债无力维持，也不得不于 1935 年关闭。

两家书局在营业期间之所以出版多种郭沫若的著译作品，当然是因为沈松泉、张静庐与郭沫若之间的朋友关系，他们三人当年在泰东图书局有同事之谊。但这种关系并不能代替作者与出版社之间的契约关系。两家书局恰在 1935 年均因经营业绩不佳而歇业关闭。而在此之前，郭沫若尚有多种著译作品正由两书局出版，也就是说两书局与郭沫若之间应该会有一些著译作品的版权、著作权问题，是需要善后结清的。是年 9 月 20 日郭沫若有一封致叶灵凤的信，就是谈及与两家书局关系的事情。信中说：

> 光华现代事已告一“段落”否？
>
> 现代清单本有保存，但一时难得查出，请你把现代的纸板替我取回，以书籍抵算现款也好，请你费心早告一个“段落”。
>
> 集子可以重编，重排由作家自费却未免便宜了书店。此事留待有相当的书店时再考虑罢。
>
> 张静庐愿意替我出全集，只要他改变从前的态度，我是可以同意的。请他提出一个办法让我们商议罢。①

在信中，郭沫若请叶灵凤替他将在现代书局的“纸板”② 取回，并请叶帮忙将现代拖欠版税的事情了结。但是从上引《申报》上那则律师启事看，现代书局，以及光华书局所存郭沫若著译作品的“纸板”仍在书局手中，叶灵凤未能替郭沫若索回，而且这些“纸板”还有被私下抵押变卖的可能。

“纸板”（纸型）如果被私下交易到另外的书局或出版社，并印制出书，那就是盗版本书了。郭沫若请律师发出这则启事，显然有防备其在光华、现代出版的著译作品被私下交易盗版印行的目的，未雨绸缪。郭沫若这时应该是很注意自己的著译作品被盗版印行的问题了，并且藉在传媒上刊发律师启事，将问题公之于世。

事实上在几年前，郭沫若就发现并注意到自己作品被盗版的情况。1931 年 8 月 24 日，他在写给容庚的信函中说，于东京文求堂书店见到北平中华印制局盗印他的著作，以及被盗名为夏目漱石《草枕》一书中译本的译者。信中向容庚询问道：“前门外杨梅竹斜街中华印刷局系何人所经营，兄知否？该局盗印弟旧著多种……国人如此不重道义，殊足令人浩叹也。”③

---

① 孔另境编：《现代作家书简》，上海生活书店 1935 年版。

② 用铅字排版印刷，要做成纸板（型），一个印次完成后，纸板保存起来可继续使用。

③ 郭沫若：《郭沫若书简——致容庚》，广东人民出版社 1981 年版。

再往后，1937 年 4 月 29 日，郭沫若给上海北雁出版社写了一封信，委托该出版社追查他的作品《北伐途次》的版权问题。这是他明确就一部著作申明著作权，追责盗版本的出版问题。信是这样写的："我的《北伐》前委托北雁出版部出版。坊间有一种《北伐途次》第一辑，乃妄人任意偷版。这种侵犯版权的行为，现亦托北雁代表清查，遇必要时自可提出诉讼。此证。"①

《北伐途次》是郭沫若旧作的一个长篇自传散文，从 1936 年 7 月开始在《宇宙风》半月刊分作十五次连载。连载毕，郭沫若即与《宇宙风》编辑陶亢德商议出版单行本的事情，但后来为帮助从东北流亡到关内的孙陵初，将书稿交给孙陵初办的北雁出版社出版。然而，北雁出版之前，《北伐途次》即已被盗印出版。郭沫若明确指认了这一本盗版书。

1946 年 6 月 14 日，郭沫若又就著作权问题，在《联合日报晚刊》上专门刊登了声明启事：

> 敝人译著多种，二十年来多被坊间盗印，或原出版者未经同意自行再版或将版权连同纸型转让，或擅自更改书名或著译者名，诸多侵害权益之事，殊难枚举。兹请群益出版社吉少甫君为本人代理，清理所有译著，无条件收回。自行整理出版。请承印各出版家，将收税清算结清，并将纸型交回或毁弃，如承上演、广播，或装载，均请代理人洽立合约。日后如有危害本人著译权益事件发生，当依法请沈钧儒沙千里二大律师保障追究，特此登报声明如上。

群益出版社是在中共党组织帮助下于 1942 年 8 月成立的，以出版郭沫若著译作品为主业的出版社。群益成立后，郭沫若著译作品即主要放在该出版社出版，以前在其他出版社出版的一些作品也陆续收归群益出版。这当然会涉及多家书局、出版社，郭沫若刊登这样一个声明，也是广而告之吧。但更重要的一点，是为防止因纸板的流失，而造成著译作品版权被侵害，即盗印、盗版情况的发生。

上述几则有关出版事宜的启事、声明，都是涉及郭沫若著译作品盗版本书问题的，虽然它们并不能给我们描述出这个问题出现的开始，以及来龙去脉，但我们从中可以很切实地看到郭沫若著译作品出版中所存在着的盗版本现象。当然，像这样能直截了当为我们呈现史实的有关史料都是零散的，而且非常有限，所以，郭沫若著译作品盗版本问题需要做专门的查考。

---

① 郭沫若：《北伐》，以手迹形式刊载，上海北雁出版社 1937 年 6 月初版。

二 盗版书的出现及种类

（一）盗版本书的出现

郭沫若著译作品盗版本书最初的出现，以及大量的盗版本印行，主要是在郭沫若流亡海外期间。将上海图书馆萧斌如、韶华所编《郭沫若著译书目》（增订本）[①] 中专门列出的“翻版书”（即盗版书）项下的书目，做一个统计比较，从几个数字中就可以看到这一情况。

该书目所列盗版书的印行，起自 1929 年，讫于 1949 年。盗版书目总计：

著作 39 种，55 个版本或版次；

译著 11 种，11 个版本；

无出版年份著作 6 种。

其间自 1929 年至 1937 年（郭沫若从日本归国止）盗版书目总计：

著作 27 种，37 个版本或版次；

译著 4 种，4 个版本。

不考虑无出版年份的几种出版物，在郭沫若流亡日本期间所出现的盗版书，在著作方面，无论是种类还是版本或版次，都到近占百分之七十，译著的种类和版本少于百分之五十。

何以是这样一个状况呢？原因应该主要出自四个方面：

其一，郭沫若的文名在国内文坛仍然具有很大的影响力，而且由于他在大革命期间的经历和以被通缉之身流亡日本的现状，给这种影响力格外增添了分量。这从出版的商业角度来看，就是非常好的出版资源。

其二，自 1929 年 2 月创造社出版部被国民党当局查封以后，郭沫若的著作失去了专门的出版渠道。创造社出版部成立于 1926 年 3 月，是一个同人性质的出版部门，在创造社中后期的文学活动中具有重要的作用。从此开始，郭沫若以及创造社作家的大部分作品译著等，都经由出版部出版发行。这使得郭沫若的著作有了一个稳定可靠的出版机构，为其出版发行作支撑。创造社出版部遭查封以后，郭沫若著作的出版完全转入商业出版机构的操作，这自然给盗版书的出现，提供了可能性和很大的空间。

其三，郭沫若人在海外，且行动受限，相对来讲获取信息（出版发行方面）的渠道、方式会比较滞涩，不那么畅通，获取信息的时间也会比较迟缓。特别是一旦有什么情况发生，例如，有著作被盗版印行的情况，他实际上是处在一个鞭长莫及的状

---

① 萧斌如、韶华编：《郭沫若著译书目》（增订本），上海文艺出版社 1989 年 10 月第 2 版。这是迄今唯一比较详细地记述了郭沫若著译作品盗版本书情况的文献资料，故本章讨论到的一些问题会与该书的内容相联系。

态。当然这是从制作盗版本的角度来看问题。

其四，应该与中国当时具体的出版环境有关。

国民政府 1928 年才制订并公布施行《著作权法》。按照该《著作权法》规定，著作物“依本法注册专有重制之利益者，为有著作权”。“著作物之注册，由国民政府内政部掌管之。”注册后发给执照，并刊登政府公报以公告。该《著作权法》还规定，“本法施行前，已发行之著作物，自最初发行之日起，未满二十年者，仍得依本法呈请注册”。[①] 按照这一《著作权法》的规定，在当时，郭沫若所有已经出版过的著作，都需要在内政部进行注册，才能得到并享有著作权。

这是不是意味着，在《著作权法》施行前，由出版行业业内行规所保障和遵从的著作者的权力，在该法施行后，必须经由注册登记之后方可得到保障，如若不然，则其著作权即可能被随意侵犯，但却无法得到保障了。也就是说，这里有一个空子可钻。

我们现在虽然无法知道郭沫若在《著作权法》施行后是否为其“著作物”办理了注册手续，但依他当时的身份处境——作为一个被国民政府通缉的政治人物流亡日本——他自己应该是难以，甚至无法去申办这样的注册手续的。曾出版了他的著译作品的出版社是不是可以代他办理“著作物”注册呢？

泰东图书局，虽然还在继续出版《女神》等作品集，但已经与郭沫若没有了新的出版关系。

创造社出版部，《著作权法》刚刚开始施行，就遭政府当局查封。创造社出版部所出版的著译作品，多转到光华书局和现代书局。

光华书局、现代书局在《著作权法》施行之后的一段时间内，是出版郭沫若著译作品的主要出版机构。他们应该会重视所出版的郭沫若著译作品的著作权问题。

在已经结集出版的作品之外，郭沫若还有许多未曾编入集子的作品，它们的作者权益如何得到《著作权法》的保障，没有相关的史料可以为我们提供信息。

以上这些情况让我们可以这样推断：郭沫若当时特殊的境遇，使得他的许多著译作品在《著作权法》刚刚开始施行时的出版环境中，反而暂时有了更大的被盗版的可能性和操作空间。郭沫若著译作品盗版本出现的时间，以及其数量变化的走向，似乎印证了这一点。当然，这是不正常的出版现象。

（二）盗版本书的种类

盗版本书并非都是一个面孔，存世可见的郭沫若著译作品盗版本书，大致可以区别为两类：

其一，盗用郭沫若某一作品由某一出版社所出版印行的版本。譬如：

---

① 张静庐辑注：《中国近现代出版史料》（现代乙编），中华书局 1955 年版。

《中国古代社会研究》，上海新新书店1930年3月20出版（正版《中国古代社会研究》是由上海联合书店1930年2月初版印行，3月20日再版印行）；

《沫若诗集》，上海复兴书局1936年5月出版（正版《沫若诗集》先后由上海出版社出版部、上海现代书局出版印行）；

《反正前后》，上海立社出版部1939年3月出版（正版《反正前后》1929年8月由上海现代书局初版发行，1931年改版作《划时代的转变》）；

《我的幼年》，上海全球书店1947年4月出版（正版《我的幼年》1929年4月由上海光华书局初版发行，后更名作《幼年时代》，1942年8月重庆作家书屋更名作《童年时代》初版印行）。

比较而言，这一类的盗版本书数量不是很多，但在这一类型的盗版本书中，很可能有一个情况是我们现在所无从查考到的，在这里需要特别说明，因为它是《郭沫若著译书目》所列“翻版书”所没有触及，也是关于郭沫若著译作品盗版所未曾触及的问题，即由于出版社“纸型”（纸板）流失或转移所可能出现的盗版本书。

前文所提到的两则“启事”，都涉及到“纸型”（纸板）的问题。《申报》上刊登的那则“顾苍生律师代表叶灵凤郭沫若警告侵犯著作权启事”就说到“兹闻有人拟将上开各书旧有纸版私自抵押变卖翻印出版”，然后申明“如有人未征得本人等之同意，擅将上开各书用旧纸版或改换方式翻印发卖，定予严究”。郭沫若在致叶灵凤的信中，特别嘱托叶灵凤“请你把现代的纸板替我取回”。其中所说的，都是在光华、现代两书局所存郭沫若著译作品的“纸型”。后来没有史料表明，这些“纸版”已如郭沫若的律师声明中希望的那样收回了。而从1946年《联合日报晚刊》刊发的那则“郭沫若启事”所言来看，其谓“原出版者未经同意自行再版或将版权连同纸型转让”的情况中，或者就有光华书局和现代书局所存的那些“纸型”。

这种情况表明，如果盗印者利用这些“纸型”，原封不动地（包括出版社名称、版次、印数等相关信息）印行了这些著译作品集，那意味着从印刷物本身恐怕是难以辨别的，只能从对于某著作集某个版次在当时市场流通情况的察觉来作判断（或者还要结合纸、墨等情况的比对）。郭沫若应该是发现有这样方式盗版的情况，才会发表了那则“启事”，但有哪些版本的书，他没有具体说明，而从如今尚存世的版本书中我们当然也就更难以辨别这样盗印出来的书了。

其二，盗用郭沫若作品、署名，编辑印行的版本。譬如：

《黑猫与塔》，由上海仙岛书店1930年9月15日出版；

《黑猫与羔羊》，由上海国光书局1931年1月出版；

《今津纪游》，由上海爱丽书店1931年4月5日出版；

《沫若文选》，署“请秘馆主选辑”，由上海文艺书店1931年出版；

《郭沫若杂文集》，由上海永生书店1936年10月出版；

《北伐途次》，由上海潮锋出版社1937年1月出版。

这一类的盗版本书数量多，盗印作品的内容、形式也庞杂，基本上都是由盗印者任意择取编选若干篇郭沫若作品而成书。编选的随意性很大，编成的出版物即使撇开著作权不论，其本身也缺乏专业水准，甚至是些非驴非马的东西，像《黑猫与塔》、《黑猫与羔羊》那样的本子。

在上述两类盗版本书之外，还有一种情况是盗用郭沫若之名（包括也盗用出版社之名）出版，但非郭沫若所创作或翻译之出版物。譬如：

《草枕》，由上海美丽书店1930年出版。这是一部翻译作品，原作者为日本夏目漱石，是一部小说。该译著署名为“郭沫若译”，并有“译者序”，也署为“十九年五月三日郭沫若序”。事实上该译本是由崔万秋翻译并作序的。

《断鸿零雁记》，署“郭沫若著”，上海创造社出版部1931年4月15日出版。《断鸿零雁记》实为苏曼殊所著。该书不但盗用郭沫若之名，且盗用了已经被查封的创造社出版部之名。

《文学评论》，署“郭沫若著”，上海爱丽书店1931年4月15日出版。该书所收《新文学之使命》、《士气的提倡》、《写实主义与庸俗主义》等文学批评和理论文章，均为成仿吾所作，实为成仿吾的一本文论集。

《苏联短篇小说集》，由上海新文艺书店1932年4月初版，为一部译作，署“沫若译”。正文前有一篇相当于译者序的文字，但没有署名。书中收录爱伦堡、左琴科等7位作家的11篇小说。郭沫若曾有几次翻译过苏俄作家的文学作品：屠格涅夫的诗歌与小说《新时代》、托尔斯泰的《战争与和平》（部分），与李一氓合译的《新俄诗选》，但至今为止所有关于他翻译活动的文献史料中，都不曾记载有他翻译过《苏联短篇小说集》中任何一位苏联作家的小说作品。事实上，郭沫若没有翻译过苏联（包括俄罗斯）文学中的短篇小说。该译著应该是盗用了郭沫若的名义。

《黄金似的童年》，为一本译作，原著赛甫琳娜，署“郭沫若译”，由上海正华书局1931年印行。赛甫琳娜是苏联作家，《黄金似的童年》是其一本短篇小说集。

《野花丛中的恋爱》，署“郭沫若著”。书中实际上辑录的有鲁迅《野草》中《秋夜》、《影的告别》等十篇散文，以及另外六篇散文。该书未署出版社名。

这样的一些出版物，虽然盗用了郭沫若的署名，但因为其所选所印并非郭沫若的著译作品，所以，我以为不能将之归类为郭沫若著译作品的盗版本书，它们只是伴生于郭沫若著译作品盗版本问题而出现的一种出版现象。当然，不妨记录在案。

三 一纸著译书目

1941 年，在左翼文化界纪念郭沫若诞辰五十周年暨创作二十五年之际，柳倩整理了一个完整的《郭沫若先生二十五年著译编目》，刊登在 1941 年 11 月 16 日印制的《郭沫若先生创作生活二十五周年纪念会特刊》上。柳倩当时在郭沫若主持的文化工作委员会工作，这份“著译编目”是他自己起意整理还是受郭沫若之托，不得而知，但“著译编目”应该是得到郭沫若首肯，起码一些资料是需要郭沫若提供的。北京的郭沫若纪念馆至今仍保存有一份该“著译编目”的手抄稿。刊载于《郭沫若先生创作生活二十五周年纪念会特刊》的该“著译编目”原文①如下：

郭沫若先生二十五年著译编目

——一九四一年十一月止

文艺之部（创作）

一 诗歌

女神 （泰东）

星空 （泰东）

瓶 （泰东）

前茅 （创造）

恢复 （创造）

沫若诗集 （现代）

战声 （北新）

二 戏剧

王昭君

卓文君

棠棣之花（聂嫈）

（以上收入三个叛逆的女性） （光华）

甘愿做炮灰 （北新）

① 其中有若干舛误，明显为误植者，径予订正。

三　小说

塔　（商务）
水平线下　（创造）
橄榄　（创造）
落叶　（创造）
一只手　（大光）
豖蹄
归去来　（质文）
骑士（曾在《质文》发表五分之一）

四　自传

我的幼年　（光华）
反正前后　（现代）
黑猫　（现代）
北伐　（北雁）
创造十年　（现代）
创造十年续编　（北新）

五　随笔

山中杂记　（泰东）

六　文艺理论

文艺论集　（光华）
文艺论集续编　（光华）
民族形式商兑　（南方）
沫若近著　（北新）

七　其它

卷耳集　（泰东）
三叶集　（亚东）
沫若书简集　（泰东）
断断集（未出）

文艺之部（编译）

一　诗歌

德国诗选　（创造）
雪莱诗选　（泰东）
浮士德　（创造）
赫尔曼与窦绿苔　（生活）
鲁拜集　（泰东）
沫若译诗集　（乐华）
华伦斯泰　（生活）
查拉图斯屈拉抄　（创造）
新俄诗选（与李民治①合译）（光华②）

二　戏剧

法网　（创造）
银匣　（创造）
争斗　（商务）
约翰沁弧戏剧集　（商务）

三　小说

茵梦湖　（泰东）
少年维特之烦恼　（泰东）
石炭王　（乐群）
屠场　（南强）
煤油　（光华）
新时代　（商务）
战争与和平　（光明）
异端　（商务）
日本短篇小说集　（商务）

四　文艺理论

艺术的真实　（质文）

① 原文作“李霖”。
② 原文作“泰东”。

五　美术

近代美术史略	（商务）
美术考古学发现史	（湖风）

科学之部

生命之科学（一、二已出，三未出）　（商务）

社会科学之部

社会组织与社会革命	（商务）
政治经济学批判	（神州）
德意志意识形态	（言行①）

考古学

中国古代社会研究	（联合）
甲骨文字研究	（大东）
金文丛考	（文求堂②）
殷周青铜器铭文研究	（大东）
卜辞通纂	（文求堂）
殷契粹编	（文求堂）
古代铭刻汇考	（文求堂）
古代铭刻汇考续编	（文求堂）
金文余释之余	（文求堂）
两周金文辞大系图录	（文求堂）
两周金文辞大系考释	（文求堂）
石鼓文研究	（商务）

一般论述

先秦天道观之进展	（商务）
周易之制作时代	（商务）
屈原	（开明）
隋唐燕乐调研究	（商务）

① 原文作“闻言”，有误。
② 原文作“求文”，有误。以下应由“文求堂”出版的著作，均作“求文”。

羽书集

零篇补遗

上海时事新报学灯（民八、九有诗未收，小说《鼠灾》未收[1]。）
北伐时代革命军日报（武昌版、南昌版）
创造日汇刊
创造周报
创造季刊
创造月刊
文学杂志
救亡日报
杂文——质文光明
上海立报言林
上海大晚报火炬
东流
留东新闻
改造（日文）
文艺（日文）
日本评论（日文）

这个篇目中有一些内容并不十分准确，也有个别舛误。但总体来看，它应该是已经出版的郭沫若著译作品集至此时（1941 年 11 月）的一个书目汇总。把这一纸书目抄录在此，可以做一个历史参照物——一个考虑郭沫若著译作品版本情况的参考文献。

同时，若将这一著译书目与前文所引几则出版“启事”联系起来看，它们实际上能够为我们在考察郭沫若著译作品盗版本问题的时候，从正反两个方向上给予某种提示，或是引出一个参考的线索。

四　盗版本的甄别

郭沫若著译作品盗版本书的情况比较复杂，种类也有许多，因而，如何甄别盗版本书，在郭沫若著译作品出版物的考察、整理中是一件颇为困难，也颇难酌定的事情。现存世的郭沫若著译作品，并不能用确定了哪些版本为正版书的方式去认定余者

① 原文如此。

则为盗版书，这即是说，郭沫若著译作品版本的整理，既需要考证其真，亦需要辨伪。

上海图书馆萧斌如、邵华所编《郭沫若著译书目》（增订版）中专门列出的“翻版书”一项，收录有超过五十种六十余个版本或版次的盗版书信息，这无疑是做了一件很有学术意义的事情。但该著译书目对于所录“翻版书”，并未标出所以然。也就是说其“翻版书”的判定，没有一个标准，不是通过考订而确认的。

实事求是地说，就目前所能掌握的史料及相关的信息，对于该“翻版书”书目所辑录的每一个版本都考订出一个结果，还是难以做到的，但这一项文献资料的整理的工作，总归是要做的。而且在《郭沫若著译书目》之外，又陆续有其它的郭沫若著译作品版本被发掘，或见之于世，他们也都是需要整理考订的。那么，我们就从所能做到的做起。

对于郭沫若著译作品盗版本书的辨别和认定，可以有以下一些途径或方式：

其一，经由作者自己指认。

郭沫若在一些文字中曾谈及自己的作品被盗版出版的情况，其中记有书名者为盗版书是无疑的，没有指明具体书目的情况，也可以作为佐证的相关史料。

※　1926年5月，创造社所办《A. 11.》周刊第3期（5月12日）、第4期（5月19日）上刊登了一则《郭沫若为雪莱诗选启事》。“启事”写道：“最近泰东书局出版的《雪莱诗选》，完全未得本人同意，乃该书局私自剪集创造季刊雪莱纪念号而成。书中排错多处，固不具论，而该书局任意假借名义，实属不成事体，幸爱读创造社丛书者勿为所愚！”郭沫若在这里所指摘的是上海泰东图书局1926年3月初版印行的《雪莱诗选》，署为郭沫若译，书中收《小序》、译诗七首，及郭沫若所编《雪莱年谱》，另有成仿吾译诗一首。该书并被列为“辛夷小丛书”第5种。

郭沫若的“启事”让人们知道了《雪莱诗选》成书的经过，这当然应该算是盗版书，是泰东图书局盗用郭沫若名义编辑出版的一本书。泰东图书局出版有多种郭沫若的作品，不知为何在这本书上采用了盗印的方式。该书局后来与郭沫若之间如何了结此事不得而知，但《雪莱诗选》仍然在泰东图书局继续不断再版，直至1930年代。与此同时，1928年由创造社出版部出版的《雪莱诗选》，沿用了泰东版之原纸型，曾列为“明日小丛书”第1种、“世界名著选”第13种。

※　前引郭沫若在1937年4月29日致上海北雁出版社的信中，具体指认了“坊间有一种《北伐途次》第一辑，乃妄人任意偷版”。这是盗印的《北伐》一书。郭沫若在《北伐途次·后记》中对此事有更详细的记述：“这儿有一件事应该附带着提一下。本篇在发表‘中途’，上海有一家幽灵出版社，把前二十五节盗取了去，作为《北伐途次——第一集》而‘出卖’了。那儿公然还标揭有‘版权所有翻印必究’

的字样。所谓‘侯门仁义存’，真正是有趣的一件事。”① 这里所说的“幽灵出版社”，就是卢春生办的上海潮锋出版社。潮锋出版社盗印的《北伐途次》出版于1937年1月，那时《北伐途次》还在《宇宙风》连载中。

潮锋出版社盗印了正在连载的《北伐途次》还未罢手，1937年4月又盗印增订版《北伐途次》（全集）30节。

北雁出版部正版《北伐》共30节，作者是将在《宇宙风》连载的总计31节中第27、第28两节合并为第27节，全书成30节。而潮锋盗版的增订本《北伐途次》（全集），将原刊文第21节、第22节合并作第21节，第27节、第28节未动，也恰成30节，倒是费了点心思。

※　日本东京都三鹰市亚非学院图书馆所设“沫若文库”收藏有一本《沫若诗集》，这是当年郭沫若流亡日本期间从事学术研究所自用的书籍，后留在日本。在这一本版权页标明由上海创造社出版部1929年12月10日出版的第3版《沫若诗集》书页的封底，写有一行毛笔字：“北平查获之翻版书”。从字迹看，应为郭沫若亲笔书写。该书封面、内封页上“上海创造社出版部”分两行排字，与正版不同（正版排为一行），内封页的底图花纹也与正版不同。

※　1931年8月24日，郭沫若在东京“文求堂”书店见到若干种盗印他的著译作品的盗版书。他在当日致容庚的信中曾询问道：“前门外杨梅竹斜街中华印刷局系何人所经营，兄知否？该局盗印弟旧著多种，且将日人夏目漱石之《草枕》译成汉文，竟盗用弟名。今日于文求堂始见其赃物。国人如此不重道义，殊足令人浩叹也。”②

郭沫若在这里具体指认了夏目漱石《草枕》的中文译本，为盗用其名的出版物。对于北平中华印刷局盗印其旧著多种，除盗用其名的《草枕》译本（这是与上海美丽书店1930年出版的《草枕》不同的一个本子）之外没有列出具体书目，但对于“中华印刷局”，可以做个立此存照的记录，即，如有署为“中华印刷局”出版的郭沫若著译作品，当为盗版本无疑。

※　前录郭沫若就著作权问题在1936年5月27日上海《申报》登出的律师启事中提及，由现代书局出版的《中国古代社会研究》《沫若诗集》《水平线下》《橄榄》《黑猫》《浮士德》《少年维特之烦恼》《银匣》《法网》《石炭王》十种著译作品集，由光华书局出版的《文艺论集》《沫若小说戏曲集》两种作品集，在两书局停业后，因存“用旧纸版或改换方式翻印发卖”的可能性，故可将两书局出版过的这12种著译作品列为参照物，如发现有与该12种著译作品纸板（纸型）相同的出版物，则可以联系上述出版背景予以考察并做出判断。

① 郭沫若：《北伐》，上海北雁出版社1937年6月初版。

② 郭沫若：《郭沫若书简——致容庚》，广东人民出版社1981年版。

前录1946年6月14日《联合日报晚刊》刊登的《郭沫若启事》中所称“译著多种”，“被坊间盗印，或原出版者未经同意自行再版或将版权连同纸型转让，或擅自更改书名或著译者名”之事，亦与此相似，但只提到是译著，而没有具体指明是哪一些译作集。不过，在具体针对一些可能需要进行考订以辨真伪的郭沫若译作时，该启事中所言可以作为一个参考的因素。

其二，对于单本出版物的考订。

盗版本书的甄别，要落实于具体的一本本出版物，所以对于郭沫若著译作品是否属于盗版印行的情况，也需要一本本去考察落实。针对单本出版物，可以通过对于书中内容辑录、编选情况的分析、文本的比对、前言后语等副文本内容的查考、辨析入手，以考订出该出版物的真伪。譬如下列一些盗版本书：

《黑猫与塔》，上海仙岛书店1930年9月15日出版。

该书收《黑猫》《塔》《鹓鶵》《函谷关》《叶罗提的墓》《万引》《阳春别》《喀尔美萝姑娘》等8篇作品并“前言”。这是一本盗版书无疑。

首先，郭沫若的传记作品《黑猫》发表于上海《现代小说》1929年10月15日第3卷第1期、11月15日第3卷第2期，单行本由上海现代书局1931年12月初版发行，不可能由哪家出版社在1930年就以选篇方式编入书中出版。其次，该书的“前言”实际上是移用了郭沫若1925年2月11日为小说作品集《塔》所作的“前言”，但改动了撰写时间，作“1930年6月11日”，并改动了首句的文字。《塔》的“前言”原作“我把我青春时期的残骸收藏在这个小小的‘塔’里”。《黑猫与塔》“前言”改作“我把我青春时期的残骸收藏在这个小小的‘黑猫与塔’里”。“塔”与墓葬相关，是有隐喻的，郭沫若以之表达告别了过往的青春之意。而“黑猫”与此全不相干，把“残骸收藏”在“黑猫与塔”里，从语义上也是驴唇不对马嘴。足见此书盗版手法之拙劣。

《桌子跳舞》，上海仙岛书店1931年6月出版。

该书收《黑猫》《塔》《鹓鶵》《函谷关》《嫂嫂与弟弟》《万引》《阳春别》《喀尔美萝姑娘》《眼中钉》《桌子的跳舞》等共计10篇文章作品。

该书的情况与《黑猫与塔》基本相同，且亦署为仙岛书店出版。实际上就是将该书店盗印的《黑猫与塔》改头换面，再增加《眼中钉》和《桌子的跳舞》两篇文艺论文编辑而成。其中《嫂嫂与弟弟》一篇，是将《叶罗提之墓》另行改作的题目，且删削了许多文字。该书改换了一个书名出版，所署出版日期亦在《黑猫》单行本出版之前。这无疑是一本盗印的书。该书的版权页著者署名为“鲁迅”，亦可见其印制之粗陋。

《沫若文选》，署“清秘馆主选辑”，由上海文艺书店1931年出版。

该书是用了郭沫若著作选的名义，辑录了40篇文章作品。所选文章作品分别出自郭沫若的《文艺论集》《塔》《橄榄》《瓶》《山中杂记及其他》等作品集。但有9

篇是他人所作的文章，如崔万秋作《草枕序》、Richards 著《科学与诗》等。

此外，该书还在篇首辑录了一篇《绪言》，实际上只是将郭沫若 1925 年为《文艺论集》所作《序》改头换面。《绪言》的首段文字将《〈文艺论集〉序》中所写“这部小小的论文集，严格地说时，可以说是我的坟墓罢”，篡改作“这部文选严格地说时，可以说是我的坟墓罢”。其后文字则一字未改，惟将郭沫若原署于篇末的“1925 年 11 月 29 日，上海”，改作“民国廿年六月一日，东京”，造成这是郭沫若为这部文选从东京写来《绪言》的假象。

从上述两方面情况可以说，该盗版书作伪的手法是比较拙劣的。

《郭沫若杂文集》，上海永生书店 1936 年 10 月出版。

该书并未说明其文本由谁或如何编选而来。从选文的篇目看，该作品集的选文编辑是下了些功夫的，应该算是一个不错的作品选本。但其中所收《自然之追怀》一文的文本选择，可说是一个疏漏。郭沫若的该篇文章有四个文本：一个日文本为首刊文本，发表于日本改造社《文艺》月刊。三个中文本，分别是刊载于《时事新报》，作者署名为郭沫若的《自然底追怀》；刊载于《现代》月刊，由济民翻译的《自然之追怀》；刊载于汉口《西北风》半月刊，作者署名为郭沫若的《我在日本生活》。《郭沫若杂文集》没有辑录《时事新报》刊载的《自然底追怀》，而选用济民翻译的《自然之追怀》，显然是不知郭沫若自己有该篇作品中文本发表的情况。另外，《现代》月刊所载济民的译文中有个别诗句（郭沫若在文中追记了留学时期写作的 11 首诗）文字的舛误。

那么从这一篇文章文本的辑录情况可以推断，《郭沫若杂文集》必不是郭沫若所选，且不会是其所应允的选本，应系盗版印行。

《在轰炸中来去》，上海文艺研究社 1937 年 11 月 1 日（付印）。

书中收录《在轰炸中来去》《由日本回来了》《前线归来》三篇。书名用《在轰炸中来去》于《申报》连载发表时所用手迹（钢笔字），作者署名亦用该手迹（钢笔字）。

《在轰炸中来去》的初版本是由上海抗战出版部 1937 年 11 月 1 日出版，阿英编辑，正文前收有郁风作郭沫若画像及郭沫若自题诗：“这便是我，出一刹那，艺术之力，千古不磨。”书中附录郭沫若起草之《中国文化界告国际友人书》。书名为郭沫若以毛笔字题写的手迹，内文篇题则用在《申报》连载发表时所用篇名及作者署名手迹，均系钢笔字。该初版本于 1938 年 1 月再版。

对照上海抗战出版部初版的版本情况：编辑收录的文章及其他内容、付印出版的时间，以及在制作的细节等几方面，上海文艺研究社出版的《在轰炸中来去》，应该是一本盗版书。该版本在上海图书馆所编《郭沫若著译书目》“翻版本”书目中没有辑录。

《沫若代表作》，上海全球书店 1937 年 3 月（写序时间）出版。

该书以小说为名目仅选录三篇作品：《北伐途次》《武汉时代》《双簧》。《北伐途次》一篇自注“选自宇宙风”，即为连载于《宇宙风》半月刊的该文。但该书只录入到《北伐途次》的第二十六节。

《北伐途次》全文记三十一节，郭沫若在将其以《北伐》为篇名，交付北雁出版社出版单行本时，合并为三十节。这些情况，《沫若代表作》一书的编者显然是不知道的。《北伐》出版于1937年6月，在此之前，郭沫若也不可能以之应允编入另外的作品选集。《武汉时代》是选自刊载于《质文》月刊的《克拉凡左的骑士》。

这一版本的《沫若代表作》为盗版，无疑。

关于这一本盗印版的书，还有一个情况需要提及，当然是一件颇为尴尬的事情：

美国乔希亚·贝内特（Josiah W. Bennett）的英译本《北伐途次》，选择了这一版本。该英译本自1943年11月至1944年8月，分四次连载于《远东季刊》（*Far Eastern Quarterly*）。译者显然根本不知道，也没有意识到郭沫若著作有盗版本的问题，所以，他在选择翻译底本的时候，大概并没有对于《北伐》或《北伐途次》的版本做过考察。不过，贝内特还是注意到了《沫若代表作》一书中《北伐途次》的文本是不完整的，所以他找到原刊杂志《宇宙风》去补足了缺失部分的文本。

《沫若近著》，成都复兴书局1943年1月初版，发行人穆伯廷。

《沫若近著》是由上海北新书局1937年8月初版印行的。成都复兴书局以初版名义印行的这本《沫若近著》，显系由北新书局初版本重新排版而成书。其选编文章的篇目、文字、编排方式、版式等，均与北新书局初版本相同。北新书局初版本将《举案齐眉》《刺身》《水与结晶的溶洽》三篇文章依次接排于《中日文化之交流》文末，且在目次中与内文版式的页眉上均未标示篇题，这显然是在编书过程中出现的疏误，成都复兴书局版亦沿用了这个编排形式，也就是说仍然重复了北新书局版的疏误。

复兴书局版与北新书局版所不同者有二：一，目次排为两页（北新书局初版本为一页）；二，删去了《再谈官票宝钞》一文中随文的三页图片（照片）。另外，成都复兴书局版全书的排印都显得十分粗糙。

从这些相同的疏误与不同之处，尤其是删去三页随文图的情况（随文图没有原图片是无法排入的）来分析，成都复兴书局版《沫若近著》既未得到作者的授权同意，亦没有得到北新书局初版本的版型，应为盗版本。

其三，从出版部门的情况做出判断。

曾出版了郭沫若著译作品盗版本的出版社、书局、书店等有数十家。以萧斌如、邵华编《郭沫若著译书目》（增订本）所记录者，有44家。考虑到该“书目”有没有记录到的出版社，同时该“书目”中认定的盗版书亦有值得斟酌者，那么大致的数目应在此上下。

在四十余家出版社、书局、书店中，出版过两种以上郭沫若著译作品盗版本

（以单本出版物可以认定）的有这样几家：上海仙岛书店、上海爱丽书店、上海复兴书局、上海全球书店、上海三通书局。也即是说，绝大多数郭沫若著译作品盗版本的出版行为，是出版商的一锤子买卖，或打一枪换一个地方的游击行为。

但换一个角度看，对于那些不止一次盗印出版了郭沫若著译作品的书局、书店的出版行为，如果能有一个认定，即判断其是否均为盗版行为，那么，就可以在出版部门里确定一个类似“黑名单”的东西。这将有助于今后对于郭沫若著译作品版本的继续考察、整理，因为我们现在所考察、整理，并以之作为研究资料的郭沫若著译作品盗版本的情况，只是截止于目前我们所能见到的出版物，实际上，郭沫若著译作品的出版物还不断有新的资料陆续出现。

我们来具体看一下仙岛书店、爱丽书店、复兴书局、全球书店、三通书局这几家书局书店盗印出版郭沫若著译作品的情况：

上海仙岛书店出版有：《黑猫与塔》1930 年 9 月，《桌子跳舞》1931 年 6 月，《鲁拜集》1931 年。

上海爱丽书店出版有：《今津纪游》1931 年 4 月，《文学评论》（署“郭沫若著”）1931 年 4 月，《沫若小说全集》1931 年。

上海复兴书局出版有：《沫若诗集》1936 年 5 月，《划时代的转变》1936 年 10 月。

相比较而言，复兴书局盗印出版的几种郭沫若著作，作为一个行为，在商业考虑之外的专业角度还算是严肃的，即是说，该书局并未仅凭郭沫若的文名，随意选编一些他的作品出版，倒是认真地盗印出版了几部郭沫若著作。

上海全球书店出版有：《沫若代表作》1937 年、1938 年、1946 年三个版次，《我的幼年》1947 年 4 月，《少年维特之烦恼》1936 年 6 月再版。

上海三通书局出版有：《男清姬》1940 年 11 月，《郭沫若代表作》1941 年 1 月，《恶魔》1941 年 1 月，《雪的夜话》1941 年 1 月，《小儿病》1941 年 3 月。

从目前已有的文献史料中，我们找不到任何郭沫若曾与这几家书局、书店有过出版关系的信息，也即是说，从出版郭沫若著译作品正版书的角度来看，没有这几家书局、书店出版过郭沫若著译作品的记载。那么，根据这几家书局、书店盗印出版郭沫若著译作品的情况，我们应该可以认定，凡署为上海仙岛书店、上海爱丽书店、上海复兴书局、上海全球书店、上海三通书局这几家书局、书店，编印出版的郭沫若著译作品，均属盗印出版物。

另外一个可以列入此“黑名单”的出版机构，是前引 1931 年 8 月 24 日郭沫若致容庚信中，郭沫若所指称的（北平）“中华印刷局”。

五　版本情况未明

郭沫若著译作品的版本考察，应该是一个在是与非之间的判断，即只能在正版与盗版之间去作区分，所以《郭沫若著译书目》（增订本）单独列出一个“翻版本”的出版信息记录那些盗印出版的书。其思路应该是这样的：对于郭沫若著译作品出版物，以判断其为正版或盗版，分别予以记录，对于无从认定其为正版书者，则记入“翻版本”之列（之所以这样说，是因为该“翻版书”书目中有许多种版本并不能以认定其为盗印的方式去判断）。

但是，就今天所能见到的郭沫若著译作品出版物，以及人们对于郭沫若著译作品出版史实的了解而言，这里存在有一个问题：在可以确认哪些出版物为正版，或者可以认定哪些出版物为盗印者之外，实际上还存在一些难以厘清、判断其编辑出版史实的出版物，当然还包括某些其他情况的出版物。

这即是说，对于这样一些郭沫若著译作品版本书，我们尚不能考订出其版本的真实性，但也不能以辨伪的方式得出判断的结论。那么，它们就不应该在非此即彼的判断中被划出归属，可以在郭沫若著译作品版本中单独作为版本情况未明者予以记录。

《沫若诗集》是郭沫若著作中版本情况非常复杂的一种。我在考察中于《郭沫若著译书目》（增订本）记录的七个版次之外，又见到四种该诗集第三版的版本。其中，有两种是可以确认为盗版本的，另外两种，以目前所能掌握的史料，既无法判断其为正版，但也不能简单地断定其为盗印的书。① 它们就应该属于版本情况未明者。

在《郭沫若著译书目》（增订本）的“翻版本”中，记载有上海合众书店版《童年时代》的几个版次。该书目没有说明为什么将该版本的《童年时代》列为翻版书，可能是因为该版本将《我的幼年》改了书名之故（在该版书中没有任何关于改动书名的信息）。但在该书目中，由重庆作家书屋 1942 年 8 月初版印行的《童年时代》，是被列为正版本书的。重庆作家书屋版《童年时代》是作为“郭沫若先生创作生活廿五周年纪念版”印行的，这或许是其被列为正版书的原因，但何以更动书名，并无相关信息记载。

《我的幼年》初版本是由上海光华书局 1929 年 4 月印行，重庆作家书屋版《童年时代》应该是《我的幼年》的另一种版本：书名改动了，横排版改作直排版，删去了“前言”、“后话”。但比较一下该版本与合众书店版《童年时代》，我们可以发现，这两种版本实际上是相同的：书名相同、竖行直排相同（包括版式、正文页码），所不同者只在于作家书屋版《童年时代》删去原《我的幼年》的“前言”、“后话”，合众书店版《童年时代》仅删去“前言”，仍保留了“后话”。两者之间的

① 蔡震：《郭沫若生平文献史料考辨》，社会科学文献出版社 2014 年版。

关联是显而易见的。合众书店版《童年时代》初版于1936年10月，早于作家书屋版《童年时代》六年。该书于1937年8月、1939年2月、1940年9月（这一版次在《郭沫若著译书目》中没有记载）陆续几次再版。那么，以作家书屋版《童年时代》为正版本，而将合众书店版《童年时代》列为“翻版本”，应该是讲不通的，前者或许还是由后者而来。当然，这需要有相关史料佐证，所以，合众书店版《童年时代》也应该暂记作情况未明的版本。

选集本的郭沫若作品出版物，在郭沫若著译作品版本的考察中应该是比较棘手的一部分版本。与郭沫若自己曾编订或授意编订的单本作品集不同，选集本的作品集在很多情况下，应该是由他人（出版社）编选而成，这在今天也是如此。但是对于所能见到的绝大多数选集本郭沫若作品出版物，我们难以，甚至无法查考其编选成集并出版的整个过程，特别是无法确认其是否得到过作者本人的授权、同意、首肯（哪怕是书成之后）。对于这些版本书，我们只能根据其编选作品的实际情况，根据对于书中前言后语之类副文本内容的考察分析来做出判断。但是这个分析判断的过程，就有着一定的弹性和比较多的可能性与选择性，难以做到确认。

由上海文艺书店1931年出版，署名为清秘馆主选辑的《沫若文选》、上海全球书店1937年出版（后有1938年版、1946年版）的《沫若代表作》（又作《郭沫若代表作》），我们已经可以考订其为盗版书。但像钱士礼编，上海虎龙书店1936年出版之《郭沫若文集》（普及版），徐泗沉、叶忘忧编选，上海万象书屋1936年4月出版之《郭沫若选集》等出版物，我们其实并不能断定其为盗版印制的书（《郭沫若著译书目》将其列为“翻版书”不知是基于怎样的考订）。譬如，我们看一下《郭沫若选集》的编选出版。

《郭沫若选集》不是万象书屋单独辑选出版的一本书，而是该书屋出版的“现代创作文库”之一种（第二辑）。“现代创作文库”的编选出版，以为新文学作品“夺取大多数的读者”为目的（见书中《现代创作文库序》），编选了在现代文坛拥有读者最多的二十位作家的作品，作品的选择则以受读者欢迎的程度为标准。

《郭沫若选集》正文前有《题记》，是编者对于郭沫若的文学创作做简要介绍，另收录沈从文的《论郭沫若》。正文部分分为“小说”，选录《秦始皇将死》《孟夫子出妻》《孔夫子吃饭》《歧路》《十字架》《万引》《函谷关》《鹓鶵》；“剧”，选录《聂嫈》《王昭君》《广寒宫》；“散文”，选录《鸡》《尚儒村》《菩提树下》《芭蕉花》《路畔的蔷薇》《夕暮》《水墨画》《山茶花》《墓》《白发》；“诗”，选录《瓶》《笔立山头展望》《地球，我的母亲》《夜步十里松原》《夜》《别离》《死的诱惑》《黄海舟中的哀歌》《夕暮》。从该书的整个编选情况，包括辑录的篇目来看，这是一本认真编选而成的选集，不是那些粗糙的盗印本可比的。遗憾的是我们不能（至少截止目前没有）找到该书的编选是否与作者有联系，得到过授权或认可的相关资料，也就无法断定其为正版书。但将其列为“翻版书”，显然也并无充分的理由。

所以，在这一类选集本的出版物中，尚无法做出肯定或否定的判断者，应该以版本情况未明，暂予记录为好。

《甲申三百年祭》的情况特殊一些。它的单行本的出版印行，从一开始就不是一般意义上的图书出版印行，而主要表现为一个基于政治需要的出版行为。于是，《甲申三百年祭》的各种版本，必不可免地带有了这样一个属性特征（这一点我在《〈甲申三百年祭〉版本的政治缘》一文中做了专门的考察）。关于其著作权与版权问题的考察，显然也就不能与郭沫若其它著译作品的出版相提并论，即是说，不好以正版、盗版的概念来讨论其归属。

对于版本情况尚未厘清的郭沫若著译作品单独予以记录，并非是要在正版与盗版本书之外另行分类，而是要将郭沫若著译作品的版本情况实事求是地记录在案。它们提示我们，郭沫若著译作品的这些版本仍然是有待查考的，在有新的相关文献史料能够为之做出准确的考订时，它们将会有一个明确的归属。

郭沫若著译作品的盗版本问题，是一个已经发生了的历史现象。盗版本当然是一种违反出版法规的出版物，但郭沫若著译作品盗版本的大量出现有些特殊的历史原因，这是考察这一问题尤其应该注意的。

客观地看，这些盗版印行的郭沫若著译作品，从一个侧面，在一定程度上反映了郭沫若著译作品在历史上为读者所接受、阅读和欣赏的情况（这是一些具有可量化内容的史实），它们也可以成为考察郭沫若文学创作、学术著述、翻译活动的一种历史资料。譬如，将鲁迅等现代作家的作品盗用郭沫若署名辑录成书印行这样的现象，是应该能引出一些文学史思考内容的。当然，在另一方面，对盗版本书不作甄别，而将其作为研究资料的作品文本使用，其对于学术研究又是可能会有负面作用的[①]。而将盗版本作为翻译文本的底本去译介郭沫若的著作，那就不仅是一种令学术尴尬的事情了。

（本文原为 2014 年 6 月中国贵阳“走向世界的郭沫若与郭沫若研究”学术会议论文，后刊发于《郭沫若学刊》2015 年第 1 期）

① 有研究者在研究著作中引用《自然底追怀》中郭沫若留学时期的诗作，使用了盗版本的《郭沫若杂文集》（上海永生书店 1936 年 10 月出版）中收录的《自然之追怀》，其引用的诗文恰是盗印本录排有误的文句，并且还对于这一文句作赞扬分析的评论。

“误记”与郭沫若诗学观

周　文

如所周知，研究界在考察郭沫若早期诗歌时，往往会遭遇一些基本史实层面上的困难：同一首诗的写作时间，作者本人在不同文章里，给出的说法亦不尽相同乃至相去甚远。比如，被认为是郭沫若“最早新诗”[①] 的《Venus》《新月与白云》《死的诱惑》《别离》等作品的写作时间便有“民五年夏秋之交”“一九一八”“1919 年”等多个不同的版本；又如，遭到徐志摩暗讽的《泪浪》（原题《重过旧居》）一诗也有“一九二一年一〇月五日”、1921 年“七月初旬”两个不同的说法。本文试图对郭作新诗的写作时间作出稳妥的考辨，但更想追问的是，郭沫若本人的“误记”究竟是在何种语境中发生的。明确了这种语境性，郭沫若的记忆失误便不应在考辨之后弃之不顾。事实上，在这种记忆机制中，郭沫若的诗学观念，也能获得别一角度的理解。

一

先来看郭沫若“最早新诗”的问题。

把《Venus》《新月与白云》《死的诱惑》《别离》等几首新诗的写作时间定在 1916 年，是采信了郭沫若在《五十简谱》中的说法，[②]《我的作诗的经过》持论与此相近。[③] 但细察这两处回忆，还是有微妙的区别。与前者明确称“此时之作”不同，后者使用了“先先后后”这一相对模糊的时间状语。究竟“先”于何时，又“后”在何处，原文并未给出清晰的界定。

---

① 陈永志：《论郭沫若的诗歌创作》，上海外语教育出版社 1994 年版，第 25 页。龚济民、方仁念：《郭沫若传》，北京十月文艺出版社 1988 年出版；《郭沫若年谱 1892—1978》，天津人民出版社 1992 年版。

② “民五年（一九一六年），暑期中在东京与安那相识，发生恋爱。作长期之日文通信并开始写新诗（《残月黄金梳》及《死的诱惑》等为此时之作）。读歌德之作品。十二月迎安那至冈山同居。”（郭沫若：《五十简谱》，《郭沫若全集·文学编》第 1 卷，人民文学出版社 1982 年版，第 130 页）

③ “因为在民国五年的夏秋之交有和她的恋爱发生，我的作诗的欲望才认真地发生了出来。《女神》中所收的《新月与白云》、《死的诱惑》、《别离》、《维奴司》，都是先先后后为她而作的。”（郭沫若：《我的作诗的经过》，《郭沫若全集·文学编》第 16 卷，人民文学出版社 1989 年版，第 213 页）

第三个说法来自《创造十年》。这次，写作时间又变成了 1918 年。[①] 值得注意的是文章对投稿细节的描述颇为详尽，“投机”成功刺激“创作的爆发期”与《我的作诗的经过》中强调“恋爱发生”刺激“作诗的欲望”是两种完全不同的叙述角度，而时间指向也是完全不同的。

第四种说法是由《沫若诗集》提供的。[②] 此书第一次在诗后标注了这几首诗的写作日期，[③] 除《死的诱惑》定为 1918 年外，上文提到的其他作品均无一例外的记录为 1919 年。

从《沫若诗集》（1928），到《创造十年》（1932），再到《我的作诗的经过》（1936），最后再到《五十年简谱》（1941），郭沫若的记忆从 1919 年渐次前提到了 1916 年，记忆的重心，也由发表的刺激转向恋爱的现场。这一现象，是意味深长的。

值得重视的是，与和安娜恋爱相关的旧体诗也存在同样的“误记”问题：1920 年 1 月 18 日，郭沫若在给宗白华的信中说《寻死》写于 1916 年，《夜哭》晚一年写于 1917 年，[④] 但后来《寻死》《夜哭》在收入作家出版社 1959 年版《潮汐集》时，诗后注明的写作时间却均是 1916 年，[⑤] 也即是说，三十多年后郭沫若再一次将时间定格在了 1916 年。

“1916 年”这一说法诞生于距诗歌发表大约 22 年之后（即便认定郭沫若在《我的作诗的经过》中便有了 1916 年的判定，那也是 17 年之后），而在此之前，虽然说法也不尽相同，但“最早新诗”也只到“1918 年”。值得注意的是，每次郭沫若记忆指向“1916 年”总会与安娜恋爱的情感经历有关。显然，1916 年的恋爱现场对考辨这些诗作的写作时间是至关重要的。那么，这些新旧体诗作究竟是怎样的作品？那段情感经历之于郭沫若又有着怎样不同寻常的意义？

仔细分析上述新旧诗，爱情是其共同的主题，死亡也是这几首诗共同的意象，如《venus》中的“坟墓”、《新月与白云》中的“斫倒”“火一样的焦心”、《死的诱惑》中的“一把刀”“心焦”、《别离》中“生离令我情惆怅”、《寻死》中“出门寻死去”、《夜哭》中“常望早死好”……显然，这些诗不是一般意义上为追求爱情而炫耀才情的浪漫作品，而是在同居之后展示自己内心挣扎和灵魂痛苦的心血之作——

---

① “我便把我一九一八年在冈山时做的几首诗，《死的诱惑》、《新月与白云》、《离别》，和几首新做的诗投寄了去。这次的投机算投成了功，寄去不久便在《学灯》上登了出来。看见自己的作品第一次成了铅字，真是有说不出来的陶醉。这便给与了我一个很大的刺激。在一九一九的下半年和一九二〇的上半年，便得到了一个诗的创作爆发期。”（郭沫若：《创造十年》，《郭沫若全集·文学编》第 12 卷，人民文学出版社 1992 年版，第 64—65 页）

② 《死的诱惑》末尾注：“这是我最早的诗，大概是一九一八年初夏作的。”（《沫若诗集》，创造社出版部 1928 年版，第 167 页）《Venus》：“一九一九年间作。”（同上书，第 162 页）《新月与白云》：“一九一九年夏秋之间作。”（同上书，第 166 页）《别离》：“一九一九年，三四月间作。”（同上书，第 163 页）

③ 《女神》初版本诗后并未标注时间，详见蔡震编《〈女神〉及佚诗》，人民文学出版社 2008 年版。

④ 郭沫若：《郭沫若全集·文学编》第 15 卷，人民文学出版社 1990 年版，第 17 页。

⑤ 郭沫若：《潮汐集》，作家出版社 1959 年版，第 482—483 页。

“我把你这对乳头，/比成着两座坟墓。/我们俩睡在墓中，/血液儿化成甘露”（《Venus》），“快来亲我的嘴儿”“快来入我的怀儿”（《死的诱惑》）等身体与性的隐喻，以及“出门寻死去……归来入门首，吾爱泪汍澜”（《寻死》）、“有爱早摧残，已成无巢鸟。有子才一龄，鞠育伤怀抱”（《夜哭》）等直白的呼告，都让我们感受到一种悲戚崇高的爱情和一颗深陷情感纠葛而濒于绝望的灵魂。根据《三叶集》和郭沫若自传，我们得知郭沫若“灵魂一败涂地”是在与安娜同居之后，也即1916年12月之后，所以即使这几首新诗真的作于1916年，也非1916年夏天相识热恋的时期，其创作灵感明显来自于同居之后的灵魂挣扎。以此而论，1916年“夏秋之交”说实难成立。

此外，从语言发展演变的规律和郭沫若使用语言的实际来看，郭沫若于1916年用现代白话进行新诗创作的可能性极小。郭沫若在留日期间有写家信的习惯，其中部分家信被其元配夫人张琼华女士精心保存，后整理为《游学家书》[①]，是研究早期郭沫若极为珍贵的一手文献资料。《游学家书》的特殊价值在于，它完整贯穿“五四”前后中国语言剧烈变动发展的关键时期，家书这一特殊文体又介于书面语和口语表达之间，因此其语言演变对考察郭沫若的语言使用甚至借此管窥当时中国语言变化的实际都有着极为重要的作用。根据《游学家书》语言变化的规律来看，郭沫若于1916年即用现代白话写作新诗与《游学家书》的语言实际相左。经过前辈学者的梳理考证，[②]《游学家书》语言演变的轨迹清晰明确，即1918年的8月可以看作其家书语言变化的分水岭，在此之前，主要是文言掺杂“演义白话”和方言，而在此之后，就是越来越标准的现代白话了。这一变化非常明显，仅以信的开头论，1918年8月“男来九州将近四个星期了”与1917年8月“顷接元弟来函敬悉”，1916年12月“月之廿三日，校内试验业已竣事”，1914年12月“已入年底，学期试验，顷已完事”，用语之文白对比变化是明显的。当然，这样的例证还很多，相关论证限于篇幅，在此不再赘述。[③]需要指出的是，郭沫若的第一篇白话小说《骷髅》也是1918年秋冬之交做的。综合资料表明，郭沫若是在1918年8月进入福冈帝国医大以后才逐渐摆脱文言束缚走向现代白话的。而此时，国内通过晚清“言文一致”“文界革命”“白话文运动”等语言革新运动所达成的文言与白话势均力敌的平衡状态已在胡适、陈独秀等人倡导的文学革命的冲击下逐渐被打破，白话日兴，而文言则成颓败之势。这一大环境是郭沫若在家书中使用白话的语言基础，也是其在进入帝国医大后尝试白话创作的基础，而在此之前，远在日本乡下求学的郭沫若缺少使用白话尤其是现

---

① 郭沫若：《敝帚集与游学家书》，郭平英、秦川编注，中国社会科学出版社2012年版。

② 详情见蔡震《文化越境的行旅——郭沫若在日本二十年》附录一《关于〈樱花书简〉的正误》，文化艺术出版社2005年版，第348页。

③ 更多举证和分析详见本人硕士论文《郭沫若〈樱花书简〉研究》，山东师范大学硕士毕业论文，2012年。

代白话的语言环境和契机，更不用说是作诗了。①

考察1916年郭沫若的家书，对“1916年说”最不利的还不只是语言。从《游学家书》所收家书的频次来看，1916年9月之后（郭沫若与安娜8月相识，9月正值恋爱开始的前后）是郭沫若家书的另一个高峰期（第一个高峰是刚到日本的1914年），从9月开始到1917年2月，郭沫若每个月都有家书寄回，且1916年12月和1917年1月均有两封家书寄回（郭沫若与安娜于1916年12月开始同居），这在《游学家书》中是不多见的。一边与安娜由热恋而同居，一边与父母频繁的通信。信中都谈些什么呢？以1916年9月的家书为例，信中郭沫若在请求家中汇款之后，接着说道：

> 日本学制，高等学校，实为大学预科，注重外国言文，其他科学，实不过高等普通而已。故虽高等毕业，非再由大学毕业后，终无立身处世之长策。②

然后举出夏禹、苏武的例子表述自己的留学理想：

> 男想古时夏禹治水，九年在外，三过家门不入；苏武使匈奴，牧羊十九年，馑龁冰雪。男幼受父母鞠养，长受国家培植，质虽鲁钝，终非干国栋家之器，要思习一技，长一艺，以期自糊口腹，并籍报效国家；留学期间不及十年，无夏、苏之苦，广见闻福，敢不深自刻勉，克收厥成，宁敢歧路忘羊，捷径窘步，中道辍足，以贻父母羞，为家国蠹也！③

并安慰父母说：

> 父母爱男，望勿时以男为念。方今世界大通，邮便天下，较之古人家书万金，动需年月之苦，已不啻有万里咫尺之别。写真在望，犹男侍立膝前；家报飞传，犹男喋亵座右；男年已不稚，自当努力自爱，绝不至远贻父母隐忧，父母爱男，望勿以男为念也。④

---

① 当然，不排除郭沫若用其他语言载体来进行诗歌创作，日语、德语、英语等外语的学习使郭沫若有语法、句法以及词汇等现代语言因素的储备，有过作新诗的酝酿和尝试，但客观的说，这些酝酿和尝试的语言载体多是外语，如“《辛夷集》的序”便是1916年用英文写就而后又翻译成汉语的。这种形式的创作在当时的留学生中普遍存在，可视为某种形式的“潜在写作”，此种“潜在写作”用来作文学史判定显然值得商榷。

② 郭沫若：《敝帚集与游学家书》，郭平英、秦川编注，中国社会科学出版社2012年版，第231—232页。

③ 同上。

④ 同上。

正是由于这番慷慨言志，这封信作为青年励志的典范被秦牧先生编入《中华家书》。[①] 其实如果我们结合《游学家书》上下文仔细分析，不难推测信开头提到的“元弟七月二日第七号挂号信”的内容：父母想必是抱怨他和“大哥”家书过少，并催他早日完成学业学成归国。而郭沫若不仅有学医“实业救国”的远大志向，且此时他正和安娜处于热恋之中，因此父母的“无心之举”实际恰恰把郭沫若推到内心情感冲突的风口浪尖上。显然，他决意“肯定我一切的本能来执着这个世界”，婉拒父母的催学归国自然是这封家书的题中之意。从整个《游学家书》的行文风格来看，郭沫若与父母通信用语甚为亲腻，除了与“元弟”偶尔摆起做兄长的架子，此外很少做“报效国家”这样高调空切的言论，而其中“留学期间不及十年”一句颇为耐人寻味。此时郭沫若留日刚两年多，尚不及三年，但他却以“不及十年”来回绝父母学成回国的提议，其态度之坚决的背后恐怕不只是求学理想，由热恋带来的情感波动和人生选择不仅坚定了郭沫若的求学信念，更在其以后人生道路的选择上起着至关重要的作用。[②]

与当时大多数留学青年相同亦有不相同的是：关于爱情，郭沫若一面是二老和发妻张琼华，一面是热恋着的安娜，更重要的也是郭沫若最具个人特色的是，他哪一方面都不愿放弃。换言之，他不愿做出选择，为此其代价也是极为惨重的。这一痛苦的人生体验在《百合与番茄》中描写得最为细致和清楚：他对成仿吾和未婚妻离婚，未婚妻不久就死去的“悲哀”感同身受，对周全平小说中“困于父母的情面又不能离婚，打算采取不解决的解决办法，永远不举行婚礼了”的情节感到“触着了自己身上的痛疮”。[③] 显然，对于成仿吾决然离婚的处理方式，郭沫若在理解的基础上有他自己的看法，“仿吾的话是非常在理，但是在仿吾不幸的幸处，他是幼年丧失了父母的人，所以他的快刀比较容易把乱麻斩断，而他自己尚还引起了一段意外的悲哀。说到有父有母的人，情节又是两样了。啊，旧礼制的消除，一半要在老人们自己的觉悟，为父母的人想来没有不爱自己的儿女的，何苦为虚荣俗议的顾虑，而坐视自己的儿女永受炮烙之刑呢?”[④] 这种对父母的“抱怨”实际隐含着郭沫若巨大的心理痛苦，这一痛苦自然来源于“民五民六年”即1916—1917年之交与安娜恋爱同居之时。

这段痛苦的情感经历在《太戈尔来华的我见》中亦有过描述：“民国五六年的时候，正是我最彷徨不定而且最危险的时候。有时候想去自杀，有时候又想去当和尚。每天只把庄子和王阳明和新旧约全书当日课诵读，清早和晚上又要静坐。我时常问自己：还是肯定我一切的本能来执着这个世界呢？还是否定我一切的本能去追求那个世

---

① 秦牧编著：《中华家书》，江西人民出版社1993年版，第72—82页。

② 郭沫若再次回到故乡是在1939年2月底，距其离乡已有26年，距他写这封家信也有23年之久。

③ 郭沫若：《郭沫若全集·文学编》第12卷，人民文学出版社1992年版，第394页。

④ 同上。

界？”[①] 其实我们不难想象郭沫若“最彷徨不定”的是什么：本能的讲他深爱着安娜，为此他又必须面对父母和“妻子”张琼华；他难以作出让父母伤心难堪的选择，更无法面对若离婚后“妻子”可能的死亡，这似乎比他自己死亡还让他痛苦，他无法抛弃亲情家庭等老中国带给他的爱和责任；安娜代表着充满希望和召唤力的新世界，与他内心本能的期望和志向最近，是他心中的“女神”，作为一个已婚男人，他无意占有她，但最终他还是“亵渎”了……人生和爱情是“肯定我一切的本能”去摆脱束缚追求幸福呢？还是“否定我一切的本能”去坚守道义和责任，把握原则拒绝“亵渎”呢？当这些一时都难以解决或不愿面对和解决时，死亡和逃避便如影随形。这些痛苦挣扎的生命体验都幻化在那些新旧诗作之中。

这段情感经历是郭沫若早年心灵苦闷的根源，为此他经历了生与死的抉择和基督式的精神苦难，也因此获得的是“龙场悟道”式的彻悟和思想、哲学的真正启蒙，其在郭沫若心中的地位可想而知。事过境迁之后，郭沫若可能真的忘记这些诗究竟具体何时落笔、发表的，但 1916 年的情感经历、心灵苦闷却始终记忆犹新，不能忘怀。由此，我们更不难理解，为何时间越久，郭沫若对这段情感记忆的时间指针便越确凿无疑的指向了 1916 年。

二

情感记忆机制为我们理解郭沫若纷繁驳杂的回忆提供了一种路径，但偶发性的存在也让上述推论只能停留在较浅的层面，“情感”与“记忆”间特殊的互动关系在郭沫若那里能否获得某种共性还需要更多的证据支持。

其实，这类因情感而导致的“误记”在郭沫若那里并非个案，《泪浪》一诗，因徐志摩的批评，[②] 在郭沫若早期新诗中亦享有较高的知名度，它的写作时间郭沫若也给出了两个不同的说法。

该诗初见于《创造》季刊第一卷第一期《海外归鸿》第一信中，郭沫若在信中说，“我昨天才写了一首诗《重过旧居》寄给寿昌，我也写在此处罢”，信末有写作时间“一九二一，十月，六日。”[③] 后来因有徐志摩的批评，郭沫若在编辑《沫若诗集》时似乎有意特设“泪浪之什”，并将原题《重过旧居》改为《泪浪》编入集中，诗后注有时间“一九二一年一〇月五日”。[④] 可是大约四年之后，郭沫若在《创造十年》中却又这样说道：“于是我在七月初旬便决定再往日本……离别了三个月，又回到福冈……我那《泪浪》的一首诗，被已故的‘诗哲’（徐志摩）骂我是‘假人’，

---

① 郭沫若：《郭沫若全集·文学编》第 15 卷，人民文学出版社 1990 年版，第 270 页。

② 徐志摩：《坏诗·假诗·形似诗》，《努力周报》第 51 期，1923 年 5 月 6 日。

③ 郭沫若：《海外归鸿·第一信》，上海《创造》季刊，1922 年 5 月 1 日第 1 卷第 1 期。

④ 郭沫若：《沫若诗集》，上海现代书局 1930 年版，第 286 页。

骂我的眼泪‘就和女人的眼泪一样不值钱’的那首诗，便是在这一天领着大的一个儿子出去理发时做的。”[①] 这样，《泪浪》又有了一个新的写作时间，即 1921 年 7 月初旬。

与《死的诱惑》等早期诗作写作时间的“误记”稍有不同，《泪浪》一诗写作时间的“误记”没有太多的争议，因为 1921 年“七月初旬”本身即是一个切切实实的“误记”。根据《创造十年》，郭沫若“七月初旬”回日本，只呆了一天，匆匆见过安娜和孩子后，便前往京都、东京为创办杂志而奔波。“费了三个礼拜的光景，在七月中旬又回到上海”，“回到上海之后很不愉快的是《新晓》的预告中登出了我的名字……主任先生不得到我的许可，便任意打开我的抽箱，攫取我的文字，把我来做他所编的《新晓》的幌子。这使我大不愉快。编辑所里的人都劝我登报声明，于是在《学灯》的一角上，在我回沪的第二天便有我的启事。”经查证《郭沫若启事》刊登于 1921 年 7 月 3 日、4 日上海《时事新报·学灯》，因此郭沫若返回上海的时间应在 7 月 3 日之前。泰东书局老板赵南公的日记也证实了这一点，七月“一日，十二时起。晴，阅报。二时，沫若等来到虹口”。[②] 也即是说，“七月初旬”郭沫若已从日本返回上海，而不是他离开上海前往日本的时间。

那么，郭沫若究竟何时离开上海前往日本呢？对此，赵南公日记有详细记载：五月“廿五日，十时起。晴。到店阅报。二时，沫若来，言明日到东船票已购就”；五月廿六日“今晚本送沫若到船……言船不开，已返，明午再到”；五月廿七日“一时，松泉来，知沫若已去”。[③] 即郭沫若 1921 年第一次从上海前往日本的准确时间为 1921 年 5 月 27 日。此时距他 3 月 31 日离开福冈、4 月 1 日到门司与成仿吾会合、4 月 3 日到上海实际不足两个月的时间，这与《创造十年》和《泪浪》中再三提到的“三阅月”出现了约一个月的误差，而一般认为创造社的成立即是此次郭沫若返日期间在郁达夫寓所里开会确定的，因为郭沫若的“误记”，创造社成立时间这样具有文学史意义的“常识”长期得不到公论。其中，“三阅月”的干扰影响尤为值得关注，朱寿桐先生在考证创造社成立时间时就曾强调“三阅月”的问题，认为“三阅月”应是个“概数”，“郭沫若在《创造十年》中多次提到这一段滞留上海的时间为‘三个月’”，因此“‘三阅月’的记忆应该没有问题”；对此，陈福康先生认为，出现一个月的误差虽然“确实是有点奇怪的；但是，史料证明郭沫若就是说错了，没有办法”。[④] 可见，如何理解“三阅月”的误差一直是学者们讨论的话题。

---

① 郭沫若：《郭沫若全集·文学编》第 12 卷，人民文学出版社 1992 年版，第 105—106 页。

② 陈福康：《创造社元老与泰东图书局——关于赵南公 1921 年日记的研究报告》，《中华文学史料》第一辑，百家出版社 1990 年版，第 37 页。

③ 同上书，第 34—35 页。

④ 有关创造社成立时间的考证，可参阅陈福康《再谈创造社的成立时间》、郑延顺《创造社成立的准确时间》、朱寿桐《日本博多湾风物与郭沫若研究的几个问题》等文。

其实，不光“三阅月”有些令人费解，《创造十年》中郭沫若关于此段时间记忆本身就有难以自圆其说之处：“七月初旬”回日本——“费了三个礼拜的光景”——“七月中旬又回到上海”，三个礼拜就超过了二十天，这是两旬，初旬和中旬之间无论怎么算也不会有三个礼拜。而实际上，郭沫若在日本呆了至少四个礼拜，也就说，“三个礼拜”也是经过郭沫若压缩的。很显然，无论是“三阅月”还是“三个礼拜”，只要略加考证或者仔细推敲，是完全可以避免“误记”的。郭沫若如此不严谨，究竟是为了什么？

此时，应该可以肯定，郭沫若在《创造十年》中关于《泪浪》一诗的时间回忆以及与此相关的一系列时间记忆都是不准确的。面对这种情况有学者认为《泪浪》一诗作于1921年6月初，而1921年10月5日则是该诗的修改时间。[①] 这是一种折中的看法，它无法解答“三阅月”的困惑，如果再联系到上文《死的诱惑》等早期诗作的“误记”问题，其折中背后的问题似乎还有待澄清。首先值得追问的是，“三阅月”与“七月初旬”的“误记”是如何发生的？

可以肯定，“三阅月”确实是个概数。以离家、回家为基准，3月31日离家，5月27日离开上海，我们知道，当时上海与日本之间大约三、四天的行程（郭沫若离家到上海即用时四天），也就是说郭沫若到家时很可能是5月31日。又，根据郑伯奇日记，6月1日郭沫若已在京都，[②]《创造十年》中郭沫若说他在家中只呆了一天，由此可知，郭沫若带着大儿子理发的准确时间很可能是1921年5月31日，也就是说，《泪浪》一诗的酝酿构思应是5月31日开始。

如果郭沫若5月31日或者稍晚些6月初即动笔写作《泪浪》，那么“三阅月”就只能是一个诗艺问题，受过近代科学训练的郭沫若不会在3月31日与5月31日之间数出三个月来，夸张的艺术修饰导致了“三阅月”问题的发生。或者，郭沫若当时只是酝酿构思，有了诗意的储备，1921年10月5日才是《泪浪》真正落笔形成的时间。此时可能存在误记问题，但相距亦不过四个月的时间，误记的可能性其实仍然很小。

因此我认为，从诗的角度来理解“三阅月”本身并不构成问题。在旧体诗（文言）中“三”在很多情况下并非实数“三”，而是表示“多”的约数。作为一种诗人作诗的艺术夸张、修饰手法，“三阅月”很容易被理解。“三阅月”之所以成为问题，是不少学者都注意到，它实际构成了在《创造十年》中郭沫若关于此段记忆时间线索的轴心。我们注意到与“三阅月”的模糊记忆形成鲜明对比的是，郭沫若对1921年初离开日本的时间记得十分精确——成仿吾4月1日抵门司，他决定与成氏

---

① 龚继民、方仁念编：《郭沫若年谱1892—1978》上册，天津人民出版社1992年版，第100页。

② “六月一日雨寒这天早晨上了一堂。九时，沫若来学校找我，便回家了。沫若此次由上海回福冈，由京都赴东京访友，并商议杂志丛书事。”“六月二日雨寒早饭后和希贤、沫若同赴白川希贤寓所。”“六月三日雨止阴寒早赴希贤处会沫若。”见《郑伯奇日记选载1921年6月1日—6月30日》，《新文学史料》1995年第3期。

一起回国，从福冈前往门司是3月31日的晚上……[①]而之后恰恰到了诞生《泪浪》的时刻，他的记忆开始不准确了，而且似乎他自己也在和自己打马虎眼，硬生生的凑成了三个月。为此，包括创造社成立时间在内的其他一系列时间均为之让路，似乎唯一值得相信的记忆就是这“三阅月”了。五月底到日本，七月初回上海，郭沫若实际在日本应至少四个礼拜，《创造十年》中被他压缩成三个礼拜，而且仍然难以自圆其说。所有这些都只是为了屈从《泪浪》中“三阅月”的记忆，由此不难想见，《泪浪》一诗的情感记忆在郭沫若的记忆机制中扮演着怎样重要的作用。

1921年初郭沫若就想弃医从文，但遭到安娜的劝阻，他焦躁苦闷了很长时间。在闻讯泰东书局即将改组编辑部后，他有意回国却又犹豫不决。安娜此时转而坚定地支持郭回国，这让郭非常的感动。走的当天恰逢租房到期，房主逼他们搬家，也就是说在妻子和孩子最需要他的时刻，他将撇下他们不管独自回国。这需要何等的勇气，而其场景又是何其悲壮。因怕孩子看见哭，他特意选择晚上走，而且“走的时候天在下雨……我的不值钱的眼泪和那晚的夜雨一样，是淋漓地洒雪过的”。[②] 当再次返回日本时，“留在福冈的妻儿是被家主驱逐出了从前的旧居的”，郭沫若连他们住在哪里都不知道，只能打听原来的邻居，找到时“隔着那木板墙看见大的一个儿子和夫，一个人孤另另地坐在那空地当中挖土。头发很长，好象是自从我走后不曾剪过发的光景”。[③] 因为心里时刻惦记着日本的妻子和孩子，回到上海的文学道路又多有挫折，郭沫若的心路历程不难想象。见到妻儿的情形更无疑又延长了郭沫若的心理距离，诗人郭沫若通过“三阅月”来完成其离家与归家时复杂心情的对话，其意图是明显的——离家的时间犹如大儿子的头发一样漫长。

在多年后的1932年，“偏于主观”的郭沫若坚信，他三月末四月初离开日本，“三阅月”后，也即是“七月初旬”，他回到日本“重过旧居”，因而“泪浪滔滔”，关于这段生活经历、这一深深的生活之痛他是无论如何也不会忘记的。模糊的现实根据在十一年之后，经过情感的发酵，在郭沫若的心中成了一种确信不疑的存在，而其他种种皆需为之让步。

三

郭沫若曾说：“我是一个偏于主观的人”，[④] 理解这句话对我们认识郭沫若关于诗歌写作时间的“误记”十分重要。从情感经历、记忆机制的角度来考证、理解郭沫若的“误记”只是窥得了郭沫若常人的一面，作为诗人，其选择性的记忆，在更深

---

① 郭沫若：《郭沫若全集·文学编》第12卷，人民文学出版社1992年版，第86—87页。

② 同上书，第87页。

③ 同上书，第106页。

④ 郭沫若：《郭沫若全集·文学编》第15卷，人民文学出版社1990年版，第225页。

的层面上与其诗歌理念有莫大的关系。换言之，情感因素只是郭沫若“误记”的诱因，真正使得这一系列的“误记”在郭沫若自己看来顺理成章的是他对诗歌的看法、理解和体悟。

郭沫若“论诗”颇为丰富而近于繁杂——纵论古今诗艺，畅谈中外诗人，甚至“越俎代庖”进行自我批评与阐释，但其中亦有相悖之处，在审美追求上也显得“瞀乱与失措”。[①] 与这些“批评”不同的是，在与友人及家人讨论诗歌的书信中，郭沫若对诗歌的独特理解和颇具理论深度的“创见”得以提出。在讨论“误记”与郭沫若诗学观之前，有必要对这些诗论作以历时性考察。

最早在1925年出版的《文艺论集》中，郭沫若即以“论诗”为题整理过其与宗白华讨论诗歌的书信，后来又整理出《论诗三札》，收入与李石岑的通讯，我们仍以时间为序来考察：

第一信，1920年1月18日郭沫若致宗白华，这是郭沫若最早直接论诗的内容：“我想我们的诗只要是我们心中的诗意诗境底纯真的表现，命泉中流出来的strain，心琴上弹出来的melody，生底颤动，灵的喊叫，那便是真诗，好诗，便是我们人类底欢乐底源泉，陶醉底美酿，慰安底天国。”[②] 不难发现，其表达十分感性，仿佛也是在写诗，想法和理念固然很好，但却不能使人明确，这“诗意诗境”、“命泉”、“心琴”、“生底颤动，灵的喊叫”究竟指的是什么。至于诗歌公式：

诗 = （直觉 + 情调 + 想象） + （适当的文字）[③]
Inhalt　　Form

也流于形式，很难说准确明晰的表达了某种诗歌理念，而更多只是一种对新诗的深刻感悟。

第二信，1920年2月16日郭沫若致宗白华，经过近一个月的探索和思考，郭沫若开始完善自己的表达，说他“是最厌恶形式的人”，“对于诗的直感，总觉得以‘自然流露’的为上乘”，并进而提出“诗的本职专在抒情。抒情的文字便不采诗形，也不失其诗”，“情绪的吕律，情绪的色彩便是诗。诗的文字便是情绪自身的表现”，“形式方面我主张绝端的自由，绝端的自主”。此时，郭沫若已经开始有明确的价值判断和取舍，但对自己的核心观点仍缺乏必要的理论提升。

第三信，致李石岑（发表于1921年1月15日），又经过近一年的思考，郭沫若似乎找到了言说的关键词：

---

① 王富仁：《审美追求的瞀乱与失措——二论郭沫若的诗歌创作》，《北京社会科学》1988年第3期。

② 郭沫若：《郭沫若全集·文学编》第15卷，人民文学出版社1990年版，第13页。

③ 同上书，第14页。

> 诗之精神在其内在的韵律（Intrinsic Rhythm），……内在的韵律便是“情绪的自然消涨”。这是我自己在心理学上求得的一种解释，前人已曾道过与否不得而知，将来有暇时拟详细的论述。内在韵律诉诸心而不诉诸耳。①

郭沫若将该信置于《论诗三札》之首显然不是无意之举，而有他的用意和考虑。从心理学借鉴创造“内在律”和“有形律”使得郭沫若终于找到能够表达其诗歌理解和感悟的关键词，因此该信虽然写作较晚，但却置于文首，在郭氏诗论中起着至关重要的作用。

在《论诗三札》之外，1921 年 12 月 15 日，即距致李石岑不到一年后，郭沫若在致“元弟”的信中继续着他对诗歌的理论思考，甚至开出了七条“做新诗的原则”：

> ……诗是表情的文字，真情流露的文字自然成诗。新诗便是不假修饰，随情绪之纯真的表现而表现以文字。打个比喻如象照相。旧诗是随情绪之流露而加以雕琢，打个譬比如象画画。总之要新就新，要旧就旧，不要新旧杂糅，那就不成个物什了。
>
> 以下我写几则做新诗的原则在后。
>
> 1. 要有纯真的感触，情动于中令自己不能不“写”。不要凭空白地去“做”。所以不是限题做诗，是诗成后才有题。
>
> 2. 表显要力求真切，不许有一毫走踬。
>
> 3. 要用自己所有的言辞，不得滥用陈套语和成语。
>
> 4. 不要拘拘于押韵，总要自然。要全体都是韵。
>
> 5. 作一诗时，须要存个前无古人后无来者的心理。要使自家的诗之生命是一个新鲜鲜的产物，具有永恒不朽性。这么便是“创造”。
>
> 6. 全体的关系须求严密，不得用暧昧语。（如弟“木芙蓉”中末尾两句便是暧昧语，因为读的人不知道是甚么意思。）——暧昧与深邃不同，不要误会。抒情的文字惟最自然者为最深邃，因为情之为物最是神奇不可思议的天机。
>
> 7. 要有余韵，有含蓄。②

根据《游学家书》的说明，此信标点为原文所有，而“写”和“做”都打了引号，足见其与《论诗三札》有着内在延续性。正是在 1920 年 1 月 18 日致宗白华的信中，郭沫若最早提出了“写”诗与“做”诗的问题。

---

① 郭沫若：《郭沫若全集·文学编》第 15 卷，人民文学出版社 1990 年版，第 337 页。

② 郭沫若：《敝帚集与游学家书》，郭平英、秦川编注，中国社会科学出版社 2012 年版，第 263 页。

综上诸信，郭沫若“论诗”核心要义有二：一曰写诗与做诗，一曰内在律。但这两点“创见”理解起来并不容易。“写”诗与“做”诗的问题虽由郭沫若最早提出，但在差不多同时康白情、刘大白、周作人等亦相继谈及“写”诗与“做”诗的关系。[①] 与刘大白、周作人辩证地看待“写”诗与“做”诗的关系不同，郭沫若是极力提倡“写诗”而反对“做诗”的。但究竟如何才是“写诗”，如何才是“做诗”，郭氏没有系统的划分和理论的阐释。“内在律”是后人阐释郭沫若诗学观时频繁使用的概念，但郭氏只是提出了这一概念，并未深入建构和完善这一概念体系，坦言自己只是“从心理学上求得的一种解释，前人已曾道过与否不得而知，将来有暇时拟详细的论述”。[②] 众所周知，郭沫若实际上始终“没有闲暇”在理论上完善他的“内在律”，这应该说是一种遗憾。

但毕竟郭沫若是一位诗人，而非诗歌理论家，理解其诗学观更应关注其诗歌创作行动本身，而不只是其言说。与周作人等理论的思辨不同，郭沫若对“写”诗与“做”诗的理解显得偏颇和狭隘，但结合郭沫若诗歌创作，尤其是那些屡屡发生的“误记”，就不难明白，“写”对于郭沫若而言，似乎并不是某种实际动作的完成，而是一种“生底颤动，灵的喊叫”，某种内在情绪、情感或心理动作，它才是诗歌诞生的真正源泉，而“做”则只不过是寻求一种外在形式而已。1916 年“夏秋之交”与 1921 年“七月初旬”，情感已经发生，“写诗”的确正在进行或完成，它们和诗歌落笔乃至发表的时间在郭那里是并行不悖的。

“写”与“内在律”有着内在的一致性，为进一步说明这种一致性，郭沫若打了一个非常形象的比喻：“大抵歌之成分外在律多而内在律少。诗应该是纯粹的内在律，表示它的工具用外在律也可，便不用外在律，也正是裸体的美人。”[③] 而“外在律”在他看来则是“衣裳”，并进一步认为“总之，诗无论新旧，只要是真正的美人穿件甚么衣裳都好，不穿衣裳的裸体更好”![④] 如此足见，与“写”诗与“做”诗的关系一样，在郭沫若的眼中，“内在律”和“外在律”不是一般意义上的辩证统一关系，它们是不对等的。“内在律”更贴近诗的本质，是诗的灵魂，而“外在律”则如衣裳，不仅可以换，而且“不穿”更好。

上述郭氏不免独断偏颇的言论所要极力彰显的是其诗学观的核心要义——即主观情绪主导一切，哪怕是写作时间这样不能随意主观化的存在。不难想象，在这一诗歌理念的观照之下，郭沫若将所有与和安娜恋爱相关的新旧诗写作时间定格于 1916 年

---

① 详见康白情《新诗的我见》（1920 年 3 月 15 日《少年中国》第 1 卷第 9 期）、刘大白《再答胡怀琛先生》（1921 年 4 月 7 日《民国日报·觉悟》）、周作人《诗的方便》（1924 年 3 月 28 日《民国日报·觉悟》）等诸文。

② 郭沫若：《郭沫若全集·文学编》第 15 卷，人民文学出版社 1990 年版，第 337 页。

③ 同上书，第 338 页。

④ 同上。

有着某种必然性，而他也未必会认同这是一系列的“误记”，因为在他看来，在1916年夏秋之交，构成那些新旧诗的“内在律”“裸体美”已然成型，诗其实基本已经“作”完了，至于何时形成文字，形成怎样的文字，白话的或文言的，中文的或外文的，何时穿上合适的“衣裳”，就要看契机了。与和安娜恋爱的“内在律”相关的诗作，就有英文诗、白话新诗和旧体诗，郭沫若因时因地选择语言、诗体形式等外在“衣裳”，而其不变的“诗”在他看来早已“写”完了。

值得强调的是，在这一诗歌理念下，所谓新诗和旧诗对郭沫若而言，又失去了非此即彼的对立，与白话新诗草创期的倡导者从与旧体诗的对立中寻找新诗的存在不同，郭沫若对待诗体形式可谓始终如一，那就是都是外在的“衣裳”，完全不必非要强调差别和区分。这一观点，郭沫若直到晚年也一直坚持，1950年他在写给沙鸥的信中这样说道：“《诗刊》把旧诗别列一栏，好像新诗才是‘诗’，旧诗只是旧诗，我觉得有些不熨贴。”① 关于新诗与旧诗，郭沫若致元弟的家信中用了“照相”、“画画”的比喻，新诗如照相，旧诗如画画，各有所长，各有优劣。这种新、旧体诗观至少在当时的诗人中是不多见的。

不难看出，郭沫若之“内在律”是彻底的、绝端的，是情感的“一元论”，而“诗的创造”不过是“感情的美化（Refine）”。② 郭氏的诗学观充满片面之深刻，就“开一代诗风”而言，郭沫若及其新诗创作在新诗地位确立和白话新文学的最终胜利上意义重大，但其“绝端”的姿态意味着他必然面临挑战，甚至其本身亦可能滑向另一种绝端。随着新月诗派、现代诗派等新诗创作的勃兴，郭沫若本人即意识到自己与业已发展壮大的新诗渐行渐远。除了在1936年《我的作诗的经过》中郭沫若说：“好些朋友到现在都还称我是‘诗人’，我自己有点不安，觉得‘诗人’那顶帽子，和我的脑袋似乎不大合式。”③ 更是在1944年《序我的诗》中，直言“我不大高兴别人称我为‘诗人’”，并说“我自己更要坦白地承认，我的诗和对于诗的理解，和一些新诗家与新诗理论家比较起来，显然是不时髦了；而和一些旧诗翁和诗话老人比较起来，不用说还是‘裂冠毁裳’的叛逆。因此我实在不大喜欢这个‘诗人’的名号”。此时在郭沫若眼里，新诗也成了某种羁绊——“旧诗我做得来，新诗我也做得来，但我两样都不大肯做：因为我感觉着旧诗是镣铐，新诗也是镣铐，假使没有真诚的力感来突破一切的藩篱。一定要我‘做’，我是‘做’得出来的，旧诗要限到千韵以上，新诗要做成十万行，似乎也可以做得出来。但那些做出来的成果是‘诗’吗？我深深地怀疑，因而我不愿白费力气。我愿打破一切诗的形式来写我自己能够够味的东西。”④

---

① 《郭沫若、陈毅同志关于诗的信》，《诗刊》1997年第1期。

② 郭沫若：《郭沫若全集·文学编》第15卷，人民文学出版社1990年版，第49页。

③ 郭沫若：《郭沫若全集·文学编》第16卷，人民文学出版社1989年版，第209页。

④ 郭沫若：《郭沫若全集·文学编》第19卷，人民文学出版社1992年版，第404—410页。

实际上，随着新诗的不断发展，郭氏之诗学观与新诗发展的主线越来越远，郭沫若建国后的诗歌写作及评价充分说明了这一点，而近二十年来，学界出现的“郭沫若两极评价”① 更说明，在尚未真正形成的新诗“传统”中，为新诗“开一代诗风”的郭沫若正在被边缘化。“打破一切诗的形式”和“够味的东西”为我们解读建国后郭沫若的诗歌创作活动，在纵向和横向上连贯其一生的诗歌创作，避免割裂、避免抑扬两极等学术误区是极具启示价值的。

同时，随着网络诗坛的崛起，所谓体制外、下半身，抑或是口语、口水与垃圾派等，其标榜着的“对立”和“叛逆”让中国诗歌诗美规范再次转入一次大的调整期。作为中国现代新诗之一“根”，郭沫若诗歌及其诗学观被网络诗坛重新发现。② 在学界不断强调郭诗文学史价值的同时，随着中国诗歌的进一步发展和裂变，郭沫若诗歌的生命力和“当下价值”正在日益彰显。

（原载《现代中国文化与文学》2014 年第 1 期）

---

① 魏建：《郭沫若“两极评价”的再思考》，《山东师范大学学报》（人文社会科学版）2012 年第 6 期。

② 伊沙：《抛开历史我不读——郭沫若批判》，《十诗人批判书》，时代文艺出版社 2001 年版。

《女神》等同于“五四”时期的郭沫若吗？

——“女神时期”郭沫若佚诗解读

张　勇

1921年8月5日《女神》由上海泰东图书局初版发行，以此宣告了郭沫若正式登上了“五四”文学的舞台，也预示着中国新文学史和新诗史进入了成熟阶段，同时《女神》成为“郭沫若文学创作中被阅读最多、研究最多的文本”。[①]《女神》已经俨然成为了郭沫若的代表词，只要是提到郭沫若首先我们想到的肯定会是《女神》中那些慷慨激昂的诗篇，同样只要谈到《女神》中《凤凰涅槃》的诗句便不能不联想到郭沫若的青春诗人的形象。

一　《女神》研究中所存在的问题及“女神时期”概念的提出

伴随着《女神》不断结集出版，以及它在郭沫若文学创作和中国文学史上的地位，因此《女神》已经成为了郭沫若研究领域中无论如何也无法绕开的话题，对《女神》的研究已然成为各时期郭沫若文学研究的起点和风向标，在很大程度上可以说对《女神》研究的如何也就表明郭沫若文学研究达到了怎样的水准。

“忽地一个人用海涛底音调，雷霆底声响替他们全盘唱出来了。这个人便是郭沫若，他所唱的就是《女神》。”[②]这是《女神》刚刚出版不久闻一多对这部作品所做出的评价，这也是郭沫若文学研究较早的成果，在这篇文章后《女神》和郭沫若的研究便拉开了帷幕。

“新中国建立以来郭沫若研究的第一篇学术性论文”[③]便是1953年刊登于《文艺报》第23号的臧克家《反抗的、自由的、创造的〈女神〉》一文。而1978年1月28日《光明日报》上所刊登的楼栖的《再论〈女神〉》一文拉开了新时期郭沫若文学研究的序幕。至此有关郭沫若《女神》研究的专著、论文不断出现，随着时间的推

① 蔡震：《〈女神〉及佚诗》，人民文学出版社2008年版，第295页。

② 闻一多：《女神之时代精神》，《创造周报》1923年6月3日第4号。

③ 朱寿桐：《郭沫若文学研究五十年》，《徐州师范大学学报》2001年第1期。

移和新方法的引进等，《女神》逐渐成为郭沫若研究中最突出的部分。

研究者们不断借助于对《女神》的研究成果丰富着郭沫若研究的世界。截止到目前有关《女神》的研究主要集中在：思想内容研究；艺术和审美风格研究；《女神》外来思想和文化内涵研究；《女神》的比较研究等几个方面，这几个方面也几乎涵盖了《女神》研究的各个角落，所得到的结论也是新颖独到，有些研究成果甚至形成了互相交锋的现象。这种研究局面固然可喜，说明了郭沫若的研究者们不断地进行探索、争辩和创新。但是也正如蔡震所说："多年以来的《女神》研究已经鲜有亮点，许多文章只是在重复前人说过的话，后者只是换了一种说话的方式，换了一些遣词造句的用语。"①

《女神》的研究在这么短的时间之内形成了那么多不同的观点，甚至有些是完全相异的认识，有认为是歌颂自由主义的；有认为是倡导泛神论的；也有认为全面展示了郭沫若的无产阶级斗争精神。这除了说明研究者对《女神》多元化解读的努力外，其实也从另一个方面显现出《女神》研究所出现的绝对化和单一化的问题，也即是我们过于相信《女神》1921 年的初版本，用《女神》的初版本作为解释郭沫若"五四"时期文学创作的唯一依据，这是目前《女神》研究中一个最根本的问题。

《女神》是郭沫若在"五四"时期诗歌创作成就最集中的代表，也表明了郭沫若前期文学创作比较确切的思想和倾向。虽然如此我认为这些结论还是后来研究者赋予《女神》的，如果对《女神》进行还原释读的话，那么《女神》仅仅是郭沫若所编录的一部诗集，仅仅是郭沫若在"五四"新文学运动时期创作的 56 首诗歌的集结，但这并不是郭沫若在"五四"时期全部的诗歌创作，甚至说连大多数都算不上，特别是截止到《女神》初版的 1921 年 8 月，至少有 52 首作品没有被郭沫若收入其中。在《女神》初版本诗集以外还有比和《女神》数量更多的郭沫若同时期所创作的诗歌存在，这些诗歌中不仅有自由体诗，还有古体诗；不仅有歌颂自然的诗歌，还有自我日常生活的诗作；不仅有高亢激昂的诗句创作，还有缠绵清丽的语句抒发。

由此看来我们目前阶段所研究的《女神》并不是一个完整的文本，还有很多丰富的信息遗失在《女神》之外，这也造成对"五四"时期郭沫若认识的片面性和残缺性，在我们现今特别是文学史的记述中"五四时期"的郭沫若永远是那种天马行空之外的行吟诗人；是那种超脱物外的天狗形象；是那种经过历史生活洗礼的涅槃后的永生……总之这一时期的郭沫若代表着积极上进、青春永在的形象。但是事实果真如此吗？

随着"女神时期"郭沫若佚诗的收集、整理和出版，一个《女神》之外的郭沫若便跃然而生，这就是与《女神》出版同时期的"女神时期"的郭沫若。蔡震先生曾经早在 2008 年时在其编选的《〈女神〉及佚诗》中就明确提出了"女神时期"这

① 蔡震：《关于郭沫若文献史料工作的回顾与思考》，四川出版集团巴蜀书社 2010 年版，第 18 页。

一概念①，但是这一学术观点一直没有得到学术界的普遍重视。

“女神时期”的诗歌主要是以郭沫若创作于1914年夏季的《镜浦》之一、之二两首作为起点，将1924年10月3日的《采栗谣三首》和《日之夕矣》两篇作品作为终点，在这近十年的时间段内郭沫若所创作完成的诗歌作品作为一个整体来进行考察和研究郭沫若。这样相对于1921年8月5日由泰东图书局出版的《女神》初版本来讲，“女神时期”的时间范畴的划分从外延上来讲更加宽泛，时间跨度更长，这样郭沫若“五四”时期创作的发生、发展和变化的轨迹将会更加清晰。

“女神时期”概念的提出有利于我们进一步全面系统的研究郭沫若，这样一个既有引吭高歌极力推崇“天狗”力量激情四射的郭沫若，也有抚慰爱子充满父爱真情的郭沫若；一个既有现代自由诗歌创作热情的郭沫若，也有饱含古代文化熏陶的人间郭沫若，这是一个立体的多元化郭沫若，这也是一个生存于“五四”新文化运动变革之时的真实郭沫若。在郭沫若研究中“女神时期”概念的提出，对于“五四”时期郭沫若文艺思想、文化选择等方面的问题研究将具有重要意义。

二 “女神时期”郭沫若佚诗艺术特色分析

2008年6月由郭沫若纪念馆蔡震先生辑录的《〈女神〉及佚诗》由人民文学出版社出版发行，这部著作是由1921年8月5日由泰东图书局出版发行的《女神》初版本，以及从1914年到1924年这十年间郭沫若所创作但没有收录到《女神》初版本中的诗歌所组成。

这部《女神》的初版本以及同时期的佚诗出版以后，尽管《郭沫若学刊》等刊物对此进行了报道，相关的学者也在论文著作中提及此书，但是目前为止此书还仅仅作为了学者研究郭沫若的原始资料，还没有能够以文学文本的面目进入读者和研究者的视野之中。至少目前为止还没有一篇单独介绍郭沫若“女神时期”的文学价值、审美意蕴的文章出现。那么这些佚诗作为文学文本的价值和意义何在呢？

目前对《女神》的文本细读和艺术特色研究成果非常多，而且取得的成果也相当高，但是“女神时期”的佚诗已经出版有五年多的时间了，但是对它的研究却寥寥无几，那么“女神时期”郭沫若的这些佚诗究竟有哪些艺术特色呢，这些佚诗与《女神》有哪些差异呢？

1. “女神时期”郭沫若佚诗的外在结构特征

郭沫若在《女神》初版本中所选取的56首诗歌从外在形式上基本上都是整齐和对称的，要么采取首词的循环，要么采用诗句的反复，这充分显示出郭沫若在诗歌外在结构整齐划一方面的着力追求，而且这种句式的运用还在一定程度上增加了诗歌的

① 蔡震：《〈女神〉及佚诗》，人民文学出版社2008年版，第296页。

节奏感，读者读起来更加朗朗上口，如《晨安》一诗中：

晨安！常动不息的大海呀！
晨安！明迷恍惚的旭光呀！
晨安！诗一样涌着的白云呀！
晨安！平匀明直的丝雨呀！诗语呀！
晨安！情热一样燃着的海山呀！
晨安！梳人灵魂的晨风呀！
晨风呀！你请把我的声音传到四方去罢。

要么采用句式的反复，如《天狗》：

我是月底光，
我是日底光，
我是一切星球底光，
我是 X 光线底光，
我是全宇宙 Energy 底总量！

通过这种句式或词句甚至是段落的反复吟唱，显现出诗歌外在结构整齐划一，改变了白话新诗创作之初诗歌句式过于散文化的形式，给读者造成了视觉上的冲击，从而规约了现代白话新诗创作外在结构的诗美规范。

与初版本《女神》中所选择的诗歌不同，“女神时期”的佚诗从外在结构上基本没有形成较为统一的格式，显得较为驳杂，虽然这些佚诗之中也出现了少量的如《女神》中相似的句式反复，规整结构的诗作。如《宇宙革命的狂歌》：

宇宙中何等的一大革命哟！
新陈代谢都是革命底过程，
暑往寒来都是革命底表现，
风霆雷雨都是革命底先锋，
朝霞晚红都是革命底旗纛，
海水永远奏着革命底欢歌，
火山永远举着革命底烽火，
革命哟！革命哟！革命哟！
从无极到如今，
革命哟！革命哟！革命哟！

日夕不息的永恒底潮流哟！

类似于这样整齐划一结构，充满节奏感的诗作，在“女神时期”的佚诗之中仅仅只有少量作品存在，绝大多数还是表现出明显的“散文化的构思”① 的创作倾向，如《一个破了的玻璃茶杯》：

我在青春的时候，
摘过一枝紫色的草花，
配了一皮浓厚的青草。
供在这个破了的玻璃杯中，
花草底精神真是好！

这首写于1919年11月6日的诗歌与同时期如胡适、康白情等诗人所创作的散文化的诗歌创作外在的样式极为相近，甚至可以说如果这首诗不是按照诗歌分行的格式来写，完全就是一篇白话散文。类似于这样的诗歌结构在“女神时期”的佚诗中数量较多。

不仅如此，《女神》集外的佚诗之中还有相当数量的用古体诗样式写出的诗歌，如《十里松原四首之一》：

十里松原负稚行，耳畔松声并海声。
昂头我见天星笑，天星笑我步难成。

像这样的古体诗在《女神》集外的佚诗中就有18题23首，在同时期佚诗中占据比重相当大，这些古体诗的创作既反映了郭沫若深厚的古典文学的功底，又表明了郭沫若“五四”新文化运动时期在诗歌创作上多元化的尝试，更为重要的是这时期他对白话诗歌到底应该如何创作其实还并未形成一个非常清晰确切的观念。

另外，像《雷雨》一诗仅仅从外在形式上就更加奇特：

雨，
黄昏，
室如漆，
宇宙晦冥。

---

① 朱寿桐：《郭沫若早期诗风、诗艺的选择与白话新诗的可能性——论〈女神〉集外散佚诗歌》，《郭沫若学刊》2008年第1期。

一个电光来，
猛把黑暗劈开，
地狱已倒坏！
你请听呀
好声威！
倒声？
雷？

以上这些佚诗从诗歌形式来讲还是明显的诗歌创作，但是还有一些佚诗完全与我们想象的诗歌形式就大相径庭了，如《昨夜梦见泰戈尔》：

昨夜梦见泰戈尔。

他向我说道：“你们中国诗人，都是些唱戏的猴子。”

我说：“怎么说呢？”

他说：“他们惯会摹仿，东一摹仿，西一摹仿，身上穿的一件花花衣裳，终竟捉襟见肘。”

“哼，笑话！”我愤恨着回答他，“其实你老先生也不过是一条老猴子。你比我们好点的，是西洋人多赏了你几个钱罢了！”

他用手杖来打我一下，我醒了转来，失悔我毁坏了一个大偶像。

诗歌中掺杂了对话、叙事等小说创作的方法，这在同时期的其他重要白话新诗创作者的诗歌中还是很少见的。

因此仅仅从诗歌的外在形式上来讲，郭沫若在“五四”时期的诗作呈现出多元化的倾向，而并非我们仅从《女神》中看到的那样整齐划一的结构形式，由郭沫若“女神时期”佚诗创作的外在结构不难看出，郭沫若的白话新诗创作也经历了一个非常清晰地尝试、实验乃至最后定型的过程。这同时也为郭沫若在20世纪20年代初期文艺创作观念不断更迭和变化的原因找到了很好的注脚。

2. “女神时期”郭沫若佚诗的思想内容

除了形式的革新以外，我们以往对《女神》的评价还主要集中在思想内容上。但是在现今的《女神》研究以及文学史的叙述中，《女神》这部诗作的主要内容基本上被界定为：《女神》集中地表现了五四时代的人的觉醒和自觉，表现了个性解放和自由发展的思想欲望，并详细分析了其火一样的反抗叛逆精神，炽热的爱国主义激情和社会主义思想的闪光。①

① 胡忱、王泽龙：《近三十年郭沫若〈女神〉研究述评》，《郭沫若学刊》2009年第3期。

哦哦，光底雄劲！
玛瑙一样的晨鸟在我眼前飞纷。
明与暗刀切断了一样地分明！
明的是浮云，暗的也是浮云，
同是一样的浮云，为甚麼有暗有明？
我守看着那一切的暗云……
被亚坡罗底雄光驱除尽！
我才知道四野底鸡声别有一段的意味深湛。

像这首《日出》中所表现出的那种激昂的情感，那种永不言弃的精神在《女神》中随处可见。

另外《女神》中还不断出现了对于劳工的赞颂、对于新生的讴歌以及对于祖国的眷恋的情感，如《心灯》：

更有只雄壮的飞鹰在我头上飞航，
他闪闪翅儿，又停停桨，
他从光明中飞来，又向光明中飞往，
我想到我心地里翱翔着的凤凰。

在这种情形下我们也基本上就把郭沫若在《女神》里面所表现出的思想，当做了郭沫若在“五四”时期的思想特征，但是通过对“女神时期”郭沫若佚诗的解读，另外一种不同于《女神》思想表征的意味便呈现出来了。

首先，“女神时期”佚诗中最多的就是郭沫若对日常生活中“小我”的描述和表现了，这与我们看到的那个构建洪荒中的大我的郭沫若形成了鲜明的对比。如《抱和儿浴博多湾中》：

儿呀！你快看那一海的银波。
夕阳光里的大海如被新磨。
儿呀！你看那西方的山影罩着纱罗。
儿呀！我愿你的身心像海一样的光洁山一样的清疏。

在这首诗中郭沫若一改《女神》中的狂放不羁的性情，把他作为一个慈父的形象展示在我们面前，这种形象更加与读者情感贴近，更为关键的是从此我们也看到了郭沫若细腻多情、情感交织的一面。

其次，意象的建构一直是界定《女神》思想内容表现的重要方面，《女神》正是借助着一个又一个的意象拨动着时人的心弦，叩响着时代的脉搏，我们看到了那涅槃的凤凰，我们也读到了那太平洋波涛的汹涌，我们也体验到了太阳意象的灼热，正是借助于这些巨大意象，郭沫若赋予了《女神》鲜明“五四”时代的印记，同时也赢得了时代的赞誉。

> 青沈沈的大海，波涛汹涌着，潮向东方。
> 光芒万丈地，将要出现了哟——新生的太阳！
>
> 天海中的云岛都已笑得来火一样地鲜明！
> 我恨不得，把我眼前的障碍一概纻平！
>
> 出现了哟！出现了哟！耿晶晶地白灼的圆光！
> 从我两眸中有无限道的金丝向着太阳飞放。

太阳、波涛、天海、云岛、圆光等都是我们日常生活中几乎不可能触及的巨大的意象，借助这些意象郭沫若完成了对于新世界的建构和旧社会的背离。

但在“女神时期”的佚诗之中，这些类似于太阳、波涛、太平洋等巨大的意象基本上都不复存在了，取而代之的是一些具体的、细小的生活中随处可见的普通意象。如《重过旧居》：

> 别离了三阅月的旧居，
> 依然寂立在博多湾上，
> 中心怦怦地走向门前，
> 门外休息着两三梓匠。
>
> 这是我许多思索的摇篮，
> 这是我许多诗歌的产床。
> 我忘不了那净朗的楼头，
> 我忘不了那楼头的眺望。

《女神》中那些具有幻想硕大的意象，如今变为了具体细微日常事务的描摹和展示，一个对生活充满真挚情感的郭沫若跃然纸上。

再次，《女神》中所表现出的泛神论思想一直也是研究者们关注的焦点话题，有些研究者就认为郭沫若的《女神》中“赞美了大自然不息的内在动力。诗歌中物我融合，体现了混然一体的超尘情景，体现了诗人‘民胞物与’、‘泛爱万物’的博大胸怀”。也有学者认为郭沫若的《女神》中“宇宙万物都是自我的表现；追求人与自然的融合，物我交融的境界；对于力的赞颂”。[①] 如《笔立山头展望》：

大都会底脉搏呀！
生底鼓动呀！
打着在，吹着在，叫着在，……
喷着在，飞着在，跳着在，……
四面的天郊烟幕蒙笼了！
我的心脏呀，快要跳出口来了！
哦哦，山岳底波涛，瓦屋底波涛，
涌着在，涌着在，涌着在，涌着在呀！
万籁共鸣的 symphony，
自然与人生底婚礼呀！
弯弯的海岸好像 Cupid 底弓弩呀！
人底生命便是箭，正在海上放射呀！
黑沈沈的海湾，停泊着的轮船，进行着的轮船，数不尽的轮船，
一枝枝的烟筒都开着了朵黑色的牡丹呀！
哦哦，二十世纪底名花！
近代文明底严母呀！

目前研究领域中基本上都认为《女神》体现出了郭沫若借助泛神论思想进行了偶像的破坏，打破了传统中国思想体系，体现了一种积极向上的乐观心态。

但是如果参照一下郭沫若“女神时期”的佚诗，一个令我们感觉到诧异的现象便是，“女神时期”郭沫若的佚诗中存在着与泛神论相反的一些宗教诗。在这些宗教诗中，那个敢于打破偶像的充满“大我”意识的郭沫若转变为了一个充满忏悔意识的“无助”的郭沫若。如《晚饭过后·造化与人生》：

一件漆黑的蟒袍（mantle）
裹着两个灵魂——儿的灵魂，我的灵魂——
好像这慈悲的黑夜裹着这结了松子的松树的灵魂。
呼——呼——呼。
呼——呼——呼。

① 胡忱、王泽龙：《近三十年郭沫若〈女神〉研究述评》，《郭沫若学刊》2009 年第3 期。

儿的鼾声在背上吹，天的鼾声在空中吹。
啊！冷呀，冷呀。
我走一步，我停一步。
我又走一步，我又停一步。
沫若！你了解了这人生的真谛？
这不是现实的悲哀，
这却是造化的深意。
从往劫以到眼前，
从眼前以到无际，
这背负着我们人类的地球，
他何曾道过苦趣？
咳！我年轻的时候，
不知道我父亲也背了我好多回。
我的父亲呀！你如今想着你海外的儿，
恐怕正在流眼泪。

在这里那个我们所熟知的具有决绝意志的郭沫若不见了，那个誓将以涅槃更生的精神换取光明未来的郭沫若不见了，展现在我们面前的反而是一个充满惆怅的郭沫若，一个信奉神灵的郭沫若了。

从此来看散佚在《女神》初版本中的郭沫若“女神时期”的诗歌创作，无论是外在结构还是内在思想情感、意象运用以及自我意识表达等各个方面都呈现出与《女神》初版本中我们所形成的定格化认知不一样的情形和样态。由此可见，只有通过郭沫若“女神时期”佚诗与《女神》的综合考察我们才能够看到一个所不曾熟识的情感细腻真挚、内心多元追求的郭沫若，这样的郭沫若才是一个活生生的人，一个充满血肉情感的文学创作者。

三　“女神时期”的郭沫若价值重估

通过以上对于郭沫若“女神时期”佚诗外在结构和内在思想的综述，现在有关对“《女神》研究已经鲜有亮点，许多文章只是在重复前人说过的话，或者只是换了一种说话的方式，换了一些遣词造句的用语”① 的论断便会有了更加深刻的体认。由此也可以发现一些郭沫若研究中的问题亟待解决。

首先，重新审视以《女神》来界定“五四”时期郭沫若的观念。

① 蔡震：《关于郭沫若文献史料工作的回顾与思考》，四川出版集团巴蜀书社2010年版，第18页。

我们研究者对《女神》解读的落脚点最终还是放置在了对郭沫若文艺思想、创作倾向等方面问题阐释的角度上，也就是说以往对《女神》研究的成果其实就代表着对“五四”时期郭沫若的诠释，《女神》是怎样的“五四”时期的郭沫若就是怎样的，郭沫若在“五四”时期的全部就是《女神》。因此我们看到了因为在《女神》中有泛神论的思想，我们就认定此时的郭沫若是信奉泛神论的；因为《女神》中有劳工大众的表述，我们就因此认为郭沫若并不是信奉泛神论，而是信奉马克思主义的；因为《女神》中有对自由精神的渴望，我们就认为郭沫若早期是自由知识分子；因为《女神》中有对未来的幻想和渴望，我们就认为郭沫若是浪漫主义的。郭沫若文学研究的这种简单的对接和对等现象在《女神》的研究中尤为突出，由此也造成了郭沫若研究中固有的绝对化的问题，这一问题在对郭沫若后期研究中更为明显和突出。

《女神》研究之所以出现了上述的问题主要是因为许多研究者把《女神》作为一个研究对象时，他也许并没有意识到，他面对的并不是一个完整的文本对象，这只是郭沫若将自己在一段时间内的诗歌作品编选而成的一个思想倾向和艺术审美追求较为接近的诗歌选本，这仅仅是郭沫若某一方面创作的集合，并不能代表此时郭沫若的创作和思想的全部。

诗人如何编选自己的作品，有他自己的考虑和理由，但从研究的角度上说，如果没有将与《女神》同一时间段产生的、至少同等数量的诗歌作品纳入考察的视野之内，那么对于《女神》的研究必然导致先天不足，一些残缺的、片面的论断当然会由此而生。也即是说，把郭沫若在那一段时间内创作的七十首、八十首或更多数量的诗作，而不仅仅是《女神》初版本的56首诗作放在一起进行考察，那么我们看到的郭沫若这一时期的诗歌创作恐怕就不完全是《女神》这本集子现在所展现出来的样子了。《女神》的解说发生的变化，那么由《女神》所推导出的这一时期郭沫若的文艺思想、创作方法、文化品格等各个方面当然也会发生巨大的变化，因此从“女神时期”郭沫若的佚诗中我们会看到一个与以往研究者所定格化的郭沫若完全不一样的另外一个郭沫若。

其次，郭沫若“五四”时期诗艺观念的重新界定。

郭沫若在创作“女神时期”的诗歌时认为“诗是一切艺术的精华”①，因而对于诗歌表现的艺术和技术问题往往非常留意。在这种认识的指引下，他不断在探讨着诗歌创作的路径，他时而认为：“诗不是‘做’出来的，只是‘写’出来的。”② 时而认为诗：“是我们心中的诗意诗境底纯真的表现，命泉中流出来的 strain，心琴上弹出

① 郭沫若：《曼衍言》，《创造》季刊，第1卷第2期。

② 同上。

来的 melody，生底颤动，灵底喊叫。”① 他还认为：“我说诗是写的不是做的，有些人误解了，以为是言不由衷地乱写；或则把客观的世界反射地誊写。”② 他有时候也认为：“我想诗人底心境譬如一湾清澄的海水，没有风的时候，便静止着如象一张明镜，宇宙万汇底印象都涵映着在里面；一有风的时候，便要翻波涌浪起来，宇宙万汇底印象都活动着在里面。这风便是所谓直觉，灵感（inspiration），这起了的波浪便是高张着的情调。这活动着的印象便是徂徕着的想象。”他有时候还会认为“诗底主要成分总要算是‘自我表现’”。③

对于郭沫若的这些有关诗歌艺术创作观念的表述，我们以前要么简单地认为这是郭沫若在诗歌创作多元化探索的表现，要么认为这是郭沫若不断在修订自己的文艺创作观念，有些学者更加简单的认为这是郭沫若善变性情最集中的表现，甚至以此来解释郭沫若在晚年中所作出的一些表态和行为。究竟郭沫若为什么这样做，这样做的目的是什么等方面的问题都没有明确的创作例证，但如果仔细考量的话郭沫若以上多元化的文艺观念又与《女神》中非常明晰的创作观念发生了抵牾，那么这又如何解释呢？

对此朱寿桐先生在其《郭沫若早期诗风、诗艺的选择与白话新诗的可能性——论〈女神〉集外散佚诗歌》一文中认为：“由《女神》初版本与同时期佚作的创作来看，郭沫若看来‘写’诗讲求诗艺和诗法乃是不言而喻的前提。他一方面确实放任情绪在新诗中的自然流露，另一方面在建构新诗的构思法则，设计新诗的表现策略方面，则也作了几多试验，并进行了艰苦而有效的选择，然后通过《女神》作了文本定型。”这种观点在很大程度上改变了过去我们对于《女神》的认知，但是还有些问题依然没能够揭示出谜底，如为什么《女神》初版本中并没有把此集子定义为诗集而是界定为“剧曲诗歌集”，《女神》初版本的第一辑明显的就不是现代白话新诗。因此《女神》和同时期的佚诗还有很多亟待解决的问题。

郭沫若“五四”时期诗歌创作的艺术观念与《女神》初版本联系在一起是不够的，还需要将同时期的佚诗纳入研究视野之中这样，很多疑问便可迎刃而解了。从“女神时期”佚诗中我们如果仅仅看到这些诗歌的数量以及内容还远远不够，而《女神》只是郭沫若对同时期所创作诗歌进行选择的结果，通过这种选择我们明显地可以看出郭沫若此时的创作已经有了倾向性，但还没有达到定型的程度。其实郭沫若写作新诗的无目的性要远远大于他的文学目的性，这种随意性的写作才应该是“女神”时期诗歌创作的最初动力。

郭沫若在开始写白话新诗时，并不是如胡适一样为了某种目的而作诗，也不会去

① 郭沫若：《郭沫若致宗白华》，上海亚东图书馆 1920 年版。
② 郭沫若：《曼衍言》，《创造》季刊，第 1 卷第 2 期。
③ 郭沫若：《郭沫若致宗白华》，上海亚东图书馆 1920 年版。

区别什么旧体诗、白话新诗、戏曲诗、散文诗等理论概念的区别，只要是能够表达自己内心的情感就足够了。因此郭沫若在辑录成《女神》后，也并不知道是不是该把它当作一部新诗集，于是他便将《女神》初版本标示着“剧曲诗歌集”而非“白话新诗集”。

还有就是我们都习惯了用某种“主义”来标示《女神》的文学创作手法和审美特征，纵观《女神》现有的研究成果至少我们现在用过浪漫主义、象征主义、表现主义、泛神论等理论来界定郭沫若《女神》的诗艺倾向，甚至还将《女神》的三辑分别对应着泰戈尔的体式、惠特曼的体式和歌德的体式三个部分。但是联系到《女神》同时期的佚诗中大量的散文诗、宗教诗、口语诗、写实诗、儿歌诗、金字塔状诗，甚至还有一些不太好归纳的诗，这样看来哪一种主义都没法涵盖郭沫若“女神时期”诗歌创作的全部。

对于郭沫若来讲其实什么主义并不重要，重要的是自己能够自由创作就足够了，此刻的郭沫若还只是博多湾畔的一位医学部的学生，只是几个孩子的父亲而已，对于郭沫若来讲：“旧诗是镣铐，新诗也是镣铐，假使没有真诚的力感来突破一切的藩篱。……”[①] 在这样看来无论是诗歌形式、表现手法、艺术风格以及审美情感上郭沫若都不强制自己去模仿别人，刻意追求什么“主义”，“女神时期”的诗歌创作便是在这样心境中创作出来的。

因此对于“女神时期”郭沫若诗歌创作一定要走出郑伯奇在《新文学大系·小说三集·导言》中所提出的浪漫主义模式，走向更广阔、多元化的阐释途径。

再次，“郭沫若与日本”课题的重新审视。

对于郭沫若“五四”时期的文化选择我们一般都是由《女神》的审美倾向进行推导和界定的，但自《女神》的研究开始阶段，我们的研究者们就将它放置在了西方文化影响下所产生的，因此这部诗集从一开始就定位于表现出十足欧化的倾向，那么郭沫若“五四”时期的文化选择必然也是欧化的。但是郭沫若自己曾不止一次的表示：“我的文学活动期是九州大学当学生时，那时候我大都以日本的自然与人事为题材的。”[②] 他称博多湾“是我许多诗歌的产床”。在一次关于他的诗歌创作的访谈中，郭沫若否定了采访人认为《女神》带有其家乡四川乐山的地方色彩的看法，而认为自己年轻时曾经生活的博多湾“那个地方的色彩倒很浓厚”。[③] 因此，“女神时期”的郭沫若的创作与日本社会和文学关系这是目前我们研究中所忽视的方面。[④]

纵观《女神》及“女神时期”佚诗我们非常明显地发现郭沫若运用自由体形式

---

① 郭沫若：《序我的诗》，《凤凰》，重庆明天出版社1944年版。

② 郭沫若：《自然底追怀》，《日本文艺》1934年第2期。

③ 郭沫若：《郭沫若诗作谈》，《现世界》1936年第8期。

④ 对于“郭沫若与日本”这一个角度，蔡震先生在2007年四川乐山“当代视野下的郭沫若研究”会议中做了系统的论述，笔者这一部分仅仅只是从“女神时期”佚诗的角度来谈郭沫若与日本的关系。

写作诗歌并非来自国内文坛的启示。郭沫若“女神时期”诗歌的语句非常明显与胡适、刘大白等早期的白话新诗人诗歌创作的语言表达完全不同。如《立在地球边上放号》：

> 无数的白云正在空中怒涌，
> 啊啊！好幅壮丽的北冰洋的情景哟！
> 无限的太平洋提起他全身的力量来把地球推到。
> 啊啊！我眼前来了滚滚的洪涛哟！
> 啊啊！不断的毁坏，不断的创造，不断的努力哟！
> 啊啊！力哟！力哟！
> 力的绘画，力的舞蹈，力的音乐，力的诗歌，力的 Rhythm 哟！

这样的诗句读起来朗朗上口，明显的带有口语的特色，但是这种口语与胡适的“两个黄蝴蝶，双双飞上天/不知为什么，一个突飞还”的口语创作完全是不一样的感受。

泰戈尔的诗歌虽然给予他很大影响，但这些影响还仅仅只是创作的观念上，到了具体的语言创作环节上，郭沫若“女神时期”的诗歌语言与泰戈尔的诗歌语言还是大相径庭的。最明显的标志就是郭沫若“女神时期”的诗歌创作明显的带有“口语诗”的印记，即使是《女神》初版本中的最富盛名的《凤凰涅槃》中的诗句“我们飞向西方，西方同是一座屠场！/我们飞向东方，东方同是一座囚牢！/我们飞向南方，南方同是一座坟墓！/我们飞向北方，北方同是一座地狱”。这样的句式明显的带有口语化的色彩，这与泰戈尔最著名的《新月集》中的诗句“夏天的飞鸟，飞到我的窗前唱歌，又飞去了。/秋天的黄叶，它们没有什么可唱，只叹息一声，飞落在那里”的诗句风格差异还是相当明显的。

而彼时的日本诗坛，诸如北村透骨、岛崎藤村等诗作者大力提倡浪漫主义风格诗歌，并且他们的创作明显的具有“口语诗”的特征，如岛崎藤村的《初恋》一诗：

> 假如我是一只鸟，
> 就在你居室的窗前飞来飞去。
> 从早到晚不停翅，
> 把心底的情歌唱给你。
>
> 假如我是一只梭，
> 就听任你白嫩的手指，
> 把我春日的长相思，

随着柔丝织进布里。

这种句式的反复、词语的运用都与郭沫若“女神时期”诗歌创作的倾向非常相似。

另外在词汇的运用上，郭沫若“女神时期”的诗歌创作中许多词汇是直接来自日语，有些句子的结构也是有日语句式结构转化而来的，如“我们华美呀！/我们华美呀！/一切的一，华美呀！一的一切，华美呀”。这几句中的叹词的运用，以及字句的排列组合都与中国古代汉语大为不同，此时“五四”新文学运动中所提倡的白话文运动才刚刚开始，还不可能形成一种定型化的语言规范。而日本在明治维新之后语言的变化便与郭沫若的创作非常接近。

《女神》和同时期的“佚诗”中大多数篇章中采取了极其浓郁的色彩运用和表现，既有明亮、华丽的渲染，也有单调、暗淡的情调。这种对外界事物色彩的极尽渲染显然不是中国传统审美意识的表现，也与欧洲的审美情趣有着极大的差异，相比较而言这应该更加接近于日本近代文学艺术对于色彩的审美偏爱，特别是在“物语文学”中所体现出的对色彩的审美倾向，因此从文学内在审美情趣的角度来言，郭沫若在“女神时期”受到日本近代文学的影响是十分明显的。

如果再考虑到郭沫若“女神时期”诗歌创作的时间最主要的是1916年到1921年间，而这个时期恰恰是郭沫若在日本留学的深化阶段，经过了很长时间的日本留学生活，北京的郭沫若已经对日本的社会意识、语言习惯和审美倾向了然于胸，“较长时间的国外生活、学习经历，对一个以文学创作或文学研究为职业的人来说也许具有某种特殊的意义，那种潜移默化的熏陶影响和日积月累的吸收消化是许多短期留学的人员所难以得到的”。①

日本社会、文化和文学对郭沫若早期的文学创作的影响是巨大的，但也是我们现在郭沫若研究中的一个薄弱点，因此郭沫若在“五四”时期与日本文学和日本文化的关系需要我们做进一步的关照和思考，这不仅仅可以丰富郭沫若文学研究的成果，而且还是研究中国现代文学与东方近现代文学的一个很好的个案和切入点。

《女神》的出版给当时中国文坛带来的震惊，使中国现代新诗创作达到全新的高度，而“女神时期”佚诗的收集和整理也同样给我们带来了惊喜，通过这些佚诗的研究使我们更加深化了对郭沫若的认识，同时也解答了很多文学史中有关郭沫若研究的疑惑。

（原载《鲁迅研究月刊》2014年第4期）

① 郑春：《留学背景与中国现代文学》，山东教育出版社2002年版，第34页。

论中国现代文学史（著作）的《女神》书写

逯 艳

自1952年王瑶所著《中国新文学史稿》出版以来，《女神》作为中国现代文学史上标时划代的文学名著，历来被当做文学史著作在书写和研究上不可逾越的对象。60年来各类中国现代文学史著作对《女神》的书写，由于不同历史阶段文学史书写观念和学术眼光的延续和变化，所以切入《女神》的研究视角和书写理念有同也有异。如果将60年中在不同史观指导下的、不同视野角度的文学史文本对《女神》的表述抽离出来进行对比参照，那么在对《女神》文学史书写的梳理和回望时，中国现代文学史在史学观念、书写视角、治史态度等因素合力推动的变化历程也有了被完整呈现的可能，也能从一个角度观察60年来《女神》如何被经典化的过程以及其中所出现的诸多问题，从这一层面看，这一课题也就蕴含了中国现代文学学术史局部“抽样”的意义。

一　建国初期《女神》的文学史书写

建国后直到“文化大革命”开始的三十年，也就是学界所指的“十七年”时期是建国后文学史发展的第一个时期，这是中国现代文学史编写的开端时期。1951年王瑶编著的《中国新文学史稿》由开明书店出版发行，从而宣告了第一部中国现代文学史著作的问世，这部文学史中《女神》获得了很高的评价，也奠定了从此以后《女神》较高的文学史地位。

这一历史时期最早出现的三部具有代表性的文学史著作，即王瑶的《中国新文学史稿》、丁易的《中国现代文学史略》和刘绶松的《中国新文学史初稿》，他们分别是这样介绍《女神》的：

> 个性解放是“五四”时期的一个进步的社会思潮，具有反对封建传统和礼教束缚的战斗意义。《女神》中有许多诗篇唱出了这种精神的赞歌……由于受到十月革命和当时流行的“劳工神圣”思潮的影响，郭沫若这种追求个性解放的精神，又往往与他歌颂劳动人民以及人民应该享有自由平等的思想相互融为一

体。《女神》中这些作品不只是表现了对劳动人民的同情和怜悯，对阶级社会不平现象的愤慨和叹息，而且首先表现了劳动人民——工人、农民是全人类赖以生存的支柱，没有他们人类就难以生活的思想。①

他狂暴地诅咒黑暗社会，猛烈地反抗传统思想……作者在诗篇中一方面猛烈地反抗黑暗，一方面也热烈希望有一个新世界新社会出现。例如《凤凰涅槃》中的《凤凰更生》一段，便充分表现作者对“新”的热诚的向往。②

《女神》代表了诗人早期勇猛的、狂暴的、反叛的精神和诗人对于大自然的热情颂赞，也充分体现了五四时期对于旧的不合理的社会制度和腐朽思想的冲击反抗，以及对于新的社会理想的热烈追求的时代精神……作为一个革命的民主主义者，郭沫若以他的诗集《女神》体现了时代的精神和人民的呼声。③

细看以上文字，“革命”“战斗”“时代精神”等意义相近的词语成为三本文学史著作阐释《女神》思想内容和意义指向的中心，那么这三本文学史又是如何来表现这一中心的呢？文中出现的“新社会”和“旧制度”、“个性解放”和“人民呼声”等表现二元对立思维的词语又是缘何出现的呢？打开三本著作，翻阅其最开始的绪论部分，会发现这样的文字：

中国新文学的历史，是从五四的文学革命开始的。它是中国新民主主义革命三十年来在文学领域上的斗争和表现，用艺术的武器来展开了反帝反封建的斗争，教育了广大的人民；因此它必然是中国新民主主义革命史的一部分，是和政治斗争密切结合着的。④

中国现代文学运动是无产阶级领导的、统一战线的、人民大众的反对帝国主义反对封建主义反对官僚资本主义的文学运动，这就是中国现代文学运动的性质。⑤

从五四时期起，中国工人阶级就是中国政治革命和文化革命的领导阶级，而工人阶级的科学历史观和革命论，则一直是中国政治革命和文化革命的领导思想，是政治的和文化的革命实践中唯一正确的指导方针，而这，也就决定了从五

① 王瑶：《中国新文学史稿》，新文艺出版社1953年版，第75—78页。
② 丁易：《中国现代文学史略》，作家出版社1955年版，第232—234页。
③ 刘绶松：《中国新文学史初稿》上卷，作家出版社1956年版，第56页。
④ 王瑶：《中国新文学史稿》，新文艺出版社1954年版，绪论第1页。
⑤ 丁易：《中国现代文学史略》，作家出版社1955年版，绪论第4页。

> 四时期起的中国新文学，在创作方法上，不能不具有着社会主义现实主义的因素，而且是沿着社会主义现实主义的方向向前发展的。①

以上选取的文段在不同程度上重复并强调着“革命”这一字眼，而王瑶、丁易和刘绥松等人的文学史写作却是个人化的、不同年代的，为什么在不同程度上相继出现“中国新文学”或“中国现代文学”是“中国革命”的组成部分的观念？这种几乎一致的文学史编写思维又是如何形成并延续下来的？回答这一问题除了我们所熟知的这时期文学史写作的背景，它们都是以《新民主主义论》中有关中国革命的经典论述作为评价文学作品的依据和出发点的，将新文学领导思想和政治性质和既定的政治定论相勾连，用简单化的二元对立阶级思维来评价文学作品的价值。由此，我们也会很容易理解为什么从王瑶到丁易再到刘绥松，《女神》在“十七年”时期的研究除了文字表述上有了篇幅的增加之外，并没有出现《女神》在思想内容和价值定位等方面观点更新的原因。

刘绥松著《中国新文学史初稿》虽然增加了对《女神》缺点的分析，但是从落脚处不难看出他意在折回到《新民主主义论》的理论范式的意图：

> 在赞美近代物质文明的诗歌中，他（郭沫若）歌颂了“二十世纪的名花——近代文明的严目”，而没有看出在资本主义文明外衣掩盖下的阶级矛盾和斗争。②

这也反映出将“中国文学史”当成“中国革命史”的一个组成部分的思想意识在“十七年”时期的文学史编写阶段具有普适性的特点，在这种史观的指引下，《女神》的研究和书写是不是肯定只能越来越政治化和意识形态化。但是这种普范性的解释之外是否还有其他的原因促使着对于《女神》的革命范式的解读呢？

二　“文化大革命”结束初期《女神》的文学史书写

“文化大革命”结束后，拨乱反正的思想解放运动势如大潮席卷中华大地，曾被极“左”思想霸占的文坛日渐恢复了自由的学术氛围，由此开始到20世纪90年代中期是本文论述的第二个时期。20世纪70年代末到80年代初，基于高等院校文科教学的急切需要，一批由教师或学者编写的文学史著作相继出现，《女神》在最有代表性的九院校和中南七院校合编的《中国现代文学史》中都有被重点研究的论述：

① 刘绥松：《中国新文学史初稿》上卷，作家出版社1956年版，第219页。

② 同上书，第57页。

《女神》是时代的产物，它那狂飙式的爱国主义热情和彻底的不妥协的反帝反封建的革命精神，鲜明地体现了“五四”时代精神……十月革命的胜利曙光，使诗人欣喜若狂，五四运动的汹涌怒涛，使诗人热血沸腾。《女神》不仅充满着反抗一切、破坏一切的战斗激情，而且燃烧着革命理想的光焰，是一曲人民革命和美好理想的激情颂歌。①

《女神》的卓越成就是在于它从内容到形式都充分表现了彻底的、毫不妥协的反帝反封建的时代精神。在内容上，彻底砸碎封建意识的枷锁，追求民族解放和个性解放，歌颂叛逆精神，歌颂光明。在形式上，彻底破除旧诗歌形式的桎梏，用白话写诗，以抒发革命情感为中心，创造活泼自由的新形式。②

以上是这一时期两本文学史著作对《女神》的论述，其中“反帝反封建”“革命”“时代精神”等字眼的再次出现反映出本时期对《女神》的研究还依然沿用“十七年”时期文学史对《女神》“革命性”“战斗性”和“时代性”等意识形态性的既定认识，为什么在新时期的这种群体化的文学史编写还会重复“十七年”时期个人化文学史编写认定的结论呢?

细算下，这一时期《女神》的文学史编写距离“十七年”时期已有20多年的空白，在面对“文化大革命”十年文学史编写历史的断层，新时期的文学史编写者在摸索新的理论的同时不可避免地会借鉴“十七年”时期的文学史观，这就导致了对《女神》的表述和认识上或多或少地具有“新民主主义论”的旧痕。如何能在新时期完成续接《女神》文学史编写任务的同时对《女神》研究有所突破和创新呢?

唐弢主编的《中国现代文学史》和田仲济、孙昌熙合著的《中国现代文学史》是这一时期文学史编写颇具影响的著作，它们对《女神》的研究也常为后来学界提及：

气势雄浑豪迈的自由体诗，是《女神》里最具特色、最能激动人心的篇什，它们真正为“五四”后的自由诗开拓了新的天地。

郭沫若的自由诗突破了从来诗歌的樊篱和束缚，它没有固定的格律和形式，甚至连韵脚也不押，但是诗的内在的旋律与诗人情感的节拍是和谐一致的。③

① 九院校编：《中国现代文学史》，江苏人民出版社1978年版，第107—114页。

② 中南七院校编：《中国现代文学史》，长江文艺出版社1979年版，第168页。

③ 唐弢：《中国现代文学史》第一册，人民文学出版社1979年版，第153页。

在《女神》中，革命的理想和革命的激情主要是通过夸张和象征的手法表现的。特别是象征的手法在表现《女神》的主题方面有十分重要的作用。《女神》的主要诗篇《女神三部曲》及《凤凰涅槃》都运用了象征为手法……夸张在《女神》中不同于一般修辞上的夸张，而是重要的浪漫主义的艺术表现手法。有的诗背景是浩瀚的太平洋和北冰洋（如《立在地球边上放号》、《浴海》），有的诗则驰骋整个世界（如《晨安》）。有的诗更直接描绘地球和无极宇宙（如《地球，我的母亲》、《女神之再生》、《凤凰涅槃》）。诗人正是通过这意境的夸张，表现了冲决一切、创造一切的五四时代精神。”①

从以上选取的这两本著作对《女神》的论述来看，他们通过对《女神》诗歌外在体式和表现手法更为精细和深入的研究来展现《女神》的“五四”精神，虽然这种在今天学界看来相对粗疏的诗体研究却透露出新时期对《女神》价值开掘的崭新角度和自觉探索，并开始对《女神》的重大意义落脚于还原和尊重了“诗歌”这一独特文学体裁以深挖其形式和艺术上的独特价值，将一种求实的文学研究精神和理性的文学研究态度注入到《女神》研究的血液中，但是从总体上来讲还基本上是以往文学史对《女神》研究框架内的延续。

三　80 年代对于《女神》的文学史书写

到了 80 年代末，人道主义、人性论、以人为本概念和理论的重新崛起，加之人本论的历史回潮，以“改造民族灵魂”的启蒙文学为核心理念的文学史编写高潮随之而来，这对《女神》文学史书写会有什么创新性的启示呢？钱理群、温儒敏、吴福辉和王超冰编写的《中国现代文学三十年》作为这一时期此类文学史编写最有代表性的著作，对《女神》有这样的论述：

这在中国历史上是第一次：人的自我价值得到肯定，人的尊严得到尊重，人的创造力得到承认。郭沫若在《女神》所显示的人的精神的自由状态，更是令人神往。这是一个空前自由的审美天地，人的一切情感——喜、乐、悲、愤、爱、恨……都被引发出来，做奔放无拘的、真实的、自然的表现，无所顾忌地追求“天马行空”的心灵世界，“天马行空”的感情世界与艺术世界，实质上就是追求人性的“放恣”状态。这对于习惯于压抑自己的情感、心灵不自由的中国人，自然也是破天荒的。②

① 田仲济、孙昌熙：《中国现代文学史》，山东人民出版社 1979 年版，第 173 页。
② 钱理群、温儒敏、吴福辉、王超冰：《中国现代文学三十年》，上海文艺出版社 1987 年版，第 123 页。

以上文段中屡次出现“人”“自己”“自我”等字眼，强调“人性”“情感”和“心理”，牢扣“文学是人学”的人本观，这就与以前那种将《女神》单纯的悬置在“革命”“时代精神”和“民族命运”等的既定认识框架相脱离，将研究重心转移到《女神》传达出的个人化的情绪和情感上，不仅关注作为作者的郭沫若创作时的心理感受，还重点挖掘诗作塑造的主人公的个人化情感，这种编写思路体现出文学书写者切实尊重文学作品的书写主体和对象主体甚至还有接受主体的情感体验，这标志着这一时期对《女神》的文学史书写取得了一定的突破，同时进一步强化了求实和理性的研究态度和精神。如果这些创新算是这一时期文学史编写中《女神》研究领域探索性实践的结果，那么借助这一探索期累积的宝贵经验，《女神》的文学史书写会在接下来的第三个时期获得怎样的发展呢?

四　近期有关《女神》的文学史书写

20 世纪 90 年代中期到 21 世纪初期，随着全球化语境下各种文艺思潮的交互与碰撞，文学史研究与书写主体的思维与潜能越发被激活，《女神》的文学史书写也掀开了新的一页，首先值得一提的是孔范今主编的《二十世纪中国文学史》中《开一代诗风的〈女神〉》一节，书写者提出了符合历史事实又有别于前人论断的崭新观点：

> 从《女神》的表现内容来看，它的突出贡献是以对五四精神的诗化开了一代诗风……时代精神本是理性的抽象观念，它本身是不能直接转化成诗歌成品的。《女神》对五四时代精神成功的诗化，是以郭沫若有效地运用泛神的掌握世界的艺术方式为前提的。这一方式把“自我”与表现的对象沟通在一起，把生命与创造连接在一起，这才是反抗专制的个性解放精神进入《女神》中可以无限张扬的“自我”，这才使与传统决裂的叛逆精神化入《女神》中涅槃更生的“凤凰”，这才是走向世界的开放精神飞扬在《女神》中“四面的天郊”。
>
> 从《女神》的艺术形式来看，它主要是以“内在律”的发现和创造开了一代诗风……郭沫若发现并创造的适应现代人思想情感表现的新诗的艺术法规——“内在律”……依照“内在律”创作的《女神》，在意象、想像、节奏等诗体方面，为后世中国新诗树立了成功的艺术典范……《女神》的“内在律”，以庞大有力的意象、丰富奇特的想象、火山爆发的激情、心潮澎湃的节奏和不受外在因

素规范的形体，创造了与五四时代氛围相契合的宏大的艺术气派。①

以上文字是对此前文学书写的重大突破——围绕《女神》究竟是靠什么开一代诗风这一问题，虽然此前曾出现过“浪漫主义说”“诗体大解放说”“时代精神说”等类似的相对含糊和笼统的解释，但是只有到了这部文学史著作，此问题才首次获得相对明晰和具体的答案，这就是著作中第一次提出的《女神》“主要是以‘内在律’的发现和创造开了一代诗风”。另外，此前文学史著作均认为：《女神》表现了五四时代精神的关系，而这部著作强调的是“诗化”了时代精神。不仅观点是全新的，而且更贴近诗歌本身的特性。这种势头更猛的创新性认识对《女神》的文学史书写会有怎样有益的启示和推进呢？

朱栋霖、丁帆、朱晓进主编的《中国现代文学史 1917—1997》在引言中提出：

> 中国现代文学，是中国文学在 20 世纪持续获得现代性的长期、复杂过程中形成的。自 19 世纪末到 20 世纪 1917 年的大张旗鼓的文学革命兴起前的近 20 年，是中国文学现代化的发生期；有了这个现代化发生期的基础，才有了五四后 30 年文学在现代化道路上的迅速发展。②

这种将“中国文学”与“现代化”相贴合的观念，不仅不同于此前将“中国文学”捆绑和依附于“革命性”的文学史观，意在强调文学史的独立品格，而且着重突显“中国文学”具有“现代化”的时代特性，这种观点的提出对即将进入 21 世纪的《女神》文学史书写和研究将提供什么样的新思维呢？

> “五四”的自我不仅指与社会相对立的个人，同时也指性欲推动下的人的生命力……“五四”作家不再像传统作家那样出于双重矛盾之中，冲破传统的束缚个性的禁欲主义的藩篱，公开向封建道德示威，把自我本身赤裸裸地展现在人民面前。
>
> 这种“赤裸裸”的表现造就的是一个大胆反抗封建思想规范的叛逆者，是一个彻底觉醒的现代个人……这个来之不易的新我，是郭沫若《女神》抒情的中心。③

以上文字提到《女神》中塑造的“人”是具有“现代性”的个体，而这一“现代

---

① 孔范今：《二十世纪中国文学史》，山东文艺出版社 1997 年版，第 446、449 页。

② 朱栋霖、丁帆、朱晓进：《中国现代文学史 1917—1997》上编，高等教育出版社 1999 年版，第 3 页。

③ 许志英、邹恬：《中国现代文学史主潮》，福建教育出版社 2001 年版，第 55、59 页。

性”的特征却和“五四”这一特殊时期相勾连，这反映出此时的文学史编写者在使用“现代化”这一角度研究《女神》时的试探性心态，也就是说选择什么支点来撑托“现代化”的研究视角才能更有效地表现《女神》的“现代性”特征。如果说《中国现代文学主潮》对文学“现代性”的试用还处于依赖“五四”这一时代和概念的支撑、在将现代性和人本性贯通的思维上还停留在采用依托人性、人道主义等理论对《女神》进行更为精微地描述的阶段的话，那么黄修己的《中国现代文学发展史》

> 提出中国现代文学“全人类性”的命题，希望从人的觉醒和解放的解读来审视、阐释中国现代文学，使我们的现代文学能成为世上更多的人所理解、所享用，更能够适应“全球化”时代的要求。

和此种微观相对的“全球化”这一宏观角度在扩展文学“现代性”的理论视野的同时，也将拓宽《女神》的价值空间，赋予《女神》书写更为广博的气魄。

> 《女神》非常成功地将中国平等地置于整个世界以及其历史的版图中。从空间上看，著名的《晨安》将中国与“俄罗斯”、“印度洋”、“大西洋”、“新大陆”、“扶桑”等并置，呼吁世界共同“享受这千载一时的晨光”，已经清晰地表达出一种共时性的、世界一体的观念。而从时间上看，诸如《电火光中》、《三个泛神论者》等诗中，把苏武、庄子和贝多芬、斯宾诺莎、卡皮尔并称，则说明作者已经开始依照一种宏达的世界史观来评判中国的文化。在这种横向的全球角度以及纵向的历史发展角度上，郭沫若对社会与民族做出与过去完全不同的时空定位，并在共识对照下，确定了《女神》批判中国现实的基础。①

至此，缘于“现代性”这一研究视角和理念的提出，《女神》在21世纪的文学史书写显得越发具有创新意识和开放眼界，整体上呈现出一种多元化的研究面貌，但是要认识到“现代性”只是特定历史时期的文学编写者综合时代和文化的要求对《女神》研究进行探索时采用的一种新的角度和理念，并不是说“现代性”的提出就标志着《女神》文学史书写和研究的终结。

目前，严家炎主编的《二十世纪中国文学史》当属文学史编写的最新论著。该著作在书写思路上同样选择并坚持了文学“现代性”为视角——

> 二十世纪中国文学的成分是复杂多元的，其发展过程也是曲折起伏的，甚至要付出沉重代价的；但毫无疑问，现代性不仅构成这阶段文学的重要脉络，并且

① 黄修己:《中国现代文学发展史》，中国青年出版社2008年版，第2、125页。

也是它区别于中国古代文学的根本标志。

但是在此观念的指导下，在《女神》最近的文学史的表述中却出现

> 体现出对于封建藩篱的勇猛冲击，改造社会的强烈愿望，追求美好理想的无比热力，以及个性解放的炽烈要求。①

陈陈相因式的观点。也就是说虽然该著作选取了“现代性”这一角度，但是在对《女神》的解读程度更多停留在近似《中国现代文学史 1917—1997》和《中国现代文学主潮》的阶段，不但并没有在 21 世纪的今天在承继前人提出的“全球化”的宏观视角的基础上有所突破和超越，反而重复着“十七年”时期在《新民主主义论》指导下形成的对《女神》的既定认识，这种论断视角和前人研究略有雷同的文学史编写并不是一种个别现象。

郭杰、魏强主编的《文学大教室・中国现当代卷》也出现在 21 世纪，但是对《女神》却有这样的表述：

> 在这一天中完成的“奇怪的诗”便是郭沫若第一部诗集《女神》的代表作《凤凰涅槃》……这部长诗的立意是十分鲜明的：我们的祖国在长期的反动统治下历经灾难，已经衰老腐朽了只有经过一场血与火的洗礼，才能获得新生。

> 这位新诗人的作品接连不断地在《学灯》上出现，数量越来越多，每月都有七八篇新诗发表，而且作品的内容也越来越雄浑有力、大气磅礴。不到半年时间，随着《地球，我的母亲》、《土匪颂》、《凤凰涅槃》等诗篇的相继问世，郭沫若这位新诗的巨人已经名满文坛、蜚声华夏了。②

第一段文字中关于《女神》中《凤凰涅槃》一诗“立意”的论断同样地照搬了“十七年”时期对《女神》的既定结论；第二段中对《女神》作者郭沫若文坛成就取得的过程并不符合史实。该著作出版年代距离“十七年”时期的文学史编写已经有近五十年的历史，期间不断形成的求真务实的精神和科学严谨的理性思维也已经被当做文学史历经时代检验之后的精神财富被不断传承和坚守着，在这么一个可以享有前人丰富研究成果的和优良研究精神的时代，对《女神》的研究和论述上不但因袭前人对《女神》的陈旧观点，而且在对《女神》作者的介绍中掺杂了不符合实际情

---

① 严家炎：《二十世纪中国文学史》，高等教育出版社 2010 年版，第 210 页。

② 郭杰、魏强主编：《文学大教室》（中国现当代卷），南方出版社 2002 年版，第 43、46 页。

况的主观性论断，这种不尊重史实的臆想和猜测不仅会导致读者对《女神》及其作者郭沫若的误解和偏见，而且对整个《女神》文学史书写中确立起来的求实和理性的研究精神和态度做了一次严重的背离。

五　透过文学史叙述来看《女神》

纵观新中国成立之初到21世纪的今天这60年来不同时期的中国现代文学史著作对《女神》的不同历史叙述，对《女神》的经典化认识历经了一个漫长而复杂的变化过程，这一过程不仅记载了《女神》文学史书写、研究角度和理念的创新和跨越，也反照出对《女神》的文学史编写的历史性承继进程中存在着雷同、因袭甚至误导等倾向的研究现状。

建国初到至今的文学史对于《女神》的价值判断和历史认知明显的呈现出两极化评价的倾向，要么过于关注《女神》的社会功用价值，要么过于关注《女神》的艺术审美价值，即使现在看起来所谓较为客观的评价也仅仅只是对上述两极化评价的一种综合，而“反抗”“自由”“五四精神的体现”以及“泛神论”已然成为了文学史中对《女神》定格化的书写评述。这样就在广大的中国现代文学史学习者、读者和研究者的心目中自然而然地便将《女神》贴上了这样的标签：《女神》就是“五四”的代表，“五四”的精神就是由《女神》集中体现出来。

但是随着我们对于与《女神》同时期大量佚诗的收集和整理，我们对以上所谓的历史“定论”便开始产生了疑问，是否《女神》还有其他方面的价值和意义，我们所看到的《女神》就是郭沫若在“五四”时期创作的全部吗？能否用《女神》来作为对郭沫若“五四”时期思想和创作的唯一标准呢？

以上的疑问使我们不得不把目光转向与《女神》风格迥异的“女神时期”的佚诗之中。仅仅从篇目的数量、创作时间以及所涉及到的题材来讲，文学史中有关《女神》的认识都将会有一个质的变化，因此作为文学史中有关《女神》部分的编写者，应该在充分借鉴前人文学史编写过程中总结出来的宝贵经验，自由享用前人积累的丰富资源的同时，必须对前人在研究中所犯的错误和教训时刻保持警觉，在重视思想方法论的实践功能和操作效应的前提下，使《女神》的文学史书写和研究在现有的基础上不论宏观或微观都能有所突破和创新。

（原载《山东青年政治学院学报》2014年第4期）

郭沫若新诗史地位形成中的《女神》版本错位问题

余薔薇

在中国新诗史上，郭沫若被认为“开一代诗风”，以“崭新的内容与形式”①，成为“中国新诗伟大的奠基者”②，自然凭借的是《女神》。即便今天郭沫若的形象浮沉起伏毁誉参半，其新诗史地位似乎仍然稳固而不可撼动。然而，我们不能忽视的是，或出于对诗艺的完美追求，或出于特定意识形态的诉求，郭沫若曾反复修改《女神》文本，而文学史叙述则常常是在用后来艺术上更成熟的《女神》文本评价其新诗初创时的诗艺成就，这样就存在一个《女神》文本的历史时间错位问题。这一错位问题将郭沫若的新诗史地位一定程度地神话化了。

一　新中国成立后文学史著与配套选本的版本错位现象

新中国成立以来的文学史对《女神》的评价，所依据的多是郭沫若后来反复修改而渐趋成熟的《女神》文本——1928 年、1944 年、1947 年、1951 年、1953 年、1957 年的修改本③。

当年，唐弢本《中国现代文学史》编写组曾强调：“采用第一手材料，反对人云亦云。作品要查最初发表的期刊，至少也应依据初版或者早期的印本。”④ 这当然是文学史家们无可争议的共识。但是，文学史家们大多没有在《女神》上严格地这样

---

① 钱理群等：《中国现代文学三十年》，北京大学出版社 1998 年版，第 103 页。

② 称郭沫若为“新诗的奠基者”，最早见于 1964 年林志浩主编、中国人民大学语言文学系集体编著的《现代中国文学史》（中国人民大学出版社）。该著在 1979 年修订时，将郭沫若进一步称为“卓越的新诗奠基者”。1987 年钱理群等人编著的《中国现代文学三十年》及其影响广泛的修订本（1998 年），均称《女神》为“‘开一代诗风’的新诗奠基作”。此后，诸文学史著大多沿用此说法。这几乎成了文学史的共识。

③ 据陈永志在《〈女神〉校释》中的统计，有校勘价值的《女神》版本有：1.《女神》首刊作品；2. 1921 年上海泰东书局印行的《女神》；3. 1928 年上海创造社出版部出版的《沫若诗集》中的《女神》作品；4. 1944 年重庆明天出版社出版的《凤凰》中的《女神》作品；5. 1947 年上海群益出版社出版的《凤凰》中的《女神》作品；6. 1951 年北京开明书店出版的《郭沫若选集》中的《女神》作品；7. 1957 年北京人民文学出版社出版的《沫若文集·第一卷》所收之《女神》。（陈永志：《〈女神〉校释·前言》，华东师范大学出版社 2008 年版）

④ 严家炎：《求实集·序》，《唐弢文集》第五卷，社会科学文献出版社 1995 年版，第 142 页。

做。以《凤凰涅槃》为例，新中国成立后编纂的诸种文学史，如新中国时期丁易的《中国现代文学史略》（作家出版社 1956 年版）、孙中田等的《中国现代文学史》（吉林人民出版社 1957 年版）、复旦大学中文系学生集体编著的《中国现代文学史》（上海文艺出版社 1959 年版）。中国人民大学的《中国现代文学史讲义》（初稿）（中国人民大学出版社 1961 年版）等，在叙述中凡有所列举，引用最为频繁的“我们新鲜，我们净朗，/我们华美，我们芬芳……”“我们生动，我们自由/我们雄浑，我们悠久……”,是最为典型的经过 1928 年、1944 年、1957 年屡次修改的诗句。王瑶的《中国新文学史稿》初版本对具体作品解读不多，但在 1982 年修订重版时，著者用专门的章节论述《女神》，评价《凤》诗“在烈火中产生出一个充满‘热诚、挚爱、欢乐、和谐、生动、自由、雄浑、悠久’的新生的中国和新生的民族”。[①] 从这零星的引用可见，该文学史著所依据的应为 1944 年或 1957 年的修改版。1990 年代“重写文学史”影响最大的钱理群等的《中国现代文学三十年》（北京大学出版社 1998 年修订本），面向 21 世纪中国现代文学史教材建设的代表之作朱栋霖等的《中国现代文学史》（1917—1997）（高等教育出版社 1999 年版），这些文学史教材发行量大，普及面广，其论述郭沫若所依据的均为 1944 年、1957 年修改版的《女神》文本。

配合文学史教学的文学作品选本，也多是选择后来修改完善的版本来展现《女神》的艺术成就。笔者考察了建国以来 75 部教材型作品选本、作品选讲以及重要的文学作品读本（1950 年代 1 种，1970 年代 11 种，1980 年代 36 种，1990 年代 11 种，新世纪 16 种），对其选入《凤凰涅槃》的版本情况做出统计。其中，入选《凤》诗初版本的计有 7 种，占 9%；入选 1957 年修改版的计有 57 种，占 76%；出现版本混乱的计有 11 种，占 15%。绝大多数选本均选入 1957 年修改的《凤》诗来配合文学史知识的传授。如林志浩选编的《中国现代文学作品选讲》（高等教育出版社 1987 年）中，其后附有新诗研究专家孙玉石的解析文章。他从 1957 年的修改本中归纳郭沫若“初创时期”的艺术成就：“《凤凰涅槃》堪称新诗史上第一首杰出的浪漫主义抒情长诗。”[②] 他专门列举“我们新鲜，我们净朗，/我们华美，我们芬芳……”这一原本属于 1957 年版修改、增补的诗节做例证，用来评价其诗“用最美的字眼奏出反复的旋律”[③]，继而论述道：“新诗没有为郭沫若提供固定的浪漫主义抒情模式，诗人自身应该是丰富多变的抒情模式的创造者，这种抒情模式应该是多元化地吸取中外艺术养分并进行融汇创造的统一体，即闻一多所孜孜追求的‘中西艺术结婚后产生的宁馨儿’。《凤凰涅槃》就是五四初期新诗中产生的这种‘宁馨儿’之一。”[④] 分明是

① 王瑶：《中国新文学史稿》，上海文艺出版社 1982 年修订重版，第 77 页。

② 林志浩：《中国现代文学作品选讲》（下），高等教育出版社 1987 年版，第 20 页。

③ 同上书，第 19 页。

④ 同上书，第 23 页。

1957 年郭沫若达到的诗艺成就，就这样成了“初期新诗”的“宁馨儿”。钱谷融的《中国现当代文学作品选》（1917—1949）在出版说明中强调所选篇目，“都采用最初发表或最初出版的版本，以显示历史原貌”，并专门指出：“基于这一原则，如郭沫若的《凤凰涅槃》，采用了发表于 1920 年 1 月 30 日至 31 日《时事新报·学灯》的最早版本，其中的‘凤凰更生歌’虽嫌拖沓，亦一仍其旧。”但这所谓的“初版的版本”“历史的原貌”，却只是在 1957 年版的基础上恢复了所删除的初版中“凤凰更生歌”的十三节内容，其他如副标题、“凤凰同歌”的小标题和其字句的变动均为 1957 年修改后的样貌。

各种文学选本还出现一些不同年月修改版混杂而产生的错误版本。以《凤》诗为例，笔者将这些错误的版本进行分类，计有以下几种类型：选入 1928 年版、1944 年版，但与 1957 年版混淆，或删除副标题，或加上小标题“凤凰同歌”，如臧克家的《中国新诗选》（1919—1949）（中国青年出版社 1957 年版）、太原市教育学院的《中国现代文学作品选》（1978 年版）、臧恩钰的《中国现代文学作品选析》（辽宁教育出版社 1986 年版）、四川省师专教院现代文学教研会的《中国现代文学作品选》（西南财经大学出版社 1987 年版）；选入 1957 年版却保留初版的副标题，如湖南师范大学中文系现代文学教研室的《中国现代文学作品选》（湖南师范大学出版社 1993 年版）；选入初版，但与后来的修改版混淆，如刘川鄂等的《新编中国现当代文学作品选》（武汉出版社 2002 年版）按 1957 年版删除了副标题，复旦大学中文系现代文学教研室的《中国现代文学作品选》（复旦大学出版社 1987 年版）部分字句按 1928 年修改，钱谷融的《中国现当代文学作品选》（1917—1949）（华东师范大学出版社 1999 年初版、2008 年第 3 版）、《中国现代文学作品选》（1917—1984）（华东师范大学出版社 1989 年版），张新颖的《中国新诗》（1916—2000）（复旦大学出版社 2001 年版），保留初版的十三节内容，但其他部分又如 1957 年修改版。

从这些新中国成立以来的文学史和文学作品选本中，我们获得的文学史知识是，《凤凰涅槃》以严谨有序的结构、自由激昂的音乐性、浓郁的浪漫主义特色，成为郭沫若最具代表性并且艺术成就最高的诗作样本。然而，这个文学史知识所依循的文本却明显存在版本的时间错位现象。这个现象较广泛地存在于文学史及各种配套教材和选本中的诗作还有《地球，我的母亲!》《女神之再生》《梅花树下的醉歌》《巨炮之教训》《新月与白云》《霁月》《匪徒颂》《天狗》，等等。我们现在熟知的《天狗》，在笔者所考察的选本中，只有谢冕、姜涛等的《中国新诗总系》（1917—1927）（人民文学出版社 2010 年版）入选的是初版，其余所有选本，均入选的是 1953 年版，且多数选本还在后面不诚实地注明为 1921 年初版。

二 反复修改《女神》的艺术完善动机及其艺术完善状况

人们通常注意的是郭沫若对《女神》进行反复修改的意识形态动机，这也是中国现代文学版本学所关注的一个焦点。可事实上，郭沫若对《女神》进行反复修改的艺术完善动机，同样不应忽视。

中国新诗的初创期与中国现代小说初创期的情形是很不相同的。中国现代白话小说一开篇就在它的奠基人鲁迅的手上达到了一个可以傲视后来历史的辉煌高点，而中国新诗则经历的是一个从丑小鸭起步的演变历程。将这个丑小鸭到白天鹅的演变历程描述为从《尝试集》到《女神》，基本上是新中国成立后文学史的想象，民国时期的文学史的主流看法，仍然是将《女神》视为一只诗艺上的小丑鸭（这一点笔者将在后文专门论述），即使像闻一多那样最热烈的《女神》赞美者，当年也只是从时代文化思潮的高度赞美其时代精神价值，并不认可其诗艺。他在《〈女神〉之时代精神》发表之前给梁实秋、吴景超的信中就说："盖《女神》虽现天才，然其 technique 之粗簉篾以加矣。"①

郭沫若是一个有着十分强烈的与时俱进精神的人。他在《女神》诗艺上的与时俱进与追求完善的动力，源自中国新诗的成长与进步。中国新诗诗艺的发展，在《尝试集》和《女神》之后，有几个重要的历史节点，其中有两个重要的历史节点，蕴储了《女神》修改的重要驱动力。这两个节点，一个是1928年，一个是1957年。

1928年的新诗发展图谱中，各种新诗流派竞相杂放，现实主义诗歌、格律诗、象征诗并驾齐驱，现代派诗歌正酝酿兴起，诗坛呈现出繁荣热闹的景观。凭借《志摩的诗》"奠定文坛基础"的徐志摩，出版《翡冷翠的一夜》，开创了其对新诗"第二次的贡献"②。闻一多的《死水》被视为新诗"最好的范本"，影响了当时许多诗人的创作。李金发继《微雨》后出版《食客与凶年》，以"紧切的辞句，新颖的章法，如神龙之笔，纵横驰骋"③，震撼了诗坛。被鲁迅称为"中国最为杰出的抒情诗人"冯至已经出版诗集《昨日之歌》，朱湘的《草莽集》、穆木天的《旅心》、王独清的《死前》、冯乃超的《红纱灯》、邵洵美的《花一般的罪恶》等都相继问世。"雨巷诗人"戴望舒已初试锋芒，创作出最具代表性的、被叶圣陶赞许为"替新诗底音节开了一个新的纪元"④ 并因此获取殊荣的《雨巷》。这个时期新诗人们关注的

---

① 闻一多：《闻一多书信选集》，人民文学出版社1986年版，第65页。

② 《翡冷翠的一夜》广告，《新月书店目录》，1929年版，第9页。

③ 黄参岛：《微雨及其作者》，1928年12月《美育》第2期，转引自刘福春编《中国新诗编年史》上卷，人民文学出版社2013年版，第92页。

④ 苏汶：《望舒草·序》，载王永生编《中国现代文论选》第1册，贵州人民出版社1982年版，第140页。

重心已经从“白话”转向了“诗”自身，在新诗观念层次上进行着各种“诗化”实验，新诗创作进入了诗艺探索的“自觉”时期。无论是新诗规范化运动，还是象征派的实验，抑或现代派的萌芽，均已洗刷了五四初期自由化新诗的流弊，使新诗在艺术上追求形式与表现，开掘新的诗美风范，将新诗诗艺推向精致化。总之，1928 年前后中国新诗来到了一个突飞猛进的诗艺发展节点，这个节点激荡着诗作者的新诗诗美诉求。在这样的历史节点上，反观自己的旧作很容易产生不满并动念修改。比如这个时候，徐志摩就修改了《志摩的诗》，由新月书店重排出版。

因此，郭沫若在这个时间节点上修改《女神》，除了我们通常“看到”的意识形态动机，其艺术完善动机不言而喻。我们不妨来看他对《凤凰涅槃》的修改：他将 15 节合并成 5 节，除一头一尾，将中间 13 节含 156 行，或删去，或压缩，提炼为 3 节含 36 行，使整首诗显得更加凝练，避免了初版本的拖沓毛病；将最后一节开头两句：“我们欢唱！/我们欢唱！”改作：“我们欢唱，我们翱翔。我们翱翔，我们欢唱。”与前四节每节的后两句“翱翔！翱翔！/欢唱！欢唱！”形成回环往复的感叹，极大地增强了诗歌的旋律感。将“凤歌”里的“即！即！即！”改为“即即！即即！即即！”将“凰歌”里的“足！足！足！”改为“足足！足足！足足！”单音节字改为双音节字，既符合现代汉语的基本特征，又表现出强烈急促的节奏性，虽然只是增加了一个字，却使得火样的激情爆发更加热烈，显示出诗人对现代汉语驾驭力的进步与娴熟。笔者反复诵读《凤凰涅槃》，鲜明地感觉到，郭沫若的这些修改，将中国新诗从 1921 年闻一多所批评的“technique 之粗笸篾以加矣”带到了 1928 年现代汉语诗美绽放的时代。

另一个节点——1957 年，在新诗发展图谱中，是新中国新诗写作从新中国成立初期试图创造新纪元又茫然不知所措的调整中恢复过来并突进到短暂的“百花时代”的年份，它是新中国诗歌在“十七年”于诗艺追求上最繁荣的时期。《诗刊》在这样一个时期创刊，《文艺报》为其创刊登载的广告说：“它的任务主要是在‘百花齐放’的方针指导之下，繁荣诗歌创作，推动诗歌运动。”① 《长江文艺》在 1957 年 1 月推出“诗专号”时，在编后记中专门指出希望这个专号能够“像一束迎春花，唤来百花齐放的春天”，并指出：“希望从诗歌这一领域，首先打破过去题材狭窄、形式单调等沉闷的局面。”② 这些相继推出的新刊物及其强调的办刊宗旨都体现出当时诗坛对于诗艺形式进行新探索的意图。在创作上，一些已经变得“陌生”的诗人如汪静之、徐玉诺、陈梦家、吴兴华、穆旦、杜运燮等纷纷在《诗刊》《人民文学》等报刊上再次露面；这个短暂的时期，新诗人辈出而老诗人也摩

① 《文艺报》1956 年 11 月 30 日第 22 号。

② 《长江文艺》1957 年 1 月号。

拳擦掌，雄心勃勃。

此时新诗面临的艺术问题是如何民族化，如何把借助西洋舶来品“成立”的新诗真正改造成具有“中国作风，中国气派”的艺术。郭小川、贺敬之等新中国杰出的抒情诗人，正是在这个时代主题下催生出他们基于马雅可夫斯基“楼梯体”之本土化改造的政治抒情诗杰作。中国古典诗歌的对仗、对称和节制的因子，赋比兴的创造性转化，使他们的诗歌在豪迈的政治激情的浪漫、极致的渲染中较充分地挖掘出汉语的诗性魅力。

惯于“与时俱进”的郭沫若，在新中国新诗的这一发展趋势面前，直面同样充满如火如荼情思的《女神》那些非民族化的“粗暴的喊叫”，应该会产生某些不安；而从郭沫若个人的新诗创作历程来看，他在20世纪40年代翻译完《浮士德》，50年代先后出版《〈屈原赋〉今译》《〈离骚〉今译》，在翻译与研究的过程中，他已经在诗艺的理性认知上真正站到了中西融合的制高点上，在这样的背景下再对《女神》进行锤炼，必然能够展现中西融合的成熟的诗艺水平。这便是《女神》1957年修改本的历史背景。早在1944年，郭沫若就对《女神》进行过一次修改。比如，将《凤凰涅槃》“我们光明，我们新鲜。/我们华美，我们芬芳。”改作：“我们新鲜，我们净朗。/我们华美，我们芬芳。”句末的“朗”“芳”，与该节结尾的“翱翔”“欢唱”押韵，增强了音乐性。1957年再度进行修改时，他将原诗英译副标题删除，将格式进行调整，如“凤凰和鸣”中间三节，每一节的重复部分“火便是你。/火便是我。/火便是他。/火便是火。/翱翔！翱翔！/欢唱！欢唱！”这6句在1928年、1944年版中均退后两格，与前六句诗行高低错落排列，明显吸收了西方诗歌的排行特点；而1957年修改时，将此6行顶格排列，去除高低错落的排行形式，某种程度上隐含着诗人去西化的意图。在“凤歌”“凰歌”后面，诗人还增加“凤凰同歌”的小标题，使篇章结构更具完整性。这样，整首诗歌真正完成了艺术性与民族化的改造。这时的《女神》，虽然有些诗篇的修改明显带有意识形态色彩，从诗艺上来看没有什么起色，但其最重要的作品《凤凰涅槃》经过这个时候的修改，已然代表的是郭沫若毕生能够达到的最高的诗艺水平了。

所以，我们现在所通常读到的《女神》，尤其是其最重要的代表作，乃是这样一个历经多次修改的成果。新诗专家所谓的“多元化地吸取中外艺术养分并进行融汇创造的统一体”，就是这样伴随着中国新诗的成长与进步而来的。

三　民国时期郭沫若的文学史地位与《女神》初版艺术上的不成熟

笔者考察了51部涉及新文学的民国文学史，发现郭沫若在民国期间的新诗史地位排在胡适、徐志摩、冰心等人之后。这51部民国文学史著提及胡适新诗创作的有

41 部，这 41 部都评价了胡适对于新诗的首创之功，称其“在中国文学史上开一新纪元”①，虽有部分文学史对胡适诗歌的文学价值持保留态度，也都以肯定其新诗开拓者的地位为前提；而提及郭沫若创作的民国文学史只有 23 部，且大多只是简短提及郭沫若的诗歌，并没有显出特别的重视，甚或评价不高。如凌独见的《新著国语文学史》（商务印书馆 1923 年版）、谭正璧的《中国文学史大纲》（泰东图书局 1925 年版）、赵祖抃的《中国文学沿革一瞥》（光华书局 1928 年版）都未对郭沫若进行专门的评价，而只是将其和徐志摩归为同一类，总体上论述他们“或沾东化，或被欧风”② 的创作特点。而对于郭诗与徐诗的成就，民国文学史显然更认可徐诗的成就。如赵景深的《中国文学小史》（光华书局 1928 年版），谭正璧的《中国文学进化史》（光明书局 1929 年版）、《中国文学史大纲》（上海光明书局 1940 年版），陈子展的《最近三十年中国文学史》（太平洋出版社 1930 年版），都认为诗坛盛行的西洋诗体，郭沫若的《女神》只是“略开端绪”③“算是先导”④，“尝试此道而成功的”⑤ 或者“比较近于成功的”⑥ 却是徐志摩。钱基博在《现代中国文学史》（岳麓书社 1936 年增订本）中指出，那时“周树人以小说，徐志摩以诗，最为魁能冠伦以自名家”。⑦值得注意的是，这个评价出自反对新文化的保守主义者之口，显然更具一定的客观性，在其更加挑剔的标准下，郭沫若并未能进入其视线。在一些民国文学史中，郭诗的地位不仅不能与胡适、徐志摩相提并论，甚至不及冰心。比如，赵祖抃的《中国文学沿革一瞥》高度评价受到泰戈尔影响的冰心“树新诗之壁垒”，而郭沫若只是“后起之先锋”⑧。王哲甫在《中国新文学运动史》中认为冰心引领了“小诗的流行的时代”⑨，是“新诗界”的“一颗明星”，“无论怎样写去，都觉着美妙自然，曾博得千万读者的赞叹”，而《女神》还“未到成熟的地步”。⑩

民国文学史对郭诗的艺术评价普遍不高。如草川未雨的《中国新诗坛的昨日今日和明日》（海音书局 1929 年版）、苏雪林的《中国文学史略》（武汉大学图书馆复制本 1931 年版）都分别从艺术上批评郭诗不够成熟。苏雪林认为郭诗“形式带上西洋色彩”，但“艺术方面不甚成熟，不算成功作品”。⑪ 草川未雨更是激烈地批评郭诗中的热烈精神“表现完全是失败的”，并指出其失败之原因为“用了抽象的写法”

---

① 杨荫深：《中国文学史大纲》，商务印书馆 1947 年版，第 572 页。
② 赵祖抃：《中国文学沿革一瞥》，光华书局 1928 年版，第 124 页。
③ 赵景深：《中国文学小史》，光华书局 1928 年版，第 213 页。
④ 陈子展：《最近三十年中国文学史》，太平洋出版社 1930 年版，第 264 页。
⑤ 同上书，第 213 页。
⑥ 同上书，第 264 页。
⑦ 钱基博：《现代中国文学史》，江苏文艺出版社 2008 年版（据岳麓书社 1936 年增订本），第 495 页。
⑧ 赵祖抃：《中国文学沿革一瞥》，光华书局 1928 年版，第 125 页。
⑨ 王哲甫：《中国新文学运动史》，杰成印书局 1933 年版，第 105 页。
⑩ 同上书，第 64 页。
⑪ 苏雪林：《中国文学史略》，武汉大学图书馆复制本 1931 年版，第 293 页。

“艺术的不经济”①。即使那些积极肯定郭沫若诗歌价值的文学史，也多是肯定其对时代精神的表现方面，如王哲甫的《中国新文学运动史》（杰成印书局 1933 年版）、吴文祺的《新文学概要》（亚细亚书局 1936 年版）、李一鸣的《中国新文学史讲话》（世界书局 1943 年版），也都同时强调其诗艺的不成熟。总之，郭沫若在民国文学史中地位并不显赫。

虽然早在 1923 年就有闻一多的《〈女神〉之时代精神》，从时代文化思潮的高度对《女神》的精神价值给予了热情洋溢的挖掘与赞美，但这篇发表在同仁刊物《创造周报》上的一个留学生的文章，在一段时间之内并未引起文学史家的注意。实际上，如前所述，闻一多本人那时也并不认可郭沫若的诗艺，他在给梁实秋、吴景超的信中说：“盖《女神》虽现天才，然其 technique 之粗簉篾以加矣。”② 1928 年钱杏邨曾高度称赞：“《女神》是中国诗坛上仅有的一部诗集，也是中国新诗坛上最先的一部诗集。”③ 但当时太阳社这些成员于“革命文学”论争中诸如此类的观点，无论是对鲁迅等的极端贬损，还是对郭沫若的如此褒扬，都被视为一种“造反派”的偏激之论，也未被民国时期的文学史家所采纳。不过，随着 20 世纪 30 年代“左翼”文学的不断强大，郭沫若在“左翼”文学史中评价渐高。比如，贺凯的《中国文学史纲要》（新兴文学研究会 1933 年）被誉为“第一部以马克思主义观点分析我国现代文学”④ 的文学史著，其对郭沫若的评价，带有鲜明的“左翼”色彩。他认为郭诗“处处表现了热烈情绪和反抗的一贯精神”，“能给读者以充实的力”，“引起一般向上奋斗的青年的热烈情感”，⑤ 并称其乃“中国文坛上”的“成功的诗人”“革命的小资产阶级战士”。⑥ 尤其是郭沫若从日本归国投身抗战文化活动后，经周恩来的一系列运作，成为中国共产党选定的继鲁迅之后的新文化战线上的旗手，“左翼”文学史理所当然地要给予他更高的评价。但是，这些史著在褒扬中仍然无法避及郭诗艺术上的缺陷。比如，蒲风在《现代中国诗坛》（诗歌出版社 1938 年版）中，一方面积极肯定郭沫若的“惊人的成就”，而将之归为“形成期的代表人之一”⑦；另一方面他又认可当时比较时兴的说法——郭诗“所做到的只是在拙劣的形式中，加入了自己的一点力，一点热情”，并且指出“《女神》的产生时代是在五四以后，而且作者是

① 草川未雨：《中国新诗坛的昨日今日和明日》，海音书局 1929 年版，第 63 页。

② 闻一多：《闻一多书信选集》，人民文学出版社 1986 年版，第 65 页。

③ 钱杏邨：《现代中国文学作家》，上海泰东书局 1928 年版，第 67 页。

④ 贺凯是早期共产党员、革命者，曾任山西大学中文系主任。1953 年，周扬视察山西大学时，在大会上赞扬：“贺教授在 30 年代师大读书时，写了一本《中国文学史纲要》，这本书是我们中国第一部以马克思主义观点分析我国现代文学的，具有划时代的价值。”（山西省地方志编纂委员会编：《山西通志》（第 39 卷）（社会科学志），中华书局 1995 年版，第 425 页）

⑤ 贺凯：《中国文学史纲要》，新兴文学研究会 1933 年版，第 327 页。

⑥ 同上书，第 336—337 页。

⑦ 蒲风：《五四到现在的中国诗坛鸟瞰》，《蒲风选集》（下），海峡文艺出版社 1985 年版，第 788 页。

身居日本，还是学生分子，只感到社会的混乱，而没有感到切身的艰苦”。[①] 周扬虽然在1941年中共南方局策划的声势浩大的“郭沫若五十寿辰暨创作生活二十五周年”纪念活动中，写下了《郭沫若和他的〈女神〉》，称郭沫若“在中国新文学史上是第一个可以称得起伟大的诗人”，称《女神》是“第一部伟大新诗集”，是“号角”“战鼓”，“在诗的魄力和独创性上讲，他简直是卓然独步的”。[②] 然而，周扬在鲁艺教授“中国文艺运动”课程的讲义《新文学运动史讲义提纲》（1939—1940）中，论及五四新诗时，却是给胡适以大量篇幅，而只是在五四新文学“现实的”“大众的”精神上，一句话评价：“诗歌方面在稍后的郭沫若身上找到了它的代表。”[③]

通过以上梳理，我们发现，民国时期文学史对郭沫若的评价主调是艺术的不成熟。有些民国文学史就在《女神》出版后不久，而对其却是忽略的。这种忽略是如何造成的呢?《女神》出版只稍后于《尝试集》一年，在当时屈指可数的数种新诗集里，《女神》不可能不被关注。但民国文学史就是没有关注；即便关注了，也大多没有单独强调；即便单独强调了，也大多认为其艺术不成熟。1928年时的《女神》尤其是《凤凰涅槃》已经相当成熟了，但民国文学史仍然认为其不成熟，这大约可以说明，这些民国期的文学史的评价应该是建立在初版之上。

初版的《女神》作为郭沫若的早期自由体诗，诗艺形式明显存在散漫、拖沓、直露与粗糙之弊。不妨仍以《凤凰涅槃》为例。当郭沫若反复叙述这首长诗写作时的生理状态，那种“火速”感，那种“全身都有点作寒作冷，连牙关都在打战”的“神经性的发作”过程，极容易让人感受到天才诗人“灵感”的神奇。“诗语的定型反复”造成灵感被激活后一泄到底的火爆与狂热，[④] 但如果我们从纯粹的诗艺技巧来看，该诗高潮部分“凤凰更生歌”中，“凤凰和鸣”十五节诗句，反复雷同的呐喊与宣泄，让人在激动之余，难免会感觉累赘到阅读乏力。

四　郭沫若文学史地位提升的意识形态性与版本错位的历史无意识

如果说，与《女神》同时期及之后的民国期编撰的文学史对其关注度低，应该与《女神》初版诗艺的还不够成熟不无关系的话，那么，在这一时期的文学史中并

---

① 蒲风：《五四到现在的中国诗坛鸟瞰》，《蒲风选集》（下），海峡文艺出版社1985年版，第790页。

② 周扬：《郭沫若和他的〈女神〉》，《周扬文集》（第1卷），人民文学出版社1984年版，第350页。

③ 周扬：《新文学运动史讲义提纲》（续），《文学评论》1986年第2期。

④ 郭沫若：《我的作诗的经过》，王永生编：《中国现代文论选》（第1册），贵州人民出版社1982年版，第169页。

不显赫的《女神》，为何在新中国成立后突然一跃而为与鲁迅并驾齐驱的“双子星座”?①

民国期间对郭沫若的高度评价，主要来自于“左翼”文化界内部。1938 年，经周恩来的建议，党内决议确认郭沫若为鲁迅的继承人，为中国革命文化界的领袖，并且通过全国各地党组织向党内外传达，以奠定郭沫若的文化界领袖地位。②1941 年，在中共南方局的组织和领导下，重庆、桂林、延安等多地为郭沫若举办五十寿辰庆典，力图借助这一活动将郭沫若在新文学传统中作为鲁迅传人的领导地位转化成为一种“公共知识”。周恩来在《新华日报》“纪念郭沫若先生创作二十五周年特刊”的刊头语中称：“鲁迅是新文化运动的导师，郭沫若便是新文化运动的主将。鲁迅如果是将没有路的路开辟出来的先锋，郭沫若便是带着大家一道前进的向导。”③不过，这种始于中共文化战略需要的评价，或因文学史编修者游离于“左翼”文化界，或因文学史著从编修到出版的滞后性，在民国期文学史书写者那里，并未得到及时响应。1941 年以后出版的如李一鸣的《中国新文学史讲话》、杨之华的《文艺论丛》（太平书局 1944 年），仍然延续的是民国期文学史对郭诗的一贯的主流评价。

虽然 1938 年中国共产党内的决议和 1941 年的“寿郭”基本上没有来得及影响民国文学史的书写，但它为新中国文学史对郭沫若历史地位的改写做了决定性的铺垫。新中国高度统一的意识形态，要求文学史书写必须以阶级认同为前提，此时的郭沫若身兼文化要职，也从事实上巩固了其“文化界领袖”的地位。在新诗史书写中，新诗开山之作《尝试集》由于胡适的阶级立场而被逐出新文化之林，《女神》就这样昂然挺立地浮出了历史地表。出于这样一种叙述目的，文学史评价需要找到符合其“地位”的材料，于是需要重新发现郭沫若诗歌的艺术成就，《女神》更趋艺术完善的修改本，就有意无意地成为郭沫若新诗史评价的依据。其初版本与修改本差异的随之淡化与模糊，由政治无意识进入到历史无意识，导致学者们在这种无意识中集体犯规。

新时期以来的“重写文学史”宣示了文学史编修的求真意识，但无论文学史著还是选本，《女神》文本的时间错位现象仍然延续下来，这一方面是由于已成定势的思维习惯使文学史编修仍然笼罩在抬郭的氛围中，其叙述目的和述史意识倾向于论证郭诗的伟大，而不是追踪历史的真相。这里似乎有必要将作为文学史教学相配套的作品选本与作为一般读本的选本区别开来，因为作为一般读本的选本从善而选无可厚

① 黄曼君：《中国现代文坛的“双子星座”——鲁迅、郭沫若与新文学主潮》，华中师范大学出版社 1992 年版。

② 吴溪如：《郭沫若同志和党的关系》，《新文学史料》1980 年第 2 期。

③ 周恩来：《我要说的话》，王永生编：《中国现代文论选》（第 3 册），贵州人民出版社 1984 年版，第 155 页。

非，但大量这样的读本也无疑强化了通过文本的时间错位对郭沫若诗人形象的塑造。

另一方面，从历史时距观感来理解，新诗在1921年与1928年之间的区别不如民国那些当事人置身其中时的感觉那么大，这也是导致《女神》文本时间错位的一个原因。当历史离得越近时，文学史历史线索会分得更细，这个时候越会在细部去分析问题；当历史离得越远时，文学史历史线索会分得更粗，这个时候越会在整体中去分析问题，细部会容易模糊。比如，民国时期编撰的文学史观察新诗，常常将两三年就划分成一个阶段。凌独见在1923年出版的《新著国语文学史》中就将新诗的第一个时期划分为民国六年《新青年》上八首白话诗的出现到民国八年，并且逐年总结新诗特征，论析新诗变化。赵景深在1928年出版的《中国文学小史》中则已将新诗变迁划分成五个阶段：最早未脱旧诗词气息的如《尝试集》，继起受其影响的如刘大白的《旧梦》、刘复的《扬鞭集》等，接着是无韵诗如康白情的《草儿》、俞平伯的《冬夜》等，再后是小诗如冰心的《繁星》《春水》等，最后便是盛行的西洋体诗。[①]新诗当年在两三年就被划分为一个阶段，1928年的新诗与1921年的新诗变化如此明显巨大，在那样一个历史场域之中，文学史家不得不清晰地面对《女神》的初版本和1928年版，绝不至于混淆不同版本。因此，在他们眼中，1921年草创期的代表诗人是胡适，1928年成熟期的代表诗人是徐志摩，从审美情感与艺术形式上，《女神》自然不比《尝试集》差，但它没有占领历史之先的地位，又没有后来徐志摩的诗歌精致，自然落入一个尴尬的境地。新文学发展到现在，当年那种几乎每一年都进行分期的情况已经改变，历史离我们愈加遥远，在远距离的时空观察中，我们将历史像竹子一样划分出不同节段，寻找出历史链条中若干清晰的节点，突出节与节之间的区别，而淡化每一节内部的差异。这样，1921年到1928年，曾经被看作新诗产生质的飞跃的一段时间距离，就被叙述为了一段整体性模糊的草创走向成熟的距离。当细部被模糊化，《女神》1921年版与1928年版的不同也就一定程度上被模糊，这也在客观上一定程度地导致了《女神》文本时间错位现象的发生。

当然，近距离做置身其中的感知有近距离的优势，远距离做长时段的历史考察有远距离的优势。一个作家在近距离的感知中未见其伟大，而在远距离的考察中却发现其价值，这本是常见的文学史现象，所以，本文无意以民国期编撰的文学史对郭沫若的评价来否定建国以来对郭沫若《女神》的评价。然而，当我们对郭沫若新诗史地位给予高度肯定与赞扬时，显然不应该拿后来反复修改渐趋完善的《女神》文本作为其五四时期的诗艺成就来认证，而由这样一种文本的时间错位的认证方法导致的文学史“知识”应该得到纠正，我们的研究应该回归常识。

温儒敏认为对郭沫若《女神》的接受在今天呈现“两极阅读现象”，即一般的年轻读者对郭沫若的诗作并没有太大的兴趣，评价也不一定高；而许多专家的研究论文

① 赵景深：《中国文学小史》，光华书局1928年版，第212—213页。

或大学的讲台对郭沫若的评价却很高。[1] 笔者手头就有一本再现“大学的讲台”对郭沫若高度评价的书，叫《郭沫若经典作品多元化解读》（陈俐、陈晓春，四川大学出版社 2006 年版）。这是一本类似课堂实录性质的书，旨在“从普及的角度”“形成师生在教与学方面的互动”，“以郭沫若的作品为对话的平台，去引导青年学子正确回到历史现场，去认识现代文化名人在整个中国文化发展链条上不可或缺的巨大作用和价值”[2]。“学生印象”“阅读提示”“教师解读”等环节均能显示出，在教学互动中，阅读与解析的都是 1957 年修改版的《女神》，而“认识到”的却是郭沫若在五四新诗初创时期“不可或缺的巨大作用和价值”。这本书所呈现的就是关于郭沫若作为新诗伟大奠基者的文学史知识在当代的传播状况。

（原载《文艺争鸣》2014 年第 5 期）

① 温儒敏：《浅议有关郭沫若的两极阅读现象》，《中国文化研究》2001 年春之卷。

② 杨胜宽：《序》，陈俐、陈晓春：《郭沫若经典作品多元化解读》，四川大学出版社 2006 年版。

郭沫若海洋体验与《女神》中“海的精神”

彭冠龙

对于《女神》中所包孕的精神，前人已有很多研究，然而这些研究普遍是围绕着“时代精神”展开的，另外一种精神始终少有人提及，那就是“海的精神”。目前来看，王富仁先生最早关注到了这一点，《“郭沫若在日本”学术讨论会论文集》中收录了他的论文《他开辟了一个新的审美境界——论郭沫若的诗歌创作》，文中指出，“郭沫若是第一个在中国诗歌中注入了真正的海的精神的人，是第一个以海的精神构成了自己诗歌的基本审美特征的人”①。的确如此，仅对这种精神在字面上的反映——“海洋”意象——进行一下统计，就会发现，《女神》一共收录57首诗，有41首中出现了“海洋”意象及其相关意象，比例约为71.9%，这一覆盖面是非常广的。

沿着王富仁先生的观点继续思考下去，就会发现这样一个问题：“海的精神”是如何进入《女神》中，并成为这部诗集基本审美特征的？毫无疑问“，海的精神”是一种抽象形式的观念，无法直接转化为诗歌创作，更无法凭空进入作品中，必然要通过一种诗人接触过的具体物象作为媒介，而且这一物象还要能够凝聚诗人各种复杂的感受，使诗人的主观情绪能在这个具体的物象上自如展开。根据上文的统计数字，可以确定这一媒介就是“海洋”。但是，还有一点是不言而喻的：即使有了“海洋”这一具体物象能与诗人心灵深处某种感情情绪相对应，这一具体物象也未必能够成为媒介，使“海的精神”进入《女神》中。具体的物象——“海洋”——之所以能够成为媒介，不仅仅是因为它契合了诗人的内心感受，还因为郭沫若对“海洋”进行了“体验”，这一“海洋体验”才是“海的精神”得以进入《女神》，并成为这部诗集基本审美特征的关键所在。

所谓“体验”，是一种基本的精神现象，直接联系人自身的生命存在方式，“它不是概念性地被规定的。在体验中所表现出的东西就是生命”②，对于现代中国人来说，“‘体验’是我们感受、认识世界，形成自己独立人生感受的方式，也是接受和

---

① 王富仁：《他开辟了一个新的审美境界——论郭沫若的诗歌创作》，《“郭沫若在日本”学术讨论会论文集》，1988年。

② 伽达默尔：《真理与方法》，辽宁人民出版社1987年版，第94、99页。

拒绝外部世界信息的方式，更是我们进行自我关照、自我选择、自我表现的精神的基础。"① 郭沫若的海洋体验与他的留学经历有关，在留学的几年中，他既近距离的看到了大海，又坐着船在大海上漂过；既感受到了大海的气势，又看到了海边上发生的一切，这些都形成了他自己独特的人生感受，在这一感受中，他自我关照、自我表现，《女神》就是这种自我观照和表现的结晶。

二

那么，郭沫若的"海洋体验"究竟是怎样的？对于这个问题，郭沫若自己没有说过，但是，我们可以根据他的自述去寻找答案。

从郭沫若的自述文章中，可以梳理出他在留学时期历次与海洋的重要接触。1914年，郭沫若赴日本留学，当时"是由火车穿过万里长城从朝鲜渡海而来"②，这是他第一次接触大海，这个时候，他正因求学无路而"苦闷到了绝顶"③，应该是无心观海，所以在任何文章中都找不到他对此时海洋体验的描述。半年后，考取第一高等学校，"心情无比舒畅，也放松了不少"④，于是与杨伯钦、吴鹿苹来到房州避暑，这是郭沫若第一次在海边生活，他在这时所作的两首旧体诗第一次反映了他的海洋体验，一首写的是"飞来何处峰，\ 海上布艨艟。\ 地形同渤海，\ 心事系辽东。"由海洋上的军舰联想到祖国的屈辱。另一首写的是"白日照天地，\ 秋声入早潮。\ 披襟临海立，\ 相对富峰高。"由海景引发了自由自在的心情。1915年，郭沫若在一高读书期间，发生了中日关系史上的重要事件——日本政府强迫清朝政府签订旨在灭亡中国的"二十一条"，郭沫若与其他留学生一样，决定回国抗争，但是当他坐着船还在东海上漂荡时，袁世凯已经迫于压力，同意签署"二十一条"，当时郭沫若在海上的心情可以通过他的诗反映出来："此日九天成醉梦，\ 当头一棒破痴迷。\ 男儿投笔寻常事，\ 归作沙场一片泥。"⑤ 1918年，郭沫若进入九州帝国大学医科，来到了福冈市，住在了博多湾附近，由于居住时间长，这片海湾给郭沫若带来了丰富的海洋体验，由于《女神》中的诗歌基本是在这段时间完成的，郭沫若在这片海湾上的海洋体验直接影响了《女神》中的海洋精神。

基于以上梳理，结合郭沫若的自述文章，可以概括出郭沫若的两种海洋体验。

首先，郭沫若的海洋体验是"自由"的。在郭沫若的自述性文章中，对海洋景色的直接描写并不多，但每次海景描写都透着一种自由自在的感觉。《今津纪游》中

---

① 李怡：《日本体验与中国现代文学的发生》，北京大学出版社2009年版，第4页。

② 郭沫若：《今津纪游》，《沫若自传》（上卷），求真出版社2010年版，第348页。

③ 郭沫若：《我的学生时代》，《沫若自传》（上卷），求真出版社2010年版，第197页。

④ 蔡震：《郭沫若的青少年时代》，河北人民出版社2010年版，第79页。

⑤ 郭沫若：《〈女神〉及佚诗》（初版本），人民文学出版社2008年版，第233、238页。

描写的海景是“海湾中水色青碧，微有涟漪……海湾左右有岩岸环抱，右岸平削如屏，左有峰峦起伏。正北湾口海雾蒙蒙中有帆影，外海不可见。天际一片灰色的暗云，其上又有一片白色卷层云，又其上天青如海”①，显然一片自由自在的景象。在《创造十年》中，也有一段海景描写：“天色也晴起来了。海湾中的海水呈着浓蓝的颜色，有好些白鸥在海上翻飞。”同样是自由景象，加之“与久别的旧友重逢，夜来的忧郁已被清冷的海风吹送到太平洋以外去了。我那时候委实感受着了‘新生’的感觉”②，更增添了一种心情舒畅之感。郭沫若这次启航回国，是在自由自在的心境下开始的。同样自由的景象在郭沫若致宗白华的一封信中也有描写：“是日微有风，湾中波浪汹涌。海鸥飞扬上下。对此胜观画图，湾形如池。”

由以上列举的片断可知，这种“自由”的海洋体验是郭沫若意识到的，他在给田汉的信中曾说：“我的灵魂久困在自由与责任两者中间，有时歌颂海洋，有时又赞美大地。”③ 说明他在歌颂海洋时，内心是感受着“自由”的。然而，与这种海洋体验相反，他的另一种海洋体验是完全无意识的，即“渴望祖国独立强盛”。

虽然完全无意识，但是这种“渴望祖国独立强盛”的海洋体验却在他的自述文章中明显传达了出来。郭沫若在关于他留学时期的所有自述性文章中，几乎都要介绍他的住处——博多湾附近，只要介绍他的住处，就一定要详细介绍博多湾，并且一定与“弘安之役”联系起来。比如《创造十年》中的介绍：“这博多湾在历史上是有名的地点，它是650年前元世祖的大将范文虎征伐日本时，遇着大风全军覆没了的地方。（日本史家称为‘弘安之役’，当西历 1281 年。）当时的遗迹在那沿海一带还是不少，有所谓‘元寇防垒’、‘元寇断首台’、‘元寇纪念馆’。”④ 其他文章中的介绍都与这一段大同小异，从介绍中可以体会出一种“自嘲”和“屈辱”的意味，而继续深究会发现，使得郭沫若对发生在这片海域中的屈辱历史反复提及的原因并不是“自嘲”和“屈辱”。在郭沫若致宗白华的一封信中记录了他与田汉的一次对话，说到了博多湾，除了介绍弘安之役外，还提到了他是如何得知这段史事的：“这段史事是我初到福冈时，就在这海岸上听得来的。一群小学生围着一个教习，手舞足蹈，指天划地的在这沙岸上讲演。我近身听时，我真多谢他：他同时也呼起我无限的敌忾。”⑤ 这“敌忾”才是使郭沫若对发生在这片海域中的屈辱历史反复提及的原因，因为这一情绪是他最初听到这段历史时的第一反应，其中包含的就是“渴望祖国独立强盛”的感受。由于郭沫若一看到博多湾就想到这段历史，“渴望祖国独立强盛”的感受也就成为了他的第二种“海洋体验”，博多湾中的屈辱历史就成为了这一海洋

---

① 郭沫若：《今津纪游》，《沫若自传》（上卷），求真出版社 2010 年版，第 348 页。

② 郭沫若：《创造十年》，云南人民出版社 2011 年版，第 62 页。

③ 郭沫若：《郭沫若致田汉函》，《三叶集》，安徽教育出版社 2006 年版，第 51、103 页。

④ 郭沫若：《创造十年》，云南人民出版社 2011 年版，第 17—18 页。

⑤ 郭沫若：《郭沫若致田汉函》，《三叶集》，安徽教育出版社 2006 年版，第 81—82 页。

体验的源头。

另一件事也可以证明这种海洋体验的无意识性和确实存在。在郭沫若的自述文章中有对日本“成金风”的描述，在描述中，他目睹“成金”们奢侈享乐生活的地方就在博多湾，这在《创造十年》中记录的比较详细。他与张资平吃完中饭在海边散步，看到了博多湾中的筑港工事，感受到了日本经济的飞速发展，也看到了“成金”们的享乐挥霍，然而在记录中莫名其妙地出现了关于弘安之役的两句对话，郭沫若说的一句是：“令人有点不相信啦，元军的几百艘战舰，在一夜之间通统沉没在这里了。”① 从这里可以知道，郭沫若眼睛中是“成金”们的各种享乐行为，但脑子里却又是弘安之役，也就是说，看着日本经济的飞速发展，却想到了祖国的屈辱历史，其中所反映出的就是“渴望祖国独立强盛”的心理活动，这是一种无意识的海洋体验，但又是一种确实存在的海洋体验。

二

“自由”与“渴望祖国独立强盛”是郭沫若的两种海洋体验，经过诗人艺术思维的加工，通过一定的艺术手法，进入作品中，就形成了《女神》所包蕴的海洋精神，这一海洋精神具体表现在两个方面：一是自由灵动的节奏，二是雄浑高昂的格调。郭沫若有一个诗歌观点是用海水做比喻，可以算作概括地诠释了《女神》海洋精神的这两个具体方面：“我想诗人底心境譬如一湾清澄的海水……一有风的时候，便要翻波涌浪起来，宇宙万汇底印象都活动着在里面。这风便是所谓直觉，灵感，这起了的波浪便是高张着的情调……这种诗底波澜，有他自然的周期，振幅，不容你写诗的人有一毫的造作。”②

（一）自由灵动的节奏

郭沫若“自由”的海洋体验进入《女神》后，形成了作品“自由灵动”的海洋精神，这种海洋精神的具体表现就是自由灵动的节奏。正是因为郭沫若看到了大海的浪飞涛涌，才会由海的波澜想到诗的波澜，认为“诗底波澜，有他自然的周期，振幅，不容你写诗的人有一毫的造作”③，才会由这一观点继续推广，不重视诗的外在形式，而是强调情绪自然消长，注重诗歌创作过程中的情绪波动，进而提出“诗的原始细胞只是些单纯的直觉，浑然的情绪”，“情绪的吕律、情绪的色彩便是诗。诗的文字便是情绪自身的表现”，“新诗便是不假修饰，随情绪之纯真的表现而表现以

① 郭沫若：《创造十年》，云南人民出版社 2011 年版，第 17—24 页。

② 郭沫若：《郭沫若致田汉函》，《三叶集》，安徽教育出版社 2006 年版，第 12 页。

③ 同上书，第 12 页。

文字”①。

《雪朝》的创作过程可以充分体现出郭沫若怎样把“自由”的海洋体验转化为诗中“自由灵动”的海洋精神。这首诗创作出来之后，作者曾把它寄给成仿吾，成仿吾非常欣赏这首诗，“但他不高兴那第二节，说是‘在两个宏涛大浪之中哪来那样的蚊子般的音调’”？郭沫若作出的解释是这样的：“但那首诗是应着实感写的。那是在落着雪又刮着大风的一个早晨，风声和博多湾的海涛，十里松原的松涛，一阵一阵地卷来，把银白的雪团吹得弥天乱舞。但在一阵与一阵之间却因为对照的关系，有一个差不多和死一样沉寂的间隔。在那间隔期中便连檐溜的滴落都可以听见。那正是一起一伏的律吕，我是感应到那种律吕而做成了那三节的《雪朝》。我觉得要那样才能形成节奏。”② 成仿吾所提的意见是按人所具有的常识得出来的“常理”，而郭沫若却是按照他所体验到的大海的自由节奏进行创作，把大海自由节奏所产生的声音效果全部融入诗中，摆脱一切人类“常理”的干扰，完全自由灵动地予以展现，这就把“自由”的海洋体验变为了诗中自由灵动的节奏，形成了诗中“自由灵动”的海洋精神。

另外，《浴海》这首诗的感情基调也如大海自然的波涛，由平静而逐渐高涨，最终近于咆哮：“新中华底改造 \ 全赖吾曹！”③《立在地球边上放号》也遵循着大海波涛的自由起伏状态，诗中的句子长短变化很大，最长的一句有 19 个汉字加一个英文单词，最短的一句只有 6 个汉字。

除了这类直接描写海洋景色或直接出现了海洋意象的诗作之外，其他没有写海洋景色的诗中同样存在着自由灵动的节奏，体现着“自由灵动”的海洋精神。比如《地球，我的母亲！》，这首诗是作者“突然受到了诗兴的袭击”的成果，作者为了完成这首诗，“在馆后僻静的石子路上，把‘下驮’脱了，赤着脚踱来踱去，时而又率性倒在路上睡着，想真切地和‘地球母亲’亲昵，去感触她的皮肤，受她的拥抱”，这种近似发狂的行为完全是为了让诗歌具有他自己的天然节奏，也就是“他自然的周期，振幅”，而不去人为的雕饰、遣词，通过真切地亲昵、感触皮肤和受着拥抱，来形成一种自然的情绪，并让这种情绪自然消长，在“诗的推荡、鼓舞”④ 中完成诗作，保证诗的节奏自由灵动，完全是一种“自由灵动”的海洋精神。

其他诗作无不是如此。对于郭沫若的诗歌，单独拿出任何一句来，都无法产生一点诗意，即便那些最好的诗篇，其每一句话的独立性都是很差的，然而，作为整体，诗的精神一下子显现了出来，究其原因，正是由于这种“自由灵动”的海洋精神的贯穿，以及由此产生的自由灵动的节奏的组织，使得郭沫若诗歌不仅没有散架，而且

---

① 郭沫若：《谈诗的创作 · 通讯三则》，《中国当代文学研究资料 · 郭沫若专集》，四川人民出版社 1984 年版，第 13—15 页。

② 郭沫若：《创造十年》，云南人民出版社 2011 年版，第 58—59 页。

③ 郭沫若：《〈女神〉及佚诗》（初版本），人民文学出版社 2008 年版，第 62 页。

④ 郭沫若：《我的作诗的经过》，《沫若文集》（第 11 卷），人民文学出版社 1957 年版，第 143—144 页。

极富自然生气。

（二）雄浑高昂的格调

前文已经提到，郭沫若“自由”的海洋体验是他能够意识到的，而“渴望祖国独立强盛”的海洋体验是无意识的，也就是存在于潜意识中。根据弗洛伊德文艺观中的潜意识创作论可知，文艺创作的本质是潜意识的心理活动，是一种潜抑愿望的达成，潜意识中愿望的实现途径除了梦之外，就是通过文学艺术的形式使其得以升华，潜意识活动的能动性，激发着人们的创造性思维。因此，郭沫若潜意识中的海洋体验同样能够进入《女神》中，并根据这种体验的内容升华为一种“雄浑高昂”海洋精神，其具体表现就是诗作中雄浑高昂的格调。

这一格调在《凤凰涅槃》中体现得最为明显。这首诗的内容完全是想象出来的，字面上是写一对凤凰先“集香木自焚”，后“从死灰中更生”的经过，诗中雄浑高昂的格调是通过生与死的对比来实现的。“集香木自焚”时，诗的格调不断凝重雄浑，“啊啊！/哀哀的凤凰！/凤起舞，低昂！/凰唱歌，悲壮！”在《凤歌》中，这雄浑的格调开始强烈，“我们飞向西方，/西方同是一座屠场。/我们飞向东方，/东方同是一座囚牢。/我们飞向南方，/南方同是一座坟墓。/我们飞向北方，/北方同是一座地狱。/我们生在这样个世界当中，/只好学着海洋哀哭。”进而在《凰歌》中，凝重雄浑的格调越来越重，“啊啊！/有什么意思？/有什么意思？/痴！痴！痴！/只剩些悲哀，烦恼，寂寥，衰败，/环绕着我们活动着的死尸，/贯串着我们活动着的死尸。”最后，在死亡时，这种格调达到极致，“啊啊！/火光熊熊了。/香气蓬蓬了。/时期已到了。/死期已到了。/身外的一切！/身内的一切！/一切的一切！/请了！请了！”而“从死灰中更生”时，诗的格调一下高昂起来，“我们更生了。/我们更生了。/一切的一，更生了。/一的一切，更生了。”“翱翔！翱翔！/欢唱！欢唱！”① 在《凤凰和鸣》中，每一节内容几乎都是重复的，只是个别字句有所变动，这可以看作是以不断提醒读者凤凰已获新生的方法，把高昂地“欢唱”推向极致。

在生与死的对比中，雄浑高昂的格调被成功容纳在这首诗中，赋予全诗一种雄浑高昂的海洋精神，通过这种格调，使整首诗成功的“象征着中国的再生”②，这种象征意蕴是郭沫若自己提出来的，不能不说是与其潜意识中“渴望祖国独立强盛”的海洋体验相联系，是这种潜意识中的海洋体验在作品中的升华。

除《凤凰涅槃》之外，其他诗作中同样都存在着这种雄浑高昂的格调，展现着雄浑高昂的海洋精神。比如《晨安》和《匪徒颂》，“这两首奇拔的诗，便是诗人用

---

① 郭沫若:《〈女神〉及佚诗》(初版本)，人民文学出版社2008年版，第32—46页。

② 郭沫若:《我的作诗的经过》,《沫若文集》(第11卷)，人民文学出版社1957年版，第144页。

热血燃烧起的民族反抗的熊熊烈火”①。《晨安》从“常动不息的大海”写起，“涌着的白云”“燃着的海山”，开篇就是雄浑高昂的格调，继而呼唤着年青的祖国，俯瞰着“浩荡荡的南方的扬子江”“冻结着的北方的黄河”“万里长城”“雪的旷野”，进而推广到先驱的俄罗斯、喜马拉雅山、“尼罗河畔的金字塔”，最终完全落脚到对大西洋、太平洋的大声问候，38 行诗句中全是雄伟壮阔的宏大意象，其中，仅海洋意象就出现了 12 次，可以说从外在意象到内在格调完全透着雄浑高昂的海洋精神。《匪徒颂》同样如此，通篇是伟大的形象，而且以打破时空的方法，把古今中外一切真正的匪徒放置在一起进行歌颂，每节结尾的“万岁！万岁！万岁！”都把诗中包孕的情绪推向顶峰，强烈的呼喊配合着伟大的形象，雄浑高昂之气贯穿全篇。

（三）海洋精神的作用

自由灵动的节奏和雄浑高昂的格调是《女神》海洋精神的两个具体表现，这样一种海洋精神对《女神》产生了巨大作用，它使诗出现了起伏感，由此超越了平面的文本呈现，在起伏中显得丰厚。

海洋精神对《女神》的首要作用就是使诗产生了起伏感。类似分行散文的“胡适之体”在《尝试集》中一出现，就广受追捧。这种“作诗如作文”的诗歌体式很难透出一丝诗歌情绪的起伏，显得平板呆滞，但影响很大，“当冰心那一段段散文文字被分行排列时，竟会造成‘小诗流行的时代’”②。就在这种诗风盛行时，《女神》显现了异乎寻常的起伏感，自由灵动的节奏使诗歌不拘成法，随自然之音和情绪起伏而不断变化节奏，影响到诗的外在形式和音乐感上，就形成了长短差距极大、毫无规则可言，甚至出乎意料的诗句，时而长，时而短，时而高涨，时而低落，即使短篇幅的诗作，也显得波澜起伏。加上雄浑高昂的格调，就使诗歌的起伏感不仅停留在诗的表面，而且深入到诗的精神，《女神》中的诗作大气磅礴，用诗集中的诗句来表述，那就是“涌着在，涌着在，涌着在，涌着在呀！”③

从里到外的起伏中，透露出了诗作的丰厚感，也就是说，诗在起伏中显现出了包容量，诗的内容并非只有字面上的那些，在诗的内容中，还包含着大量有待读者去体会的东西，这就是海洋精神对《女神》的第二个作用。比如《天狗》，整首诗从外在上看起伏不断，从内在上看动感万分，“我是月底光，/我是日底光，/我是一切星球底光，/我是 X 光线底光，/我是全宇宙底 Energy 底总量！”④ 起伏中包孕着一种个性解放精神，这种精神是需要读者透过诗句的字面意思去深入体会才能发现的。又如，《夜》中也有从外到内的起伏感，“你把这全人类来拥抱：/再也不分甚么贫富、贵

① 周扬：《郭沫若和他的〈女神〉》，《周扬文论选》，人民文学出版社 2009 年版，第 549 页。

② 刘静：《以〈女神〉为例反思新诗“散文化”之路》，《西南大学学报》2008 年第 5 期。

③ 姜涛：《“新诗集”与中国新诗的发生》，北京大学出版社 2005 年版，第 60 页。

④ 郭沫若：《〈女神〉及佚诗》（初版本），人民文学出版社 2008 年版，第 47 页。

贱，/再也不分甚么美恶、贤愚，/你是贫富、贵贱、美恶、贤愚一切乱根苦蒂的大熔炉。/你是解放、自由、平等、安息，一切和胎乐蕊的大工师。/黑暗的夜！夜！"①这起伏之中传达的是渴望世间一切平等、人类和谐共处的心声，这心声也是包容在诗句之中，没有外漏。

海洋精神给《女神》带来的起伏感和包容量，很容易使人想到是惠特曼《草叶集》对郭沫若诗风的影响，这种影响郭沫若也曾多次提到，并认为在他的作诗经过中，"惠特曼式"是最值得纪念的一段时期。但是郭沫若是一个偏于主观的人，有他自己的审美爱好和感情倾向，他不可能囫囵吞枣地全面容纳惠特曼，而是有所选择，有所侧重，接受与自身体验相符的内容。"《草叶集》气势之恢宏，恰如太平洋的洪涛，在无限的洋面上，波浪滚滚，涌动奔流"②，这一特点正好与郭沫若的海洋体验相符，于是被郭沫若吸收借鉴到《女神》的创作中，并大声歌颂"太平洋一样的恢铁莽（即惠特曼——引者注）呀"。③

如果将《女神》的海洋精神放到整个"五四"时代的大背景下予以观照，那么，结合以上论述，可以进而探讨一个问题：《女神》的"海的精神"与"时代精神"是什么关系？

文章开头已经提到，前人对于《女神》中所包孕的精神的研究，普遍围绕着"时代精神"展开，这些研究当然是有道理的。闻一多于1923年在《创造周报》发表《〈女神〉之时代精神》，最早提出："最要紧的是他的精神完全是时代的精神——二十世纪的时代的精神。"④ 然而，"作为一种历史抽象，'时代精神'更多是一种假定性存在，很难说存在一种凌驾个体差异之上的普遍的、统一的精神取向"⑤。摆脱这一假定性的存在，立足于郭沫若的留学经历等一系列的基本史实，再去探索《女神》所包孕的精神，我们就会看到《女神》中的"海的精神"。

但这并不是说《女神》的"海的精神"与"时代精神"没有关系，实际上，"海的精神"是"时代精神"的具体化，是"时代精神"的核心。

根据前文的论述，再去看闻一多的《〈女神〉之时代精神》，就会发现，自由灵动和雄浑高昂这两种海洋精神，正是闻一多所提出20世纪"动的精神"和"反抗的精神"在诗作中的具体表现。闻一多在他的文章中只是非常感性地指出"动的精神"和"反抗的精神"在《女神》中映射得最为明显，没有理性分析怎样映射和如何明显，后来虽然经过周扬、周恩来、臧克家等许多人的继续论述和引申发挥，但是始终没能突破感性分析的局限。根据前文对"海的精神"两个具体表现的论述，并结合

① 郭沫若：《〈女神〉及佚诗》（初版本），人民文学出版社2008年版，第106页。

② 陈永志：《〈女神〉与〈草叶集〉比较谈（下）》，《郭沫若学刊》2003年第4期。

③ 郭沫若：《〈女神〉及佚诗》（初版本），人民文学出版社2008年版，第58页。

④ 闻一多：《〈女神〉之时代精神》，《创造周报》1923年第4期。

⑤ 姜涛：《"新诗集"与中国新诗的发生》，北京大学出版社2005年版，第60页。

前文所分析的郭沫若海洋体验，发现自由灵动的海洋精神正是闻一多所说“‘自由’的伸张”的具体表现，雄浑高昂的海洋精神正是闻一多所指出的“何等激越的精神”的具体化。

如果跳出史料梳理和文本分析的局限，放眼整个20世纪的世界历史进程，那么就会发现，20世纪的世界，各大洲交流空前密切，由于中国国门被打开，这片古老的国度也像地球上其他地方一样踏上了世界化的进程，“五四”时代是这一进程中的重要环节。当时联系中国与海外诸国的路线几乎全部在海上，大海成为了中国知识分子生存空间的一个现实、具体、重要的组成部分，郭沫若那一代知识分子在师法西洋、救国图存的过程中，外国先进文明从海洋上运进中国，中国留学生从海洋上走入先进国度，他们正是以海洋为基础感受着20世纪的时代精神，“海的精神”必然成为“二十世纪时代精神”的核心。

在中国诗歌发展史上，《女神》这部诗集第一次体现了真正的“海的精神”，这一精神通过郭沫若的海洋体验进入《女神》中，具体表现为自由灵动的节奏和雄浑高昂的格调，对《女神》的艺术风貌产生了很大影响，如果从整个时代的高度审视《女神》“海的精神”，就会发现这一精神是《女神》“时代精神”的具体化，更是“时代精神”的核心。

（原载《郭沫若学刊》2014年第1期）

从词语的遣用看《女神》的“天人合一”思想

崔　莹

引　言

郭沫若的诗集《女神》是一卷壮丽的“宇宙诗”。纵观《女神》三辑五十多首诗，它展现了一个突破时空、穿越古今的无所不容的宇宙世界。郭沫若通过诗的语言运筹帷幄，一切为我所用，时间上将“神话—历史—现实”串成一线，空间上将“天—地—自然万物—人”融为一体，纵横驰骋，物我两忘，追求并实现着他心中理想化的最高人生境界——“天人合一”。《女神》中的“天人合一”不仅仅表现在追求人与自然统一和谐的主题，而且是“人”的神化，“人”的天地化，“人”的创造力和伟大力的体现。

在语言学上，语言作为一种符号体系，是思维的工具，也是认识成果的贮存所。解读《女神》的语言，破解它的符号体系，也许能够从中发现诗人通过诗的语言来展现“天人合一”的境界的奥秘。有人认为：“词汇系统中，任何一个词汇成分都是以共同性为基础同其他词汇成分发生聚合关系的。”① 索绪尔认为，这种聚合关系是“由心理联想构成的联想关系”。面对宇宙的无言大美，郭沫若敞开了心扉，在《女神》中描绘出了一卷跨越时空的壮丽的“宇宙”画面，各种具有共同特征的物象性名词层出不穷、“我”纵横驰骋、语气词随处可见，体现出了强烈的“天人合一”思想。

一　物象性名词的聚合系统

物象，就是被作者人格化了的描写对象。有了物象这个载体，抒情才有所依附。诗人塑造物象常常是为了言志、言情、言心声。天地山川、风云月露、花草叶木、鸟兽虫鱼，当这些具体事物寄托了作者某种特殊的意义时，这个物象就具有了生命。

① 刘焕辉：《修辞学纲要》，百花洲文艺出版社 1993 年版，第 26 页。

“在词汇系统中，各个词语之间形成纵向的和横向的联系，因为作为人类思维工具的语言，是反映人的意义世界的。从横向看，对应于概念的类聚关系，形成了类义词子系统。”① 纵观《女神》的诗篇，名词的物象性可以大致分为以下两个子系统：大物象名词系统和小物象名词系统。

（一）大物象名词的聚合系统

《女神》中多描绘太阳、地球、大海、太平洋等大物象作为抒情言志的意象，物体大物象化大多具有崇高、壮丽、雄浑、浩大、博广、伟力等语义特征，建立的新世界应该也是这样一个光明、伟大的新世界。郭沫若一方面构建着这样一个新的理想世界，另一方面又从中汲取着宇宙中的刚健有为、奋发向上、激情四溢等特征的创造力。例如：

（1）我是个偶像崇拜者哟！/我崇拜太阳，崇拜山岳，崇拜海洋；/我崇拜水，崇拜火，崇拜火山，崇拜伟大的江河；/我崇拜生，崇拜死，崇拜光明，崇拜黑夜；/我崇拜苏彝士、巴拿马、万里长城、金字塔，/我崇拜创造的精神，崇拜力，崇拜血，崇拜心脏；/我崇拜炸弹，崇拜悲哀，崇拜破坏；/我崇拜偶像破坏者，崇拜我！

——《我是个偶像崇拜者》

（2）晨安！常动不息的大海呀！/晨安！明迷恍惚的旭光呀！/晨安！诗一样涌着的白云呀！/晨安！平匀明直的丝雨呀！诗语呀！/晨安！情热一样燃着的海山呀！/晨安！梳人灵魂的晨风呀！/晨风呀！你请把我的声音传到四方去吧！/晨安！我年青的祖国呀！

——《晨安》

例（1）中的“太阳”“山岳”“海洋”“火山”“伟大的江河”“万里长城”“金字塔”等众多大的物象作为诗人崇拜的对象，诗人的人格与强烈的感情无不融于其中。例（2）中，诗人选取“大海”“旭光”“白云”“海山”等壮丽景象，怀着满腔激情，向祖国及世界问好，希望与世界万物共同迎接新造的太阳，共同“享受这千载一时的晨光”。诗人把自己融入到整个宇宙之中，把众多大物象作为崇拜的对象，并向它们问好，物我处在一种友好和谐的氛围之中，“天人”融为一体。

郭沫若选取这些物象构成了宇宙的天地，“太阳”是天的代表，是光明、创造力的象征；“大海”是地的代表，犹如母亲及情人，是诗人倾诉的对象。除此以外，

① 邵敬敏：《现代汉语》，上海教育出版社2007年版，第128页。

《女神》中还选用了“火云”“大西洋”“太平洋”“光海”“云岛”……大量体积庞大的物象，有时在诗歌之中不断重复、堆积，“太阳”“大海”等大物象在《女神》中更是频频出现。这些浸透诗人情感的大物象，成为诗歌中“天人合一”意象的主要组成部分。

“五四时期是一个呼唤巨人的伟大时代。面对寥廓无垠的宇宙放歌的，只有郭沫若。”① 众多大物象的使用与铺排组成的意象群，体现出了诗人崇高的理想、广阔的胸怀、雄伟的气魄，以此为代表的新的理想世界在郭沫若的心中也正在酝酿着。

英国思想家柏克说过，“体积庞大的东西是崇高的有力原因”。② 康德曾经把崇高分为“数学的崇高”和“力学的崇高”，其特点分别为对象体积的巨大和对象具有巨大的力量。茫茫宇宙、浩瀚天空、苍茫大地、火红太阳、汪洋大海、奔腾江河、巍巍高山，这些物象本身具有巨大的体积和巨大的力量，按照亚里士多德著名的命题“整体大于各孤立部分之和”所表示的基本原理，它们形成了一种聚合关系，组成了一个气势磅礴、崇高雄壮的大语义场。融入一个类义词磁场之中，由于磁场的力量是巨大的，这与仅仅是单个的“太阳”或“大海”等的效果是有着天壤之别的。在整个磁场之中，可以说“一切的一，一的一切”整个大物象群体都彼此感应并相互传达着一种光明、创造、新生的波澜壮阔的时代精神，自然贴切地传达了当时一代青年的心声，使人在气势磅礴的《女神》中热血沸腾，追求着一种无与伦比的崇高美。

（二）小物象名词的聚合系统

在选取大物象的同时，诗人又采撷一些小物象作为补充，不仅与大的物体融为一体，与小的物体也亲密无间。诗人融入大自然之中，与自然万物交流谈话，难分彼此你我。于是，在众多小物象名词的运用下，形成了一个充满生机活力和生命韵律的小物象名词系统。例如：

(3) 池上几株新柳，/柳下一座长亭，/亭中坐着我和儿，/池中映着日和云。/鸡声、群鸟声、鹦鹉声，/溶流着的水晶一样！/粉蝶儿飞去飞来，/泥燕儿飞来飞往。/落叶蹁跹，/飞下池中水。/绿叶蹁跹，/翻弄空中银辉。/一只白鸟/来在池中飞舞。/哦，一湾的碎玉！/无限的青蒲！

——《晴朝》

---

① 税海模：《郭沫若与中国传统文化》，四川大学出版社 1992 年版，第 55 页。

② 特罗菲莫夫：《柏克论美和崇高》，转引自陈粲、郭家申《西欧美学史论集》，中国社会科学出版社 1989 年版，第 139 页。

(4) 几匹游鳞，/喁喁地向我私语：/“阳春还没有信来，/梅花还没有开意。”

——《登临》

(5) 蚕儿呀，你在吐丝……/哦，你在吐诗！/你的诗，怎么那样地/纤细、明媚、柔腻、纯粹！/那样地……嗳！我已形容不出你。

——《春蚕》

例（3）是一幅清新优美的自然画面，翠绿的新柳，飞舞的粉蝶儿、泥燕儿、白鸟，青青的池塘，各种鸟类的交响乐……聚合在一起给人一种生机盎然的印象，显示着诗人对大自然的热爱与依恋。

例（4）中“游鳞”与我切切私语，传达阳春没信来、梅花未开的信息，真是物我两忘，物我两传情。大自然的一切都是有生命力的，不是静止不动的，因而有时诗人与它们进行着交流。

例（5）诗人赞美“蚕儿”的丝是秀美的诗，与蚕儿进行着朋友般的谈心。诗人享受着自然万物，用欣赏赞美的态度与自然万物和谐共处，还不时进行言语的交流、心灵的沟通。

除了上面一些物象，瓦屋、蝉、雪、鸽儿、青松、帆船、飞鸟、清露、小刀等许多小的物象也进入诗人的视野，它们有某些共同语义特征，组成了一个小物象聚合的语义场，物中有我，我中有物，构成了人格化、审美化的宇宙自然的一部分，它们如同一颗颗小的珍珠，发着耀眼的光芒。这些小的物象是众多大物象的重要补充，它们是填充天地的充满生命的自然万物，二者互补共同构成了一个完整的“宇宙”。小物象的聚合则是诗人婉约的一面的体现。郭沫若在《〈少年维特之烦恼〉序引》中如此写道：“泛神便是无神。一切的自然只是神的表现，自我也是神的表现。我即是神，一切自然都是自我的表现。”[①] 于是，在《女神》中，他把自然界的一切当作有生命的抒情对象，歌唱自我表现的力量，生命的律动首先从大自然的律动中体现出来。在这里，庄子“天地与我并生，而万物与我为一”，诗人与宇宙自然万物融为一体，形成了天地人的和谐统一。

二　代词“我”的大物象化系统

诗的存在方式，本质上是诗人自我的表现方式，然而在《女神》中代词“我”

① 郭沫若：《文艺论集·〈少年维特之烦恼〉序引》，转引自《郭沫若全集·文学编》第15卷，人民文学出版社1990年版，第311页。

的运用主要表现在“天人合一”的表述中。在《女神》中，一个“开辟鸿荒的大我”贯穿于全诗之中，作为强悍粗暴的具有巨大创造力的高大的“自我”形象，成为了一个个性得到充分发展的、达到诗人理想的完满境界的典型。“我”犹如一位顶天立地的巨人，摆脱了一切束缚枷锁，不停地驰骋、破坏、创造，不断张扬个性，不停表现自我；犹如时代的号角、回声和战鼓，反映了时代的要求，凝结着民族的血泪和呼声。例如，创造新宇宙的女神、在涅槃中重生的凤凰、吞日月宇宙的天狗、崇尚创造的屈原、作为宇宙本体的梅花都是“我”的化身，“我”穿越时光隧道，将“神话—历史—现实”都融入于同一个宇宙的大画卷之下，与宇宙万物共生共存。请看下面：

(6) 我是一条天狗呀！/我把月来吞了，我把日来吞了，/我把一切的星球来吞了，/我把全宇宙来吞了。/我便是我了！//我是月底光，/我是日底光，/我是一切星球底光，/我是X光线底光，/我是全宇宙底Energy底总量！

——《天狗》

(7) 我效法造化底精神，我自由创造，自由地表现我自己。我创造尊严的山岳、宏伟的海洋，我创造日月星辰，我驰骋风云雷雨，我萃之虽仅限于我一身，放之则可泛滥乎宇宙。

——《湘累》

(8) 太阳当顶了！/无限的太平洋鼓奏着男性的音调！/万象森罗，一个圆形舞蹈！/我在这舞蹈场中戏弄波涛！/我的血和海浪同潮，/我的心和日火同烧，/我有生以来的尘垢、秕糠/早已被全盘洗掉！

——《浴海》

例（6）作为“天狗”的“我”既是浓缩的小我，又是包孕宇宙的大我，汇聚着“日月星球”的光，“全宇宙”的总能量，可以说是新生命的一种化身，有着强大的力量。诗中公开、彻底地褒扬了“我”这个破坏者的形象，破坏即创造，个人通过破坏获得了本体的自由，“我就是我了”。

例（7）急促快速，热烈奔放，古人屈原情绪的宣泄如火山爆发，酣畅淋漓，一泻千里。这里的“我”，具有无穷的力量，具有坚强的反抗意志，不为淫威屈服，不在压迫者面前苟且偷生。正是借助于“夫子自道”，体现出郭沫若对创造精神的呼唤，我创造宇宙的一切，集宇宙于一身，我身上的小宇宙就是自然的大宇宙，我与宇宙融为一体。

例（8）诗人在戏弄波涛，与宇宙心灵感应，与宇宙连通呼应，“血和海浪同潮，心和日火同烧”，真是心有灵犀。诗人将宏大的事物与自己诗感的抒发融会在一起，完全投入到世界万物之中，成为其中一员，自己的心同时代的脉搏一起跳动。

在诗集《女神》中，“我”的大物象化与时代背景有密切的关系。在五四时期这个呼唤巨人的伟大时代，突破自我、追求自我并创造自我，从而创造一个新的世界、新的秩序是大势所趋、历史必然。“我”作为一个顶天立地、气吞寰宇、突出自我的抒情主人公形象，既是一个“偶像崇拜者”，又是一个“偶像破坏者”。《女神》中的“我”表现出来的不仅有一种与山岳海洋、地球太阳相往来、相亲近的“同天”“乐天”意识，而且还有一种积极改造世界、积极创造世界的“事天”“造天”精神。[①]“我”的矛盾与释放成为诗歌的核心，诗中个人成了主宰自我、自然、甚至是宇宙的神，这一点源于其绝对统一的哲学观念。所谓绝对统一观念即郭沫若由泛神论发展而来的万物皆神、我即自然的神人合一的观点。

《女神》中的大物象“我”以“自我”为中心向四荒八极作无止境的追求与扩展，是自由和创造精神的象征，没有任何东西能够限制它的进取和发展。郭沫若很赞同歌德“把自身的小己推广成人类的大我”，“把一己的全我发展出去，努力精进”，以求在事业中发挥“恢宏意志”的思想。因此，在《女神》中，作者充分强调自我扩充，强调自我的作用和力量。《女神》瑰奇雄伟，日月风雷，辽阔的天宇任“我”遨游，整个宇宙任“我”创造，这种强调自我扩充、强调自我作用的思想，正最强烈地体现了五四狂飙突进、波澜壮阔的时代精神，要求个性解放的革命精神，透露出了时代的光亮。

通过以上分析，结合语言学理论中对代词“我”的研究成果，在《女神》中，在天人合一境界下的“我”至少有以下几层内涵，具体表现在：

1. “我”是自称，更是泛称。“我”不仅仅是主张突出个性、表现个性的“自我”，而且还包含着你、我、他，如凤凰所唱的“我们便是他，他们便是我。我中也有你，你中也有我”，这是民族意志的化身，是一个民族的象征。这是一个具有民族精神的“大我”，可以说是中华民族精神的化身。

2. “我”是单数，也是复数。既指自己也指当时的一代青年，既是自己的觉醒和自觉，也是人的觉醒和自觉、民族的觉醒和奋起。这个“我”作为开始觉醒的人，开始发现并认识自己：“我”不但是生活的主人，也是自己的主人；“我”不但具有巨大的能量，也具有无限的创造力。这种创造太阳、创造宇宙的无处不在的能量，无所不在的“力”，既是自我个性的张扬，也是生命能量的爆发，洋溢着生命的运动形式。《女神》正是那个时代新人、时代巨人的呼声，是对创造一个新的世界、新的宇宙的呐喊。

3. “我”既是“我”，又是“非我”。如神一般，创造天地万物；如天地万物一

---

① 税海模：《郭沫若与中国传统文化》，四川大学出版社 1992 年版，第 54 页。

般，我即万物；回归为人的我，则崇拜一切自然万物。受泛神论影响，这里的“我”一方面指作为神的表现的自我，即感性的现实的具体的人，一方面指与神相融相合的自我，即人的主观精神与宇宙本原的结合。[①] 这里把人作为本体提升到宇宙高度，从而将本体“神”泛化为“自然”与“自我”，用以证明人的本质存在与宇宙存在的同一性。

周扬在《郭沫若和他的〈女神〉》中说，《女神》“表现自我，张扬个性，完成所谓人的自觉”[②]，郭沫若在完成人的自觉后充满了对自我力量的充分自信。“我”的大物象化与名词的大物象也是相辅相成的。时代呼唤巨人，巨人创造拥有大物象的新世界，同时，大物象化的新世界需要巨人的创造。由于人的觉醒，一个强悍粗暴的具有巨大创造力的自我形象便依托于女神、天狗等物象而熠熠生辉，所以说，这些大物象的选择也是自我表现的一种内在要求。这些意象表面上看是一个个的客观事物，但无不投射在作者感情的光辉之下，不是融情入景，而是以情造景，与感情相关的意象被感情抒发这条滔滔洪流卷入，一个活力奔腾的自我通过一个常动不息的意象群体表现出来。

三　语气词的聚合系统

诗人在宇宙自然之中，由于情感表达的需要，就不由自主地运用了语气词。如果没有了语气词，那种宏伟的气魄、狂热的激情就不能够充分有效地表达出来。语气词的大量运用，语气词聚合在一个语义场中，有助于表达诗人与宇宙自然的融合，适应了诗人的感性表达。例如：

(9) 宇宙呀，宇宙，/我要努力地把你诅咒：/你浓血污秽着的屠场呀！/你悲哀充塞着的囚牢呀！/你群鬼叫号着的坟墓呀！/你群魔跳梁着的地狱呀！/你到底为什么存在？

——《凤凰涅槃》

(10) 太阳哟！太阳的象征哟！金字塔哟！/我恨不能飞随你去哟！飞向你去哟！

——《金字塔·其一》

① 阎焕东：《凤凰、女神及其他——郭沫若论》，中国人民大学出版社1990年版，第164页。

② 周扬：《郭沫若和他的〈女神〉》，转引自雷业洪、张昭兵、陈俐《郭沫若研究文献汇要》（卷六·文学·诗歌卷），上海书店出版社2012年版，第278页。

（11）无数的白云正在空中怒涌，/啊啊！好幅壮丽的北冰洋的情景哟！/无限的太平洋提起他全身的力量来要把地球推倒。/啊啊！我眼前来了的滚滚的洪涛哟！/啊啊！不断的毁坏，不断的创造，不断的努力哟！/啊啊！力哟！力哟！/力的绘画，力的舞蹈，力的音乐，力的诗歌，力的律吕哟！

——《立在地球边上放号》

“哟、呀”作为句式的形式标志，其形式功能是多表示“强烈的感情”。例（9）的语气词“呀”，除了表示感叹以外，还有表示列举的意思，在这里有着数落旧宇宙罪恶的强烈作用，字字血，声声恨，倾泻出了诗人的强烈的愤慨，表达了对黑暗的控诉，对光明的渴求。

例（10）数个语气词“哟”，用充沛的情感表达了对太阳的赞美之情，以及追求光明的急切的心情，简直就是想与太阳共存的真实写照。

例（11）更是气势非凡，有昂首天外之感，一声声惊呼，紧紧扣住读者的心弦。北冰洋上空白云如海涛般怒涌，太平洋无边的洪涛滚滚，面对如此生生不息的壮丽场景，诗人作为一位顶天立地的巨人，也是激情澎湃、热血沸腾地加入搏斗之中，同滚滚洪涛融为一体，于是赞美力的毁坏与创造、讴歌力的美好的强烈而饱满的情感便一发而不可收拾。诗人完全陶醉于宇宙中，被力的创造精神所感染。

总而言之，语气词的聚合运用有助于抒发强烈的情感。“哟”“呀”“啊”等这些语气词，组成一个大的语气词的磁场，在诗集中诗人情感得到充分抒发。黎运汉在论述“思想感情与语言风格”时说，“表达者的思想感情制约着语言运用”，“不同的语言风格，就是诗人的不同的思想感情直接导引的产物”。① 语气词的运用，拉近了物我之间的距离，一定程度上有助于促进“天人合一”的境界。

四　小结

通过以上分析发现可以知道，诗集《女神》中艺术形象众多，在诗歌内部形成了以语言单位的共同性为基础的大、小物象群的聚合，郭沫若既惯用众多大的物象作为主要的意象，又运用一些小的物象作为补充，在词语上选取的这些物象性名词，构成了万物俱容、缤纷绚丽的宇宙世界，从而构建出了诗人心中的新的理想世界。代词“我”贯穿全诗，一方面，作为诗人自我的化身，与宇宙自然心心相印，融为一体；另一方面，作为“开辟鸿荒的大我”，不仅作为张扬着自我，而且创造着宇宙万物。语气词的运用，就像一种黏合剂，将诗人的感情抒发与宇宙自然万物有效地结合在一起，一定程度上有助于促进“天人合一”的境界。大小物象性名词、大物象化的

① 黎运汉：《汉语风格学》，广东教育出版社2000年版，第60—61页。

“我”及语气词等的聚合，形成了一个《女神》内部网络化的词汇系统。“任何一个词汇成分都会在这张无形的巨网的交点上找到自己的确切位置，并在纵横交错的种种聚合关系中，实现着每个词汇成分乃至整个词汇系统自身性质的界定，并以词汇关系的组合关系为支点，实现着每个词汇成分乃至整个词汇系统的‘价值’。”①

（原载《郭沫若学刊》2014 年第 3 期）

① 刘焕辉：《修辞学纲要》，百花洲文艺出版社 1993 年版，第 9 页。

郭沫若异体诗初探

丁茂远

我们在学习与研究郭沫若一生诗词创作的过程中，发现始终存在着一种颇为特殊的文艺现象，就是已经正式发表而且编入集子的某些诗词，往往会有异体（或曰“别体”）的存在。这些异体诗并非一般只是篇名的更换或个别字句的修改，而是与正体有着颇为明显的差异。我国传统诗歌历来主张诗不厌改、精益求精。因此，从写作初稿到正式发表，乃至从报刊发表到编入诗集，诗人往往字斟句酌，反复修改，这些均属完全正常的创作现象。我们这里所讲的“异体”，则是有别于一般诗题更动或局部修饰的另一种情况，笔者姑且暂名之为“异体诗”。

这种提法有无一定的根据呢？如所周知，我国通用汉字中大量存在音同意同而形体不同的字。如迹、跡、蹟，其中“迹”为正体，那么“跡”“蹟”则为“迹”的异体字。此外，我国古代诗文从校勘学的角度考察，亦存在同一诗文的不同版本，人们往往将其称之为“异文”。西方艺术创作中还有所谓“变体画”。有的画家对同一画题采用几种不同的构图和表现方式加以处理，这样除其中主要的一幅外，其余均称变体画。我们正是从这些中外诗文、绘画创作的特殊现象中得到启发，借以观察郭沫若一生诗词创作中某些类似的现象。

为了说明这一问题，不妨分为几种不同情况并举出较为典型的例子，加以具体考察。

第一种情况，诗人将自己所作旧体诗词改为新诗（包括散文诗），或将自己所作新诗改为旧体诗词。这是最为典型的异体诗。略举三例：

1. 同题异体的《别离》。郭沫若早年诗集《女神》中，有篇别具一格的抒情短章，题曰《别离》。诗为：

残月黄金梳，
我欲掇之赠彼姝。
彼姝不可见，
桥下流泉声如泫。

晓日月桂冠，
掇之欲上青天难。
青天犹可上，
生离令我情惆怅。

此诗内容亦如题意，诗人以其丰富的艺术想象，借以充分表达离别恋人哀切惆怅的感情。诗体形式亦较特别，分为两节，每节四句。诗句系由五言、七言间隔排列，显得颇为对称整齐。按照传统诗歌分类，可以列入杂言古诗的范畴。至于诗的写作时间则众说纷纭，而诗集《女神》中篇末注为1919年3、4月间。

更为引人注目的是，诗集《女神》在上引《别离》之后，作者有一《附白》指出："此诗内容余曾改译如下"：

一弯残月儿
还高挂在天上。
一轮红日儿
早已出自东方。
我送了她回来，
走到这旭川桥上；
应着桥下流水的音，
我的灵魂儿
向我这般歌唱：
……

此诗共有四节，由于篇幅关系，这里只引一节。中间两节各以"月儿啊!"与"太阳呀!"开头，表明自己意欲爬上天去，摘取"黄金梳"与"月桂冠"，分别插戴在心爱的人及自己头上。第四节与第一节相同，首尾呼应，反复吟咏，造成浓郁的抒情氛围。这样如果将前者视为正体，据此演绎而成的新诗则成异体。我们在查阅1920年1月7日上海《时事新报》副刊《学灯》时，发现作者曾将《别离》文言、白话两种体式置于同一诗题之下发表。这在当年新诗草创时期不能不说是一种别开生面的艺术尝试。郭沫若留学日本初期采用旧体形式写过不少歌咏自然与爱情的诗篇。后来进入新诗创作爆发期，往往根据上述诗意而演绎成为新诗，只是《别离》因为同时发表并作说明，可以作为一个典型的例子罢了。

2.《满江红——赞雷锋》与《一把劈断昆仑的宝剑》。郭沫若于1963年出版的《东风集》中有一首词：

满江红——赞雷锋

劈断昆仑，有宝剑，锋芒淬砺。平地起，电光石火，一声霹雳。二十二年成永久，九州万姓仰英烈。牧猪童身世本平凡，真奇迹。

理安在？读《选集》！穷安在？忠党业。大海中。一滴水珠洋溢，舍己为人情慷慨，粉身碎骨心皎洁。日记抄字字出肝肺，言行一。

本篇最初同时发表于1963年2月23日《解放军报》与《中国青年报》。收入《东风集》时文字和标点均有改动。词前有一小序：“昨天已成《一把劈断昆仑的宝剑》以赞颂雷锋同志，情趣未能自已，再摄其意成《满江红》一首。1963年2月21日。”序中所言“昨天已成《一把劈断昆仑的宝剑》以赞颂雷锋同志”是怎么回事呢？原来作者在同年2月20日已经写了一首赞颂雷锋的新诗，今节录如下：

一把劈断昆仑的宝剑

毛主席《念奴娇·昆仑》一词中，有句云“安得倚天抽宝剑，把汝（昆仑）裁为三截”。我读了《雷锋日记摘抄》，感觉着雷锋同志就像这样一把宝剑。

雷锋，一把劈断昆仑的宝剑！
他虽然只活了二十二年，
他永远活在人们的心坎里，
他的声音永远在空中回旋。

“我实在是非常平凡，
我年幼时经常吃不饱饭，
我是一个牧猪的孤儿，
我经常和可爱的猪儿作伴。
是党给了我新的生命，
使我成为了毛泽东时代的少年。
没有党便没有新中国，
没有党便没有我的今天。”

这首新诗四行一节，共有十三小节。今限于篇幅，只录前两节。诗曾发表于《中国青年》1963年第5、6期合刊，没有收入任何诗集。《郭沫若全集》文学编第四卷，已将这首新诗作为《满江红——赞雷锋》的附录，可见二者之间有着内在的联系。如果说《满江红》词是正体的话，则《一把劈断昆仑的宝剑》就是变体诗。一词一诗内容一脉相承，均为赞颂雷锋这位共产主义战士、全国人民学习的榜样。作者写《满江红》词实因意犹未尽，在上述新诗基础上“再摄其意”而成。

与此类似的情况，还有《满江红·“二七”罢工四十周年》与《纪念“二七”烈士》。《满江红》词已收入《沫若诗词选》，词前小序指出：“一九六三年二月七日为二七运动四十周年，已题纪念林祥谦烈士诗一首，复成此词。”现经查考，序中所言《纪念林祥谦烈士》实为一首新诗，发表于1963年2月7日《解放军报》和上海《文汇报》。此诗又以《纪念“二七”烈士》为题，载同日《人民日报》，并已编入《郭沫若全集》文学编第四卷《东风集》。这里一词一诗同样构成异体。

3.《惨目吟》与《母爱》。郭沫若《潮汐集》中有一首五言诗《惨目吟》，诗为：

五三、五四大轰炸，死者累累。书所见如此，以志不忘。
五三与五四，寇机连日来。
渝城遭惨炸，死者如山堆。
中见一尸骸，一母与二孩。
一儿横腹下，一儿抱在怀。
骨肉成焦炭，凝结难分开。
呜呼慈母心，万古不能灰！

此诗写于1939年5月12日。同年五月三日和四日日本侵略者派遣飞机对重庆实施狂轰滥炸，死者累累，作者目睹惨状，感而赋此。诗中真实地记录了日寇惨无人道的罪行，表达了对日本帝国主义者的深仇大恨。

1941年10月15日，发表散文诗《母爱》，载广州《文艺生活》1卷2期。此诗内容与前年5月12日所作《惨目吟》相似。1942年4月30日稍加修改后，仍以《母爱》为题，收入《芍药及其他》。诗为：

这幅悲惨的画面，我是永远也不会忘记的。

是三年前的“五三”那一晚，敌机大轰炸，烧死了不少的人。

第二天清早我从观音岩上坡，看见两位防护团员扛着一架成了焦炭的女人尸首。

但过细看，那才不只一个人，而是母子三人焦结在一道的。

胸前抱着的是一个还在吃奶的婴儿，腹前拳伏着的又是一个，怕有三岁光景吧。

母子三人都成了骸炭，完全焦结在一道。

但这只是骸炭吗？

这篇散文诗就其内容为此前五言诗《惨目吟》的延续，故可视为前者的异体诗。作者采用五言诗和散文诗两种不同的诗体样式，同样揭露日本强盗的侵华罪行。诗的题目由《惨目吟》改为《母爱》，意在突出这一悲惨画面中的另一重要内涵，亦即永恒而伟大的母爱。母子三人都成了骸炭，仍完全焦结在一起。这是一幅多么惨不忍睹而又撼人心弦的画面，正如作者诗句所言："呜呼慈母心，万古不能灰！"

第二种情况，正体与变体均属旧体诗，但在诗体形式上出现了明显的变化。往往由于作者写成一首小诗之后，仍感意犹未尽而兴之所至，随着内容与文字有所扩展，构成了另外一种体式。现亦略举数例：

1. 关于两首《咏兰》诗。现代著名女作家赵清阁在《忆文学大师郭沫若》（载《新文学史料》1989 年第 3 期）一文中，曾附录了郭沫若当年题赠给她的五首佚诗。其中之一为：

咏　兰

香本无心发，何须喻作王？
花真能解语，必道愧难当。

此诗写于 1943 年间。据赵清阁回忆，当年她很喜爱郭沫若的书法。郭沫若曾将已作《咏兰》与《咏梅二首》分别题在三张扇面上送给赵清阁。这三首后均收入《潮汐集》。《咏梅二首》改称《题画梅二首》仍为七言绝句，而《咏兰》却由五言绝句改成五言律诗。诗为：

泽国孤臣邈，澧兰尚有香。
年年春日至，回首忆高阳。
香本无心发，何须譬作王？
寄言谢君子，实在不敢当。

两首《咏兰》诗，从 1943 年为赵清阁题写扇面，到 1945 年为刘斐题写画作，诗句亦由四句增至八句，两者的变化是明显的。我们还会发现，二者在诗体样式发生变化的同时，诗的内蕴与韵味依然一脉相承。而这正是作为变体诗的属性使然。

2. 并于两首"送别诗"。《郭沫若全集》文学编第二卷《蜩螗集》中，有一首七言律诗《送茅盾赴苏联》。诗为：

以文会友御长风，祖国灵魂待铸中。
石取他山攻玉错，政由俗革贵农工。
北辰历历群星拱，罗马条条大路通。

海运天池南徙日，九州当已庆攸同。

此诗写于1946年12月21日。诗前原有小序：“月之五日，茅盾偕其夫人同乘斯摩尔尼号赴海参崴，作苏联之游。余曾登轮送别，仓卒得句，意不甚洽，今足成此律。”这里需要注意的是，所谓“登轮送别，仓卒得句”是怎么回事呢？

1946年12月5日，郭沫若与叶圣陶、郑振铎等数十人为茅盾夫妇送行。在斯摩尔尼号客厅一角，郭沫若代表送行者写《临别赠言》，由于立群当场朗诵。后又在一本纪念册上书赠《送别诗》一首。诗为：

乘风万里廓心胸，祖国灵魂待铸中；
明年鸿雁来宾日，预卜九州已大同。

郭沫若所写《临别赠言》与《送别诗》均载次日上海《文汇报》。后来觉得“仓卒得句，意不甚洽”，遂于同月21日将七言绝句改成七言律诗，并正式题为《送茅盾赴苏联》，后编入1948年初版的《蜩螗集》。我们如果将作者收入《蜩螗集》的“足成此律”的七言律诗视为正体，那么“仓卒得句”且已由上海《文汇报》发表的五言绝句则应为异体诗。

3. 从《游花市》到《在广州游花市》。1959年2月初，郭沫若在广州曾游花市。花市为广州特有的民间习俗，人们常在阴历除夕之夜，全家“团年”之后去逛年宵花市。诗人即景生情，写成七绝一首。诗为：

游花市

金桔满街春满市，牡丹含艳桂含香。
游人购得花成束，迎接东风入草堂。

此诗发表于同年2月8日《广州日报》及上海《文艺月报》1959年3月号。

郭沫若回京之后又将此诗改为七律并编入《长春集》，同年4月由人民日报出版社出版。诗人在篇末有一附注：“此诗原只四句，今足成七律。”且将诗的题目改成《在广州游花市》。诗为：

金桔满街松满市，牡丹含艳桂含香。
墨兰簇簇青锋剑，玫瑰团团白玉堂。
爆竹轰鸣声动地，电台播送夜增光。
游人手把花成束，迎得春风上面庞。

这首七言律诗比起原作，更能反映广州年宵花市的盛况与热烈异常的气氛，实属锦上添花精益求精的产物。

在郭沫若诗词创作中，这种将绝句扩展而为律诗的还有不少。如 1961 年秋写成的《参观富春江电站》，原先题诗只有四句，而后扩展成为七言律诗。详见 1979 年出版的《西湖丛书》第三辑《书来墨迹助堂堂》。还有 1962 年所写同题异体的《咏椰子树》。1962 年 2 月 1 日《南方日报》作为《诗二首》之一发表时，只有四句；到了同年 2 月 22 日《人民日报》作为《咏海南四首》之一时，则增加了中间两联，成为七言律诗。作者已将后者编入《东风集》。

4. 关于两首为绍兴鲁迅纪念馆的题诗。1962 年 10 月 28 日，郭沫若来到绍兴鲁迅纪念馆，先后留下了同一内容的两幅墨宝。第一幅是当场题写只有六句的七言诗。诗为：

古人深憾不同时，今我同时未相晤。
廿六年来宇宙殊，红旗三面美无度。
三味书屋尚依然，摘花欲上腊梅树。

此诗落款为："一九六二年秋访绍兴鲁迅先生故居。郭沫若。"手迹见 1979 年出版的《西湖丛书》第三辑《书来墨迹助堂堂》。

此诗后在 1963 年 1 月 8 日《光明日报》正式发表时，则改写成为一首完整的七言律诗。

题绍兴鲁迅纪念馆

古人深憾不同时，今我同时未相晤。
廿六年来宇宙殊，三面红旗美无度。
我亦甘为孺子牛，横眉敢对千夫怒。
三味书屋尚依然，拈花欲上腊梅树。

何以产生上述差异？笔者曾请教鲁迅纪念馆有关同志。他们告知：郭沫若第一幅题诗已在鲁迅纪念馆陈列室展出，后发现与正式发表存在差异，遂致函作者要求再题新作。郭沫若欣然应允另写一幅。改作虽只增加一联与更动一字，但在体式与内容上却产生重大变化。已从原来的七言小诗成为一首七言律诗。且新增颈联巧妙化用鲁迅"横眉冷对千夫指，俯首甘为孺子牛"名句，更使诗的纪念意义与战斗色彩有所强化。这两幅题诗手迹同时保存在绍兴鲁迅纪念馆，前者应视为异体仍有其珍藏的价值。

5. 两首同题异体的《蝴蝶泉》。1961 年 9 月 8 日，郭沫若游览大理蝴蝶泉。他在六角亭品茶，并听陪同人员讲述有关蝴蝶泉的来历与民间传说。当即应约为蝴蝶泉名胜题字并赋诗一首。诗为：

蝴碟泉头蝴蝶树，蝴蝶飞来千万数。
首尾相垂如串珠，四月中旬年一度。
我今来已届中秋，蝴蝶不来空盼顾。
清茶酹祝蝴蝶魂，阿龙阿花今永驻。

此诗录自马泽斌《郭沫若游大理》，载《郭沫若学刊》1988 年第 3 期。诗人游罢归来，仍感意犹未尽，遂在原诗基础上加以扩展，成为四行一节计有十九节的长诗。现因篇幅关系，只录首尾两个小节。

蝴碟泉头蝴蝶树，蝴蝶飞来千万数。
首尾联结数公尺，自树下垂疑花序。
……
合欢古树罩深潭，泉沫泠泠清似露。
清茶酹祷蝴蝶魂，阿雯阿霞春永驻。

这首长诗除描写蝴蝶泉的自然景物之外，还生动记述一则美丽动人的传说。青年猎人霞郎与樵夫之女雯姑相爱，因遭地方恶霸虞王迫害，双双跳入泉中殉情自杀。此后四方蝴蝶飞来，构成天下奇观。这里有关阿雯阿霞的传说与前阿龙阿花的故事稍有差异，当为游罢归来看了新的材料或听到新的说法之后改写而成。这首七言长诗载 1961 年 11 月 9 日《人民日报》，为《游大理十首》之七，后收入《东风集》。

第三种情况，诗的体式虽未改变，但因诗的题目与正文改动较大，内容亦产生相应变化，有时甚至给人面貌一新的感觉。这种已非局部修饰的情况，似应列入异体诗的范围。现亦举例说明。

1. 从《夜会散后》到《题赠陈叔亮先生》。郭沫若《潮汐集》中有一首五言古诗《夜会散后》，诗为：

银烛烧渐短，残灯明欲灭。
开帘见天星，含笑悄相悦。
万籁了无声，不闻秋虫唧。
凉风侵客肌，迥念阵前铁。

此诗写于1940年8月，意在抒发怀念抗日前线战士的感情。夜会散后，万籁俱寂，凉风飕飕，寒意袭人。诗人触景生情，更加怀念阵前杀敌浴血奋战的抗日将士。

次年2月，蒋介石侍从室机要秘书陈叔亮（陈布雷之弟）通过在文工会工作的外甥翁泽永向郭沫若索题。郭则“录旧作”以应，诗为：

银烛渐烧残，幽光明欲灭。
开门见天心，含笑悄相悦。
耳塞了无闻，得非万籁寂。
凉风侵客肌，应有秋虫泣。

此诗虽仍保留原有的意境声韵，但从题目到文字都有较大改动，特别是在内容上已完全翻出新意。当时正值国民党反动当局发动震惊中外的“皖南事变”之后，诗人以其隐约含蓄的表现方式，表达自己悲愤沉郁的思想感情。诗中“银烛”喻新四军，意谓虽遭残害而战斗精神不会泯灭。还以“秋虫”喻国民党反动当局及其御用文人，他们尽管猖獗一时，实为色厉内荏，现已犹如秋虫一样向隅而泣。人们从这首变体诗中不难看出作者高明的战斗艺术。详见王锦厚、伍加伦《郭沫若旧体诗词赏析》，四川巴蜀书社1988年出版。

2. 关于《在岱庙望泰山》。1961年5月8日，郭沫若游山东泰山。诗人从岱庙北望，发现泰山并不十分高峻，而且林木不及南方苍翠。于是联想到孟子所说“孔子登东山而小鲁，登泰山而小天下”和杜甫诗中“岱宗夫如何，齐鲁青未了”的赞美之词，即兴写成《在岱庙望泰山》。诗为：

秦刻殊非古，泰山不算高。
只因天下小，致使仲尼骄。
工部犹堪笑，浮夸徒自豪。
何尝青未了，但见赤无毛。

此事详见郭沫若《读〈随园诗话〉札记》一书“泰山”条，作家出版社1962年出版。

诗人经过实际攀登之后，深感自己从消极方面过分夸大了。泰山在山下看时不高，树木也显得很少，一旦登临毕竟费力。诗人终于意识到“山下培塿视，登临自不同”，遂改变了原有的想法，并把原诗改成：

磴道七千级，泰山不算高。
只缘天下小，遂使仲尼骄。

实事惟求是，攀登岂惮劳？
人工方峻极，绿化到山椒。

由此可见，《在岱庙望泰山》一诗有一个逐步完善的过程，诗人已据登上泰山之后的认识加以修改。只是诗人似乎忽略了一点，诗题亦应相应改为《登泰山》才是。诗经修改后作为《登泰山杂咏》六首之一发表于1961年5月14日《大众日报》，后收入《东风集》。

3. 从《贺胜朝》到《重睹芳华》。郭沫若于1959年2月在广州写成历史剧《蔡文姬》，并于同年4月由《羊城晚报》连载。这一初稿本在结尾时，作者让主人公蔡文姬吟唱了一首《贺圣朝》。词为：

天地再造呵日月同光，
扫荡兼并呵诛锄豪强。
乌桓内附呵匈奴隶王，
武功赫赫呵文采泱泱。
万民乐业呵四海安康，
渡越周秦呵遐迈夏商。
哲人如天呵凤翱龙翔，
天下为公呵重见陶唐。

作者明确宣称创作《蔡文姬》这部史剧的意图在于“替曹操翻案”，因此剧中人物吟唱的《贺圣朝》则高度评价这一历史人物，且对曹操作出全面结论。

北京人民艺术剧院根据这一初稿本在排演过程中，导演与演员觉得要想通过《蔡文姬》这一出戏来给曹操作出全面鉴定，进而达到翻案目的是不可能的。既然剧名就是《蔡文姬》，则应以蔡文姬这个人物为主，描述这位古代才女由乱入治回到故土，终于找到发挥自己聪明才智的机会和美满幸福的生活。这就需要对剧中一些过分赞颂曹操的词句加以削弱和删改。郭沫若同意剧院的意见，只因急于启程参加国际会议，则请剧院有关同志斟酌修改，并由田汉根据原来形式改写歌词。郭沫若回国后采纳了大家的修改意见。他既颇为赞赏田汉所改的歌词，又将某些字句作了必要调整，即正式定名为《重睹芳华》。词为：

妙龄出塞呵泪湿鞍马，
十有二载呵毡幕风砂。
巍巍宰辅呵吐哺握发，
金璧赎我呵重睹芳华。

抛儿别女呵声咽胡笳，
所幸今日呵遐迩一家。
春兰秋菊呵竞放奇葩，
熏风永驻呵吹绿天涯。

这样既紧扣蔡文姬悲欢离合的人生经历，又能兼顾"替曹操翻案"的创作意图。因此作者也认为"不仅更富有诗意，而且和全剧情调更合拍"。此剧于同年5月定稿，并在《收获》1959年第3期发表。我们如果将最后定稿的《重睹芳华》作为正体，那么作者初稿本中的《贺圣朝》，以及田汉修改之后的歌词，均应视为异体。

这种从诗的题目到正文均因改动较大以致几乎脱胎换骨者还有不少。如收入《沫若诗词选》的《赞焦裕禄》（水调歌头），最初发表于1966年《人民文学》第4期，题为《赞焦裕禄同志》，入集时作了很大改动。再如《访无锡四首》中的《游鼋头渚》，其手迹发表于《无锡日报》，经作者定稿后再由1959年6月11日《人民日报》发表，已有多处不同。后收入《潮汐集》时文字又有改动。还有作为《海南岛西路纪行》之一的《马伏波井》，1962年2月18日《南方日报》发表时，原为四个小节，后收入《东风集》时只存三个小节。《咏福建二十首》中的《木兰坡》，1962年2月16日《福建日报》发表时只有四首，收入《东风集》时变成了六首。《马伏波井》与《木兰坡》，前者减去一个小节（因感内容失当），后者增加两个小节（感到意犹未尽）。这一减一加之间，均使原诗发生了明显的变化。

第四种情况，与前三者有所不同。它不是一般诗体形式与文字内容产生变化，而是组诗在组合方式与文字构成上出现变化。这在诗词创作中亦属颇为特殊的文学现象。现略举二例加以说明。

1. 关于《十里松原》与《纪事杂诗》。郭沫若《潮汐集》中收有早年所作《十里松原》四首。诗为：

一

十里松原负稚行，耳畔松声并海声。
昂头我向天空笑，天星笑我步难成。

二

除夕都门去国年，五年来事等轻烟。
壶中未有神山药，赢得妻儿作挂牵。

三

回首中原叹路穷，寄身天地太朦胧。
入世无才出未可，暗中谁见我眶红？

四

一篇秋水一杯茶，到处随缘是我家。
朔风欲打玻璃破，吹得炉燃亦可嘉。

这四首七绝为1918年除夕在日本福冈作。当时因为经济困难只好从箱崎神社前较好的房子搬到附近海边一处小房子里。他和安娜利用晚上手提背负，把一些简单的行里搬去，虽几次经过一向欣赏的十里松原，但已无心赞美自然，而是悲叹自身的遭遇和祖国的不幸。这一组诗既具体记述了当夜搬家的情景，也明显表露出个人苦涩心境和感伤情怀。作者当时曾将其中两首“除夕都门去国年”、“回首中原叹路穷”，加上新作“身居海外偷寻乐”，以《春节纪实》为题抄寄父母亲，以表达对于家乡亲人的深切思念。

1924年2月，郭沫若曾作自传体小说《圣者》。作品中以主人公爱牟的口吻吟成《纪事杂诗》六首。诗为：

一

博多湾上负儿行，耳畔风声并海声。
落落深松如鬼物，失巢雏鸟咽悲鸣。

二

昂头我向群星笑，群星应笑我无能。
去国八年前此夕，犹自凄惶海外身。

三

海外栖迟又一年，苍茫往事已如烟。
壶中未满神山药，赢得妻儿作挂牵。

四

寄身天地太朦胧，回首中原叹路穷。
入世无才出未可，暗中谁见我眶红？

五

欲上崆峒访广成，欲上长城吊始皇。
寸心骋逐时空外，人生到底为谁忙？

六

到处随缘是我家，一篇秋水一杯茶。
朔风欲打玻璃破，吹得炉燃亦可嘉。

小说中主人公爱牟就像屠格涅夫笔下的某些人物一样，既想在现实世界里做一番牺牲，却又时时怀疑自己，以致最终走向虚无。这种彷徨、怀疑、烦忧的心情同样反映在《纪事杂诗》之中。

我们如果将《纪事杂诗》与《十里松原》加以对照，就会发现前者实为后者的变体。其中第一、二首实由《十里松原》第一首化出，第三首与第五首属于新作。其余二首文字亦有改动。这样，我们不妨将《纪事杂诗》与《春节纪实》均看作是《十里松原》的异体诗。

2. 诗人与将军唱和。郭沫若《潮汐集》中收有《和朱总司令韵四首》。诗为：

一

烽连楚尾并吴头，满目哀鸿泪未收。
舌底蜜流胸底剑，依然肝胆视如仇。

二

权将旧事说从头，北伐当年骨待收。
十载自屠犹不悔，招来鱼烂快雠仇。

三

无敌将军出阵头，油然四国兆丰收。
健儿八路轻生死，不报私仇报国仇。

四

心悬黑水白山头，不净寇氛剑不收。
磊落光明权委曲，但期率土快同仇。

此诗写于1940年7月，为和朱德《出太行》一诗而作。同年5月，朱德率领八路军在太行山区击退国民党顽固派朱怀冰部的进攻后，经洛阳去重庆与国民党谈判，写成七言绝句《出太行》。郭沫若读后深受鼓舞，旋即写诗奉和。

需要指出的是，《和朱总司令韵四首》并非原作，而是后来编入《潮汐集》时经过改写而成。据查，1940年7月24日重庆《新华日报》首次发表时，题为《郭沫若和朱德诗》，原有七首。诗为：

一

烽连楚尾并吴头，满地哀鸿泪未收。
被发歃冠期庶可，有人墙内尚仇仇。

二

无尾看来并无头，大局混茫何日收。
唇底蜜流胸底剑，依然肝胆视同仇。

三

将粪何人着佛头，黄昏已近夕阳收。

稽天大侵人犹醉，有客高歌戴手仇

四

权将归事说从头，北伐当年胥待收。
十载阋墙如不见，何来鱼烂快雠仇。

五

无敌将军出阵头，油然四国兆丰收。
健儿八路轻生死，不报私仇报国仇。

六

鸭绿江边南海头，不净胡尘剑不收。
磊落光明甘委曲，但期率土快同仇。

七

生经百战饮倭头，不净胡尘剑不收。
鸭绿江边期啸傲，何须九世报斯仇。

二者加以比较，差异十分明显。《和朱总司令韵四首》中第一首由原作第一、二首各取两句组成。第二首即原作第四首，只是第三句稍有改动。第三首与原作第五首全同。第四首则据原作第六首改写。我们认为，《郭沫若和朱德诗》原作七首不仅可以作《和朱总司令韵四首》的异体诗，而且其第三、第七首尚可作郭沫若集外佚诗处理。

郭沫若是位才华洋溢的抒情诗人，一生为我们留下了数以千计的旧体诗词，其中就有不少出现异体。究其原因不外两个方面：一是出于诗人自身反复修改精益求精的努力。有些诗词初稿完成或在报刊发表之后，诗人尚感文字未工或“意不甚洽”，于是增删修订，直到满意为止。有时则因意犹未尽，索性继续发挥，务求尽兴。因其改动较大，甚至“面目全非”，因而构成异体。二是诗人享有盛名，每到一处常为某些单位或有关人员题诗。这些题诗大多因人因事即兴创作，也有根据记忆“录旧作”以应。诗人在录旧作时往往与原作不尽相同，这样无论是因记忆有误还是临时加工，均有可能出现异体。郭沫若诗词创作究竟有多少异体诗？我们没有进行准确统计。如果将标准放宽一点，看来不下百首。本文所列十四条（计二十余首）只是从各种类型的异体诗中选择较为典型的一些实例，而且限于诗的正体已出现于《郭沫若全集》文学编一至五卷。

郭沫若诗词创作中既然存在为数不少的异体诗，那么在编辑、校注《郭沫若全集》诗歌部分或编选、注释郭沫若诗词的时候，如何妥善处理正体与变体之间的关系，就成编辑和校注者不可忽视的问题。我们认为可以采用下列两种办法：

第一，某些异体诗可在已经编入诗集的正体题解或注释部分加以说明。如本文中提到的《别离》《和朱总司令韵四首》《送茅盾赴苏联》《在广州游花市》《满江红——赞雷锋》，《郭沫若全集》文学编均已作妥善的处理，在编入各集时能将变体作为附录或题注加以说明。这是一种很好的办法。看来这种做法范围还可以扩大一些。因为这些异体诗实际属于诗词“本事”的组成部分，对于了解诗词写作缘起与来龙去脉均有一定帮助。

第二，某些异体诗因与正体差异甚大，不妨作为集外佚诗处理。如写于“五四”前夕的《别离》，由文言古诗演绎成为白话新诗，实已构成两种完全不同的诗体形式。再看写于抗战时期为赵清阁题扇的《咏兰》与为刘斐题画的《咏兰》；写于抗战胜利之后的《送别诗》与《送茅盾赴苏联》。两相对照，不仅由七言绝句改为七言律诗，而且很多诗句都不一样，实为歌咏同一题材或同一事件的两首诗歌。还有写于建国以后为历史剧《蔡文姬》所作的三首主题歌同样差异甚大。《贺圣朝》与《重睹芳华》二者只是同样采用骚体形式，而内容却各有侧重，就《重睹芳华》而言，田汉执笔与郭沫若定稿亦属各有千秋。《在岱庙望泰山》原作与改作，除个别诗句相近外，其余均已改写，而且视角已从山下转到山上。这些均应列为集外佚诗才是。至于《蝴蝶泉》开始的题诗只有八句，后来扩展成为七十六句的长诗。前者亦可列为佚诗。因其文字大多可从长诗中找到，放在长诗题解中加以说明也行。倒是前面提到的《纪事杂诗》六首与《郭沫若和朱德诗》七首，其中多数与《十里松原》《和朱总司令韵》大同小异，但也分别有一首到两首为正体诗所没有，如作佚诗处理似亦未尝不可。

这里应当指出的是，我们从郭沫若的某些异体诗中，确有可能找到集外佚诗，但又必须持慎重态度加以鉴别。过去曾经有人误将郭沫若已经入集的诗词，只是在不同场合题写他人或因同体异名，而在某些图书或报刊资料发表时竟作为佚诗，这样的失误作者与编者是应当避免的。

郭沫若诗词创作中出现的异体诗，是个值得我们注意并加以探索的领域。这就需要我们花费一定的精力去搜集、甄别、诠释，以求能为郭沫若诗词研究另辟一条蹊径，并与喜爱郭沫若诗词的读者“奇文共欣赏，疑义想与析”。

尚有一点需要说明，近阅我国古代诗论，发现也有“异体诗”一说，通常是指与常见诗体相对而言的特异诗体，如回文诗、藏头诗、嵌字诗、集句诗、打油诗等。我们无意于对这一理论问题作深入探讨，而是只就郭沫若诗词存在异体（或曰别体）这一特定的创作现象加以考察。

（原载《郭沫若学刊》2014 年第 1 期）

《虎符》版本校释与普通话写作

颜同林

现代作家跨越1949年第一次文代会之后，便逐渐步入不同尺寸的文学轨道。新中国成立初期，整个文学创作、传播、接受的生态大环境，都发生了河流改道式的翻天覆地之变化，深入而全面地影响了作家们的耕作与收获。作为文学体制的内核之一，“普通话写作”成为50年代文学的主要范式。从50年代初期开始，伴随着对作家思想改造运动展开的是对方言文学的遗弃、对欧化与文言的清除，全力加速了语言的统一化、规范化进程，这一过程几乎可以概括为朝普通话写作方向迈进。典型事例是，50年代中期召开的文字改革会议、现代汉语规范会议，重新定义了普通话概念，并合法性延伸到独尊普通话写作维度之上，对当时的作家创作产生了最为直接而深远的影响。不论是面对沸腾现实生活的重新创作，还是对民国文学阶段诞生的代表性旧作之修订重版，都体现了普通话写作的强势覆盖。具体到郭沫若《沫若文集》的出版，就相当典型地体现了普通话写作的意图与规约。此套文集一共十七卷，大部分出版于50年代中后期个别延到60年代初出版，差不多成为郭沫若作品的定本。《沫若文集》绝大多数作品中，“经作者校阅”、“全部经过作者修订”是每一卷编辑说明中的常见语汇，普通话写作一以贯之。现就《沫若文集》第三卷中的历史剧《虎符》为例，试图揭示这一历史剧是如何修改的，作者在哪些层面适应了新的文学体制与语言规约。也就是说，《虎符》在50年代的版本校释所呈现出的版本变迁，与普通话写作具有怎样复杂的关联呢。

一

作为一个横跨20世纪不同时代而又不断与时俱进的作家，郭沫若选择的途径之一便是通过文学作品的修订与重版来实现这一理想，因而其作品版本大多比较繁杂，比如戏剧版本便很典型①。作者根据不同时代的要求一直不断地修订、改动旧作，构成其文人生涯的主要侧面。其中有些是主动追求，有些是被迫卷入，哪怕在20世纪

① 彭林祥：《郭沫若戏剧版本谱系考略》，《四川戏剧》2009年第4期。

50年代以后，当他在居庙堂之高时，也均是如此。在他的整个作品体系中，《虎符》虽然在版本上不算是最复杂的，但也屡经修改，幅度有大有小，版本校释与修订中传递出的信息相当丰富而且芜杂纷呈。

从版本谱系来看，郭沫若于1942年2月2日开始创作，历时10天至11日全部完成，随后在重庆的《时事新报·青光》副刊发表。初刊本面世不久，1942年10月，重庆群益出版社出版单行本，其中还纳入了《〈虎符〉缘起》、《〈虎符〉后话》诸篇，此版本再版（即再次印刷）过一次。1948年，郭沫若避居香港时审时度势地修订了一遍，由上海群益出版社重新出版，其中包含有作者标注在香港所作的《〈虎符〉校后记》一文，说“此次改版，我把本剧重新校阅了一遍，添改了一些字句。第五幕实在是蛇足，应该删掉”。这一修订过的版本又在1949年8月和1950年2月先后再版（即再印刷）。1951年7月，上海的新文艺出版社（前身包括群益出版社）根据群益出版社1946年6月纸型重印，繁体竖排，累计印刷多次。从版本来看这次则是从头再来，系根据初版本而不是修订本重印。1951年7月，《虎符》被收入《郭沫若选集》由北京开明书店出版，也是以初版本收入。1957年3月出版的《沫若文集》（第三卷），收入了《虎符》，此次是作者1956年7月30日前后在北戴河休假期间修订改定的，修改幅度最大，后来成为该剧的定本。

人民文学出版社在《沫若文集》第三卷说明中是这样介绍的：“《虎符》是1942年的作品，初版于1942年，现在是根据1954年新文艺出版社版并经作者作了较大的修订编入的。”而这里所说的“1954年新文艺出版社版”恰恰是根据1946年群益出版社的纸型重印。换言之，郭沫若舍修订版而取初版本来进行修订与重构。在《沫若文集》第三卷的《校后记之二》中，郭沫若自己这样夫子自道“这次改版，我又把全剧校阅了一遍，删去了好些冗赘的话。第五幕我也加了一些修改。在第一景的末尾，我终于让信陵君的幻影出现了一次（写作期中本有此意），使如姬最后说了几句话。经过这样的修改，我觉得第五幕依然可以保留”。在此后记中，还有二段短的话，都集中于对第五幕内容去留的辩驳。落实在其他内容与语言表述上，“添改了一些字句”，“删去了好些冗赘的话”是郭沫若对大力修改此剧本的交代，从字面来看作者说得很轻松，一笔带过，研究者一般也忽略过去。但事实上，我们到底该怎样理解这些说法的所指呢？在我看来，具体比较郭沫若当初修改时用的底本，以及修改后的版本，一一对校便可以详细地得知这一情况，了解其“添改”之内蕴，“冗赘”之所指。

正是因为这一想法，当笔者将1954年新文艺出版社出版的《虎符》复印一份作为底本，用红笔标出它与《沫若文集》（第三卷）中《虎符》的差异时，在这一历史还原与搜索的过程中，发现到处是红笔字体的狂舞，而且并不均匀。换言之，郭沫若从内容到语言对此剧修改的幅度是相当显著的，远非郭氏所说的那样轻松与简单，其修改的心态也较为复杂。这一点，可以联系叶圣陶类似的做法与解释。1957年，叶圣陶在编选《叶圣陶文集》（共三卷）时十分努力与自觉。他在前记中是这样说的："这回编这个第一卷，我把各篇都改了一遍。我用的是朱笔，有几篇改动很多。看上去满页朱红，好像程度极差的学生的课卷。改动不在内容方面，只在语言方面。内容如果改动很大，那就是新作而不是旧作了。即使改动不大，也多少要变更写作当时的思想感情。因此，内容悉仍其旧。至于旧作所用的语言，一点是文言成分太多，又一点是有许多话说得别扭，不上口，不顺耳。在应该积极推广普通话的今天，如果照原样重印，我觉得很不对。因此，我利用业余的时间，诸篇改了一遍。改了之后不见得就是规范的普通话，我还抱歉。"[①] 另外《叶圣陶文集》第二卷和第三卷都是以同样方式进行。其实叶圣陶当时出版文集时的所作所为，在郭沫若那里何尝不同样存在呢？只是前者坦承实际，后者有所隐藏而已。以纸本印刷品而言，《虎符》是一个不足十万字的剧本，但修改之处高达一千多处，修改字数达万字以上；有些段落几乎是重写，有些页面修改的文字超过了原来的文字；没有哪一页纸没有改动过，一次删改三十字以上的部分就有三四十处。早先也曾有研究者发现《虎符》从初版本到群益版共修改了190余处，从1948年群益版到1956年文集本共修改了930余处。[②]

回顾历史，我们可以看到从1953年到1957年短短的几年之间，新中国作家的思想改造、普通话写作的兴盛，是其中的主要事件，思想改造与普通话写作又相互纠缠，难以分离。这一切无疑造成了《虎符》在新的历史语境下的版本变迁，其校释及其版本文化充分反映了50年代社会思潮与政治思想文化的嬗变。新中国成立开始的随后几年之中，思想改造成为一种社会运动，席卷全国，久久不肯停息。"思想改造"意谓思想的洗澡，它作为当时最为流通的中性词，随后却变成了一个让人退避三舍的贬义词。1950年代中期现代汉语规范化运动，促使现代作家进一步对自己过去的创作进行一番清理。"五四"以后的现代作家，不同程度存在语言混杂、不甚规范的问题，与普通话写作要求相距甚远。在以上历史大事件中，都不可能离开郭沫若的身影，相反而是他时时处处会成为适应新社会规范的作家们的榜样。譬如郭沫若在思想改造的运动中身先士卒，不但在讲话与报告中决然告别旧我，而且在作品重版中大量修改以便矫正修饰自己的文学形象。50年代初接受毛泽东交代的任务，为文字的拼音化、现代汉语规范化定调宣传，指南针式地参与普通话写作的建构。50年代中期以后人民文学出版社出版现代作家的文集本，当时仅仅是郭沫若、茅盾、叶圣陶、郑振铎等少数作家享有此一殊荣，除郑振铎因飞机失事去世无法旧题新作外，其它几位作家全都顺理成章地按照思想改造与普通话写作的要求大量删削修订旧作，以新的姿态凝定于纸墨之上。

《虎符》历史剧从40年代到50年代，形象地说是此《虎符》不是彼《虎符》，

---

① 叶圣陶：《〈叶圣陶文集〉前记》，《叶圣陶文集》（第1卷），人民文学出版社1958年版，第1页。

② 李畅：《历史剧〈虎符〉的版本与修改》，《四川戏剧》2008年第3期。

它是以上所言语境中的标本之一。对于郭沫若《沫若文集》这样的繁浩工程，非本人能力所及，也不是这一篇短文所能承载，这里仅仅选择《虎符》为样本，试图作一切片式或以管窥豹的分析，以便抛砖引玉引起学界的关注与思考。

二

作家思想改造的首要方式当然是作品内容与主题。郭沫若在《虎符》修改中，对作品原有主题思想的适当偏离，对正反人物形象与性格的部分重塑，对历史观念的微调细改，都随处可见，因为不是本文的重点，暂且不予详述。可以肯定的是，思想改造可以通过文学作品的语言形态变迁来承载，思想改造抵达语言层面，迫使作家改变并接受一种新的语言形态，就意味着改变并接受一种新的生存方式。由国语而普通话，便是上个世纪四五十年代之交的主要环节。从压制知识分子语言，到提升劳动群众语言，从漠视群众语言，到力倡标准而规划的民族共同语——普通话，都是短短数年之间水到渠成之事。大面积的语言伸缩与规训，我们通过 50 年代现代作家忙着修改旧作，改头换面之后以新的语言形态与文学形象重新面世，便可一览无余。当然，这实际也是作家们无可奈何的事，“语言的规范必须寄托在有形的东西上。这首先是一切作品，特别重要的是文学作品，因为语言的规范主要是通过作品传播开来的。作家们和翻译工作者们重视或不重视语言的规范，影响所及是难以估计的，我们不能不对他们提出特别严格的要求”。①

郭沫若通过修改旧作企求达到思想改造与普通话写作的双重目的，在诗歌、小说、散文、历史剧中是如此，在文论中也是如此。譬如《女神》，“语言的修改与润色，比之内容变化、结构更改，数量多得多，从首刊到《女神》1957 年本，《女神》的 57 篇作品中，找不到多少在语言上一点儿没改润过的。这些改动，有的是改掉使用不当的，有的是将生僻的改换成通俗易懂的，还有将不流畅的语句改得流畅”。②当然，也有一些没有察觉出来，在新版中仍旧保留了旧的不合规范的语汇，个别拗口的句子也还普遍存在。这一种自我修改的过程，表面看是语言的改动，实际也可以看作思想改造的凭条。③ 以同样的眼光来看《虎符》，情况大体是类似的。在重版中，有校正误植、错漏的，如改“攀析”为“攀折”，作动词用时改“槌”为“锤”，改虎符上错金书文字个数“十二个”为“十一个”。为了第五幕的合理性，删去原版第五幕下说明“（此幕应删，姑存原样，以供读者参考。——作者。）”，剧尾写作日期中的“三十一年二月二起稿”系指民国纪元，也已改成 1942 年。在内容上，抵毁秦

---

① 《为促进汉字改革、推广普通话、实现汉语规范化而努力》，《人民日报》1955 年 10 月 26 日。

② 陈永志：《〈女神〉校勘记略》，《〈女神〉校释》，华东师范大学出版社 2008 年版，第 225 页。

③ 参阅拙文《〈女神〉版本校释与普通话写作》，《广东社会科学》2012 年第 3 期。

国的部分得到了删节处理，以“虎豹豺狼”“洪水猛兽”譬喻秦国的语句基本删除了，主观性极强的语气也温和而节制了些。剧本扩展了信陵君台词部分，其主见性、预谋性有所加强，明君形象开始清晰、高大起来，而不是一个言听计从、毫无主见的空洞形象；把中国改定为中原，将偷符救赵的主题进行缩小化处理。另外，标点符号改动大概有五十处以上，主要是把逗号改为句号的最为普遍，这自然与50年代初新的标点符号使用法的颁布与流行相关。

从普通话写作的角度来看，对欧化的清理，对文言的规避，对方言的限制，均是其中的核心环节。首先，文集本中的《虎符》版本启动了对欧化的清理与整顿。在反欧化的旗帜下，在欧化语言中寻找欧化本身的缺点成为一种思维定势。消除欧化的直接手段，是将欧化腔进行自我辩识与修改。在具体处理过程中，郭沫若采取以下几种方式进行：一是对长句进行压缩处理，调整语序，大体符合中国人说话的习惯。汉语中的欧化句特别是复句之中，各分句层层增添，使句子变得累赘，将此类比较拗口的欧化长句改短，调整词序与句序，努力使语言表述规范化与本土化，达到去欧化的目的，这是50年代去欧化的习用法。在《虎符》中到处可见此类方法的沿用。二是对欧化句式进行“清污”，典型的是“是……的”这一句式的大量删改，另外还有“假使……的话，就怎么”或“……的时候”这些句式也减少了不少。在《虎符》中将判断句改为描写句，去掉欧化的“是……的”这一造句结构的就有四十六处，将“是……”或“……的”改动的有二十五处，将“……的时候”改动的有七八处之多。譬如：“我是没有告诉别人的”改为“我没有告诉别人”，“万一有人来的时候，还是以咳嗽为号”改为“万一有人来，还是以咳嗽为号”。从全剧来看，改“假使”句为“如果”句贯穿始终，这样英文“when”、“if”的翻译型句子便大量冲淡了。

其次，对文言的扬弃也在《虎符》中全面体现出来。具体表现之一是将文言词汇删除，改为现代人的口语，包括实词与虚词两类。比如：姊妹→姐妹（箭头前为《虎符》原版语汇，箭头后为文集本语汇，全文均此），黥墨→黥刑，投之→投掷，子息→儿女，顽嚣→不好，乖僻→不好，劫取→打劫，兵士→士兵，人众→众人，拜见→请安，丫嬛→丫头，忖度→揣测到，反为不美→反而不好，在所难免→难免，祖宗所留下的国祚→祖国，来蹈你们的覆辙劫取→来做替死鬼，分工而作→去工作，血食→江山社稷。另外删去表连属关系的文言“之”共五处，如左侧之一半→左侧一半。表现之二是调整语汇，主要是变单音字为双音字，比如：叩→叩头，如→如果，受→遭受，救→援救，恩→宏恩，疲→疲敝。表现之三是将古代的说法，换成现代的说法，显得通俗易懂，便于普及大众。在第一幕开头魏太妃与如姬谈话中谈到邯郸被围的严重困境时，有这样的话“他们竟闹到‘易子而食，析骸而焚’的地步了”改为“没有东西吃，有时吃死人肉，没有柴烧，有时烧骸骨。”另外是将剧中人物的名称全部添加成完整的人名，不但在安排人物台词时标识这样，而且在正文台词之中，也同样类似处理。譬如，母→魏太妃，信（信陵）→信陵君，夫人→平原君夫人，姬→如姬，侯→侯嬴，这样带来一个好处是比较清楚人物的言行，特别是遇到两人同姓时不要去费力辩识了。表现之四是历史剧的人物对白大面积地现代口语化。仔细分析《虎符》的语言风貌，大体介于现代语言与浅显文言之间，没有古化，也没有现代摩登语言。虽然布景介绍、戏剧动作、神情暗示，以及第二幕中大梁市民为信陵君等饯行的祝词是文言化了的，但考虑到历史剧的语言观，似乎略有存在的理由；而且郭沫若也没有推倒重来之意，保留了一部分。

再次，减少方言成分。表现之一是删除方言语汇，典型的莫过于删吴语语汇“事体”，事体→事，事体→故事，事件→事情显得比较频繁。这一带有吴语标志的名词，郭沫若在四十年代也有删除调整的，但没有清除干净。另外譬如晓得→知道，打救→搭救，等起→等，好多→多少也甚常见。删除的虚词有连词“而且”、“因为”、“但”，副词“其实”、“大概”等。句尾的语气词“吧”、“啦”、“吗”等改动甚多，其中以语气词“啦”结尾的句子改动最多，一共达50余次。表现之二是作者私人性的一些不太准、带有未定型的语汇大量微调，如：整理→整顿，最终→最后，苍皇→仓皇，不只→不止，坐位→座位，援救→救援，带面具→戴面具，那→哪，分→份，像→象，他→它，得→的，好的→好，吧了→罢了，的→地，他们→她们，络续→陆续，攻击→攻打，打战→打仗，便→就，笨→愚蠢，疲→疲敝，窘迫→危险，搅→搞，讲话→说话，好多→多少，利害→厉害，雄壮→英勇，章法→调子，那吗→那么，花子→叫花子，黑狗→黑狗肉，歼灭→打败，乱子→岔子，大口→海口，法术→本领，黑巾→黑纱，恐骇→恐吓，要得→好，狗子→狗，便→就，每每→往往……类似的语汇改动颇为多见。在这诸多改动中，可以看到语言随时代的变化而发生的变革，比如到了50年代，“那儿”与“哪儿”、“底”与“的”、“吗”与“么”就分辨得清楚了，导致郭沫若修改时在两者互换改动就较为频繁。表现之三是大量减少口语表述，大多数句式从舒缓、迟疑的口语状态变成了陈述句或肯定句，干净利落的句子大量增加，有语言体温的感性的句子自然减少。这一变化估计受毛泽东政论性的语言影响较大，当时毛泽东的政论语言被奉为普通话的标本。像“慷慷慨慨地送死”改为“慷慨牺牲”，意思没变，但整体给人感觉语言质地变动显著，句子节奏、伸展程度、语言韵味完全不同了。另外句首表示判断、商量、犹豫、不太确定的语气成分大多被删，“我看”、“真不知道”、“差不多”、“恐怕”、“我是听说过的”、“本来”、“你怕还不知道”等大量被砍掉，便可略知此端。表口语状态的句子还涉及到大量语气词的去留，改动较多的句子结尾是“啦”字与“呢”字，前者减少54个，后者减少29个，这样撒娇式的、诙谐式的口头语减少了，语言的质地趋于板结与硬化。

众所周知，在普通话写作的建构与实践中，要算普通话与方言的关系更为复杂，比较语汇与语法两个方面，明显是后者最难处理。口头语与方言比较接近，政论式的书面语则离方言较远。由于去方言化，口语形态则逐渐被淘汰，一方面是句子不断生硬化，韧性减弱，语言形态变得单薄而贫瘠，一方面是有头有尾、语言成分完备的规范句子拥挤到一起。在现代诗中以口语写作著称的于坚，曾称“普通话把汉语的某一部分变硬了，而汉语的柔软的一面却通过口语得以保持。这是同一个舌头的两类状态，硬与软，紧张与松弛，窄与宽”。① 于坚指出的这一状况，其实是很普遍的，在郭沫若50年代的修订中便开始蔓延了。

三

人民文学出版社将郭沫若大量修改后的《虎符》纳入《沫若文集》出版，在郭沫若生前，《沫若文集》的诸多作品入集便具有定本的性质，自然唤来学术界的喝彩声。不过，在我看来，像当时的许多同道一样，在新的时代语境与意识形态下，反复修改旧作带来一个潜在的问题，即是改好了还是改错了呢？是改多了还是改少了呢？也许从版本学考察，仅仅是版本本性发生了变化而已。但不容否认，50年代匆促上马的诸多文集出版，存在良莠不齐现象，许多修改也并没有起到积极的正面效应，有好有坏。而且这一修改变化的背后，我们不能不深思其中潜伏的思想根源。每一次改动都残留着思想的痕迹，正确与错误、前进与后退，都搀和在文本之中。

郭沫若当时创作《虎符》历史剧只用了十天时间，而且这十天时间大体还有应酬与工作，一天大体完成七八千字，可以看出当时郭沫若写作时痛快淋漓的快感，也大体可以洞悉郭沫若的语言功底与文采风流。郭沫若在写作时，一般具有惊人的写作速度，加上作品发表的便利，郭沫若在20世纪上半叶很少大量修改。而纳入文集本的《虎符》，作者大量修改之时实乃1956年7月郭氏在北戴河休假之中。查郭沫若年谱之类资料，这一次他在北戴河只呆了几天，给人一种几乎是在改稿而不是休假的印象。从改笔来看可以看出作者心情的好坏与起伏。作者在校后记中强调修改过的《虎符》第五幕，其实修改幅度是比较少的，比较而言，修改幅度最大的是第二幕，其次是第一幕、第三幕、第五幕、第四幕。从每一幕内部来看，也不均匀。比如第一幕开头二、三页修改不大，随后几页开始逐渐加大了修改力度，到此幕最后又修改不多；第二幕第一景修改少，第二景则大改特改；第三、四幕则是前一半改动多而后一半改动少；第五幕是前后改动多而中间部分改动少。通过这一改动的痕迹，可以适度推测郭沫若在修订时的心态与心情。在50年代繁重的政务活动与政策性的讲话稿写作之外，郭沫若承担着对自身文学历史的重塑，心态时见烦躁，改笔轻重、厚薄之一。从作者文笔来看，郭沫若在50年代以后，因受理性化因素加强的影响，他逐步疏离或不能适应自己原先浪漫而抒情的诗化风格，文笔略显板滞、流畅性减弱，笔端

① 于坚：《诗歌之舌的硬与软》，《拒绝隐喻》，云南人民出版社2004年版，第137页。

常带感情也在下滑。在我看来，30—40 年代是郭沫若文学创作的盛年，其语言质地处于巅峰状态，既不似初期那样汪洋恣肆，不加节制，也不似后期那样尚雕琢，有呆板之嫌。郭沫若在他第一个历史剧创作高潮阶段，剧本中台词相当饱满、充满水分，语言张力控制有力、张弛合度。比如，语汇就相当丰富，语言的修饰成多，形象化成分浓，显得生动准确，与后来在普通话写作指导下的语汇单调、个性语言缺失相比，不可混为一谈。这一点可能与作者当时对普通话概念的理解偏至有关。譬如表达“说”的意思，原版中就有“讲”、“主张”、“追述”、“吐露”等说法，文集本中就只剩下“说”；原版中有“假如”、“假使”、“如果”、“如”等词汇，在文集本中大多只留下“如果”了。随便举一个例子，第一幕中魏太妃劝如姬不要对魏王不满的台词中有这样一句：“父母纵使是顽嚣，子道不可不讲；丈夫纵使是乖僻，妇道不可不守啦。”文集本《虎符》中便把“顽嚣”、“乖僻”全部改成“不好”，语言质地大打折扣，给人语言贫乏之感。

其次，思想改造也好，普通话写作也好，具体落实到版本变迁上，驻足于文学语言上，实际是将普通民众的“懂/不懂”作为一种直观的、普遍化的标准来衡量一切。“普及”大于“提高”，“求同”胜过“求异”，导致语言的调和、扭曲不可避免，文学语言的丰富与含蓄也逊色不少。一些表达情绪波澜的生动比喻失去水分，名词之前代之以各种形容词、副词，句子平铺直叙，从合唱变成独唱。比如，简直不敢赞同→不敢赞同，虽然意思大意不差，但两者绝不可等同。有些句子意思本身有多重含义，但大多也删繁就简了。譬如第一幕中侯生去魏太妃那儿为女儿请假，谈到如姬父亲之死，又谈到明后天去扫墓，为以后情节发展作铺垫，原文中如姬是这样说的：“好的，我一定准备在同一天去。”变成“好，我一定一同去”。仔细比较，句子意思实有不同。这一方面的例子甚多，反映出作者对语言表达丰富性、层次性的漠视。

再次，在《虎符》修改中，上下的异文异动较多，使上下文的衔接与连贯性大打折扣，作品中人物为什么这样说，能否接上话，为什么这样接腔，倒让人费解起来。剧本中说话人似乎是前言不搭后语，或者是自言自语不顾及旁人，或者是接话人也没有听懂对话者的意思，这种双向交流的效果出现逆转，有十数处之多。举两个例子，一是第一幕侯生去魏太妃家替女儿请假，与同在魏太妃家的如姬一起说到如姬父亲师昭被害的事，讲到唐雎先生的本领不小，如何用法术教凶手吐露出一切真情，魏太妃接着说：原话是“唐雎先生的本领真是不小，他今年怕快九十了吗”？改成“唐雎先生今年怕快九十了吧”？一句话两个信息，删除一个，不连贯。第二幕第二景中，有醉者一、二的对白，因涉及一些低俗粗痞描写而被删除三百余字，附带删除的还有对女兵的一些说法。表面上看是语言纯洁一些了，但原话内容其实可以与朱亥的屠户生活比较，与赵国当女兵的开风气之事相对照，也可以与底层民众喜用性话语的形象相吻合，实在有多重功效。这样大笔一挥予以删除，它所起到的伏笔、对照、俚俗化等语义功能全都消失了，而且此处上下文的断裂也明显可见。

以上几个方面还不是最大的毛病，最大的毛病还在于混杂。因为作者语言思想不能统一，自身的语言能力有延续性，使文集本《虎符》呈现一种不统一的混乱局面。比如，中国换成中原，但也有个别地方保留了，显得前后矛盾；比如“阿姊”、“姊姊”，“晓得”，“行伍”，“花子”，“打救”，“那（表“哪”意）”也时有保留，反而显得杂乱；比如几句口头话→口碑载道，反其道而行之，与全文不统一；比如“团集”、“疯癫识倒”、“偏偏倒倒”生造的语汇也有不少，没有被及时发觉。而较显著的还有，有不少地方句子成分太完备，过分直露，交代过于明白，倒没有回味的空间与余地。这一过程与郭沫若对文学语言的判断，对普通话写作的认识，以及与他当时在休假期间的心态有一定关联。告别旧我，走向新我这一思想改造过程并不见得非常愉快，走向普通话写作的语言之途也不见得十分顺畅。这一现象并不只是郭沫若修改《虎符》时有，在修改其它作品时也同样存在。以上归结为一点，便是个性化语言的部分消解，语言的原生性、丰富性、芜杂性随之消失，这一消失并不都是好事。思想改造也好，普通话写作也好，并不能真正做到泾渭分明。像鲜花不能存放而人工假花可以长存一样，我们不能仅仅在一个标准上衡量作品，鲜花自有胜于假花的地方。以此看来，《虎符》的修改现象并不值得大声喝彩。这种功过参半的结局，既是经验也是教训。

总而言之，通过50年代郭沫若文集本《虎符》的版本校释，我们可以以管窥豹地瞥见普通话写作思潮的渊源与兴起、普及与深入等方面的轨迹。内容的增删与语句的修饰、调整，都形成特定时代的版本文化。郭沫若靠近普通话写作的努力，以及通过旧作新版来进行思想改造的过程，都有十分丰富而芜杂的时代信息。作为一部获誉甚多的历史剧，《虎符》版本校释传递并负载着这样不可重复的时代风云，是郭沫若留给后人的历史沉思。

（本文原为2014年6月中国贵阳“走向世界的郭沫若与郭沫若研究”学术会议论文，后刊发于《郭沫若学刊》2015年第1期）

郭沫若电影剧本《郑成功》的尴尬

邓经武

一　唯一与冷遇

如果问，郭沫若平生唯一的文艺创作体裁是什么？又问，郭沫若最后一部大型文学创作是什么？再问，郭沫若创作中最受冷遇的作品是什么？答案是60年代初创作的长达10万字的电影文学史剧《郑成功》。所谓“冷遇”，即现有的文学史教材、众多谈论郭沫若创作的研究文章，几乎都省略了《郑成功》，以至于许多从事中国现当代文学研究的专业者，不知道郭沫若有这样一部作品。

郭沫若在《电影剧作》1963年第2—3期发表的电影文学剧本《郑成功》，本该是一部引起全国轰动、好评如潮的剧作。因为郭沫若有着“国家领导人”显赫身份，是“继鲁迅之后中国新文化的旗帜”，自1949年以来一直担任着“中国文联主席”，又是享有盛名的剧作家——其“五四”以来所创作的史剧如《三个叛逆的女性》《屈原》《蔡文姬》等，已经成为20世纪中国文学的经典——至少，是特定历史阶段中国文学的标志性作品。仅仅就“红色中国”文学而言，郭沫若推出的新作《蔡文姬》(1959)、《武则天》(1960)，就享有极高的声誉。此外，自1950年代以来，郭沫若一旦有新作，大陆的各类媒体无不争先恐后以抢先发表为荣，如诗集《百花齐放》(1958)所收录的几乎不是诗的“诗作”等，尤其是涉及当时“我们一定要解放台湾”以及“爱国主义”等重大政治问题的作品，更应该得到各方面的充分重视。更何况，《郑成功》又是国家青年艺术剧院，以及八一电影制片厂专门的约稿（还专门送了许多有关的历史资料及电影剧本给他做参考）！①

先说其创作缘起。1962年2月1日的《南方日报》，刊出郭沫若的一首七律《郑成功光复台湾三百周年纪念》，继后《文汇报》又刊出诗作手迹，向世人展示这位文坛泰斗、史学班头、现代史剧领衔人对这一具有重大现实意义的历史事件的关注，其曰：“台湾自古属中华，汉族高山是一家。岂许腥膻蒙社稷？不容蟊贼毁桑麻。千秋大业驱荷虏，一代英雄国姓爷。三百年来民气壮，教他纸虎认前车”。由于这个题材

---

① 姜旭：《永久的记忆》，载西湖文艺编辑部编《书来墨迹助堂堂》，1979年；肖玫：《郭沫若文物考古纪事》《传记文学》2007年第5期；冯锡刚：《郭沫若：写与不写的纠结》，《同舟共济》2011年第7期。

有着“中华民族反抗外族侵略的壮举”的重大历史含义，又体现着“我们一定要解放台湾”重大的现实政治，从而引发国家青年艺术剧院专门约稿，催发郭沫若赶写剧本《郑成功》；紧接着风闻其事的八一电影制片厂，向郭沫若表示决定拍摄历史故事片《郑成功》。似乎，一剧一影的《郑成功》与广大观众见面，已经指日可待！

1962 年 10—11 月，已经完成剧本初稿的郭沫若，携夫人途经福州、武夷、莆田、泉州、厦门，用了两个月的时间，实地考察郑成功的相关名胜古迹，为修改和完善《郑成功》剧本获取材料和增加现场实感，以求进一步加深对笔下主人公形象的理解。事实上，这次为了完善剧本的“田野作业”实地考察，还衍生出另外的成果。

诗歌创作有在泉州写的律诗《咏五里桥》其曰：“五里桥成陆上桥，郑藩旧邸踪全消；英雄气魄垂千古，劳动精神漾九霄；不信君谟真梦醋，爱看明俨偶题糕；复台得意谁能识，开辟荆榛第一条。”（郭沫若注云：郑成功收复台湾后有诗：“开辟荆榛逐荷夷，十年始克复先基。田横尚有三千客，茹苦间关不忍离。”）

史学研究成果是两篇学术论文。在参观厦门郑成功纪念馆时，郭沫若对郑成功银币进行了文物真伪的鉴定，并专程去上海博物馆和古玩商店进行了有关调查和比对。他在进一步查阅有关文献资料的基础上，经过研究考订，先后撰成《由郑成功银币的发现说到郑氏经济政策的转变》《再谈有关郑成功银币的一些问题》两文，在《历史研究》1963 年第 1、2 期相继发表，其得出结论是：“在鼓浪屿郑成功纪念馆得见漳州军饷银币，据云漳州民间称为郑成功大元。正面有笔挥郑成功，案乃郑成功之字之组合，呈见确是郑成功所铸。得此，可知中国自铸银币在三百多年前，而郑氏起家确受了十七世纪商业资本的影响。”

书法作品有为厦门郑成功纪念馆题写牌名和撰联“开办荆榛，千秋功业，驱除荷虏，一代英雄”；次年（1963），他欣然提笔给厦门大学历史系为纪念郑成功驱逐荷兰殖民主义者、收复台湾 300 周年而编辑的《郑成功研究论文集》题签。

郭沫若还将剧本分送相关人士听取意见，至少，我们可以看到竺可桢的回复，在《剧本》1963 年第 3 期上，载有竺可桢《致郭沫若函·阅【郑成功】》其曰：“对戏剧我是完全无知，惟见刘献廷《广阳杂记》卷二页 66 载‘赐姓之攻南京，总统余新为梁化风所愚……余新、甘辉、洪复皆成擒，余新跪而请降，甘辉不屈而死，洪复亦骂敌而死’云云，与剧本第三章（五）略有出入。刘献廷对洪复写得很详细，但对余新很简略，所以互有出入。特录之，以作我公参考。”

如此种种，可以看到郭沫若为电影文学剧本《郑成功》的创作，所花费的时间和精力，远远超过其以前任何一部历史剧。

二　剧作与史实

剧本涉及的史实大致是：晚明大臣郑成功，拒绝其父郑芝龙为清廷的劝降并宣称断绝父子关系："昔为孺子，今为孤臣，向背去留，各行其是。"1657 年，郑成功作为晚明朝遗臣攻打清朝管辖的南京，在南京城下一败涂地之后，为了建立新的抗清根据地，1661 年 4 月，年仅 37 岁的郑成功亲率将士二万五千余人、战船数百艘，浩浩荡荡自金门起航，扬帆直指台湾。1662 年 2 月 1 日，荷兰总督揆一在台湾城签字投降，带着溃败的荷兰军队退出台湾。在经历了 38 年屈辱的殖民统治后，台湾重新回到了祖国的怀抱。收复台湾后，郑成功组织迁移大批闽南民众入台，并在台湾积极开展各个方面的建设。政治方面，他依照明朝的制度，在台湾设立了完整的行政机构；他支持明臣遗老入岛著书立说，逐步恢复和发扬中华文化；在各地建立了许多教育机构，广泛传播儒学。虽然，风雨飘摇的朱明王朝也有亲王流落到台湾，郑成功却没有从中扶持新皇帝，而是以"延平郡王"自立为最高统治者。1662 年 6 月，积劳成疾的郑成功患病去世。

剧本《郑成功》选取了自公元1657 年至1662 年这五年之间，郑成功毕生事业最辉煌的时期——反清复明和收复台湾作为聚焦，通过反清复明和复台斗争这两条矛盾线索纵横交叉，尤其是突出"复台"斗争这一主线，剧作结构庞大、层次分明，集中紧凑。随着两条矛盾线索的发展，塑造各种不同类型的人物形象，穿插了强烈而复杂的戏剧冲突。一方面是晚明王朝兵部侍郎张煌言为代表的抗清派，极力劝说郑成功先图恢复大明的社稷；宣毅后镇吴豪为首的反战派则认为荷兰船坚炮利，又有台湾海峡为天然屏障，且天气炎热，疾病流行，军队水土不服，攻打台湾必然害多利少；当时的许多明朝义士也认为，只有坚持反清斗争，恢复大明江山，才是爱国的行动，而收复台湾则被认为是因小失大，是为郑成功为自己寻找一块避风港；而盘踞台湾的荷兰殖民统治者则软硬兼施，千方百计阻挠郑成功收复台湾。在郭沫若笔下的郑成功，极为清醒地认识到："先收复台湾，把我们的根基打稳，才有把握恢复大明的社稷。"这样冷静的头脑，说明他能够审时度势，及时地实现由反清复明到收复台湾的重大战略决策的转变。

按照当时的主流政治话语，郭沫若在剧作中确立了一个基本思路：由于得到了人民的支持，郑成功才最终完成了收复台湾的宏伟大业。因此，他有意识虚构了一些人民群众的代表。譬如常寿宁和他的孙女阿瑜、在高山族中行医施药的活神仙沈俭期以及高山族启奴里克郎兄妹等，都积极支持和帮助郑成功实施"复台大业"。如阿瑜以她的一颗美丽善良的心和辛勤的劳动，赢得了高山族人民的信任。她学高山族人"文了面"，与拜雪社的启奴里克郎和罗波兄妹结成了深厚的友谊，以展示"民族团结"共同推动国家统一事业；意大利神甫李科罗神甫（剧作描绘为"他是东方人的好朋友，是西方人中的水晶。象他这样的人正好是东西方人间的桥梁”）等暗助郑军，荷兰军曹迪拉斯和黑人水手吉姆司在船上起义，这些都是“世界正义力量”的代表；台湾督办腓特力·揆一、汉布鲁克神甫（剧作表现为“披着神职人员的外衣，无恶不作。你利用天主教堂放出放火队来火烧市区；你炸毁隧道，把天主教堂变成了杀人坑；你还假造布告离间汉人和高山族人，这些都是你的滔天大罪!”)、贝德尔上尉迷信自己的军力等，则是“帝国主义侵略势力”的代表；朱衣佐受清军派遣去台湾联络荷兰人抗郑、吴豪等依靠，暗通敌人等，都是卖国投降主义的典型。这些人物类型及其相互关系的描写，都鲜明地体现着当时的政治主流话语方式。

剧作也不乏一些生动情节和鲜活场景。如澎湖遇风、奇渡鹿耳门、围困热兰遮城、击退荷兰派遣的救援舰队和发现攻城的秘密隧道等，矛盾迭起，曲折多变，环环相扣。

在尽可能体现历史真实性方面，郭沫若也做了许多努力。如郑成功形象的考察：“有两种郑成功像。一种是方面大耳，和董氏夫人并坐着，夫人辫发特长。另一种是瘦削儒雅，与人对弈，有王忠孝的‘百字赞’。一般采取了前一种，但后一种比较可信。”“郑成功亲笔写的梅花诗，为日本人所收藏。《台湾风物》什志某号封片上有照片。”（数萼初含雪，孤标画本难。香中别有韵，清极不知寒。）又如“关于高山族的风俗文物。日本人著有图谱，可供参考；关于台湾七昆身热兰遮城的形势。我从厦门大学借来了几册外文书，有木刻图片，可供参考”。①

三　文艺与政治

剧本《郑成功》是当时重大政治问题催生的产物。郭沫若所看到和听到的，是这样的宣传：

1949年3同15日，新华社发表题为《中国人民一定要解放台湾》的社论，明确地提出使用武力“解放台湾”的口号；1949年11月1日，朱德总司令在解放军军政大学台湾队学员毕业典礼上发表重要讲话：“……海南岛、台湾，这是中国的地方，我们一定要全部解放，解放一切领土。”12月31日，中共中央发表《告前线将士和全国同胞书》，明确提出，1950年的任务就是“解放海南岛、台湾和西藏，全歼蒋介石集团的最后残余势力”。只是由于朝鲜半岛战争爆发，中共武力解放台湾的思路开始改变，但形式上还在延续，如在1954—1955年间，解放军成功地完成“解放一江山岛和大陈岛”任务。

其实，作为文人的郭沫若，没有真正认清政治家的策略。1958年解放军的“万炮齐轰金门”，在短短的八十五分钟内的首次炮轰中，三万发炮弹密集地落在金门岛

---

① 郭沫若：《有关郑成功资料的备忘录》，《中国现代文艺资料丛刊》第八辑，上海文艺出版社1984年版。

上，被全世界看成是“解放台湾”战争的正式开始。而实际上，这个行为只是帮助蒋介石拒绝美国分裂中国。即“（炮击金门）我们这样做，就全局说来，无损于己，有益于人。有益于什么人呢？有益于台、澎、金、马一千万中国人，有益于全民族六亿五千万人，就是不利于美国人”，“美国人想在我国的内战问题上插进一只手来，他们叫做停火，令人忍俊不禁。美国人有什么资格谈这个问题呢？请问他们代表什么人？什么也不代表。他们代表美国人吗？中美两国没有开战，无火可停。他们代表台湾人吗？台湾当局没有发给他们委任状，国民党领袖根本反对中美会谈”。[①] 以彭德怀名义发布的《告台湾同胞书》，毛泽东这样说：“建议举行谈判，实行和平解决。这一点，周恩来总理在几年前已经告诉你们了……台湾的朋友们，我们之间是有战火的，应当停止，并予熄灭。这就需要谈判。当然，再打三十年，也不是什么了不起的大事，但是究竟以早日和平解决较为妥善。”[②]

又如1976年，病中的毛泽东在病榻上同华国锋等人谈话时说到台湾问题，即：“有那么几个人，在我耳边叽叽喳喳，无非是让我及早收回那几个海岛罢了”——当时作为中共中央文件传达，而被人们熟知。毛泽东这番话明显地厌烦“及早收回那几个海岛”的意见，或者说并不是真的“一定要解放台湾”，他甚至多次实施过与台湾方面的和平计划。有材料披露说：1959年2月2日，毛泽东在中央省市委书记会议上提出了一个大胆的设想：“台湾可以10年、20年不去进行改革，还是三民主义，搞特务、反共，尽他去反，只要你这个葫芦是挂在我的腰上，不要挂在美国的腰上。”1958年10月21日，毛泽东在中央政治局常委会上，提出“联蒋抗美”策略。1960年5月22日，毛泽东主持召开中共中央政治局常委会议，研究了对台工作问题，认为台湾宁可放在蒋氏父子手里，不能落到美国人手中；对蒋介石我们可以等待，解放台湾的任务不一定要我们这一代完成，可以留交下一代人去办。[③]

近年来，关于章士钊、曹聚仁等在毛泽东、周恩来安排下，为国共两党高层传递友好信息的材料披露甚多。此不赘述。

1963年初，周恩来在约请张治中、傅作义致信陈诚时，将中共核心层“和平解决台湾问题”思路归纳为“一纲四目”。“一纲”是台湾归还祖国，其他一切问题可按蒋介石与陈诚意见妥善处理。“四目”是（1）台湾回归祖国后，除外交必须统一于中央外，所有军政大权、人事安排等仍由台湾当权者全权处理；（2）所有军政及建设费用不足之数，悉由中央拨付；（3）台湾之社会改革可以从缓，必俟条件成熟

① 参见毛泽东以彭德怀名义发表的《中华人民共和国国防部命令》，1958年10月13《人民日报》，收入中共中央文献研究室编《毛泽东文集》第七卷，人民出版社1999年版；毛泽东《关于西藏问题和台湾问题》（1959），见《毛泽东文集》第八卷，人民出版社1999年版。

② 毛泽东以彭德怀名义发布的《告台湾同胞书》，1958年10月6日《人民日报》，收入中共中央文献研究室编《毛泽东文集》第七卷，人民出版社1999年版。

③ 参见《毛泽东解决台湾问题的“一纲四目”》，《中外书摘》2008年第4期；中央文献研究室第一编研部、军事科学院战争理论和战略研究部编著《军事统帅毛泽东》等。

并尊重台湾当局意见协商决定然后进行；（4）双方互约不派人进行破坏对方团结之事。①

1956年1月25日，毛泽东在第六次最高国务会议上宣布："国共已经合作了两次，我们还准备进行第三次合作。"1月30日，周恩来在全国政协二届二次会议上正式宣布对台基本方针："中国政府一年来曾经再三指出，除了用战争方式解放台湾以外，还存在着用和平方式解放台湾的可能性……凡是愿意走和平解放台湾道路的，不管任何人，也不管他们过去犯过多大罪过，中国人民都将宽大对待，不究既往。"②而这些都不是郭沫若能真正理解的真实政治。或者说，"共产党的哲学就是斗争的哲学""千万不要忘记阶级斗争"，以及连续不断进行的"反封资修"各种政治运动，尤其是对各类阶级敌人清洗与镇压的日益强化……都使郭沫若真诚地相信"我们一定要解放台湾"。

1975年释放国民党在押的战犯，实际上也是毛泽东在余年不多的焦虑中对台湾方面的一种示好行为。这里多说一句，因"右派"和"现行反革命"双重身份被判"无期"的资深中共党员聂绀弩，当时就是以"国民党战犯"的身份（他确为黄埔军校二期生，曾任国民党中央通讯社副主任）被特赦释放的。一句话，20世纪50年代中期以后的中共高层决策者，并不是真正地要实施"一定要解放台湾"或"拯救台湾人民于水深火热之中"。

四　尾论

郭沫若作为一个"球形天才"，在多种文体都有建树，几乎所有的文体实验成就，都有人给予关注，或者说，他涉及的每一种文体，都引发过汗牛充栋的研究论述文字。奇怪的是，郭沫若惟一的一次新型艺术体裁、即被誉为20世界艺术骄子的电影文学尝试，即在60年代初创作的电影文学剧本《郑成功》，却很少被人所关注，这成为学术界对郭沫若"忽略"的怪现象。

电影文学剧本《郑成功》，绝非急就章，而是历经深思熟虑之后的作品。这与《屈原》写作用了十天、以及《孔雀胆》等剧作的快速完成，形成明显反差——此前他创作的8部历史剧，没有一部超出5万字，写作时间最多不超过10天。这部10万余字的电影文学剧本费了两个月时间，于10月间完成初稿后，郭沫若又花费大量时间进行实地考察的作品。他曾经这样回顾说：

---

① 参见《毛泽东解决台湾问题的"一纲四目"》，《中外书摘》2008年第4期；中央文献研究室第一编研部、军事科学院战争理论和战略研究部编著《军事统帅毛泽东》等。

② 参见中共中央文献研究室《周恩来年谱（1898—1976）》，中央文献出版社1997年版。

我写电影剧本是头一次。今年（1962 年）是郑成功赶走荷兰殖民者、收复台湾的三百周年纪念。八一电影制片厂向我出了这个题目，要我来做。他们给我送来了许多关于郑成功的史料，还送来许多电影剧本，以及怎样写电影剧本的理论书籍，一大堆，要我来读。八一厂为我服务得真是周到。他们还为我放映了好些中国的、外国的电影叫我看。他们在尽力培养我写剧本。我受到这样的培养，真受感动！我如果不交出作品，真是对不起他们。我写这个剧本，也使我受到一次教育。收集资料是从今年五月间开始的，八月间在北戴河，曹禺同志也在那里写《王昭君》，还有金山等同志。我不懂电影的写法，这个蛋实在生不下来。但曹禺、金山等同志都鼓励我，叫我先不要管电影形式，写出来再说。……我就硬着头皮写起来了。郑成功是我国历史上反殖民主义的先驱，这个历史人物是值得肯定的。剧本在十月间完成初稿，已经打印了出来，为了增加点感性知识，我又到福建、浙江沿海和舟山群岛等地去跑了一趟。①

关于电影画面的处理，他也做过认真的功课："鼓浪屿日光岩上的水操台。日光岩上郑成功的旧寨门犹存，水操台必在寨门之内。现在的所谓水操台乃黄仲训（近人）所拟定，地方太狭隘，只能看见一面海，我认为不可靠。如拍电影时，最好选择靠近山顶的一段地带，两面可以望海。集美也有郑成功的故寨门，可供参考。"②

对历史人物的撰写，必须要有作者与传主的某种情感的契合，方能催动身心的投入创作。如为郭沫若代言的《三个叛逆的女性》以及《屈原》对传主的同气相求、又如由自己母亲身世引发的《孔雀胆》写作、还有如其公开宣称的"蔡文姬就是我"等。创作《郑成功》过程中，在内心深处，郑成功的日本母亲血缘以及长崎县出生地，会引发郭沫若的日本众多生活记忆和切身感受；而在日本 10 余年的生活，他对日本文艺界关于郑成功故事的叙说，应该是有所了解。日本最早的一部作品是 1701 年的《国仙野手柄日记》，最晚的一部是 1989 年的《野田版・国性爷合战》，最有影响力的则是近松门左卫门于 1715 年写就的经典《国性爷合战》。截止于 20 世纪 60 年代，至少有十余部以郑成功为主角的日本影剧作品，应该有可能进入郭沫若的视野。这些作品类型包括人形净瑠璃（木偶戏）、歌舞伎、能乐、新剧、小剧场、以及电影（1928），包括近松门左卫门、小山内薰、久保荣、野田秀树等日本主流作家。③

现在能够看到的仅有 4 篇专门研究，将《郑成功》遭受冷遇原因，或归结为"但主要是因剧本发表时，正是文艺界深受左倾思想的干扰，历史剧的命运都不甚佳"④；或解释为"由于生不逢时（因为当时正是大刮'大写十三年'之风，历史剧

① 《学习、再学习》，见张澄寰编选《郭沫若论创作》，上海文艺出版社 1983 年版，第 524—525 页。

② 郭沫若：《有关郑成功资料的备忘录》，《中国现代文艺资料丛刊》第八辑，上海文艺出版社 1984 年版。

③ 王翀：《郑成功是日本人——日本戏剧政治学初探》，《戏剧艺术》2011 年第 2 期。

④ 朱幼棣、李建勋：《郭沫若的〈郑成功〉值得重视》，《文学评论》1982 年第 3 期。

命运都不甚佳的时代）而没有被拍成电影”① 其实也不尽然，例如1958年面世的《林冲》、1959年公映的《林则徐》、1964年问世的《阿诗玛》等历史题材电影，就大受欢迎。话剧舞台上，有1957年中央戏剧学院实验话剧院的《桃花扇》、1958年北京人民艺术剧院首演的《关汉卿》和《茶馆》、1960年的《文成公主》和1961年的《谢瑶环》、1961年的《胆剑篇》、1962年长春电影厂演员剧团的《钗头凤》等，也获得好评如潮。特别是1962年出品描写清代中日海战的电影《甲午风云》，以“爱国主义”的鲜明主题博得全国一片叫好声。自称是“文化底蕴很浅的文艺工作者”、剧中邓世昌的扮演者李默然，甚至因此成为国人家喻户晓的大明星。

笔者认为，这种“冷遇”首先不是技术问题，虽然郭沫若是首次操作电影文学剧本，对电影剧本的特殊要求把握尚有欠缺，例如他对“分镜头”的处理就很成问题。但电影艺术的一个基本特征即“电影是导演的艺术”，导演的职责就是把剧本“体现为完整的艺术形象”，君不见：一首叙事长诗《一个和八个》（同名）、一篇散文《幽谷回声》（《黄土地》），都可以处理成为电影，何况是基本具备电影故事各种元素的剧本？

其次也不是作者身份问题。全国人民代表大会常务委员会副委员长，中国科学院院长、中国科学院哲学社会科学部主任、历史研究所第一所所长、中国文联主席、“继鲁迅之后中国文艺革命的旗手”、中国保卫世界和平委员会主席……其中任何一个身份，都不容忽视！1959—1960年，郭沫若先后创作了以“翻案”为主旨的历史剧《蔡文姬》与《武则天》，获得“好评如潮”的社会反响；作为中国文联主席，郭沫若也需要显示自己的文学存在而“为革命再立新功”。郭沫若认为，自己是紧紧抓住当时的时代政治关键点，实现做“党的喇叭”的文学职责；中国政治“一定要解放台湾”的聚焦点，需要一个合适的切入角度；作为“中国人民保卫世界和平委员会主席”，在世界冷战格局中“反帝斗争”，需要找到一个具体声符，这就是郭沫若创作电影文学剧本《郑成功》的核心意图。

概而言之，电影文学剧本《郑成功》立足于当时中国“一定要解放台湾”的重大政治需要，按照“人民群众是历史发展的真正动力”的“历史唯物主义”的主流意识形态话语方式，描写了广大群众为收复台湾作出的重大贡献；根据中共国际战略对“亚非拉人民”的关注，剧作叙说了意大利李科罗神甫和荷兰军曹迪拉斯以及黑人水手吉姆司等“正义力量”，帮助收复台湾的统一大业；鞭笞了朱衣佐与吴豪等的卖国投降，批判了西方殖民统治者的侵略与残暴……在艺术特征上，也力图体现电影艺术的特征。郭沫若当时豪情满怀地展望：郑成功收复台湾是中华民族反抗外族侵略

① 黄火荣：《“开辟荆榛千秋功业，驱除荷虏一代英雄”——简评郭沫若的电影文学剧本〈郑成功〉》，《抚州师专学报》1993年第3期。持此说的还有张志勋的《台湾自古属中华——读郭沫若的电影文学剧本〈郑成功〉》，《辽宁师范大学学报》1982年第5期；刘元树的《一代英雄的热情颂歌——读郭沫若电影剧本〈郑成功〉》《西南民族学院学报》1992年第5期。

的一个壮举，“如果把它写进剧本，照我想，其情节之生动，气魄之宏大，当不亚于《甲午海战》”。[①] 换句话说，电影文学剧本《郑成功》无论是思想内容、题材选择、话语方式，还是“现实意义”、艺术特色，在当时都是最符合标准的；作者的政治高位和显赫身份、已经创作出众多名作的丰厚艺术积淀，都使该剧本必然获得巨大的欢呼声。事实恰恰相反，个中原因，只能从中共高层去寻找。

围绕重大政治问题的文艺创作，必然要服从高层的政治思路，问题是，一介书生郭沫若，并未能真正知晓中共高层关于台湾问题的思路，公开宣传往往只是政治家的一个障眼法。中共从未放松过“无产阶级专政”，1962 年毛泽东又再次强调“千万不要忘记阶级斗争”，那么“阶级敌人”总根子的台湾就必须要解放……这应该就是郭沫若所领会的中共高层的政治思维？剧作未能搬上舞台，更未能按照计划投入电影拍摄，以作者郭沫若的身份而言，应该是来自中共最高层的阻力。根据竺可桢阅读剧本《郑成功》后的回复，可以想见，郭沫若应该还将剧本呈送老朋友周恩来（如 1940 年代呈送的《屈原》受到鼓励而《孔雀胆》受到冷遇等）甚至呈送毛泽东，其结果就是我们今天所看到的。于是，北京青年艺术剧院和八一电影制片厂，以及作者郭沫若，都在剧本《郑成功》这个节点上，陷入一种极为尴尬的境地。

（本文为 2014 年 6 月中国贵阳“走向世界的郭沫若与郭沫若研究”学术会议论文）

① 杨云：《日光岩下的怀念》，见《郭沫若闽游诗集》，福建人民出版社 1979 年版；朱海谛：《郭老访问厦门大学》，《福建文艺》1979 年第 4、5 期合刊。

郭沫若史剧研究综论：伦理与文学的纠葛

杨兴玉

一　何种意义上的真实

艺术真实与历史真实的纠葛，是长期困扰郭沫若历史剧（下简郭剧）研究者的一个基本问题。从逻辑上讲，这种现象源自一种根深蒂固的本体论冲动，即人们总是试图为研究和思考寻找一块“真实不欺”的根基；哪怕后现代主义者一再声称这种做法不过是虚妄的基础主义，这种本体论冲动也未见得有所衰减。

在郭剧研究的起步阶段，向培良（1927）、顾仲彝（1928）针对《三个叛逆的女性》在历史细节上的瑕疵、尤其是过分现代化的人物话语，即曾提出明确质疑①。建国初期，此类问题不仅与文学和历史有关，并且带有鲜明的政治印迹。譬如，与话剧《蔡文姬》相关的论争，一度体现为“历史人物评价”问题。在这种现实语境下，“政治上正确”往往被看作学术争端的裁决标准。“但许多议论往往只不过是对马克思主义的简单套用和解释，其中不乏僵化庸俗的成分”②，难以获得应有的学术水准。

进入新时期，郭剧研究逐渐回归学术之途。曾立平（1980）针对《蔡文姬》、《武则天》在历史真实性方面的阙失，批评这两部剧作存在“反历史主义倾向”③。其文大胆挑战权威，毫无虚文藻饰，在郭研界内外引起了广泛注意。但文章过分偏执于历史真实而无视艺术规律，未能超越外在于文学本体的庸俗社会学套路。1986 年，王文英著文解析了“历史剧真实性”的丰富内涵④，促使争鸣回归于郭剧的艺术本体和文学本位。韩立群（1988）在《郭沫若史剧创作论》中对“真实论”问题有专章论述，亦有助于诠解“历史真实与艺术虚构”的纠葛⑤。此外，魏建（1992）对郭沫

---

① 陈俐：《郭沫若研究文献汇要》（卷七），上海书店出版社 2012 年版，第 19—21、25—26 页。

② 徐国利：《从“翻案开始”》，《回读百年：20 世纪中国社会人文论争 · 第四卷》，大象出版社 1999 年版，第 197 页。

③ 陈俐：《郭沫若研究文献汇要》（卷七），上海书店出版社 2012 年版，第 198—209 页。

④ 同上书，第 225—239 页。

⑤ 韩立群：《真实论》，《郭沫若史剧创作论》，山东教育出版社 1988 年版。

若戏剧本体的吁求[①]，以及何益明（1994）对郭剧艺术的本体性研究[②]，都不同于那种只在外围转圈的社会历史批评。

在论辩过程中，研究者经常聚焦于郭沫若（1942）在《历史·史剧·现实》一文中提出的命题——“失事求似”。一方面，部分研究者并不赞成此说，譬如蒋星煜（1983）认为，剧作一旦“失事”（离开历史事实），就难以“求似”[③]；王尔龄（1986）也质疑，此语作为对“实事求是”的戏仿，未必具有严格的科学性，因此阐释不宜过分着实[④]。另一方面，更多研究者将其看作解读郭剧艺术的密钥，田本相和杨景辉（1982）立足于郭沫若的剧作和剧论，指出此说超越了外在形似而追求情感的神似[⑤]；王世德（1983）以传统美学的“离形得似”说为据，驳斥了对“失事求似”的诸种诘难[⑥]；高国平（1984）也将其作为一种新创作原则而做了系统阐释[⑦]。此后，不少戏剧史论著都将“失事求似”视为郭沫若史剧观念的代名词，但其要旨很少超出上述几篇文献。

有关文学真实与历史真实的论争早已尘埃落地，但我们仍可从旁近研究中获得新的启迪。譬如，童庆炳（2011）借鉴朱光潜的“物甲—物乙”说，区分了历史1、历史2、历史3（即历史实存、历史记载、历史文学）[⑧]；再如，吴玉杰（2005）基于新历史主义视角，对“历史真实的多元限定”和“艺术真实的审美指向”做了新的阐释[⑨]。这些思考都有助于澄清历史真实的所指，促使郭剧研究重返其文学本位和戏剧本体。

不惟如此，从庸俗社会学中突围，只是朝向郭剧“本身”的一个方面；由于艺术现象本身又是“归属于文化系统”的[⑩]，文化真实构成了郭剧“真实性”研究的另一个方面。文化是较为含混的能指。当下，一种值得关注的研究思路，是回到郭剧生成与传播的历史现场，以此解析剧作与社会文化的深层互动。

根据周宁（2003）的研究，郭沫若以其新史学和新史剧，有效地参与了新国家意识形态的建构：“新史学通过学术真理获得话语权威，新史剧则通过艺术形象实现话语权威的大众化”[⑪]。这种观点远绍葛兰西的文化领导权思想，近承伊格尔顿的审

① 郭沫若故居：《郭沫若百年诞辰纪念文集》，社会科学文献出版社1994年版，第909—918页。

② 何益明：《郭沫若的史剧艺术》，湖南文艺出版社1994年版。

③ 蒋星煜：《历史剧的历史感和时代感》，《戏剧艺术》1982年第1期。

④ 王尔龄：《“失事求似”辨》，《徐州师范学院学报》1986年第4期。

⑤ 田本相：《〈屈原〉论》，《文学评论》1982年第6期。

⑥ 王世德：《论郭沫若的美学思想》，《中国现代文学研究丛刊》1983年第4期。

⑦ 高国平：《试论“失事求似”》，《新文学论丛》1984年第4期。

⑧ 童庆炳：《历史题材文学创作重大问题研究》，经济科学出版社2011年版，第73—78页。

⑨ 吴玉杰：《历史剧艺术虚构：历史真实与艺术真实》，《新历史主义与历史剧的艺术建构》，中国社会科学出版社2005年版。

⑩ 高楠：《中国古代艺术的文化学阐释》，辽宁人民出版社1998年版，第3页。

⑪ 周宁：《从历史构筑意识形态：中国现代史学与史剧的意义》，《人文杂志》2003年第2期。

美意识形态批评[①]，由此可能突破庸俗社会学与审美形式批评相对峙的二元论僵局，解蔽郭剧的社会历史意义。

更常见的倾向则是追溯文学现象的文化渊源，为沫若史剧寻求人类学根基。受80年代“文化寻根”热潮的影响，郭剧研究中的“寻根”之举不绝如缕。鉴于此类研究涉及郭剧的西化与回归问题，因而有待另文分析。

二　何种范型的艺术真实

库恩（1962）的范式革命说一经提出，就不断地拓展着当代学者的研究视野。受其影响，我国学者张兰阁（2009）系统考证了现代中外戏剧的范型流变。在他看来，“一部现代戏剧史，就是各种流派（范型）不断竞争和更替的历史”。[②] 事实上，就在同一位作家的剧作中，也可能出现不同戏剧范型的竞争和更替。郭剧研究之所以聚讼纷纭，也与这种范型之争不无关系。

在郭剧的审美接受中，最常见的批评来自一种无所反思的自然主义态度，即简单地将郭剧视为写实型文学；任何溢出写实型文学的特征，都被看作有待消除的艺术瑕疵，或者根本避而不谈。从根本上讲，这种审美诉求源于对历史剧经验来源的直观体认。自莎士比亚的历史剧以来，有关“历史剧”内涵的界定可谓众说纷纭，吴玉杰（2005）在综合诸说后提出：“历史剧是在真实的历史事件和历史人物的艺术表现的基础上，发展历史的精神，寻求古今之汇通，具有一定的史事性的戏剧。”[③] 由于历史剧大多具有史事性，写实效果无形中就被看作衡估其艺术价值的经验尺度。向培良、顾仲彝、曾立平等之所以对郭剧提出质疑，主要就是出于对历史剧写实效果的经验诉求。

历史剧有史事性不假，但过分拘泥于史事性或者写实性，将遮蔽沫若史剧的多元蕴涵。诸如浪漫主义或新浪漫主义（表现主义）的艺术特质，都不是用史事性或者写实性所能概括的。在民国时期，不论是王以仁（1924）对沫若早期戏剧的“诗意”以及“诗的意境”的激赏[④]，还是李长之（1942）对《棠棣之花》所蕴涵的人生体验、诗的冲动以及舞台技术的盛赞[⑤]，虽未冠以浪漫主义研究之名，却有助于解蔽沫若史剧的浪漫之实。50年代后期，陆续出现了主题中同时含有“浪漫主义”与“郭沫若”的文献。譬如，颜振奋（1959）在评点《蔡文姬》时，明确将诗意磅礴、热

---

① 周宁：《前言》，《想象与权力：戏剧意识形态研究》，厦门大学出版社2003年版，第2—3页。

② 张兰阁：《戏剧范型》（上），北京大学出版社2009年版，第4页。

③ 吴玉杰：《新历史主义与历史剧的艺术建构》，中国社会科学出版社2005年版，第18页。

④ 陈俐：《郭沫若研究文献汇要》（卷七），上海书店出版社2012年版，第14—16页。

⑤ 同上书，第395—399页。

情奔放等特征看作其浪漫主义精神的具体表征①。

1982年，王瑶对“郭沫若的浪漫主义历史剧创作理论”做了具有纲领性的系统论断。王瑶提出，历史剧的创作方法可分为现实主义与浪漫主义两种基本类型：前者是对事物“本来怎样”的摹仿，后者则是对事物“应该怎样”的摹仿②。这种观点长期被视为定谳，后来却受到了陆炜（1999）的严厉质疑。在陆炜看来，历史剧虚构只能遵循“可能怎样”而非“应该怎样”的逻辑；根据其创作目的，历史剧可以划分为“史”与“诗”，“后者才是真正意义上的历史剧艺术”③。客观地看，“应该”的确不同于“可能”：前者更适合交由伦理学处理；对于后者的考量，文学却责无旁贷。正因如此，米兰·昆德拉才断言小说考察的是存在，亦即“人类可能性的领域”④。不过，其时学术气候乍暖还寒，王瑶却不囿于社会历史批评的樊篱，因此他对郭剧诗意特征（“浪漫主义”）的解析不无积极意义。

自向培良、顾仲彝以降，郭剧过于“直露”的台词就备受诟病。譬如李健吾指出，沫若史剧“处处带着他个人的演说情调”，“情调高昂而又有些空疏”⑤。这种说法很容易让人联想到马克思对于拉萨尔的批评，即“席勒式地把个人变成时代精神的单纯的传声筒”⑥。从现实主义立场讲，此类现象当然是一种“阙失”；换另一个角度看，这种特征却是表现主义戏剧的题中之义⑦。对此，笔者在拙文《郭沫若史剧的戏剧叙事研究述略》中已有集中梳理⑧，在此不拟赘论。

综上，有关郭剧的艺术范型，至少有现实主义、浪漫主义、表现主义等不同界分。简单地将其指认为现实主义，容易陷入诗/史不分的思维误区；完全将其视为表现主义，也存在削足适履的弊端。相对而言，笔者更认同王富仁（1984）的判断，即郭沫若对表现主义的吸取（以及对现实主义的践行），始终未曾离开其“浪漫主义美学”根基⑨。法国学者布封有言：“一个大作家绝不能只有一颗印章，在不同作品中都盖同一印章，这就暴露出天才的缺点”⑩，郭沫若戏剧似乎并无此弊。

---

① 颜振奋：《谈历史喜剧〈蔡文姬〉》，《剧本》1959年第7期。

② 陈俐：《郭沫若研究文献汇要》（卷七），上海书店出版社2012年版，第110—111页。

③ 同上书，第171、183页。

④ ［捷］昆德拉著，唐晓渡译：《小说的艺术》，作家出版社1993年版，第44页。

⑤ 李健吾：《从〈蔡文姬〉的演出想到的》，《戏剧报》1959年11月。

⑥ 中共中央马克思恩格斯列宁斯大林著作编译局译：《马克思恩格斯列宁斯大林论文艺》，人民出版社1964年版，第39页。

⑦ 陈俐：《郭沫若研究文献汇要》（卷七），上海书店出版社2012年版，第248—255页。

⑧ 杨兴玉：《郭沫若史剧的戏剧叙事研究述略》，《郭沫若学刊》2013年第4期。

⑨ 王富仁：《郭沫若早期的美学观和西方浪漫主义美学》，《中国社会科学》1984年第3期。

⑩ ［法］布封著，任典译：《布封文钞》，人民文学出版社1958年版，第14页。

三　政治与人道的伦理纠葛

就一般常识看，政治、人道、伦理有相对不同的分野：不论人道或伦理，与政治都有一定的距离；反过来讲，人道与伦理之间，却存在较高的叠合度。但细究起来，“伦理关系是实体性的关系，所以它包括生活的全部，亦即类及其生命过程的现实”①。因此，不论政治或人道，都不可能超出伦理关系的范围。

不同时期的沫若史剧，始终与时代政治有着密切关联。“在40年代，围绕在郭沫若身上的事件，都带有强烈的政治色彩”②；新中国成立后的郭剧创作及其研究，同样现实地构入了时代政治语境。正因如此，社会政治批评一直是郭剧研究的主流范式。其中，陈瘦竹（1958）的论文《论郭沫若的历史剧》，堪称郭剧接受史上第一篇义理深湛的学术论文。陈氏不仅从社会历史批评角度出发，阐释了郭剧如何“借古鉴今”，“为现实的斗争服务，还以戏剧学家的眼光对郭剧的艺术特征做了深刻诠解③。

拨乱反正之后，诸多研究者延续了这种研究思路。黄侯兴（1978）集中辨析了郭剧的“革命浪漫主义”，受制于“阶级分析”的流弊④，他对郭剧艺术的阐发反而不及陈瘦竹收放自如。谢中征（1979）论及早期郭剧《三个叛逆的女性》，聚焦于“妇女解放这一社会革命的重要课题”，同样旨在剖析作家如何“以饱满的政治热情，自觉为现实斗争服务”⑤。方仁念（1980）借用“典型”说图解《屈原》人物，但该剧的现实主义（及浪漫主义）美学蕴涵，却被进步与反动的二元论话语消解殆尽⑥。在围绕《孔雀胆》展开的论争中，高国平（1980）极力为该剧辩诬。他在阐发其“革命浪漫主义”特质之余，亦认同了时评对其“妥协主义”问题的指责⑦，可见其思维方式尚未完全超出通行的社会历史批评。

在郭剧的社会历史蕴涵中，存在着政治与伦理的歧异。韩立群（1986）提出，郭剧的政治性情绪具有强烈的时代性，能够“造成巨大的社会影响”；相反，郭剧似乎漠视伦理道德情感，而后者引起的接受共鸣却“更为长远”⑧。稍后，他在论及《孔雀胆》时，对政治/伦理二分的观点有所修正，即郭剧通常蕴涵着“政治、伦理

---

① ［德］黑格尔著，范扬等译：《法哲学原理》，商务印书馆1961年版，第176页。

② 朱晓进：《非文学的世纪》，南京师范大学出版社2004年版，第210页。

③ 陈俐：《郭沫若研究文献汇要》（卷七），上海书店出版社2012年版，第34页。

④ 同上书，第99—101、81页。

⑤ 同上书，第382、388页。

⑥ 同上书，第451—465页。

⑦ 同上书，第512、516页。

⑧ 同上书，第245页。

和人性”等三个不同的层次[①]。同一时期，蔡震（1986）敏锐地看到，评论家一般从认识角度针砭《孔雀胆》的瑕疵，而普通观众却多从伦理角度享受这出动人的爱情悲剧[②]。根据何益明（1994）的诠释，《虎符》在郭剧中完美地“把叙事和抒情的双重结构与政治性和伦理性的双重主题统一起来”。可见，郭剧并不缺乏伦理性情感。

就郭剧的伦理精神看，“人道”应当是一个基本的主题。但是，不论在郭剧研究中，还是中国现代学术进程中，“人道”都是一个身份暧昧、处境尴尬的话语。尽管任何优良的道德体系都应将人道奉为“社会治理最高原则”[③]，它在中国现代历史上却很少成为一种不言自明的伦理原则。笔者在《郭沫若伦理思想研究 90 年》中，对有关郭沫若的人道主义及人民本位思想的研究有所考辨：

就前者看，不论是王淑明（1958）对郭剧人道主义情怀的称扬，还是当时阶级论者对王氏的批判，都不失争鸣的意味。尔后，长期只剩后一种话语在高亢而空洞地回响。进入 80 年代，对郭剧人道精神的零星辩护虽屡见不鲜；直到 90 年代，才有学者（陈永志，1991）对之做了系统论证。就后者看，自 80 年代以来，高国平（1986）、谷辅林（1986）、蔡震（1992）、秦川（1993）、刘海洲（2012）等，陆续对人民本位问题有所考辨。[④]

在此二者之外，有关郭沫若的人道思想，还有一种更具体的表述：“把人当成人”。虽然相关研究者一般会涉及此一论题，但多数都将其作为一个枝节问题而未予深究，惟有陈永志（1985）对此做了专门论述。在他看来，“把人当成人”是郭沫若人民本位思想的“一个具体要求”，这种诉求不仅笼罩着《虎符》等 4 部战国史剧，而且可以推及其他 2 部英雄悲剧：其战国史剧重在呈现“战国时代奴隶解放”的伦理诉求，而其他英雄悲剧则具有更普遍的人道意味[⑤]。

有别于高度一统的政治话语，对于郭剧的伦理批评可谓众声喧哗。除了对人道主义、人民本位、“把人当成人”的阐发外，近 30 年来研究者不断揭橥着郭剧叙事伦理的多元蕴涵。

四 叙事伦理的多元话语

按照刘小枫（1999）的界定，在伦理话语中存在着理性伦理学与叙事伦理学的分野：前者重在为人类生活确立道德准则，后者则通过对个人生命故事的讲述，“营构具体的道德意识和伦理诉求”；从言说性质看，叙事伦理学又可以分为人民

---

① 韩立群：《论阿段悲剧艺术构成的层次性》，《聊城师范学院学报》1987 年第 2 期。

② 陈俐：《郭沫若研究文献汇要》（卷七），上海书店出版社 2012 年版，第 538—539 页。

③ 王海明：《新伦理学》，商务印书馆 2008 年版，第 960 页。

④ 杨兴玉：《郭沫若伦理思想研究 90 年》，《乐山师范学院学报》2013 年第 10 期。

⑤ 陈永志：《论“把人当成人”》，《“郭沫若在重庆”学术讨论会论文集》，1985 年。

伦理的大叙事与自由伦理的个体叙事①。此说在现当代文学研究中流播甚广，尽管郭研文献中较少出现“叙事伦理”的提法，但并不意味着实际研究中根本缺乏此类案例。

田本相、杨景辉（1985）在《郭沫若史剧论》一书中提出，郭剧饱含着作家的“生命和血液，凝聚着他的审美个性”，所以他们放弃了“简单的政治衡量”，而坚持“美学角度的研究”②。与通行的社会历史批评相比，这种研究思路显然更近于叙事伦理批评，这一点在该著对《武则天》的解构中表现得尤为明显。在他们看来，作家不愿落入“从男女关系去写武则天”的窠臼，却陷入了另一种俗套，把历史人物图解为现代政治话语中的“阴谋家野心家”③。这不啻说该剧拘囿于宏大叙事，而未能以个体叙事的方式呈现人物的生命情感。

谭霈生（1995）基于对戏剧本体的关注，对该剧提出了类似的批评。他认为作家在剧中过多使用现代政治观念指导史剧创作，因而“大量的政治性议论压倒了情节自身的紧张度”，并且导致人物“完整的内在生命运动却被剧作家所弘扬的政治原则和道德原则净化了”④。叶庄新（2007）以莎士比亚戏剧为尺度，解析了郭剧的艺术特征。文章主张，历史剧的审美高度取决于它“是否真实地刻画了历史情境中的人，并生动地表现包含人性与心理情感的人的独特的生命存在”⑤。应该说，这几篇文章对郭剧的艺术价值都持保留态度，而其批评取向大抵趋同于重视个体生命感受的叙事伦理。

并非偶然的是，以上三种批评都来自戏剧学界，而不是现当代文学研究领域，这种学科分界可能折射出明显不同的接受视野。大体上，戏剧学界更为看重戏剧性、戏剧本体，类似于周宁那种意识形态批评在戏剧学界并不多见；相反，现当代文学研究者未必谙熟戏剧的本体特征，对郭剧所处的历史场域却更为敏感。从阐释学的角度讲，在史剧作家的期待视野与原初历史事件之间，始终存在视阈融合的可能性。因此，我们不应企图通过历史剧去发掘历史，却可以经由史剧作品而返观作家的现实处境。

实际上，后一种倾向在近30年的郭剧研究中表现得愈发明显，其论题广泛涉及知识分子、女性主义、国家神话等。以知识分子话题而论，徐迟、江源、吕家乡、贾振勇等学者，不断触及政治与文学的复杂纠葛，由此解蔽了时代格局与作家心理的微妙张力。

在多数研究者还沉湎于阶级论话语之时，徐迟（1979）以其诗人的敏感，率先

① 刘小枫：《沉重的肉身》，华夏出版社2007年版，第3页。

② 田本相：《郭沫若史剧论》，人民文学出版社1985年版，第4页。

③ 同上书，第255页。

④ 陈俐：《郭沫若研究文献汇要》（卷七），上海书店出版社2012年版，第572、578—579页。

⑤ 叶庄新：《从歌德到莎士比亚——郭沫若的史剧理论与实践》，《福建师范大学学报》2007年第2期。

戳破时代格局与作家心理之间的复杂纠葛。他颇有会心地指出：在“雷电颂”（1942）中，郭沫若俨然化身屈原，尽情倾泻他对危难时局的雷电怒火；而在《蔡文姬》（1959）中，郭沫若不惟写出了抛雏别妇的个人哀愁，并且通过对“周近进谗”的艺术想象，流露出对“封建社会的残余”的时代隐忧。因此，前者还类似于“席勒的单纯时代精神号角”，而后者却获得了“莎士比亚式的现实主义的深刻性”。①

10 余年后，江源（1992）聚焦于郭剧中知识分子形象的变迁，做了类似的辨析：民国时期，郭剧着力表现人物的“人品和气节”，英雄人物与批判人物的对比异常鲜明；建国之后，作品重在强调人物的“思想觉悟与政治立场”，颇有隐喻“知识分子政策是多么英明”的趋时之意②。江源的批评不无根据，但过分简单化的二元逻辑，容易给人“一叶蔽目”之感。

近年，贾振勇（2007）深入解析了《蔡文姬》所蕴涵的精神复调，亦即作家的真实心声与现实动机、历史兴趣之间的纠葛和互涉：表面上讲，《蔡》剧确有趋时之意；考虑到当时特殊的政治氛围，作家似乎在刻意追求某种“戏剧的间离效果”③。如果说徐迟最早洞悉《蔡》剧的政治玄机，那么贾振勇的论述出入政治和文本，笔锋游走于心理与时局，对郭沫若的“隐曲心声”做了更具生存整体性的系统求证。

一般而言，人们大多看重民国时期的沫若史剧，对后期郭剧总体评价不高；但徐迟、江源、贾振勇却另辟蹊径，借助其后期剧本，解蔽了作家心理与时代格局的纠葛与互涉。在“知识分子”之外，另一个更为繁复的论题是郭剧中的女性书写。此一论题头绪繁多，难以在本文的有限篇幅内从容展开，因而还须方之另文。不论知识分子批评或者女性书写问题，都可以归结为对作品所涉权力机制的意识形态批评。然而，当其不限于解构其中的话语权力关系，而开始关注戏剧叙事中生命体验的充盈或者匮乏，便多少具有叙事伦理批评的蕴涵。

结　语

值得注意的是，国内的叙事伦理研究者大抵延续了刘小枫对个体叙事的推崇，但他无意置辩的大叙事同样是不同忽视的历史留存。不惟如此，刘小枫有关个体叙事与大叙事的二元设定，恰恰不无反讽地散发着他本人所反对的理性主义气味；这种二元对立的观点，无疑将遮蔽问题对象中的复杂关联。

从前文的评述中不难发现，尽管郭剧通常被看作有关人民伦理的宏大叙事，其中未尝没有毗邻自由伦理的个体叙事。可见，任何人为的划界，都可能变成对于浑融一

① 陈俐：《郭沫若研究文献汇要》（卷七），上海书店出版社 2012 年版，第 444、449、450 页。

② 同上书，第 318、312、317 页。

③ 同上书，第 551、557 页。

体的文学—历史现象的外在强加。好在上述“有实无名”的叙事伦理研究，并未表现出对热门学说的简单认同，由此未曾落入后者的二元论窠臼。

（本文原为2014年6月中国贵阳“走向世界的郭沫若与郭沫若研究”学术会议论文，后刊发于《四川戏剧》2014年第3期）

“民国机制”与男性作家的“女权思想”：以郭沫若《三个叛逆的女性》为例

倪海燕

自19世纪中叶西风东渐以来，妇女解放问题便已开始为先进的男性知识分子所关注。随着民国社会制度、经济、教育、文化等的变迁，女性的处境发生了极大的变化，人们对女性的地位、作用有了新的认识，男性作家如鲁迅、周作人、郭沫若、巴金、曹禺等作家在深刻探讨女性问题的同时，也对女性形象进行了重新的想象与构建。

1926年4月，郭沫若在出版了戏剧集《三个叛逆的女性》之后，公开宣称“我自己对于劳动运动是赞成社会主义的人，而对于妇女运动是赞成女权主义的”。[①] 他通过《卓文君》《王昭君》《聂嫈》三部剧，诗性地表达了对于新女性的期望。

一 《三个叛逆的女性》对女性的书写

郭沫若的《三个叛逆的女性》分别以卓文君、王昭君和聂嫈为写作对象，矛头直指以“三从四德”为核心的封建旧道德，以“叛逆”作为反抗的有力形式。他最初设想的是塑造卓文君、王昭君和蔡文姬三个女性，一一对应“不从父”“不从夫”与“不从子”的角色。

郭沫若对卓文君的故事并未进行太多改写。卓文君守寡在家，因受司马相如琴声的吸引而爱上他并与之私奔。这在古代会被认为很不道德，“就在民国的现代，有许多旧式的道德家，尤其是所谓教育家，也依然还是这样”。[②] 从这个意义上来说，郭沫若通过戏剧给卓文君平了反，认可了她行为的合理性以及革命意义。在剧中，卓文君开始比较犹豫，后受婢女红箫的启发，在私奔被阻拦时，大胆地说出了自己的心声：“我以前是以女儿和媳妇的资格对待你们，我现在是以人的资格对待你们了。”[③]

---

① 郭沫若：《写在〈三个叛逆的女性〉后面》，《郭沫若全集·文学编》第6卷，人民文学出版社1986年版，第134—149页。

② 同上书，第134—149页。

③ 郭沫若：《卓文君》，《郭沫若全集·文学编》第6卷，人民文学出版社1986年版，第17—58页。

女儿、媳妇是女性的卓文君被社会文化所限定的角色，也是她受到压制的根本原因：因为是女儿，她必须顺从父亲的意愿；因为是媳妇，她必须守寡，不可追求自己的幸福。作为叛逆的女性，她首先必须叛逆的是她作为女儿与媳妇的角色。卓文君接着说道："我自认我的行为是为天下后世提倡风教的。你们男子们制下的旧礼教，你们老人们维持着的旧礼教，是范围我们觉悟了的青年不得，范围我们觉悟了的女子不得！"[①] 这里，不仅是新女性与旧道德的对立，也代表着觉悟的新青年与代表着腐朽的老年人的对立，指出了旧道德的实质是戕害了年轻的生命。这样的话语很容易让人联想起同时代的很多作品，比如巴金的《家》等。最后，当卓文君的父亲气得让她死时，她说："你要叫我死，但你也没有这种权利！从前你生我的时候只是一块肉，但这也不是你生的，只是造化的一次儿戏罢了！我如今是新生了，不怕你就咒我死，但我要朝生的路上走去！"[②] 卓文君于是庄严宣告了女儿不再是"父"的附属品，而是一个独立的人，从此彻底与父权割裂，显示了决绝的勇气与姿态。

王昭君应是《三个叛逆的女性》中性格最为丰富的一个。在郭沫若的这部历史剧中，王昭君身世凄惨，被选入宫后，因被画师毛延寿点破画像而不得宠，后嫁入番邦。这个故事在郭沫若笔下富有新意。在过去的故事中，有的讲述的是王昭君被迫和番，命运凄惨；也有的讲她是主动要求去和番的，原因是受汉元帝的冷落而产生了"悲怨"之情。在郭沫若这里，王昭君是出于主动的选择。她不肯贿赂画师，也不愿留在汉元帝身边，是因为她看透了汉元帝为代表的男性世界的肮脏与荒淫无度。她控诉道："你身居高拱的人，你为满足你的淫欲，可以强索天下的良家女子来恣你的奸淫！你为保全你的宗室，你可以逼迫天下的良家子弟去填豺狼的欲壑！……你的权力可以生人，可以杀人，你今天不喜欢我，你可以把我拿去投荒，你明天喜欢了我，你又可以把我来供你的淫乐，把不足供你淫乐的女子拿去投荒。投荒是苦事，你算知道了，但是你可知道，受你淫弄的女子又不自以为苦吗？你究竟何异于人，你独能恣肆威虐于万众之上呢？你丑，你也应该知道你丑！豺狼没有你丑，你居住的宫廷比豺狼的巢穴还要腥臭！"[③] 王昭君的控诉如此直接、尖锐，她所面对的夫，不仅是一个男子，更是一个拥有无上权力的皇帝，因而，她的勇气和她清醒的态度尤其值得敬佩。

相对而言，聂嫈的形象则稍微薄弱一些。在剧中，作者将她设置为聂政的双胞胎姐姐，为了殉弟弟，殉道义而死。但由于她的选择不同于一般女性的路径，所以也可算是一个叛逆者的形象。

在这些剧中，郭沫若的女性形象都是清洁美好的，而男性世界则是肮脏龌龊的。

---

① 郭沫若：《卓文君》，《郭沫若全集·文学编》第6卷，人民文学出版社1986年版，第17—58页。

② 同上。

③ 郭沫若：《王昭君》，《郭沫若全集·文学编》第6卷，人民文学出版社1986年版，第59—90页。

作者遵循传统戏剧的写法，为女主角都设置了一个配角，如卓文君的丫鬟红箫，毛延寿的女儿毛淑姬，濮阳酒店的酒家女……她们都真心佩服和爱戴女主角，对女主角的形象构成衬托，对故事情节起着推动作用。而所有的男性几乎都是虚伪、荒淫、愚蠢的。《卓文君》中，卓文君的父亲爱财如命，是个典型的势利小人；她的公公程郑则觊觎她的美貌，虚伪无耻。对红箫有着爱情的仆人秦二，也是愚蠢糊涂，为人利用。《王昭君》中，汉元帝是个昏聩荒淫的君主，画师毛延寿贪财好色，毛的徒弟龚宽也非良善之辈。污浊的男性世界对女性世界构成了强大的压力，却也为她们提供了反抗的对象，和形成戏剧冲突的动力。

对男权的叛逆与对抗，这是否就是郭沫若所理解的“女权主义”呢？

二 郭沫若的文学创作与“女权”体认

在《写在〈三个叛逆的女性〉后面》中，郭沫若对自己的“女权”思想进行了解释。“‘女权主义’（Feminism）一书的作者华尔士（Walsh）曾把女权主义的运动和社会主义两相比较，他说：社会主义是唤醒阶级意识而形成阶级斗争，女权运动是唤醒性的意识而形成性的斗争。这个比较我觉得不仅在被压迫者方面的志趣是完全相同，就是在压迫者方面的态度也几乎全然一致。”郭沫若将中国女性所受的束缚、歧视的原因，归结于以“三从四德”为中心的旧道德，因而女权主义所反对的最基本的就是“三从”。他将男女性别的压迫等同于阶级压迫，认同的是男女两性的对抗，因而也可以理解为何在他的《三个叛逆的女性》中，形成了这样一种男女两性对立的世界。在这种两极的对立中，只有一极战胜一极，而无调和的可能。然而，阶级斗争与女权主义之间又是怎样的一种的关系？同样是在这篇文章当中，他写道：“本来女权主义只可以作为社会主义的别动队，女性的彻底解放须得在全人类的彻底解放之后才能办到。女性是受著两重的压迫的，她们经过了性的斗争之后，还要来和无产阶级的男性们同上阶级斗争的阵线。”在他看来，一方面，女性的彻底解放应该是在全人类的彻底解放后才能达到；另一方面，又认为女性经过了性的解放之后，任务尚未完成，还需与男性共同进行阶级斗争才能完成。也就是说，“全人类的解放”或者说阶级斗争应是更为高级的目标。至于实现了全人类的解放之后是否就一定能实现女性的解放，在郭沫若那里是想当然的。这也代表了“五四”时代大多数男性知识分子在这个问题上的思考方式。

因此，当我们重新考察《三个叛逆的女性》时就会发现，在对于女权主义这一问题上，郭沫若的认识是比较浅层的。卓文君所唯一想要表现的就是“不从父”这样一个观念，作者通过她的慷慨陈词实现了这一观念的表达，是一个典型的出走的“娜拉”形象。至于“不从父”之后如何，“不从父”是否就是革命的完成，作者并没有进一步追问下去。相对而言，王昭君在自我人生选择上比卓文君要清醒得多，坚定得多，但也不可能完成对整个男权制度的反抗。到了聂嫈这里，作者的矛盾开始体现出来。本来剧是以女性聂嫈为中心的，主要故事当然也是以她为叙述中心，聂政只是一条隐性的线索。然而，整个故事当中，聂政却一直是缺席的在场，他强大的精神力量才是推动整个故事的动力。因而，这部戏剧虽然是在表现聂嫈的牺牲精神，其实是为了更好地衬托聂政的精神——一种反抗强权的斗争精神。郭沫若陈述写作《聂嫈》的动机是因五卅惨案的发生，在这部剧中，对民族危机的担忧压倒了女权主义的诉求。

如果说在《聂嫈》这里表现得还不太明显，那么到了写于1952年2月的《蔡文姬》，则更体现出作者描写女性的重心并不在于体现所谓的女权思想。也许《蔡文姬》写作于与《卓文君》《王昭君》同时代会是另外一个样子，至少在彼时郭沫若的设想中是想表现蔡文姬曲折的命运和她横溢的才华的，她的“不从子”的选择。然而，在这部剧中，郭沫若的目的却在于替曹操翻案。作者一反过去文学作品中将曹操作为奸臣的形象，而将他塑造成一个有勇有谋、心胸宽广、爱才如命的人。“从蔡文姬的一生可以看出曹操的伟大。她是曹操把她拯救了的。事实上被曹操拯救的不止她一个人，而她可以作为一个典型。”[①] 一个被拯救的女性，一个为了衬托男性的丰功伟业而存在的女性，离最初的叛逆已经很远了。

那么，郭沫若究竟是在何种意义上理解女权主义的呢？郭沫若的作品中一直保持着对女性命运的关切。在《女神》开篇，他便引用了歌德《浮士德》中的诗句：“永恒的女性，领导我们走。”从早期美丽的喀尔美罗姑娘到眉宇间闪着神光的安娜，到王昭君、卓文君等，郭沫若塑造了富有个性的女性形象。除了以女性为主角的作品之外，他以男性为中心的作品中，女性配角也常常光彩照人，其魅力甚至压倒了男性主角，如《屈原》《虎符》《孔雀胆》等。然而，对女性命运的关怀与其说是体现了郭沫若的“女权主义”，不如说是因为他发现了女性与艺术审美之间的联系。郭沫若是惯于接受种种主义的，如“泛神论”“无政府主义”“社会主义”“女权主义”等新潮词汇，然而这些词汇的表达往往只是体现了作者诗人式的激情，与其原意之间存在着一定的距离。对于赞同女权主义的男性，女性主义批评家一直怀有警惕。正如肖瓦尔特曾经提出的问题：“男性的女权主义是不是一种文学批评上的换装癖？一种80年代的时髦风险——既紧跟潮流又显示权力？”[②] 笔者认为，显示权力这一点对于郭沫若而言未必适用，但紧跟潮流是真的。更重要的是，在对所谓“女权主义”的赞成中，他发现了女性在艺术形象上另一种美，亦即叛逆之美，因而塑造出了不同于过去女性的形象，实现了艺术的审美。因而，从本质上来说，郭沫若的“女权主义”

① 郭沫若：《谈蔡文姬的〈胡笳十八拍〉》，《郭沫若全集·文学编》第8卷，人民文学出版社1986年版，第96—109页。

② ［美］玛丽·雅各布斯：《阅读妇女》，张京媛：《当代女性主义批评》，北京大学出版社1992年版，第17—42页。

应该是对一种新的审美时尚的追求。

三　民国机制与“女权”思想之于男性作家的意义

“女权主义”之成为一种审美时尚，与当时的社会文化环境是分不开的。在整个民国机制之下，女性问题已然呈现了更为丰富复杂的特点。所谓民国机制，“就是从清王朝覆灭开始，在新的社会体制下，逐步形成的，推动社会文化与文学发展的诸种社会力量的综合，这里有社会政治的结构性因素，有民国经济方式的保证与限制，也有民国社会的文化环境的围合，甚至还包括与民国社会所形成的独特的精神导向，它们共同作用，彼此配合，决定了中国现代文学的特征，包括优长，也牵连着它的局限和问题”。[①] 到郭沫若写作《三个叛逆的女性》之时，相对于过去而言，中国的女性已经得到了极大的解放。这一方面得益于民国时期的一些法律规定，如女子教育、婚姻方面的法律条文的规定等。1922 年壬戌学制出台，规定从小学到大学实行男女同校，由此取消了各级各类学校限制女子入学的规定，课程原则上也不再有男女校之别。[②] 教育内容的扩大使得女性的知识有了更大限度的开发，教育走出家庭之后，也将开阔女性的视野和心胸。1926 年国民党第二次全国代表大会通过的《关于妇女运动决议案》中也明确规定了“于法律上、经济上、教育上、社会上，确认男女平等之原则，助进女权的发展”，并规定了女性的财产继承权、同工同酬等权利。[③] 尽管法律文本与实践之间往往存在一定的差距，却在客观上为女性自身的发展提供了一定的保障。民国经济的发展，社会风气的变化，使得女性有了在社会上就业的可能，当时出现的许多女性作家就是一个明证。

正如前文的论述，女权思想的进入和女性解放风潮的影响，拓展了男性作家的创作视野，使他们创造了更为丰富的女性形象。反过来，他们对女性形象的塑造又进一步深化了社会对女权问题的认识，这是一个双向的过程。鲁迅前后创作了近三十篇关于妇女问题的作品，在体裁、内容上都是同时代作家不可比拟的。对时人所倡导的女子节烈，他一针见血地指出：“女应守节男子却可多妻的社会，造出如此畸形的道德，而且日渐精密苛酷的守节论：主张的是男子，上当的是女子。”[④] 在小说《祝福》中，祥林嫂这一脍炙人口的形象，便是妇女受封建制度戕害的一个明证。而《伤逝》可以说是鲁迅小说中最感伤最诗意的一篇，也是他对“娜拉走后怎样”的思考的另一种表达。《伤逝》这一文本的多义性历来受到研究者的关注，并进行了多种阐释。在笔者看来，鲁迅的深刻之处在于，他不仅看到了女性解放所将面对的社会现实，经

---

① 李怡：《民国机制：中国现代文学的一种阐释框架》，《广东社会科学》2010 年第 6 期。

② 杨菁：《民国浙江的女学教育》，《浙江万里学院学报》2005 年第 2 期。

③ 谭志云：《民国南京政府时期的女性财产继承权问题》，《石家庄学院学报》2007 年第 2 期。

④ 鲁迅：《我之节烈观》，《鲁迅全集》第 1 卷，人民文学出版社 1996 年版，第 116—128 页。

济独立的艰难，社会旧习气的压力，更看到了女性自身可能存在的局限。叛逆的女性子君走出了父的藩篱，却又在妻的角色中陷落，生存环境和心灵日渐逼仄，最终走向了死亡。在小说中子君之所以能勇敢地喊出“我是我自己的”是因为涓生的启发，而她自己并未从内心深处理解这一话语的含义。这也是对现代女性解放由男性先觉者提出、倡导将可能带来的问题的一个深刻隐喻。

民国时期对于女性问题进行了持续关注并写作了大量文章的另一个男性作家是周作人。关于妇女问题，周作人前前后后写作了《女娲传》《妇女选举权问题》《新中国的女子》《先进国之妇女》《妇女运动与常识》《妇女问题与东方文明》等文章，并译介了大量关于女性解放的文章。周作人的女性观与鲁迅有相似之处，如他们都一直同情和关注女性命运，都反对封建制度对女性的压迫。周作人的不同之处在于，他认为女性的解放与“人”的解放并不等同。如在《人的文学》一文中，他指出“欧洲关于这‘人’的真理的发现，第一次是在15世纪，于是出了宗教改革与文艺复兴两个结果……女人与小儿的发现，却迟至19世纪，才有萌芽”。[①] 将女性解放独立了出来。其次是，相对于鲁迅对于“经济独立”的强调，周作人更强调女性“性的解放”。另外，周作人更强调对女性的常识教育，他在《妇女运动与常识》一文中列出了一系列女性必须了解的常识，相对于那种对女性解放的浪漫幻想更具实践意义。总之，周作人对女性问题的关注及书写，呈现了他作为现代知识分子的先进的一面，也为文学史提供了新鲜的文本和思维角度。

虽然文学不只是对生活的客观反映，从现实到作品之间还有着极其曲折的路径，然而，民国时期政治、经济、文化和社会风气的变化，为女性提供了更多的生存空间，产生了许多现代意义上的女性知识分子，也为男性的创作提供了更多的题材。曹禺笔下的周蘩漪、花金子，巴金笔下的琴、曾树生等，都是崭新的女性形象，她们所面临的问题，她们的矛盾挣扎，是之前的文学作品中不曾有过的。同时，对比1949年以后的一些作品，特别是1990年代以来如《白鹿原》等充满陈腐的性别观念的作品，也许我们可以思考得更多一些。

对男性作家的女性观念的考察，应是女性文学研究中非常重要的一个方面，却往往被忽略。从郭沫若的《三个叛逆的女性》切入，可以看到他的女权主义与作品艺术性之间的关系，同时也可以生发开来，让我们更多地去思考同时代男性作家的作品。无论怎样，新的女性观已经渐渐进入民国社会的各个层面，也为男性作家的创作带来了许多新鲜的东西，为文学创作增添了活力。

（原载《成都大学学报》2014年第4期）

① 周作人：《人的文学》，《艺术与生活》，北京出版集团公司，北京十月文艺出版社，第9—19页。

《创造》季刊的正本清源

魏　建

《创造》季刊是20年代最有影响的新文学期刊之一。被称为新文学“异军”的创造社从这里“突起”，否定和补充“文学革命”的“唯美”思潮、“颓废”思潮以及一些极为“先锋”的文学思潮在这里被掀起，与文学研究会冲突、与胡适冲突、与鲁迅冲突……许多新文坛的是是非非从这里发难。这一切使得《创造》季刊成为后人研究20年代前期新文坛复杂历史的重要文献和史料依据。可惜，学界对《创造》季刊的研究非常薄弱，对这一刊物的许多基本认识大都似是而非。以至于对这一刊物的名称、性质、创刊时间、刊物的出版发行者和编辑者、作者的大致情况等诸如此类基本问题，连创造社研究专家们的表述和判定都不一致。更严重的是，有些错误的信息一直在以讹传讹。许多研究成果以错误的材料为依据得出了错误的结论。

近年来，中国现代文学研究界的学风有所改善，越来越多的学者开始重视第一手资料和原始文献。这无疑是学术研究的重大进步。但是，由于当年《创造》季刊的编辑和出版很不规范，再加上当时排版、印刷等方面的人为因素，导致《创造》季刊上有大量错误。比如，一些学者以为刊物的初版本是可靠的，其实未必。《创造》季刊创刊号“初版错误太多”①，有人统计“错误在二千以上”②。尤以其中田汉的剧作《咖啡店之一夜》“错处最多”，以至于田汉误以为编辑郁达夫“改窜了他的原稿，有意要陷落他，伤毁他在国内的名誉”③。为此，第二期的编辑者就利用改版的机会对创刊号初版本中的原文之误、编辑之误、尤其是手笔之误做了大面积的订正。今天的研究者如果照搬《创造》季刊创刊号的初版本，其中的大量错误信息就会对研究结论形成诸多误导。创刊号之后的《创造》季刊各期依然有不少错讹之处，仅目录中的篇名和作者名就有许多错误和疏漏。还有，一般读者主要借助权威资料书和工具书了解《创造》季刊，而目前出版的这类书籍上都存在大量不准确乃至严重错误的信息。而且，《创造》季刊的问题绝不是特例。许多中国现代文学现象都需要从文献和史料上做正本清源的探究。

---

① 《创造》季刊创刊号第二版《编辑余谈》篇末“一九二二年七月六日沫若志”。

② 郭沫若：《创造十年》，上海现代书局1932年版，第189页。

③ 同上书，第190页。

一　关于《创造》季刊的刊名

在中国现代文学的历史文献和研究论著中，这个刊物有两个名字：一曰“《创造》季刊”，二曰“《创造季刊》”。到底应该叫什么呢？本来，问题很简单，正确答案是《创造》季刊。可是，在海内外许多著名学者影响极大的文学史著作和研究论著中（国内如王瑶著《中国新文学史初稿》①、唐弢主编《中国现代文学史》② 等；海外如夏志清著《中国现代小说史》③、伊藤虎丸著《鲁迅、创造社与日本文学》④等），《创造》季刊都是被称为“《创造季刊》”的。难道连权威学者的权威著作也错了吗？无论是谁之错，究竟为什么会错？这个刊物到底应该叫什么？几十年来，从没有人深究过。本人考证结果如下：

首先，该刊从没有正式称为《创造季刊》。刊物原本取名就是“《创造》”⑤。此后也从未命名为“《创造季刊》”。它从创刊号到最后一期，从每一期的初版本到所有重版本，各期各版封面上的刊名只有“创造”。各期各版本版权页上的刊名同样也只有“创造”二字。该刊当事人事后对《创造》季刊的回忆虽然有些出入，但对刊名是“《创造》”的记忆都是一致的。当然，在刊物里面的目录上的确出现过“创造季刊”字样。但这里的“季刊”只是标明出版周期，而不是刊名的一部分。刊物里面出现“创造季刊”字样还有其他原因，本文后面再说。

其次，从《创造》命名到创刊号面世，该刊的出版周期并没有完全确定，“季刊”二字不可能进入刊名。最早为这个刊物命名“创造”的是郭沫若。他串联几个在日本的中国留学生想办一个纯文艺杂志，得到其他人的同意。刊物名称为“《创造》”，开始“月刊季刊都不论”⑥，后来决定“暂出季刊”⑦。在创刊号初版本的封面上，就没有体现出版周期的任何字样。在创刊号再版本和第二期、第三期各版封面刊名“创造”下面，出现了“文艺季刊”四个字。从第四期开始该刊的封面刊名也只有“创造”二字，不再标有“文艺季刊”。尽管《创造》前五期的确是按照“季刊”办的（最后一期拖了一年，几乎成了“年刊”），但是刊物的正式出版周期并没有完全确定。在这个刊物的酝酿期郭沫若等人就有把《创造》办成月刊的打算⑧，到了编

① 王瑶：《中国新文学史初稿》（上），上海文艺出版社1982年修订重版，第50页。

② 唐弢：《中国现代文学史》第一册，人民文学出版社1979年版，第201页。

③ 夏志清：《中国现代小说史》，复旦大学出版社2005年版，第69页。

④ 伊藤虎丸：《鲁迅、创造社与日本文学》，北京大学出版社1995年版，第194页。

⑤ 郭沫若：《创造十年》，上海现代书局1932年版，第148页。

⑥ 同上书，第150页。

⑦ 同上书，，第161页。

⑧ 《创造》季刊出版方泰东图书局老板赵南公1921年6月20日日记中提道：接郭沫若日本来信“《创造》杂志大成功，或竟能出月刊”，《中华文学史料》1990年第1期。

定第四期时，编辑成仿吾还没有放弃办成月刊的念头①。事实上，创造社后来真的创办了《创造周报》和《创造月刊》。这也从另一个侧面说明：该刊刊名只能是“《创造》”，而不会是“《创造季刊》”。

那么，究竟为什么连一些著名学者的权威著作都把《创造》季刊的名称写错了呢？其原因主要有三：第一，在《创造》季刊里面的目录和当事人的某些回忆文字中的确出现过不带书名号的“创造季刊”字样。表面看来，好像是该刊的编辑和回忆者的疏忽。其实真正的原因是：当时人们不习惯给书刊加书名号。也就是说，当时出现的“创造季刊”大都是未加书名号的“《创造》季刊”。第二，推行通用标点符号以后，个别创造社成员在一些回忆或论述创造社的历史文献（如郑伯奇的《〈中国新文学大系·小说三集〉导言》）中，也出现过“《创造季刊》”之称。既然当事人都写错，也就难怪别人跟着写错了。第三，还有一些人使用“《创造季刊》”之称，是由于创造社后来创办的《创造周报》和《创造月刊》等期刊名称的干扰。创造社后来创办的《创造周报》和《创造月刊》，刊名可不是“《创造》周报”和“《创造》月刊”。这难免让人产生“类推记忆”，于是把“《创造》季刊”混为“《创造季刊》”。事实上，许多人把《创造》季刊错写为“《创造季刊》”之处，大都出现在与《创造周报》、《创造月刊》同时出现的上下文中。顺便说一句，有人知道《创造》季刊不能称为“《创造季刊》”之后，于是又把《创造周报》和《创造月刊》类推为“《创造》周报”和“《创造》月刊”，这也是不对的。

《创造》季刊的名称问题，并不是个别字眼的小事，而是关乎科学精神的大事。倘若一个刊物的名字可以马虎，那么作家的名字、作品的名字呢？如果把它当成无关宏旨的小事，那么学术的严谨从何体现呢？如果不去计较“《创造》季刊”还是“《创造季刊》”，那么是否对“《小说月报》”和“《小说》月报”，也可以混为一谈呢？这可是两个完全不同的刊物啊！因此，没有严谨的学风，也就很难保证学术研究的质量了。

二　关于《创造》季刊的性质

《创造》季刊究竟是一个什么样的刊物？它与创造社究竟是什么关系？此前学界似乎形成两大共识：一、《创造》季刊是创造社的同人刊物，二、《创造》季刊是创造社的机关刊物。虽然这两种说法都有来自创造社成员自述的依据，但都是不可靠的。

《创造》季刊是同人刊物吗？

① 《创造》季刊第一卷第四期《编辑纵谈》。

首先，《创造》季刊并不符合“同人刊物”的重要特性。

究竟什么是“同人刊物”呢？这一概念应该源于清末和民国时期的“同人报”或“同人报刊”。对此，权威工具书是这样界定的：

同人报（fraternity newspaper）由编辑部成员合作经营并共同主持编辑业务的报刊。主办者自愿结合，以他们的共同主张为所办报刊的宗旨。

同人报的主办者常以“同人”（或“同仁”）自称。报刊的出版（发行）人和编辑人均由其成员担任。对报刊的活动方向和重大材料的刊登，须经过全体成员或主要成员讨论决定。但同人报的同人只是一个松散的结合体，当同人之间发生意见分歧时，任何成员都可以宣告退出。因此，同人报和机关报在性质上是完全不同的两类报刊。

19世纪末和20世纪初，中国留日学生纷纷兴办刊物，倡言革命，其中不少带有同人报刊的性质。五四运动中，同人报刊更风行一时。著名的《新青年》杂志，自1918年1月第4卷第1号起，由陈独秀个人主编，曾一度改组为同人刊物。①

按照这样的界定，《创造》季刊在两个重要的关节点上是不符合的：它既不是同人“合作经营”的刊物，也不是“报刊的出版（发行）人和编辑人均由其成员担任”。《创造》季刊完全由泰东图书局独家经营。创造社同人只是编辑者，不是出版（发行）人，更谈不上“出版（发行）人和编辑人均由其成员担任”了。

其次，《创造》季刊的办刊初衷是“同人”的，结果是向外“开放”的。

从1918年夏到1921年春，在还没有创造社这个团体之前，郭沫若、张资平、成仿吾、郁达夫、田汉、陶晶孙等人一直在酝酿办一个纯文学杂志，后来定名为《创造》。他们的初衷是想“找几个人来出一种纯粹的文学杂志，采取同人杂志的形式”②。于是有这样的结论：“创造社实际上是一种同人团体，《创造季刊》以下各种刊物，实在是同人杂志。这差不多已经成了定说了。”③ 而事实却是，《创造》季刊的办刊初衷是“同人”的，结果是逐步向外“开放”的。从《创造》季刊创刊号的稿件来看，确实汇集了创造社“同人”的作品，但到了第二期编辑者就改变了初衷。负责编稿的郭沫若在第一卷第二期《编辑余谈》中开篇就说：

---

① 《中国大百科全书》（新闻出版），中国大百科全书出版社1990年版，第317页。

② 郭沫若：《创造十年》，上海现代书局1932年版，第42页。

③ 蔡元培等：《中国新文学大系导论集》，上海良友复兴图书印刷公司1940年10月初版（下同），第149页。

> 我们是最厌恶团体之组织的：因为一个团体便是一种暴力，依恃人多势众可以无怪不作。
>
> 自创造第一期出版后，有多少朋友写信来要求加入，问及入社的程序等等；我们得多少朋友为我们表同情，这是我们所由衷感悦的了。
>
> 但是我们这个小社，并没有固定的组织，我们没有章程，没有机关，也没有划一的主义。我们是由几个朋友随意合拢来的。我们的主义，我们的思想，并不相同，也并不必强求相同。我们所同的，只是本着我们内心的要求，从事于文艺的活动罢了。朋友们！你们如是赞同我们这种活动，那就请来，请来我们手儿携着手儿走罢！我们也不要甚么介绍，也不经甚么评议，朋友们的优秀的作品，便是朋友超飞过时空之限的黄金翅儿，你们飞来，飞来同我们一块儿翱翔罢！

郭沫若所说“我们最厌恶团体之组织”，其中是否有夸张的成分暂且不论，但至少向世人表明该刊物不想受制于创造社这个“团体之组织”的明确态度；创造社不是“同人团体”，至少不是“以他们的共同主张为所办报刊的宗旨”[①] 的典型的“同人团体”。引文的最后一部分是说《创造》季刊是开放的，不限于“同人”，谁都可以投稿。《创造》季刊接受稿件的唯一标准就是“优秀的作品”。《创造》季刊的编辑是这么说的，也是这么做的。第一期的作者几乎都是在日本的留学生。后来各期越来越向创造社以外的作者“开放”（即向国内作者的开放）。第一卷第二期以后国内作者逐渐增加。到了最后一期，国内作者占作者总数的三分之二以上。

由于当时的创造社没有章程、没有组织手续、没有明确的“同人”圈子。谁是“创造社同人”的疑问，成了创造社研究的一大难题。迄今为止，“创造社同人”范围划得最小的只有5人[②]，范围划得最大的有52人[③]。在《创造》季刊上发表作品的作者有42人，其中按最大范围认定为“创造社同人”者也不过19人，也就是说《创造》季刊有半数以上的作者并非创造社这个“同人团体”的成员，如闻一多、梁实秋、冯至、徐志摩、冯沅君、刘梦苇等20余人。别以为这些“同人外”作家只是在《创造》季刊上偶尔露面，其实这其中很多人比创造社名家发表作品还多。如梁实秋在《创造》季刊上发表的作品数量是田汉在《创造》季刊上发表作品数的两倍，冯至的数量接近田汉的三倍。一些没有载入文学史册的作家的作品数是田汉的四倍多，冷玲女士的数量接近田汉的三倍……

---

① 《中国大百科全书》（新闻出版），中国大百科全书出版社1990年版，第317页。

② 《创造社各作家传略》，载黄人影编《创造社论》，上海光华书局1932年版（下同），第145—154页。

③ 咸立强：《寻找归宿的流浪者——创造社研究》，上海东方出版中心2006年版（下同），第11页。

既然《创造》季刊半数以上的作者都不是创造社“同人”，何谈这是创造社“同人团体”的刊物呢？如果说这是一个扩大了的“同人团体”，那么这个扩大了的“同人团体”还能叫创造社吗？如果不能叫创造社，《创造》季刊又怎能称之为“创造社的同人刊物”呢？

《创造》季刊是创造社的机关刊物吗？

说《创造》季刊是创造社的机关刊物，来自权威人物郑伯奇。他既是创造社的发起人之一，又是创造社研究史上最有影响的开拓者。他的《〈中国新文学大系·小说三集〉导言》是创造社研究史上的一代经典文献。他在这篇《导言》中特别强调《创造》季刊是“创造社的机关刊物”①。此说极大地影响了后人对《创造》季刊性质的认识，在学界几成定论。不仅文学史著作中这样说，而且许多专业工具书都这样说②。然而，这种“定论”也是经不起推敲的。

《创造》季刊从创办到停刊始终是泰东图书局的刊物，创造社只是《创造》季刊的编辑者。真正的出版者是泰东图书局，发行者是泰东图书局老板赵南公。泰东图书局办有多种刊物，《创造》季刊是其中之一。

那么，是否可以说《创造》季刊表面上是泰东图书局的刊物，实际上是创造社的刊物呢？非也。还有人理解为是泰东图书局与创造社“合作”办的《创造》季刊。这也与事实出入较大。因为“合作”应是平等的关系，泰东图书局与创造社从来没有平等过。二者的真实关系是：创造社的郭沫若、郁达夫和成仿吾等人作为廉价的劳动力为泰东图书局“打工”。还有人以为，《创造》季刊虽是泰东图书局办的，但实际上发挥了创造社机关刊物的职能。这也与事实不符。“机关刊物”应当报道该社团的组织活动、发布会员消息、宣传该社团的专业工作。而《创造》季刊几乎没有报道创造社的组织活动和工作事务、也没有发布多少创造社社员作为组织成员的有关讯息。最多是在《创造》季刊上发布了“创造社丛书”的广告和偶尔出现的“创造社启事”。然而，“创造社丛书”里的多种书籍的作者并非创造社成员；“创造社启事”所披露的讯息，不像是为这个社团，倒像是为这个刊物做广告。假如仅以这些广告和资讯作为“机关刊物”的证据，那么有众多报刊都为创造社的文学作品做过广告，难道都是创造社的“机关刊物”？尤其是《时事新报》不仅登载了比《创造》季刊更多的创造社作品的广告和评介文字，还发布了许多有关创造社这一社团的讯息，岂不更是创造社的“机关报”？

综上，《创造》季刊虽然与前期创造社的关系极为密切，但不能称之为创造社的机关刊物。首先，“机关刊物”应是社团自己主办的刊物。而《创造》季刊

① 蔡元培等：《中国新文学大系导论集》，上海良友复兴图书印刷公司1940年10月初版（下同），第176页。

② 如王锦厚主编《郭沫若词典》，河南教育出版社1991年版，第742页；《中国现代文学简明词典》，山东教育出版社1987年版，第49—50页。

是泰东图书局办的刊物，不是创造社主办。其次，“机关刊物”应以发表该社团自己成员的作品为主。而在《创造》季刊上发表作品的至少半数以上的作者都不是创造社成员。再次，“机关刊物”应报道该社团的组织活动。而《创造》季刊各期内容很少有关于创造社这个团体的讯息。因此，与其说《创造》季刊是创造社的“机关刊物”，不如说《创造》季刊是前期创造社成员发表作品的主要阵地更恰当。

本文做如上探究，并不是就事论事的考证，而是想传达一个重要的信息：如果把《创造》季刊简单地归为创造社的“同人刊物”和“机关刊物”，就会大大遮蔽《创造》季刊的丰富性和当时新文学团体的复杂性。这不是《创造》季刊和创造社的个别现象，其他新文学期刊与新文学社团也都程度不同地存在这些问题，应引起学术界的重视。

三　关于《创造》季刊的创刊时间

《创造》季刊的创刊时间，至今众说纷纭，令人莫衷一是，甚至在权威工具书的同一页码上竟会出现完全不同的两个时间①。目前学界关于《创造》季刊的创刊时间，主要有四种说法：一是“1922年元旦”，二是“1922年2月”，三是“1922年3月15日”，四是“1922年5月1日”。第一种说法的根据是上海《时事新报》所刊登《纯文学季刊〈创造〉出版预告》中说：“第一期十一年一月一日出版”。②第二种说法来自正式出版的第一部中国现代文学期刊研究著作《中国现代文学期刊目录》（初稿）。③第三种说法是依据《创造》季刊创刊号初版本上所印的时间“中华民国十一年三月十五日发行”④。第四种说法既有多位创造社早期成员的回忆录依据⑤，又有原始文献依据⑥。虽然这四种说法都是有根有据的，但不可能都是正确的，也并非没有更接近事实的一种说法。本人经考证，得出以下结论：

第一种说法只是预告的创刊时间，肯定不是真正的创刊时间。因为多种史料

① 唐沅等编：《中国现代文学期刊目录汇编》（天津人民出版社1988年版）第335页正文第一行说：“《创造》，季刊，是创造社主办的第一个文学刊物。一九二二年五月一日创刊于上海”。但在这同一页“目录”栏“第1卷第1期”之下出现了“1922年3月15日出版”。

② 1921年9月29日和30日上海《时事新报》。

③ 现代文学期刊联合调查组编《中国现代文学期刊目录》（初稿），上海文艺出版社1961年版，第6页。

④ 《创造》季刊创刊号。

⑤ 如郭沫若的《创造十年》《创造社的自我批判》，郑伯奇的《〈中国新文学大系·小说三集〉导言》《忆创造社》等。

⑥ 《创造》季刊第二期最后一页上介绍创刊号时标明创刊号是“五月一日出版”。

表明，在“1922年元旦”之后的数十天里，创刊号中的许多作品尚未完稿，如：郭沫若所作《〈少年维特之烦恼〉序引》文末注明“一九二二年一月二十二——三日脱稿”；郁达夫所作《〈杜莲格来〉的序文》文末注明“一九二二，二月三日”脱稿；郁达夫所作《编辑余谈》“一九二二，二，十三”脱稿。也就是说，至少在1922年2月13日以前，《创造》季刊还没有编完，怎么可能1月1日就创刊了呢？

第二种说法是创刊号编定的时间，难以证明是出版时间。《创造》季刊原计划1922年元旦创刊，为什么推迟了呢？主要是因为郁达夫准备为创刊号提交的一篇力作——《茫茫夜》尚未杀青，而他又是《创造》季刊创刊号的定稿编辑，以至于创刊号一再拖延。拖到2月份，《茫茫夜》终于写完了，创刊号的其他稿件也在2月中旬全部编定了。但是，翻阅笔者所能找到的历史档案和当事人的回忆，只有陶晶孙20多年后回忆说“一九二二年二月，《创造》第一卷第一期出版”①。仅靠这样的孤证就说明《创造》季刊创刊于“1922年2月”，是难以成立的。

第三种说法貌似最准确，其实也不可靠。“最准确”是因为《创造》季刊上印着确切的出版年、月、日；说它“貌似”，是因为这个刊物从创刊起很少能按时出版，大都拖延，最长的一期能把季刊拖成年刊。所以“白纸黑字”，也并非“铁证如山”。不仅《创造》季刊如此，创造社编的其他刊物也经常出现刊物上标明的出版发行日期与实际时间不相符。虽然《创造》季刊创刊号初版本上所印的时间是“中华民国十一年三月十五日发行”，但没有任何证据能证明1922年3月间《创造》季刊的问世，倒是有创刊时间再次拖延的大量证据。

第四种说法的证据是最充分的。

证据一：《创造》季刊第一卷第二期最后一页上介绍创刊号时标明创刊号是（1922年）“五月一日出版”。如前所说，创造社编的刊物经常衍期出版，即实际出版发行时间晚于刊物上所印的时间。但是，从能够查到的原始文献来看，创造社所编刊物后出的某一期为此前某一期做广告时，所标明的出版发行时间与实际出版发行时间相差无几。证据二：除陶晶孙外，绝大多数当事人的回忆都是《创造》季刊1922年5月1日正式出版，如郭沫若的《创造十年》②《我怎样写〈棠棣之花〉》③《创造

① 陶晶孙：《创造三年》，1944年1、2月合刊，上海《风雨谈》月刊第9期。

② 郭沫若：《创造十年》，上海现代书局1932年版，第189页。

③ 郭沫若在此文中说：《棠棣之花》“在一九二〇年的十月十日《时事新报》的《学灯》增刊上把第二幕发表了。后来被收在《女神》里面。又在一九二二年五一节《创造季刊》的创刊号上把第三幕发表了”。见1941年12月14日重庆《新华日报》。

社的自我批判》[①]《谈创造》[②]等，郑伯奇的《〈中国新文学大系·小说三集〉导言》[③]《忆创造社》[④]等。证据三：《时事新报》副刊《学灯》从1922年5月14日起连续数天发表《创造》季刊最近出版的消息。这既说明不可能是在3月15日之前，若是不能说“最近”，更不会是5月14日以后。证据四：一些回忆录间接地提供了《创造》季刊1922年5月1日创刊的旁证，如郑伯奇回忆“《创造周报》就在《季刊》创刊一周年的五月一日出版了”[⑤]。

综上，根据目前掌握的历史档案依据和多数创造社研究专家的成果[⑥]，《创造》季刊创刊号的正式面世时间，基本可以定在“5月1日”；若说是1922年5月创刊就更稳妥了。

四 《创造》季刊各期目录汇校

如前所说，由于当年《创造》季刊的编辑和出版很不规范，导致《创造》季刊上出现了许多原文之误、编辑之误、尤其是手民之误。除原刊的错误外，目前学界使用的创造社斯刊主要工具书和资料著作所登载的《创造》季刊目录与原刊目录多不相同，或是明显的错误，或是人为加工损害了历史文献的原始样态。错讹之处在有的书中数量惊人！从目录学和版本学的角度来说，中国现代文学的研究者应使用经过校勘的《创造》季刊目录，可惜至今没有。为提供准确的文献信息和历史原貌，笔者采用该刊上海书店1983年印行的影印本为底本，对有关创造社期刊的主要工具书和资料著作上所登载《创造》季刊全部六期目录进行汇校，对其中异文、错误及一切不准确信息逐一注释和更正。

本文所参校的创造社期刊主要工具书和资料著作（以下简称“参校本”）有：

1. 上海古旧书店编《创造社期刊目录》，载《中国现代文艺资料丛刊》第二辑，上海文艺出版社1962年出版。其中第41—44页登载了《创造》季刊各期目录。以下

---

① 郭沫若在此文中说，创造社“团体的从事于文学运动的开始应该以一九二〇年的五月一号创造季刊的出版为纪元”，见黄人影编《创造社论》。

② 郭沫若在此文中说，《创造》季刊“创刊号是以一九二二年（民国十一年）五月一号创刊的”，见王锦厚等编《郭沫若佚文集》下册，四川大学出版社1988年版，第167页。

③ 郑伯奇在此文中说：“本来报上登出预告，宣称《创造季刊》于1922年元旦出版，因为稿子没有凑齐，直迟到那年五月一日才出了版。”见蔡元培等著《中国新文学大系导论集》，第153页。

④ 郑伯奇在此文中说：“《创造季刊》创刊号于一九二二年五月一日出版。”见郑伯奇著《忆创造社及其他》，生活·读书·新知三联书店香港分店1982年版，第33页。

⑤ 郑伯奇在此文中说：“《创造季刊》创刊号于一九二二年五月一日出版。”见郑伯奇著《忆创造社及其他》，生活·读书·新知三联书店香港分店1982年版，第36页。

⑥ 参见陈中朝著《创造社期刊介绍》，《中国现代文艺资料 丛刊》第二辑，第23页，上海文艺出版社1962年版；陈青生、陈永志著《创造社记程》，第13页，上海社会科学院出版社1989年版；黄淳浩著《创造社：别求新声于异邦》，第44页，社会科学文献出版社1995年版；咸立强著《寻找归宿的流浪者——创造社研究》，第114页。

注释中简称"《目录》"。

2. 饶鸿兢等编《创造社资料》，福建人民出版社 1985 年出版。其中上册《创造社期刊总目》中登载了《创造》季刊各期目录（该书第 559—566 页）。以下注释中简称"《资料》"。

3. 唐沅等编《中国现代文学期刊目录汇编》，天津人民出版社 1988 年出版。其中上册第 335—339 页登载了《创造》季刊各期目录。以下注释中简称"《汇编》"。

本文汇校凡例：

1. 《创造》季刊各期版本不同，有时称"期"，有时称"号"，以下统一称"期"。

2. 以下为底本原刊目录，凡与原刊正文标题、作者不同之处均加注释。

3. 凡底本与参校本不同之处均加注释。

4. 因底本上的出版（发行）时间与实际上的出版（发行）时间经常不一致，故对每一期的出版（发行）时间均加注释。

5. 底本中的繁体字、异体字，本文均改为规范的简化汉字。

第一卷第一期①

目　录

---

① 第一卷第一期的出版时间原刊和《目录》、《资料》、《汇编》均标为"1922 年 3 月 15 日出版"。经考证，该期实际拖延到 1922 年 5 月出版。

② 此处《目录》和《资料》都漏掉了"（诗）"。本文作者提示：《资料》第 559 页《创造社期刊总目·说明》中说"本总目在编辑上不设栏目，一般不注体裁，不附补白、广告，同一作者的总题下也不列细目，以求划一"。这样是极不妥当的。编印资料最重要的任务就是恢复准确的历史信息，怎能为了"以求划一"就任意加工历史文献的原始态呢？而且《资料》的这"四不"原则本身就有问题。比如"一般不注体裁"一条，到底注还是不注？还是想注就注，不想注就不注？事实上是有的注，有的不注；有的期刊注的少（如《创造》季刊等），有的期刊注的很多（如《创造日》）。不知是以上原则还是编者的责任心的问题，《资料》中的《创造》季刊目录存在大量疏漏和少量错误。

③ 此处《目录》和《资料》都漏掉了"（戏剧）"。

此处《目录》和《资料》做了加工：在"棠棣之花"之后为"第二幕"加了括号。原刊不同版本标题不同：有的是"棠棣之花第二幕"，有的是"棠棣之花二幕"，但都没有加括号。

④ 此处《目录》和《资料》都漏掉了"（小说）"。

⑤ 此处《目录》和《资料》都漏掉了"（戏剧）"。

① 此标题下《汇编》增加了如下目录：
秋兴//（双斜线表示目录为独立一行，下同）沉醉之春//晚泛//一朵玫瑰//愿//秋夜小诗

② 此处《目录》和《资料》都漏掉了“（小说）”。

③ 此标题下《汇编》增加了如下目录：
夏夜

④ 此处《目录》和《资料》都漏掉了“（小说）”。

⑤ 此标题下《汇编》增加了如下目录：
海上吟//房州寄沫若//归东京时车上//梦一般的// 静夜//我想//秋暮//白云//哦，我的灵魂！＊//疲倦了的行路//故乡//冬天//残雪//冬的别辞//春树//一刻
（＊此处“哦！我的灵魂”，在原刊正文中为“哦，我的灵魂！”）

⑥ 此处《目录》和《资料》都漏掉了“（小说）”。原刊正文标题“上帝的儿女们”之下另起一行还有“Children of God”。

⑦ 此处《目录》和《资料》都漏掉了“（小说）”。

⑧ 此标题下《汇编》增加了如下目录：
南风//白云//新月//雨后//天上的市街

⑨《目录》、《资料》、《汇编》均为此标题中的“少年维特之烦恼”加了书名号。

⑩ 此处《目录》改为“杜莲格来的序文……淮尔特原作　达夫译”；《资料》改为“《杜莲格来》的序文……淮尔特原作　达夫译”。

⑪ 此处《目录》和《资料》都漏掉了“（三封信）”。

⑫ 原刊正文标题“编辑余谈”之下另起一行还有“From the castle of indolence"。

⑬ 原刊正文作者署名“T. D. Y.”。

第一卷第二期①

目　录

第一、创作②

---

① 第一卷第二期的出版时间，原刊标为“中华民国十一年八月二十五日出版”。《资料》标为“1922年8月25日出版”。《目录》和《汇编》均标为“1922年9月上旬出版”。经考证，该期实际拖延到1922年9月上旬出版。

② 此栏目标题在《目录》《资料》《汇编》中均漏掉了。

③ 此处《目录》和《资料》都标为“湘累的歌六曲——赠郭夫人安娜”，都漏掉了“（曲谱）”。《汇编》标为“湘累的歌六曲（曲谱）
——赠郭夫人安娜”
原刊正文标题之下另起一行有“赠郭夫人安娜”。

④ 此处《目录》和《资料》都漏掉了“（小说）”。

⑤ 此处《目录》和《资料》都标为“诗二首（附郭沫若诗）”。此标题下《汇编》增加了如下目录：
长沙寄沫若//岁暮长沙城晚眺//附：沫若跋曲

⑥ 此处《目录》和《资料》都漏掉了“（戏剧）”。

⑦ 此处《目录》和《资料》都漏掉了“（小说）”。

⑧ 此标题下《汇编》增加了如下目录：
雪（三首）//落叶//读《女神》

⑨ 此处《目录》和《资料》都漏掉了“（小说）”。

⑩ 此处《目录》和《资料》都漏掉了“（诗三十首）”。

⑪ 此处《目录》和《资料》都漏掉了“（戏曲）”。

⑫ 此处《目录》和《资料》都漏掉了“（小说）”。

⑬ 此处《目录》和《资料》都漏掉了“（诗）”。

第二、评论[①]

可怜的离侣雁（评传）[②] …………………………………………………… 田　汉
读了《女神》[③] 以后 ………………………………………………………… 谢　康
批判《意门湖》[④] 译本及其他 …………………………………………… 郭沫若
夕阳楼日记 …………………………………………………………………… 郁达夫[⑤]

第三、杂录[⑥]

今津纪游 ……………………………………………………………………… 郭沫若
一双鲤鱼 ……………………………………………………………………… 王独清
编辑余谈 ……………………………………………………………………… 郭沫若

第一卷第三期[⑦]

目　录

第一、创作[⑧]

未央（小说）[⑨] ……………………………………………………………… 郭沫若
复活日（散文诗） …………………………………………………………… 穆木天[⑩]
一班冗员的生活（小说）[⑪] ……………………………………………… 张资平
壁画（小说）[⑫] ……………………………………………………………… 滕　固
彷徨（诗十首）[⑬] …………………………………………………………… 郭沫若

---

① 此栏目标题在《目录》《资料》《汇编》中均漏掉了。

② 原刊正文标题为“可怜的侣离雁”，标题之下另起一行还有“PAUVRE　LELIAN”。此处《目录》和《资料》都漏掉了“（评传）”。

③ 原刊正文标题“女神”未加书名号。

④ 原刊正文标题“意门湖”未加书名号。

⑤ 此处《目录》和《资料》均署名“达夫”。

⑥ 此栏目标题在《目录》《资料》《汇编》中均漏掉了。

⑦ 第一卷第三期的出版时间，原刊标为“中华民国十一年十一月二十五日发行”。《资料》持此说。《目录》标为“1922 年 12 月上旬出版”。《汇编》标为“1922 年 10 月上旬出版”。可以肯定“10 月上旬说”是错误的。该期中的成仿吾著《学者的态度》一文篇末落款时间是“十一年十月十三日”，显然超过上旬了。即使落款时间有误，也不可能。因为该期编辑成仿吾当年 10 月才辞掉湖南的任职。他从长沙赶到上海再编成这一期稿件，无论再快也不可能在上旬完成。该期准确的出版时间有待进一步考证。

⑧ 此栏目标题在《目录》《资料》《汇编》中均漏掉了。

⑨ 此处《目录》和《资料》都漏掉了“（小说）”。

⑩ 此处《目录》和《资料》均署名“木天”。

⑪ 此处《目录》和《资料》都漏掉了“（小说）”。

⑫ 此处《目录》和《资料》都漏掉了“（小说）”。

⑬ 此标题下《汇编》增加了如下目录：
黄河中的哀歌//仰望//江湾即景//吴松*堤上//赠友//夜别//海上//灯台//拘留在检疫所中//归来
（*此处“松”字有误。原刊正文为“淞”。）

---

① 此处《目录》和《资料》都漏掉了“（小说）”。

② 此处《目录》和《资料》都漏掉了“（小说）”。

③ 此处《目录》和《资料》都漏掉了“（戏剧）”。

④ 原刊正文标题为“诗”。此处《目录》和《资料》都漏掉了“诗选”。然后与《汇编》一样增加了如下目录：

诗境 …………………………………………………………………… 王怡庵
过洞庭湖 ……………………………………………………………… 王怡庵
溪边 …………………………………………………………………… 王怡庵
夏午 …………………………………………………………………… 王怡庵
Beethoven 赞 赠郭沫若兄* ……………………………………………… 何畏
梅雨 …………………………………………………………………… 郑伯奇
拜月词 ………………………………………………………………… 郑伯奇
断章 …………………………………………………………………… 郑伯奇
无题 …………………………………………………………………… 郑伯奇
蝴蝶儿和百合 ………………………………………………………… 郑伯奇
问月 …………………………………………………………………… 郑伯奇
隔阂 …………………………………………………………………… 洪为法
知心 …………………………………………………………………… 洪为法
投向自然 ……………………………………………………………… 洪为法
静夜 …………………………………………………………………… 洪为法
最后的赠与 …………………………………………………………… 洪为法
天地为炉 ……………………………………………………………… 洪为法
归舟 …………………………………………………………………… 洪为法
我愿 …………………………………………………………………… 赵邦杰
人的欢喜 ……………………………………………………………… 赵邦杰
假若 …………………………………………………………………… 赵邦杰
我买一朵蔷薇花 ……………………………………………………… 成仿吾
啊，笨重的乌云呀！ ………………………………………………… 成仿吾
读 Rnbaiyat 之后 ……………………………………………………… 成仿吾

（*此处参校本格式不同。《目录》和《资料》标为“Beethoven 赞——赠郭沫若兄”；《汇编》为“Beethoven 赞赠郭沫若兄”。原刊正文中标题为“Beethoven 赞 赠郭沫若兄”）

⑤ 此处《目录》和《资料》都漏掉了“（小说）”。

⑥ 此处《目录》和《资料》都漏掉了“（长篇小说）”。

⑦ 此处《目录》和《资料》都漏掉了“（小说）”。

第一卷第四期⑥

目　录

---

① 此栏目标题在《目录》《资料》《汇编》中均漏掉了。

② 此标题后《汇编》加了“（评论）”。

③ 此标题后《目录》和《资料》都加了“——胡适之先生的‘骂人’的批评”；《汇编》加了“（评论）”，另起一行加了“——评胡适之先生的“骂人”的批评”。

原刊正文在作者名下另起一行有“——胡适之先生的“骂人”的批评——”。

④ 此栏目标题在《目录》《资料》《汇编》中均漏掉了。

⑤ 此处《目录》和《资料》都漏掉了“（译诗百零一首）”。《汇编》标为“（译诗一百首）”。原刊正文实际有译诗一百首。

⑥ 第一卷第四期的出版时间，原刊标为“中华民国十二年二月一日发行”。《资料》持此说。《目录》和《汇编》均标为“1923年2月上旬出版”。经考证，采用“1923年2月上旬说”比较妥当。

⑦ 此栏目标题在《目录》《资料》《汇编》中均漏掉了。

⑧ 此处《目录》和《资料》都漏掉了“（戏剧）”。

⑨ 此处《目录》和《资料》都漏掉了“（小说）”。

⑩ 此处《目录》和《资料》都漏掉了“（诗）”，但加了“——1922年正月的印象”。《汇编》没有漏掉“（诗）”，但另起一行加了“——1922年正月的印象”。原刊正文标题为“上海幻想曲——1922年正月的印象——”。

⑪ 此处《目录》和《资料》都漏掉了“（小说）”。

⑫ 此处《目录》和《资料》都漏掉了“（小说）”。

第二、评论⑩

---

① 此处《目录》和《资料》都漏掉了“诗抄”。然后与《汇编》一样增加了如下目录：

寄怀实秋 …………………………………………………… 闻一多
答一多 …………………………………………………… 梁实秋
荷花池畔* …………………………………………………… 梁实秋
怀—— …………………………………………………… 梁实秋
答赠丝帕的女郎 …………………………………………………… 梁实秋
赠—— …………………………………………………… 梁实秋
琴音 …………………………………………………… 冷玲女士
母亲 …………………………………………………… 冷玲女士
和暖 …………………………………………………… 冷玲女士
冬郊 …………………………………………………… 冷玲女士
我不能忘记 …………………………………………………… 冷玲女士
沪宁道中 …………………………………………………… 冷玲女士
沪宁道中见送客者 …………………………………………………… 冷玲女士
月下 …………………………………………………… 冷玲女士

（*原刊正文此字为“胖”）。

② 此处《目录》和《资料》都漏掉了“（戏剧）”。

此处《目录》和《资料》都漏掉了“（小说）”。

③ 此处《目录》和《资料》都漏掉了“（小说）”。

④ 此字在《目录》《资料》《汇编》中均改为“象”。

⑤ 此标题下《汇编》增加了如下目录：

好像是但丁来了//暗夜//冬景//夕暮//春潮//新芽//大鹫//地震//两个大星//石佛

⑥ 此处《目录》和《资料》都漏掉了“（小说）”。

⑦ 此处《目录》和《资料》都漏掉了“（小说）”，加了“（续）”。《汇编》改为“（小说 续创刊号）”。

⑧ 此处《目录》和《资料》都漏掉了“（诗）”。《汇编》改为“（诗八首）”并在标题之下增加了以下目录：

汤田川村//京都北郊//灯光//血·泪·心*//我那能忘你//凉夜//细雨//站在热海海岸上

（*此处标点符号有改动。原刊正文为“血，泪，心”）

⑨ 此处《目录》和《资料》都漏掉了“（小说）”。

⑩ 此栏目标题在《目录》《资料》《汇编》中均漏掉了。

---

① 此栏目标题在《目录》《资料》《汇编》中均漏掉了。

② 此处《目录》和《资料》都增加了“拜伦、雪莱、箕茨”。《汇编》在此标题下另起一行增加了“——拜伦、雪莱、箕次”。

原刊正文标题为：“英国浪漫派三诗人拜轮，雪莱，箕茨”

③ 此处《目录》和《资料》都增加了一篇作品目录：“《哀歌》”。

原刊正文有郭沫若翻译的雪莱的《西风歌》等七题八首诗。最后一首《哀歌》为成仿吾译。

④ 此栏目标题在《目录》《资料》《汇编》中均漏掉了。

⑤ 此处各参校本与原刊出入较大：

《目录》标为“俄罗斯文学便览第一篇 ……………………………………… mocssaye T, obgiu 原著 何畏译”。

《资料》标为“俄罗斯文学便览第一篇 ……………………………………… Moissaye J. Olgin 原著 何畏译”。

《汇编》标为：“俄罗斯文学便览（选译）

Moissaye J. Olgin 原著何畏译”。

原刊正文标题为：“俄罗斯文学便览

原著者 Moissaye J. Olgin”。

⑥ 此处在《目录》《资料》《汇编》中均署名“凤举闻天”。

⑦ 第二卷第一期的出版时间，原刊标为“中华民国十二年五月一日发行”。《资料》持此说。《目录》和《汇编》均标为“1923 年 5 月上旬出版”。经考证，采用“1923 年 5 月上旬说”比较妥当。

⑧ 此处《目录》《资料》《汇编》都漏掉了“创造社同人肖像之一”。

⑨ 此处原刊与各参校本排版格式不同。在《目录》《资料》《汇编》中“我们的花园”为目录下的第一篇作品。

第一、创作①

① 此栏目标题在《目录》《资料》《汇编》中均漏掉了。

② 此处《目录》和《资料》都漏掉了“（戏剧）”。

③ 此处《目录》和《资料》都漏掉了“（小说）”。

④ 此处《目录》和《资料》都漏掉了“（诗）”。《目录》和《汇编》在此标题之下另起一行增加了如下目录：
诗人的恋歌
原刊正文中此诗后确有成仿吾诗《诗人的恋歌》。

⑤ 此处《目录》和《资料》都漏掉了“（小说）”。

⑥ 此处《目录》和《资料》都漏掉了“（诗）”。

⑦ 此处《目录》和《资料》都漏掉了“（小说）”。

⑧ 此处《目录》和《资料》都漏掉了“（戏剧）”。

⑨ 此处《目录》和《资料》都漏掉了“（诗）”。《汇编》改为“（诗八首）”，并在标题之下增加了如下目录：
归乡//满天星辰//初春暮雨//畅观楼顶//初春之歌//绿衣人//问//我这样的歌唱

⑩ 此处《目录》和《资料》都漏掉了“（小说）”。

⑪ 此处《目录》和《资料》都漏掉了“诗选”。然后与《汇编》一样增加了如下目录：
吻之三部曲 ……………………………… 刘梦苇
一夜 ……………………………… 刘梦苇
最后之梦 ……………………………… 刘梦苇
踏春 ……………………………… 王环心
他是一个瞎子 ……………………………… 洪为法
杂诗三首 ……………………………… 洪为法
江边 ……………………………… 王怡庵
初春 ……………………………… 王怡庵

⑫ 此处《汇编》改为“（小说，再续）。《目录》和《资料》都漏掉了“（小说）”。

⑬ 此处《目录》和《资料》都漏掉了“（诗）”。《汇编》改为“（诗十七首）”，并在标题之下增加了如下目录：
白鸥//我愿//长画//疲惫的心//幻灭//自题照片//倦游者//偶成//幽默之景//月//箸溜//海滨//河之哀歌//秋风//读耶稣传//春晨//病里

⑭ 此处《目录》和《资料》都漏掉了“（小说）”。

第二、评论[①]

第三、杂录[④]

第二卷第二期[⑧]

目　录

第一、创作[⑨]

---

① 此栏目标题在《目录》《资料》《汇编》中均漏掉了。

② 此处底本目录标题有误。原刊正文的标题是“莪默伽亚谟之绝句”。《目录》《资料》《汇编》都按正文标题改正。

③ 此处底本目录标题有误。原刊正文标题是“《命命鸟》的批评”。《目录》《资料》《汇编》都按正文标题改正。

④ 此栏目标题在《目录》《资料》《汇编》中均漏掉了。

⑤ 此处《目录》和《资料》在标题前加上了“ART　AND LIFE”。

⑥ 此处《目录》和《资料》都加上了“——读张东荪译的《物质与记忆》”。《汇编》另起一行加上了“——读张东荪译的《物质与记忆》”。

原刊正文标题为：“喜剧与手势戏
　　——读张东荪译的《物质与记忆》——”

⑦ 此处底本目录标题有误。原刊正文标题为“讨论注译运动及其他”。

⑧ 第二卷第二期的出版时间，原刊标为“中华民国十三年二月二十八日出版”。《资料》持此说。《目录》标为“1924 年 2 月下旬出版”。《汇编》标为“1924 年 11 月下旬出版”。准确的出版时间待考。

⑨ 此栏目标题在《目录》《资料》《汇编》中均漏掉了。

⑩ 此处《目录》和《资料》都漏掉了“（戏剧）”。

⑪ 此处《目录》和《资料》都漏掉了“（小说）”。

⑫ 此处《目录》和《资料》都漏掉了“（诗）”。

花影（小说）① …………………………………… 倪贻德
军用票（戏剧）② …………………………………… 张资平
隔绝（小说）③ …………………………………… 淦女士
迷途的小羊（诗）④ …………………………………… 全　平
上帝的儿女们（小说）⑤ …………………………………… 张资平
春风沉醉的晚上（小说）⑥ …………………………………… 郁达夫
诗选⑦ …………………………………… 敬隐渔⑧
林中（小说）⑨ …………………………………… 全　平

第二、评论⑩

《呐喊》的评论 …………………………………… 成仿吾
批评的建设 …………………………………… 成仿吾
批评之拥护 …………………………………… 郑伯奇

---

① 此处《目录》和《资料》都漏掉了“（小说）”。
② 此处《目录》和《资料》都漏掉了“（戏剧）”。
③ 此处《目录》和《资料》都漏掉了“（小说）”。
④ 此处《目录》和《资料》都漏掉了“（诗）”。
⑤ 此处《目录》和《资料》均将“（小说）”改为“（续三）”。《汇编》改为“（小说，续三）”。
⑥ 此处《目录》和《资料》都漏掉了“（小说）”。
⑦ 此处《目录》和《资料》都漏掉了“诗选”。然后与《汇编》一样增加了如下目录：
破晓 …………………………………… 敬隐渔
面包 …………………………………… 邓均吾
泊黄山港外 …………………………………… 王　珏
淞沪车上 …………………………………… 邓均吾
愿望 …………………………………… 洪为法
想 …………………………………… 王怡庵
所见 …………………………………… 邓均吾
故乡 …………………………………… 倪贻德
湖上 …………………………………… 倪贻德
龙山顶上放歌 …………………………………… 楼建南
晚步 …………………………………… 顾　庆
舜江晨 …………………………………… 楼建南
我的伴侣 …………………………………… 施若皇
日出之晨 …………………………………… 叶宗泰
白玫瑰 …………………………………… 郭沫若
火之洗礼 …………………………………… 朱公垂
白云 …………………………………… 成仿吾
对酒 …………………………………… 邓均吾
⑧ 此处原刊目录署名不准确。作者共十三人。
⑨ 此处《目录》和《资料》都漏掉了“（小说）”。
⑩ 此栏目标题在《目录》《资料》《汇编》中均漏掉了。

第三、杂录[①]

（原载《文学评论》2014 年第 4 期）

① 此栏目标题在《目录》《资料》《汇编》中均漏掉了。

② 《汇编》在标题之下增加了“（郭沫若著《函谷关》之法译）”。

③ 此处“途中”系原刊目录错误，原刊正文标题是“中途”。《目录》《资料》《汇编》均改为“中途”。《汇编》在此处还增加了“（散文）”。

④ 此处《汇编》增加了“（通信）”。

⑤ 此处《目录》和《资料》均署名“沫若”。

《创造》季刊“评论”栏综论

戚立强

在现代文坛上，“异军突起”的创造社开创了一个辉煌的文学时代，最主要的凭借便是他们创办的一系列文学刊物。其中，《创造》季刊的创办及“评论”栏的设置，尤为引人瞩目。张勇指出：“翻阅与《创造》季刊和《创造周报》同期或更早些的文学期刊，通过比较我们不难发现，前期创造社期刊栏目设置的最大创新点就是文艺批评和评论专栏的开辟和建设。”并认为正是《创造》季刊“将文学批评作为一种新型文体样式在纯文学刊物上最早表现出来”。[①] 作为文坛的“闯入者”，[②] 创造社同人以“打架”的方式在文坛上杀出了一条血路，而“打架”最重要的方式和途径便是“批评”，而“批评”之于创造社的意义尽可从“评论”栏窥见一斑。时至今日，“评论”栏的价值和意义已经得到学界充分的认可与肯定，许多学人在其著作中都有所论述；相比之下，对“评论”栏本身的梳理，便略显粗糙，许多细节问题都值得进一步仔细推敲。笔者以为，关注细节，将相关问题的研究推向细化，对目前的创造社研究来说，是推动研究趋向深入，夯实已有研究成果最为有力的方式和途径。

1. 郭沫若与《创造》季刊“评论”栏

现有论著谈及《创造》季刊“评论”栏的设置时，都认为“创作”、“评论”、“杂录”三个栏目最早出现于《创造》季刊创刊号。据笔者所知，实际情况并不如此简洁明了。

《创造》季刊第1卷第1期“编辑余谈”中分别有郁达夫和郭沫若留下的几段文字。其中，郭沫若写的两段文字如下：

> 以上达夫的余谈后半截有关于第二期的预告的，我因为不关紧要，删去了些。我在这改版机会，再来补写几句。
>
> 本志有改版之必要的原因是（一）初版错误太多，（二）自第二期起，改用横排，须求画一。

---

① 张勇：《1921—1925中国文学档案——“五四”传媒语境中的前期创造社期刊研究》，山东人民出版社2012年版，第130页。

② 成仿吾：《创造社与文学研究会》，《创造》季刊，1924年第1卷第4期。

里封面及各栏栏面图样均出自陶晶孙兄之手。

一九二二年七月六日

沫若志

本期改版后，得卫天霖兄的封面画使增色彩，这是我们为艺术及私情上两都感谢不尽的。

二三年六月十四日

沫若再志

单从上述文字中我们可以知道，《创造》季刊创刊号似乎有三种不同的排印版本，即最初由郁达夫编辑的版本、郭沫若 1922 年 7 月编辑版和郭沫若 1923 年 6 月编辑版。迄今为止，笔者尚未搜罗到郭沫若 1922 年 7 月编辑版，也未有学人详细谈及创刊号几个不同版本的具体情况。因此，笔者以为，具体情况如何，尚需进一步考证或等待新的史料的出现。

《创造》季刊第 1 卷第 2 期《编辑余谈》中，郭沫若说："印刷方面，我觉得横行要便利而优美些，所以自本期始。以后拟一律横排；第一期不久也要改版，以求画一。" 1923 年 5 月上旬，《创造》季刊第 2 卷第 1 期出版，刊载"《创造》第一卷各期之目录"。其中，"第一号"的目录下有这样一段文字："购定诸君！本号现已另排，与后出四号，一样格式，内容稍加修改，不日出书，特此先告。"既然申明"不日出书，特此先告"，说明此前由郭沫若另排的版本并没有出。否则的话，按照 1922 年 7 月郭沫若写的《创造》创刊号重排原因，那时重排后的《创造》已经和《创造》季刊第 1 卷第 2 期"画一"，自然也就与其他后出的几期相一致，如此一来，广告中似乎也就不需要如此啰嗦。另外，《创造》季刊第 2 卷第 1 期还另外单独登载了《创造》创刊号的广告："本号现已改排，照后出诸号之例，一律横行，内容错误之点，已全部改正，不日出书，特此预告。"笔者由此推断，1922 年 7 月，郭沫若重排的《创造》季刊创刊号当年并没有出版，而是一直等到 1923 年 6 月 20 日，增加了卫天霖的封面画之后，郭沫若在 1922 年就已经改编完成的《创造》季刊创刊号才正式出版，这也就是通常所说的《创造》季刊创刊号的第二版。[①] 也就是说，《创造》季刊创刊号公开出版发行的编辑版本，并非像有些人说的那样，存在三种编辑版本，实际上就只有两个版本：1922 年 3 月 15 日出版的郁达夫编辑本和 1923 年 6 月 20 日出版的郭沫若编辑本。这两个版本的创刊号，在目录和内容页里都没有标示出"评论"栏的栏目名称。

---

① 张勇亦持此说，具体请参见张勇《1921—1925 中国文学档案——"五四"传媒语境中的前期创造社期刊研究》，山东人民出版社 2012 年版，第 78 页。

郭沫若与《创造》季刊创刊号“评论”栏有着特别密切的关系。之所以如此说，乃是基于这样两个判断：首先，“评论”栏的设置是由郭沫若参与发起的。在《海外飞鸿》中说：“《创造》出版后，每期宜专辟一栏，以登载同人互相批评的文字，用六号字排出最好。”① 其次，也是最重要的一点，就是《创造》季刊创刊号上出现“评论”这个栏目名称，和郭沫若直接相关。笔者手头有标注“中华民国十八年五月二十五日版”的《创造》季刊创刊号，目录中并没有“创作”、“评论”、“杂录”三个栏目名称；杂志的目录和内容，在事实上的确被分为前中后三个部分，第一部分共141页，从郭沫若的《创造者》开始到郭沫若的《诗五首》结束；第二部分共17页，页码重新编排，从郭沫若的《〈少年维特之烦恼〉序引》开始，到张资平《“创作”》结束；第三部分共25页，页码重新编排，从郁达夫翻译的《杜莲格来的序文》开始，到张资平《写给谁的信》结束。刊物虽然被清晰地划分成了三个部分，却没有明确地标出“评论”这个栏目名称。就此而言，虽然郭沫若两度说明要使得改版后的创刊号与后面几期“画一”，实际上在一些地方并没有“画一”。譬如，在《创造》第1卷第2期的目录中，明确标出了“创作”、“评论”、“杂录”三个栏目名称；按照不同栏目，明确标示出了各篇的顺序号；每篇文章后面都明确地标示出所在的页码数；在内容页中，“评论”这一栏目名单独占一个页码，黑体大号字体排出，栏目名称下面是一幅岗顶狮吼图。这些明确的栏目信息创刊号上都没有。到了郭沫若编辑的《创造季刊》第1卷第2期，决定重排创刊号，也正是在这一期所登载的创刊号广告上，《创造季刊》第1卷第1期的目录才有了显著的变化：目录被明晰地分成了“创作”、“评论”和“杂录”三个栏目，而且前面还标示出了“第一”、“第二”和“第三”。因此，“评论”这个栏目名称正式出现在《创造》季刊（包括广告中的创刊号目录）上，可以说是郭沫若努力的结果。

创造社期刊登载的广告中，《创造》季刊创刊号的目录都明确地标示了“评论”这一栏目名称，但我们不能够把后来的广告中这样明晰的标示移植到先前出版的期刊上来。“评论”栏在目录和刊物内容页明确地被标示出来使用，乃是始于《创造季刊》第1卷第2期。《创造季刊》第1卷第1期只是有意要如此做，也具体地落实到了版面的编排上。但是无论是目录还是内容页，却都没有明确地将“评论”这一栏目名称标示出来，这是需要研究者们注意的，不能以后来广告中出现的目录置换原始的期刊面目。另外一个值得注意的问题，是1922年5月11日损（茅盾）在其发表的《〈创造〉给我的印象》一文中说，“《创造》第一期第二栏‘评论’里有一篇郁达夫君的《艺文私见》”。②《创造》创刊号的目录和正文中并没有明确地标示出“评论”栏，为何茅盾说是“‘评论’里”？我想，这大概出于两个原因：首先，就是创刊号

① 郭沫若：《海外归鸿·第二信》，《创造》季刊，1923年第1卷第1期。

② 损（茅盾）：《〈创造〉给我的印象》，《文学旬刊》1922年第3号。

的确较为明确地分成了三部分，“评论”栏在事实上是存在的；其次，就是郁达夫在《编辑余谈》中曾明确提到了“评论坛”这样的字眼。郁达夫在《创造》创刊号的“编辑余谈”中说他自己“本来打算在评论坛里，大大的做一篇中国创作界批评，因为没有工夫读新出的各杂志和日报上的小说，所以竟流产了”。① 郁达夫的话中，显示创造社同人最初想要开设的批评栏的名称似乎应是“评论坛”。然而，不知道是什么原因，“评论坛”的名称并没有出现在《创造季刊》创刊号上。

2. “评论”栏文字一览

《创造》季刊第 2 卷第 1 期后面刊登有“《创造》第一卷各期之目录”，各期“评论”栏所刊登文字一目了然。

第 1 卷第 1 期：
1. 少年维特之烦恼序引　　郭沫若
2. 艺文私见　　郁达夫
3. 出版物道德及创作批评　　张资平

第 1 卷第 2 期：
1. 可怜的离侣雁　　田　汉
2. 读了《女神》以后　　谢　康
3. 批判《意门湖》译本及其他　　郭沫若
4. 夕阳楼日记　　郁达夫

第 1 卷第 3 期：
1. 反响之反响　　郭沫若
2. 学者的态度　　成仿吾

第 1 卷第 4 期：
1. 《沉沦》的评论　　成仿吾
2. 《残春》的批评　　成仿吾
3. 评冰心女士的《超人》　　成仿吾

第 2 卷第 1 期：
1. 批评与梦　　郭沫若
2. 莪默伽亚谟的绝诗　　闻一多

① 郁达夫:《编辑余谈》,《创造》季刊，1923 年第 1 卷第 1 期。

3. 评《命命鸟》 成仿吾
4. 《一叶》的评论 成仿吾

第2卷第2期:
1. 《呐喊》的评论 成仿吾
2. 批评的建设 成仿吾
3. 批评之拥护 成仿吾

《创造》季刊“评论”栏共发表文章19篇，作者共7位。其中，成仿吾9篇，郭沫若4篇，郁达夫2篇，张资平1篇，田汉1篇，谢康1篇，闻一多1篇。上述这些资料都不难查，稍稍翻阅《创造》，便能得知。然而，一经排列之后，一些有意思的问题便浮现出来。譬如《创造》季刊创刊号“评论”栏三篇批评文字，分由郭沫若、郁达夫和张资平担任。创刊号中成仿吾虽也有文字发表，但他贡献的不是批评文字，而是一篇小说——《一个流浪人的新年》。小说后面附录的是几位同人的批评，且批评方式多样，短评、诗等都有，一起构成了一个复杂的文本关系网络。其实，从某种角度来说，成仿吾的这篇小说及其后面附录的文字，才更吻合郭沫若关于“评论”栏的设想：“《创造》出版后，每期宜专辟一栏，以登载同人互相批评的文字。”成仿吾和创造社其他同人，显然此时在刊物这一崭新的阵地上还没有找到各自合适的位置，或者说因为成仿吾那时尚在湖南兵工厂工作，批评的责任暂时落在了郭沫若和郁达夫等同人的头上。待到成仿吾从湖南来到上海，开始着手《创造》季刊第三期的编辑工作，他所撰写的批评文字骤然增加，甚至包揽了第1卷第4期和第2卷第2期上“评论”栏所有的文字，成为名副其实的创造社批评大将，创造社三驾马车也随之正式成型。

《创造》季刊前3期“评论”栏里发表的文字，除了郁达夫《艺文私见》、谢康《读了〈女神〉以后》之外，其他由创造社同人操刀撰写的文章，批评对象几乎全是翻译问题或与翻译相关的问题：《〈少年维特之烦恼〉序引》是郭沫若对自身翻译的介绍和评论，《出版物》道德谈的是“翻译和转载”，《可怜的离侣雁》评说的是法国诗人魏尔伦，《批判〈意门湖〉译本及其他》批评的是周作人重译的《法国的俳谐诗》和唐性天译的《意门湖》。选择翻译问题展开批评，作为“异军突起”的突破口，既是偶然，也是创造社同人有意识地选择的结果。[①] 但是，当“黑旋风”成仿吾逐渐成为创造社批评的干将后，批评的问题逐渐由翻译转向创作，而且是针对具体的作家作品的批评，如对《沉沦》、《超人》、《命命鸟》、《呐喊》等的批评。虽不能说《创造》季刊的批评存在一个由翻译批评向创作批评的转向，但是从这些刊载的批评

① 咸立强：《文学场视野里的创造社翻译文学批评》，《华南师范大学学报》2014年第4期。

文章却可以明晰地见出《创造》的批评主要就是集中在这两大板块，而且在《创造》上的这两类批评文章，也的确呈现出比较明显的先后顺序。从当时曾经发生的影响来看，这些批评文章出现的顺序并非随意为之。翻译在创造社成立之前就已经成为郭沫若和文学研究会成员交锋的问题，而在 1918 年郭沫若和张资平谈论办纯文学杂志的时候，以为“中国有数的两大杂志”，“里面所收的文章，不是庸俗的政谈，便是连篇累牍的翻译，而且是不值一谈的翻译”，[①] 加之以翻译最能彰显创造社同人这批久居海外学子们的水平，而有原文本的翻译，尤其是在错译误译问题上，最能见出是非对错，所以从翻译入手实现自身的“异军突起”，无疑是非常恰当的方式和途径。在这个问题上确立了自身的优势后，对于具体作家和文学作品的批评，则成为创造社同人阐述自身文学理想和审美追求的必要手段。至于这些批评在批评对象的选择方面似乎有所偏重，“对于文学研究会诸人的作品似乎还成为批评的主体”，[②] 之所以如此，乃是多种因素共同作用的结果，亦可说是因缘际会，时势使然。[③]

3. “评论”栏与“杂录”栏的关系

《创造》季刊“评论”栏里的文字固然在现代文坛上引起了巨大的反响，但就篇幅而言，所占分量仅与“杂录”栏相当罢了，远远不能和“创作”栏相比。《创造》季刊各期“创作”“评论”与“杂录”栏篇幅（页码）分别为：141、17、25；141、49、22；137、27、58；149、18、27；157、36、46；153、23、39。综合起来看，“创作”栏的篇幅一般为“评论”栏篇幅的 7 倍，最少的也有 3 倍；“评论”栏与“杂录”栏的篇幅则相差不多，基本维持在 1 ∶ 1 的水平。就这一点来说，创造社被视为“崇创作”的一派，并非没有道理，而且郭沫若等创造社同人也都以能创作自诩。在《文学革命之回顾》一文中，郭沫若就说过：“文学革命是《新青年》替我们发了难，是陈、胡诸人替我们发了难。陈、胡而外，如钱玄同、刘半农、鲁迅、周作人，都是当时的急先锋，然而奇妙的是除鲁迅一人二外都不是作家。”[④] 在创造社诸作家中，郭沫若的诗早已闻名于世，他的《女神》皆创作于《创造》系列刊物创办之前。《创造》上刊载的文学创作，最为惹人注意的，还是小说。张资平和郁达夫真正有分量的小说，基本都是在《创造》上发表的。郁达夫被称为“创造社之皮”，张资平被称为“创造社之肉”，在社团的组织和运转方面，似乎不如郭沫若的“创造社之骨”[⑤] 来得重要，但是“皮”的光鲜与“肉”的丰腴，正是《创造》获得大众认可的最直接的因素。只是因为后来两者都与创造社“决裂”，在后来的创造社及文学

① 郭沫若：《创造十年》，《学生时代》，人民文学出版社 1979 年版，第 40 页。

② 陈翔鹤：《郁达夫回忆琐记》，《陈翔鹤代表作》，华夏出版社 1999 年版，第 339 页。

③ 咸立强：《创造社与文学研究会论争缘起研究的回顾与重探》，《中国现代文学研究丛刊》2009 年第 1 期。

④ 郭沫若：《文学革命之回顾》，《郭沫若全集·文学编》第 16 卷，知识产权出版社 2004 年版，第 77 页。

⑤ 陶晶孙：《忆创造社》，《牛骨集》，太平书局 1944 年版，第 149 页。

史的书写中，他们的身影有所淡化罢了。

《创造》季刊中，“创作”栏的篇幅远远超过了“评论”栏，占据着非常突出的位置。笔者以为，这也是创造社同人有意为之的结果。我所说的有意为之，单只是从栏目的设置和安排这个角度来说的。《创造》季刊每期文章都分成了三栏：“创作”、“评论”和“杂录”。为什么分为上述三栏，归类的标准是什么？其实这里面并没有什么一定的说法，“杂录”栏更是如此。有些文字为什么要纳入“杂录”栏中？在这些问题上，如果非要划出一个确定性的标准来，估计当事人对此也会很为难。以《创造》第2卷第1期为例。这一期“评论”栏里，一共有四篇文章：《批评与梦》（郭沫若）、《我默伽亚谟的绝诗》（闻一多）、《评〈命命鸟〉》（成仿吾）、《〈一叶〉的评论》（成仿吾）；“杂录”栏里，一共有五篇文字：《艺术与人生（英文演说）》（徐志摩）、《“雅典主义”》（成仿吾）、《喜剧与手势戏》（成仿吾）、《论“注释”及其他》（郭沫若）、《编辑杂谈》（成仿吾）。“评论”栏中闻一多的《我默伽亚谟的绝诗》和“杂录”栏中成仿吾的《“雅典主义”》《喜剧与手势戏》及郭沫若的《论“注释”及其他》一样都是对翻译的批评，为什么有的放在了“评论”栏，有的却放在了“杂录”栏？被人称道的成仿吾批评的“三板斧”，第二和第三板斧一般都认为是《“雅典主义”》和《喜剧与手势戏》两篇批评文字。既然创造社同人将“评论”栏的设置当成了自办刊物栏目设置的突破点，为什么却分散了这个突破点的力量，将本来最适合放在“评论”栏的文字放进了“杂录”栏？

不仅是《创造》季刊第2卷第1期“评论”栏和“杂录”栏存在区分不清的情况，其他几期也都程度不等地存在这一情况。譬如《创造》季刊第2卷第2期“杂录”栏中刊登的郭沫若《英国诗人葛雷的〈墓畔哀歌〉》，其实和收在《创造》季刊第1卷第2期“评论”栏中田汉的《可怜的离侣雁》一样，都是对西欧诗人的评介。其他像《海外归鸿》《歧路》《通信》等收在“杂录”栏中的文字，其实都是很好的文学批评。虽然像《海外归鸿》《歧路》《通信》等文字，我们可以说是因为书信等形式的缘故，和一般的文学批评文字有所不同，所以收录在“杂录”中，可是，《“雅典主义”》《喜剧与手势戏》《英国诗人葛雷的〈墓畔哀歌〉》这些文字既有成例在先，收入“评论”栏中本来应该是理所当然的事情，可是却偏偏被放入了“杂录”栏中。笔者以为，“评论”和“杂录”文字的这种安排，一方面和版面整齐有关，若是将上述提到的那些可以放入“评论”栏中的文字都放入“评论”栏，有几期的“杂录”栏就只剩下1篇文章加上编辑“余谈”或“纵谈”，三个栏目之间也就太不成比例了。创造社同人固然看重批评，但是与创作相比，批评仍然是第二位的，或者说批评是从属于创作之需要的。《创造》季刊第1卷第3期“编辑余谈”中，成仿吾说：“然而我们的努力，终当以创作为中心。”在《创造》季刊第1卷第4期“编辑余谈”中，成仿吾又说：“研究或介绍之类的东西，横竖与创作栏没有关系，我们的创作栏决不会被他挤得缩小丝毫的，所以我不仅望他们继续写下去，还希望别的朋友们也多多做些别的研究或介绍之类的作品。”这些都说明了“创作”之于《创造》的中心地位。“研究或介绍”只能从属于“创作”，而不可能在地位上超越“创作”。由此反观“评论”和“杂录”栏的交叉问题，很有可能是通过将“评论”栏中的文字转移到“杂录”栏的方式，保持“创作”栏的独尊地位。经过“杂录”栏的拆分之后，“评论”栏虽然独立于“创作”栏，但在分量（篇幅）上却没有了可比性，不至于在版面上造成喧宾夺主的效果。

（原载《郭沫若学刊》2014 年第 4 期）

《杂文》梳考

杨华丽

《杂文》是1935年创办于日本东京的一份期刊，常与《东流》《诗歌》一起，被作为左联东京分盟乃至左联的重要成绩进行论述。然而，由于《杂文》曾被国民党政府查禁、建国后的影印本发行量极少等原因，现在国内已很难能看到《杂文》全套资料。现在论者对《杂文》的内容、编辑、发行等的具体论述，往往依据的是曾任《杂文》编辑的杜宣，或与《杂文》关系密切的陈辛仁、陈北鸥、臧云远、林林等人的回忆文章。或许由于年代久远的关系，他们关于《杂文》的某些回忆文字不尽准确，于是学人们在将这些不尽准确的文字作为重要证据加以引用时，就造成了客观上的以讹传讹，并造成了后来者们的无所适从，从而不利于推进相关研究。基于此种现状，笔者不揣浅陋，就该杂志的命名与题名者、期数、编辑、印刷与经售者问题做一个梳考，希望能对《杂文》、左联东京分盟、左联及其相关研究提供一点有价值的参考。

一　命名与题名者问题

这批留日学生在日本为何要以“杂文”命名即将创办的杂志？该杂志封面上的“杂文”二字系谁所题？这些关乎《杂文》基本信息的重要问题，长期以来却莫衷一是。对于前者，比较有代表性的说法有三：第一，认为该杂志是“因崇敬鲁迅而取名的”①；第二，认为“《杂文》是鲁迅先生起的名”②；第三，认为其杂志之名由魏猛克给出③。与此相关，对“杂文”的题名者，也有两种说法：第一，认为“《杂文》是鲁迅先生……题的字”④；第二，认为“封面由魏猛克设计，‘杂文’两字他

① 林林：《“左联”东京分盟及其三个刊物》，《新文学史料》1979年第3期，第162页。

② 臧云远：《东京初访郭老——回忆郭沫若同志之一》，《悼念郭老》，三联书店1979年版，第212页。

③ 这说法出自《杂文》首创时担任编辑的杜宣。他说：“这份刊物起先由我负责编的，你回去可以查一查。这份刊物与郭老也有一段故事：那时我们帝国大学几个同学商议策划筹备一个文艺刊物，魏猛克是写杂文的，他想别的刊物出不了，就出一本杂文吧！以发表杂文为主体，有创作、有理论，也有外国作品的译介，杂志就取名‘杂文’，”见萧斌如《杜宣在日本结识郭沫若》，《世纪》2006年第3期，第51页。

④ 臧云远：《东京初访郭老——回忆郭沫若同志之一》，《悼念郭老》，三联书店1979年版，第212页。

用木刻的艺术字”①。由于前述诸种说法的提出者林林、臧云远、杜宣均为当年左联东京分盟的成员，所以他们在回忆文字中所呈现出来的诸种分歧，后来者往往无法有效辨识，以致在论及《杂文》的取名与题名者时往往各执一词。那么，《杂文》的命名与题名者到底是谁？

关于“杂文”这一名称的提出者，学界多集中于鲁迅和魏猛克二人身上。事实是，在《杂文》创办与发行这段时间，魏猛克与鲁迅的关系非常密切，“猛克在上海时因美术界工作和鲁迅先生有多次接触及通讯，所以《杂文》的创刊、宗旨、东京左联活动、郭沫若的近况等，都由猛克写信告知鲁迅先生并征求指导”。② 那么，“杂文”之名是魏猛克在与东京留学生的会议中首先提出，之后写信给鲁迅先生，得到他首肯之后再确定的吗？是魏猛克他们独立决定之后再告诉鲁迅先生的吗？还是他们想办杂志，魏猛克致信给鲁迅先生，然后在鲁迅先生建议下再定的呢？这些问题都已成为悬案：因为我们已无法找到有力的直接证据，从而去重现历史的真实。据陈辛仁回忆，“鲁迅先生很支持东京左联的活动，认为这样在国外开辟一个文艺活动阵地，可发表国内不能刊出的文章，是一种很好的斗争方式。鲁迅先生还要我们转告郭沫若先生，注意利用国外的合法活动方式和注意安全”，但就是关于这些事宜的信件，都已经在战乱中遗失③。迄今为止，我们在《鲁迅全集》中看不到鲁迅为《杂文》取名的任何记载④，故而，鲁迅究竟是否为《杂文》命名，目前我们无从得知。

但笔者以为，以下两点是我们在考虑这一问题时需要注意的：

第一，《杂文》杂志创刊于1935年5月。这段时间，正是1934—1935年关于杂文的艺术价值和社会价值之争的关键时段⑤。林希隽于1934年发表的《杂文与杂文家》、《文章商品化》曾引起了聂绀弩、鲁迅等人的有力回击。在杜宣的《关于杂文》、魏蟠的《杂文》这两篇《杂文》创刊号“杂谈”栏的重头文章中，他们指向的潜在驳斥对象正是林希隽之流反对杂文、否认其社会价值者。魏蟠在文章中说“投一支标枪，发一颗子弹，就往往正制着了敌人的死命”，认为“现在是虎狼当道

---

① 这说法出自《杂文》首创时担任编辑的杜宣。见萧斌如《杜宣在日本结识郭沫若》，《世纪》2006年第3期，第51页。

② 陈辛仁：《记东京左联和杂文社》，《新文学史料》1987年第4期，第31页。

③ 同上。

④ 《鲁迅全集》中有两处提及《杂文》，一次是《且介亭杂文二集·后记》中：“《在现代中国的孔夫子》……曾由亦光君译出，载于《杂文》杂志第二号（七月）”，一次是在致王冶秋的信中：“《杂文》上海闻禁售，第二本恐不可得，但当留心觅之。”这两处都只提及《杂文》第二号，而且其提及的时间，都已到了1935年底。

⑤ 1930年代的杂文异常繁荣，然而作家们以杂文为武器进行的论争甚至论战也频繁发生，如左翼作家与新月派、民族主义文艺、自由人、第三种人的论争等，也包括1934年、1935年分别发生的关于杂文本身的论争。1934年的“说苍蝇”与“谭宇宙”之争，解决的是杂文在当时历史条件下的取材与格调问题，而1934—1935年间关于杂文的社会价值与文艺价值之争，为打通杂文的价值理论通道做出了贡献。参见姜振昌《杂文发展的导向——三十年代关于杂文问题的两场论争》，鲁迅博物馆编著：《鲁迅研究资料》（24），中国文联出版公司1991年版。

的时候……利用那游击的战法，也正是时期。”并且在文末说：“‘散文非散文，小品非小品’，管它做甚！”① 而杜宣则在《关于杂文》中旗帜鲜明地指出：“杂文，基于这动乱的，病态的社会而迅速的滋长起来了”，认为杂文是那些提倡幽默、复古，甚至故意将文学引向色情一面的文学的药物，而且，“杂文更有它的特殊的力量”②。显然，这是对鲁迅、聂绀弩的直接声援。而以“杂文”命名这份即将面世的杂志，就是杜宣、魏猛克，甚至包括在创刊号上发表杂文《阿乐活脱儿》的郭沫若的共识，是他们在杂文之争中立场的正面呈现。而这表态背后，有魏猛克受鲁迅影响写作杂文的潜在背景，也有魏猛克等人对当时整个社会的感知，对文人何为的理性思考，这正与鲁迅等人的认知相吻合。

第二，围绕着《杂文》杂志，一个同人团体——杂文社得以形成。据陈辛仁回忆，“杂文社就设在东京池袋区一座两层楼的租屋，这座租屋是陈子谷、陈辛仁、魏猛克、任白戈（他是稍后才到东京的）四人合租住在一起的，是一座黑色的木板屋，门口按照日本习惯钉着个小木牌，日本人多写着姓氏，我们则写着《三闲庄》，这是猛克给起的名字，来源于鲁迅的《三闲集》，但也表示住户是闲人的意思”③。对《三闲集》的巧妙借用，无疑标识着取名者魏猛克与鲁迅的精神联系之深。

综合以上两点，以及当事人陈辛仁所言魏猛克是具体负责人、杜宣所言魏猛克提出办“杂文”的回忆文字，笔者认为，将《杂文》的命名者指认为深受鲁迅影响的魏猛克，可信度更高。

“杂文”的题名者为何？在《鲁迅全集》中，我们并未查到鲁迅先生为《杂文》书写题名的有关信息，所以对臧云远将鲁迅指认为《杂文》的题字者这一说法，目前还只能存疑。另外，翻阅《杂文》第一、二号杂志可知，封面上的“杂文”二字均是木刻，而在《杂文》第一号的目录中，有“封面字…………为济”这一条。“为济”是谁？在该条信息右边，有“新兵…………洪为济”一条。经查证后我们知道，洪为济是电影导演吴天的原名，1935 年东渡日本留学，专攻戏剧，是与魏猛克、杜宣、陈辛仁等联系紧密的左联东京分盟的成员④。而《杂文》第三号、《质文》第四号直至二卷二号，其封面上的字仍为木刻，只是作者换成了新波。因而，那种认为《杂文》封面上的“杂文”二字出自魏猛克之手的说法是不准确的。

二 《杂文》出版日期与期数问题

在诸多回忆文字、注释或研究文章中，“《杂文》月刊”以及“《质文》月刊”

---

① 魏蟠：《杂文》，《杂文》第一号，1935 年 5 月 15 日。

② 杜宣：《关于杂文》，《杂文》第一号，1935 年 5 月 15 日。

③ 陈辛仁：《记东京左联和杂文社》，《新文学史料》1987 年第 4 期，第 29 页。

④ 当年常与魏猛克、陈辛仁等一起在三闲庄吃饭，参加会议，这一时期还与杜宣等人导演了《雷雨》。

的字样经常出现。比如姚辛编的《左联画史》[①] 第207页上两次提及"《杂文》月刊",《鲁迅全集》(2005年版)第六卷第479页、第十三卷第598页上《杂文》的注释文字中,都有"文学月刊"字样。而在《郭沫若年谱》中论及其在《质文》上发表的一些作品时,使用的则是"《质文》月刊"这一说法。众所周知,《杂文》曾在出版至第三号时被查禁,然后被迫改名为《质文》继续出版,那么,可否将"《杂文》月刊"与"《质文》月刊"混用?另外的一个重要问题是,如果说这《杂文》是月刊,那么,在"1935年5月在日本东京创刊……1936年11月停刊"与"共出八期"[②] 之间,很显然并不吻合。故而,弄清楚其各期的出版日期分别为何,有利于我们明了能否将其称为月刊的问题。

对于《杂文》的创始日期以及《质文》的停刊日期,无论是杜宣、林林的回忆还是《鲁迅全集》中的注释,都将其分别锁定为1935年(有的具体到5月)以及1936年11月,这是正确的。然而,对其一共出版了多少期的问题,《鲁迅全集》的两次注释中均标明"八期",杜宣则说共出版了七期[③]。二者孰对孰错?

经笔者查证,该杂志各期的出版日期等相关信息如下:

刊名及期号	出版时间	版权页署名	编辑者	发行者	发行所
《杂文》第一号	1935年5月15日	杂文月刊	杜宣	卓戈白	未注明
《杂文》第二号	1935年7月15日	杂文月刊	杜宣	卓戈白	杂文杂志社
《杂文》第三号	1935年9月20日	杂文月刊	勃生	卓戈白	杂文杂志社
《质文》第四号	1935年12月15日	质文月刊	勃生	杂文社	
《质文》第五、六号合刊	1936年6月15日	杂文月刊	勃生	卓戈白	杂文杂志社
《质文》第二卷第一期	1936年10月10日	质文月刊	勃生	质文社	未注明
《质文》第二卷第二期	1936年11月10日	质文月刊	勃生	质文社	未注明

由此可知:

1. 以《杂文》命名的该杂志自1935年5月15日创刊后,共出版了3号(3本),自第四号起改名为《质文》后出版了5号(共4本),所以,《杂文》一共出版了8号或曰8期,一共7本。

2. "杂文月刊"之名出现于《杂文》第一、二、三以及五六号合刊的版权页上,"质文月刊"字样则出现于《质文》第四期以及最末两期的版权页上。所以笔者认为,在涉及改名后的《杂文》时,可以选用"《杂文》月刊"或"《质文》月刊"二

① 光明日报出版社1999年版。

② 鲁迅:《鲁迅全集》第6卷,人民文学出版社2005年版,第479页。

③ "《杂文》第一至三期由我负责,从第四期更名《质文》后由勃生(邢桐生)编辑,前后共出版七期,于1936年11月停刊。"见萧斌如《杜宣在日本结识郭沫若》,《世纪》2006年第3期,第51页。

者之一，在涉及更名前的《杂文》时，则宜使用“《杂文》月刊”这一说法，而“文学月刊”之说则适用于《杂文》时期及《质文》时期。至于有些文章中所言的《杂文（质文）月刊》，与“《杂文》月刊”或“《质文》月刊”属于不同性质，故而不宜采用。

3. 各期刊物版权页上所署的“杂文月刊”或“质文月刊”，与各期刊物事实上在出版时间上呈现出来的非月刊性质，无疑告诉我们巨大的时间裂痕的存在。而探究其各期之所以延期，无疑会有助于我们理解《杂文》各期出版时复杂、严峻的政治形势。

考察这8期杂志可见，《杂文》第一号、第二号、第五六号合刊中均有文字涉及到出版情况——《杂文》第一号《编校后》中指出：“本刊原定于五月一日出版，因为在东京印刷，中国字少的困难，所以一直就延下了整整的半个月”；第二号的《后记》中，编辑室也为“脱期将近一月了”而深感“歉仄”；第五六号合刊的《后记》中，编辑室说道：“这是一种难言的苦痛，因为环境和能力等问题，使这杂志中途停刊几乎半年的时日。我们应向爱护本志的读者们抱歉；我们更向由于热情的质问和鼓励而使杂志终于再出现的读者们感谢！此后，我们尽我们所有的力量使这杂志能够按月出来。”无论是“脱期将近一月”的“愧仄”还是“尽我们所有的力量使这杂志能够按月出来”的宣言，以及刊物封底上标明的“杂文月刊”或“质文月刊”，无疑都指向了该刊编辑们想将其办成月刊的主观意愿，所以将该刊指认为“月刊”是可行的。

三　编辑、印刷与经售者问题

关于编辑、印刷和经售者问题，歧见也不少。对于编辑者，有认为该杂志先后由杜宣、勃生编辑①，有认为由“杜宣、勃生（邢桐华）编辑”②，有认为由“任白戈、杜宣、林林、魏猛克等主编”③，有认为林林参与了杂志的编辑，而且关于其编辑的期数还存在最后一期以及最后两期的不同说法④。与此相关的是印刷者问题：《杂文》这八期中哪些是在国外印刷，哪些是国外编辑国内印刷，哪些是国内编辑国内印刷？

---

① 鲁迅：《鲁迅全集》第6卷，人民文学出版社2005年版，第479页。

② 姚辛编：《左联画史》，光明日报出版社1999年版，第207页。

③ 李华飞：《在东京亲聆郭老三次讲话》，《郭沫若学刊》1993年第1期，第15页。

④ 林林在《这是党喇叭的精神——忆郭沫若同志》中说：“后来《质文》又被日本警察禁止。郭老建议到上海继续出版，因刑事（便衣警察）搜查过我的宿舍，大家同意让我回到上海执行编务。在上海出了二期，又被上海国民党反动当局勒令停刊了。”（《悼念郭老》，第150—151页）而他在《“左联”东京分盟及其三个刊物》中又说，《杂文》出了3期，改名《质文》后出了4期，移到上海后，出了1期，也就是说，他编辑了最后一期。该文见《新文学史料》1979年第3期。

而其经销者，是否如目前的流行说法，一直是“上海群众杂志公司”[①] 呢？

从刊物的版权页来看，《杂文》第一至二号的编辑，均署的是“杜宣”之名，而这两号上的发行者，均署的是“卓戈白”（即任白戈）之名；第三号署的是：编辑勃生（即邢桐华）、发行“卓戈白”；第四号的编辑与发行者均署的是“勃生”；第五六号合刊所署为：编辑人勃生、发行人卓戈白；第二卷第一期、二期封底所署为：编辑人勃生，发行者质文社。据陈辛仁的回忆：“出面向日本当局登记的编辑者是杜宣（住址是日本国东京杉并区阿佐广谷四丁目三四五番地），后来改由勃生（邢桐华）出面作编辑者（地址是日本东京淀挤区诹访町五二号诹访旅馆）……但杂文社的编辑部实际上是在池袋区的三闲庄，公开登记杜宣及勃生的地址是有意迷惑日本警方的。”[②] 可见，无论是杜宣还是勃生成为编辑者，都是因为《杂文》刊发的需要，而并非因为这份杂志就是他们两个人在先后编辑。事实上，“……《杂文》的具体编辑工作，由魏猛克、陈辛仁负责，孟式钧，任白戈、杜宣参加编委会。主角是魏猛克，他负责对国内的联络和编排等具体工作。他是一位美术家，擅长漫画，又很能学习写作鲁迅式的杂文体”。[③] 是几个人而非一个人独立编辑，在另外的回忆文字中得到了佐证：“魏猛克和陈辛仁曾担任东京‘左联’分盟干事会的干事，《杂文》每期的主要内容都在干事会上讨论过。”[④] 而且，翻阅《杂文》及随后的《质文》可见，《后记》类的文字均署“编辑室”之名。在其他特殊场合，比如刊发“鸣谢”之类的文字时，所署的名为“杂文社同人”[⑤]，《质文》二卷二期中郭沫若手书的纪念鲁迅的挽联，落款也是“质文社同人哀挽”。这从一个侧面证明，《杂文》及《质文》的编辑并非一人，而是几个核心成员组成的编辑室在集体运作。

在《杂文》以及后来的《质文》出版过程中，印刷所曾发生变更。具体来说，《杂文》一、二、三号及《质文》第四号均由堀川印刷所印刷，到了《质文》第五六号合刊，其印刷移至国内。在该期的《后记》中，编辑室曾如此说道：“本志的同人们都是远远的流浪在国外日本的，而因为种种关系本号又不能不移至国内印刷，所以其中的错字和装钉（原文如此，引者注）上的不美观就可以预想得到，这必须请诸君给以原谅！”而在《质文》第二卷第一期的《后记》中，编辑室曾在谈及第五六号合刊上的诸多广告时提及“此期因系第一次开始在上海印刷，而同人又远在异邦，故疏忽之处在所不免，此实遗憾之至，还望读者深为谅解。”由此也可证明，《质文》第五六号的编辑地还在日本，印刷场所则从该期开始移至国内。郭沫若在《痈》中

① 鲁迅：《鲁迅全集》第6卷，人民文学出版社2005年版，第479页；第13卷，第598页。

② 陈辛仁：《记东京左联和杂文社》，《新文学史料》1987年第4期，第29页。值得注意的是，《杂文》上勃生的地址是“日本东京淀桥区”而非“日本东京淀挤区”。

③ 陈辛仁：《记东京左联和杂文社》，《新文学史料》1987年第4期。

④ 陈辛仁：《现代中外文化交流史略》，中国书籍出版社1997年版，第239页。

⑤ 《质文》第四号。

所言“《质文》第五期是在上海编辑”是有误的①。《质文》二卷一期的版权页上没有印刷所信息，二卷二期上则标明了“生美印刷所（上海四马路二八六号）”。由此可知，在上海印刷的该期刊一共有三期：第五六号合刊、二卷一期和二卷二期。

关于经销者，现有的资料中多说是上海群众杂志公司。由张静庐负责的上海群众杂志公司总部设在上海四马路，在南京、无锡、杭州三地设有分店，在1930年代是一家比较有名的杂志公司，出版了曹聚仁、孙起孟等的文学作品集，也代理有徐懋庸、曹聚仁主编的《芒种》杂志、张俭东编的《留东新闻》等期刊。在《杂文》的发行过程中，该公司都是第一期直至五六号合刊的经售处。所以，在这些期刊物的版权页上，我们都能看到“总经理　上海群众杂志公司”字样。但诚如上文所说，《质文》第五六号合刊被移至国内印刷，而这使得杂文社与该公司的合作自此中断。其原因并不是编辑者们在将稿件移至国内印刷时所“预想得到”的“错字和装钉上的不美观”②，而是由于上海群众杂志公司在印刷过程中擅自加入了数则“性质杂乱之广告”，而且并未经杂文社同人审查。杂文社同人在二卷一期的《后记》中特意刊登了这样一则《启事》，由此可知其中原委：

> 本刊的第五六合刊号中刊登性质杂乱之广告甚多，此全系由书店擅自插入，未经同人审查者。此期因系第一次开始在上海印刷，而同人又远在异邦，故疏忽之处在所不免，此实遗憾之至，还望读者深为谅解。③

对读者深表歉意的杂文社同人，将这一期以及下一期的总经理换成了同样设在上海的中国图书杂志公司。所以，如果我们在论及《杂文》（含《质文》）的经售处或者经理处时，应该注意到中国图书杂志公司的存在。而由更改经销处的这种行为，我们可以发现杂文社同人对杂志内容包括广告所持有的高标准。

（本文原为2014年6月中国贵阳“走向世界的郭沫若与郭沫若研究”学术会议论文，后刊发于《郭沫若学刊》2015年第2期）

---

① 该文写于1936年6月2日。其中，郭沫若提到对国内和日本刊物的编辑技术的看法。他说：“新出的刊物以《译文》、《作家》两种的编辑法为最好。在日本出的《杂文》，《质文》也还可观。但《质文》第五期是在上海编辑，将来的成绩如何就不敢保险了。”

② 《质文》第五、六号合刊之《后记》。

③ 《质文》第二卷第一期，第157页。

郭沫若《文艺论集续集》汇校异文全录

孟文博

《文艺论集续集》最初由上海光华书局于 1931 年 9 月出版，是郭沫若继《文艺论集》之后第二部专门论述文艺问题的论文集，在这部“续集”之后，郭沫若便再也没有出版过严格意义上的文艺论文集，也就是说，郭沫若作为一个文艺评论家，其专门的文艺评论集仅此两部。在这两部文集中所收录的论文一直以来都是学界研究郭沫若文艺思想的重要参考资料，而同时，郭沫若在日后对这两部文集内容的删削修改也是非常大的。鉴于这些原因，早在 80 年代就曾有学者对《文艺论集》进行过汇校，形成了《〈文艺论集〉汇校本》，为学界研究郭沫若提供了一个重要的参考资料，一直到今天，其影响都很大。但是非常遗憾的是，直到目前为止，学界还从没有人对《文艺论集续集》进行过系统的汇校工作，众多学者们在研究和引用这部文集中的文章时，往往都是根据《沫若文集》或者《郭沫若全集》中的版本，而不知道这两部集子中所收录的文章内容与其最初版本的内容已经有着很大不同了。

《文艺论集续集》共收入论文 11 篇，虽然比《文艺论集》最初出版时的 31 篇论文在数量上少了不少，但是郭沫若对这部“续集”的辑录和出版却远比《文艺论集》要重视得多。他于 1925 年 12 月出版《文艺论集》可以说完全是“无心插柳”的结果，最初仅仅是在泰东书局的伙计沈松泉向他约稿时，“临时决定的”，并且在收录哪些文章方面也是请沈松泉代劳，“帮他搜集他在各报刊上发表过的文章”①。另外郭沫若在出版这部《文艺论集》之前早已宣称“我现在成了个彻底的马克思主义的信徒了！马克思主义在我们所处的这个时代是唯一的宝筏”②，而其中所收录的文章，又都是郭沫若思想转变之前的作品，因此郭沫若称“这部小小的论文集，严格地说时，可以说是我的坟墓吧”③。但是相比之下，郭沫若出版《文艺论集续集》却是真正的“有心栽花”，其中所收录的文章在创作时间的跨度上长达七年，在这七年时间内，郭沫若还曾创作过大量其他的文艺论文，但最后只精挑细选出其中的这十一篇录入此文集，而这 11 篇文章全部都是表现其“马克思主义”观念的作品，可以说他在

① 沈松泉：《关于光华书局的回忆》，《古旧书讯》，1981 年第 5、6 期；1982 年第 1 期。

② 郭沫若：《孤鸿》，《创造月刊》，1926 年第 2 期。

③ 郭沫若：《文艺论集 · 序》，光华书局 1930 年版。

选录文章的标准方面是非常明确的，态度也是极为认真的。另外这部文集的出版时间也非常特殊，其时郭沫若还在日本过着“穷的要死，环境也特别不自由”[①] 的生活，但却一直密切关注着国内左翼文坛的动向，就在这部论文集出版的前一年，郭沫若便连续创作了《新兴大众文艺的认识》《普罗文艺的大众化》《文学革命之回顾》等极具激进左倾色彩的论文，以极为积极的姿态参与到国内左翼文艺运动中去，而出版此论文集，也是他这种姿态的进一步体现。

郭沫若把最初发表在各个报刊上的文艺论文收入《文艺论集续集》时，对它们所进行的修改并不算大，但是也有非常值得注意的地方，比如在《文学革命之回顾》最初版本中的“然而文学革命宣告成功以来已经十余年”这句话，便被改为了“然而文学革命以来已经十余年”，删除了“宣告成功”一语。这是一处看似非常简单的修改，却折射出一个很大的问题，那就是郭沫若由此进一步明确了他对于五四文学革命的否定态度，他想表明自己根本就不承认文学革命是成功的。

在进入50年代后，郭沫若利用把这部文集收入《沫若文集》第十卷之机，对其中的每一篇文章内容都做了较大幅度的修改，其中有很多的修改都非常具有时代政治色彩，结果就对其最初的思想状态形成了很大遮蔽。例如《孤鸿——致仿吾的一封信》和《文艺家的觉悟》两篇论文中对“突罗次克”这个人名的修改。在《孤鸿》的最初版本中，郭沫若把“突罗次克”和列宁都看作是有着“缜密的脑精”的“真挚的学者”，而在《文艺家的觉悟》的最初版本中郭沫若同样把他和列宁相提并论，认为“他们对于文艺的造诣比我们中国任何大学的文科教授，任何思想界的权威者还要深到”。但到后来，郭沫若把这个名字删除了。根据原文内容和日后的政治形势，我们可以推测出这个人就是托洛斯基。显然，郭沫若在最初是对托洛斯基予以和列宁几乎相等的地位和评价。只是到了后来政治形势发生变化，才把他的名字删除了。

同样需要注意的几处人名修改在《文学革命之回顾》中，郭沫若在此文的最初版本里两次提到创造社团体中的“郭，郁，成，张”四人，其中的“张”当然是张资平，但到后来，郭沫若将其中的“张”字均删除了。还有在最初版本中郭沫若也曾两次提到“潘汉年、周全平，叶灵凤”的名字或者姓氏，而之后则全都以“一批新力军”或者“一批年青人”取而代之，由此可见，郭沫若在当时是对张资平和这“一批新力军”持较高评价的，只是到了后来，才因政治原因隐去了他们的姓名。

因此总的来看，郭沫若一开始便对这部文集的出版非常重视，而其中的文章及其修改又对我们还原和研究郭沫若的文艺思想有着重要意义，有鉴于此，笔者找到了这部文集中所有论文的最初版本，并以此为底本，与日后的上海光华书局版本和人民文学出版社《沫若文集》第十卷中的版本进行汇校，找出了所有异文，形成了以下的

① 美蒂：《郭沫若印象记》，黄人影编《文坛印象记》，乐华图书出版公司1932年版。

“异文全录”，可以说，这个“异文全录”体现出了郭沫若此部文集的历史流变全貌。为了更为真实直观的还原历史，笔者保留了所有异文的繁简体形式，另外为简洁起见，本论文在“异文全录”中把上海光华书局版本和人民文学出版社版本分别简称为“上版”和“人版”。

一 《我们的文学新运动》(1923 年 5 月 27 日《创造周报》第 3 号)

（1）“中國的政治生涯幾乎到了破產的地位。野獸般的武人之專横，破廉恥的政客之蠢動，貪婪的外來資本家之壓迫，把我們中華民族的血淚排抑成黃河揚子江一樣的赤流。”上版同；人版作：“中国的政治局面已到了破产的地位。野兽般的武人专横，破廉耻的政客蠢动，貪婪的外来資本家压迫，把我們中华民族的血泪排抑成了黄河、揚子江一样的赤流。”

（2）“揉弄”上版同；人版作：“搏弄”。

（3）“歡迎陽春之歸至”上版同；人版作：“欢迎阳春归来”。

（4）“凡受着物質的苦厄之民族必見惠於精神的富裕”上版同；人版作：“凡受着物質苦厄的民族必見惠于精神的富裕”。

（5）“在當時是决未曾膺受物質的惠恩”上版同；人版作：“在当时都未受到物質的惠恩”。

（6）“我們懊惱”上版同；人版作：“我們憤慨”。

（7）“我們的眼淚會成為生命之源泉，我們的痛苦會成為分娩時之產痛”上版“源泉”作“流泉”，余同；人版作：“我們的眼泪会成新生命的流泉。我們的痛苦会成分娩时的产痛”。

（8）“我們現在於任何方面都要激起一種新的運動”上版同；人版作：“我們現在对于任何方面都要激起一种新的运动”。

（9）“要打破從來的因襲的樣式而求新的生命之新的表現”上版、人版均删除第一个“的”。

（10）“在污了的粉壁上雖然塗上了一層白堊，但是裏面的內容依然還是敗棉”上版同；人版作：“在污了的粉壁上虽塗上了一层白堊，但是里面内容依然还是敗棉”。

（11）“Bourgeois 的根性”上版同；人版作：“Bourgeois（資产阶級）的根性”。

（12）“與自然為友而為人生之逃避者”上版同；人版作：“与自然为友而为人生之逃遁者”。

（13）“做個糾糾的人生之戰士與醜惡的社會交綏”上版同；人版作：“做个糾纷的人生之战士与丑恶的社会交綏”。

（14）“提呈出全部的生命”上版同；人版作：“提供出全部的生命”。

（15）“黄河與揚子江係是自然暗示於我們的兩篇偉大的傑作”上版删除“是”字，余同；人版作：“黄河与揚子江系自然暗示跟我們的兩篇伟大的杰作”。

（16）“使為自我的血液”上版同；人版作：“使为自我之血液”。

（17）“流出全部之自我”上版同；人版作：“流出全部的自我”。

（18）“向永恆的和平之海滔滔流進”上版“平和之海”作“平和之流”，余同；人版作：“向永恆的和平海洋滔滔前进”。

（19）“這便是我們所奉的標言 Motto”上版同；人版作：“这便是我們所提出的标語（Motto）”。

（20）“新的酒不能盛容能舊的革囊”上版“能”字作“于”字，余同；人版作：“新的酒不能盛容于旧的革囊”。

（21）“藩籬人世”上版、人版均作：“藩篱人生”。

（22）“我們反抗由上種種所派生出的文學上的情趣”上版、人版均作：“我們反抗由以上种种所产生出的文学上的情趣”。

（23）最初版最后有“附白”，上版、人版均删除，现录于下方：

【附白】日本的大阪每日新聞在本月二十五日要出一次英文的“支那介紹專號”，該報駐滬記者村田氏日前來訪，要我做一篇關於我國新文學的趨向的文章。我得仿吾的幫助做了一篇“Our New Movement in Literature”的短論寄去。我現在把他自譯成中文，把初稿中意有未盡處稍補正以發表於此，我想凡為我們社内的同志必能贊成我們這種主張，便是社外的友人我們也望能多來參加我們的運動。

（五月十八日譯後誌此）

（24）上版时间注明改为：“一九二三年，五月，十八日”；人版时间注明改为：“1923 年 5 月 18 日”

二 《孤鸿——致仿吾的一封信》（1926 年 4 月 16 日《创造月刊》第 1 卷第 2 期）

（1）“你沒疑為我是已經餓死了”上版同；人版作：“你不要以为我是已經餓死了”。

（2）“『新時代』”上版同；人版作：“新的一代”。另外在页面底部增加注释：“《新的一代》系根据德文譯名‘Die Neue Genenation’，俄文原名为《处女地》”。

（3）“去埋頭作終身的研究”上版同；人版作：“埋头作終身的研究”。

（4）“我以為我們有多少友人”上版同；人版作：“我以为我們的多少友人”。

（5）“我們的地上的呢！”上版同；人版作：“我們的地上的！”。

（6）“我相信是终久能够到来”上版、人版均作：“我相信终久能够到来”。

（7）“我相信是可以成立”上版同；人版作：“我相信是可以成立的”。

(8) "——不待說是不能看見——"上版同；人版刪除。

(9) "使我們的同胞得以均霑自然的恩惠"上版删除"使"字，余同；人版作："使我們的同胞得以均沾自然的恩惠均"。

(10) "終是新的精神文明的胎盤"上版同；人版作："才是新的精神文明的胎盘"。

(11) "馬克斯"上版同；人版均改为："馬克思"。

(12) "杜爾斯泰"上版同；人版均改为："托尔斯泰"。

(13) "中途半端地餓死病死了"上版、人版均作："中途无端地饿死病死了"。

(14) "而我總在纏綿枕席"上版、人版均作："而我总在纏綿枕席"。

(15) "於今我覺得尋着關鍵了"上版同；人版作："于今我觉得寻得了关鍵"。

(16) "或者我的诗是從此死了"上版同；人版作："或許我的詩是从此死了"。

(17) "不十分贊成"上版同；人版作："不十分贊成的"。

(18) "我對於這書的內容雖然也並不能十分滿意"上版同；人版作"我对于这書的內容并不十分滿意"。

(19) "懷着的憎根"上版同；人版作："怀着憎根"。

(20) "懷着的信心"上版同；人版作："怀着信心"。

(21) "如今更得着理性的背光"上版同；人版作："如今更得到理性的背光"。

(22) "形成一個轉換的時期"上版同；人版作："形成了一个轉換時期"。

(23) "我對於作者是非常感謝，對於馬克斯列寧是非常感謝，我對於援助我譯成此書的諸位友人也是非常感謝"上版"是非常感謝"作"非常感謝"，余同；人版作："我对于作者非常感謝，对于馬克思、列宁非常感謝。"

(24) "譯述中我所最感到驚異的是我們平常至少是把他們當成暴徒看待了的列寧和突羅次克諸人，纔有那樣緻密的腦精，纔是那樣真摯的學者!"上版同；人版作："譯述中我所最感到惊异的是：我們平常当成暴徒的列宁，才有那样致密的头脑，才是那样真摯的思想家!"

(25) "我們東方人一聞着『過激派』三字便覺得如見毒蛇猛獸一樣"上版同；人版作："我們东方人一看到'过激派'三个字便觉得如见毒蛇猛兽"。

(26) "然而我們這兩個月來的生活"上版同；人版作："然而我这两个月来的生活"。

(27) "留學生的歸國費"上版同；人版作："留学生归国費"。

(28) "而且我們四川省的歸國費還是三百圓"上版同；人版作："我們四川省的归国費而且还是三百圓"。

(29) "我在东京的废墟中漂流了三天"上版同；人版对"废墟"一词在页下加有注释："当时日本东京曾遭大地震，化为大片废墟"。

(30) "耶稣的幻影"上版同；人版作："耶稣幻影"。

（31）“他跪在地下問道”上版同；人版作：“他跪在地上問道”。

（32）“我那時恨不立地便回到你住的那 Golgatha 山”上版、人版均作：“我那时恨不得立地回到你住的那座 Golgatha 山”。

（33）“在一座小小的亭子上坐着”上版同；人版作：“在一座小小的亭子里坐着”。

（34）“總之三百圓的意外的財源到了手了，除去來往的路費還剩二百五十圓”上版同；人版作：“总之，三百圓的意外財源到手了，除了来往的路費还剩二百五十圓”。

（35）“質店”上版同；人版均改为：“当鋪”。

（36）“說起來你該會記起的，便是民國七年的九月你同你的鄉人來福岡醫病的時候”上版同；人版作：“說起来你該会記得的，便是民国七年九月你同你的同乡来福岡医病的時候”。

（37）“我們那年初來，貪圖便宜，在那兒質店的小樓上替店主人看管過兩個月的庫質”上版“初来”作“初次来”，余同；人版作：“我們那年初次来福岡，貪图便宜，在那当铺的小楼上替店主人看守了两个月的質庫”。

（38）“念着舊情”上版同；人版作：“怀念旧情”。

（39）“當了五角錢來”上版同；人版作：“当了五角錢”。

（40）“房金終竟不能全付了”上版同；人版作：“房金終竟付不出了”。

（41）“房主人”上版同；人版作：“房东”。

（42）“看看都要開了”上版同；人版作：“看看都要开放了”。

（43）“也覺得對得着他們”上版同；人版作：“也觉对得住他們”。

（44）“厚着臉皮”上版同；人版作：“厚着面皮”。

（45）“我也就中止了”上版同；人版作：“也中止了”。

（46）“縱橫不過兩丈寬的一間樓房”上版、人版均改为：“縱橫不過二丈寬的一間樓房”。

（47）“貴得將近一倍了”上版同；人版作：“貴了将近一倍”。

（48）“多添了兩個孩子”上版、人版均改为：“多添了幾個孩子”。

（49）“膺受過的一場恥辱時常展開在我眼前”上版“膺受過的”作“膺受是的”，余同；人版作：“受过的一場耻辱时常展开在我的眼前”。

（50）“你該還記得罷”上版、人版均改为：“你該記得吧”。

（51）“樓房裡”上版同；人版作：“房里”。

（52）“這間房間是剛纔有人打電話來訂了的”上版同；人版作：“這間房間刚才有人打电話来訂了”。

（53）“是的，樓下的房間比樓上的還好”上版同；人版作：“有的是，楼下的房間比楼上的还好”。

（54）“一邊是毛房，一邊是下女的寢處”上版同；人版作：“一边是茅房，一边是下女的寝室”。

（55）“我第一次在青松白沙間看見了博多灣”上版“次”字误作“你”字，余同；人版同。

（56）“我的歡心擠掉了我在旅館裏所受的奇辱”上版同；人版作：“我的高兴挤掉了我在旅館里所受的耻辱”。

（57）“找着了”上版同；人版作：“找到了”。

（58）“傍晚走回旅館的時候”上版“回”字作“到”字，余同；人版同。

（59）“番头”人版在页面下端加有注释：“日本話，掌柜叫番头”。

（60）“名姓”上版同；人版均改为：“姓名”。

（61）“那嗎”上版作：“這嗎”；人版同。

（62）“——這位女人呢？是你甚麼人？

我說：是我的妻子”

上版“女人”作“女子”，余同；人版作：

“——‘这位女的呢？是你什么人？’

——‘是我的妻子。’”

（63）“那嗎一並寫清楚一點”上版作：“那嗎並寫清楚一點”；人版同。

（64）“去做苦工的了”上版同；人版作：“去做苦工的吧”。

（65）“天翻地覆”上版同；人版作：“天翻地复”。

（66）“深深向我磕了幾個頭”上版、人版“磕頭”均改为：“叩头”。

（67）“他磕了頭便跳起來”上版同；人版作：“他叩了几个头便跳起来”。

（68）“湧起來”上版“湧”误作“溢”；人版（共两处）均改为：“涌进来”。

（69）“亂發”上版同；人版作：“乱响”。

（70）“出於我的意料之外”上版同；人版作：“出乎我的意料之外”。

（71）“『房間可以不必換，縱橫只有一夕的功夫呢』”上版同；人版作：“‘房間不必換，縱橫只有一晚上’”。

（72）“運搬行李”上版同；人版作：“搬运行李”。

（73）“昨天的事情一樣”上版同；人版作：“昨天的事一样”。

（74）“猴子面孔的跛脚的質店主人，粉脂一樣的他的肥婦，這還是當年的老脚，”上版“位”误作“似”，余同；人版作：“猴子面孔的跛脚的当鋪老板，粉猪一样的他的肥妇，这还是当年的老角色，但他們之間有一位可爱的女儿死了”。

（75）“她看見我們的時候總愛紅臉”上版同；人版作：“她看見我們时总爱紅脸”。

（76）“這兒到箱崎有半里路的光景，你是曉得的”上版同；人版作：“这兒到箱崎只有半里路光景，你是知道的”。

（77）“但還沒有開花”上版、人版均作：“还没有开花”。

（78）“只是青色的橘子孤寂地長大了好些”上版“只是”作“這是”，余同；人版作：“青色的橘子，孤寂地，长大了好些”。

（79）“回來的時候”上版同；人版作：“回来时”。

（80）“使我的心子絲痛了起來”上版作：“使我的心上哀痛了起來”；人版作：“使我哀痛了起来”。

（81）“窗限上一個牛奶筒裏栽着的一株牽牛花”上版、人版“限”均作“沿”。

（82）“『新時代』”上版同；人版均改为“《新的一代》”。

（83）“所以還不曾離開我的手裏”上版同；人版作：“所以还不曾离开我的手”。

（84）“從門司上船后遇着風波”上版“門”误作“們”，余同；人版作：“从门司上船后遇着风浪”。

（85）“一動不動”上版同；人版作：“一动也不动”。

（86）“但我們又都有些貴族的精神”上版同；人版作：“但我們又都有些高蹈的精神”。

（87）“便是因為這個緣故呢”上版同；人版作：“便是因为这个缘故”。

（88）“我只好把這剩下的這本『新時代』的德譯本來翻譯”上版同；人版作：“我只好把这剩下的一本《新的一代》的德譯本來翻譯”。

（89）“時時所想念起的只是四年前我們回國時的光景，我們去年在上海受難的一年的生活”上版同；人版作：“时时所想念起的是四年前我們回国时的光景和去年在上海受难的一年生活”。

（90）“我也可以感着些清淡的安樂呢”上版同；人版作：“我也可以感受些清淡的安乐呢”。

（91）“我望你也替我歡喜些罷”上版同；人版作：“我望你也替我欢喜吧”。

（92）“和影戲類似了”上版同；人版作：“和电影类似了”。

（93）“社會革命兩個主要的條件：政治的條件和物質的（經濟的）條件，屠格涅甫是認得比較鮮明”上版同；人版作：“社会革命的两个主要条件：政治条件和物質的（經济）条件，屠格涅甫認得比較鮮明”。

（94）“修正派的社會主義的思想”上版同；人版作：“修正派的社会主义思想”。

（95）“屠格涅甫的語言顯然是受了欺騙”上版同；人版作：“屠格涅甫的預言显然是落了空”。

（96）“仰給於物質條件的完備”上版同；人版作：“仰仗于物質条件的完备”。

（97）“滿清”上版同；人版作：“清朝”。

（98）“而這書所敘的官僚生活”上版同；人版作：“这書中所叙述的官僚生

活”。

(99)“希望着真明人主出現的中華民國的平民”上版“人主”作“天主”余同；人版作：“希望着真明天子出现的中国平民”。

(100)“而涅暑大諾夫的懷疑”上版同；人版作：“涅暑大諾夫的怀疑”。

(101)“杜爾斯泰”上版同；人版作：“托尔斯泰”。

(102)“鬥志的咒文”上版、人版均作：“斗士的咒文”。

(103)“自由完全的發展”上版“自由”误作“自白”，余同；人版同。

(104)“以純真的性為其對象”上版同；人版作：“以純真的人性为其对象”。

(105)“Euphorie”上版同；人版作：“迷魂阵”。

(106)“Hallucination”上版同；人版作：“幻觉（Hallucination）”。

(107)“酒肉的餘腥”上版、人版均作：“酒肉餘腥”。

(108)“算的甚麼!”上版同；人版作：“算得甚么呢?”。

(109)“我要囘中國去了”上版“我”误作“你”，余同；人版同。

(110)“我在九月內總想歸國一行”上版同；人版作：“我在九月内总想归国”。

(111)“今天趁势寫了這一長篇”上版、人版均删除“這”字。

(112)“安娜床畔放着一本翻開着『產科教科書』”上版“翻開着”作“翻開着的”，人版作：“安娜枕畔放着一本翻开着的《产科教课書》”。

(113)“這人最寫得好”上版同；人版作：“这人写的最好”。

(114)“一張高不滿一尺的飯堂，一盞黃電的孤燈”上版同；人版作：“一张高不满一尺的飯台，一盞孤黄的电灯”。

(115)“我們相會的地點不知道是在上海，是在嶺南”上版“相会”误作“坦会”，余同；人版作：“我们相会的地点不知道是在上海，不知道是在岭南”。

(116)“十三年八月九日夜”上版同；人版作：“1923年8月9日夜”。

三　《文艺家的觉悟》(1926年5月1日《洪水》半月刊第2卷第16期)

(1)“我最近在洪水上做了幾篇關於社會思想上的文章”上版同；人版作：“我最近在《洪水》上做了几篇有关社会思想的文章”。

(2)“摒諸化外的了”上版同；人版作：“摒諸化外的”。

(3)“把自己的見識稍稍恢宏了一點”上版同；人版作：“把自己的見識稍稍恢宏一下”。

(4)“他們看見我近來莫有做小說，莫有寫詩，只是沒頭於社會思想的論述，他們很在替我悲哀”上版“社會思想的論述”作“社會的思想論述”，余同；人版作：“他們看見我近来没有做小說，没有写詩，只是埋头于社会思想的論述，他們很在替我担忧”。

(5)“這樣親切的同情不消說我是非常感謝的”上版同；人版作：“这样亲切的同情不消說我是感謝的”。

(6)“我自己實在很慚愧”上版同；人版作：“我自己很慚愧”

(7)“不曾說過就要和文藝斷緣”上版“說過”作“說道”，余同；人版同。

(8)“凡為讀過我從前作品的人”上版误作：“凡為讀過從我前的作品的人”同；人版作：“凡为讀过我从前的作品的人”。

(9)“和現在的思想”上版“和”作“和和”，余同；人版同。

(10)“不過我從前的思想不大鮮明的，現在更加鮮明了些，我從前的思想不大統一的，現在更加統一了些罷了”上版同；人版作：“不过我从前的思想不大鲜明，現在更鲜明了些，从前的思想不大統一，現在更統一了些罢了”

(11)“這簡直是根本上的一個絕大的錯誤”上版同；人版作：“这是根本上的一个絕大錯誤”。

(12)“這個錯誤的觀念在社會上很有巨大的勢力，而在一般嗜好文藝的青年的心裏，尤為容易先入以攪亂他們的志趨”上版同；人版作：“这个錯誤观点在社会上很有巨大的势力，而在一般嗜好文艺的青年心里，尤为容易先入，以攪乱他們的志趣”。

(13)“智情意三方面”上版同；人版作：“暗情意三方面”。

(14)“而他這個人的文藝是有他整個的人格作為背景的”上版同；人版作：“而他这一个人的文艺是有他整个的人格作为背景的”。

(15)“感染社會思想”上版“感染”作“愈染”，余同；人版同。

(16)“他又不能和這些影響脫離”上版同；人版作：“他之不能和这些影响脱离”。

(17)“一個時代的文藝”上版“個”误作“闞”，余同；人版同。

(18)“生在影劇還未發明的時代的詩人”上版同；人版作：“生在电影还未发明的时代的詩人”。

(19)“他自然還做出甚麼”上版、人版均作：“他自然会做出甚么”。

(20)“當然感受同一的影響”上版同；人版作：“当然要感受同一的影响”。

(21)“只是這影響的程度有深有淺”上版同；人版作：“只是感受的态度有顺有逆”。

(22)“就是一個時代的壓迫階級把被壓迫階級凌虐得快要挺而走險”上版作：“就是一個時代的壓迫階級凌虐得快要挺而走險”；人版作：“就是一个时代的被压迫阶級被凌虐得快要挺而走险”。

(23)“而在一七八九年之前”上版同；人版作：“在一七八九年之前”。

(24)“而在法蘭西本國亦有盧梭”上版同；人版作：“在法兰西本国也有卢梭”。

（25）“於是又產生出無數的無產階級的第四階級的民眾”上版同；人版作：“于是又产生出无数的无产阶級”。

（26）“資產階級日日榨取無產階級”上版“日日”误作“目日”，余同；人版同。

（27）“在我們中國怕只有曉得他是詩人的”上版“只有”作“只能”，余同；人版作：“在我們中国怕只晓得他是詩人的”。

（28）“更如像一九一七年俄國革命的大頭，列寧與突羅次克，他們對於文藝的造詣比我們中國任何大學的文科教授，任何思想界的權威者還要深到，决不像我們專靠主義吃飯的人（不僅是共產主義者）只能做幾句『之乎者也』的闡墨式的文章呢。”上版删除“（不僅是共產主義者）”，“只能”作“只有”，余同；人版作：“更如像一九一七年俄国革命的导师列宁，他对于文艺的造詣比我們中国任何大学的文科教授、任何思想界的权威者还要深刻，决不象我們专靠主义吃飯的人①只有做几句‘之乎者也’的闈墨式文章呢。”

人版在①处加有注释：“这个‘专靠主义吃飯的人’是諷刺国家主义者曾琦，所謂‘主义’即指国家主义。——沫若注”。

（29）“二萬萬海關兩”上版同；人版作：“几万万海关两”。

（30）“而且他們把他們的機器工業品來同時又把我們舊有的手工業破壞了”上版“来”作“输来,”，余同；人版作：“他們把他們的机器工业品输入，同时又把我們旧有的手工业破坏了”。

（31）“平地添出了無數的遊民了”上版同；人版作：“平地添出了无数的游民”。

（32）“一些狗彘不如的匪兵”上版同；人版作：“一些狗彘不如的政客”。

（33）“這就是外國資本家賜給我們的宏福，這就是資本主義賜給我們的宏福呀”上版同；人版作：“就是外国資本家賜給我們的宏福，就是資本主义賜給我們的宏福呀”。

（34）“我們現在甚麼人都在悲哀，我們民眾處在一個極苦悶的時代，我們要睜開眼睛把這病源看定！”上版同；人版作：“我們現在甚么人都在悲哀，眼看我們民众处在一个极苦悶的时代，但我們要睜开眼睛把这病源看清楚！”

（35）“我們自己是不能再模糊的了，我們是已經把眼睛睜開了的人”上版“已”误作“已已”，余同；人版作：“我們自己是不能再模糊了，我們已經把眼睛睜开了的人”。

（36）“有的是託祖宗的宏福生下地來便是資產家”上版同；人版作：“有的是托祖宗宏福生下地来便是資产家”。

（37）“中國的革命對於外國的資本家是生死關頭”上版“對於”作“是於”，余同；人版同。

（38）“他們是不管的”上版“他們”作“他是”，余同；人版同。

（39）“正在極力反對呢”上版同；人版作：“正在竭力反对呢”。

（40）“大事其盤旋”上版“大事”误作“不事”，余同；人版同。

（41）“而馬路的工人們在轆轤前汗流浹背”上版同；人版作：“修馬路的工人們在轆轤前汗流浹背”。

（42）“你生下地來就是資產家的兒子”上版“資產家”误作“資質產家”，余同；人版同。

（43）“‘Happy Prince’”上版同；人版作：“‘Happy Prince’（幸福王子）”。

（44）“你要捧捧明星做做神仙”上版“捧捧”作“捧”，余同；人版同。

（45）“你不想夢做未來的資產家”上版、人版均作：“你不梦想做未来的資产家”。

（46）“一個超貧富的超階級的徹底自由的世界還沒有到來”上版同；人版作：“一个超貧富、超阶級的彻底自由的世界还没有到来”。

（47）“（北京城里有些比較有进步思想的先生們說我是国家主义者①，我真不知道是何所見而云然）”上版同；人版在①处加有注释：“当时錢玄同和語絲派曾經有过这样的誤解。——沫若注”。

（48）“斬金截鐵”上版同；人版作：“斬釘截铁”。

（49）“包含帝王思想宗教思想的古典主義”上版同；人版作：“包含帝王思想宗教思想些古典主義”。

（50）“大約總是資產家或者小資產家的少爺公子”上版同；人版作：“大体上是一些資产家或者小資产家的少爷公子”。

（51）“他們既沒有嘗歷過人生的痛苦”上版同；人版作：“他們既没有經历过人生的痛苦”。

（52）“社會的暗黑面”上版、人版均作：“社會的黑暗面”。

（53）“他們只要有接觸的機會，只要想有接觸的機會，他們總有一天會覺悟的”上版、人版均删除“只要想有接觸的機會”。

（54）“他不能來禁制我替這些窮到絕底的人說話——他要禁制我說話，除非是把我殺了！”上版作“他不能來禁止我替這些窮到絕底的人說話——那要禁止我說話，除非他把我殺了！”；人版“除非是把我殺了”作“除非他把我杀了”，余同。

（55）“文筆上的饒情我是不肯哀求，我也是不肯假借的”上版“假借”作“假倡”，余同；人版作：“文笔上的饒情我不哀求，我也不肯假借”。

（56）“我們有甚麼悲哀的必要”上版、人版均作：“我們有甚样悲哀的必要”。

（57）“寫實主義”上版同；人版作：“現实主义”。

（58）“斬金截鐵”上版同；人版作：“斬釘截铁”。

（59）“民國十五年三月二日夜”上版作：“十五年，三月，二日夜”；人版作：

“1926 年 3 月 2 日夜”。

四　《革命与文学》(1926 年 5 月 16 日《创造月刊》第 1 卷第 3 期)

(1)“我們現代是革命的時代”上版、人版均作:“我們現在是革命的时代”。

(2)“泰平”上版同;人版作:“太平”。

(3)“他們對於革命,比較冷淡的”上版同;人版作:“他們对于革命是比較冷淡的”。

(4)“這種實例無論是舊式的文人或者新式的文人”上版同;人版作:“这种实例无論是旧式的文人或者是新式的文人”。

(5)“文學家極力在詛咒革命”上版、人版均作:“文学家竭力在詛咒革命”。

(6)“……都是說由他們喚起來的”上版同;人版作:“……都說是由他們喚起的”。

(7)“我們也可以說是指不勝屈的了”上版同;人版作:“我們也可以說是指不胜屈的”。

(8)“怎麼纔可以解釋呢”上版同;人版作:“怎样来加以解释呢”。

(9)“徹底反抗”上版作“徹底反的抗”;人版作:“彻底的反抗”。

(10)“階級的成分雖然不同”上版作“階級的化雖然不同”;人版作:“阶級的分化虽然不同”。

(11)“反革命的文學”上版同;人版作:“反对革命的文学”。

(12)“自然會在革命時期中產生出一個黃金時代了”上版、人版均作:“自然会在革命时期产生出黄金时代了”

(13)“……她的讚美人和她的反對人”上版同;人版作:“……它的赞美人和它的反对人”。人版以下关于文学的代词“她”均改为“它”。

(14)“但是我們現在暫且作為第三者而加以察觀的批判的時候”上版“但是我們現在”作“但對我們現在”同;人版作:“但是我們現在姑且作为第三者而加以观察和批評时”。

(15)“社會構成的基調究竟是在甚麼呢?”上版、人版均作:“社会构成的基調究竟是些甚么呢?”。

(16)“辯證式(dialectics)的”上版“辯證式”误作“辩证衣”、人版作:“辨证式的”。

(17)“而凡是反革命的文學”上版“而”误作“能”,余同;人版同。

(18)“並不是不兩立的”上版“兩立”作“兩稱”,余同;人版同。

(19)“而革命的時期中永會有一個文學的黃金時代出現故”上版“文學”误作“是學”,余同;人版同。

（20）“我們實在不容易擲捉”上版、人版均作：“我們实在不容易捉摸”。

（21）“總是在讀者心中引起同樣的感情作用的”上版“讀者心中”作“讀者的心中”，余同；人版作：“总是要在讀者的心中引起同样的感情作用的”。

（22）“由這種感情表現而為文章”上版同；人版作：“由这种感情表現而为文学”。

（23）“所有一切的反抗都是要歸於失敗的”上版同；人版作：“一切的反抗是容易归于失敗的”。

（24）“團體的爆發”上版同；人版作：“团体爆发”。

（25）“貴族們的專擅”上版同；人版作：“貴族們专擅”。

（26）“宗教漸漸隆盛起來”上版同；人版作：“宗教漸漸隆盛了起来”。

（27）“第二階級的僧侶多第一階級的王族漸漸接近”上版、人版均作：“第二阶級的僧侶和第一阶級的王族漸漸接近”。

（28）“一般的市民”上版、人版均作：“一般市民”。

（29）“而同時於別方面又要反抗王權”上版同；人版作：“而同时在另一方面又要反抗王权”。

（30）“莎士比”、“米爾頓”、“許爾雷”上版“莎士比”作“莎土亞”，余同；人版作：“莎士比亚”、“密尔顿”、“許雷”。

（31）“自然主義之末流與象徵主義神秘主義唯美主義等浪漫派之後裔均只是過渡時代的文藝”上版同；人版作：“自然主义之末流与象征主义、唯美主义等浪漫派之后裔均只是过渡时代的文艺”。

（32）“處在今日的中國”上版“今日”误作“今且”，余同；人版同。

（33）“表同情”上版同；人版均改为：“同情”。

（34）“或僅僅在文面上”上版同；人版作：“或仅仅在表面上”。

（35）“我們現在除反抗帝國主義的工作外，當然也還有許許多多的國民革命的工作”上版同；人版作：“我們現在除掉反抗帝国主义的工作外，当然还有許許多多的国民革命工作”。

（36）“譬如我們中國的軍閥，他們完全是由帝國主義派生出來的”上版同；人版作：“譬如我們中国的軍閥，他們一半是由帝国主义所生发出来的”。

（37）“我們中國固有的手工業”上版同；人版作：“中国固有的手工业”。

（38）“根本也非徹底打倒帝國主義不行”上版同；人版作：“根本也非彻底打倒帝国主义不可”。

（39）“實際上已經是做到這步田地的了”上版同；人版作：“实际上是已經做到了这步田地”。

（40）“不根本還是以無產階級為主體的力量對於他們有產階級的鬥爭嗎?”上版同；人版作：“不根本还是以无产阶級为主体的力量对于有产阶級的斗争嗎?”

（41）“歸根是和他們資本主義國度下的無產階級的要求完全一致”上版同；人版作：“归根是和資本主义国度下的无产阶級的要求完全一致”。

（42）“我們要要求”上版同；人版（共三处），均改为“我們要求”。

（43）“所以我們對於個人主義的自由主義要根本剷除，我們對於浪漫主義的文藝也要取一種徹底反抗的態度”上版同；人版作：“所以我們对于个人主义和自由主义要根本鏟除，对于反革命的浪漫主义文艺也要取一种彻底反抗的态度”。

（44）“趕快把時代的精神提着”上版同；人版作：“赶快把时代的精神抓着”。

（45）“我希望你們成為一個革命的文學家，不希望你們成為個時代的落伍者”上版“成為”作“成”，余同；人版作：“我希望你們成革命的文学家，不希望你們成为时代的落伍者”。

（46）“徹底的個人的自由，在現代的制度之下也是求不到的”上版同；人版作：“彻底的个人的自由，在現在的制度之下是追求不到的”。

（47）“……便是甚麼浪漫的精神，多謅得幾句歪詩……”上版作：“……便是怎麼浪漫的精神是，多做得幾句歪詩……”；人版“浪漫的精神”作“浪漫精神”，余同。

（48）“多謅得幾句歪詩便是甚麼天才的作者”上版同；人版作：“多做得几句歪詩便是甚么天才作者”。

（49）“你們要曉得我們所要求的文學是表同情於無產階級的社會主義的寫實主義的文學，我們的要求已經和世界的要求是一致，我們昭告着我們，我們努力着向前猛進！”上版“昭告”作“招告”，余同；人版作：“你們要晓得，时代所要求的文学是同情于无产阶級的社会主义的写实主义的文学，中国的要求已經和世界的要求一致。时代昭告着我們：我們努力吧，向前猛进！”

（50）“民國十五年四月十三日草成於廣州”上版作：“十五年，四月，十三日”；人版作：“1926 年 4 月 13 日”。

五　《英雄树》（1928 年 1 月 1 日《创造月刊》第 1 卷第 8 期）

（1）“牠的發育非常的迅速”上版同；人版作：“它的发育非常迅速”。

（2）“便可以定出那樹木的年齡了”上版、人版均删除“便”字，余同。

（3）“像蓮花一樣赤色的花朵”上版作：“像蓮花一樣的赤色的花朵”同；人版同。

（4）“在若許的大木上能夠開花”上版同；人版作：“在这样的大木上能够开花”。

（5）“赤化的世界”上版、人版均作：“赤花的世界”。

（6）“因為牠的發展太快，木質是非常的疏鬆，不消說在建築上是不能夠使用，就是把來做柴燒也不能夠經火”上版同；人版作：“因为它的发育太快，木質非常疏松，在建筑上不能使用，就是把来当做柴烧也不能經火”。

（7）“內質十分疏鬆，只是圖向外的發展，而發展又非常的迅速。雖然也開過一次赤花，然而不久即變成白色恐怖的世界”上版“雖然”作“然”，余同；人版作：“內質十分疏松，只貪图向外发展，而发展得又非常迅速。但也开过一次赤花，然而不久就变成了白色恐怖的世界。”

（8）“都是抱的君子式的態度”上版同；人版作：“都是抱着君子式的态度”。

（9）“澈底抵抗主義”上版同；人版作：“彻底抵抗的主义”。

（10）“睚眦必報”上版作：“匯眦必報”；人版同。

（11）“醜猥上版同；人版作：“丑恶”。

（12）“依然還是在文藝市場上跋扈”上版同；人版作：“依然还在文艺市場上跋扈”。

（13）“好不漂亮的 impotant 的頽廢派”上版同；人版作：“好不漂亮的萎縮的頽废派”。

（14）“那是——Gonnon……Baudon”上版同；人版最下端加有注释：“这是“农工”和“暴动”的表音”。

（15）“無產階級革命成了功，便是無產階級的消滅：因為一切階級的對立都已消滅”上版同；人版作：“无产阶級革命成了功，那是說共产主义社会已經实現。那便是无产阶級的消灭，因为一切阶級的对立都已消灭。”

（16）“都已消滅”上版作：“已都消滅”；人版同。

（17）“不必是多麼華美的橋”上版同；人版作：“不論是多么华美的桥”。

（18）“或許同睡在妓女懷中所做的夢差不多”上版同；人版在页面下端有注释：“这些話有意諷刺郁达夫，因为他在当时公开声明脱离創造社，并爱写以妓女为题材的小說。——沫若注。”

（19）“請來堂堂正正地走上理論鬥爭的戰場”上版作：“請來堂堂正正地表上理論爭爭的戰場”；人版同。

（20）“你們要睡在新月里面做梦嗎?”上版同；人版页面最下端加有注释：“諷刺当时的新月派。——沫若注。”

（21）“你們要在花園裏面醉賞玫瑰花嗎?”上版同；人版作：“我們要在花园里面醉賞玫瑰花嗎?”

（22）“玫瑰花是凋謝了”上版作：“玫瑰花是凋花謝了”；人版同。

（23）“奪回來”上版同；人版作：“夺来”。

（24）“你為你的愛人實現她的夢罷”上版作：“們為你的愛人實現她的夢罷”；人版同。

（25）“寄自日本”上版、人版均刪除。

六　《桌子的跳舞》（1928年5月1日《创造月刊》第1卷第11期）

（1）"'陶器'的"上版同；人版作："'陶器'"。

（2）"而且又没有冠詞"上版同；人版作："而且沒有冠詞"。

（3）"我這張桌子跟着我們中國一齊跳舞"上版、人版均作："我这桌子跟着我們中国一齐跳舞"。

（4）"像1925年以來的民族革命及其轉變，像上海工人的幾次空前的大暴動……"上版删除后半句，代之以省略号，同；人版作："像一九二五年以来的民族革命及其轉变……"另在页面下端加有注释："此文发表时这兒删掉两句，大意是說国民党的出卖革命和清党。——沫若注"

（5）"半篇的記述"上版同；人版作："半篇記述"。

（6）"嗉囊"上版、人版均作："食囊"。

（7）"我們的作家們"上版、人版均作："我們的作家"。

（8）"只好自己吃自己的脚"上版同；人版作："餓了只好自己吃自己的脚"。

（9）"然而也包含得有量的因子"上版同；人版作："然而也包含有量的因素"。

（10）"就因為這樣的原故"上版同；人版作："就因为这样"。

（11）"這些病毒便是使日本文壇……"上版"使"误作"便"，余同；人版同。

（12）"一踏糊塗"上版同；人版作："一塌糊塗"。

（13）"勦襲"上版同；人版作："剿襲"。

（14）"他們的一天，你真不知道他們在做些甚麼"上版同；人版作："他們的一天你真不知道是在做些甚么"。

（15）"Inspirtion"上版同；人版作："烟士披里純（Inspirtion）"。

（16）"甚麼主觀主觀主觀咧"上版同；人版作："甚么主观的主观咧"。

（17）"他們的奢侈慾望非常之大，他們的自負心非常之強"上版同；人版作："他們的奢侈欲望非常大，他們的自負心非常強"。

（18）"……創造出些甚麼新的作品來罷"上版"来"作"家"，余同；人版同。

（19）"我們即使沒有跳在那個漩渦之中"上版同；人版作："我們即使不曾跳进那个漩涡之中"。

（20）"又譬如我們要表現工人生活也是一樣，我們率性可以去做工人，去體驗那種生活。像Upton Sinclair的'King Coal'一類的作品，那沒有到炭坑裏面去研究過是絕對寫不出的呀。"上版同；人版作："又譬如我們要表現工人生活吧。这也是一样。我們索性可以去做工人，去体驗那种生活。"

（21）"Pseudo"上版同；人版均改为"冒充"。

（22）"就是文學上的技術……"上版同；人版作："就是文学上的技巧"。

（23）“Pseudo 天才病已經受了傳染了”上版同；人版作：“冒充天才病已經在发生传染了”。

（24）“Taugenichts”上版同；人版均改为“没中用者”。

（25）“那普羅列塔利亞特是如何受苦?”上版同；人版作：“那普罗列塔利亚（无产阶級工人）是如何艰苦?”，以下“普羅列塔利亞特”均改为“普罗列塔利亚”。

（26）“‘為大多數的人類’”上版同；人版作：“‘为大多数的人們’”，以下“人類”均改为“人們”。

（27）“佔人數最大多數的農夫”上版“大多數”误作“大多最”；人版同。

（28）“我們只爲大多數的人類的就是革命的文藝”上版同；人版作：“我們的为大多数人們的文艺就是革命的文艺”。

（29）“那你們最好是說我們的不是文藝”上版同；人版作：“那你們最好是这样說：我們的不是文艺。”

（30）“就讓你們壟斷了去罷”上版“讓”误作“嚷”，余同；人版同。

（31）“普羅列塔利亞特中有革命的工賊存在”上版“革命”误作“革革”，余同；人版作：“普罗列塔利亚中有反革命的工賊存在”。

（32）“從前有一部份貴族投向有產階級，現在也有一部份有產階級投向無產階級，那一部份能夠了解這種運動的有理想的資本家便是如此。”上版同；人版作：“从前有一部分貴族投向有产阶級，現在也有一部分有产阶級投向无产阶級。这是事实。”

（33）“10th，Jan. 1928”上版同；人版作：“1928 年 1 月 10 日”。

（34）“譬如古代的作品到現代也還有一談的價值的”上版同；人版作：“譬如古代的作品到現代也还有有值得一談的价值的”。

（35）“而且反轉有害”上版同；人版作：“反而有害”。

（36）“愛美的本能的一方面”上版同；人版作：“爱美本能的一方面”。

（37）“脱爾斯太”上版同；人版作：“托尔斯泰”。

（38）“Morphin”上版同；人版作：“嗎啡”。

（39）“Euphorie”上版同；人版作：“Euphorie（迷魂幻影）”。

（40）“勇猛的鬥士”上版同；人版作：“勇猛斗士”。

（41）此段中的“他”上版同；人版均改为“它”。

（42）此段最后的“…………”处，上版同；人版在页面最下端加有注释：“这兒发表偃伏两句，想不起来了。——沫若注。”

（43）“牠是中間階級（Intelligentsia）的動搖現象”上版同；人版作：“他是知識分子（Intelligentsia）的动搖現象”。

（44）“我們的反對不消說是很明瞭的”上版同；人版作：“我們的反对是很明了

的”。

(45)“永遠立在歧路口子上是沒有用處的”上版同；人版作：“永远站在歧路口子上是不可能的”。

(46)“第二的階段了”上版同；人版作：“第二阶段了”。

(47)“目前的鬥爭是更進了一步”上版同；人版作：“目前的斗争是进了一步”。

(48)“但為確保其與無產者團聯盟”上版同；人版作：“但为确保其与无产者的联盟”。

(49)“‘左翼小兒病’”上版同；人版作：“《左派幼稚病》”。

(50)“19th, Jan. 1928”上版作：“一九二八，一，一九。”人版作：“1928年1月19日”。

七　《留声机器的回音》(1928年3月15日《文艺批评》月刊第3期)

(1)“我這個警語是十分切適”上版、人版“切適”均改为“切当”，上版余同，人版作：“我这个提示是十分切当”。

(2)“‘留聲機器’不消說是一個警語”上版同；人版作：“‘留声机器’不消说是一个比喻”。

(3)“辯證法”上版同；人版均改为“辩证”。

(4)“尖銳化了的時候”上版同；人版作：“尖鋭化的时代”。

(5)“沒有一個是出身於無產階級的”上版作：“沒有一個出身是無產階級的”；人版作：“没有一个是出身无产阶級的”。

(6)“……這條路上來的”上版同；人版作：“……这条道路上来的”。

(7)“所以我借來做了警語”上版同；人版作：“所以我借来做了比喻”；以下“警語”均改为“比喻”，有改为别的词的，另外注明。

(8)“‘怎樣地建設革命文學’”上版同；人版作：“‘怎樣地建築革命學’”

(9)“李初梨君”、“初梨君”上版同；人版均改为“李初梨同志”、“初梨同志”，有个别改为“初梨”的则另外加以注明。

(10)、“参照本誌第二號”上版同；人版删除。

(11)“Connon – baudon”上版同；人版作：“Connon – baudon（工农—暴动)”。

(12)“檢討今後我們革命文學的路徑”上版同；人版作：“检討今后革命文学的路径”。

(13)“而戰取了辯證法的唯物論”上版同；人版作：“而战取了辩证唯物論”。

(14)“我所曉得的兩三年前的初梨君不是一個頗帶有頽廢色彩的詩人嗎?”上版同；人版作：“我所晓得的两三年前的初梨不是一个頗带頹废色彩的詩人嗎?”

(15)“Marx－engels”上版同；人版作：“Marx－engels（馬克思、恩格斯）”。

(16)“他們是唯心論的信徒”上版同；人版作：“是唯心論的学徒”。

(17)“Rheinirche zeitung”上版同；人版作：“Rheinirche zeitung（《莱茵时报》）”。

(18)“但一傳染到我們精神上來”上版同；人版作：“但一传染到我們的精神上来”。

(19)“Kommunismus”上版同；人版作：“共产主义”。

(20)“而戰取了革命的辯證法的唯物論”上版同；人版作：“而战取了革命的辩证唯物論”。

(21)“他們這種態度”上版同；人版作：“他們的这种态度”。

(22)“從整個的來說，初梨君和我在思想上完全是一致的”上版同；人版作：“从整个說来，初梨和我在思想上完全是一致的”。

(23)“初梨君的‘不當一個留聲機器’”上版同；人版作：“初梨的‘不当一个留声机器’”。

(24)“本來警語的含義是容易發生兩面性的”上版“含義”误作“合義”，余同；人版作：“本来譬語的含义是容易发生两面性的”。

(25)“初梨君是把我誤會了。但是初梨君假使更懇切地把我的‘英雄樹’多看一遍，他或者不會生這樣的誤會罷。”上版同；人版作：“初梨是把我誤会了。但是初梨假使恳切地把我的《英雄树》多看两遍，他或許不会生出这样的誤会吧。”

(26)“‘發生不好的影響’呢”上版同；人版作：“‘发生不好的影响’”。

(27)“初梨君已經把牠解剖得血淋漓地”上版同；人版作：“初梨已經把它解剖得血淋漓地”。

(28)“(應該作‘想像力’，不然不通——麥註)”上版、人版均作：“(應該作‘想像力’，不然不通——郭註)”。

(29)“時代精神”上版、人版均作：“時代的精神”。

(30)“小丑式的表白喲!”上版同；人版作：“小丑式的表白”。

(31)“破口的大罵”上版同；人版作：“破口大罵”。

(32)“結果只是一張‘髒布’”上版作：“結果這是一張‘髒布’”；人版作：“結果这是一片‘脏布’”。

(33)“四脚四肘”上版“肘”误作“付”，余同；人版同。

(34)“反對過共產主義的Marx居然成為辯證法的唯物論的始祖”上版同；人版作：“反对过共产主义的馬克思居然成为辩证唯物論的始祖”。

(35)“辯證法的唯物論這種思想”上版同；人版作：“辩证唯物論这种思想”。

(36)“青年們不肯接近”上版“們”作“的”，余同；人版同。

(37)“一切的金屬”上版“切”误作“刀”，余同；人版同。

（38）“Analagm” 上版同；人版作：“Analagm（汞合金）”。

（39）“或許有生命的危險這是我不敢保的” 上版同；人版作：“或許有生命的危险”。

（40）“不信我就把前幾年郭沫若的幾句話引來看看罷。他在 1923 年三月做的‘批評與夢’裏有這樣的幾句話” 上版同；人版作：“不信我就把我前几年的几句話引来看看吧。我在一九二三年三月做的《批評与梦》里有这样的几句話”。

（41）“文藝論集 182 頁” 上版同；人版作：“《文艺論集》”。

（42）“你看這是多麼十足的一個小有產者意識的表白喲！他們這些小有產者就是不願意當個留聲機器了” 上版同；人版作：“你看这是多么十足的一个小有产者意識的表白！他們这些小有产者就是不願意当留声机器了”。

（43）“但他自己是已經懺悔了” 上版同；人版作：“但我自己是已經忏悔了”。

（44）“文藝論集序，1925 年 XI 月” 上版同；人版作：“《文艺論集序》1925 年 6 月”。

（45）“aufheben（蛻變）” 上版同；人版作：“aufheben（揚弃）”。

（46）“不消說初梨君的用語原來不是這樣的解釋，但在我們慣會尋章析句望文生義的中國人，的確是最容易生誤解的” 上版同；人版作：“不消說初梨的用語原来不是这样的解释，但在我們慣会寻章摘句、望文生訓的中国人，的确是容易发生誤解的”。

（47）“所以我也不憚煩來自己批判一次” 上版同；人版作：“所以我也不憚煩地来自己批判一次”。

（48）“你們都是大中小資產階級的少爺公子” 上版同；人版作：“你們都是大小資产阶級的少爷公子”。

（49）“翻然豹變” 上版作 “翻飛豹變”；人版同。

（50）“（克服你們快要被蛻變的布爾喬亞意德沃羅基）” 上版同；人版作：“（克服你們快要被揚弃的資产阶級意識”）。

（51）“20，Feb，1928，Nirgen wo” 上版作：“一九二八，二，二〇”；人版作：“1928 年 2 月 20 日”。

八　《我们的文化》（1930 年 2 月 10 日《拓荒者》月刊第 1 卷第 2 期）

（1）“未來的世界的文化是我們的” 上版同；人版作：“未来的世界文化是我們的”。

（2）“而且這個世界，這個文化已經在創造的途中” 上版同；人版作：“而未来世界，未来世界的文化已經在創造的途中”。

（3）“破壞就是創造工程的一部” 上版同；人版作：“破坏就是創造工程的一部

分”。

(4)“吃人的文化”上版“的”误作“際”，余同；人版同。

(5)“是促進我們努力創造的動機，也是促進我們努力破壞的對象”上版同；人版作：“是促进我們努力破坏的动机，也是促进我們努力創造的对象”。

(6)“舊的不毁破，新的不會來，破頽了的茅屋之上不能夠重建出幾層摩天的大廈”上版同；人版作：“旧的不毁灭，新的不会出来，頽废的茅屋之上不能够重建出摩天大厦”。

(7)“這當然是危險的事情；惟其危險”上版同；人版作：“这当然是有危险的事，惟其有危险”。

(8)“和毒蛇猛獸奮鬥的人多死於毒蛇猛獸，和鼠疫奮鬥的人反多為鼠疫所吞滅”上版同；人版作：“和毒蛇猛兽搏斗的人多死于毒蛇猛兽，和鼠疫搏斗的人反多为鼠疫所侵害”。

(9)“我們的文化的中樞的精神”上版误作：“我們文的化的中樞的精神”；人版作：“我們的文化的精神中枢”。

(10)“我們的世界是用我們的頭顱所砌成，我們的文化便是我們的鮮血的結晶”上版同；人版作：“我們的世界是我們的头顱所砌成，我們的文化是我們的鮮血的結晶”。

(11)“它在長途的開拓中染就了一身的鮮血”上版同；人版作：“它在长途的开拓中接受了一身的鮮血”。

(12)“人類的歷史整個是一個戰鬥的歷史，整個是一個流血的歷史”上版同；人版作：“人类的整个历史是一部战斗的历史，整个是一部流血的历史”。

(13)“海洋時期了”上版作：“海洋時期間了”；人版同。

(14)“然而我們知道它那不可限量的无限大的潛能”上版同；人版作：“然而我們知道它具有不可限量的无限大的潜能”。

(15)“總要使中國的歷史要如像黄海一樣”上版误作：“總要便中國的歷史要知像黄海一樣”；人版同。

(16)“尺寸進步”上版同；人版作：“尺寸的进步”。

(17)“千尺長的裹巾”上版同；人版作：“三千丈长的裹脚布”。

(18)“Eskimo”上版同；人版作：“艾斯基摩（Eskimo)”。

(19)“我們要鑿通一條運河”上版误作“我們要鑿形一條運河”；人版同。

(20)“我們已經落後得很厲害了的進行”上版同；人版作：“我們已經落后的很厉害了”。

九　《文学革命之回顾》(1930 年 4 月 10 日上海神州国光社初版《文艺讲座》第1册)

(1)“《白話文学史》”上版同；人版页面最下端加有注释：“指胡适的《白話文学史》。——沫若注”。

(2)“所以白話文的抬頭不足為文學革命的表示”上版“不足為”误作“不民儒”，余同；人版同。

(3)“如宋儒的語錄”上版“宋儒”误作“宋為”，余同；人版同。

(4)“說來說去不外是一套倫常的把戲。”上版、人版均作：“說来說去不多是一套倫常的把戏?”。

(5)“天翻地覆”上版同；人版作：“天翻地复”。

(6)“二三百年来的满人的統制”上版同；人版作：“二三百年来的清朝統制”。

(7)“道就是時代的社會意識”上版“道”作“這”，余同；人版同。

(8)“近世資本制度時代的社會意識是尊重天賦人權”上版“時代”误作“是代”，余同；人版同。

(9)“所伴隨着一個因子”上版“伴隨着”误作“伴隨兩”，余同；人版同。

(10)“便需要一種更平民更自由的文體來表現”上版同；人版作：“便需要一种更自由的文体来表現”。

(11)“我們現在所表示的文字”上版同；人版作：“我們現在所通行的文体”。

(12)“而兩者也不斷的在融洽”上版“在融洽”误作“不融洽”，余同；人版同。

(13)“文學家便是促進這種創化”上版同；人版作：“文学家便是促进这种文化”。

(14)“兢兢於固執着所謂白話文的人”上版“兢兢”误作“兢兜”，余同；人版同。

(15)“然已不盡是舊時的文言”上版“盡是”误作“儘量”，余同；人版同。

(16)“他是充分地發揮盡了他的個性”上版同；人版作：“他是充分地发揮了他的个性”。

(17)“《宣統皇帝与胡适之》”上版同；人版在第二页的页面下端加有注释：“这是当年胡适的一篇文章。因为溥仪还住在故宫时召見过一次胡适，胡适便揚揚得意地做出这篇文章，說溥仪称他为‘先生’，他称溥仪为‘皇帝’。——沫若注。”

(18)“(『邏輯』一語便是出於他的翻譯)”上版同；人版作：“(“邏輯”一語似乎便是出于他的翻譯)”。

(19)“這個時代性我們是絕對不能抹殺的”上版同；人版作：“这个时代性我們

是不能抹杀的”。

（20）“那是他們的封建思想的沾染還沒有清算乾淨”上版同；人版作：“那是他們的內部矛盾，特别是封建思想的沾染还沒有清算干净”。

（21）“也多不願意顧及”上版、人版均作：“也不願意顧及”。

（22）“文學革命的泉水經過了一段長久的伏流時期”上版“經過”作“過”，余同；人版同。

（23）“主持‘新青年’的人”上版“新青年”误作“新青青”，余同；人版同。

（24）“我們大家應該都還記得『新青年』所奉的兩位導師：一位是德先生的『德模克拉西』（Demccracy），其他一位是賽先生的『賽因士』（Science）”上版同；人版作：“我們大家应該都还記得《新青年》所尊崇的两位导师：一位是德先生的‘德謨克拉西’（民主），其他一位是賽先生的‘賽因士’（科学）”。

（25）“萬民的平等”上版“萬民”误作“高民”，余同；人版同。

（26）“進展到思想上文藝上來”上版同；人版作：“进展到思想上、文艺上来了”。

（27）“先生動搖”上版同；人版作：“先发生动摇”。

（28）“所以它們的影響總要稍稍落後”上版同；人版作：“所以它們受到的影响总要稍稍落后”。

（29）“我現在手中沒有這一類書”上版同；人版作：“我現在手中无書”。

（30）“它們把哪一個文學革命表示的異常精當”上版同；人版作：“它們把这次文学革命表示得异常精当”。

（31）“和各種新的觀念的具象化”上版“具象化”误作“貝象化”，余同；人版同。

（32）“他在精神和形式兩方面都把這個對立道破了”上版同；人版作：“两种口号在精神和形式两方面都把这个对立道破了”。

（33）“不過這個對立是只成立在這個階段上的”上版同；人版作：“不过这个对立是只存在在这个阶段上的”。

（34）“胡適之”上版同；人版以下均改为“胡适”。

（35）“胡適之一人的頂戴”上版同；人版作：“胡适一人頂戴”。

（36）“而他所嘗試的一些作物”上版同；人版作：“而他所尝試的一些作品”。

（37）“所以中國資產階級的革命永遠只是一個畸形的”上版同；人版作：“中国資产阶級的革命永远只是一个畸形兒”。

（38）“自滿清末年的立憲運動一直到最近的軍閥鬥爭”上版同；人版作：“自清朝末年的立宪运动一直到最近的軍閥斗争”。

（39）“屁护”上版、人版均改为“庇护”。

（40）“和新興的無產者集團”上版同；人版作：“新兴的无产者集团”。

（41）“國外的帝國主義，和舊有的封建勢力的共同的敵人”上版同；人版作：“国外帝国主义，旧有的封建势力的共同敌人”。

（42）“然而文學革命宣告成功以來已經十餘年”上版、人版均作：“然而文学革命以来已經十余年”。

（43）“是一種畸形的”上版同；人版作：“是一种畸形兒”。

（44）“同樣中國的封建趣味的吃茶文學長久的也有它那不生不死的生存”上版同；人版作：“同样，中国的封建趣味的吃茶文学也长久地有它那不生不死的存在”。

（45）“不能成遂其應有的生長”上版同；人版作：“不能成就其应有的生长”。

（46）“爆發到它成遂了它的使命的一天”上版同；人版作：“爆发到它完成了它的使命的一天”。

（47）“早已現存着”上版同；人版作：“早已存在着”。

（48）“不是早把有產者的陣營震撼了嗎?”上版同；人版作：“不是早已把有产者的陣營震撼了嗎?”

（49）“你看，你看見有水龍飛奔的地方，你總可以知道已經有燎原的大火!”上版同；人版作：“你們看，你們看見有水龙飞奔的地方，你們总可以知道已經有燎原的大火!”

（50）“是整個的世界資本主義的力量”上版同；人版作：“是整个世界資本主义的力量”。

（51）“你處在這個社會之中，你處在這個潮流之中，任你是怎樣的大石都要被席捲着奔流”上版同；人版作：“处在这个社会之中，处在这个潮流之中，任你是怎样的磐石都要被席卷而奔流”。

（52）“不也零星的在登載辯證的唯物論或者是傾向無產陣營的作品嗎?”上版同；人版作：“不也零星的在登載辩证唯物論或者是傾向无产陣营的作品了嗎?”

（53）“沙灘”上版同；人版作：“沙滩上”。

（54）“末了我們來批判創造社的一團”上版同；人版作：“末了我們来批判創造社这个小团体”。

（55）“因為這個團體的初期的主要分子如郭，郁，成，張”上版同；人版作：“因为这个团体的初期的主要分子如郭，郁，成”。

（56）“（在其一兩年前個人的活動雖然是早已有的）”上版同；人版作：“（在其前两年个人的活动虽然是早已有的）”。

（57）“又算到了第二個階段”上版同；人版作：“要算到了第二个阶段”。

（58）“主重在向舊文學的進攻”上版同；人版作：“着重在向旧文学的进攻”。

（59）“這一期的郭，郁，成，張却主要在向新文學的建設”上版同；人版作：“这一期的郭、郁、成，却着重在向新文学的建設”。

（60）“正在旁若無人與興高采烈的時候”上版同；人版作：“正在旁若无人兴高

采烈的时候”。

（61）“依然不外是一些不具體的侏儒”上版同；人版作：“依然不外是一些具体而微的侏儒”。

（62）“在這時候有潘漢年，周全平，葉靈鳳等一批新力軍出頭”上版同；人版作：“在这时候有一批新力軍出現”。

（63）“把周，葉，潘諸人逐出社外”上版同；人版作：“把一批年青人逐出社外”。

（64）“另一方面郁便在罵提倡無產文學的人是投機分子”上版“提倡”误作“提唱”，余同；人版同。

（65）“郁對內部取出清算的態度”上版同；人版作：“郁對內部采取清算的态度”。

（66）“對外部却發揮出他的妥協的手腕”上版同；人版作：“对外部却发揮出妥协的手腕”。

（67）“整個的中國社會的潮流”上版同；人版作：“整个中国社会的潮流”。

（68）“《現代評論》”上版同；人版在第二页页面下端加有注释：“《現代評論》是王世杰、陈源一批人办的杂志，与胡适相呼应，达夫最初参加了那杂志的编辑。——沫若注。”

（69）“創造社會人的反對”上版同；人版作：“創造社同人的反对”。

（70）“他自己便不能不退出了創造社的隊伍”上版同；人版作：“他自己便不能不退出創造社的队伍”。

（71）“新鋭的鬥士朱，李，彭，馮由日本回來”上版同；人版作：“新鋭的斗士朱鏡我、李初梨、彭康、馮乃超由日本回来”。

（72）“創造社是已經蛻變了”上版误作“創造社的已經蛻變了”；人版同。

（73）“這是創造社一派的十年的回顧”上版作“這得創造社一派的十年的回頭”；人版同。

（74）“你可以知道燎原的火災是已經逼近！”上版同；人版作：“你可以知道燎原的大火是已經逼近！”

（75）“一九，一，二六。”上版作：“一九三〇年一月二十六日”；人版作：“1930 年 1 月 26 日”。

十 《关于文艺的不朽性》（1930 年上海天成书店《孤鸿》）

（1）“這樣的例子正是舉不勝舉”上版同；人版作：“这样的例子正自举不胜举”。

（2）“野蠻民族”上版同；人版均改为“未开化民族”。

（3）“由這些事實所導引出的一個概念”上版“概念”误作“紀念”，余同；人版同。

（4）“這個從事實上導引出來的概念是不能否認的”上版“否認”误作“認否”，余同；人版同。

（5）“它是超過時代的影響”上版同；人版作：“它有超过时代的影响”。

（6）“因为那所根據的事實上的問題”上版、人版均作：“因為那所根據的是事實上的問題”。

（7）“便是文藝爲甚麼有所謂不朽性”上版同；人版作：“便是文艺为什么有这所謂不朽性”。

（8）“例如希臘藝術便遠在中國的之上”上版同；人版作：“例如希腊艺术便有人以为远在中国的之上”。

（9）“事實上中國的音樂劇和跳舞自來便多是由所謂「胡人」輸入的”上版同；人版作：“事实上中国的音乐、演剧和跳舞自来便多是由所謂「胡人」輸入的”。

（10）“這個观念演繹出的”上版“這個”误作“這們”，余同；人版同。

（11）“因為藝術既有不朽性”上版、人版均作：“因为艺术既有甚么不朽性”。

（12）“端的地論了這個問題上來”上版同；人版作：“端的地論述了这个問題”。

（13）“希臘人的幻想”上版“希臘”误作“布臘”，余同；人版同。

（14）“中國的所謂文壇現在是建設在這兒的”上版“在這兒”误作“現這兒”，余同；人版同。

（15）“還雷針”上版同；人版作：“避雷針”。

（16）“希臘人士經常的孩子。希臘的魅力在我們看來”上版同；人版作：“希腊人是正常的孩子。希腊艺术的魅力在我們看来”。

（17）“甯是和那些未成熟的社會的諸條件”上版“諸條件”误作“蒙條件”，余同；人版同。

（18）“新興藝術學或美學的胚芽便含蘊在這兒”上版“胚芽”误作“呸芽”，余同；人版同。

（19）“封建時代的藝術”上版同；人版作：“封建時候的藝術”。

（20）“經常的孩子”上版同；人版作：“正常的孩子”。

（21）“無產者沒有鑒賞藝術機會和時間，連自己的生命都是被人剝奪了的”上版作：“無產者沒有鑒賞藝術的機會和時間，連自己的生命都是破人剝奪了的”；人版“藝術機會”作“艺术的机会”，余同。

（22）“那種東西便只好名之曰狗種”上版“名之曰”作“答之曰”，余同；人版同。

（23）“我希望他們即早達到通路來”上版作：“我希望他們即早達到通的來”；

人版同。

（24）“3 IY1930” 上版作：“3 IY 1930”；人版作：“1930 年 3 月 4 日”。

十一 《“眼中钉”》（1930 年 5 月 10 日《海燕》月刊第 4、5 期合刊）

（按：《郭沫若全集》注明“本篇最初发表于一九三〇年上海《拓荒者》第一卷第四、五合刊。”是错误的，实际如《郭沫若著译系年》所注，此篇“载 1930 年 5 月 10 日《海燕》月刊第 4、5 期合刊”。）

（1）“L. 兄把‘萌芽月刊’第二期中魯迅先生的‘我和語絲的始終’一篇文章剪寄給了我，我讀了”上版、人版均作：“《萌芽月刊》第二期中魯迅先生的《我和“語絲”的始終》一篇文章我讀了”。

（2）“政府的警告”上版作：“政府警告”；人版同。

（3）“（原刊第四七葉）”上版、人版均删除。

（4）“特別是他對於‘圍攻’的認識”上版、人版均作：“特别是他們对于‘围攻’的認識”。

（5）“叙事夾在這裡太沈長了”上版同；人版作：“叙事夹在这里太冗长了”。

（6）“（原刊第四八葉）”上版、人版均删除。

（7）“於認識上不免有錯誤，於事實上不免也有錯誤”上版“不免也有錯誤”作“也不免也有錯誤”，余同；人版作：“于認識上不免錯誤，于事实上也不免也有錯誤”。

（8）“‘藝術宮守’”上版、人版均作：“‘艺术把守’”。

（9）“讓我追溯一些創造社的幾個人”上版、人版均作：“讓我追溯一些創造社裏幾個人”。

（10）“一口說創造社的幾個人”上版、人版均作：“一講創造社的几个人”。

（11）“就在這三個人裏面”上版、人版均作：“就在三個人裏面”。

（12）“不贊成的話頭”上版同；人版作：“不贊成的話”。

（13）“因迭里根洽”上版同；人版作：“知識份子”。

（14）“周作人先生”上版同；人版作：“周作人”。

（15）“不過認識更明瞭了一些”上版作：“不過認識更社瞭了一些”；人版同。

（16）“我們是用不着再去批評”上版同；人版作：“我們用不着再去批評”。

（17）“‘髪的故事’”上版同；人版均改为“《头发的故事》”。

（18）“看見的”上版同；人版作：“看到的”。

（19）“加減乘除也沒有的表白”上版作：“加減乘除也沒於的表白”；人版同。

（20）“有點反駁的原故”上版、人版均作：“有点反駁了的原故”。

（21）“朱磐”上版同；人版作：“朱鏡我”。

（22）“所以後期創造社的批判和前期創造社的駁斥”上版同；人版作：“因此，后期創造社的批判和前期創造社的駁斥”。

（23）“歷史的成果”上版、人版均作：“历史成果”。

（24）“然而在狹隘的小團體的範圍之内”上版、人版均作：“然而在狹隘小团体的范围之内”。

（25）“伯奇光慈”上版同；人版作：“郑伯奇、蒋光慈”。

（26）“有機會時很想和魯迅先生面談”上版、人版均作：“有机会是很想和魯迅先生面談”。

（27）“不足以為代表一個新的階段的標幟 上版、人版均作：“不足以为代表一个新的阶段”。

（28）“張資平先生”上版、人版均作：“张資平”。

（29）“失掉了它的存在的”上版、人版均作：“失掉了它的存在了”。

（30）“打消了罷”上版误作“打消大罷”；人版同。

（本文原为2014年6月中国贵阳“走向世界的郭沫若与郭沫若研究”学术会议论文，后刊发于《现代中国文化与文学》2015年5月版）

美国学者威廉·舒尔茨的“郭沫若与浪漫主义美学”研究

杨玉英

1978 年前英语世界研究郭沫若的学术期刊论文共有四篇，发表在《东方文学》1955 年第 2 期上威廉·舒尔茨的《郭沫若与浪漫主义美学：1918—1925》是其中较早的一篇①，也是英语世界研究郭沫若诗学与美学思想最早的文章。文中所阐发的关于郭沫若的创作背景、思想状态、诗学与美学主张，以及对所涉及的诗歌文本与诗学文本的全文或部分英译，有些已经成为其之后的郭沫若研究学者所了解的常识。对于这些相关的内容，本文作者权作精简或省略。也因为同样的原因，本文作者会在行文时将其观点，包括文后的注释中那些新颖的有价值的理念、错误或值得商榷之处一一指出。

这篇长达 33 页的文章从“简介”“传略”“1918—1925 年”“观念的构成”与“诗学理论与实践”五个方面对郭沫若浪漫主义美学思想的发生、发展及其在诗歌创作中的体现进行了翔实的阐发，文本涉及对《天狗》《创造者》《凤凰涅槃》《地球，我的母亲》《笔立山头展望那个》《立在地球边上放号》和《我是个偶像崇拜者》等 7 首郭沫若诗歌的全文翻译。文后注释翔实，有 91 条，共 8 页，是论文不可缺少的重要部分。

“简介”部分有两处值得注意。一是作者认为，郭沫若灵巧的、时刻准备好的笔常常以诗歌的形式来号召同胞们关心国家和民族大事。他现在的政治地位使他在政治和文化宣传方面的杰出才能得到了体现，但也正是这个政治地位阻碍了他从政早些年在学术上的发展。二是浪漫主义的文学理想在 1925 年的时候突然遭到遗弃，代之以“应该积极为社会的进步服务”的申明，但这只不过是包含在辩证唯物主义术语中的“革命文学”的短暂前奏而已。

“传略”部分指出，郭沫若在最初充满热情的创作岁月里所信奉的浪漫主义，是结合了他自己的充满激情的观点，他所阅读的中国作家，以及泰戈尔、年轻的歌德和

---

① William R. Schultz. “Kuo Mo－jo and the Romantic Aesthetic：1918－1925”. *Journal of Oriental Literature*, 6.2（April, 1955）. pp. 49－81.

惠特曼的作品的。在这种精神与影响下创作的郭沫若诗歌和戏剧，正是本文所研究的主题。郭沫若的激进倾向和当时弥漫在20世纪中期的中国知识分子和文学家中的那种思想的漂移不允许他保持一种将艺术本身当成目标的艺术信仰（即为艺术而艺术的艺术信仰）。

“1918—1925年”一节有多个需要注意的观点。作者认为，1925年郭沫若戏剧性地背离自己的浪漫主义的信条被好些批评家认为是其所谓的早“期”结束的标志。由于对郭沫若生平和创作的最初的调查研究以及对他已经出版的作品的批判性的研究版本都还没有确定，这个必须得等待他停笔为止，将其生活进行分期是完全没有意义的。而且，这样的事更多仅依赖于观念的转变。郭沫若1925年后的戏剧和诗歌继续在总体的语气和感觉上反映出那种潜在的浪漫主义的气质，这就使得将其创作进行分期变得更加的牵强。

要是郭沫若从医学院毕业之后选择文学和公众生活没有反映他的气质和心理性格的话，它们是不会引起文学研究者的关注的。他在不同的时候对此选择给出了两种不同的理由。是少年时代就有的耳疾阻碍了他的医学实践吗？还是因为他相信文学能够为中国的需要提供更好的服务呢？前一个理由会引发对后一个理由的真实性的质疑，而且两个理由本身都不完全正确。[①] 作者在文后的注释第19中指出，在《郭沫若选集》第一卷第152—166页的《歧路》中，郭沫若有力地谴责了那个繁殖连医生也不能治愈的疾病的社会体系。这种疾病只能通过社会行动和社会改革才能根治。这个观点也被如白英和袁家华（译音，Yuan Chia - hua）这样的批评家所引用。然而，这更多似乎是对过去行为的一种辩护，而非对在经过几年的学习之后为什么要放弃学医这个问题的回答。[②]

舒尔茨在提及郭沫若读中学时被《史记》所吸引时的表达不太清楚：“在他自己对学生时代的记叙中，郭沫若回忆起年轻时被《史记》《屈原列传》所吸引，（屈原）对他此后登上共产党的文化英雄万神殿是有帮助的。还有项羽、伯夷及其他人物的传记。《史记》中的《刺客列传》对郭沫若也有很大的吸引力。除了反映出郭沫若对古代典籍的兴趣之外，文中他列举的这个清单还试图反映出他自己的精神特质。”[③] 原文在《史记》（Shih - chi）之后紧跟着的是对《屈原列传》的英译（*biographies of Ch'u Yuan*），让读者一看以为是对《史记》的英译。将其改为“the Biog-

---

① 威廉·舒尔茨（William R. Schultz）：《郭沫若与浪漫主义美学：1918—1925》（*Kuo Mo - jo and the Romantic Aesthetic*：1918 - 1925），第49—59页。

② 同上书，第75—76页。白英一书的出版信息为：袁家华（Yuan Chia - hua）、白英（Robert Payne）：《中国当代短篇小说》（*Contemporary Chinese Short Stories*），伦敦：卡林顿（N. Carrington）出版社1946年版，第146页。

③ 同上书，第54页。英文原文为：“In his own accounts of his lower and middle school years, Kuo recalls his youthful attraction to the Shih - chi（史记）biographies of Ch'u Yuan（屈原），whom he has since been instrumental in elevating to the pantheon of Communist cultural heroes, Hsiang Yu（项羽），PoI（伯夷），and others.”

raphies of Ch'u Yuan in Shih - chi（史记，The Historical Records）”更准确，也不易引起读者的误解。关于《史记》，郭沫若在《我的童年》中是这样记叙的：“把《史记》读了一遍的也怕就是在这个时候。那时候我很喜欢史太公的笔调，《史记》中的《项羽本纪》、《伯夷列传》、《屈原列传》、《廉颇蔺相如列传》、《信陵君列传》、《刺客列传》等等，是我喜欢读的文章。这些古人的生活同时也引起我无上的同情。”① 舒尔茨紧随其后评论道，只有极个别例外，所举的这些历史人物，包括出现在《刺客列传》中的那些，都是以他们对无望的事业的支持和与《少年维特之烦恼》中的感伤情绪相似的悲观厌世而出名的。这或许也是对中国时代精神的反映，这种精神要求对民族的觉醒和年轻祖国的复兴作出无私的奉献。

“观念的构成”一节主要梳理了郭沫若诗学和浪漫主义美学思想的形成过程，对其《王阳明礼赞》《创造十年》和《文艺论集》中的诗学和美学观点进行了引用，对《湘累》中的两处屈原自白进行了引用，并对《天狗》《创造者》《凤凰涅槃》《地球，我的母亲》《笔立山头展望》《立在地球边上放号》和《我是个偶像崇拜者》等7首诗进行了全文英译。

舒尔茨认为，从整体的思想发展来考虑的话浪漫主义在现代中国是个异常的现象，它的产生是对艺术与非艺术需求的回应。它是对早期的那种秩序井然的自满的反对，是对逐渐灌输的新鲜感、活力以及艺术世界之意义的寻求。分离与对美学价值的奉献对其存在来说是必要的，但是一种要求艺术完全自治的生活方式却发现社会理想在喧嚣的现代中国是被限制了的。中西思想相融合的遗产能够明显地在郭沫若创作于日本时期的诗歌和文章中看出来，在他的自传体作品中这两种不同的思想来源甚至更加显而易见。

在舒尔茨看来，郭沫若接近王阳明哲学在本质上是基于感性而非理性。而郭沫若在他说到自己对泰戈尔和歌德诗歌的喜欢，指出是通过这两个诗人他发现了哲学上的泛神论之后讲：“或者可以说我本来是有些泛神论的倾向，所以才特别喜欢有那些倾向的诗人的。”他在情感上依附于一种理想的自然的体系。有人认为，他的思想，正如在他的诗歌和戏剧中所表现出来的那样，更适合与19世纪伟大的浪漫主义诗人的感性的泛神论相比较。舒尔茨在文后的注释第37中提及，朱自清编辑的《中国新文学大系》第8卷《诗歌卷》第5页上指出了郭沫若诗歌的两个显著特征：一是泛神论思想；二是20世纪的反抗精神。这两个特征都是与中国的传统和诗歌相异的，也即是它们都是从外国引进的。

作者认为郭沫若的《天狗》反映了他的创作思想——将那个完全可以理解的自我与无限的、唯心主义的、在诗中甚至有些自我本位的“我”进行了诗意的认同，

① 郭沫若：《郭沫若全集·文学编》第11卷，人民文学出版社1992年版，第76页。

将宇宙看成是包蕴了单独的宇宙灵魂的世界[①]。舒尔茨在注释第 40 中提醒读者，不能将郭沫若的“天狗”与弗朗西斯·汤普森（Francis Thompson）的“天堂猎犬”混为一体。在英国诗人汤普森那首作于1893 年的著名诗歌《天堂猎犬》（*The Hound of Heaven*）中，诗人将天主比喻成天堂里的一条高贵的猎犬，它是一个不屈不挠的追求者，一直在猎取人心。[②]

在舒尔茨看来，尽管《天狗》一诗在诗学高度上没有可比性，但蕴含在创作于《天狗》之前和之后的那些诗中的诗人的观点却可与威廉·华兹华斯诗学的泛神论的表达相比：“在所有人都与上帝同在的那种内在生活中，人自己就是上帝，存在于一个强大的整体中，正如正午时分，当整个半球都呈现一片天蓝色时，无法分辨出无云的东方与无云的西方一样。”[③] 或者与《创造者》一诗中想要表达的创造社的诗学宣言相比。郭沫若自己称受到了惠特曼的影响而创作的《凤凰涅槃》一诗，表现出了与 19 世纪欧洲浪漫主义和惠特曼的超验主义的烙印相同的几个基本的构成特征。“一切的一，一的一切”的重复，反映出了作者郭沫若的现实的一元论的观念。那群聚集在濒死的伟大凤凰四周的贪得无厌的小鸟，象征着外国帝国主义势力瓜分衰弱、一盘散沙的中国之企图。而重生的凤凰则预示着一个崭新的、现代的、辉煌的中国的再生。民族主义在郭沫若的诗中，同时也在中国的时代精神中有着强烈的共鸣。从总体的效果来看，《凤凰涅槃》一诗的乐观多于悲观，但是受浪漫主义的鼓舞而对贫穷、疾病和肮脏的抨击仍然是存在的。19 世纪的欧洲浪漫主义作家大都是贵族，他们远离下层阶级，发现用他们的信条来批判人类的贫穷以及造成贫穷的原因是必要的。同样的显而易见的矛盾也在郭沫若的作品中有所体现。

相互作用的宇宙灵魂，现在表现为人同时也表现为自然，在郭沫若的诗《笔立山头展望》中被呈现为“自然与人生的婚礼”，而在《地球，我的母亲》中则是在对地球母亲说，“我的灵魂便是你的灵魂”。人的个性、自我的超越和自我的肯定在如《地球，我的母亲》和《立在地球边上放号》中可找到表达。

舒尔茨在英译《笔立山头展望》时将原放在诗末注释中对“笔立山”的说明“笔立山在日本门司市西。登山一望，海陆船廛，了如指掌”放在了诗的正文之前，但是他对“海陆船廛”和“了如指掌”的翻译都不准确：“船、陆地和海洋，像手掌

---

① 威廉·舒尔茨：《郭沫若与浪漫主义美学：1918—1925》，第 54—77 页。

② 同上书，第 77—78 页。英文原文为：“The Chinese figure must not be confused with Francis Thompson's '*Hound of Heaven*,' which in that famous poem symbolizes God, the inexorable pursuer.” p. 78.

③ 同上书，第 78 页。注释第 41 条解释该观点引自朱利安·罗斯（Julian L. Ross）的《文学中的哲学》（*Philosophy in Literature*）一书第 183—184 页。书中注明是选自华兹华斯未出版的手稿片段，后收入《序言》（应指华兹华斯（William Wordsworth）为其与柯勒律治（Samuel Taylor Coleridge）合著的《抒情歌谣集》（*Lyrical Ballads*）（第 2 版）所写的《序言》（*The Prelude*），本文作者注）。

一样明亮，一目了然。”① “廛” 在古代指的是一户平民所住的房屋，这里可通指岸上的房屋。“了如指掌” 意为对情况非常清楚，好像指着自己的手掌给人看。

在舒尔茨看来，郭沫若在歌德的影响下创作的三幕剧《湘累》，不仅表明了他在观念的强调上的转变同时也显示出他气质的变化。现在，他不再让自己不停歇地狂喜地高歌，而是以一种更加克制但仍然充满感情的口吻来述说：“我又盼不得早到天明，好破破我深心中不可言喻的寥寂。啊，但是，我这深心中海一样的哀愁，到头能有破灭的一天吗？哦，破灭！破灭！我欢迎你！我欢迎你！我如今什么希望也莫有，我立在破灭底门前只待死神来开门。啊啊！我，我要到那‘无’底世界里去！” 此外，郭沫若作品强调的重点也变了。他由在惠特曼的影响下赞美和陶醉于自然的善与人的进步，到现在对人与人类社会给予更多的批判。

诗人仍然是乐观的，因为他呼吁人们起来反对他自己，祛除世界的邪恶。偶尔，在他的作品中女性扮演了男人邪恶行径的拯救者或精神的复仇者。《女神之再生》这部神秘主义与经验主义的浪漫结合之作，描绘了女神们对美丽新世界的摧毁。舒尔茨在注释第 66 中指出，郭沫若曾说《凤凰涅槃》是中国之新生的象征，《女神》这部诗集中的其他诗歌，如《匪徒颂》和《晨安》，都是对这种精神的委婉的颂扬。

郭沫若的诗集《瓶》中的那种压抑的、忧郁的味道或许反映了他正在经历的思想变化。他们似乎与《瓶》之前的诗篇中的那种青春活力和《瓶》之后的诗篇中的“革命文学” 的精神完全不同。《瓶》或许暗示了这些诗歌是写于他与合法的决裂和与另一个相结合之间的低谷时期。

“诗学理论与实践” 一节阐释归纳了郭沫若的诗学理论和美学思想在其诗歌创作中的具体体现。作者指出，在郭沫若的折中主义诗学主张中，艺术是天才诗人以韵律的形式对情感的自然表达：“文艺也如春日的花草，乃艺术家内心之智慧的表现。诗人写出一篇诗，音乐家谱出一支曲子，画家绘成一幅画，都是他们感情的自然流露……”空间艺术和时间艺术都倾向于音乐性，在这种运动中，音乐是最重要的：“音乐、诗歌、舞蹈都是情绪的翻译……一是翻译于声音，一是翻译于文字，一是翻译于表情运动。” 舒尔茨对《艺术的本质》中诗的三个特征做了引用：“1. 诗是文学的本质，小说和戏剧是诗的分化。2. 文学的本质是有节奏的情绪的世界。3. 诗是情绪的直写，小说和戏剧是构成情绪的素材的再现。” “诗不是‘做’出来的，是‘写’出来的” 意指艺术是不能设计的，它是诗人情感以韵律和表达的形式之即时的、自然的投射。②

① 威廉·舒尔茨：《郭沫若与浪漫主义美学：1918—1925》，第 68 页。其英译为：“Mount Fudetate lies to the west of the Japanese city of Moji. Climbing the mountain, this mark for ships of land and sea, as bright as the palm, is seen at a glance.”

② 同上书，第 70 页。引文涉及郭沫若的《文艺之社会的使命》和《艺术的本质》。

新词也丰富了郭沫若的创作。诗中现代科技术语被借用，产生了良好的效果。他长期呆在日本和其间接受的医学方面的教育并不是完全无用的，如“大都会的脉搏呀！生的鼓动呀!”“我是X光线底光，我是全宇宙底Energy底总量!”“我如电气一样地飞跑!”等等这些诗行构成了中国新诗的新起点。日本的术语，尤其是关于科技方面的，被引入中国的诗歌中，成了郭沫若的外援。上面这些表达带给他的诗一种现代的科学文化气息，这与中国想要将自己从一个落后的国家转变为一个现代化的工业国的愿望是完全一致的。①

丰富的、变化多样的修辞手法可在郭沫若的诗歌中找到。“典故”在其诗歌中有高度的发展，因为对他而言诗歌不是一种技巧的精心之作，而是内心冲动的自由的、不受束缚的表达。郭沫若文学作品的典故主要源自汉朝及之前的经典，如《楚辞》《史记》《山海经》《列子》《说文》等儒家经典。

在象征性的语言方面郭沫若对中国的诗学语言并没有什么令人惊异的创新。他采用标准的象征体，如“荷”与“梅”象征纯洁与高贵，“凤凰”象征国家，“群鸟”采用的也是它们通常的含义。

《湘累》中最有趣最令人喜欢的一处明喻是诗人将“脑袋”比作“灶头”，将“心脏”比作“土瓶”，将“眼耳口鼻”比作“烟筒的出口”②。在《天狗》中他则将自己比作可以吞下整个宇宙的“天狗”，比作“月底光”“日底光”“一切星球底光”、“X光线底光”和“全宇宙底Energy底总量”。在该诗的第三诗节，诗人把自己比作“大海”“烈火”和“电气”。

郭沫若从西方的文学经验中借用了十四行诗来满足自己的个体需求。变换不定的诗行长短、不均匀的诗节、跨行的诗句是他诗歌的显著特征。这些诗明显地不注意诗歌的形式，其中大多是试验性的，但有的也被证明是相当成功的。郭沫若最好的诗是用自由体形式创作的，只是基本的韵律、语言的流畅和内在的张力将他的诗结合为一体。

重复是郭沫若诗歌自始至终用来表达自己情感的技巧。对词语、诗行的重复使用发展到了很高的程度，使他的诗产生了一种音乐的效果，远远超过了他诗歌的抒情特征。《凤凰涅槃》即是运用这种技巧的典型。《天狗》中每一行的开头用的都是第一人称代词“我”。《地球，我的母亲》中每一诗节都是以标题“地球，我的母亲”开始的。《立在地球边上放号》和《我是个偶像崇拜者》中重复技巧的使用也是很明显的。

---

① 威廉·舒尔茨：《郭沫若与浪漫主义美学：1918—1925》，第71页。引用的诗行涉及郭沫若的《笔立山头展望》和《天狗》。作者在注释第84条指出，该观点参照了闻一多的《女神之时代精神》。

② 同上书，第71页。中文原文为：“从早起来，我的脑袋便成了一个灶头；我的眼耳口鼻就好像一些烟筒的出口，都在冒起烟雾，飞起火星，我的耳孔里还烘烘地只听着火在叫；灶下挂着一个土瓶——我的心脏里面的血水沸腾着好象干了的一般，只迸得我的土瓶不住地跳跳跳。”

平行诗行的使用多到不用提醒大家注意，相反，需要提醒读者注意的是《晨安》中对中国传统诗歌技巧的运用。

如果对郭沫若诗歌进行历时的考证的话，可以看出其越来越背离松散的自由体诗的形式，相反，增加了对诗歌形式细节的关注。诗集《瓶》中的诗歌就呈现出了这个事实，从中可看出诗行长短的规律性、每个诗节中数量相同的诗行以及更多运用的是每个诗节是四行的形式。同样需要给予高度关注的还有他在美学原则和个人气质方面的转变。他的诗学才能的这种束缚或许是其诗歌力量总体上下降的原因。

在总体的风格上，郭沫若的诗歌表现出两个明显的极端：一是早期诗歌中那种急迫的、强有力的语言上的冲力与《瓶》中平静的、克制的诗行；二是所谓的“惠特曼”时期的诗歌中丰富的、充满活力的语言与后期诗歌中忧郁的文字。

郭沫若这些年的诗常常是诗人情感冲突的直接的阐述。这些诗表现出了一种风格，这种风格即是他的强有力的美学思想的直接结果：“我效法造化底精神，我自由创造，自由地表现我自己。我创造尊严的山岳、宏伟的海洋，我创造日月星辰，我驰骋风云雷雨，我萃之虽仅限于我一身，放之则可泛滥乎宇宙。”

他的诗歌是一种轻率的感情的冲动在诗的外衣下的表现，具攻击性、傲慢无礼、自信、独断而且具有强烈的自我中心意识。他的这些自吹自擂的诗只不过是他气质的反映而已。

郭沫若的诗，尤其是他所谓的“惠特曼”时期的诗，总体上不如他后期的诗和戏剧那样在问题的判断和风格上具有批判性。《女神之再生》中赋予几乎所有戏剧人物的夸张且言不由衷的话使得这种方式几乎完全不适合现代戏剧或诗歌。而且，诗人在这方面的不足似乎充分地表现在人物肤浅的对话中，尤其是在共工和颛顼之间你来我往的空洞语言上。

总体说来，正如郭沫若这个时期的作品所证明的，读者可以在其早期诗歌中读到一些他最好的诗。与散文体作品相比，他的才能更适合诗歌，尽管对话在散文体作品中的使用效果更佳。郭沫若在美学原则上的逐渐转变，或者在根本上更是气质和个人性情的问题，与灵感和有效的陈述的衰退是并行的，表明了一种因果关系。他早期的作品中所表现的那种精神和语言上的新鲜感，在后期作品中完全没有了。后期的作品在总体上可比作是他自己对“屈原”，即诗人自己的“他我”的描绘，是一个“在外表和特征上苍老、形容枯槁之人”。①

尽管存在诸多不足，文中指出的仅是其中的一些，但他并非完全配不上他所自称的那些大师。如果不从各个视角去考察去研究他整个的生活和创作的话，要对他真正的地位作出全面的评价都将是不成熟的。然而，下面这个建议或许不算是太早，那就

① 威廉·舒尔茨：《郭沫若与浪漫主义美学：1918—1925》，第71页。

是，郭沫若在世时国内批评家和读者对他的赞誉在某种程度上是应得的。或许，更可能是他对时代和其他作家的影响比他自己的创作本身使他居于中国现代文学最杰出的作家之列。①

（原载《郭沫若学刊》2014 年第 2 期）

---

① 威廉·舒尔茨：《郭沫若与浪漫主义美学：1918—1925》，第 74 页。舒尔茨在注释第 91 条中列举了闻一多的《女神之时代精神》、冯文炳的《谈新诗》和黄人影的《郭沫若论》几种国内对郭沫若诗歌的褒扬之论。

二 文 摘

【郭沫若与吴芳吉：一首佚诗，几则史料】

1920年，郭沫若正处在新诗写作的高潮期，与他诗歌写作活动相伴的有一个朋友交往的圈子。这个朋友圈与医学专业没有关系，他们是一些爱好文学、艺术、哲学的同道者。郭沫若与宗白华、田汉的交往就是这样一个圈子（当然并不只三人），并因那本《三叶集》的小书，留下了许多宝贵的史料。这个交往圈往后延伸，就是郭沫若与创造社同人的交道往来。这些史实是郭沫若生平活动中非常重要的内容，它们已经是人们所熟知的，可是也就仅限于此了。

在上述几则史料中，依稀看到郭沫若当时人际交往中有另一个朋友圈：吴芳吉、陈建雷与郭沫若的交往（是否还有其他人，尚不能断言）。这一个朋友圈的结成，与宗白华、田汉、郭沫若三人相互结识的经过并通信往来的情况如出一辙，时间也在前后脚之间。宗白华、田汉、郭沫若相互结识在1920年1月，《三叶集》的那些信函是三人自1月至3月间的往来书信。吴芳吉与陈建雷相识在5月，郭沫若与吴芳吉何时相识没有文献记载（吴芳吉日记是残缺不全的），但6月间两人的通信，显然并非初识的文字往来。吴芳吉将陈建雷介绍给郭沫若，三人相互结识，这是在1920年7月。现在所能见到的郭沫若致陈建雷的两封书信，都是他在三人结识后一个月内所写。那么，这些可以相关联起来的史料，至少让我们可以粗略地看到一段历史情节的大概，或者说看到三人交往的开始。

这两个不同的朋友圈，时间上虽有先后，但实际上是并行的两个圈子。他们在郭沫若当时的文学交往中都表现为重要的存在，不过在前一圈子内讨论的问题面比较宽泛：文学、艺术、哲学、爱情，等等，后者则集中在诗论、诗歌创作问题的交流，按吴芳吉所称他们为“诗友”。

蔡　震

（原载《新文学史料》2014年第4期）

【乡贤文化对少年郭沫若成长的影响——以“嘉定四谏”为例】

以《乡土历史模范教科书》为教参，郭沫若在乐山就学时的老师易曙辉先生开设了一门别开生面的“乡土志”课，它就以著名的“嘉定四谏”为中心组织教材，以王阳明的哲学为据，以《说文》《尔雅》《音韵》的丰富知识进行解释，同时征引历代名人吟咏嘉州山水的作品为事例，来讲述嘉定的历史沿革。课程生动活泼、别开生面，以至于郭沫若也说：“他教了我们一些乡土志。这是比较有趣味的一门功课。他把嘉定城附近的名胜沿革很详细地教授了我们，同时还征引了些历代文人的吟咏作为教材。这虽然是一种变革的教法，但于我们，特别是我自己，却有很大的影响。”“乡土志”这种在当时较为新颖的教学方法，相对于以前帝王将相年谱和王朝更替的传统教学方法，显得更为深入实际，也更易给学生留下深刻的印象。

“乡土志”的系统学习，让郭沫若对“嘉定四谏”有了更为深刻的了解，同时“嘉定四谏”在宦海生涯中所表现出的忠于职守、主持正义、不畏强暴、勇于反抗、以天下为己任的精神也深深影响着少年的郭沫若。这从郭沫若的成长经历可略窥一二。

……

纵观郭沫若的人生成长过程，追求正义，不惧权贵，敢于担当，忧国忧民的思想无时不在。而在这些思想中都能窥见乡贤们的思想、行为和身影，并受到其潜移默化。一方水土养一方人，共同的生活与文化环境会塑造相似的人格特征，在包括“嘉定四谏”在内的丰厚乡贤文化的土壤上，培育出了郭沫若这棵参天大树，绝非偶然。

万保君　杨胜宽

（原载《中华文化论坛》2014 年第 11 期）

【《牧羊哀话》隐藏的情感模式】

郭沫若的情感小说存在一个普遍的情感模式，那就是关于对禁忌情感的疯狂渴求，以及对这种渴求所带来的后果的深深的恐惧，这种恐惧的直接表现就是这些情感小说皆是以悲剧收场。在这五篇情感小说中，《牧羊哀话》我们前文已经论述，《叶罗提之墓》是一个殉情故事，是明显的悲剧。《残春》和《喀而美萝姑娘》的悲剧均是借着梦境来展露，杀子和殉情成为小说的关键所在。《落叶》中的男主人公师武君也是家有妻室之人，且因为得过性病而更加自卑，他的矛盾心态直接导致了热恋他的菊子姑娘远走南洋，他自己也由于愧疚而孤独地死在医院里。从这些方面来说，禁忌情感的产生与失控、殉情和情死，构成了郭沫若情感小说的共有的情感模式。

马文美

（原载《郭沫若学刊》2014 年第 3 期）

【《蔡文姬》的接受史】

一部戏剧的价值并不单单是少数专业批评者决定的，戏剧生命的持续更多来自广大普通观众的认可与接受。正如黑格尔所说：“艺术作品之所以创作出来，不是为着一些渊博的学者，而是为一般听众，他们不用寻求广博知识的弯路，就可以直接了解它。因为艺术不是为一小撮有文化修养的关在一个小圈子里的学者，而是为全国的人民大众。”话剧《蔡文姬》自北京人民艺术剧院首演后，又相继在上海、苏州、长春、沈阳、哈尔滨等城市演出了 240 多场，不但受到专业批评家的称赞，更在广大普通观众中好评如潮。此外，《蔡文姬》还被改编成粤剧、吕剧、秦腔等多个剧种。根据当时的反馈，多数观众都认为“看这出戏是一次令人满足的美的享受”。观看过《蔡文姬》演出的人随时随地为它作“义务宣传”，没有看过的人也希望有这样一个好机会。于是满城争谈《蔡文姬》，成为当时一道绚丽的艺术风景线。1959 年宝鸡市话剧团在西安演出《蔡文姬》三十余场，而 1960 年的再次演出仍然受到观众的热烈欢迎。1961 年 10 月 17 日，北京人民艺术剧院一行一百四十余人抵达上海作首次访问演出。10 月 21 日开始，北京人艺分别在上海中心区、东区、西区的人民大舞台、沪东工人文化宫、徐汇剧院同时上演三个剧目：《蔡文姬》《同志，你走错了路!》《伊索》，其中《蔡文姬》的演出受到上海观众普遍赞誉。根据当年的报刊资料显示，戏票常常在演出前一个星期已经售完，而陈诉各种理由，要求协助购票的信接二连三寄到剧场。比如一位在外地机车厂工作的同志就来信写道，发信当日他已从三百里外来沪，看戏当晚还要赶回去，要求剧院无论如何设法购票。

为何搬上舞台的《蔡文姬》受到观众如此热烈的欢迎？这主要是由于它的舞台艺术充分契合了中国观众的审美心理。

潘晶晶　陈　军

（原载《戏剧文学》2014 年第 9 期）

【巴蜀文化视野下的郭沫若文学思想】

如果说郭沫若对于整个传统文化的态度是复杂多变的话，他对于巴蜀文化的态度则基本上是正面的肯定的态度，而且是热烈歌颂的。郭沫若提炼在文学中体现巴蜀文化特色，成为巴蜀文化的代表，并不仅仅是保护和传承巴蜀文化精神，更是为了巴蜀文化的建设。郭沫若在一次次的与“巴蜀文化”互动之时，也是试图为巴蜀文化发掘出一条走向现代社会的道路。

王学东

（原文为 2014 年 6 月中国贵阳“走向世界的郭沫若与郭沫若研究”学术会议论文）

【《三叶集》研究二题】

既然并不坚持“文如其人”，也并不排斥堕落、懊恼和颓废的审美特质，郭沫若为什么读到“诗人人格”的观念时，“早已潸潸流了些眼泪”呢？我觉得可以从两个方面进行理解：第一，郭沫若（包括同时代的人）还不能理解“颓废”作为一种审美类型的意义。这也难怪，作为发达资本主义的产物，颓废是对抗理性主义的产物——这对于还处于前现代的中国人来说，体会这种审美形式的精髓确实具有难度。既然不能体会到“颓废”的意义和价值，郭沫若当然不会正视它（当然我们也要意识到，郭沫若和田汉等人描述的堕落，和波德莱尔等人的颓废本身还存在着巨大差异）。第二，郭沫若对诗人的理解，并不是将其视为一种职业（或仅仅是一种身份），而包含了传统读书人的道德诉求。这当中包含两层意思：首先，在传统社会里，诗人并不是独立的一个群体，而是读书人中的一个亚群体。因为诗人的地位不独立，所以它必须遵循读书人的伦理系统，“内圣外王”是必然的追求。所以，当宗白华称郭沫若为东方未来诗人时，实际唤醒了郭沫若“读书人”的身份，这让他产生了压力。其次，诗人在传统社会里不仅是读书人，更是读书人的楷模。《论语》中有“有德者必有言”的说法，这种观念到了宋理学家那里发展为“高志者必有诗”的说法，将诗人提高到更高的位置上。而且，在中国文人传统中，屈骚传统也是十分具有影响力的一支，屈骚传统讲求个性，但品性之高洁也是应有之意。正是有此两点，郭沫若虽然不排斥颓废，但不可能理解和体会颓废的诗意。

周维东

（原文为2014年6月中国贵阳“走向世界的郭沫若与郭沫若研究”学术会议论文）

【**是积极的浪漫还是唯美的颓废**——对作为主义的郭沫若早期创作的重新考察】

一直以来，人们在认识上有所偏差，认为唯美主义仅仅在西方国家，却忽略了东方文学。在近代日本文学史上，唯美主义“以1909年创刊的《昴星》杂志为开端，1916—1917年达至巅峰，成为当时日本文坛的主潮”。大正初年，唯美主义作为一种文学主潮风靡日本文坛，成为一种文学氛围。那时中国留学生多数在日本，留日期间阅读到相关书籍，难免在心中产生影响。就郭沫若而言，郭沫若1914年1月13日抵达东京，正是唯美主义叱咤日本文坛之际。在唯美主义的文学氛围中，热爱文学并寄情文学实现个人理想的郭沫若乃至创造社诸君，不可能不受到影响。郭沫若一方面以日本为中间物，了解到西方唯美主义的主张加以吸收利用；另一方面受到日本唯美主义直接影响。郭沫若早期翻译的唯一的重要的外国文论就是佩特的《文艺复兴、艺术和诗的研究》序论，在郭沫若的文艺理论文章中可见佩特唯美主义对其影响的痕迹。国内文坛对波德莱尔的追崇一直没有消去热度，他在与宗白华的通信中写道：“散文诗方面，我念过西洋作家波托勒尔（波德莱尔）。”据考证，郭沫若与日本唯美主义代表人物谷崎润一郎有过直接交往，“谷崎润一郎先生来上海旅行时，始终同我们咋一起游玩。初次见面的晚上，我同郭沫若只与谷崎先生一起到谷崎先生居住的一品香旅馆长谈”。由此可见，沈从文将郭沫若称为唯美派颓废派不无道理。

张武军

（原文为2014年6月中国贵阳“走向世界的郭沫若与郭沫若研究”学术会议论文）

【**《郭沫若年谱》补遗**】

至少，在详尽的《郭沫若年谱》1975年项下，可以多出三天的记事：

一九七五年二月二十八日，收到胡乔木信及所附转来的廖盖隆致胡乔木的信及有关材料，建议郭沫若找石家庄石志华大夫用新疗法治疗支气管炎。

一九七五年三月一日，致胡乔木信，感谢他的“关注”，并表示：“等天气暖和了，我打算亲自到石家庄去看看。”

一九七五年八月十七日，致信胡乔木，并附还胡乔木五个月前的二月二十八日随信附来的廖盖隆致胡乔木的信及有关治疗支气管炎的材料。

查阅迄今较为丰富齐全的龚继民、

方仁念夫妇编写的《郭沫若年谱》，1975年的2月份、3月份和8月份这三个月，郭沫若的生平事迹少得可怜：2月份一天记事也没有、3月份只有一天记事、8月份也只有一天的记事，……这是应该尽早根据史实予以丰富的。现今媒体多样化，网络也发达，研究者们点滴增补，《郭沫若年谱》逐渐地丰富饱满也当然只能这样。

龚明德

（原载《郭沫若学刊》2014年第4期）

【高校教材中《屈原》研究述评】

剧作家在当时特定的背景下，强化和放大了屈原人物形象的核心价值，即爱国精神，并把这种精神置于激烈的矛盾冲突中，引起了人们的情感冲动，激发出传统文化精神底蕴，取得了震撼人心的戏剧效果，这种轰动效果不仅是《屈原》的艺术特色所致，更是剧作所表现的民族精神复活在当时。这是郭沫若抗战历史剧所表现的传统精神的当下意义，但遗憾的是，高校文学史教材对此重视不够，没有指出并分析这种传统精神的当下价值，尤其是对青年学生的当下意义。这些历史剧所体现的传统精神联结着历史与当代，传统精神复活在历史剧鲜活的人物形象中，人们感念人物形象的同时，也激起对传统精神的认同，文学史教材对此应该关注。这些历史剧人物身上所体现的精神，具有超越时空的价值，在特殊时期，这些精神品质彰显突出，在当代，这些精神应该弘扬，尤其是对青年大学生，如何在继承传统精神的基础上，构建当代精神价值观，屈原、信陵君、高渐离他们的选择无不具有启示意义。

在高校现代文学史教材中挖掘、阐释这些历史剧的传统文化精神，可以使青年大学生在纵深的层面上认识作品的价值，当今青年学生对文学作品的鉴赏和认识，缺乏一种历史的视野，单凭自己的喜好，以单一的角度对作品进行评判和鉴赏，而文学史教学不仅要拓宽加深学生的知识面，更应该教给学生一种思维的方法，引领学生在宽广的视野中认识作品，这就需要文学史的编撰者对作品的阐释进行横向和纵深的拓展。对郭沫若抗战历史剧的分析，不仅要关注这些历史剧创作的特定背景，也要注重历史剧对传统文化精神的诉求，作为文学史，还应该指出这种传统文化精神诉求的当下价值，特别是对青年大学生的当下意义，因为“一切历史都是当代史”。

杨　宏

（原载《郭沫若学刊》2014年第4期）

【郭沫若抗战史剧语言探索及实践】

抗战史剧中，史剧语言的情绪化特征，在文化英雄们的台词表现上，往往还有一些极致性表现，那就是史剧中独特的诗性独白台词。在抗战史剧的情节发展中，特别是在史剧冲突最高潮时，为表达文化英雄们的高峰情绪，史剧往往给他们专门设置了一些独白性台词。这样的台词在史剧语言中所占比例不多，但是往往都是非常关键的台词，对整个史剧文化英雄性格的表现，情绪的表现，以及“历史精神”的弘扬，往往起到画龙点睛的作用。这样的台词，在与早期史剧直接相连的《棠棣之花》中较多，而众所周知的经典，则有《屈原》最后一幕中的“雷电颂”和“虎符”第五幕第一景中如姬在父亲墓前的长篇独白。这些独白，全然是抒情诗的语言，这是我们在郭沫若早期的史剧中所久违了的语言特征和技巧。通过以上三个方面对历史剧语言极富个性色彩的探索与追求，郭沫若力图以“古今共通”语，在实现史剧现代表意性的基础上，实现一种与现代白话文具有间离效果的语言，以增强史剧的历史感。同时，语言的口语化、音乐化探索则增强了史剧的舞台表演口语化要求和表现性效果。而史剧语言的情绪性特性，则增强了史剧语言自身的内蕴负荷，使史剧语言富于文学表现力。这种抗战史剧语言从时代感、舞台需求和文学性等多个方面的积极探索与实践，显示了郭沫若抗战史剧创作在艺术上已经走向成熟。

王小强　张　敏

（原载《哈尔滨学院学报》2014 年第 8 期）

【郭沫若《女神》的当代诗学意义】

如何才能客观而科学地评估《女神》的历史地位和艺术价值呢？在作者看来，放在新文学初期的历史语境下来认识和评判《女神》，当然有其合理性，在那样的时间基点上将《女神》视为“中国现代文学史上第一部成熟的新诗集”这样的结论也无疑是正确的。但是，如果放在近百年中国新诗发展的长时段中来考察，再说它如何“成熟”，说只有它“才配新诗”，那就可能显得有些牵强了。时下一些文学史家和新诗读者对《女神》评价过低，大概出自两个原因：第一，对此前高度评价《女神》的一种逆反态度；第二，从近百年新诗的整体水平上来衡量所作出的评判。自然，经历近百年历史的淘洗和一批又一批新诗研究者和文学史家的不断阐释，《女神》的经典化地位事实上已经奠立了，我们今天对它无论怎么高度评价或者过低贬抑，都无法改变其作为近百年新诗中的一个不可忽视的诗歌文本这样的历史状况。基于此，作者认为，与其盲目地对《女神》作出或高或低的价值评判，不如从新世纪诗歌创作现状出发，针对当下诗歌中存在的种种弊端和问题，从《女神》中寻找某些可以用来解决当下诗歌困境的启示与对策，也就是说，站在促进新世纪诗歌发展的角度，思考《女神》的当代诗学意义，这或许是当代人对待《女神》的更为妥当与适切的历史态度。

张德明

（原载《山花》2014 年第 8 期）

第二篇

历史、考古、古文字研究

一　论文集萃

2014 年郭沫若历史考古研究综述

何　刚

一　学术史视阈下的梳理

在 20 世纪现代学术史上，郭沫若总是与历次学术论争密切相关。一方面，他是以民国主流学术挑战者和批判者的姿态开始学术研究的，论点自然为各方关注；另一方面，在众流竞进的民国学界，作为唯物史观史学的开拓奠基者之一，郭沫若同包括来自唯物史学阵营学者在内的各方各派学人展开过直接的学术争鸣，他们在学术上的相通相异之处、思想精髓、学术精神等，对当下学术研究的开拓创新而言均具有重要的借鉴意义。因此，2014 年郭沫若历史考古研究领域一个较为突出的方面，在于从学术史的视阈审视郭沫若在现代学术上或参与或引起的学术论争，对郭沫若与现代学术史上其他一些学术名家进行比较研究。

近年来，苏州大学周书灿教授从学术史视角致力于“郭沫若与中国古代社会研究”等研究。周教授本年度发表的两篇郭沫若研究文章均与此相关。《社会史论战背景下学术界对〈中国古代社会研究〉的辩难》一文就认为，随着中国古代社会研究的不断深入，在更为宏观的学术史背景下，重新审视社会史论战背景下学术界对郭沫若《中国古代社会研究》辩难的性质、意义和局限，有助于清理以往的学术思路，继续深化中国社会结构、形态等理论问题的研究，不断促进唯物史观为指导的马克思主义史学的健康发展。周教授提出，从中国现代学术史的视角而论，学术界对《中国古代社会研究》的辩难，加速着唯物史观指导下中国古代社会研究向着科学和深入的方向推进。社会史论战期间，由于中国社会科学研究起点还较低，论战中存在的理论脱离实际、从概念到概念的倾向也极为明显。辩难中出现的种种论点，疑问颇多，从某种意义讲，社会史论战期间，学术界对《中国古代社会研究》的诸多质疑与批判，不足以彻底否定该书的全部学术价值。辩难中呈现的宗派情绪和非学术因素，并无学术价值，不利于方兴未艾的中国古代社会研究；《“求同”与“辨异”——以郭沫若、徐中舒中国奴隶社会形态研究为中心的考察》一文，则以郭沫若与徐中舒两位史学大家的中国奴隶社会形态研究为中心，从一个侧面就“求同”与“辨异”两种不同的理论思维主导下的中国古代社会形态研究进行比较分析，以期对新时期中国社会形态特殊性研究及古史体系重构贡献若干并非成熟的意见。文章认为：郭沫若、徐中舒两位史学大家均充分肯定中国奴隶社会的存在，在“求同”与“辨异”两种不同理论思维方式主导下，分别对中国奴隶社会形态理论进行了构建。新时期中国社会形态特殊性的研究明显呈现出“求同”与“辨异”两种不同理论思维方式极端化倾向，在批判继承前人已有研究成果的基础上，中国社会形态特殊性研究如何打破相持不下的局面，重新回归到科学理性的轨道上来，则是当前史学界更应继续深入思考的重大理论性问题之一。

在现代学术史上，郭沫若与胡适围绕着儒家起源问题、与侯外庐围绕着墨子思想评价问题，都曾进行过学术论辩。何刚的《郭沫若〈驳“说儒”〉撰著缘起初论》，回到郭沫若反驳胡适《说儒》时的“文化动态”，还原了《驳〈说儒〉》一文的最初文本，从三方面初步分析郭沫若的撰写缘起与旨趣：一是1936年苏雪林与胡适通信中的公开“反鲁”言论；二是属于唯物史观派学人的郭沫若与身居学界主流的胡适之间因治学门径、治学旨趣相异，某种程度存在的学术门户抵牾与意气之争；三是在当时“民族复兴”的时代语境下，左翼文化与自由主义思潮的分野和紧张，从整体上构成了郭沫若撰写《驳〈说儒〉》的深层次动因。郭沫若撰写《驳〈说儒〉》，缘于他既不同意《说儒》所“复活”出的古圣人孔子，也是为了批驳现代“圣人”胡适们及其当时的自由主义言论；安妮（Annick Gijsbers）的《捍卫墨子：论侯外庐对郭沫若墨子明鬼主张之驳议》一文提出，侯外庐对郭沫若墨子明鬼主张之驳议见证了20世纪墨学里的多元议题的存在。郭沫若与侯外庐对墨子思想的诠释都是在马克思主义的框架下进行，并试图在中国古代思想中，寻求与马克思主义接轨的中国传统资源。然而，两人对于墨子明鬼的评价，却有着天壤之别。郭沫若以明鬼为墨子思想核心，进而对墨学采取一概否定的态度。侯外庐既不认为明鬼为墨子核心主张，也不从消极的立场去评价明鬼；他还力图阐明墨学与马克思主义之间没有矛盾之处。文章进一步认为，围绕着明鬼展开的辩论不只是纯学术的，还涉及多个层面的潜在议题。未来的研究工作，或许能从这个方向继续发展，以探索郭沫若与侯外庐的明鬼之争如何映射出当时的政治论辩，并影响后继学者对墨学的阐释。

在现代易学史，作为20世纪《周易》研究转型期的著名学者，郭沫若、高亨的《周易》研究成就已经得到学界的普遍认可，与其他几位同时代的名家一起“代表并体现了20世纪80年代以前《周易》研究的最高水平”。姜义华的《郭沫若、高亨〈周易〉研究之比较》一文就指出，郭沫若与高亨的《周易》研究有许多相通之处。他们都基于史料，在“经传分治”思想的指引下，以马克思主义提供的方法论为指导，给出了各自“见仁见智”的诠释。他们的研究成果对20世纪后半期以来的《周易》研究产生了重大影响。但由于认识角度的不同，使得他们的一些新理解、新诠释和新阐发出现了许多分歧的地方。通过比较研究，有利于更好地把握两位学者的思想精髓，从而把脉21世纪中国《周易》研究的“度”与“向”。

二　郭沫若学术成就与学术个性考察

2014年度郭沫若历史考古研究的第二个方面是从较为微观的视角，选取不同的议题，包括石鼓文研究、屈原研究、先秦诸子研究等，重新论述了郭沫若的学术成就与学术个性。

1937年9月，单独成书的《石鼓文研究》由长沙商务印书馆出版发行。从收入《古代铭刻汇考四种》中的《石鼓文研究》，到单独成书并出版的《石鼓文研究》，历经六年。这出版过程期间不止有文本增订的曲折，还涉及了许多郭沫若在日本流亡时期学术研究活动以及人际交往的史事。梁雪松、雨辰的《郭沫若的“石鼓文”研究及出版》一文，就详细梳理了这一出版过程和期间的人事交际，在一定程度还原了围绕《石鼓文研究》的丰富生动的学术生产图景。

在郭沫若先秦诸子研究的评析方面，杨胜宽教授是近年来用力较勤的一位。本年度，杨教授又分别就郭沫若的老子评价、墨子评价问题进行了详细论述。论文《郭沫若对老子和〈道德经〉评价的几个问题》指出，在20世纪20年代初至40年代中叶的20多年研究历程中，郭沫若对老子和《道德经》的认识与评价发生了与时俱进的变化。大体上讲，其受泛神论思想支配的20年代，对老子的思想评价最高，视之为古代思想史发展的革命先驱者；30年代注重社会形态与宇宙观念的发展演变研究，肯定老子“道”的概念具有形而上学的本体意义，老子的地位未变，但已经注意到其思想的局限性及负面成分；40年代用“人民本位”的尺度衡量诸子学说，对老子思想的估价大为降低，总体显示负面评价为主。《道德经》则是因老子的出生年代及其遗说的保留程度等学术问题争论引出的相关话题，郭沫若认为此书系黄老学派传人之一的环渊笔录润色老子遗说而成，其中包含了大量发挥老子思想旨意的成分。论文《郭沫若眼中的“宗教家”墨子》则从郭沫若数十年始终把墨子定位为“宗教家”历史角色这一视角，来观察和剖析他从负面认识与评价墨子的思维逻辑及其深刻原因。认为郭沫若这种认识的形成及其评价标准的确立，除了与其自身的学术思维、研究方法和身世经历有关以外，显然也跟郭沫若所处的20世纪动荡求变的特殊时代背景和思想潮流有着密切关联。

对于郭沫若的屈原研究，王海远的《郭沫若的屈原研究》认为，郭沫若的屈原研究是用社会学方法研究楚辞的一次比较成功的实践，具有宏阔的视野与充满实在内容的历史分析。郭沫若对于屈原否定论的批驳，对于王国维南北学派差异的新的阐述，对于屈原思想的分析与心理的描述，都具有总结性。而对于屈原所处的时代、他的思想、他的文学成就的意义，又都作了超越前人的深化的论述。虽然从五四文学革命的角度来体认屈原，有一定的主观化、简单化的缺点，有一些论述根据也不足，同时屈原的形象又再一次被一种新的意识与现实需要所重新塑造，但较之以前的楚辞学研究，仍然让人感到一种扑面而来的新鲜气息。

付瑞珣就郭沫若在古史研究中对《周礼》态度的转变进行了论析，认为：郭沫若对《周礼》的研究成果集中体现在《周官质疑》一文，郭沫若用金文对比官制的方式得出：《周礼》一书是战国时期荀子的后学参考“遗闻佚志”加以己见所著。后来学者提及郭沫若对《周礼》研究的贡献时也只提及《周官质疑》。因此，郭沫若便成了《周礼》成书“战国说”的代表。其实，郭沫若对《周礼》一书的观念不是静态的，其对《周礼》成书年代的看法更为复杂。文章以时间为尺度，考察了郭沫若专著中有关《周礼》的材料，发现郭沫若其对《周礼》的态度是动态的，其历程大体可用冯友兰先生的“信古・疑古・释古”来概述。而这一历程则是郭氏的学术理路与近代“周礼学”史的内在发展互相交织的体现。

此外，2014 年 11 月，由谢保成、魏红珊、潘素龙编选的《中国近代思想家文库・郭沫若卷》由中国人民大学出版社出版。该书为国家出版基金项目系列丛书之一，共计 59 万字，本书分四部分选录郭沫若 1949 年以前代表作中的重要篇章。除了着重郭沫若由“自我表现”到“革命文学”，再到“人民本位”文艺观的转变的文学部分之外，史学部分侧重其运用新兴科学观点，以“两重证据法”取得的重要成就；考古部分突出其甲骨文、金文研究的开拓性功绩和历史编纂思想；科学部分展示其“以大众化为其目标，以文学化为其手段”和“政治的民主化以为前提”的思想内容。集中起来，该书旨在反映郭沫若吞吐中西的文化观，“接受科学，走科学的中国化途径”的科学思想，追求艺术与社会双重价值的美学思想，即创造民族新文化、填补世界文化史白页的完整思想体系。

三　纪念《甲申三百年祭》发表七十周年

2014 年是郭沫若《甲申三百年祭》发表七十周年。该文甫一问世就承载着现实中急需的政治功用，也深刻反映了当时国共双方在思想文化战线上的激烈斗争。同时，在当前的社会语境和政治生活中，《甲申三百年祭》的政治警戒意义仍然值得重温和弘扬。这对于执政党加强队伍建设，巩固执政地位，在新的考验面前继续做到“考试合格”，具有十分重要的现实意义。因此，2014 年度郭沫若历史考古研究的第三个方面是围绕《甲申三百年祭》的纪念和研究小高潮。

2014 年 2 月 12 日，《探索与争鸣》编辑部召开“如何跳出历史周期律——重温《甲申三百年祭》”研讨会，与会学者从历史和文本出发，联系国内外现实，讨论了各类政权兴衰成败的原因及借鉴意义。该杂志 2014 年第 3 期“圆桌会议”栏目集中刊发了学者们的纪念文章。主持人秦维宪、杜运泉在“编者按”中称：“70 年后，我们今天如何才能不做李自成、如何才能跳出历史周期律呢？道路只有一条，那就是将跌宕起伏的中国革命和改革的浪潮，放到奔腾的历史长河，特别是曲折的国际共运史的大川中，作理性的深入的观照……中共十八大以降，高层相继提出‘把权力关进制度的笼子里’，‘保障人民的知情权、参与权、表达权、监督权’，结合习近平总书记重申我们不做李自成，足见其思考的视角，已与建立现代民主、法治社会接轨。但我们背负数千年封建因袭，虽目前开局甚好，依然任重道远。”集中刊发的文章有王长江的《关于〈甲申悲剧〉的再思考》、王家范的《顾炎武的第三种眼光》、刘世军的《三场悲剧，三种启示》、燕继荣的《国家兴亡自有时，治理变革入新轨》、余源培的《敬畏民心敬畏权力》、叶书宗的《苏联社会主义失败在于不能顺应时代潮流》、程念祺的《跳出历史周期律须加强制度建设》、孔寒冰的《从小事做起，莫让谶言变现实》、赵修义的《保障公民权利方能凝聚民心》、高放的《工人政权怎样才能长治久安、不致败亡》等。

《郭沫若学刊》第4期也设置“纪念《甲申三百年祭》发表七十周年”，分别刊发了廖久明、何刚的文章。廖久明的《论〈甲申三百年祭〉与国共两党的关系》认为，由于中国共产党历史上出现了四次因骄傲而导致的惨重失败，加上毛泽东虚怀若谷，所以《甲申三百年祭》发表后，毛泽东独具慧眼，要共产党人以李自成为鉴，“不要重犯胜利时骄傲的错误”。在以后的历史发展进程中，共产党时时以“我们决不当李自成”告诫自己，最终由弱变强并打败了国民党。面对内忧外患的现实，将民国与明末相提并论是当时的一种风气，作为一党领袖的蒋介石也没有超越时人的见解，所以《甲申三百年祭》发表后，包括蒋介石在内的国民党高官及其支持者都把郭沫若的逆耳忠言当做影射现实之作，当然谈不上以史为鉴、对国民党内部进行认真整顿了。抗战胜利后，在经过整风运动的共产党人大力扩大根据地的同时，国民党各级文武官员却如“饿虎扑羊”，扑向曾经的沦陷区，大发“劫收”财，最终导致国民党在大陆的迅速覆亡。在大力反腐倡廉的今天，每一个共产党人（尤其是领导干部）都有必要认真看看《甲申三百年祭》；何刚的《学术视野下的〈甲申三百年祭〉研究》一文，则从学术发展理路的视角看《甲申三百年祭》与当时民国学术之关系。文章认为：《甲申三百年祭》与当时围绕明末史研究已然形成的学术语境存在着某种程度的契合和衔接；抗战时期国共在思想文化战线上的斗争往往以学术面相呈现，学术话语构成了双方建构各自革命意识形态时共同利用的思想资源和工具，学术的政治意图与政治的学术外衣紧紧地纠缠在一起，这在当时明末史研究和《甲申三百年祭》上得到鲜明体现；除了在国共双方的政治斗争中激起巨大影响之外，与现实政治似乎有一定距离的学界学人对《甲申三百年祭》同样给予了相当的关注，做出了各种不同的解读。

《大江南北》杂志第4期称：“《甲申三百年祭》给我们的启示，不仅仅是李自成进京后即腐败并失败的教训，作为执政党，对于明朝统治者不能很好应对国内的灾害和解决民生，不能很好应对关外边患以至覆亡的教训，同样值得各级领导干部汲取。”该杂志用几期重新连载了《甲申三百年祭》原文和毛泽东给郭沫若的信，并刊发了《牢记〈甲申三百年祭〉的启示》《李自成失败给我们的警示》《重读〈甲申三百年祭〉的感悟》等文章。

在重温《甲申三百年祭》的现实警戒意义方面，付春、赵丽娟的《〈甲申三百年祭〉的历史启示》也认为，《甲申三百年祭》对于当前消除四大危险，防止四风问题反复，特别是防止脱离群众，密切党和人民群众的联系，夯实党的执政之基，提高党的执政能力，有很多的启示和价值。而简奕的《“两个务必”与〈甲申三百年祭〉》、樊明方的《李自成起义失败的教训再思考——兼及〈甲申三百年祭〉》等均属此类。

此外，蔡炯昊将国共两党关于《甲申三百年祭》的论争和其后一系列的阐释行为，放到20世纪的晚明历史叙述与现实政治纠葛这一大的语境中进行考察。他的《抗战期间的晚明历史记忆与政治现实——以〈甲申三百年祭〉及其改编作品为中心》一文认为，从《甲申三百年祭》的写作和引发的争论以及其在中共抗日根据地的改编作品，可以窥见在抗战后期，一种历史记忆只有符合政治权力拥有者的意图，才有机会被广泛传布，并通过宣传文件和文艺作品而在民众中获得巨大的影响力。这种历史记忆在传播的过程中，也会被纳入到接受者的固有心智和文化结构中，从而被重新塑造。

（作者为四川郭沫若研究中心副研究员）

《一桩学术公案的真相》发表前前后后

翟清福

余英时在《互校记》一文上的失误，教训是深刻的，《真相》一文已发表18年，该文发表前后有些经验也值得总结，特写此文求教于方家。

我和耿清珩同志于1996年发表在《中国史研究》第3期的《一桩学术公案的真相》，副标题是《评余英时〈十批判书〉与〈先秦诸子系年〉互校记》（简称《真相》）后，受到国内外学术界的关注与支持。一些利用余英时《互校记》攻讦郭沫若的人，有所收敛。但时至今日，仍然有人还在利用此文，对郭沫若进行攻击。他们有的撰文，有的利用现代网络，在网上对郭沫若污蔑，原因是有的人孤陋寡闻，既然写有关郭沫若的文章，特别是与《互校记》有关的信息，就应当多加留意，但他们知之甚少，很少关心不同观点的论述。更有甚者，他们有的明明知道已有不少揭露《互校记》为政治攻讦的论文，有些文章也读过，但采取谎言重复三遍便是真理的自欺欺人的手法，继续制造混乱。对于少数有政治偏见的非学术文论，我们主张及时消毒，净化空气。有鉴于此，我们回顾一下《真相》发表前后的历史，一来可以总结一下郭沫若研究的经验，二来或许能起到一些消毒的作用。

缘　起

郭沫若百年诞辰学术研讨会前，郭沫若研究学会负责人黄烈同志让我查一下已发表的有关郭沫若研究的论著和资料。我从目录中发现1954年香港《人生》杂志第7—8期，连载有余英时的《郭沫若抄袭钱穆著作考——〈十批判书〉与〈先秦诸子系年〉互校记》（简称《互校记》）一文，觉得此文与众不同，决定有时间找来进行研读。但因工作忙，加上这一杂志只有在北京图书馆才能查到，就暂时放下了。适值耿清珩同志退休，向我要事做，于是我就向她推荐此文。用了三天的时间，她从图书馆将该文抄回后，并精读数遍，提出“郭老与钱先生史法各异，观点不同，一个是唯物史观，一个是考据者”的初步意见。之后，因为都较忙，就搁下了。1990年，我参加在四川乐山举行的郭沫若学术会议时，对余文做了一个简单的评论，发表在《郭沫若学刊》1990 年第 4 期。

1991 年和 1994 年，余英时将该文略作调整后，先后收入纪念钱穆的《犹记风吹水上鳞》集子与《钱穆和中国文化》一书，要在社会上产生此文第一次发表时未能产生的影响。为了推销其观点，余英时还专门写了《谈郭沫若的古史研究》一文，发表在香港《明报月刊》1992 年十月号上，否定郭沫若的古史研究成果。由于《互校记》最初在香港发表，读者不多，产生的负面影响不大。在内地发表后，读者倍增，在学术界影响极坏，丁东等人的追随文章相继出现在一些期刊上。我和耿清珩对《先秦诸子系年》和《十批判书》都没有什么研读，更未对两书进行过比较研究。只是抱着学习的态度，开始读两书。

《真相》是怎样完成的

我们在对照余文读郭、钱两人的书时，首先对余文“抄袭”的铁证依据，明人王世贞的著作，做了查对。我们发现在王世贞的著作中，既没有钱穆所讲的《读书后辨》，也没有郭沫若所说的《读书后记》，但是有《读书后》。这一发现，证明包括余先生在内，郭沫若、钱穆三人都未看到王世贞的原书，他们所用的王世贞文字，是转引自清人梁玉绳的《史记志疑》一书，而该书版本多达十几种，不难借到，并不像余英时所讲的那样玄乎。两书所引书名不同，钱书为《读书后辨》，并在其后加了一个“说”字，成为“《读书后辨》说之曰”，这显然是断句时误断，而且他还加上一个“说”字，仍然不通，既有“曰”，还加个“说”，是不应出现的问题；郭书在引王世贞的文字时，可能觉得书名不全，才加了“记”字，也不应该；余英时不会看不见郭、钱二书所引王世贞的书名不同，由于先入为主的思想占了上风，没有把它当一回事，只想着我抓着了抄袭的铁证了，你还有什么话说，所以他的错误较钱穆的错误更为严重。铁证被推翻后，我们延着这条路对余文的所谓抄袭证据一一查校，发现所谓的抄袭证据是站不住脚的。在此基础上，我们在林甘泉研究员的帮助下完成了《一桩学术公案的真相》草稿。初稿打印了 30 份，分送有关专家学者征求意见，并于 1996 年 4 月 15 日，邀请近 20 位专家学者对初稿进行了一天的讨论。

在讨论中，大家提出了不少宝贵的意见，使本文作者受益匪浅，对改稿帮助极大。这不仅充实了文章的内容，也对作者给予了很大的鼓舞。如钱穆的《系年》只是将材料整理了一遍，没有多少观点。而且不少观点是前人的，比如稷下学，不是他的发明，是在前人的基础上有所前进。又如郭沫若和钱穆两书性质不同，一个是分析思想体系，自己形成诸子体系的专著；一个是考订诸子年代，对材料分类排比。有学者指出，《十批判书》对《先秦诸子系年》有些看不起，钱穆有些不服气。有的明确说，余英时的文章是为了政治的目的，不是学术。国际上反鲁、反郭有一个思潮，中国有大事，余英时肯定有评论。有的专家指出，攻击郭沫若的人几乎都没有对他进行认真的研究。

研讨中，大家的认识都有所提高，有的人参加会议前，认识不甚明确，认为抄袭的问题很麻烦，对反驳《互校记》觉得很难；受《互校记》影响，基本上是接受其观点的，口头上虽然没有说初稿对《互校记》反驳得占理，但从其发言中已知，通过对初稿的讨论，认识有了转变。

《真相》发表后产生的反响

初稿修改中，吸收了专家们的意见，又查对了一些材料，充实了内容，已经很难说此文是哪个人的研究成果了，因为甚至连标题都是听取意见后改的。定稿后得到一些学术杂志的支持，《中国史研究》把此文放在首篇发表，《郭沫若学刊》同时全文转载。稍后，全国发行量较大的颇有影响的《新华文摘》也全文转载。截至2013年止，已有十几个报刊、文集或摘登或全文转载，引用此文观点的也不少。甚至一位美国学者从美国打电话给姜广辉研究员，询问中国学术界是否要发动一场批判运动。当被告知，这只是一般学术讨论时，他表示赞同此文。一些知名老教授、老专家也纷纷表示支持《真相》的观点，作者受到了很大的鼓舞，其中八十岁高龄的就有于光远、吴江、邓广铭等好几位。于光远向吴江推荐登载在《博览群书》的该文文摘后，吴老不知作者在什么单位，几经查询，找到了作者，他不止一次地表示，同意作者的观点。之后，他以曹剑的笔名，编辑了《公正评价郭沫若》文集，由中央党校出版社出版。文集有评论《互校记》和《郭沫若总论》等歪曲事实、攻击郭沫若的论文，也有《互校记》的文摘。吴老为文集还专门写了前言。他揭露余英时的人品，强调对历史人物的评价应持公正立场，尊重历史。邓广铭先生是经过考古学家宿白教授推荐才阅读《真相》的，也不知道作者是谁，因为作者没有什么知名度，他误认为作者用的是笔名，当通过他的学生（研究员）了解到作者的情况后，让他的几位学生向作者转达他的话说："看来一桩不好翻的公案，被他们给翻过来了，钦佩！钦佩！"中国社会科学院近代史研究所名誉所长刘大年和《求是》杂志副总编苏双碧都表示，希望多发表《真相》这样的文章。时任中国史学会会长的中国人民大学教授戴逸和西北大学原负责人张岂之教授都肯定了此文。王戎笙研究员在一次中国社会科学院会议上推荐此文。台湾学者来大陆访问时，对林甘泉研究员说，《真相》一文写得好，击中了余英时的要害。2006年，该文荣获"第一届中国社会科学院离退休人员优秀科研成果"论文一等奖。值得一提的是，《互校记》的作者余英时，对《真相》一文没有反映，这不是他的一贯做法，过去曾有过他与中山大学冯依北教授在中国文学史问题上进行争鸣的事，每当冯先生发

表一篇评论余英时观点的文章时，他就会写不止一篇文章进行辩论。《真相》问世后，未见其动作。

几点体会

经过反思，我们认为有如下几点体会。

一、事实证明，一篇论文或专著，经过多人研讨，反复认证，多方征求意见，远比一两个人的成果好得多。而且在讨论中，无论是执笔人还是参与讨论者，都会通过研讨，从中受益，有所提高。集思广益，确实是推进学术发展的重要方法，值得推广。其实，这一做法是郭沫若和尹达等老一辈学者的治学方法。早在1959年，《中国史稿》就在全国史学界征求过意见，参加讨论的有史学工作者、高校师生，可谓盛况空前，多以能够参加《中国史稿》的讨论为荣。没有参加讨论的学人，有不少将个人意见写成书面材料，寄送该书编写组。收集到的意见达八千多条，对书稿的修改起到了积极的作用。通过此次活动，参加讨论者，也从中受益不少，因为参与讨论，必须认真研读书稿，在听取他人发表意见时，也会受到一些启发。

二、做学问要防止先入为主，应扎扎实实地求真求实，尽可能地使用第一手材料。余英时的教训是极其深刻的，明人王世贞的著作书名问题，值得借鉴。又如方舟子先生也发表了评论《互校记》的长文，文章有理有力有节，驳得抄袭说者无话可说。然而，由于他评论《互校记》时使用的是上海远东出版社出版的《钱穆和中国文化》的版本，不知道该书有所删节，结果有学人对此提出批评。《真相》所用的《互校记》是《犹记风吹水上鳞》港台的本子，而且还参照1954年《人生》半月刊的原文，就避免了麻烦。可见，在资料的使用上一定要慎重。

三、政治与学术很难分开，应当像郭沫若那样，妥善处理好政治与学术的关系，坚持真理。不能为了政治的目的，歪曲事实，篡改历史。余英时就是为了政治目的，被政治蒙住了眼睛，由于政治的偏见，才铸成《互校记》这样的错误。

四、做学问不能意气用事。钱穆先生因为对郭沫若不服气，所以暗示让还在上学的余英时将《十批判书》与《先秦诸子系年》两书比较阅读，并写出《互校记》这样的文章。

五、做学问切莫为了名利而歪曲事实。一些利用《互校记》攻击郭沫若者，除了政治目的外，无非就是为了名利。其实这种追求名利的后果是只能搬起石头，砸自己的脚。

六、关系到个人声誉的结论，要慎之又慎，防止轻易做出结论。

七、做学问要谦虚，防止骄傲。余英时在《互校记》的问题上，就是成名后，产生了骄傲的情绪。学生时代的作品，未认真研究，轻易地一而再地发表，就是很好的证明。其晚年在台湾的自以为是是出了名的。不过他对自己的错误虽然未明确表态，沉默也是一种表态，远比那些仍在利用《互校记》作文章的先生们好得多。

（原载《郭沫若学刊》2014 年第 2 期）

郭沫若的“石鼓文”研究及出版

梁雪松　雨　辰

1933 年 12 月，日本东京文求堂影印出版了《古代铭刻汇考四种》，这是郭沫若又一部古文字研究的著作。《古代铭刻汇考四种》应该算是四种研究著作的合集，其第一种《殷契余论》、第二种《金文续考》，都是对于前作的续作，是“补苴旧业”。第三种《石鼓文研究》则是关于石鼓文的研究专论。郭沫若自己称“《石鼓文研究》一种所费劳力最多”，其中包括“古拓二种之比较”“古拓之年代”“石鼓之年代”“原文之复原及其考释”几节，以及“注释”“余论”“附图五种”等内容。

1939 年 7 月，单独成书的《石鼓文研究》由长沙商务印书馆出版发行。从收入《古代铭刻汇考四种》中的《石鼓文研究》，到单独成书并出版的《石鼓文研究》，历经 6 年。这出版过程期间不止有文本增订的曲折，还涉及了许多郭沫若在日本流亡时期学术研究活动以及人际交往的史事，值得记述下来。

郭沫若开始研究石鼓文，是 1932 年秋天的事情。事情的起因，是他在东京文求堂书店老板田中庆太郎处见到了文求堂所藏“明锡山安国十鼓斋旧藏北宋拓本最古本之石鼓文照片”，由是，存了“研究心事”。[①] 郭沫若在这时与田中庆太郎已远不是作者与书店老板的关系了。他的《两周金文辞大系》《金文丛考》《金文余释之余》几部古文字研究著作，在编撰中即得到田中庆太郎和文求堂的帮助，成书后都由文求堂出版，郭沫若与田中庆太郎实际上成为以学术相交的朋友，所以田中庆太郎才会向他出示文求堂的藏本资料。

对于文求堂的这一拓本资料，郭沫若“误信”了当时一些研究者所言，以为其乃《前茅本》，“后来才知道这就是《后劲本》的照片”[②]。但这没有影响到他开始的研究。根据这一拓本，郭沫若于 1933 年 3 月“写成《秦雅刻石研究》一卷”[③]。

在郭沫若研究的过程中，文求堂书店和田中庆太郎继续给了他很大帮助，在他与田中庆太郎的一些通信中记载了这样的史事。譬如，郭沫若在 1932 年 10 月 19 日致

---

① 郭沫若:《古代铭刻汇考四种・序》,《古代铭刻汇考四种》，东京文求堂书店 1933 年版。

② 郭沫若:《石鼓文研究・重印弁言》,《石鼓文研究》，人民出版社 1955 年版。

③ 参见《古代铭刻汇考四种・序》,《古代铭刻汇考四种》，东京文求堂书店 1933 年版；《郭沫若致文求堂书简》第 84 号，文物出版社 1997 年版。

田中庆太郎的一纸明信片上写道：

“《石鼓文》为秦文公时代说，近日翻阅《贞松堂》（指《贞松堂集古遗文》——笔者注）之《秦公敦》，罗氏亦倡此说，似近是也。”①

这应该是在与田中庆太郎讨论石鼓文年代的问题。1932 年 11 月 28 日，郭沫若致信田中庆太郎，谓：

“罗振玉著《石鼓文》乞寄下一册。今又发现一趣事：东大所藏兽骨之一片与北平马衡氏所藏之一片，竟是同片之断折，真可谓奇缘也。”②

这是请田中庆太郎为他提供研究资料。次日，郭沫若在给田中庆太郎的明信片中告以：

“《石鼓文》二种、《集古遗文补遗》妥实收到。欲叩石鼓，闻作何音，盖亦XYZ 也！”③

仅一日，郭沫若便得到请田中庆太郎帮助找寻的资料。

郭沫若在 3 月间写成《秦雅刻石研究》一卷后，即想到发表或出版的事情。但因为资料的关系“竟无发表之自由”④，文求堂也没有单独出版之意。估计郭沫若作研究所用的那一拓本资料，未得原收藏者同意是不能公开使用的。也还有另外一个原因，即郭沫若的研究仅仅是对于石鼓文一个拓本的研究，作为一篇文章尚可，要成专著，恐怕还是不够的。他自己也意识到这一点，所以在 1933 年 4 月 6 日致田中庆太郎的信中说道：

《石鼓文》如难于出版，亦勿勉强。中甲本跋与后劲本小生尚未得阅，故研究亦不能说完成，且目前时期，暂缓发表反为妥当。总之，乞酌情处理。⑤

过了几个月，田中庆太郎大概有了新的考虑，他请郭沫若将《秦雅刻石研究》

---

① 《郭沫若致文求堂书简》第 41 号，文物出版社 1997 年版。

② 《郭沫若致文求堂书简》第 53 号，文物出版社 1997 年版。

③ 《郭沫若致文求堂书简》第 54 号，文物出版社 1997 年版。

④ 参见《古代铭刻汇考四种·序》，《古代铭刻汇考四种》，东京文求堂书店 1933 年版；《郭沫若致文求堂书简》第 84 号，文物出版社 1997 年版。

⑤ 《郭沫若致文求堂书简》第 84 号，文物出版社 1997 年版。

与其他一些金文、甲骨文研究的文章合成一书出版。郭沫若对《秦雅刻石研究》作了修改，重作篇题为《石鼓文研究》。8 月 23 日，他给田中庆太郎写信，告以“《石鼓文研究》已缮写毕，约新原稿纸三十枚之谱”①。年底，《石鼓文研究》辑入《古代铭刻汇考四种》由文求堂影印出版。

《古代铭刻汇考四种》出版后，郭沫若并没有停止对石鼓文的研究。12 月 17 日，他在致田中庆太郎的信中说：“《石鼓文》亦有欲查核之处。尊藏摄影版（先锋本），暂假一阅为祷。”② 显然，他还在继续自己的研究。

1934 年 3 月，郭沫若收到马叙伦从北平寄来其所著《石鼓文为秦文公时物考》与《跋郭沫若〈石鼓文研究〉》初稿。提出与郭沫若所论石鼓文作于秦襄公时代的不同之说。郭沫若在 28 日致田中庆太郎的信中告以：“马叙伦氏就《石鼓文研究》寄来万言长跋，驳击敝说，然命中率则为零。拟撰文反驳。”③ 这之后，郭沫若撰写了《再论石鼓文之年代》一文，针对马叙伦文所举证，逐一进行辩驳，认为其说“根本不能成立”，但对于马叙伦文中所说“足以补正余说之处”，亦予认同。

此文作成后，郭沫若即将其辑入《古代铭刻汇考续编》。他在 4 月 15 日致信田中庆太郎，告以《古代铭刻汇考续编》原稿以火车邮件寄送。并嘱“先锋本照片三张，中甲本《而师》章三页，全部插入书末。中甲本以缩小为宜，但务乞用玻璃版，盖与文中所述有微妙之关系也”④。这里说的是准备附录于书中的石鼓文拓本照片，其中所说“中甲本”实为“中权本”之误，郭沫若后来作了更正。

5 月 20 日，《古代铭刻汇考续编》由东京文求堂书店影印出版，《再论石鼓文之年代》为“续编”第 9 篇，图版中收录了十鼓斋“先锋本”、“中甲（权）本”两种拓本中《而师》石各三版。郭沫若的石鼓文研究告一段落。

两年后的 1936 年夏季，郭沫若接到刘体智托人送来东京的他所藏甲骨文拓片 20 册。⑤ 刘体智是位收藏家，曾在清廷户部银行任职，民国后出任中国实业银行总经理。刘体智收藏有甲骨 28000 余片，青铜器 400 余件。他曾将藏品印行 10 种目录，其中《善斋吉金录》28 册、《小校经阁金石文字》18 册最为著名。郭沫若此前曾给在刘体智处担当其藏品整理释述工作的金祖同写信，表示：“刘氏所藏甲骨，如能全份拓墨见示，期必有以助。”刘体智应该是接受了这个建议，故托人将这 20 册拓片带往日本，交予郭沫若，希望能加以利用，进行研究。郭沫若后来所作《殷契粹编》便是从这一批拓片中辑选了 1595 片编纂而成。

---

① 《郭沫若致文求堂书简》第 100 号，文物出版社 1997 年版。
② 《郭沫若致文求堂书简》第 108 号，文物出版社 1997 年版。
③ 《郭沫若致文求堂书简》第 124 号，文物出版社 1997 年版。
④ 《郭沫若致文求堂书简》第 128 号，文物出版社 1997 年版。
⑤ 郭沫若：《石鼓文研究·重印弁言》，《石鼓文研究》，人民出版社 1955 年版。

但在郭沫若还没有着手对刘体智所藏拓本资料进行研究的时候，这一批拓本资料先给他带来了一个意外：日本一位著名的收藏家河井荃庐向郭沫若表示，愿意以他所藏明锡山安国三种石鼓文拓本的照片与郭沫若交换借阅刘体智所藏拓本资料。

河井荃庐是日本三井财团的顾问，专为三井财团搜求文物、善本书、古董藏品，他自己也多有收藏，在这个圈子里是个有名的人物。郭沫若与河井荃庐已经认识一段时间了，他在古文字研究中曾从河井荃庐那里得到过拓片资料的帮助。此前，河井荃庐曾经从中国一位收藏家手中为三井财团收购了明安国所藏十鼓斋三种石鼓文善本，他自己也保存了三种善本的照片，但从不示人。

安国所藏十鼓斋三种石鼓文拓本即：《先锋本》《中权本》《后劲本》，均为北宋善本，是石鼓文拓本中的精本，郭沫若一直未能得见，所以会把坊间作假印行的一个所谓“中甲本”，误信为“十鼓斋中第一本”。河井荃庐交换借阅的提议，当然正合郭沫若之意。他从河井荃庐那里借阅到十鼓斋三种石鼓文拓本的照片，阅后觉得“始得洞察一切，快不可言”①。郭沫若并托好友林谦三，将拓本照片翻拍成胶片放大印出。他后来告诉沈尹默说：“此邦（指日本——笔者注）人士中得窥其全豹者仅一二人，在中国除旧藏者及弟而外，恐当以足下为第三人矣。”②

得阅这三种拓本后，郭沫若又作《先锋本夺字补》，作长文《明锡山安氏十鼓斋先锋本石鼓文书后》，考订了真正的“十鼓斋第一本”——“先锋本”（当时国内其他的石鼓文研究者亦无人见过“先锋本”，马衡、唐兰是把“后劲本”误作“十鼓斋第一本”，并名其为“前茅本”），充实了自己的石鼓文研究。同时补充了一批资料：《十鼓斋先锋本》《“中权”“后劲”二本诸题跋缩影》等。他在1936年8月末，最终完成了《石鼓文研究》。

在流亡日本期间，郭沫若曾应约为上海孔德研究所作些不特定的研究工作，孔德研究所则资助他一些费用。这对于全靠稿酬养家糊口的郭沫若来说，当然是需要的。由是，郭沫若在《石鼓文研究》完成后，将书稿寄交主持孔德研究所图书馆的沈尹默。沈尹默是他在留学时期相识的老朋友了。但书稿寄回国内后迟迟未得出版。一年后抗战爆发，郭沫若秘密归国，投身于抗战文化工作之中。1939年春，沈尹默托为故宫文物西迁之事前往重庆的马衡给郭沫若带去一个讯息：《石鼓文研究》将由长沙商务印书馆出版。郭沫若此时正在国民政府军事委员会政治部任三厅厅长。4月10日，他专门写了一篇“序”。7月，《石鼓文研究》作为“孔德研究所丛刊之一”在长沙出版。

经手《石鼓文研究》书稿的沈尹默亦为该书作“序”，写道：“沫若获见此本

① 郭沫若：《明锡山安氏十鼓斋先锋本石鼓文书后》，《石鼓文研究》，长沙商务印书馆1939年版。

② 参见《石鼓文研究·序》，长沙商务印书馆1939年版。

（指先锋本——笔者注）影片后，即将旧作《石鼓文研究》重加改订，并取‘中权’‘后劲’两本存字辑为《先锋本夺字补》以弥其残字被剪去之缺憾，又附以‘中权’‘后劲’二本诸跋缩影。得此一书，则‘石鼓文’之精英悉备于斯矣。”沈尹默还称赞该书可“嘉惠士林”。①

（原载《鲁迅研究月刊》2014 年第 11 期）

① 参见《石鼓文研究·沈序》，长沙商务印书馆 1939 年版。

郭沫若对老子和《道德经》评价的几个问题

杨胜宽

老子作为道家文化的创始人，对中国数千年逐步形成的儒道互补思想文化发展格局，具有极其广泛和深远的影响。郭沫若从读书发蒙之初，最早阅读的古代文化经典中，除了《三字经》《唐诗三百首》及《四书》《五经》之类的启蒙基础读物，凭个人爱好兴趣选择的，就是十三四岁开始阅读的《庄子》《道德经》等道家经典。[①] 由此可以看出，早年郭沫若就对道家文化发生了解的兴趣，并较早形成了对道家文化创始人老子的基本认识。迄今可见郭沫若最早的学术性论文，是 1921 年发表于《学艺》第 3 卷第 1 号的《我国思想史上之澎湃城》，在这篇没有写完的长文中，其提纲的下篇首论"再生时代之先驱者老聃"[②]。虽然不能确知作者如何论述老聃为"再生时代"的到来作出了怎样的划时代贡献，但至少可以看出此时的郭沫若心目中，认为老子在中国古代思想史发展上，起了革命性的重要作用，具有不可忽视的地位。

从 20 世纪 20 年代初至 40 年代中叶的二十多年时间里，中国的社会发生着历史性巨变，郭沫若的人生也在这种惊天动地的社会变局中跌宕起伏、惊险丛生，虽然在这段漫长的人生历程中，郭沫若从未放弃过对中国古代文化的关注、研究与思考，但世易时移及由此引起的郭沫若自身思想观念与学术观念的变化，不能不导致其对老子和《道德经》在认识与评价上产生相应变化。遵循这种变化轨迹，我们可以看出郭沫若各个时期对老子和《道德经》评价观点的不同。

一　1923：思想家老聃评价与文学形象老聃塑造所体现的强烈反差

郭沫若对老子的学理性认识与评价，大致应该从其 1922 年末至 1923 年初撰写的《中国文化之传统精神》一文开始。据将此文译成中文的成仿吾在民国十二年五月十四日所写的"译后附识"称，郭沫若的文章是专门为日本大阪《朝日新闻》的 1923

① 郭沫若：《十批判书・后记——我怎样写〈青铜时代〉和〈十批判书〉》，《郭沫若全集・历史编》第 2 卷，人民出版社 1982 年版，第 464 页。

② 郭沫若：《我国思想史上之澎湃城》，王锦厚、武加伦、肖斌茹编：《郭沫若佚文集》（上册），四川大学出版社 1988 年版，第 69 页。

年新年特号而写的，目的之一是向日本读者介绍中国古代思想文化的要义与精华，所以在这篇不长的专文中，郭沫若着重介绍了以老子、孔子思想为代表的中国文化传统基本精神，他把这种精神主要归纳为两点：即“把一切的存在看做（作）动的实在之表现”；“把一切的事业由自我的完成出发”。他认为这是在老子、孔子思想中体现得最突出、最鲜明和最有代表性的古代中国文化固有的传统精神。

文章在论述老子思想内涵及其革命性进步意义时指出：

> 到了周之中叶……革命思想家老子便如太阳一般升出。他把三代的迷信思想全盘破坏，极端诅咒他律的伦理说，把人格神的观念连根都拔出来，而代之以“道”之观念。他说：“道”先天地而混然存在，目不能见，耳不能闻，超越一切的感觉而绝无名言，如“无”，而实非无。这“道”便是宇宙之实在。宇宙万有的生灭，皆是“道”的作用之表现，道是无目的地在作用着……①

此时的郭沫若相信泛神论。他认为，夏、商、周（西周）三代迷信天意和鬼神，统治者有意将其加以神化，为其君权神授的统治寻找合理性根据，达到让天下百姓顺从这种统治秩序的目的。郭沫若把这个人格神迷信观念盛行的时代，称为中国思想史上的第一个“黑暗时代”。而老子用“道”的观念取代“神”的观念，提出“道”是先于天地、无所不在的宇宙之实在，万物的生灭，宇宙的变化，都是“道”作用的结果。老子“道”的观念，其革命性意义在于破除了三代千余年一直奉行的迷信天意鬼神的思想观念，统治者用以愚弄天下、粉饰君权无比合理神圣的谎言被无情戳穿了。从这个意义上看，郭沫若认为老子的思想观念，在古代中国思想史的观念发展变化上，具有非常明显和深刻的划时代革命性进步意义。

显然，郭沫若该文对老子的认识与评价，延续了其《我国思想史上之澎湃城》中将老子定位为“再生时代之先驱者”的认识评价思路。在郭沫若看来，春秋战国诸子百家著书立说，纷纷发表各家各派的思想主张这样一种百家争鸣的局面，体现了人的自我意识之觉醒，思想观点自由表达的高度开放，是中国古代思想史发展的一个黄金时代，他所谓的“再生时代”，即指此而言。而这个“人”的觉醒与思想自由时代的到来，多亏了老子这位勇敢的先知先觉者，是他的思想观念，激发了广大士人开始对宇宙规律和社会伦理等重大理论问题作自由而严肃的思考，稍后兴起的儒、墨、道、名、法、阴阳诸家，尽管各自关注的重点不同，提出的理论主张也存在诸多差异，有的甚至彼此攻难非毁，但恰恰是通过这样的自由辩难争鸣，使一切神秘主义的思想伪装无所遁形，迷信的神权观念失去了信众的市场，取得了明辨是非、揭示真理

① 郭沫若：《史学论集·中国文化之传统精神》，《郭沫若全集·历史编》第4卷，人民出版社1984年版，第256—257页。

的理论效果。郭沫若认为，这些进步的实现及成果的取得，是作为思想先驱者的老子，其以“道”为宇宙本体的世界观，从根本上解答了万物的起源演化，宇宙的发展变化，以及社会的应然秩序等基本原则与规律。因此，在春秋战国这个思想观念大变革时代，老子居功至伟。

然而，就在1923年下半年，郭沫若发表了与历史人物老子身世经历有关的历史题材小说《柱下史入关》，其中的老子形象，则完全被塑造成了另外一副面孔。在正史里，最早记录老子生平活动情况的权威史书《史记·老子韩非列传》谓老子为周守藏史：“其学以自隐无名为务。居周久之，见周之衰，乃遁去。至关，关令尹喜曰：‘子将隐矣，强为我著书。’于是老子乃著书上下篇，言道德之意五千余言而去，莫知其所终。”① 关于老子远遁所过之关隘，史家或认为指函谷关，或认为指散关。但不管什么关口，司马迁都只记载了老子将隐“出关”的事，且言去后莫知所终。但郭沫若的小说，名曰《柱下史入关》，内容主要写老聃出关到了人迹罕至的大沙漠，没有水喝，没有食物，即将渴死饿死，最后为求活命，亲手把自己所骑的青牛杀了，饮其血以解渴，得以不死，历尽艰辛回到函谷关，准备回归中原，重新选择入世生活。小说通过老聃与关令尹喜的大段对话，表现老聃对当初作出遁世远隐草率决定的后悔，并且反复申明所著的《道德经》五千言全是骗人的鬼话，反映了自己的无比自私和虚伪。谈到关尹奉为宝典的《道德经》，他说：“我在这部书里虽然恍恍惚惚地说了许多道德的话，但是我终竟是一个利己的小人。我向你说过，晓得善的好处便是不善了，但我偏只晓得较权善的好处。我晓得曲所以求全，枉所以示直，所以我故作蒙瞽，以示彰明。我晓得重是轻根，静为躁君，所以我故意矜持，终日行而不离辎重。我要想夺人家的大利，我故意把点小利去诱惑他。我要想吃点鲜鱼，我故意把它养活在鱼池里。啊啊，我完全是一个利己的小人，我这部书完全是一部伪善的经典啦！我因为要表示是普天之下的唯一真人，所以我故意枉道西来，想到沙漠里去自标特异……”② 作为文学形象的老聃，面对其思想主张的狂热崇拜者关尹，逐一批判了自己所著《道德经》中的思想观点，全盘否定了其“自隐无名”的思想学说，并且一再申言《道德经》是一部伪善的经典，自己则是一个利己的小人！他为自己杀牛饮血懊悔不已，并且说青牛之死让他幡然醒悟：

青牛它是我的先生呢。它教训我，人间终是离不得的，离去了人间便会没有生命。与其高谈道德跑到沙漠里来，倒不如走向民间去种一茎一穗。伪善者哟，你可以颓然思返了！我的牛，啊，我的先生，它给了我这么一个宝贵的教训。它

① 司马迁：《史记》卷六十三，中华书局1982年版，第2141页。

② 郭沫若：《柱下史入关》，《郭沫若全集·文学编》第10卷，人民文学出版社1985年版，第156页。

的这条尾巴比我五千言的《道德经》还要高贵五千倍呢。①

老聃决定重返人间，认识到人间是离不得的，离去了人间便会没有生命，并且希望到民间去种一茎一穗，过自食其力的普通人生活。这样彻底否定自己的思想和人生态度的自我醒悟，不是他自己经历沙漠的艰辛与生命的苦难换来的，而是死去的青牛给他的宝贵教训与启示，所以他不止一次说青牛是他重获新生的“先生”！小说在即将结尾时写道：“（老聃）自言自语地说：‘我这部误认的《道德经》，只好让我自己拿去烧毁了。’他便把那编竹简挟在腋下，右手拿起他的牛尾巴，悠悠然向东南走去。”② 老聃要用这种极端的方式，处置充满欺骗与虚伪的《道德经》，以此向世人宣告与过去的思想和认识态度彻底决裂。

就在大约半年以前，郭沫若站在学理的角度，还认为老聃是春秋战国时代最了不起的先知先觉者，是他对宇宙万物和人间万象的睿智思考，使中国古人对宇宙本体、万物生长变灭与社会发展规律的认识，发生了革命性改变，促使“黑暗时代”进步到思想自由的“再生时代”。而在此时，郭沫若却借历史题材和人物原型，在小说中把老聃刻画成一个自私、伪善的势利小人，他的全部学说与主张，都是为自己的名利盘算。为了一个虚无缥缈的“博大真人”名号，他不远千里弃世出关，隐遁荒漠，甚至为了留名，还特意为关尹著书五千言，宣扬其道德学说；见了沙漠“草没有一株，水没有一滴”的恶劣环境，他经受不住寂寞与艰苦的考验，杀牛饮血，狼狈而返，追悔自己的隐遁决定十分愚蠢和荒诞，青牛之死提供的深刻教训，就是不能离开人间，不能离开生活实际去高谈迂阔虚伪的道德。一个引领时代思想风气之先的智者，这时候心悦诚服地拜青牛为“先生”，认为自己的《道德经》五千言，还抵不上一只牛尾巴！如此前后迥异的不同认识，如此智愚相悬的巨大评价反差，着实让人难解和困惑。

我们都知道学术研究与文学创作不同，在文学创作中，作者可以根据创作动机或者人物典型塑造的需要，对人物原型及相关素材进行取舍和虚构；我们也知道郭沫若的思想认识与对待历史的态度，在不同的人生阶段与政治背景之下不断发生着改变，这种改变的进程贯穿郭沫若的一生，即便学术研究也突出地表现出这一特点；我们还知道小说集《豕蹄》所收的各篇历史题材小说，寄寓了作者当时“以史实来讽喻今事”的某种特别用意。③ 但是，通览《豕蹄》中的所有历史题材小说，像《柱下史入关》这样研究评价与文学形象塑造截然相反的历史人物，毕竟还是非常罕见的。何况，根据作为《豕蹄》这部小说集的序言《从典型说起》交代的历史题材小说创

---

① 郭沫若：《柱下史入关》，《郭沫若全集·文学编》第10卷，人民文学出版社1985年版，第157页。

② 同上书，第159页。

③ 郭沫若：《从典型说起——〈豕蹄〉的序文》，《郭沫若论创作》，上海文艺出版社1983年版，第543页。

作原则，以及历史人物塑造方法，把老聃塑造成与其一贯肯定老子思想的反面文学人物形象，也是显得多少有些怪异的。郭沫若在文章中说："以讽喻为职志的作品总要有充分的严肃性才能收到讽喻的效果。所谓严肃性也就是要有现实的立场，客观的根据，科学的性质，不可任意卖弄作者的聪明。尤其是取材于史实，是应该有历史的限制的。"[①] 还说："任意污蔑古人比任意污蔑今人还要不负责任。古人是不能说话的了。对于封着口的人之信口雌黄，我认为是不道德的行为。"只有一种情况属于例外，即历史人物的真实形象因为特殊原因被歪曲或者粉饰，"作者为'求真'的信念所迫，他的笔是要采取着反叛的途径的"。[②] 依照郭沫若创作历史题材小说的原则，老聃的形象似乎完全没有理由在短短的半年时间里，作如此颠覆性的改变。唯一的合理解释，大概是郭沫若出于讽喻现实的客观需要，小说中"伪善者哟，你可以颓然思返了"的老聃道白，似乎透露了作者当时的创作动机。郭沫若想通过作品中老聃对远遁自隐行为的幡然悔悟，及重回人世间的人生道路选择，告诫世人要积极入世、进取有为，为改变丑恶的社会现实而尽到每一个人的责任。这符合五四运动以来知识分子苦寻救国方略的普遍理想追求和人生价值选择。

二 关于《道德经》的成书问题考察与老子思想评价的总体定位

旅日十年的郭沫若，由于远离故土及中国的社会斗争现实，所受五四运动精神激荡而高涨的文学创作热情，因为主客观条件的改变而迅速降温，他带着几分无奈和不情愿，进入了以周秦诸子为重点的历史研究领域。后来收入《青铜时代》的历史论文，一部分就是20世纪30年代在日本旅居时期的研究成果，其中与老子和《道德经》相关的，主要是《老聃、关尹、环渊》和《先秦天道观之进展》两文，涉及《道德经》的作者与成书年代，老聃思想的评价诸问题。

写于1934年12月的《老聃、关尹、环渊》一文，属于考证性论文，与本文论题相关的主要是老聃的生活年代、《道德经》的著述性质、成书过程及完成该书的作者等问题。郭沫若在文章的开头部分，首先介绍梁启超关于《道德经》成书甚晚的观点，表明大致同意梁氏及多数学者的意见，认为该书"成书的年代约略在战国中叶"[③]。既然《道德经》成书于战国中叶，那么其与生活于春秋末期的老聃之间的关系，就面临着许多与历史记载相矛盾的问题，其中包括司马迁《史记》所载老聃为关尹著书上下篇五千言，是否就是后世认定的《道德经》问题。

---

① 郭沫若：《从典型说起——〈豕蹄〉的序文》，《郭沫若论创作》，上海文艺出版社1983年版，第543页。

② 同上书，第542页。

③ 郭沫若：《青铜时代·老聃、关尹、环渊》，《郭沫若全集·历史编》第1卷，人民出版社1983年版，第534页。

要理清老子与《道德经》的关系，就须先确认老子的生活年代。郭沫若从司马迁《史记》中关于老聃记载的自相矛盾，看出其在汉初已经难于理清老聃的真实身世经历，所以涉及老子其人，就有老聃、老莱子、太史儋三种不同说法，三个人生活的年代不一样，老子究竟生活在什么时代？各种纷繁的见解，在现代学者钱穆的《先秦诸子系年·老子杂辨》中，有着相当详尽的梳理，在文章的末尾，钱氏认同了宋人陈师道的一种说法："'世谓孔、老同时，非也。孟子辟杨、墨而不及老，荀子非墨、老而不及杨，庄子先六经，而墨、宋、慎次之，关、老又次之，庄、惠终焉。其关、杨之后，孟、荀之间乎？'此疑老子身世最先，而定老子身世亦最的。"① 钱穆同意老子生活于关尹、杨朱之后，而与孟子、荀子相先后的说法。郭沫若却不赞同这种观点，其理由是：第一，秦汉以前的人都认为老子即是老聃，年辈先于孔子，曾经教导过孔子。这从《庄子·天下篇》《吕氏春秋》的《贵公》《当染》《去尤》《不二》《重言》诸篇，以及《韩非子》的《解老》《喻老》等史料中，均能找到有力佐证。第二，老子曾为孔子之师，在早期儒家经典里，孔子自己是明确承认的，比如《礼记·曾子问》四处引用老子的话，孔子亲口说"吾闻之老聃"。儒家道统的维护者如韩愈之流，碍于维护道统的所谓纯洁性，拒不承认孔子师事老聃的事实，是罔顾历史，很滑稽的。郭沫若指出："其实老子做孔子的先生是毫无逊色的，而老子有过孔子那样的一个弟子在秦汉以前也并不见得是怎样的光荣。"② 依照这样的论证逻辑和提供的证据，郭沫若认为，要了解老子的真实身世经历，应该取信于秦汉以前的史料记载，他因此提出明确观点，老子即是老聃，其年辈先于孔子。

关于《道德经》的作者及成书年代。学界历来认为，在春秋时代未曾出现私家著书的情况，《论语》《墨子》都不是由孔子、墨子本人撰写完成，而是他们的弟子或再传弟子们，根据师生之间的问答谈话，记录整理而成。因此，《史记》关于老子出关时为关尹著《上下篇》五千言的记载，是靠不住的。虽然老子为关尹著书不可能，但《老子》上下篇五千言又是很早就流传于世的，不仅地上的古典文献资料足资证明，而且上世纪70年代马王堆等地发掘的地下楚简，也可有力证明至少在汉初，就传布着以道、德为主要内容的《老子》上下篇，《汉书·艺文志》道家类有《老子邻氏经传》四篇，《老子傅氏经说》三十七篇，《老子徐氏经说》六篇等著录。③ 称"经传""经说"者，均是传承、阐释老子学说的。可见在西汉，《老子》已经被尊为经典，大概汉人因《老子》全书皆言道德问题，所以便称为《道德经》了。

郭沫若考证《史记·孟子荀卿列传》有"环渊，楚人，学黄老道德之术，因发明其旨意，著《上下篇》"的记载，认为环渊所著之《上下篇》就是后世所传的

---

① 钱穆：《先秦诸子系年·老子杂辨》，商务印书馆2001年版，第261页。

② 郭沫若：《青铜时代·老聃、关尹、环渊》，《郭沫若全集·历史编》第1卷，人民出版社1983年版，第540页。

③ 班固：《汉书》，中华书局1983年版，第1729页。

《道德经》上下篇，并对此分析推论说："太史公所录的这些史实应当是有蓝本的，蓝本应当是齐国的史乘。太史公把它照录了，在他自己显然不曾明白这《上下篇》就是《道德经》。"他还分析了《史记》关于老子出关为关令尹喜著书的记载，认为这是汉初在世间的一种传说，司马迁用或然的口吻采录了这种传说："这儿所说的'关令尹'就是《庄子·天下篇》和《吕氏·不二》的关尹。关尹即环渊，关环尹渊均一声之转。……故环渊著《上下篇》是史实，而老子为关尹著《上下篇》之说是讹传，但讹传亦多少有其根据，所根据者即是环渊著《上下篇》这个史实。现在老子《道德经》是环渊所著录，由史实与讹传两方面算得到了它的证明。"[①] 据此，郭沫若提出两点基本结论，一是"《老子上下篇》乃环渊所录老聃遗训，唯文经润色，多失真之处，考古者须得加以甄别"。二是"环渊生于楚而游于齐，大率与孟子同时，盖老聃的再传或三传弟子"。[②] 用"大率"、"盖"之类的或然之辞，表明郭沫若也是依据相关史料所作的推论，并不能确定如此。因此，郭沫若在梁启超等人提出《道德经》成书于战国时代的观点基础上，进一步推断认为是由与孟子同时的楚人环渊笔录老聃与弟子的谈话润色而成。既否定了老子生于战国时代的说法，又提出了《道德经》非老聃本人出关为关令尹喜所著，而是由其弟子采用与《论语》《墨经》类似的做法，根据老师的谈话笔录整理形成。但是，《道德经》与《论语》《墨经》在语言风格上又有明显不同，通篇颇具文采，很多地方甚至押韵。郭沫若对此给出了自己的解释："环渊是文学的趣味太浓厚的楚人，他纂集老子遗说的态度却没有孔门弟子那样的质实，他充分地把老子的遗说文学化了，加了些润色和修饰，遂使《道德经》一书饱和了他自己的时代色彩。"[③]

《先秦天道观之进展》作于1935年12月。在利用了殷墟龟甲兽骨作为地下发掘的资料考察商代的天、神观念以后，郭沫若阐述了西周关于"天"的观念所出现的新变化，指出："以天的存在为可疑，然而在客观方面要利用它来做统治的工具，而在主观方面却强调着人力，以天道为愚民政策，以德政为操持这政策的机柄，这的确是周人所发明出来的新的思想。"[④] 当历史进展到春秋时代，郭沫若认为这是一个在政治上的争乱、在思想上矛盾的时代，政治上的争乱是为了求定，思想上的矛盾则是在酝酿着新的统一。在致力于思想统一的过程中，"中国思想上展开了灿烂的篇页"[⑤]。郭沫若交代中国古代思想的发展背景，显然其目的在于为肯定老子、孔子在此过程中发挥的突出作用与贡献进行准确"定位"：即老子彻底破除了夏商西周以来

---

① 郭沫若：《青铜时代·老聃、关尹、环渊》，《郭沫若全集·历史编》第1卷，人民出版社1983年版，第541—542页。

② 同上书，第545页。

③ 同上书，第350页。

④ 同上书，第337页。

⑤ 郭沫若：《青铜时代·先秦天道观之进展》，《郭沫若全集·历史编》第1卷，人民出版社1983年版，第346页。

关于“天”在中国古代意识形态上的绝对权威，而以“道”取而代之，作为超越时空的本体观念。他指出：“老子的最大发明便是取消了殷周以来的人格神的天之至上权威，而建立了一个超越时空的形而上学的本体。这个本体他勉强给了它一个名字叫作‘道’，又叫作‘大一’。”①

《老子》第二十一章：“道之为物，惟恍惟惚。惚兮恍兮，其中有象；恍兮惚兮，其中有物。窈兮冥兮，其中有精；其精甚真，其中有信。”第二十五章：“有物混成，先天地生。寂兮寥兮，独立而不改。周行而不殆，可以为天下母。吾不知其名，字之曰道，强为之名曰大一。”王弼解本章首句云：“混然不可得而知而万物由之以成，故曰混成也。不知其谁之子，故曰先天地生。”② 说明“道”是先于天地万物就存在的东西，虽然无形无名，但天地万物都是由之生成的。陈鼓应解释老子一再强调“道”存在于无形的原因说：“因为如果‘道’是有形的，那必定就是存在于特殊时空中的具体之物了；存在于特殊时空中的具体事物是会生灭变化的。然而在老子看来，‘道’却是永久存在的东西，所以他要肯定‘道’是无形的。”③

郭沫若认为，老子在中国古代思想史发展上的重要贡献，首先在于赋予“道”形而上学的本体意义。在老子之前，政治家和思想家们借用道路之“道”，指称适用于世间的法则或者方法，如《尚书·康王之诰》“皇天用训厥道，付畀四方”。按照孔颖达《尚书正义》的解释，这里的“道”指周文王、周武王所奉行的治国方法④；《左传》记载郑子产所说的“天道远、人道迩”，指的也是自然法则、社会法则。“到了老子才有了表示本体的‘道’，老子发明了本体的观念，是中国思想史上所从来没有的观念，他找不出既成的文字来命名它，只在方便上勉强名之曰‘大一’，终嫌其笼统，不得已又勉强给它一个名字，叫作‘道’。”⑤ 郭沫若分析，老子虽然借用了“天道”的成语，但赋予其与商周时代“尊天”完全不同的宇宙本体意义，这正是老子苦心孤诣的发明。

其次，郭沫若分析了老子对“道”作为宇宙本体的观念内涵所进行的阐释。《老子》第四章云：“道充而用之或不盈，渊兮似万物之宗，……湛兮似或存。吾不知谁之子，象帝之先。”郭沫若据此分析指出，按照老子的观点，“‘道’是宇宙万物的本体，是为感官所不能接触的实在，一切由人的感官所生出的范畴不仅不能范围它，且都是由它所引申而出，一切物质的与观念的存在，连人所有的至高的观念‘上帝’

① 郭沫若：《青铜时代·先秦天道观之进展》，《郭沫若全集·历史编》第1卷，人民出版社1983年版，第351页。

② 老子：《道德经》，上海古籍出版社1986年版，第3页。

③ 陈鼓应：《老庄新论·老子哲学系统的形成》，上海古籍出版社1992年版，第5页。

④ 孔颖达：《尚书正义》卷十九，中华书局1980年版，第244页。

⑤ 郭沫若：《青铜时代·先秦天道观之进展》，《郭沫若全集·历史编》第1卷，人民出版社1983年版，第352页。

都是由它所幻演出来的"。[①] 显然，道既先于宇宙万物而存在，而且先于人的观念而存在，连至高至尊的"上帝"也是道的衍生物。钱穆、冯友兰均对老子提出的"道"所具的思想史进步意义给予高度肯定。钱氏写于1923年夏的《关于〈老子〉成书年代之一种考察》指出："《老子》书中'道'字有一主要之涵义，即道乃万有之始，虽天与上帝，从来认为万物之所从出者，《老子》书中亦谓其由道所生。此乃老子学说至堪注意之一特点也。"[②] 冯氏于1930年写成的《中国哲学史·上册》（初稿）也持相似看法："古代所谓天，乃主宰之天……老子则直谓'天地不仁'，不但取消天之道德的意义，且取消其唯心的意义。古时所谓道，均谓人道，至老子乃予道以形上学的意义。以为天地万物之生，必有其所以生之总道理，此总道理名之曰道。"[③] 冯氏所谓老子之道的形上学"总道理"，即是郭沫若所指的宇宙本体。

当然，被郭沫若称为革命思想家的老子，所提出的"道"的观念，不仅用于解释宇宙的本体即万物的起源问题，否定天与上帝主宰世界的崇高地位。而且有时老子也用它起到政治上的"愚民"作用，这是构成老子政治思想的内容之一。《道德经》被历代统治者作为君人南面之术广泛应用，正是这种内容与特征的充分体现。比如老子也相信"天道无亲，常与善人"（《道德经》第七十九章），这被郭沫若作为老子同时肯定"天"和"道"的证据之一。[④] 似乎它们都是奖善罚恶的最高主宰，共同发挥着有利于统治者教化社会、统一人心的"愚民"功能。郭沫若对此的解释是，处于新旧思想观念交替冲撞的春秋时代，老子的思想体系是一个矛盾体，在提出革命性观念的同时，有难免保留着传统旧观念的"孑遗"："他的思想的特色是建立了一个新的宇宙的根元，而依然保守着向来的因袭。"认为是老子新发明还没有十分圆熟的真实呈现。[⑤]

相比而言，郭沫若30年代关于老子及其《道德经》的研究，较20年代更加具体和深入，特别是关于《道德经》的成书过程及笔录润色者的考定，为长期以来学界争论不休的老子其人存在与否问题、《道德经》的基本思想与环渊加工处理的关系问题等，给出了一个颇具学理性的解释，比他十多年前模糊笼统地讨论老子思想及其地位的评价方式，已经有了巨大进步。在对于老子思想进步性及其划时代贡献评价上，总体沿袭了20年代的基本观点，但也显示了明显差别：20年代受泛神论思想支配的郭沫若，十分强调老子关于"道"的观念之无目的性的无为思想一面，他对老

① 郭沫若：《青铜时代·先秦天道观之进展》，《郭沫若全集·历史编》第1卷，人民出版社1983年版，第352页。

② 钱穆：《关于〈老子〉成书年代之一种考察》，《庄老通辨》上卷，生活·读书·新知三联书店2002年版，第23页。

③ 冯友兰：《〈老子〉及道家中之〈老〉学》，《中国哲学史》上册，中华书局1992年版，第218页。

④ 郭沫若：《青铜时代·先秦天道观之进展》，《郭沫若全集·历史编》第1卷，人民出版社1983年版，第353页。

⑤ 同上。

子的“无为说”作了如下阐释发挥：“道是无目的地在作用着。试看天空，那里日月巡环，云升雨降，丝毫没有目的。试看大地，他在司掌一切生物之发育成长，没有什么目的。我们做人也应当是这样，我们要不怀什么目的去做一切的事。人类的精神为种种的目的所搅乱了。人世苦由这种种的为而发生。我们要无所为而为一切!”① 而30年代几乎只字未提老子的“无为说”，反而着重强调了老子发明“道”的本体观念的强烈目的性，他把老子提出“道”作为宇宙本体的观念，视作一个“苦心孤诣的发明”，老子把“道”作为宇宙的最高主宰，目的就在于从根本上否定天与上帝的绝对权威、神的至上地位。同时，“道”在政治上所发挥的“愚民”的作用，其目的指向性更加清楚。显然，在诸侯纷争、天下扰攘的春秋时代，老子提出“道”的观念作为宇宙存在的本体，绝不纯粹只是一个理论思辨的哲学命题，它有着非常现实的思想动机和社会目的性。那就是要为已然发生形势巨变的社会现实，寻找合理的观念指引与理论支撑。

三　从对黄老学派的批判看郭沫若关于老子评价的巨大变化

20世纪40年代，郭沫若开展对先秦诸子学说及其发展演变的系列研究，后来汇集成重要研究成果《十批判书》。该书有写成于1944年9月的《稷下黄老学派批判》一文，涉及老子及其《道德经》的评价。此外，同年7月所写的《古代研究的自我批判》，1945年5月的《十批判书·后记——我怎样写〈青铜时代〉和〈十批判书〉》两文，或多或少提到老子和《道德经》的评价问题。与过去相比，郭沫若此时的研究重点转向了由继承与发扬老子思想的稷下学者为主体的学派群体，不再是只针对老子其人其书的专门研究。正是由于研究的对象发生了明显变化，其视角与评价方式也会随之发生一些值得注意的变化。

首先，郭沫若认为老子及道家学派的宇宙万物本体观，是避世主义人生哲学和希求长生不老生活态度的理论根据。为此，他专门考察分析了道家学派由最初的默默无闻到后来形成巨大声势并产生重要社会影响的历史背景。在郭沫若看来，由于老聃、杨朱本来是退撄的避世主义者，力求与社会现实相脱离，所以最初他们的学说不甚为世所重，根本不能与孔丘、墨翟当世即显名于时的情形相比。儒、墨两家弟子徒属满天下，四处宣传，拜谒王公大人以求行道。而道家的本体学说在一般人看来不免玄虚缥缈，其徒属又多崇奉避世主义人生哲学，难以在解决社会现实问题方面有所作为，故其学说不甚为世所重的直接原因，在于不实用。但后来的老聃学派不仅逐渐兴旺，而且其势头曾一度压过儒家学派，自有其深刻的社会变化原因。郭沫若指出：

① 郭沫若：《史学论集·中国文化之传统精神》，《郭沫若全集·历史编》第4卷，人民出版社1984年版，第257页。

在春秋末年，一部分的有产者或士，已经有了饱食暖衣的机会，但不愿案牍劳形，或者苦于寿命有限，不够满足，而想长生久视，故尔采取一种避世的办法以“全生葆真”，而他们的宇宙万物一体观和所谓“卫生之经”等便是替这种生活态度找理论根据的。这种理论，在它的本质上并没有多大的发展前途，因为它没有大众的基础；而小有产者的小众能够满足于这种生活态度的，依然还占少数的时候，也无从发展。故尔它在初期不能有孔、墨那样大的影响。然而这一学派，一经齐国稷下制度的培植，它便立地蕃昌了起来，转瞬之间便弄到“天下之言，不归杨则归墨”了。①

在上述这段关于道家学派由衰转盛的发展原因分析文字中，最值得注意的是，郭沫若把老子倡导的宇宙万物一体观，视为此派为其“全生葆真”避世哲学、“卫生之经”生活态度所寻找的理论依据，与之前认定的这种观念在中国古代思想史发展中具有的划时代革命性进步意义全然不同了。这从他对齐国扶植道家的动机与目的的解释中也可以得到清楚印证。他说：

齐国为什么要那样扶植道家呢？这很明显，完全是一种高级的文化政策。所谓“窃钩者诛，窃国者为诸侯”，自从齐威王袭田氏的遗烈，篡取了齐国之后，由向来养士的习惯，要有一批文化人来做装饰品，固然是一种动机，而更主要的还是不愿意在自己的肘翼之下又孵化出新的“窃国者”来，所以要预为之防，非化除人民的这种异志不可。在这个目标上，杨、老学说是最为适用的武器。②

类似的分析论述同样见于郭沫若的《古代研究的自我批判》中，认为道家学派的兴旺，全靠齐国“高等的文化政策保护”。③

显然，这是此时的郭沫若坚持“人民本位”评价标准，按照阶级分析方法，通过各家各派比较评判所必然得出的结论。

其次，通过对韩非《解老篇》关于《道德经》第三十六章解读的分析，郭沫若严厉地批判了老子及其思想传人秉持的个人主义立场，认为这种观点被统治者利用，就自然变成了愚民政策。关于老子的政治思想中包含愚民政策的成分，虽然在郭沫若30年代的《先秦天道观之进展》一文中就已提及，但并未深入分析论述，也没有论证其发展演变的过程。《道德经》第三十六章云：“将欲歙之，必固张之。将欲弱之，

① 郭沫若：《十批判书·稷下黄老学派批判》，《郭沫若全集·历史编》第2卷，人民出版社1982年版，第161—162页。

② 同上书，第162页。

③ 梁启雄：《韩子浅释·喻老》，中华书局1982年版，第70—71页。

必固强之。将欲废之，必固兴之。将欲夺之，必固与之。是谓微明。柔弱胜刚强，鱼不可脱于渊。国之利器，不可以示人。”王弼解后四句云：“利器，利国之器也。唯因物之性，不假刑以理物。器不可睹，而物各得其所。则国之利器也示人者，任刑也。刑以利国则失矣。鱼脱于渊，则必见失矣。利国器而立刑以示人，亦必失矣。”①韩非《喻老篇》引申老子观点云：“势重者，人君之渊也。君人者势重于人臣之间，失则不可复得也。……故曰：‘鱼不可脱于深渊。’赏罚者，邦之利器也。在君则制臣，在臣则胜君。……故曰：‘邦之利器不可以示人。”② 体现了明显的君主专制集权思想。有时候为了达到攫取权力的目的，完全可以采取权谋诈术。所以郭沫若认为，老子讲得头头是道的人君治国理论，说白了就是一种为了权力可以不择手段的“诈术”：

这在道家本身原是应有的理论。因为它根本是站在个人主义的立场的。尽管是怎样的个人主义者，一个人不能完全脱离国家社会而生存，故论到国家社会的理则时，便很容易流露出其个人主义的本色。为要保全自己或使自己所得之利更大些，当然要把自己立于不败之地，而以权术待人了。故老聃的理论一转而为申、韩，那真是逻辑的必然，是丝毫也不足怪的。③

在分析关尹一派继承老子权术思想进而演变为愚民政策主张时，郭沫若列举了《道德经》第六十五章：“古之善为道者，非以明民，将以愚之。”“民之难治以其智多，故以智治国，国之贼；不以智治国，国之福。”钱穆对老子的这种愚民理论评论说：“此乃圣人之权谋，亦即是圣人之不仁与可怕也。”④ 郭沫若虽然不能完全肯定就是老子本人的遗说，但他相信，是关尹对老子愚民政治思想的进一步发展。郭沫若对此的结论性评价是：

这种为政的态度，简直在把人民当成玩具。这如是老聃的遗说，可以说是旧时代的遗孽未除；如是关尹的发展，那又是对于新时代的统治者效忠了。不以人民为本位的个人主义，必然要发展成为这样的，更进一步，便否认一切文化的效用而大开倒车。⑤

---

① 老子：《道德经》，上海古籍出版社1986年版，第4页。

② 梁启雄：《韩子浅释·喻老》，中华书局1982年版，第171—172页。

③ 郭沫若：《十批判书·古代研究的自我批判》，《郭沫若全集·历史编》第2卷，人民出版社1982年版，第184页。

④ 钱穆：《道家政治思想》，《庄老通辩》，生活·读书·新知三联书店2002年版，第117页。

⑤ 郭沫若：《十批判书·古代研究的自我批判》，《郭沫若全集·历史编》第2卷，人民出版社1982年版，第185页。

尽管郭沫若强调要注意把老子遗说与道家后学区别看待，但其对该学派根本思想和政治主张基本趋于否定评价，已是非常清楚的事实。

再次，对《道德经》一书的看法，也有了值得注意的改变。在《老聃、关尹、环渊》和《先秦天道观之进展》两文中，郭沫若虽然已经十分肯定《道德经》就是楚人环渊笔录老子遗说加以文字润色而成，但并未深入分析环渊的思想与其他黄老学派有什么不同，也没有阐述环渊的思想在润色老子遗说过程中得到怎样的体现。而在《稷下黄老学派批判》中，郭沫若试图给予回答。郭沫若首先分析了环渊一派与宋钘、慎到两派思想观念的差别：

> 照《天下篇》所引的关尹（环渊）遗说看来，他是主张虚己接物的……他的单独成派，或者是因为他把他们两家（宋钘、尹文，慎到、田骈）的现实倾向都抛弃了的原故罢。宋钘、尹文志在“救世”，慎到、田骈学贵“尚法”，他们都还没有脱离现实，而在关尹或环渊便差不多完全脱离现实而独善其身了。“淡然独与神明居”，便很扼要地说穿了这种态度。①

这种主张脱离现实、独善其身的态度，与《史记》所述“老子修道德，其学以自隐无名为务”的思想特征最为接近。郭沫若显然是由此得到启示，并将其作为论证环渊所著《上下篇》就是笔录润色老子《道德经》上下篇的重要依据之一。同时，郭沫若根据《天下篇》所引“知其雄，守其雌，为天下谿；知其白，守其辱，为天下谷”二十字的老子言，在《道德经》第二十八章中被润色者将其扩充为八十六字等史料证据，得出如下结论：

> 可知《道德经》毫无疑问成于后人之手，其中虽然有老聃遗说，但多是“发明旨意”式的发挥，并非如《论语》那样的比较实事求是的纪述。因此要认《道德经》为老聃所做的书，字字句句都出于老子，那是错误；但要说老子根本没有这个人，或者有而甚晚，那也跑到了另一极端。这两种极端的见解却是从同一个出发点出发，是很有趣的形象。因为它们都认为《道德经》是老聃自己所做的书。现在我把这层云雾揭开，断定它是环渊即关尹发明老氏旨意而作，那么根据这项资料，我们既可以论老聃，也可以论关尹了。②

---

① 郭沫若：《十批判书·稷下黄老学派批判》，《郭沫若全集·历史编》第2卷，人民出版社1982年版，第176—177页。

② 同上书，第181页。

只有证明了环渊学说与老子思想的相似性，他们之间的学派承续关系才能成立；环渊所笔录的老子遗说《道德经》，其中包含了润色者对老子遗说旨意的大量发挥，其中自然免不了掺杂环渊自己的思想成分，说明老子思想随着学派分立而发生了演变；加之“发挥”的方式采用了论赞体形式，遂形成《道德经》文学色彩特别浓郁的表现特征，这在一定程度上反映了从春秋末期到战国中期的文风变化。应该说，这样的证据与结论比30年代的观点更加具有说服力。

（原载《郭沫若学刊》2014年第4期）

郭沫若《驳〈说儒〉》撰写缘起初论

何　刚

在现代学术史上，胡适的《说儒》堪称一篇鸿文。胡适该文甫出即在学界引起了激烈讨论，冯友兰、钱穆、李源澄、江绍原、贺次君等都曾撰文进行商榷，其中也包括郭沫若。郭沫若虽然承认《说儒》“举证相当丰富。我们知道胡适是费了不少的工夫，是他一篇得意之作”①，但他在《驳〈说儒〉》一文中给予胡文几近全面否定的批评意见，长期以来也为学界所关注。在以往的研究中，许多学者多注重“平议”两人针锋相对的论点，然后从学术史角度指出各自的创获与不足等。②

《驳〈说儒〉》系当时身在日本尚未归国的郭沫若于1937年5月写作而成，原题为《借问胡适——由当前的文化动态说到儒家》，发表在《中华公论》同年7月的创刊号上。1942年2月重庆文学书店出版的《蒲剑集》，1945年3月重庆文治出版社初版以及1946年5月、1947年4月重庆群益出版社再版的《青铜时代》均收录了此文，标题改为《驳〈说儒〉》，内容未有变化。1954年人民出版社改排出版，1957年科学出版社印行新一版时，标题仍为《驳〈说儒〉》，但内容有重大变化，即文章原有的两部分——“替鲁迅说几句话”“论胡适的态度”被删除，其余内容在文字上也有大量改动，后来相继收录至《沫若文集》、《郭沫若全集》时均仍是如此。笔者发现，学者们的过往论述未有注意到《驳〈说儒〉》的这一版本变化，没有看到最早发表的文本形式，③ 所据的多为20世纪50年代之后的版本，忽略了上述被删除的两项重要内容及其背后蕴含的学术信息，因而在论述郭沫若的《驳〈说儒〉》，尤其在

---

① 郭沫若：《论儒家的发生》，《学习生活》第三卷第二期，1942年7月。

② 据笔者阅读所见，主要成果有邓广铭：《胡著〈说儒〉与郭著〈驳说儒〉平议》，载耿云志、闻黎明编《现代学术史上的胡适》，三联书店1993年版，第1—9页；杜蒸民：《胡适与郭沫若思想比较研究》，中共党史出版社2010年版，第231—251页；朱维铮：《〈说儒〉和〈驳“说儒”〉》，载氏著《壶里春秋》，上海文艺出版社2002年版，第86—90页；王世民：《关于郭沫若的〈驳“说儒”〉》，载中国郭沫若研究会编《郭沫若与儒家文化》，山东人民出版社1994年版，第285—288页。

③ 许多人在介绍时，多误称此文原名为《质问胡适》。笔者发现，此始作俑者为郭沫若，在《十批判书·后记》中，他说：“一九三六年我写过一篇《驳〈说儒〉》，是反驳胡适的《说儒》而作，原名为《质问胡适》，曾在钱亦石兄所主编的《中华公论》上发表过。发表当时，适值芦沟桥事变与八一三战役的爆发，时代的大波澜把它湮没了，未曾获得世人的注意。往年我曾经把它收进《蒲剑集》，新近我也把它收进《青铜时代》里面去了。”

“平议”其与胡适《说儒》的学术得失之时，未免显得仓促了些。回到《驳〈说儒〉》当初写作时的“文化动态”，还原此文早期的完整文本内容，对郭沫若的撰写缘起与旨趣有一个较为清晰的了解，或许是一项首先要完成的前提工作。

一

事情的第一个缘由起于1936年苏雪林的“反鲁”言论。

1936年10月19日鲁迅逝世之后，苏雪林“义无反顾”地向鲁迅发难。11月12日，她给蔡元培先生写了一封信，大骂鲁迅“病态”“偏狭阴险多疑善妒”“睚眦必报，不近人情”“色厉内荏，无廉无耻”“好谄成癖”“为所欲为”“劣迹多端”，是“玷辱士林之衣冠败类，二十四史儒林传所无之奸恶小人”，劝蔡元培把他自己的名字从鲁迅的葬仪发起人名单中删除。① 当然，这封信事实上并没有交到蔡元培手上；11月18日，苏雪林又给胡适写信，宣布要向“鲁党”挑战，重复她在给蔡元培的信中对鲁迅的辱骂。更重要的是，1937年3月1日，苏雪林以《关于当前文化动态的讨论（通信）》为题，将自己的去信和胡适的回信在《奔涛》杂志上一同公开发表了出来。这显然无形中抬高了她的“反鲁”声势，扩大了其在思想文化界的影响。

让郭沫若首先感到气愤的就是这公开发表之事，尤其是将那些几近撒泼谩骂之词全部搬到台面上来。他说：

> 说句老实话，读了之后，实在是感觉着不愉快，像某女士的那种把女性的弱点表示得十足的私信，实在是不应该发表的。“诚玷辱士林之衣冠败类，二十四史儒林传所无之奸恶小人，”固然“不成话”。但如“鲁迅平生主张打落水狗……现在鲁迅死了，我来骂他，不但是打落水狗，竟是打死狗了，”这更成什么话呢！②

郭沫若接着认为，二人的通信之所以能公开发表了出来，胡适在其中要负担主要责任，而且手段还很下作：

> 某也不足责，因为她本是写给你的信，而是要望你给“一种正确的指示”的，你口口声声以“说平实话”，“听平实话”自命的博士，为什么不稍稍言行相顾一下，把那种含血喷人的私信遏勒起来呢？你一方面既贩卖“持平”，一方

① 苏雪林：《与蔡孑民先生论鲁迅书》，《奔涛》第1卷第2期，1937年3月16日，转引自孙郁编《被亵渎的鲁迅》，贵州人民出版社2009年版，第150—154页。

② 郭沫若：《借问胡适——由当前的文化动态说到儒家》，《中华公论》创刊号，1937年7月。以下所引郭沫若文字而未标注者，均出自该文。

面又“同情愤慨”，不唯把她给你的信听其发表，而且把你给她的信也“允许发表”，这岂不是既已借刀杀人，而又来假惺惺地装个正经吗？这样，自然也是一种战略，然而这战略实在是早已陈腐得发生了黑黴。到了二十世纪的现代，还要发挥着我们所固有的鞭尸戮墓的传统，而且还要想“使敌党俯首心服”，我们博士——我真不知道该下怎样的批评才好。

笔者认为，郭沫若在此处很有可能冤枉了胡适，将通信公开发表应是苏雪林单独所为，因为胡适在回信中明确表示反对攻击别人的私人行为，并批评了苏雪林谩骂鲁迅的态度。在回信中，胡适说：“我很同情你的愤慨，但我以为不必攻击其私人行为……他已死了，我们尽可以撇开一切小节不谈，专讨论他的思想究竟有些什么，究竟经过几度变迁，究竟他信仰的是什么，否定的是些什么，有些什么是有价值的，有些什么是无价值的。如此批评，一定可以发生效果”，并指责“诚玷辱士林之衣冠败类，二十四史儒林传所无之奸恶小人”的字句“未免太动火气，此是旧文字的恶腔调，我们应该深戒”。[①] 同时，胡适也没有同意苏雪林在信中提出的，借《独立评论》“一角之地”来发表她的反鲁文字（包括连带寄给胡适的此前给蔡元培的信稿）的请求。

除了认定的胡适在“借刀杀人”之外，通信中对鲁迅的“骂”与这一时期郭沫若的鲁迅观形成的强烈反差，也是郭沫若要“替鲁迅说几句话”，撰写《驳〈说儒〉》的促成因素。

流亡日本期间正是郭沫若对鲁迅形成正确认识，其“鲁迅观正在向臻于至善和纯正的阶段跃进”的时期。[②] 鲁迅逝世当夜，远在日本的郭沫若写有《民族的杰作》一文，对鲁迅的逝世致以沉痛哀悼，并极力推崇鲁迅的业绩，认为“中国文学由先生而开辟出了一个新纪元，中国的近代文艺是以先生为真实意义的开山”。尽管郭沫若自谦，评价鲁迅，“我自己怕是最不适当的一个人”，但仍“敢于直率地对着一些谗谤者吐出我直觉的见解：鲁迅先生是我们中国民族近代的一个杰作”。[③] 仅仅几天后，郭沫若又作《坠落了一个巨星》一文，继续对鲁迅给予了崇高的评价，表达了承鲁迅之后继续战斗的决心。他说：“鲁迅是不灭的。他的声名在中国文艺史上无疑地是施耐庵，罗贯中，吴敬梓，李卓吾等一样地，作为永远光辉的存在”，“关于鲁迅的生涯，性格，思想，艺术的全面检讨，和他的生前功绩的正确评价，不久一定有

---

① 胡适、苏雪林：《关于当前文化动态的讨论（通信）》，《奔涛》第1期，1937年3月1日。转引自孙郁编《被亵渎的鲁迅》，贵州人民出版社2009年版，第142—145页。以下所引胡适文字而未标注者，均出自该文。

② 张恩和：《简论郭沫若的鲁迅观》，载中国郭沫若研究学会《郭沫若研究》编辑部编《郭沫若研究》（第3辑），文化艺术出版社1987年版，第181—182页。

③ 郭沫若：《民族的杰作——悼唁鲁迅先生》，《郭沫若全集·文学编》（第16卷），人民文学出版社1989年版，第256—258页。

适当的人慎重地完成出来”，“中国文艺，是不好让它和鲁迅一同逝去的。鲁迅已经给我们留下了一个榜样。拿着剑倒在战场上吧！以这样的态度努力工作下去，怕才是纪念鲁迅的最好的道路”。[①] 郭沫若的话音刚落不久，苏雪林和胡适的讨论通信就“公开”了出来，里面的意见与郭沫若提出要对鲁迅进行“全面检讨”和“正确评价”的希冀南辕北辙，让其殊难接受，更谈不上是“纪念鲁迅的最好的道路”了。

二

属于唯物史观派学人的郭沫若与身居学界主流的胡适之间因治学门径、治学旨趣相异，某种程度存在的学术门户抵牾与意气之争，构成了《驳〈说儒〉》的另一个重要的写作因素。

除了有关鲁迅的言论之外，胡适的信中让郭沫若不能接受的还涉及对当时新兴的唯物史观治学路径的评价。因为苏雪林在信中提到，“左派造成了清一色的赤色文化”，邹韬奋等人高唱“抵抗”、“抗战”口号，而不见具体方案，“似尚含有‘叛国’阴谋”。[②] 胡适在信中劝苏雪林不必“过于张大左派文学的势力”。他自己的态度是“‘老僧不见不闻’，总不理他们”。为了继续讲明“总不理他们”的功效，胡适接着又选择了唯物史观为例，他说：

> 你看了我的一篇《〈西游记〉的第八十一难》没有？(《论学近者》) 我对付他们的态度不过如此。这个方法也有功效，因为是以逸待劳。我在一九三〇年写《介绍我自己的思想》，其中有二三百字是骂唯物史观的辩证法的。我写到这一页，我心里暗笑，我知道这二三百字够他们骂几年了！果然，叶青等人为这一页文字忙了几年，我总不理他们。

在郭沫若看来，胡适在此处“过于自负了一点”，“他往往会睁着眼睛大胆的抹煞人和事实的存在”，文中流露出的对唯物史观以及以唯物史观治学的学者的轻蔑和戏谑口吻让他很为恼火。郭沫若首先抓住“唯物史观的辩证法”这个小辫子，斥责胡适连唯物辩证法、唯物史观等概念都还没有闹清楚，凭什么能“骂”呢：

> 见到“唯物史观的辩证法”这个名词，觉得和“洋八股”之骂，也像相差

---

① 郭沫若：《坠落了一个巨星》，《郭沫若佚文集》（上），王锦厚、伍加伦、肖斌如编，四川大学出版社1988年版，第292—294页。

② 胡适、苏雪林：《关于当前文化动态的讨论（通信）》，《奔涛》第1期，1937年3月1日，转引自孙郁编《被亵渎的鲁迅》，贵州人民出版社2009年版，第145—149页。以下所引苏雪林文字而未标注者，均出自该文。

不远。照一般的习惯语说来，如指方法言是“唯物的辩证法”，如指思想言是“辩证的唯物论”，所谓“唯物史观”者是用唯物辩证法所把握着的社会进展过程。今博士言“骂唯物史观的辩证法”，这到底“骂”的是什么对象呢？尽管博士是怎样的聪明天纵，别的很多人费了无数心血所育护出来的学说，你连“正名”的初步都远没有走到，如何便“骂”了起来？更何况还要在“心里暗笑”，这到底是什么存心呢？”

众所周知，自1930年出版《中国古代社会研究》起，郭沫若的学术研究走的正是用唯物史观“清算”中国社会，使马克思主义的辩证唯物论“中国化”的路径。不仅如此，郭沫若的学术研究，从一开始就明白地表露出对当时身居民国学界主流的胡适等“新派”学人的反对，是以主流学术的挑战者和批判者的姿态出现在学界的。[①] 所以，他表面上自嘲道：“我自己很惭愧，忝列于博士所说的‘没有东西’之流，实在是一点什么也不晓得，只是对于别人的劳绩，觉得是应该相当地尊重，而不可一概抹煞的，就要‘骂’吧。”

我们再从当时的学术发展现状看，20世纪二三十年代，随着马克思主义唯物史观的迅速传播，新兴社会科学运动在中国蓬勃开展，胡适等人为代表的“新汉学”运动相形失色，并从此开始了自己走下坡路的行程。[②] 而郭沫若的《中国古代社会研究》不仅“为中国古史研究指出了光明的方向”，在他的带引下，吕振羽、翦伯赞、范文澜、侯外庐等一批史学家很快成了他的“继志之士”，使唯物史观史学作为一股新生力量在中国史坛迅速崛起，焕发着蓬勃的生命活力。所以，在郭沫若那里，唯物史观不是“二三百字”就能轻易“骂”倒的，胡适的蔑视和抹煞也并没有让他情绪低落，表面自嘲之后更多的是站在学术前进潮头的自得：“我们的力量太薄弱了，脑袋里既‘没有东西’，钱袋里也‘没有东西’，而事情却又太奇怪，中国的新文化据说是为这班‘没有东西’的人所‘控制’了。不过，这倒也是近乎事实，我们是尊重辩证的唯物论的人，新兴的成果既要忙着摄取，过去的遗产也得勤于接受。如在欧美，乃至日本，本是用不着我们去介绍的文化阶层，也非得我们亲自动手不可，‘有东西’的不肯动，自然便只好由‘没有东西’的来‘控制’了，那怪得谁呢？”

具体到胡适在《说儒》中的一个重要理论出发点——“中国文化导源于殷人，殷灭于周，其在中国北部的遗民在周人统制之下化为了奴隶。在春秋时代奴隶制崩溃了下来，接着便有一个灿烂的文化期开花，而儒开其先”。在郭沫若看来，这并不是什么新颖的创见，自己在十年前的《中国古代社会研究》中早已提出：“这是正确的

---

① 何刚：《耻不食周粟？——郭沫若〈甲骨文字研究〉出版前后》，《新文学史料》2011年第1期。

② 王学典：《唯物史观派：中国历史与西方社会科学的最初整合》，载清华大学历史系《“多元视野下的中国历史”国际会议论文集》，2004年，第3页。

史实。这种见解，我在十年前早就提倡着，而且不断地在证明着。《说儒》的出发点本就在这儿，虽然博士对于我未有片言只字的提及。”不仅如此，在郭沫若看来，虽然有了这一正确的理论基点，但胡适之后的论证却还是走歪了，说儒是殷民族的奴性的宗教，到了孔子才把它改变到刚毅进取的儒的观点是“机械式地抽绎”牵强附会的结果，因而又退回到了“公式主义”和“观念论”的老路。

所以，胡适在信中表露出的对唯物史观的不屑，虽然让视唯物史观为“新兴科学的观点”，并用来指导自己学术研究的郭沫若十分不满，但更给了他撰文批驳的动力。既然《说儒》一文“是很堂皇的，博引宏征，高瞻阔步，蛇蛇炎炎，垂三万言”，“一定是博士的得意之作”，那就专门将它作为靶子，“取出来又研究了一回”，写《驳〈说儒〉》一文，先“论胡适的态度”，再从学术研究的角度进行针锋相对的驳诘。而且，郭沫若自始至终都对自己的此次驳诘很有信心。①

三

在当时“民族复兴”的时代语境下，左翼文化与自由主义思潮的分野和紧张，从整体上构成了郭沫若撰写《驳〈说儒〉》的深层次动因。无论是前述的针对苏雪林等人“反鲁”言论的反驳，还是因治学门径在“唯物史观”问题上形成的学术意气与抵牾，均可以归含在这一深层次动因之中。

从二人通信的内容以及苏雪林后来发表通信的标题就可以看出，他们讨论的主要问题是“当前文化动态”，核心是“左派文化”。苏雪林谈到了四个问题：第一，《独立评论》的思想态度问题。鉴于“前几年，左派在中国很得势，宣传品也非常之多”，强烈要求《独立评论》对左翼分子采取更强硬的立场，“打破青年迷信共产主义和崇拜苏联的大梦”；第二，强调从左派手中夺回并重新掌握新文化运动的控制权；第三，矫正左派提出的“浅薄而谬误的救国理论”，希望胡适能承担起这一“义不容辞的责任”；第四，关于取缔鲁迅宗教宣传的问题。认为鲁迅本是个虚无主义者，而左派却“企图将鲁迅造成教主，将鲁迅印象打入全国青年脑筋，无非是宣传共产主义，酝酿将来反动势力”。这四个问题虽各不相同，但讨论内容却紧密相连，共同指向“左派”及左翼文化。尽管胡适在回信中并不怎么同意苏雪林提出的所谓

① 郭沫若在《蒲剑集》“序”中交代了该集子收录的缘由，言语间透露出对《驳〈说儒〉》等文，以及自己整个中国古史研究的自信：“除掉关于屈原的文字之外，还附带着收集了好几篇谈文艺或学术的文章。如《驳说儒》与《读实庵字说》，是抗战前的作品，其他产生于抗战以后。这两部份的文字，有好些是曾经收录在《羽书集》里，但因香港沦陷，《羽书集》毁版，到达了陪都来的恐怕不上一百部罢。本想翻版，但字数将近三十万字，要翻版也不很容易。因此我把那多带宣传性的文字除去，把多带学术性的文章留存了下来。这里面，特别是《屈原思想》，《驳说儒》，《读实庵字说》的三篇，我是有充分的自信的，希望读者对于这三篇多翻阅一下。我相信可能对于读者有所贡献。我的关于中国古代社会的研究，要算是结晶在这儿了。”（郭沫若：《蒲剑集·序》，重庆文学书店1942年版，第1页）

“左派控制新文化”，认为青年左倾，并不足忧虑，“只要政府能维持社会秩序，左倾的思想文学并不足为害”，所以不必“过于张大左派文学的势力”，但从胡适信中的语调——“我总觉得这一班人成不了什么气候。他们用尽方法要挑怒我，我总是‘老僧不见不闻’，总不理他们”，尤其是“鲁迅狺狺攻击我们”一语中“狺狺”二字，在某种程度上也提示出胡适对“左派”的态度。

众所周知，胡适与鲁迅，这两位五四时期的优秀知识分子，共同从启蒙理性出发，最终的选择却渐行渐远，可谓霄壤之殊。鲁迅向左转，苏俄革命的成功使素有底层情节和庶民心态的他看到了“一个簇新的，真正空前的社会制度从地狱底里涌现而出，几万万的群众自己做了支配自己命运的人”①；胡适则将移植践行英美自由主义作为其政治与思想文化的目标追求。胡适在信中确实对鲁迅也给予公允正确的评价，但他肯定的是前期的鲁迅，是五四新文化时期进行文化启蒙，倡导思想解放的鲁迅——“鲁迅自有他的长处，如他的早年文学作品，如他的小说史研究，皆是上等工作。”此处的言外之意和隐含观点其实已十分明显：后期的接受了苏俄社会主义的属于“左派”的鲁迅并不在肯定范围之内，是胡适所反对的。所以，唐弢先生当时就曾有针对性的批评：在胡适等人那里，“一面又赞许一九二七年以前的鲁迅，而抹煞他的后十年——作为‘劳动群众的真正友人，以至于战士’（瞿秋白语）的鲁迅的思想和作品”，“为什么鲁迅的后期的杂文和小说史以外的作品，便不是上等工作呢？我想，这是因为近十年来的鲁迅的思想，发展到了更前进更正确的阶段，时时在捣乱着绅士阶级的天下，而为胡适博士之流所不能了解、不能容忍了”。②

再具体到这一时期胡适的政治与文化言论来看，抗战全面爆发前的30年代是胡适的《独立评论》时代。在中日危机日趋严峻的时候，胡适对于与日作战疑虑重重——“我自己的理智与训练都不许我主张作战”③。“九一八”之后，胡适认为中国没有足够的军力、装备、国防工业支撑战争，把希望寄托于“李顿调查团”和“国联”；1932年6月，他在《独立评论》第五号上发表《论对日外交方针》一文，主张应“平心考虑”，不要“苛责政府诸人”，同意接受淞沪停战之后日本提出的企图让中国沦为其附庸国的五项原则，作为双方交涉的基础；④ 1933年6月，就在全国各界反对政府当局与日本签署《塘沽协定》的时候，胡适发表《保全华北的重要》一文，他说：“一种主张是准备牺牲平津，准备牺牲华北，步步抵抗，决不作任何局部的妥协，虽有绝大的糜烂，亦所不恤。还有一种主张是暂时谋局部的华北停战，先

① 鲁迅：《林克多〈苏联闻见录〉序》，《鲁迅全集》第4卷，人民文学出版社2005年版，第436页。

② 唐弢：《从〈且介亭杂文〉论鲁迅》，载唐弢著《鸿爪集》，海峡文艺出版社1985年版，第130—131页。

③ 胡适：《我的意见也不过如此》，《独立评论》第46号，1933年4月16日。

④ 胡适：《论对日外交方针》，《独立评论》第5号，1932年6月19日。

保全华北，减轻国家损失，……我个人是赞成这第二个主张的。”① 在对待人民群众的问题上，胡适重视精英，忽视群众，带有“鄙薄人民群众的绅士阶级偏见”②。例如，在《我们能行的宪政与宪法》一文中，胡适提出，宪政并不需要人人躬亲，政治也不必要人人都能行使权力，主张“有能力的国民”参加政治，不赞成普通平等的选举方式，主张先从有限制的选举权下手，从受过小学教育一年以上的公民开始，等等。③

胡适上述言论在当时遭到很多人的批评，其中便有刊载《驳〈说儒〉》的《中华公论》杂志及其主编钱亦石。钱亦石当时就批评道：胡适“带着很浓厚的‘知识贵族’的色彩，把大多数国民选举权剥夺得干干净净”，“是一个站在国民革命潮流外的学者”，“博士的言论，也常有‘千虑一失’，他劝我们等待五十年收回东北，即是明显的例子”。④ 同样的，我们再看《说儒》的具体内容：“儒”本殷商亡国遗民柔顺取容的奴性宗教，殷遗民“犯而不校”，形成忍辱负重的柔道人生观；孔子则是“儒的中兴领袖”，之所以使儒得到中兴，在于他认清了“殷周民族杂居，文化逐渐混合的趋势”，知道富有部落性的殷遗民的儒无法抗拒几百年来统治中国的周文化，于是冲破民族的界限，大胆地宣言“吾从周”，等等。胡适从原儒中总结出的“柔顺取容”“忍辱负重”“犯而不校”等，在当时的思想舆论界自然会引起很多人的现实联想，给以批判。而以“加深‘学术化’，用‘学术之光’照彻现实，分析现实，认识现实……把学术界各种重大问题，特别是与现实有直接或间接关系的诸问题，作理论的探讨”为办刊宗旨的《中华公论》，⑤ 向郭沫若专门约稿，并把《驳〈说儒〉》作为重头文章进行刊载，其“现实”的批判意图自然是十分明显的。

最后看看郭沫若的解读。据郭沫若介绍，他先前“早已拜读过”《说儒》，当时就认为：

> 那文字不仅是“论学”，其实是大有关系于世道人心。

其中对于胡适比附犹太民族亡国后的预言，说孔子是将殷儒改造为弘毅进取的新

---

① 胡适：《保全华北的重要》，《独立评论》第52、53号合册，1933年6月4日。

② 陈漱渝：《胡适与蒋介石：盖棺难以定论》，载耿云志编《纪念胡适先生诞辰120周年国际学术研讨会专辑》，社会科学文献出版社2012年版，第242页。

③ 胡适：《我们能行的宪政与宪法》，《独立评论》第242号，1937年7月11日。

④ 钱亦石：《胡适博士与叔孙通博士》，《国民周刊》第11期，1937年7月。

⑤ 本社同人：《我们的认识和态度》，《中华公论》创刊号，1937年7月。《中华公论》只出了两期，其最主要的内容是分析国际形势，着重揭露日本帝国主义的侵华野心，呼吁团结抗日，收复失地。这方面重要文章有胡愈之的《请政府速定外交政策》、《我们需要总动员》，郑振铎的《战争与和平》、《全面抗战》，张健甫的《日本帝国主义侵略华北的透视》，金仲华的《日本为什么要在这个时候进攻中国》，何干之的《中国在历史上被异民族征服的检讨》等。

儒的中兴领袖的观点，郭沫若有这样一段文字：

> 这不用说是有近时的“民族复兴”的气运在里面流荡，民族之气钟于一人，所以下笔才能有这样的雄浑。读了这篇文章而不受启发，不从新睁开眼睛来看看我们这位伟大的圣人，不感叹着我们这位伟大的圣人是“复活”了，这样的人，我相信是不会有的。我自己就是受了启发而睁开了眼睛来的一个，我看见我们的圣人的确是“复活”了，“复活”在南京或北平的十字街头，坐着汽车，似乎还衔了只埃及芋在口里。

何为“世道人心”？在三十年代，随着日本帝国主义加快侵略步伐，中国社会进入全面的危机当中，“我们的国家是陷于水深火热之中的国难时期，灭亡的危险已经降临到每个中国人的头上。敌人的进攻依然有加无已，‘抗敌救亡’成了每个中国人的迫切任务”。[①] 郭沫若所称的世道人心除此之外，当别无其他。此外，在上述郭沫若不无讽刺意味的文字中，《说儒》中流荡的“近时的‘民族复兴’的气运”是什么？“‘复活’在南京或北平的十字街头，坐着汽车，似乎还衔了只埃及芋在口里”的“圣人”又是谁？答案就是围绕《独立评论》而成的以胡适为代表的自由主义知识分子。他们在抗日战争即将全面爆发之际，虽然在“民族复兴”的时代浪潮中表现出了爱国情感和民族立场，但主张通过妥协退让、避免损失以谋求和平的思想倾向亦十分明显，同时服膺欧美自由主义思想文化及生活方式，鄙薄、脱离人民大众，反对左翼文化。所以，在郭沫若看来，《说儒》不光是一篇学术论文，更是一篇文化论文，表达的内容与胡适当时的文化选择和主张，存在着某种程度的关联，“隐含地表达了他对很多文化主义的回应”。[②] 郭沫若撰写《驳〈说儒〉》，缘于他既不同意《说儒》所“复活”出的古圣人孔子，也是为了批驳现代“圣人”胡适们及其当时的自由主义言论。

（原载《新文学史料》2014 年第 4 期）

① 艾思奇等：《“新启蒙运动”座谈》，《读书月报》创刊号，1937 年 6 月。

② 季蒙、程汉：《胡适〈说儒〉疏说》，《读书》2013 年第 6 期。

“求同”与“辨异”

——以郭沫若、徐中舒中国奴隶社会形态研究为中心的考察

周书灿

自20世纪30年代以社会史论战为开端的中国古代社会形态研究，经过激烈的辩难，迄40年代逐渐自觉走上了马克思主义唯物史观与中国历史实际相结合的道路，并对新中国成立后中国古代社会形态的研究产生了直接而深远的影响。新中国成立后至改革开放以前，中国古代社会形态与古史分期的讨论，涉及问题之多，方面之广，争鸣之激烈，都远远超出了20世纪30、40年代。该阶段在马克思主义唯物史观指导下，此前学术界关于中国有没有奴隶社会的争论已基本宣告终结，与此同时，中国奴隶社会与古希腊、罗马社会是否完全相同的另一个重要话题，则随着研究的深入，分歧越来越大，并最终影响到新时期中国社会形态特殊性研究的总体走向。兹以郭沫若与徐中舒两位史学大家的中国奴隶社会形态研究为中心，试图从一个侧面就“求同”与“辨异”两种不同的理论思维主导下的中国古代社会形态研究，作简单的比较分析，以期对新时期中国社会形态特殊性研究及古史体系重构贡献若干并非成熟的意见。

一　中国奴隶社会存在的一致肯定

新中国成立后迄改革开放前夕，中国古代社会形态与古史分期的讨论，大体上可以区分为前后两个不同的时段。从新中国成立后至反右运动，除了极少数学者公开对奴隶社会普遍必经论提出质疑和批判外，绝大多数学者在马克思主义唯物史观的指导下，在五种社会形态单线演进理论框架下开展学术争鸣。

反右运动开始后，惟有雷海宗、李鸿哲的两篇文章，与当时的“主流”背道而驰。雷氏从整个世界史的视角强调，在历史上真正的奴隶制国家只能是例外，不可能形成通例。所谓希腊奴隶制的说法，完全出于错觉：

> 由原始社会末期到资本主义社会，一直有奴隶制，只在特殊条件下可以得到特殊的发展，世界历史上并没有一个奴隶社会阶段。既然如此，历史上也没有一

个所谓奴隶社会向封建社会过渡或转化的问题。[①]

与此同时，李氏亦对“奴隶社会普遍论”提出尖锐批评：

> 奴隶社会说在理论上站不住脚，不符合历史事实，违背历史唯物主义；多年来为人所信从，实在是一种教条主义的偏向。[②]

迄今为止，中国古代是否存在奴隶社会的争论，仍在持续着。在我们今天看来，以上两位学者的论点，总体上应纯属学术争鸣性质。至于李氏批判学术界肯定奴隶社会存在，“不符合历史事实，违背历史唯物主义”，“是一种教条主义偏向”，并且将这一“教条”的提倡者直指郭沫若先生、斯特鲁威院士，似未免带有意气至上，主观武断的倾向，在某种意义上，有违“百花齐放，百家争鸣”的学术方针。

随着反右运动不断扩大化，雷、李的观点受到了学术界火药般的猛烈批判。有的学者指斥雷海宗的这篇论文不是什么“学术论文”，更不是百家争鸣中的一家之言，而是一篇彻头彻尾的资产阶级社会科学向马列主义进行恶毒攻击的宣言书；同时这篇文章也不是雷海宗的“学术心得”，而是蓄谋已久的反党反社会主义大进攻中的一个重要步骤，是他向马列主义基本原理进攻达到猖狂顶点的一个标志。[③] 另有学者批判雷、李“通过否定奴隶制社会的存在从而否定马列主义的社会发展五种生产方式的学说，是他们反党的阴谋活动之一”。“雷海宗和李鸿哲否定奴隶制社会存在的谬论远不止是学术上的错误，而更严重的是政治问题”[④]。更有学者批判李鸿哲“打着拥护历史唯物主义的旗帜，借用学术讨论的名义，大量贩运资产阶级反动的历史观点。他企图用七拼八凑的所谓历史事实来反对历史唯物主义”[⑤]。在强大的政治攻势下，“中国社会空白了奴隶制，在原始公社的废墟之上建立起封建社会的议论，早已被吹送到九霄云外去”[⑥]。从反右运动到文革结束，学术界对奴隶制社会形态的研究集中在奴隶制类型的探讨，而不再是中国古代是否经历了奴隶社会阶段。

应该强调的是，郭沫若、徐中舒两位史学大家肯定中国奴隶社会存在观点的形成，并非发端于反右运动与十年“文化大革命”的政治高压背景之下，因而具有更多科学理性的因素和较高的学术价值。

早在20世纪30年代初，郭氏《中国古代社会研究》一书已较早将“中国社会

---

① 雷海宗：《世界历史分期与上古中古史中的一些问题》，《历史教学》1957年第7期。

② 李鸿哲：《“奴隶社会”是否社会发展必经阶段?》，《文史哲》1957年第10期。

③ 杨生茂、来新夏：《揭穿雷海宗〈世界历史分期与上古中古史中的一些问题〉一文的反动的政治目的》，《南开大学学报》1957年第4期。

④ 刘家和：《批判雷海宗和李鸿哲的否定奴隶社会的谬论》，《北京师范大学学报》1958年第2期。

⑤ 葛茂春：《批判李鸿哲反对五种生产方式学说的谬论》，《文史哲》1957年第12期。

⑥ 郭沫若：《奴隶制时代》，《郭沫若全集·历史编》第3卷，人民出版社1984年版，第109页。

之历史的发达阶段”区分为原始公社制、奴隶制、封建制、资本制几个不同的阶段，将西周时代划定在奴隶制阶段。[①] 同时，将“中国社会的革命”区分为奴隶制的革命、封建制的革命、资本制的革命“三个时期”。[②]

尽管以后郭氏有关中国古史分期的论点不断发生变化，但他一直强调：“西周是奴隶社会的见解，我始终是毫无改变”[③]，“殷末周初是奴隶生产鼎盛的时期”[④]。建国后，在此前研究的基础上，郭氏不断重申其对于中国古代社会形态的看法：

> 中国社会的发展，曾经经历了原始公社、奴隶制和封建制，和马克思主义所划分的社会发展阶段完全符合。[⑤]
>
> 中国历代的生产方式，经过了原始公社制、奴隶制、封建制等，一直发展到现阶段，在今天是无可争辩的事实了。[⑥]
>
> 中国社会的发展是经过了原始公社制、奴隶制、封建制而来，证明马克思学说确实是放诸四海而皆准。虽然在今天，我们在划分阶段上还不能取得一致，那是由于我们所占有的古代材料还不充分，也由于还须得有一段时间来等待大家的意识的澄清。[⑦]

综上可知，在长期的学术探索中，郭氏始终坚持奴隶社会是人类社会发展的必经阶段，并肯定中国古代经历过类似古希腊、罗马的奴隶社会的论点。

徐氏对中国奴隶制问题的关注可以追溯至新中国成立初。在《论殷代社会的氏族组织》[⑧] 一文，徐氏关注到：“近二十多年来，国内外学者开始用唯物史观研治中国历史，已经有了显著的成就。但是关于中国奴隶社会的内容及其分期，在研究的过程中还有很多的歧见，一直没有得到一个客观而比较一致的结论。”以后，在《试论周代田制及其社会性质——并批判胡适〈井田辨〉观点和方法的错误》[⑨] 一文又继续指出：“周代社会性质，是奴隶社会？还是封建社会？在中国现代历史学的阶段上，还是一个有待解决的论题。”再往后，在《论西周是封建社会——兼论殷代社会性质》[⑩] 一文，徐氏充分肯定中国古代奴隶制的存在：“奴隶制是人类社会发展必经的

---

① 郭沫若：《中国古代社会研究》，《郭沫若全集·历史编》第1卷，人民出版社1982年版，第30页。

② 同上书，第31页。

③ 郭沫若：《青铜时代》，《郭沫若全集·历史编》第1卷，人民出版社1982年版，第433页。

④ 同上书，第608页。

⑤ 郭沫若：《奴隶制时代》，《郭沫若全集·历史编》第3卷，人民出版社1984年版，第3页。

⑥ 同上书，第14页。

⑦ 同上书，第112—113页。

⑧ 徐中舒：《论殷代社会的氏族组织》，成都《工商导报·学林副刊》1951年1月7日。

⑨ 徐中舒：《试论周代田制及其社会性质——并批判胡适〈井田辨〉观点和方法的错误》，《四川大学学报》1955年第2期。

⑩ 徐中舒：《论西周是封建社会——兼论殷代社会性质》，《历史研究》1957年第5期。

阶段，在东亚大陆社会发展的过程中，中国总是先进的，在中国的周围，没有比它更先进的来影响它，使它超越这一阶段。所以中国的封建制之前，应当有一个奴隶制阶段。不但中国有，就是在中国边区也先后有许多奴隶制的社会和国家出现。”徐氏举证中国历史上先后建立的奴隶制社会和国家的匈奴、鲜卑（北魏解散部族以前的社会）、吐蕃和西夏、南诏、契丹（辽）、蒙古和满洲（入主中国以前的社会）、明代蒙古和现在（按：指20世纪50年代以前）的彝族的历史“对于中国古代史分期问题，可以提供很多有益的资料”。迄改革开放前夕，徐氏对中国奴隶社会的阶段划分提出了较为明确的意见：“夏代是我国阶级社会的开端，是最早出现的奴隶制社会”，“商人虽已进入奴隶社会，但他们的氏族组织还是完整的”，“周人灭殷之后，把殷人的四服改变为分封制，将侯、甸、男、卫逐步变成授土授民的分封的诸侯，形成封建等级制的从属关系，这就形成了封建领主制社会”。[①] 综上可知，尽管徐氏对于中国奴隶社会的分期和郭氏的意见分歧甚大，但他们均认为，奴隶社会是人类社会发展的必经阶段，并进而肯定中国古代奴隶社会的存在，则大体一致。

二 中国奴隶社会形态理论的分歧

值得注意的是，在日后的学术研究过程中，郭沫若、徐中舒两位史学大家对中国奴隶社会形态的观点，悬殊颇大，两位大家对中国奴隶社会形态的研究，直接影响到新时期中国社会形态研究的走向。

1. 关于中国有无古代希腊、罗马的典型奴隶制问题

郭沫若对中国古代社会的认识和研究，经历了一个漫长的探索过程。早在《中国古代社会研究》发表之时，郭氏即曾强调：“世界文化史的关于中国方面的记载，正还是一片白纸。恩格斯的《家庭、私有制和国家的起源》上没有一句说到中国社会的范围”[②]，并强调其“研究的方法便是以他（按：指恩格斯）为向导，于他所知道了的美洲的印第安人、欧洲的古代希腊、罗马之外，提供出来了他未曾提及一字的中国的古代”[③]。从以后郭氏有关中国古代社会研究的论著中不难发现，郭氏高度重视马克思主义经典作家理论的“向导”作用，极力寻求历史发展的一般法则。

早在20世纪30年代，郭氏即曾指出：“只要是一个人体，他的发展，无论是红黄黑白，大抵相同”，“由人所组成的社会也正是一样”，“中国人不是神，也不是猴

① 徐中舒：《对古史分期问题的几点意见》，《四川大学学报》1979年第1期。

② 郭沫若：《中国古代社会研究》，《郭沫若全集・历史编》第1卷，人民出版社1982年版，《自序》第9页。

③ 同上。

子，中国人所组成的社会不应该有甚么不同”①。以后，郭氏进一步强调：

> 古代中国和罗马并不是有什么直接的相互影响，人类智力发展到同等阶段时，有所措施每每会完全合辙的。②
>
> 人类历史具有一般的规律性，而各个民族的各个阶段也具有各自的特殊性，这是事实。不仅社会发展是这样，就是一般自然现象的发展也无一不是这样。特别是在受着剧烈的外来影响的时候，这种特殊性会来得特别强烈。但尽管那样，一般的规律总是不能含混的。③
>
> 我们今天既承认了马克思学说是真理，社会发展可以划分为五个时期，在我们中国就不能要求例外。特别早我们中国的古代是没有受到什么强烈的外来影响的，因此要作古代社会的研究，中国古代应该是最好的标本。④

在以上论述基础上，郭氏认为，“中国古代有和希腊、罗马一样的奴隶制”⑤。诸如郭氏举证“古代中国毫无疑问地施行过井田制，……这种办法不仅限于中国，古代罗马的百分田法，同中国的井田制是十分类似的制度”⑥，“在农业民族的奴隶制时代已经有土地的分割，希腊时代的斯巴达便是这样，我国现存的彝族社会也是这样”⑦。尽管以后，郭氏自觉地意识到：“中国的古代发展和马克思的学说不尽相符”⑧，并声称“不否认中国社会发展的某种特殊性”⑨，如他结合中外奴隶制材料进行比较：“在中国的井田制中，有畎、沟、洫、浍等更周密的灌溉系统，和罗马的情形不同”⑩，“铁的使用在中国比较迟，和希腊、罗马的情况不同。希腊、罗马在奴隶社会中已有铁器，而且是重要的工具，而在中国则殷代无铁器，西周也还没有找出用铁的证据”⑪，但总的来看，郭氏始终认为，中国的奴隶社会遵循人类社会发展的一般法则，中国奴隶社会的形态和总体特征与古代希腊、罗马“毫无二致”⑫。

然与郭氏不同，尽管徐氏同样赞同奴隶制是中国古代社会发展的必经阶段，但其

---

① 郭沫若：《中国古代社会研究》，《郭沫若全集·历史编》第1卷，人民出版社1982年版，《自序》第1页。

② 郭沫若：《奴隶制时代》，《郭沫若全集·历史编》第3卷，人民出版社1984年版，第28页。

③ 同上书，第109页。

④ 同上书，第109页。

⑤ 同上书，第235页。

⑥ 同上书，第3—4页。

⑦ 郭沫若：《青铜时代》，《郭沫若全集·历史编》第1卷，人民出版社1982年版，第429页。

⑧ 郭沫若：《奴隶制时代》，《郭沫若全集·历史编》第3卷，人民出版社1984年版，第3页。

⑨ 同上书，第112页。

⑩ 同上书，第28页。

⑪ 同上书，第31页。

⑫ 同上书，第235页。

始终关注中国奴隶社会形态的特殊性。《论殷代社会的氏族组织》[①] 一文，徐氏较早将中国奴隶社会和古代希腊、罗马奴隶制发生时代作简单比较：“希腊、罗马的奴隶社会到铁器时代才出现，而中国的封建社会反而在铜器时代就已经存在了，这个距离是不容易比较说明的。”徐氏研究殷代社会的氏族组织，正是出于“使中国史上的奴隶社会问题，渐次获得解决的途径”之考虑。以后，徐氏反复强调：“中国的奴隶制是从徭役制度上产生的，它与古典的希腊、罗马的类型完全不同”[②]，“希腊、罗马类型的奴隶制，中国古代也是没有的”[③]，“夏商二代的奴隶制都属于马克思所说的古代东方亚细亚生产方式类型。”[④] 以后，巴蜀书社 1992 年出版的《先秦史论稿》一书附有《〈中国史稿〉第一册批语》。“那些贵宗大家都拥有相当数量的男女奴隶——臣妾”一语下批注说：“这是欧洲才有的现象，中国古代不是这样。这种说法也与上一段（指‘各生产部门的奴隶仍然保留着族居现象……’）相矛盾。中国的奴隶制是不发达的，不能与希腊、罗马相比”[⑤]。“这种农业奴隶一般都有家室”一语下批注说：“生产者主要不是奴隶，他们是半自由的，这与欧洲的奴隶不同”[⑥]。总之，徐氏认为：“中国古代社会有自己的特点，原始社会、奴隶社会、封建社会都还需要深入细致地研究，不能简单地按照欧、美社会情况硬套。”[⑦] 由此可见，由于理论思维的差异，郭、徐二氏对中国古代有无古代希腊、罗马典型的奴隶制问题上，观点迥异。

2. 关于中国古代奴隶社会是否大量使用生产奴隶问题

郭沫若、徐中舒关于中国古代奴隶社会形态的另一重要分歧，即中国古代奴隶的主体究竟是生产奴隶还是家内奴隶。早在 20 世纪 30 年代，郭氏较早对“民”的身份作如下申论：“‘小人’又叫作‘民’，‘庶民’、‘黎民’、‘群黎’，实际就是当时的奴隶。”[⑧] 与此同时，郭氏指出：“所谓农夫，所谓庶民，都是当时的奴隶。这些奴隶在平时便做农；在有土木工事的时候便供徭役，在征战的时候，便不免要当兵或者是伕役了。”[⑨] 以后，郭氏进一步申论“人民本是生产奴隶”[⑩] 的观点：“殷代确已使用大规模的奴隶耕种”[⑪]，“殷、周两代从事农耕者谓之民，谓之众，谓之庶人，其地

① 徐中舒：《论殷代社会的氏族组织》，《工商导报·学林》副刊，成都，1951 年 1 月 7 日。

② 徐中舒：《论商於中、楚黔中和唐宋以后的洞——对中国古代村社共同体的初步研究》，《四川大学学报》1978 年第 1 期。

③ 徐中舒：《〈西双版纳份地制与西周井田制比较〉序言》，《云南社会科学》1989 年第 5 期。

④ 同上。

⑤ 徐中舒：《先秦史论稿》，巴蜀书社 1992 年版，第 352 页。

⑥ 同上书，第 356 页。

⑦ 徐中舒：《对古史分期问题的几点意见》，《四川大学学报》1979 年第 1 期。

⑧ 郭沫若：《中国古代社会研究》，《郭沫若全集·历史编》第 1 卷，人民出版社 1982 年版，第 25 页。

⑨ 同上书，第 122 页。

⑩ 郭沫若：《十批判书》，《郭沫若全集·历史编》第 2 卷，人民出版社 1982 年版，第 40 页。

⑪ 同上书，第 19 页。

位比臣仆童妾等家内奴隶还要低"①，"殷、周两代的农夫，即所谓'众'或'庶人'，事实上只是一些耕种奴隶"②。总之，在郭氏看来，"殷、周的众和众人，周代的庶人和农夫乃至黎民和民或人鬲和鬲，……确实都是奴隶"③。

尽管郭氏并不反对家内奴隶的存在，如他将中国古代的奴隶加以区分："'庶人工商'是生产奴隶，'人臣隶圉'是家内奴隶"④，并且申辩说："我们只说过农夫农人在西周是生产奴隶，并不曾说凡是'艺黍稷'的都是奴隶"⑤，但他始终认为："中国奴隶社会不象所谓'古代东方型'的奴隶社会那样，只有家内奴隶，而生产者则是'公社成员'"⑥，并申辩说："严格按照马克思的意见来说，只有家内奴隶的社会，是不成其为奴隶社会的。家内奴隶在解放前的汉族和某些少数民族中都还存在。如果太强调了'公社'，认为中国奴隶社会的生产者都是'公社成员'，那中国就会没有奴隶社会。"⑦

和郭氏不同，徐中舒以为："夏、商二代的奴隶制，都属于马克思所说的古代东方亚细亚生产方式类型，在专制君主政体之下，统治着广大的农村公社，奴隶主不改变当地人民原有的社会职能和生活方式，只要求贡纳一定数量的生产品并负担各种徭役。"⑧ 同其他新史学家和唯物史观派学者相比，徐氏对殷代侯、甸、男、卫的指定服役制度进行了长期的思考，并将其和辽代指定服役的奴隶制进行全方位多角度的比较，初步建立起独到的夏商奴隶制形态理论："殷代侯、甸、男、卫四服，只有甸卫二服在邦畿之内。卫服是镇压奴隶的军事贵族，甸服是被俘虏来的生产奴隶。只有这两服才是奴隶制。侯、男两服，前者是没有脱离自己的部族，后者还是生活在自己的土地上，这两服可能已有封建制的因素了。"⑨ 徐氏认为："最早的奴隶在原始社会末期就已经出现了，那是家内奴隶，还算是家庭内的一个成员。进入阶级社会，家内奴隶多了，有些奴隶作为奴隶主的私属，指定一块土地分配他们去生产，向奴隶主交纳一定贡物和负担某些徭役。"⑩

以后，徐氏在《中国史稿》"这样多的奴隶，除少数在贵族家内服贱役外，绝大多数都投入各个社会生产领域。奴隶劳动越来越广泛地成为整个社会的基础"一语下批注说："中国古代奴隶制是不发达的奴隶制，是从农业开始（发达奴隶制是以手

---

① 郭沫若：《十批判书》，《郭沫若全集·历史编》第2卷，人民出版社1982年版，第38页。
② 郭沫若：《奴隶制时代》，《郭沫若全集·历史编》第3卷，人民出版社1984年版，第29页。
③ 同上书，第110页。
④ 同上书，第112页。
⑤ 同上书，第110页。
⑥ 同上书，第221页。
⑦ 同上书，第221页。
⑧ 徐中舒：《对古史分期问题的几点意见》，《四川大学学报》1979年第1期。
⑨ 徐中舒：《论西周是封建社会——兼论殷代社会性质》，《历史研究》1957年第5期。
⑩ 徐中舒：《〈西双版纳份地制与西周井田制比较〉序言》，《云南社会科学》1989年第5期。

工业为主)。奴隶不是生产主力，不可能用绳子系着去做农活。"[①] 在《中国史稿》"武丁时的几条卜辞很清楚地记载着奴隶生产的情况"一语下批注说："众人农作，就不是奴隶。……因为对家内奴隶就无须'贞'、无须'令'，是天天都要干活的。"[②] 在《中国史稿》"农业生产奴隶在甲骨文里被称为'众'或'众人'，在《尚书·盘庚篇》里被称为'畜民'"一语下继续言及："此说不确。贵族在一起亦可称为众。众就是多数人之意，不能当作一个阶级。《盘庚篇》中的众包括了多种成份。卜辞之众也指劳动者，一般是指庶人而言的。至于'畜民'，并非贱称。古时'畜'是宝贝，是财货，故'畜'字是好意，《孟子》中还有'畜君'，并解释说畜者好也。所以，'畜民'是好百姓之意。"[③] 在《中国史稿》"这种农业奴隶一般都有家室"一语下，徐氏批注说："生产者主要不是奴隶，他们是半自由的，这与欧洲的奴隶制不同。"[④] 在《中国史稿》"商代的奴隶，除家内奴隶外，一般都有自己的家室，……在殷墟，发现了三个奴隶陶俑，他们的手上都有手梏"一语下，徐氏批注说："在商代，筑城之类的劳役是由奴隶进行的。而家内服役者已成为其家庭组织的一员，和奴隶是有区别的。农业生产主要是由小人、即隶农去完成的。完全的奴隶是要被捆着去服役的，女的捆在前面，男的捆在后面，甲骨文中的'女'字和'奴'字就是其象形。对待俘虏和奴隶是不同的。着手梏者，当是俘虏。"[⑤] 综上可知，郭、徐二氏对中国古代是否大量使用生产奴隶，尤其是农业生产奴隶的看法上，差异颇为明显。

3. 关于"种族奴隶"的概念问题

郭沫若在讨论中国奴隶制问题时，屡屡使用"种族奴隶"一词。如郭氏根据《左传》定公四年的一段文字指出："周人把殷覆灭了，把殷族的遗民大批地化为奴隶"，并屡屡指出"所谓'殷民六族'、'殷民七族'及'怀姓九宗'，都是殷之遗民或原属殷人的种族奴隶，现在一转手又成为周人的种族奴隶了"[⑥]，"商代已有种族奴隶是不成问题的，……周是以少数人征服了商，又把殷民降为种族奴隶"[⑦]，"大批的'顽民'留在洛邑，替周人从事生产。周人对待这些种族奴隶是比较自由的，颇与古代斯巴达的'黑老士'（Helots）和西亚、北非其他古国的国家奴隶相类，让他们耕种着原有的土地而征取地租，征取力役，很有点类似农奴。"[⑧]

徐中舒对郭氏"种族奴隶"的说法，屡屡提出批评。在《中国史稿》"有时，征

① 徐中舒：《先秦史论稿》，巴蜀书社1992年版，第354页。
② 同上书，第355页。
③ 同上书，第356页。
④ 同上书，第356页。
⑤ 同上书，第358页。
⑥ 郭沫若：《奴隶制时代》，《郭沫若全集·历史编》第3卷，人民出版社1984年版，第26—27页。
⑦ 同上书，第224页。
⑧ 同上书，第27页。

服者还保留被征服族的氏族部落组织，而整个地把他们变成自己的种族奴隶”一语下，徐氏批注说：“人类没有纯种，因此‘种族’一称不确，应称为部族，一个部族统治别族，决不能完全保存原来的部族结构，必然要分而制之。因此，‘种族奴隶’制度是不存在的，经典无考，史实无例。”① 在《中国史稿》“在战争中被商朝战败的氏族部落或方国，有的对商称臣纳贡，有的则被灭宗，整个成为商的种族奴隶”一语下，徐氏批注说：“商朝用原来的统治阶级统治异族，这不是种族奴隶制，而是部落联盟。”② 从以上可以看出，郭、徐二氏对于“种族奴隶”概念的使用，意见分歧甚远。

4. 关于杀殉是否奴隶社会的特征之一问题

郭、徐二氏关于奴隶社会形态的分歧，还体现在杀殉是否奴隶社会的特征之一问题上。郭氏始终坚持“殉葬不消说正是奴隶制的特征”③ 的论点。以后，郭氏更具体指出：“殷代的陵墓和宫殿遗址中有大量的人殉，或者是得全首领的生殉，或者是身首异地的杀殉。每一大墓的人殉有的多至三四百人。……这些惊人的事迹足以说明殷代是有大量的奴隶存在的。”④ 郭氏指出，侯家庄大规模的殉葬，“毫无疑问是提供了殷代是奴隶社会的一份很可宝贵的地下材料”⑤。

郭氏的以上观点，曾遭到不少学者的质疑和批判。徐氏在晚年的讲义中曾讲道：“从前我们跟郭老讲，杀殉就是奴隶社会。这是斯大林的讲法。奴隶人身没有保障，奴隶主对奴隶有权限，但是奴隶主杀奴隶是自己毁灭财产，这怎么能说是奴隶社会呢？恰好这是奴隶社会以前原始社会对付奴隶的方法。”⑥ 在此之前，徐氏在《中国史稿》“屠杀奴隶和俘虏在商代是常见的，……往往有生殉或杀殉的现象”一语下批注说：“杀和殉是两回事，杀是杀祭，被杀者供死者食用，这是原始社会吃人风俗的遗留。殉是用来服役，为主人服役。杀殉者都不是生产奴隶。财产怎能如此浪费？”⑦ 在《中国史稿》“作为中国奴隶社会特征之一的人殉和人牺制度基本上也被废弃了”一语下，徐氏批注说：“杀殉不是奴隶制的产物，而是更古的遗俗，又长期遗留于后世，直至明清犹存。”⑧ 综上可知，郭、徐二氏关于杀殉是否奴隶社会的特征问题上，几乎观点完全“对立”。

郭、徐二氏关于中国奴隶社会形态的认识，分歧之处还有许多。以上仅举证四个方面，足以说明，郭、徐二氏关于中国奴隶社会形态理论，存在着诸多明显的实质性

① 徐中舒：《先秦史论稿》，巴蜀书社1992年版，第352页。
② 同上书，第354页。
③ 郭沫若：《中国古代社会研究》，《郭沫若全集·历史编》第1卷，人民出版社1982年版，第152页。
④ 郭沫若：《奴隶制时代》，《郭沫若全集·历史编》第3卷，人民出版社1984年版，第18页。
⑤ 同上书，第80页。
⑥ 徐中舒：《徐中舒先秦史讲义》，天津古籍出版社2008年版，第282页。
⑦ 徐中舒：《先秦史论稿》，巴蜀书社1992年版，第358页。
⑧ 同上书，第372页。

差异，甚至观点完全“对立”。在以上不同论点的基础之上，郭、徐二氏分别建立起中国古史分期说中颇具影响力的“战国封建论”和“西周封建论”，并逐渐形成独到的中国古代社会形态论点体系。

三　从中国奴隶社会形态理论分歧看郭、徐二氏理论思维方式的差异

从中国现代学术史的路径看，造成郭、徐二氏中国奴隶社会形态理论重大分歧乃至“对立”的原因是多方面的，其中有二者对文献资料和考古学材料固有复杂性的认识的差异，诸如有的学者指出，“郭沫若否认西周社会在奴隶主贵族和奴隶两大阶级之外还有自由民存在，这必然给自己带来许多论证上的困难”①，与此同时，学者也特别强调：“把殷代的直接生产者全说成是奴隶，这未免把商代社会的阶级结构看得过于简单。但是，如果全归之于公社成员，在理论上也有不容易说得通的地方。”②除此之外，则更多反映出二者对经典作家理论的理解及和中国奴隶社会历史实际结合过程中求同与辨异两种不同的理论思维方式有着密切的关系。

事实上，早在20世纪30、40年代，已有学者开始自觉关注中国社会形态的特殊性，并不断将马克思主义理论同中国历史实际相结合。1939年翦伯赞论及历史发展中一般性与特殊性之辩证统一问题：“在社会中乃至在自然界中，完全同一的两个现象是绝对不存在的。例如历史上各民族都经过奴隶制，这是历史发展的一般法则；但希腊、罗马而外的奴隶制与希腊、罗马的奴隶制就表现为不同的形态，这就是各民族历史的特殊法则。又例如封建社会是历史发展中的一般法则，但在世界各国，又都有其特殊的形势。”③翦氏批判郭沫若在理论上的错误，主要是由于他完全忽略“奴隶制”之东方的特殊性，即忽略了中国的奴隶制，是希腊、罗马的奴隶制而外的一种“奴隶制的变种”④。侯外庐亦曾强调“氏族共同体之解体过程到文明世界的路径是多样的，即在同一的经济形态上亦有各种现象上的差别”⑤。诸如侯氏举证：和希腊、罗马“氏族的血缘政治，后来都被土地私有制所冲破，财产贵族与国家机关代替了经济政治混合的血族的制度”相比，“中国的古代制度颇有些特殊性”⑥，“见于周金者，西周的贵族专权很明显，没有希腊罗马的古典制度”⑦。显然，早期的马克思主义史学家在学术实践中，早已清醒地认识到要加强理论和方法上的基本素养，避免将

① 林甘泉、田人隆、李祖德：《中国古史分期讨论五十年》，上海人民出版社1982年版，第129页。
② 同上书，第227页。
③ 翦伯赞：《历史哲学教程》，河北教育出版社2000年版，第62页。
④ 同上书，第224页。
⑤ 侯外庐：《中国古代社会史》，新知书店1948年版，第10页。
⑥ 同上书，第193页。
⑦ 同上书，第195页。

马克思主义公式化、教条化。

新中国成立后至改革开放以前，中国社会形态与古史分期的研究进入了空前繁荣的阶段，其中学术界对亚细亚生产方式的争鸣及对奴隶制不同形态与东方社会特点的讨论，基本上是在马克思主义唯物史观理论指导下开展的。不少学者自觉运用马克思主义唯物史观，结合中国历史实际，力图克服早期马克思主义史学“死死地把唯物史观的公式，往古代的资料上套”的“公式主义的毛病”①，对中国社会形态特殊性从积极关注到益趋理性、深入的探讨，基本上沿着一条正确的路向逐步向前推进。郭、徐二氏对中国奴隶社会形态理论的建构，分别在不同程度上受到新中国成立后中国古代社会形态研究中“求同”与“辨异”两种不同的理论思维方式的制约，因而分歧甚大乃至近乎“对立”。

综前所论，相对于20世纪30年代社会史论战中片面强调中国社会特殊性论者，以郭沫若为代表的早期马克思主义史学家强调：“中国人所组成的社会不应该有甚么不同”，“一般的规律总是不能含混的”，旗帜鲜明地提出人类社会的发展有共同的本质，普遍的规律，反对中国国情特殊论，“这在中国史学史上是划时代的创见”，“是认识上的一次飞跃，是史学方法论上从具体到抽象的飞跃”②。然众所周知，早期的马克思主义史学家在强调历史统一性的同时，往往忽视乃至完全否认各个国家、各个民族间存在着历史差别，“划时代的创见”中呈现出极为明显的矫枉过正倾向。诸如郭氏屡屡强调，“中国古代有和希腊、罗马一样的奴隶制”，中国奴隶社会的形态和总体特征与古代希腊、罗马“毫无二致”，这种认识上和研究方法上的反辩证法倾向，“不仅使得历史上千差万别的现象变成无法解释，而且使得历史的统一性也变成无法认识”③。从某种意义上讲，徐氏在对中国奴隶社会形态特殊性作更为具体分析的基础上，强调：“中国的奴隶制是从徭役制度上产生的，它与古典的希腊、罗马的类型完全不同”，“希腊、罗马类型的奴隶制，中国古代也是没有的”，“中国古代社会有自己的特点，原始社会、奴隶社会、封建社会都还需要深入细致地研究，不能简单地按照欧、美社会情况硬套”的论述，正反映出新中国成立后中国史学家逐步突破教条主义的束缚，从实际出发具体研究中国古代社会，在新的起点上向着“历史发展之多样性统一”的新的研究目标实现飞跃的学术动向。因此，从某种意义上讲，徐氏在中国古代社会形态研究中的“辨异”及在重要观点上和郭沫若中国奴隶社会形态理论上存在的重大分歧乃至根本“对立”，并非意味着徐氏和以郭沫若为代表的早期马克思主义史学家“求同”的彻底决裂，而是在新的学术背景下对早期马克思主义史学的直接继承和发展。诸如上举徐氏“中国古代奴隶制是不发达的奴隶制”，

① 郭沫若：《革命春秋·我是中国人》，《郭沫若全集·文学编》第13卷，人民文学出版社1992年版，第357页。

② 丁伟志：《历史是多样性的统一——谨以此纪念马克思逝世一百周年》，《历史研究》1983年第2期。

③ 同上。

“夏、商二代的奴隶制，都属于马克思所说的古代东方亚细亚生产方式类型，在专制君主政体之下，统治着广大的农村公社，奴隶主不改变当地人民原有的社会职能和生活方式，只要求贡纳一定数量的生产品并负担各种徭役”等理论，尽管并非是学术研究的最后定论，但由于其所使用的民族学材料更为接近中国古代的历史实际，因而立论基础更为牢靠；徐氏对郭氏“种族奴隶”概念及“殉葬不消说正是奴隶制的特征”的质疑与批判，也普遍受到学术界的高度关注和重视，并直接影响到新时期中国古代社会形态特殊性研究，徐氏的以上“辨异”研究，显然有助于新的学术背景下中国奴隶社会形态理论的进一步深化与完善。

四 重新审视新时期中国社会形态理论构建

新时期社会形态特殊性的研究，延续了前此阶段的五种社会形态能否作为人类历史普遍规律的辩论，并将辩论主题从奴隶社会是否为人类历史发展的必经阶段及封建概念的考辨重新转移至中国古代有无奴隶社会和封建社会的讨论。相比之下，相对于新时期中国社会形态特殊性研究，大有将郭氏的“求同”和徐氏的“辨异”两种不同的理论思维方式进一步极端化的倾向。

学术界关于奴隶社会是否人类历史发展的必经阶段的讨论，经过多年的争论，多数学者已取得了历史发展具有多样性、而非仅仅单线渐进模式的共识。既然如此，不少人认为，“无需就这个问题继续纠缠下去”[①]。有的学者甚至认为，部分学者对“奴隶社会普遍论”的坚持“似乎已经不是讨论理论和学术问题，而是刻意的囿于成说或固守己见”[②]。而关于中国古代是否经历过奴隶社会的讨论，从表面看，似乎支持中国古代无奴论的学者“越来越多”[③]，或对于中国古代不存在奴隶社会“已有了比较一致的认识”[④]，但仍有学者更为理性地指出：“经过20世纪80年代的集中讨论，中国没有奴隶社会的看法或许已经成为人们的共识。当然，……不能说这就是最后的结论。”[⑤] 这一论点，从无奴派学者对先秦社会形态的理论再构所呈现的疑难与不足[⑥]，可以得到有说服力的证明。

与此同时，自20世纪80年代末，即有人开始对“封建主义”的概念问题予以关注。2004年，马克·布洛赫《封建社会》中译本出版后，学术界关于封建主义问

① 王彦辉、薛洪波：《古史体系的建构与重塑——古史分期与社会形态理论研究》，河北大学出版社2010年版，第187页。

② 同上书，第188页。

③ 赵光贤：《奴隶社会并非人类历史发展必经阶段·序》，青海人民出版社1988年版。

④ 晁福林：《先秦社会形态研究·自序》，北京师范大学出版社2003年版。

⑤ 王彦辉、薛洪波：《古史体系的建构与重塑——古史分期与社会形态理论研究》，河北大学出版社2010年版，第188页。

⑥ 周书灿：《“氏族封建”说与先秦社会形态再思考》，《史学理论研究》2012年第3期。

题的讨论，如火如荼。迄今为止，两大阵营的辩论仍在继续，“而大多数研究相关问题的学者则持以谨慎的观望态度，或感到问题……一时难有结论；或觉得讨论的问题本来不是问题，……结果恐怕有始无终”①。事实上，自20世纪80年代以来，中国有没有封建社会的问题，伴随着封建主义概念的论争，辩论日趋激烈。然而，值得注意的，西语“封建”的概念，“直到现在也并不统一”②。所以，有的学者指出：“中国近代化以前是否存在一个封建社会的问题是中国史学界自己的问题。”③ 正因为如此，目前更多的学者则认为，对于以上争论不休且多时期内注定毫无结果的问题，“不妨具体问题具体解决，首先对秦以后至清朝的历史阶段做出符合中国社会特征的理论分析”④。总之，新时期关于封建主义概念的界定和中国是否存在封建社会的争论，进一步对马克思五种社会形态理论是否具有普遍性的问题提出了更为激烈的新的挑战。

从近年中国古史研究的总体走向可以日益清晰地看出，在新时期中国社会形态特殊性研究的深刻影响下，抛开五种社会形态理论，重构中国古史体系的学术探索，正在全面展开。然值得注意的是，在对中国古史体系进行重构的同时，学术界关于社会形态理论的深层次思考，并未停止下来。如龚小夏指出：“现代社会科学研究与古典学术的另一区别在于，在研究中提出的问题应该是可以回答而不是不可以回答的。所谓可以回答的问题，主要是关于事实的问题；而所谓无法回答的问题，则多涉及一些纠缠不清的概念和宏观理论。”⑤ 以“中国是否存在奴隶制”和“中国是否存在奴隶社会”问题为例，龚氏指出：“‘中国是否存在奴隶制’是一个可以回答的问题。因为‘奴隶制’的定义很清楚，所以要做的工作便是要通过历史学或考古学的资料去验证它的存在。即使出现争论，学者之间也容易通过材料的进一步研究和发掘来取得共识，从而使研究有可能取得进展。与此相对，‘中国是否存在奴隶社会’却是个起码在目前看来是个难以解决的问题。对‘奴隶社会’作权威性定义本来就困难，再加上支离破碎的资料根本没法为人们提供当时中国社会的全貌，无怪乎这个问题自本世纪（按：指20世纪）三十年代以来被中国学术界反复讨论，却一直未能得出任何说服人的结论了。”⑥ 王学典则更从中国现代学术史的角度进一步指出，包括古史分

① 王彦辉、薛洪波：《古史体系的建构与重塑——古史分期与社会形态理论研究》，河北大学出版社2010年版，第199页。

② 马克垚：《关于封建社会的一些新认识》，《历史研究》1997年第1期。

③ 赵轶峰：《关于中国“封建社会”的一些看法》，《东北师范大学学报》2005年第3期。

④ 王彦辉、薛洪波：《古史体系的建构与重塑——古史分期与社会形态理论研究》，河北大学出版社2010年版，第235页。

⑤ 龚小夏：《社会科学中关于问题的问题》，《中国文化》1993年第8期。

⑥ 同上。

期在内的“五朵金花”都是“虚假的缺乏学术根据的命题”①。凡此表明，新时期学术界中国社会形态特殊性研究明显暴露出理论基础相对薄弱，参照体系分歧，概念使用混乱，史实根据不足、学术辩论粗糙等突出问题。

兹仅举数例，加以说明：

1. 尽管新时期否定中国奴隶社会和封建社会存在的学者基本上都以人类历史发展的多样性为理论基础，但以上两派学者对中国古代社会形态认知的角度相去甚远。如果前者尚更多地关注社会经济形态基础的生产关系等要素，而后者则更多从时下的“封建”不合乎西语的 feudal 或 feudalism 立论。就新时期中国社会形态特殊性研究的总体情况看，不少无奴派学者并不否认中国封建社会的存在。如张广志认为，早期阶级社会通常表现为“村社封建制”（农业民族）、“部落封建制”（牧业民族），② 晁福林则将以往西周封建论者视为奴隶社会的夏、商二代及战国封建论视为奴隶社会的西周时期分别区分为“氏族封建制”和“宗法封建制”，将秦统一封建说、两汉封建说、魏晋封建说皆认定为奴隶社会的战国时期区分为“地主封建制”③。显然，不少时下一些否认中国封建社会存在的学者，则更多对中国古代有无奴隶社会，不置可否。显然，否定中国奴隶社会和封建社会存在的学者，分别各自为战，分散出击，因此，他们既未从根本上彻底颠覆五种社会形态理论，又很难在对整个中国古代社会的全貌进行宏观考察和深入分析的基础上，对中国古代社会形态作出更为符合中国历史实际的理论概括。

2. 不少否定中国奴隶社会、封建社会存在的学者，均普遍以古代希腊、罗马奴隶制和欧洲中世纪庄园制作为“典型”奴隶社会、封建社会的参照“标准”，从而过分夸大中国古代社会形态同古代希腊、罗马“典型”奴隶制及欧洲“典型”封建制的差异性，在某种意义上，实际上也就否定了绝大多数已基本形成共识的人类社会历史发展的多样性。中国古代社会形态的特殊性，在某种意义上正是社会形态差异性的表现，由中国古代社会形态的特殊性而否定作为中国古代奴隶社会、封建社会经济形态基础的生产方式，人类社会的历史发展是否还具有一定的统一性和普遍规律？凡此表明，新时期中国社会形态特殊性研究仍明显表现出理论推演和逻辑结构方面的严重缺陷。

3. 在否定中国古代存在奴隶社会和封建社会论者的影响下，新时期古史体系重构中呈现出的角度和概念上的分歧及远离社会形态概念，越来越明显。不少学者认

---

① 王学典：《“假问题”与“真学术”：中国社会形态问题讨论中的一点思考》，《东岳论丛》2000 年第 4 期；《“五朵金花”：意识形态语境中的学术论战》，《文史知识》2002 年第 1 期。

② 张广志：《奴隶社会并非人类历史发展必经阶段》，青海人民出版社 1988 年版，前言。

③ 晁福林：《探讨有中国特色社会形态理论》，《历史研究》2000 年第 2 期。

为，“逃避社会形态理论的辩论终究不利于问题的真正解决”①。因此，对20世纪30年代以来，尤其是新中国成立后中国社会形态与古史分期理论采取全盘否定还是继承发展，也是新时期中国社会形态特殊性研究者必须严肃对待、无法回避的学术态度问题。

综上所述，新时期中国社会形态特殊性研究从总体上颇为类似20世纪30年代的社会史“混战”，尤其中国古代有无奴隶社会、封建社会的论争在短期内不可能获得共识，在此基础上对中国古史体系的重构必然很难达到角度的一致和概念的统一。因此，鉴于新时期中国社会形态特殊性研究中的颇为明显的矫枉过正倾向，在批判继承前人已有研究成果的基础上，中国社会形态特殊性研究如何打破相持不下的局面，重新回归到科学理性的轨道上来，则是当前史学界更应继续深入思考的重大理论性问题之一。

（原载《浙江社会科学》2014年第2期）

① 王彦辉、薛洪波：《古史体系的建构与重塑——古史分期与社会形态理论研究》，河北大学出版社2010年版，第267页。

二 文 摘

【社会史论战背景下学术界对《中国古代社会研究》的辩难】

20世纪30年代中国社会史论战期间，学术界从理论方法的运用、材料的鉴别审查、逻辑结构到论据论点等多方面对郭沫若先生《中国古代社会研究》一书进行了学术史上罕见的质疑与批判。郭氏自觉接受着来自不同学派的种种质疑与批判，并不断地进行着深刻的系统的自我批评，丰富和完善着自己的中国古代社会理论体系。从中国现代学术史的视角而论，学术界对《中国古代社会研究》的辩难，加速着唯物史观指导下中国古代社会研究向着科学和深入的方向推进。社会史论战期间，由于中国社会科学研究起点还较低，论战中存在的理论脱离实际、从概念到概念的倾向也极为明显。辩难中出现的种种论点，疑问颇多，从某种意义讲，社会史论战期间，学术界对《中国古代社会研究》的诸多质疑与批判，不足以彻底否定该书的全部学术价值。辩难中呈现的宗派情绪和非学术因素，并无学术价值，不利于方兴未艾的中国古代社会研究。

周书灿

（载《河南社会科学》2014年第2期）

【郭沫若、高亨《周易》研究之比较
——兼谈21世纪《周易》研究的“度”与“向”**】**

作为20世纪《周易》研究转型期的著名学者，郭沫若、高亨的《周易》研究成就已经得到学界的普遍认可，与其他几位同时代的名家一起“代表并体现了20世纪80年代以前《周易》研究的最高水平”。两人的研究有许多相通之处。他们都基于史料，在“经传分治”思想的指引下，以马克思主义提供的方法论为指导，给出了各自“见仁见智”的诠释。他们的研究成果对20世纪后半期以来的《周易》研究产生了重大影响。但由于认识角度的不同，使得他们的一些新理解、新诠释和新阐发出现了许多分歧的地方。通过比较研究，有利于我们更好地把握两位学者的思想精髓，从而把脉21世纪中国《周易》研究的“度”与“向”。

姜文华

（载《理论月刊》2014年第7期）

【捍卫墨子：论侯外庐对郭沫若墨子明鬼主张之驳议】

郭沫若与侯外庐对墨子思想的诠释都是在马克思主义的框架下进行，并试图在中国古代思想中，寻求与马克思主义接轨的中国传统资源。然而，两人对于墨子明鬼的评价，却有着天壤之别。郭沫若以明鬼为墨子思想核心，进而对墨学采取一概否定的态度。侯外庐既不认为明鬼为墨子核心主张，也不从消极的立场去评价明鬼，还力图阐明墨学与马克思主义之间没有矛盾之处。围绕着明鬼展开的辩论不只是纯学术的，还涉及多个层面的潜在议题。未来的研究工作，或许能从这个方向继续发展，以探索郭沫若与侯外庐的明鬼之争如何映射出当时的政治论辩，并影响后继学者对墨学的阐释。

安妮（Annick Gijsbers）

（载《学术月刊》2014 年第 4 期）

【郭沫若的屈原研究】

郭沫若的屈原研究是用社会学方法研究楚辞的一次比较成功的实践，具有宏阔的视野与充满实在内容的历史分析。郭沫若对于屈原否定论的批驳，对于王国维南北学派差异的新的阐述，对于屈原思想的分析与心理的描述，都具有总结性。而对于屈原所处的时代、他的思想、他的文学成就的意义，又都做了超越前人的深化的论述。虽然从“五四”文学革命的角度来体认屈原，有一定的主观化、简单化的缺点，有一些论述根据也不足，同时屈原的形象又再一次被一种新的意识与现实需要所重新塑造，但较之以前的楚辞学研究，仍然让人感到一种扑面而来的新鲜气息。

王海远

［载《南京邮电大学学报》（社会科学版）2014 年第 3 期］

【郭沫若眼中的“宗教家”墨子】

20 世纪 20 年代，郭沫若对墨子的评价有一个从春秋战国时期宗教改革者，到违背时代思想发展进步潮流、站在君主专制立场倡导政教合一的保守宗教家的变化过程；三四十年代，郭沫若坚持“以人民为本位”标准，适当肯定墨子作为宗教教主摩顶放踵、苦志笃行的人格，但同时指出，这更容易产生宗教的欺骗性和示范性，有利于鼓动一般底层民众盲目信仰和趋附皈依。郭沫若对墨子的认识及其评价标准的确立，除了与其自身的学术思维、研究方法和身世经历有关以外，也跟郭沫若所处的 20 世纪动荡求变的特殊时代背景和思想潮流有着密切关联。

杨胜宽

（载《郭沫若学刊》2014 年第 1 期）

【抗战期间的晚明历史记忆与政治现实——以《甲申三百年祭》及其改编作品为中心】

自晚清以降，明末清初的历史不断浮现在读书人视野当中，成为民族国家建构的思想资源。抗战期间，在国共两党合作抵御日本侵略的背景下，双方的摩擦仍然接连不断，双方常常借历史以言当下，晚明历史成为双方论争的一个重要场域。1944 年，国共两党围绕着一篇纪念明末李自成农民起义失败三百周年的文章《甲申三百年祭》，展开了一场论争。通过考察此文的写作和引发的争论以及其在中共抗日根据地的改编作品，可以窥见在抗战后期，一种历史记忆只有符合政治权力拥有者的意图，才有机会被广泛传布，并通过宣传文件和文艺作品而在民众中获得巨大的影响力。这种历史记忆在传播的过程中，也会被纳入到接受者的固有心智和文化结构中，从而被重新塑造。

蔡炯昊

（载《抗日战争研究》2014 年第 3 期）

【论《甲申三百年祭》与国共两党的关系】

由于中国共产党历史上出现了四次因骄傲而导致的惨重失败，加上毛泽东虚怀若谷，所以《甲申三百年祭》发表后，毛泽东独具慧眼，要共产党人以李自成为鉴，“不要重犯胜利时骄傲的错误”。在以后的历史发展进程中，共产党时时以“我们决不当李自成”告诫自己，最终由弱变强并打败了国民党。面对内忧外患的现实，将民国与明末相提并论是当时的一种风气，作为一党领袖的蒋介石也没有超越时人的见解，所以《甲申三百年祭》发表后，包括蒋介石在内的国民党高官及其支持者都把郭沫若的逆耳忠言当做影射现实之作，当然谈不上以史为鉴、对国民党内部进行认真整顿了。抗战胜利后，在经过整风运动的共产党人大力扩大根据地的同时，国民党各级文武官员却如“饿虎扑羊”，扑向曾经的沦陷区，大发“劫收”财，最终导致国民党在大陆的迅速覆亡。在大力反腐倡廉的今天，每一个共产党人（尤其是领导干部）都有必要认真看看《甲申三百年祭》。

廖久明

（载《郭沫若学刊》2014 年第 4 期）

第三篇

海外研究、普及教育

一　海外郭沫若研究

郭沫若翻译研究述评（1984—2014）

熊　辉

郭沫若（1892—1978）是中国现代著名学者、文学家和社会活动家，1914 年赴日本留学，先后受斯宾诺沙、泰戈尔、惠特曼、歌德等人的影响而弃医从文，1921 年与成仿吾、郁达夫等组织成立了“创造社”，积极从事新文学活动。郭沫若文学创作、考古研究、历史研究及文字研究等已成为郭学的重要内容，近年来随着译介学在中国的发展和翻译研究的深入，郭沫若翻译研究逐渐受到学界重视。有鉴于郭沫若翻译研究成果的丰富和驳杂，本文试图通过文献综述的方式清楚地呈现郭氏翻译研究 30 年的立体形象，在总结已有研究的基础上展望未来研究的可能路向和具体内容。

另外，本文之所以标示出 1984—2014 年的时间段，缘于新时期以来郭沫若翻译研究最早的文章《郭沫若翻译初探》（袁锦翔著，《中国翻译》1984 年第 9 期）发表于 1984 年，本文故以此为界将郭沫若翻译研究述评局限在最近 30 年的时间里。

一　翻译实践研究

从 1915 年郭沫若翻译德国 19 世纪著名政治抒情诗诗人海涅的《归乡集第十六首》（未发表）算起，到“文化大革命”期间翻译《英诗译稿》为止，其翻译实践的生命长达 50 多年。50 年对个体生命而言是漫长的，对社会历史而言却是短暂的。但郭沫若翻译生涯的 50 年对中国现代翻译的历史而言却是凝重的：他在这期间翻译了德国、英国、日本、印度、美国、俄国以及古伊朗等国家的大量优秀文学作品、文艺理论著作、社会科学和自然科学著作，其译介的作品之多，译介作品的国别之广，译介的内容之繁复，译介持续的时间之长，都不能不说是中国翻译史上的奇迹。

（一）翻译实践的特征研究

郭沫若的翻译实践活动除具有一切翻译实践的共性外，还表现出很多独特的个性特征。已有成果主要从如下四个方面研究了郭沫若翻译实践的特征：

第一，将译作与创作相结合、翻译与研究相结合。郭沫若在从事翻译实践的同时，不但提出了诸多关于翻译问题的独特见解，如风韵译、创作论、以诗译诗等，而且将其运用到自身的翻译实践中，集理论创新与实践探索于一体。

第二，将时代语境与个人特点相结合。郭氏从事翻译的时代正处于中国现代历史上最为波澜壮阔的时期，因此他的翻译表现出鲜明的意识形态色彩。不过，从原著选择、翻译取向、翻译策略、翻译方法、翻译风格、翻译语体、翻译类型、翻译模式、翻译特长到翻译地位等方面来看，郭氏的翻译实践透露出鲜明的个人特色。① 恰如斯洛伐克汉学研究者马利安·高利克所说，郭沫若的文学翻译与创作之间是一种混沌的状态，其“翻译在很大程度上渗透着他个人的诗学主张及其主观的理解”②。

第三，郭氏的翻译实践具有“体验性”特征。钱晓宇的论文《纵论郭沫若翻译实践的体验观》在梳理郭沫若代表性译作的情况下，结合对具体译文的分析，从翻译选材和翻译方法等方面探寻并论证了“体验”贯穿了郭沫若整个的翻译实践活动，认为“重体验、重感受的思考与创作习惯使得郭沫若的大部分译作，在尊重原文基础上，贴上了鲜明的个人标签。这也使得郭氏翻译成为‘神似派’的代表”③。

第四，郭沫若的翻译具有现代性特征。郭沫若是一个伟大的翻译家，他的翻译作品并不因为存在瑕疵而影响新思想和新审美观念的传入，因此对中国社会文化而言，郭沫若的翻译具有很强的现代性色彩。郭沫若翻译的成就及影响不可估量：“郭沫若对中国翻译文学史和世界文学的贡献是非常巨大的。郭沫若不一定是最好的歌德翻译家。但是郭沫若是歌德翻译的先驱者，所以我们应该承认他是一个伟大的人物。郭沫若翻译的歌德作品是非常有影响的，如果没有郭沫若的歌德翻译，中国的现代文学可能走的是另外一条道路。”④

（二）翻译实践的主体研究

翻译实践活动的研究离不开对翻译主体（或曰译者）的探讨，而且从译者的角度去研究郭沫若的翻译实践，能够更好地理解翻译选择和译文特征等基本问题。

第一，对译者移情的研究。从移情的角度去考察郭沫若在理解作品和了解作者的基础上从事的翻译实践，就能够明白为什么郭氏在翻译活动中能够忠实完整地传达原作的精神实质和风格特色。杨平和谭春林的文章《论译者的移情——以郭沫若的翻译和创作为例》（《北京第二外国语学院学报》2007 年第 6 期）分析了译者移情的内

---

① 孔令翠、王慧：《郭沫若翻译实践特色研究》，《西南农业大学学报》2010 年第 3 期。

② ［斯洛伐克］马利安·高利克：《歌德〈浮士德〉在郭沫若写作与翻译中的接受与复兴（1919—1922）》，《汉语言文学研究》2012 年第 3 期。

③ 钱晓宇：《纵论郭沫若翻译实践的体验观》，“走向世界的郭沫若与郭沫若研究”学术会议论文集，2014 年 6 月。

④ 顾彬：《郭沫若与翻译的现代性》，《中国图书评论》2008 年第 1 期。

涵，总结了如何采用移情的策略，考察了郭沫若等人的翻译和移情实践，指出移情会对译者的思想、翻译和创作产生积极影响。

第二，对译者角色的研究。《接受美学视阈中的译者角色——以郭沫若译〈少年维特之烦恼〉为例》（廖卡娜著，四川外语学院学位论文，2010 年 4 月）专在探讨译者的角色问题，作者首先考察《少年维特的烦恼》在中国的译介和研究情况，接着分析译者的期待视野，译本借以产生的相应社会历史背景，以及对原著的理解和翻译策略，然后分析译本中最能体现译者期待视野和创造性的译例，评价译本中某些可能产生歧义或不尽恰当之处。文章认为，作为《少年维特之烦恼》在中国的首位译者，郭沫若在翻译过程中成功地扮演了双重角色，即他从自己的期待视野出发，对原文不确定之处和空白进行有特色的填充和具体化，并预先考虑同时代读者与译本的交流，掌握适当的审美距离，充分发挥其作为译者的积极性和创造性，从而证明接受美学视角下的译者角色对于文学翻译的重要意义。

第三，对译者主体性的研究。李春先生的文章《翻译主体与新文学的身份想象——郭沫若的“风韵译”及其论争》算是对译者乃至民族文学主体性的认识。郑丽莉的硕士学位论文《郭沫若诗歌翻译中的译者主体性研究》（暨南大学，2009 年 5 月）探讨翻译身体学和译者主体性的联系，并以此为理论视角分析郭沫若诗歌翻译理论和实践中的译者主体性：一是通过对郭沫若诗歌翻译理论，如“风韵译”、好的翻译等于创作、在翻译时译者要有创造精神、应该投入自己的感情等的分析，揭示其中蕴含的译者主体性；二是结合郭沫若具体的诗歌翻译实践，探讨郭沫若在理解原诗和再现原诗风格上体现出的译者主体性。

（三）翻译实践的成就分析

翻译是郭沫若文学和文化活动的重要构成部分，它深刻地影响了郭沫若的思想和创作，塑造了郭沫若马克思主义者和文学巨匠的形象。

第一，翻译实践的全面研究。对郭沫若翻译作全面研究的成果应该首推傅勇林、王维民、俞森林等编著的《郭沫若翻译研究》一书，全书近 40 万字，分为三个部分：上编主要研究郭沫若的翻译思想和理论，对郭沫若作为翻译家的成功之道、翻译活动、翻译思想以及翻译影响进行整理与提炼。下编主要研究郭沫若的翻译作品，对郭沫若的主要译作按德语、英语、日语及其他语种进行分类评介。第三部分为附录，收入了“郭沫若译论选”“郭沫若译事年表”“郭沫若译著详考”和“郭沫若翻译研究资料索引”等四个方面的内容，可为郭沫若翻译研究提供翔实的参考资料。① 有人认为这部专著“考察了郭沫若与中国传统文化、西方文化、中国社会现代转型等宏观语境与郭沫若翻译之间的互动关系，是一次多语种、跨学科的对郭沫若翻译的全景

① 傅勇林、王维民、俞森林等编著：《郭沫若翻译研究》，四川文艺出版社 2009 年版。

研究，是一次系统的考察，推进了郭沫若翻译研究广度与深度，是一本理论性、资料性、可读性俱佳的著作。”① 除这本专著外，孔令翠的长文《试谈郭沫若与翻译》，（《乐山师专学报》1992 年第 3 期），通过对郭老翻译成就、翻译理论、译风译德的介绍和翻译取得如此成就之原因的探讨，加深了我们对郭沫若翻译大师、马克思主义者和文学巨匠形象的认识。严晓英的硕士学位论文《郭沫若翻译研究》（华东师范大学，2007 年 4 月）主要研究郭沫若的翻译理论和实践，认为郭沫若前期偏向翻译他所喜爱的作家作品，风格大致和他早期的创作风格相一致；后期的翻译注重宣传马克思主义和共产主义思想，偏向翻译能反映穷苦大众疾苦的作品，肯定了郭沫若的翻译理论和实践在中国现代文坛和社会发展中的意义和价值。郭沫若的翻译实践活动对他五四以后的文学翻译、文学创作、文学活动乃至马克思主义世界观的形成“产生了深远的影响，为中国现代文学的发展和中外文化的交流作出了重大贡献”②。

第二，探讨郭沫若俄苏文学和德语文学的翻译成就。由于马克思列宁主义和十月革命的影响，郭沫若对俄苏文学作品的翻译产生了兴趣，他通过转译的方式翻译了《新时代》《新俄诗选》和《战争与和平》等俄苏文学作品。这些翻译作品曾在中国文学界引起过不小的反响，他与人合译的《战争与和平》在中国翻译文学史上享有重要地位。但郭氏的俄苏文学翻译也存在不足，尤其是他本人不懂俄语而只能依靠其他语种进行转译，这就会带来译文内容的折损。郭沫若德国文学翻译是从德语译出而非转译，德国文学是他翻译成就的重要构成部分，他共计翻译了约 12 位德语作家的 54 部（篇）作品，杨武能先生认为郭氏是“我国译介德语文学的开始祖师”③。《三叶集》中的德国文学片段是郭沫若最早的德语文学翻译作品，而《浮士德》的翻译则标志着郭沫若德语文学翻译的最高成就。郭沫若的德语文学翻译具有如下特征：“译文一般追求白话与文言的融合；在尽可能的范围内追求译文的流畅，韵律自由；译文主要是艺术的创造，有明显的汉化改写；译文普遍感染了译者鲜明而强烈的主观情绪。”④

第三，从伦理和人格的角度打量郭沫若的翻译活动，肯定郭沫若翻译的高雅格调。郭沫若的人格在其逝世后备受争议，毁誉参半，但译如其人，他的人格必将反映在他的翻译活动中。那我们从郭沫若的翻译实践中究竟能看出他怎样的人格修养呢？郭沫若的翻译活动始于五四新文化运动，终于“文革”时期，不管是当初作为文坛新人还是后来身居高位，他都坚持了翻译选题格调的高雅，绝不翻译低级趣味的作

---

① 王俊棋：《在古今中西之间：郭沫若翻译的全景呈现——读〈郭沫若翻译研究〉》，《郭沫若学刊》2010 年第 1 期。

② 程翔章：《郭沫若在“五四”前的翻译实践及其意义》，《外国文学研究》2001 年第 1 期。

③ 杨武能：《筚路蓝缕，功不可没——郭沫若与德语文学在中国的译介和接受》，《郭沫若学刊》2000 年第 1 期。

④ 彭建华、邢莉君：《郭沫若与德语文学翻译》，《郭沫若学刊》2012 年第 1 期。

品；译作以信为本，从不粗制滥造；治译严谨，敢于批评；决不沽名钓誉，常常在贫穷中奋起并坚持翻译。他在翻译中表现出的崇高伦理是其高尚人格的部分写照。“对于像郭沫若那样为国家、为民族、为翻译作出了杰出贡献的历史人物，我们需要以平和的心态和宽容的态度还原历史和尊重历史，而不是以偏概全，全盘否定，求全责备。”[①] 此外，胡龙青的《探源郭沫若的翻译成就》（《兰台世界》2011 年第 1 期），林全庄、张放的《纪念郭沫若对中国翻译学的贡献》（《中国科技翻译》1993 年第 4 期），刘卓媛的《郭沫若翻译成就探析》（《兰台世界》2014 年第 7 期），袁荻涌的《简说郭沫若的翻译成就》（《文史杂志》1998 年第 3 期），袁锦翔的《郭沫若翻译初探》（《中国翻译》1984 年第 9 期），杨玉明的《弃医从文的郭沫若在翻译领域的成就》（《兰台世界》2014 年第 13 期），赵群的《郭沫若多彩的翻译人生及其辉煌成就》（《兰台世界》2014 年第 16 期），陈袁菁的《继往开来的文坛巨擘——郭沫若诗歌翻译理论与实践对 21 世纪后学的启示》（《中国职工教育》2012 年第 10 期）以及王文华的《郭沫若翻译成就研究》（《郭沫若学刊》1989 年第 5 期）等文章均是对郭沫若翻译成就的梳理和呈现。

郭沫若为什么会在翻译领域取得非凡成就？哪些因素促成了郭沫若走上翻译的道路？王维民等人的文章《郭沫若翻译探源》（《西安外国语大学学报》2009 年第 3 期）认为，中外文学文化的熏陶、良好的外文基础、复杂的时代背景、丰富的知识结构以及贫穷的经济基础等因素最终促使郭沫若走上了翻译之路。

二　诗歌翻译研究

郭沫若的文学翻译活动始于诗歌而止于诗歌，翻译诗歌是他文学翻译成就中最具代表性的成果。与此相应，翻译研究界对郭沫若诗歌翻译的研究成果也最为突出。

（一）诗歌翻译活动研究

第一，诗歌翻译的整体研究。将郭沫若的诗歌翻译视为整体性的研究对象，在此基础上展开对郭沫若译诗形式和译诗观念的探讨，比如孙慧慧的硕士学位论文《郭沫若的诗歌翻译研究——以〈雪莱诗集〉英译本为例》首先分析郭沫若与雪莱的“亲近”关系，然后从诗歌形式、诗歌内容、诗歌意象三个方面阐明郭沫若译本所具有的诗性特征，认为：“虽然郭沫若的译本没有一板一眼的翻译，但是他不是在胡译，他翻译出了原诗的深层意义。他译本中的每一个不同都是郭沫若深思熟虑的结果，都是他了解了目标语言和源语言的不同之后做出的改变。他的翻译更加符合中国

① 王慧：《郭沫若翻译伦理研究》，《译苑新谭》2011 年第 3 辑。

文化习惯的表达方式同时也更适合中国读者阅读。"① 该文对郭沫若诗歌翻译的"随意性"做出了符合诗歌文体特征的解释，有助于我们认识郭氏诗歌翻译的合理性和独特性。金春笙的《论郭沫若与诗歌翻译》（《忻州师范学院学报》2007 年第 3 期）的文章主要探讨了郭沫若的诗歌翻译理论和诗歌翻译批评观念，从神韵、气韵、音韵与得失诸层面，对郭沫若译诗再创造思想进行了全面客观的评论。

第二，诗歌翻译的特征研究。首先，肯定郭氏诗歌翻译的权威性。《胡适与郭沫若译诗比较研究——以〈鲁拜集〉中两首诗的汉译为例》（咸立强、李岩著，《北京联合大学学报》2008 年第 3 期）一文通过对比胡适与郭沫若翻译《鲁拜集》第 7 首和第 95 首的译文，结合两人的诗歌翻译主张，阐明诗歌翻译实践与理论倡导的间隔，认为译文在一定程度上会受到译者主观情感和诗歌观念的影响。本文还借助徐志摩的译文以及闻一多的评论来肯定郭沫若诗歌翻译在传递意义和再现诗艺等方面的优势。其次，阐明郭氏早期诗歌翻译的特征。《迎新不易弃旧难——郭沫若译雪莱的描写性研究》一文以郭沫若翻译雪莱诗篇为例，论述郭氏早期诗歌翻译受诸多因素制约以及由此呈现出的特殊面貌：在文化语境方面，受当时中国新诗"草创期"的限制，翻译侧重译诗在目的语文化中的接受性；在译者个人审美取向方面，译者的浪漫主义文艺观和泛神论哲学思想决定着翻译选材，文学的审美目的高于功利性目的；在译诗文体形式方面，在古典诗歌传统、中国新诗发展和译者翻译观共同影响下，诗歌翻译呈现出新旧诗体齐肩、文言白话并举的局面。② 再次，在纵向比较郭氏译诗版本中呈现其诗歌翻译的特征。彭建华、邢莉君的《论郭沫若译诗的修改》（《郭沫若学刊》2011 年第 3 期，又载《湖南第一师范学院学报》2011 年第 4 期）一文，通过对郭沫若同一首诗歌前后译文的比较研究，深究郭氏为什么会修改自己的译诗以及修改后的意义所在，进而揭示出郭氏译诗所具有的目标性和主体性特征。最后，郭沫若诗歌翻译的阶段性特征研究。这类成果多集中在郭氏早期的诗歌翻译上，比如林广泽的文章《中西合璧 辉耀诗史——郭沫若早期译诗浅论》（《郭沫若学刊》2002 年第 6 期）研究的是郭氏早期的译诗，其将郭沫若诗歌创作和诗歌翻译视为整体，在解读文本的基础上从诗学美学观与创作思想、文化传统与精神、艺术风格与技巧等诸多层面出发，探索性地阐释了郭沫若早期的诗歌翻译特征。赵霞和李娟合作的文章《郭沫若与五四时期的诗歌翻译》（《兰台世界》2013 年 1 期）侧重于郭沫若五四时期的诗歌翻译活动，主要讨论郭沫若五四时期的诗歌翻译以及其在五四新文化语境中的独特价值和意义。周玲的《论郭沫若白话诗歌翻译的转折》一文也主要是对郭沫若早期诗歌翻译中的特殊现象进行分析，该文注意到郭沫若诗歌创作和翻译的悖反关系，即《女神》以狂飙突进之势宣告了中国白话自由诗时代的到来，但随之而至的诗歌翻译却

① 孙慧慧：《郭沫若的诗歌翻译研究——以〈雪莱诗集〉英译本为例》，山西师范大学，2014 年 5 月。

② 尹穗琼：《迎新不易弃旧难——郭沫若译雪莱的描写性研究》，《天津外国语大学学报》2014 年第 4 期。

是另外一番景象，即郭沫若选取格律诗作为翻译对象，译文也多是半文半白的半格律体，这种转向折射出“社会接受力的客观制约，同时也揭示在五四前后特定历史时期下中国主体文化对翻译的操控力量”①。

第三，诗歌翻译的个案研究。捷克学者高利克（Marián Gálik）的英语文章《“果提克”式的居室与箱崎的一间小屋：散议郭沫若1919年10月10日对歌德〈浮士德〉的翻译》（“郭沫若文献史料国际学术研讨会暨IGMA学术年会”论文汇编，2010年8月）认为，郭沫若的诗歌翻译具有寄寓创作情感的特征，该文考察了歌德《浮士德》中的《夜》在中国的译介过程，并认为郭沫若的诗歌翻译存在很多与原文不一致的地方，译文与原文的差异并非郭氏的“误读”引起的，而是郭沫若要在翻译中表达自己的情感所致。刘汝举的《郭沫若与雪莱诗歌的翻译》（《兰台世界》2012年第31期）论述了郭沫若对雪莱诗歌的翻译传播以及雪莱对郭沫若诗歌创作的影响等两个方面的内容。

（二）特殊视角下的诗歌翻译研究

近年来出现了较多从特殊视角出发打量郭沫若诗歌翻译的论文，这些研究成果因为引入了新鲜的研究方法而获得了更为开阔的学术视野，拓展了郭沫若研究的空间。

第一，解构主义的视角。任莅蓉的硕士学位论文《从解构主义视角看诗歌翻译——以郭沫若翻译的英文诗歌为例》（西南交通大学，2010年5月）借助解构主义的批评方式，分别从意义与语言关系、原作与译作关系、作者与译者关系等角度分析郭沫若诗歌翻译中的解构主义特征，是用现代西方文艺批评理论对郭沫若的诗歌翻译进行阐释的尝试，有助于重新界定或发掘郭沫若诗歌翻译的历史地位和影响。张洁的硕士学位论文《郭沫若诗歌翻译中的解构主义特征》（安徽师范大学学位论文，2006年5月）归纳了郭沫若诗歌翻译的二项对立模式：诗人/译者、原作/译作以及意义/语言，然而郭氏在诗歌翻译实践中又颠覆了以上结构模式，表现为“无视”原诗的形式和内容，有意识地运用“互文性”来翻译等。该文将郭沫若的诗歌翻译与特定的社会、哲学和诗学因素放在一起考察，企图为郭氏诗歌翻译中的矛盾现象找到合理的解释。

第二，多元系统理论的视角。张慧的论文《多元系统论视野下的郭沫若诗歌翻译》（《郭沫若学刊》2014年第2期）援用以色列学者埃文-佐哈尔提出的多元系统理论（polysystem theory）去观照郭沫若的诗歌翻译，将其置于复杂多元的社会文化语境中加以考察，动态地“思考郭沫若的翻译观、翻译策略，探析翻译规范如何影响译者选择不同的翻译策略”② 等诸多诗歌翻译问题，进而更好地理解郭沫若的诗歌

① 周玲：《论郭沫若白话诗歌翻译的转折》，《铜陵学院学报》2007年第3期。

② 张慧：《多元系统论视野下的郭沫若诗歌翻译》，《郭沫若学刊》2014年第2期。

翻译理论和实践。

第三，前景化理论的角度。叶航宇和李旭晴的文章《前景化角度看郭沫若译诗的韵律》（《海外英语》2010 年第 5 期）以前景化理论为研究支撑，从语言学角度对郭沫若在译诗过程中的韵律处理进行分析，认为所谓的“风韵译”策略其实就是对原作具有主题意义的前景化特征加以最大程度的移植和保留，而对于并不具有主题意义的非前景化的诗歌语言形式则进行大胆灵活的调整，从而显示出郭沫若翻译诗歌在韵律上与主题意义的高度契合。

第四，意识形态的角度。意识形态作为社会文化的重要构成要素必将对翻译起到操控性影响：从宏观的角度讲，翻译作为跨文化实践活动不可避免地要受到译入语国社会文化的影响；从微观的角度讲，某国某时期的意识形态将影响译者的翻译选材、翻译目的、翻译策略甚至翻译语言风格等诸多方面。熊艳的硕士学位论文《论意识形态对郭沫若译雪莱诗歌的操控》（长沙理工大学，2011 年 4 月）从意识形态的角度去分析郭沫若对雪莱诗歌的翻译情况，揭示出郭沫若翻译雪莱诗歌的原因和目的，有助于更本质地把握郭氏诗歌翻译的复杂性。熊艳和边立红合作的另一篇文章《意识形态与翻译——从郭沫若翻译〈西风颂〉谈起》（《河北工大学学报》2010 年第 5 期）是对前文研究方法的具体阐释。

第五，文化批评的角度。从文化批评的角度具体分析郭沫若从事诗歌翻译的原因是袁荻涌先生《郭沫若为什么要翻译〈鲁拜集〉》一文的主旨，文章在介绍波斯诗人莪默伽亚谟的生平和作品的基础上，认为郭氏选择翻译《鲁拜集》的原因主要在于原诗的精神和形式契合了五四时代语境和个人情感诉求：“而伽亚谟的《鲁拜集》，不管是在思想情调、主题指向，还是在文体风格上，都颇能投合郭沫若此时的审美趣味，满足其审美需要。”[①] 该文分析郭氏翻译莪默伽亚谟诗篇的原因固然在理，但却没有明确的针对性，因为五四新文化语境中的很多人都抱有穷理变通的思想，为什么单单是郭沫若选择全面翻译《鲁拜集》？对此问题的回答更多的还得从译者的角度寻找理由。

第六，生态批评的角度。金春岚、黄芳的文章《郭沫若译〈鲁拜集〉的生态解读》（《西安外国语大学学报》2012 年第 3 期）从生态批评的角度肯定了郭沫若对《鲁拜集》翻译的成功：郭氏不仅重视诗歌本身特点的表达，有其“自然”“浪漫”情绪的宣泄，也重视原作与译作的“淳化”过程，即如何用译文最自然的语言和结构反映原文的特点。郭沫若翻译的“淳化—自然—创作”的整个过程就是原文、译本及读者的有机互动过程，比较符合良性的文学生态要求。

① 袁荻涌：《郭沫若为什么要翻译〈鲁拜集〉》，《郭沫若学刊》1990 年第 3 期。

（三）诗歌翻译理论研究

第一，从史料的角度肯定郭沫若诗歌翻译理论的文学史价值。罗文军与傅宗洪合作完成的论文《“副文本”审视下的郭沫若译诗序跋及其观念与意义》主要以郭沫若译诗集中的序跋文章为依托，详细阐释了郭氏的诗歌翻译思想及其历史价值。文章认为，郭沫若的译诗序跋文字“以集中、显明的方式呈现了他的译诗观念、择取标准、功用目的，以及这些内容与文学观念、文学语境之间的复杂关系”，这些文字“既是难得的文学史料，又是审视郭沫若翻译问题时需要扩展的空间”①，从而肯定了郭沫若译诗序跋文字的价值。孔令翠和王慧合作的文章《论诗、作诗与译诗之知行合一——试析郭沫若的诗歌翻译理论与实践特色》（《重庆邮电大学学报》2011 年第 1 期）是对郭沫若诗歌翻译理论和实践的全面探讨，认为他在诗歌翻译理论上提出了“风韵译”“创作论”“共鸣说”和“以诗译诗”等理论；在实践上有感而译，作译并举，译诗形式丰富多彩，译诗的音乐性特别强。因此郭沫若的诗歌翻译理论与实践“具有诗人译诗、知行合一的鲜明特色”②。

第二，专门探讨郭沫若诗歌翻译的文体观念。熊辉的《论郭沫若的译诗文体观念》既是对郭沫若诗歌翻译思想的挖掘，又是对郭沫若诗歌翻译形式观念的集中探讨。该文从如下三个方面分析了郭沫若的译诗文体观念：首先是语言上，郭沫若意识到了两种语言的差异导致的“译诗之难”，从跨语际实践的角度出发，认为译诗的语言必须是诗性的语言，好的翻译可以促进中国文学语言的发展。其次是形式上，外国诗歌或翻译诗歌对仗分节的形式引发了郭沫若诗歌创作的“觉醒期”和“爆发期”，虽然他在创作的时候主张内容高于形式，但对诗歌翻译而言，他通常主张译者应该选取具有形式美的外国诗歌作为翻译对象。三是风格上，从严复提出“信、达、雅”到“直译”“意译”，从傅雷的“神似”说到钱钟书的“化境”说，等等，人们对翻译标准的认识莫衷一是。但在从近现代到当代翻译标准的发展进程中，起着关键性承传作用的应该是郭沫若“风韵译”的翻译标准。③

当然，对郭沫若诗歌翻译理论的研究应该与后文的“郭沫若翻译理论研究”相结合，他们共同构成了郭氏的翻译诗学。

（四）诗歌翻译过程研究

第一，诗歌翻译过程中的“创造性叛逆”研究。《从比较文学变异学视角看郭沫

① 罗文军、傅宗洪：《“副文本”审视下的郭沫若译诗序跋及其观念与意义》，“郭沫若与文化中国——纪念郭沫若诞辰 120 周年国际学术研讨会”论文集（上卷），2012 年 11 月。

② 孔令翠、王慧：《论诗、作诗与译诗之知行合一——试析郭沫若的诗歌翻译理论与实践特色》，《重庆邮电大学学报》2011 年第 1 期。

③ 熊辉：《论郭沫若的译诗文体观念》，“走向世界的郭沫若与郭沫若研究学术会议”论文集，2014 年 6 月。

若诗歌翻译中的创造性叛逆》一文从比较文学变异学的角度出发分析郭沫若诗歌翻译中的创造性叛逆。产生于不同文化土壤中的文学在被翻译介绍到异质文化中时，往往会因为文化的差异、译者所处文化语境的特殊性、译者个人的审美取向等庞杂的“赞助人”[①] 系统的影响而产生各种变异。该文据此认为：“郭沫若先生在诗歌翻译中所再现的对原文进行的种种有意无意地变异或再创造均携带着东方文化审美的特点，这些特点也就是变异产生的社会、历史以及文化的根源。”[②] 从而给郭沫若诗歌翻译的种种“变形”提供了合理的文化阐释。

第二，诗歌翻译过程中的“变异”研究。该研究内容是对“创造性叛逆”的延续和深化。叶航宇的硕士论文《诗歌翻译中的平行和变异——郭沫若诗歌翻译中的前景化特征》（西南交通大学，2008 年 5 月）以前景化理论为工具对郭沫若的诗歌翻译作语言学分析，从语音层面、句法层面、语义层面分别探讨了郭沫若诗歌翻译中的语言形式和比喻象征等内容。王鹏飞和李文凤合作的《论郭沫若诗歌翻译中的变异》（《社科纵横》2009 年第 3 期）也是对郭氏翻译过程出现的创造性“变异”的合理阐释。

第三，诗歌翻译过程中的“通感”的研究。“通感”这种“以感觉译感觉”的策略运用能使读者通过联想达到身临其境的状态，从而内心得到感染，与原作产生共鸣。郭沫若译《鲁拜集》，无论是译者与作者，还是译诗与原诗，个中转变都因“通感”策略的灵活运用而无一丝牵强痕迹，译作犹如自然天成。[③]

三　其他翻译作品研究

郭沫若不仅翻译了大量优秀的文学作品，而且还翻译了不少社会科学和自然科学著作。本文接下来主要整理学界对郭沫若社会政治学、戏剧以及自然科学译作的研究情况。

（一）社会学翻译研究

学术界目前对郭沫若社会学著作翻译的探讨主要集中在影响研究的层面上，包括对郭氏自身思想和中国社会的影响。郭沫若翻译过一些革命性的理论著作，有“日本文化革命的最伟大的战士、先导者、父亲”[④] 之称的河上肇（1879—1946）的马克

---

① Lefevere, André. *Translation, Rewriting and the Manipulation of Literature Fame*, New York: Routledge. 1992: 15.

② 王鹏飞：《从比较文学变异学视角看郭沫若诗歌翻译中的创造性叛逆》，《当代文坛》2009 年第 4 期。

③ 毕婷婷：《从〈鲁拜集〉看郭沫若诗歌翻译中的“通感”策略》，《西昌学院学报》2013 年第 3 期。

④ 郭沫若：《社会组织与社会革命·序》，《社会组织与社会革命》，［日］河上肇著，郭沫若译，商务印书馆 1950 年版。

思主义著作《社会组织与社会革命》“于社会革命之道途上非常重要”[①]，于是郭沫若选择翻译了这部作品。这部译作在当时的青年人中产生了广泛而深远的影响，许多青年学生正是在该书的引导下转向马克思主义和社会革命的，连郭沫若自己也不得不承认：“我自己的转向马克思主义和固定下来，这部书的译出是起了很大的作用的……翻译的结果，确切地使我从文艺阵营里转进到革命运动的战线里来了。”[②] 1931年，郭沫若翻译的《政治经济学批判》一书由上海神州国光社出版，该书主要对马克思主义经济学中的商品分析和货币理论作了论述和介绍，涉及到马克思主义的精髓——辨证唯物论和历史唯物论，为马克思主义在中国的传播起到了基础性的铺垫作用。接下来，郭沫若又翻译了马克思主义形成时期的重要著作《德意志意识形态》，1938年由言行出版社出版，后收入1947年上海群益出版社出版的《郭沫若文集》之五。这部译作在中国第一次全面地论述了科学共产主义理论的哲学基础——唯物史观，进一步深化了马克思主义思想在中国的传播。对这些社会政治学著作的翻译使郭沫若成为中国马克思主义传播的先行者和杰出代表。

学界对郭氏社会学著作翻译的影响研究首先是肯定郭氏译作对自身思想转变的意义，然后从历史高度上认为郭氏所译政治学著作对中国社会革命产生的积极影响。比如彭冠龙的《〈社会组织与社会革命〉的翻译与郭沫若思想转变》（“走向世界的郭沫若与郭沫若研究”学术会议论文集，2014年6月）认为郭沫若出于生计选择翻译《社会组织与社会革命》一书虽没有彻底改变他的思想，但却让郭氏对社会革命有了基本认识，直到郭沫若从日本回到上海目睹了国内军阀混战和列强暴行之后，其革命思想才逐渐理性化并在一系列革命实践活动中完成了思想转变。张剑平撰写的《郭沫若对马克思主义经典著作的翻译》（“走向世界的郭沫若与郭沫若研究”学术会议论文集，2014年6月）详细梳理了郭沫若翻译的马克思主义经典著作，认为这些翻译不仅增进了郭沫若的马克思主义理论素养，加速了他向马克思主义者的转变过程；同时，对马克思主义理论在中国的进一步传播和马克思主义哲学、史学、文学的发展做出了重大贡献。

此外，20世纪20年代中后期，从日本留学回国不久的郭沫若曾打算翻译马克思主义名著《资本论》，由于他之前翻译的《社会组织与社会革命》是在商务印书馆出版的，因此他打算此作也交由商务印书馆印行，“但出人意料的是，翻译《资本论》的计划，在商务印书馆的编审会上未获通过。理由是‘不便’，潜台词大约是该书的色彩会为书馆带来一些麻烦”。[③] 因为没有合适的出版社出版，因此郭氏只好搁浅翻

---

① 郭沫若：《社会组织与社会革命·附白》，《社会组织与社会革命》，［日］河上肇著，郭沫若译，商务印书馆1925年版。

② 郭沫若：《社会组织与社会革命·序》，《社会组织与社会革命》，［日］河上肇著，郭沫若译，商务印书馆1950年版。

③ 杨建民：《郭沫若差点儿翻译〈资本论〉》，《团结报》2002年3月2日。

译《资本论》的计划。

（二）戏剧翻译研究

对郭沫若戏剧翻译研究的成果极为稀缺，目前的探讨主要集中在翻译诗学层面。郭沫若曾翻译过爱尔兰作家约翰·沁孤（John Millington Synge，1871—1909）的《悲哀之戴黛儿》《西域的健儿》《补锅匠的婚礼》《圣泉》《谷中的暗影》和《骑马下海的人》等六个剧本，结集为《约翰沁孤的戏曲集》，1926年由上海商务印书馆出版。郭沫若后来翻译了歌剧《浮士德》，第一部1928年2月由上海创造社出版部出版，第二部1947年11月由上海群益出版社出版。此外他还翻译过席勒的剧本《华伦斯太》，1936年由上海生活书店出版。但目前对郭沫若翻译戏剧的研究成果甚少，已有成果从广义诗学的角度肯定了郭沫若的戏剧翻译实践和观念。廖思湄的文章《郭沫若戏剧译介与“翻译诗学”价值体现》（《青年文学家》2009年第16期）认为，郭沫若西方戏剧译介中“翻译诗学”的价值是通过借鉴其他民族的优秀文学，或通过舞台这个特定的语言化手段，传递出戏剧的精神和情感，从而使作者与观众的心灵相通并产生共鸣，郭氏的戏剧翻译正好践行了这样的翻译诗学理念。

（三）自然科学翻译研究

郭沫若曾翻译了由威尔士父子（H. G Wells & G. P Wells）和鸠良·赫胥黎（Julian Huxley）三人合著的自然科学著作《生命之科学》。全书分为三册译出，第一册于1934年由上海商务印书馆出版，郭沫若署名为石沱；第二册于1935年出版；第三册（上、下）于1949年出版。其中，郭沫若将第三册第九编单独译出并另名为《人类的展望》，于1937年由上海开明书店出版。

这一系列译著为我们了解西方近代生物学研究以及与生物学有关联的各种有价值的著作提供了信息，对于自然科学极度匮乏的中国社会来说，该类译著是对中国自然科学研究的一种丰富和必要补充，其对中国自然科学的影响可想而知，这也充分证明了其价值之所在。对郭沫若翻译自然科学著作的研究文章很少，主要肯定郭氏翻译具有启蒙的社会意义。《品格与人格——有感于郭沫若翻译〈生命之科学〉》一文认为艺术家和作家的人格与品格总会通过其作品或治学态度表现出来，郭沫若翻译《生命之科学》一书，体现出他对五四新文化运动启蒙精神的传承，并且“正是灾难深重的中华民族处在需要科学的时候”，郭氏“把这样一部通俗的科学文艺作品推荐给中国读者，会丰富中国人民的精神粮食，是在做民众的启蒙工作”。由此体现出郭老忧国忧民的情怀，并呼吁作家、翻译家和一切文艺工作者不要做金钱的俘虏，“尽早确立自己自主的人格和独立的品格”①。

① 李湘：《品格与人格——有感于郭沫若翻译〈生命之科学〉》，《中国科技翻译》1989年第3期。

除郭沫若诗歌翻译研究比较深入和细致外，其他文体的翻译研究都还有很多需要拓展的空间，这也是今后郭沫若翻译研究需要努力的方向。

四 翻译与创作关系研究

文学创作和文学翻译之间的关系具有双向性：一方面，文学翻译可以促进文学创作的发展；另一方面，文学创作的发展也可以促进文学翻译质量的提升。19 世纪末 20 世纪初是中国社会和文化的转型期，外来压力和自身发展诉求营造了翻译文学的黄金时代，生机勃勃的文学翻译活动加速了中国各体文学的新变，郭沫若的文学创作活动就是在这样的时代大潮中拉开帷幕的。

（一）创作的翻译资源研究

郭沫若留学日本时接触到了大量的外国文学作品，这为他大量阅读并翻译外国文学提供了优越的条件，同时为他走上文学创作道路储备了丰富的写作资源。因此研究郭氏早期的翻译活动对其诗歌创作的影响就具有较强的针对性。结合郭沫若的自述、译诗和新诗文本，我们可以从形式和内容两个方面来厘清郭沫若新诗创作中那些来自外国诗人及诗作的影响因子：形式方面，郭沫若实践了自由诗体但也有民族化成分的保留，并主要使用了白话语言；内容方面，郭沫若在情调和思想上汲取了诸多有益的成分，据此“我们更好地理解诗人郭沫若在文学创作初期所走过的历程”①。

（二）翻译对创作的影响研究

有学者从译者心理的角度分析郭沫若翻译对创作产生的影响，在把握译者内心世界的基础上更好地理解翻译与创作之间的微妙关系，对郭沫若创作和翻译的联系做更透彻的分析，找寻其翻译过程中的心理变化及翻译实践对其创作所起到的潜移默化的影响，以明确郭氏创作过程的转变之因。② 丁新华的文章《翻译对郭沫若创作的影响》（《长沙电力学院学报》2000 年第 6 期）具体分析了郭沫若的诗歌和戏剧创作均受到了翻译的影响，郭沫若在阅读和翻译外国文学作品的过程中，不断汲取外国文学的丰富养料并将之内化到自我知识体系的内部，然后诉诸于笔端，才可能在新文学创作的道路上取得突出的成就。谭福民的论文《论郭沫若翻译对其创作的影响》（《外语教学》2013 年第 4 期）从创作内容、创作风格和创作手法等方面阐述了翻译对郭沫若创作的影响，认为郭沫若在翻译中找到了自己的创作话语，他善于借鉴外国文学

---

① 曾祥敏：《郭沫若翻译活动对其早期新诗创作之影响——以郭氏自述为考察视角》，《西南交通大学学报》2010 年第 5 期。

② 冯畅博：《郭沫若的翻译对其创作影响的文艺心理学解读》，长沙理工大学学位论文，2013 年 4 月。

以改良本国文学，并注重从借鉴中超越以达到自由创造的境界，从而形成了自己的创作风格。

（三）翻译和创作的互动研究

综观郭沫若的文学创作成就，我们不难发现其诗歌、戏剧和小说的创作大大受益于外国文学的翻译，同时他的创作也促进了其翻译水平的提高。正是在翻译与创作两者间相互影响下，郭沫若才得以在翻译和创作两个方面取得了非凡的成就。因此，"郭沫若翻译与创作具有同步性，即翻译诗歌时从事诗歌创作，翻译戏剧时从事戏剧创作。他的诗歌翻译与诗歌创作之间具有很大程度的相互吸收与影响，无论在诗体形式方面，还是创作意识与风格方面都具有相互渗透性。"① 熊辉的专著《两支笔的恋语：中国现代诗人的译与作》第五章以郭沫若的译与作为例论述"中国现代诗人的翻译与创作间的交互影响"，突出翻译与创作关系的共时性特征。该书厘清了郭沫若的翻译实践，并对他的译诗观念作了详细的阐述，重点研究了郭沫若的译诗对创作的影响以及创作对译诗的影响。②

五 翻译理论研究

郭沫若的翻译理论思想主要集中体现在《谈文学翻译工作》《论文学的研究与介绍》和《讨论注译运动及其它》等几篇谈论文学翻译的理论文章中。此外，他为其翻译作品所写的40余篇"序"和"跋"中也时有翻译思想的闪光。当然，我们还可以从他的翻译实践中抽象出一些翻译理论来。近30年来，对郭沫若翻译思想的研究主要取得了如下成绩。

（一）翻译思想研究

郭沫若在翻译理论上坚持"诗人译诗，以诗译诗"的观点，提出了"风韵译"的诗歌翻译方法。郭氏的翻译行为和翻译思想不仅影响了他的创作活动，还影响了他的社会思想和历史观念。

第一，整体性研究。刘林2001年5月提交的硕士论文《伟大的翻译家郭沫若：创作·思想与翻译》是一篇集中探讨郭沫若翻译成就、翻译思想以及翻译影响的文章。2003年1月，袁荻涌先生在《贵州社会科学》上发表的《郭沫若文学翻译思想管窥》是最早专门探讨郭沫若翻译思想的文章，认为郭沫若对翻译工作的文化交流

---

① 丁新华、李曦容：《论郭沫若翻译与创作之间的相互影响》，《湖南科技大学学报》（社会科学版）2012年第5期。

② 熊辉：《两支笔的恋语：中国现代诗人的译与作》，西南师范大学出版社2010年版。

意义、翻译的作用和地位、翻译的原则方法、翻译家的素质等问题的深刻论述构成了郭沫若翻译思想的核心内容，其中不少观点至今仍有现实指导意义。文章也指出了郭沫若翻译思想的不足：“郭沫若专谈翻译的文章并不多，他也没有提出一套系统的深刻的翻译理论。他的观点大多散见于各种文章，不免给人分散和零碎的感觉，有些讨论也停留在表层。”① 扬琴发表在《四川教育学院》2008 年第 8 期上的文章《郭沫若翻译思想研究》从翻译者的素质、译者的动机、诗歌翻译、翻译创作论等角度论述了郭沫若翻译思想的主要内容，大体上与袁荻涌先生的文章相参。陈蕙荃的《郭沫若译学思想浅探》（《考试周刊》2008 年第 31 期）和杨楠、黄玲的《安得翻译双全法，不负原创不负卿——浅谈郭沫若翻译思想》（《河北旅游职业学院》2013 年第 1 期）也是对郭沫若翻译思想的整体性勾勒。

第二，阶段性研究。在整体把握之外，还有部分成果是对郭氏翻译思想的阶段性研究。比如伍丽云的文章《论郭沫若翻译思想的发展》（《青春岁月》2012 年第 12 期）将郭沫若翻译思想的发展分为三个时期：20 世纪 20 年代前半期，20 世纪 20 年代后半期到新中国成立以前和新中国成立之后，并论述了他在翻译批评、媒婆处女论、重复译问题、译诗理论、翻译的意义和目的等方面的看法。刘美希的论文《郭沫若的翻译思想及其在〈鲁拜集〉中的体现》（《科技致富向导》2013 年第 35 期）简要介绍了郭沫若的翻译思想，并以郭译本《鲁拜集》为例分析郭沫若此阶段的翻译思想在译诗中的体现。

（二）翻译理论研究

第一，翻译理论研究。河北大学王影 2011 年 5 月提交的硕士论文《郭沫若翻译理论与实践研究》认为，郭沫若不仅留下了大量的译作，而且在翻译理论上也颇有建树，他提出的“风韵译”和“创作论”的翻译理论在翻译实践中所起到的指导作用不可低估。除此之外，孔令翠的《郭沫若翻译理论研究》（《译苑新谭》2009 年增刊）、孔令翠和王慧合作的《郭沫若论翻译》（“郭沫若文献史料国际学术研讨会暨 IGMA 学术年会”会议论文，2010 年 8 月）等文章均是对郭沫若翻译理论的研究。

第二，翻译标准研究。傅勇林等人的文章《郭沫若翻译标准管窥》（《外语与外语教学》2009 年第 5 期）从如下几个方面梳理了郭沫若关于翻译标准的认识：“错与不错”就是标准；再现原作风格，不损害原作格调；译文同样应该是一件艺术品；“风韵译”以及关于“信达雅”的新阐释等。在我国翻译理论的建构过程中，各种有关翻译标准的经典命题都不可能是绝对正确或绝对错误的：“它们都会依时间、地点、认识主体之间的不同而不同，亦会依观察者角度、层次、目的不同而不同。万理

① 袁荻涌：《郭沫若文学翻译思想管窥》，《贵州社会科学》2003 年第 1 期。

万教，虽有理、亦无理，全取决于认识主体在认识坐标系统中的位置。”① 这应该是一种翻译指导思想，是一种客观科学的翻译标准观，教会了我们根据不同的情况选择不同的翻译方法和标准去从事翻译实践，郭沫若的翻译标准观即践行了这样的方法论，有助于推动翻译实践的开展。

（三）“风韵译”思想研究

“风韵译”观念属于郭沫若的翻译理论，但由于学界对其讨论的成果较为丰富，因此本小节单独对郭沫若“风韵译”思想的研究进行总结。

郭沫若结合自己从事诗歌翻译的实践和经验提出了“风韵译”的翻译境界和翻译标准，目前学界主要从审美价值和文学主体身份的角度肯定了郭沫若的这一翻译思想。在我国翻译理论的建设过程中，翻译标准是学术界一再探讨却没有定论的话题。抛开古代经书翻译不论，仅就近代开始，从严复提出“信、达、雅”到“直译”“意译”，从傅雷的“神似”说到钱钟书的“化境”说，等等，人们对翻译标准的认识莫衷一是。但在从近现代到当代翻译标准的发展进程中，起着关键性承传作用的应该是郭沫若“风韵译”的翻译标准。这一标准在中国翻译理论上具有突破性意义，然而，由于种种原因，他所提出的翻译标准没有受到理论界足够的重视。

第一，形式审美角度的探讨。2006 年 11 月，在“巴蜀作家与 20 世纪中国文学研究”学术会议上，熊辉的发言《简论郭沫若的“风韵译”观念及其历史意义》首次对郭氏的“风韵译”进行了专门探讨。该文后经修改以《试论郭沫若的“风韵译”》为标题发表在《郭沫若学刊》2008 年第 1 期上，文章在充分阐发“风韵译”翻译思想内涵的基础上认为：“风韵译主要是从译文的美学角度来要求翻译不仅要通达和雅致，而且要具备形式美……在郭沫若之前的翻译理论中，很少有人专门就译文的形式和其它美学要素发表过见解。”② 2014 年《郭沫若学刊》第 1 期上发表了何俊的《从郭沫若翻译〈茵梦湖〉看其“风韵译”》一文，继熊辉文章之后再次肯定了“风韵译”的审美价值追求，并以郭沫若采用诗歌形式翻译《茵梦湖》中的诗歌和民谣为例，认为“风韵译”在传达内在气韵和美学价值上比强调信息等值的翻译语言学派的观点更具优势。③

第二，文学主体身份角度的探讨。与上文侧重探讨“风韵译”包含的形式美学精神不同，李春 2009 年 12 月发表的文章《翻译主体与新文学的身份想象——郭沫若的“风韵译”及其论争》从民族文学和新文学主体身份建构的角度肯定了郭氏的翻译思想，尽管该理论可能导致译作与原作的背离，但它却是“抵制西方文化霸权最

① 辜正坤：《中西诗比较鉴赏与翻译理论》，清华大学出版社 2003 年版，第 381 页。

② 熊辉：《试论郭沫若的“风韵译”》，《郭沫若学刊》2008 年第 1 期。

③ 何俊：《从郭沫若翻译〈茵梦湖〉看其“风韵译”》，《郭沫若学刊》2014 年第 1 期。

直接最有效的方法”，“在翻译中设置屏障，拒绝传递西方文化的主体性和权威性”，同时“注意到了文学和文化的个体身份与民族身份问题”①。

第三，其他探讨成果。胡卓君的《郭沫若的“风韵译”及其在英语诗歌翻译中的影响》（《考试周刊》2012 年第 1 期）、杨敏与王庆合作的《从郭沫若译诗“真的美”看“风韵译”的得失》（《世纪桥》2012 年第 13 期）、王建惠的《郭沫若的“风韵译”翻译思想及其历史意义》（《兰台世界》2013 年第 22 期）、王庆和杨梅合作的《从〈夜〉的翻译看“风韵译”的得失》（《四川教育学院学报》2012 年第 6 期）与《从两元对立角度看郭沫若的“风韵译”》（《重庆文理学院学报》2012 年第 6 期）、吴梅花与许国新合作的《风韵译——郭沫若的翻译思想与实践》（《科技信息》2009 年第 18 期）、卢丙华的《郭沫若的风韵译思想及其历史意义》（《兰台世界》2013 年第 16 期）、王庆《“风韵译”对“读者接受”的考虑》（《学理论》2012 年第 21 期）、杨梅与艾素萍合作的《从〈冬月〉的翻译看“风韵译”中的创造因素》（《世纪桥》2012 年第 11 期），以及杨敏和王庆合作的《试析郭沫若译诗“偶成”》（《中国西部科技》2011 年第 31 期）等 10 篇文章扩大了郭沫若“风韵译”观念的影响力，但同时部分文章的研究内容存在雷同甚至抄袭的现象，不利于郭沫若翻译思想研究的深入和拓展。

（四）翻译比较和论争研究

第一，翻译思想的比较研究。文月娥的文章《鲁迅与郭沫若译学思想比较研究》（《哈尔滨工业大学学报》2010 年第 3 期）比较了鲁迅和郭沫若在翻译思想上的差异：在翻译选材方面，鲁迅主张“为人生而艺术”，郭沫若则主张“为艺术而艺术”；在翻译策略方面，鲁迅坚持“宁信而不顺”，郭沫若则倡导“风韵译”；在译著及译文所体现的译者地位方面，鲁迅让译者“显形”，郭沫若则让译者“隐形”。苏艳飞和揭廷媛的文章《郭沫若与郁达夫翻译思想比较研究之相似处》（《成功》（教育）2012 年第 16 期）分析了郭沫若和郁达夫翻译思想的相似之处。苏艳飞的硕士毕业论文《郭沫若与郁达夫翻译思想比较研究》（四川外语学院，2010 年 5 月）则分析了两人翻译思想的相似之处和差异所在。

第二，翻译观念的论争研究。通过翻译论争彰显郭沫若的翻译思想，如咸立强的文章《翻译与中国现代文学——鲁迅与郭沫若在“翻译是媒婆”问题上的分歧》（《贵州社会科学》2009 年第 1 期）通过鲁迅与郭沫若的论争进一步阐明了郭沫若关于翻译与创作关系的看法，认为郭氏提出的翻译是“媒婆”、创作是“处女”的看法

① 李春：《翻译主体与新文学的身份想象——郭沫若的“风韵译”及其论争》，《北京第二外国语学院学报》2009 年第 12 期。

意在维护新文学的主体地位，“实质上也就是对真正的中国现代文学的期盼”①。丁新华发表在《中南大学学报》2012 年第 4 期上的《郭沫若与翻译论战》一文围绕郭沫若及其创造社同仁与胡适、茅盾及鲁迅等文人的几次翻译论战，分析了论战的缘由以及论战对我国译坛所带来的正面与负面影响。熊辉的《从伦理批评的角度重审创造社与文学研究会的翻译论争》（《上海师范大学学报》2012 年第 2 期）从翻译活动和译者态度的认识论出发，具体阐述了郭沫若等人的对照阅读式批评模式的形成及其目的，据此认为创造社与胡适或者文学研究会之间的论争实质上体现了郭沫若翻译的伦理批评观念，“客观上对净化翻译环境、养成译者的伦理道德意识以及提高文学作品的翻译质量等都起到了潜移默化的推进作用”。② 关于翻译论争的研究不仅可以甄别郭沫若翻译思想的优缺点，而且可以在比较和论战中进一步加深对郭氏翻译思想的理解，突出其翻译思想的时代性、进步性和局限性。

翻译理论和翻译实践之间互为因果、相辅相成。翻译实践总会在经验认识和方法技巧等方面对翻译理论的建构起到基础性作用，而科学的翻译理论反过来又会促进翻译工作的开展，毕竟理论对实践的指导意义总是普遍存在的。一个从事翻译工作的人常常是在一套自我认可或被学术界认同的翻译理论的指导下进行翻译实践的。作为中国现代文学界和翻译界的多产者，郭沫若成功的翻译实践在促进我国新文学尤其是诗歌发展进步的同时，也成就了他翻译理论的完备性与合理性。

六 翻译史料及翻译综述研究

良好的传统文化修养、对外国文学的浓厚兴趣以及熟练地运用多种外国语言的能力使郭沫若具备了翻译的基本素质，加上“革命”和“现实”所迫，郭沫若最终走上了翻译的道路，并在中国现代文学、现代文艺理论、政治学、经济学和自然科学等学科领域的翻译上作出了卓有成效的贡献。

（一）翻译史料研究

郭沫若一生究竟翻译了多少外国文学和其他专著？我们目前知道哪些译作的详细信息？这是从事郭沫若翻译研究必须回答的基础性问题，而由于郭氏的翻译大多集中在 20 世纪 20、30 年代，当时的很多期刊由于保存不善而很难查阅，因此郭沫若翻译史料钩沉和整理研究就显得迫切而又具有学术价值。谢保成先生 2002 年 6 月在“郭沫若与百年中国学术文化回望”学术会议上的发言《吸收异民族优秀文化，创造中

① 咸立强：《翻译与中国现代文学——鲁迅与郭沫若在“翻译是媒婆”问题上的分歧》，《贵州社会科学》2009 年第 1 期。

② 熊辉：《从伦理批评的角度重审创造社与文学研究会的翻译论争》，《上海师范大学学报》2012 年第 2 期。

华民族新文化——立足于郭沫若译著的考察》（该发言后来以《郭沫若译著考察》为名发表在《郭沫若学刊》2003 年第 3 期上）就是基于史料研究的立场，文章认为："正式出版的郭沫若译著 30 种（诗歌 8 种、小说 9 种、戏剧 5 种、艺术 2 种、科学 1 种、理论 4 种、其他 1 种），涉及 10 个国家的 60 多位作者的作品，总页码超过《郭沫若全集》文学编的总页码。"该文在详细列举郭氏的各种译作之后，进一步分析了翻译给郭沫若的创作和人生道路产生的积极影响："一、引导人生道路转换；二、激发诗歌戏剧创作；三、启发古代社会研究；四、推进科学思想形成。"[①] 俞森林等人的《郭沫若译著详考》（《郭沫若学刊》2008 年第 4 期）是目前对郭氏翻译作品考证最详细最全面的研究成果，该文以文体为大类，在文体之下分国别整理郭氏的翻译作品，其可贵之处在于将文学期刊中发表的很多散佚文章整理出来，通过 167 个注释说明译文的最初出处以及后来所收入的集子，这样就避免了单纯依靠出版的单行本去研究郭氏翻译详情所带来的不足。比如对雪莱的《西风颂》一诗的注释信息是："载 1923 年 2 月上旬《创造季刊》第 1 卷第 4 期；初收 1926 年 3 月上海泰东图书局初版《雪莱诗选》，后收入《沫若译诗集》。"[②] 该文可谓郭沫若翻译史料整理研究的典范之作。

当前翻译史书写存在的普遍通病即是著者大都根据出版的单行本来架构自己的论文框架，往往将刊物上的相关译作排斥在视野之外。殊不知由此带来了论文写作的偏颇，因为很多发表在期刊上的译文往往要早于出版的译文，以单行本来确定译介的时间似乎会导致"译介史"书写的失真，经常将某些作家的汉译时间推迟了若干年，有的甚至是几十年之久。造成这种翻译文学史书写弊病的原因其实很简单，期刊上的译文收集的难度远远大于图书出版物，著者要么出于方便之故，要么出于尽力未果之故，总之是不能精确地收集到逸散在旧报旧刊上的译文，最终由于史料的缺乏引发了翻译史研究的欠缺。因此，郭沫若翻译史料研究的价值不容小觑。

（二）翻译研究述评

郭沫若的翻译作品自诞生之后就有相关的评论产生，这些评论文章无疑是郭氏翻译研究的最初成果。梳理庞杂的郭沫若翻译成果是一项机械、枯燥且辛苦的工作，但依然充满了学术之魅。

于立得先生的会议论文《郭沫若翻译研究二十年》从三个方面缕析了关于郭沫若翻译研究的现状：一是"翻译研究的总体评价"，主要归纳出"译著众多，涵盖宽广""翻译作品，独具慧眼"等研究内容，并且分析了郭氏取得如此成就的原因。二是"翻译思想探究"，认为学界主要围绕"翻译的意义""翻译工作者的修养"和

---

① 谢保成：《郭沫若译著考察》，《郭沫若学刊》2003 年第 3 期。

② 俞森林、傅勇林、王维民：《郭沫若译著详考》，《郭沫若学刊》2008 年第 4 期。

“翻译的原则和方法”等方面展开了研究。三是“文学翻译研究的成果”，分德国、英国、俄苏以及东方等国家和地区的文学翻译研究。文章最后总结了自1978年以来郭沫若翻译研究存在如下不足：比如“对比失衡”，“在众多的研究文章中，郭沫若与德国、英、美等国家的文学翻译研究占了相当大的比例，而郭沫若对俄苏、日本的文学翻译研究却不多，没有得到足够的重视”。比如“研究方法还需继续拓展”等。①该文后来以《郭沫若与文学翻译研究述评》为名在《郭沫若学刊》2008年第2期上发表，内容总体上没有变化，只是部分内容的安排顺序略有调整。笔者在两篇文章中均宣称：“据笔者初步统计，1978年至今，有关郭沫若与文学翻译的研究文章已有33篇。”② 随着时间的递进和研究的深入发展，这个统计数据在今天存在较大的偏差，③而且为什么是1978年至今？1978年在郭沫若翻译研究中具有什么特殊意义？这些问题都需要作者在文章中做出交代。

在郭沫若的翻译作品中，如果仅就文学翻译而言，俄苏文学和日本文学的翻译确实不如德国、英国和美国文学的翻译成就高，这种所谓的“失衡”也算是正常现象，它客观地反映出郭沫若翻译究竟在哪些领域取得了突出成就。同时，该文既然是对郭沫若翻译研究的综述文章，但却没有将郭沫若的社会学和自然科学方面的翻译研究纳入考察范围，这就使得郭沫若翻译研究综述在内容上存在缺失。

纵观近30年来的郭沫若翻译研究成果，不管是从整体上打量郭氏的翻译实践和翻译成就，还是从微观上分文体把握郭氏的翻译文本；不管是从抽象的层面去辨析郭氏的翻译思想和理论，还是从具体的层面上去甄别郭氏翻译作品的优劣，无可否认的是郭氏翻译研究发展至今已呈现出繁盛的景象，这是值得每一位关注郭沫若翻译活动和翻译作品的人深感欣慰之处。但与此同时，郭沫若的翻译作为一个丰富的存在，伴随着学术研究方法的改进和史料的发掘，无论是从文化交流、文学译介还是从民族文学建构的角度来讲，郭沫若翻译研究都还有很多可供发掘和深化的内容，未来的郭沫若翻译研究也一定会在广阔天地里大有作为。

附录：新时期以来郭沫若翻译研究论文目录（按音序排列）

[德] 顾彬：《郭沫若与翻译的现代性》，《中国图书评论》2008年第1期。

[斯洛伐克] 高利克（Marián Gálik）：《“果提克”式的居室与箱崎的一间小屋：散议郭沫若1919年10月10日对歌德〈浮士德〉的翻译》，“郭沫若文献史料国际学

① 于立得：《郭沫若翻译研究二十年》，“当代视野下的郭沫若研究会议”论文集，2007年7月。

② 于立得：《郭沫若与文学翻译研究述评》，《郭沫若学刊》2008年第2期。

③ 为写这篇研究综述文章，笔者专门查阅了有关郭氏翻译研究的文章，大约有95篇之多，远远超出了于立德先生2007年统计出的33篇之说，表明近年来郭沫若翻译研究成果丰富。

术研讨会暨 IGMA 学术年会”论文汇编，2010 年 8 月。

［斯洛伐克］马利安·高利克：《歌德〈浮士德〉在郭沫若写作与翻译中的接受与复兴（1919—1922）》，《汉语言文学研究》2012 年第 3 期。

毕婷婷：《从〈鲁拜集〉看郭沫若诗歌翻译中的“通感”策略》，《西昌学院学报》2013 年第 3 期。

边立红、熊艳：《意识形态与翻译——从郭沫若翻译〈西风颂〉谈起》，《河北工业大学学报》2010 年第 5 期。

曾祥敏：《郭沫若翻译活动对其早期新诗创作之影响——以郭氏自述为考察视角》，《西南交通大学学报》2010 年第 5 期。

陈蕙荃：《郭沫若译学思想浅探》，《考试周刊》2008 年第 31 期。

陈袁菁：《继往开来的文坛巨擘——郭沫若诗歌翻译理论与实践对 21 世纪后学的启示》，《中国职工教育》2012 年第 10 期。

程翔章：《郭沫若在“五四”前的翻译实践及其意义》，《外国文学研究》2001 年第 1 期。

丁新华、李曦容：《论郭沫若翻译与创作之间的相互影响》，《湖南科技大学学报》（社会科学版）2012 年第 5 期。

丁新华：《翻译对郭沫若创作的影响》，《长沙电力学院学报》2000 年第 6 期。

丁新华：《郭沫若与翻译论战》，《中南大学学报》（社会科学版）2012 年第 4 期。

冯畅博：《郭沫若的翻译对其创作影响的文艺心理学解读》，长沙理工大学学位论文，2013 年 4 月。

傅勇林、王维民、俞森林：《郭沫若翻译标准管窥》，《外语与外语教学》2009 年第 5 期。

傅勇林、王维民、俞森林等编著：《郭沫若翻译研究》，四川文艺出版社 2009 年版。

何冠龙：《〈社会组织与社会革命〉的翻译与郭沫若思想转变》，“走向世界的郭沫若与郭沫若研究学术会议”论文集，2014 年 6 月。

何俊：《从郭沫若翻译〈茵梦湖〉看其“风韵译”》，《郭沫若学刊》2014 年第 1 期。

胡龙青：《探源郭沫若的翻译成就》，《兰台世界》2011 年第 1 期。

胡卓君：《郭沫若的“风韵译”及其在英语诗歌翻译中的影响》，《考试周刊》2012 年第 1 期。

金春笙：《论郭沫若与诗歌翻译》，《忻州师范学院学报》2007 年第 3 期。

孔令翠、王慧：《郭沫若翻译实践特色研究》，《西南农业大学学报》2010 年第 3 期。

孔令翠、王慧：《郭沫若论翻译》，“郭沫若文献史料国际学术研讨会暨 IGMA 学术年会”论文汇编，2010 年 8 月。

孔令翠、王慧：《论诗、作诗与译诗之知行合一——试析郭沫若的诗歌翻译理论与实践特色》，《重庆邮电大学学报》2011 年第 1 期。

孔令翠、王慧：《转译之困与惑——谈郭沫若的俄苏著作翻译》，“郭沫若与文化中国——纪念郭沫若诞辰 120 周年国际学术研讨会”论文集（上卷），2012 年 11 月。

孔令翠：《郭沫若翻译理论研究》，《译苑新谭》2009 年增刊。

孔令翠：《试谈郭沫若与翻译》，《乐山师专学报》1992 年第 3 期。

李春：《翻译主体与新文学的身份想象——郭沫若的“风韵译”及其论争》，《北京第二外国语学院学报》2009 年第 12 期。

李湘：《品格与人格——有感于郭沫若翻译〈生命之科学〉》，《中国科技翻译》1989 年第 3 期。

廖卡娜：《接受美学视阈中的译者角色——以郭沫若译〈少年维特之烦恼〉为例》，四川外语学院学位论文，2010 年 4 月。

廖思湄：《郭沫若戏剧译介与“翻译诗学”价值体现》，《青年文学家》2009 年第 16 期。

林广泽：《中西合璧 辉耀诗史——郭沫若早期译诗浅论》，《郭沫若学刊》2002 年第 6 期。

林全庄、张放：《纪念郭沫若对中国翻译学的贡献》，《中国科技翻译》1993 年第 4 期。

刘林：《伟大的翻译家郭沫若：创作·思想与翻译》，四川师范大学硕士论文，2001 年 5 月。

刘美希：《郭沫若的翻译思想及其在〈鲁拜集〉中的体现》，《科技致富向导》2013 年第 35 期。

刘汝举：《郭沫若与雪莱诗歌的翻译》，《兰台世界》2012 年第 31 期。

刘卓媛：《郭沫若翻译成就探析》，《兰台世界》2014 年第 7 期。

卢丙华：《郭沫若的风韵译思想及其历史意义》，《兰台世界》2013 年第 16 期。

罗文军、傅宗洪：《“副文本”审视下的郭沫若译诗序跋及其观念与意义》，“郭沫若与文化中国——纪念郭沫若诞辰 120 周年国际学术研讨会”论文集（上卷），2012 年 11 月。

彭建华、邢莉君：《郭沫若与德语文学翻译》，《郭沫若学刊》2012 年第 1 期。

钱晓宇：《纵论郭沫若翻译实践的体验观》，“走向世界的郭沫若与郭沫若研究学术会议”论文集，2014 年 6 月。

任莅蓉：《从解构主义视角看诗歌翻译——以郭沫若翻译的英文诗歌为例》，西南交通大学学位论文，2010 年 5 月。

苏艳飞、揭廷媛：《郭沫若与郁达夫翻译思想比较研究之相似处》，《成功》（教育）2012 年第 16 期。

苏艳飞：《郭沫若与郁达夫翻译思想比较研究》，四川外语学院学位论文，2010 年 5 月。

孙慧慧：《郭沫若的诗歌翻译研究——以〈雪莱诗集〉英译本为例》，山西师范大学学位论文，2014 年 5 月。

谭福民：《论郭沫若翻译对其创作的影响》，《外语教学》2013 年第 4 期。

王慧、孔令翠：《转译之困与惑——谈郭沫若的俄苏著作翻译》，《郭沫若学刊》2013 年第 2 期。

王慧：《郭沫若翻译伦理研究》，《译苑新谭》2011 年第 3 辑。

王建惠：《郭沫若的“风韵译”翻译思想及其历史意义》，《兰台世界》2013 年第 22 期。

王俊棋：《在古今中西之间：郭沫若翻译的全景呈现——读〈郭沫若翻译研究〉》，《郭沫若学刊》2010 年第 1 期。

王鹏飞、李文凤：《论郭沫若诗歌翻译中的变异》，《社科纵横》2009 年第 3 期。

王鹏飞：《从比较文学变异学视角看郭沫若诗歌翻译中的创造性叛逆》，《当代文坛》2009 年第 4 期。

王庆、杨梅：《从〈夜〉的翻译看“风韵译”的得失》，《四川教育学院学报》2012 年第 6 期。

王庆：《“风韵译”对“读者接受”的考虑》，《学理论》2012 年第 21 期。

王维民、俞森林、傅勇林：《郭沫若翻译探源》，《西安外国语大学学报》2009 年第 3 期。

王文华：《郭沫若翻译成就研究》，《郭沫若学刊》1989 年第 5 期。

王影：《郭沫若翻译理论与实践研究》，河北大学硕士论文，2011 年 5 月。

文月娥：《鲁迅与郭沫若译学思想比较研究》，《哈尔滨工业大学学报》2010 年第 3 期。

吴梅花、许国新：《风韵译——郭沫若的翻译思想与实践》，《科技信息》2009 年第 18 期。

伍丽云：《论郭沫若翻译思想的发展》，《青春岁月》2012 年第 12 期。

咸立强、李岩：《胡适与郭沫若译诗比较研究——以〈鲁拜集〉中两首诗的汉译为例》，《北京联合大学学报》2008 年第 3 期。

咸立强：《翻译与中国现代文学——鲁迅与郭沫若在“翻译是媒婆”问题上的分歧》，《贵州社会科学》2009 年第 1 期。

谢保成：《郭沫若译著考察》，《郭沫若学刊》2003 年第 3 期。

谢保成：《吸收异民族优秀文化，创造中华民族新文化——立足于郭沫若译著的考察》，“郭沫若与百年中国学术文化回望会议”论文集，2002 年 6 月。

熊辉：《从伦理批评的角度重审创造社与文学研究会的翻译论争》，《上海师范大学学报》2012 年第 2 期。

熊辉：《简论郭沫若的“风韵译”观念及其历史意义》，“巴蜀作家与 20 世纪中国文学研究会议”论文集，2006 年 11 月。

熊辉：《论郭沫若的译诗文体观念》，“走向世界的郭沫若与郭沫若研究学术会议”论文集，2014 年 6 月。

熊辉：《试论郭沫若的“风韵译”》，《郭沫若学刊》2008 年第 1 期。

熊艳：《论意识形态对郭沫若译雪莱诗歌的操控》，长沙理工大学学位论文，2011 年 4 月。

严晓英：《郭沫若翻译研究》，华东师范大学学位论文，2007 年 4 月。

杨建民：《郭沫若差点儿翻译〈资本论〉》，《团结报》2002 年 3 月 2 日。

杨梅、艾素萍：《从〈冬月〉的翻译看“风韵译”中的创造因素》，《世纪桥》2012 年第 11 期。

杨梅、王庆：《从两元对立角度看郭沫若的“风韵译”》，《重庆文理学院学报》2012 年第 6 期。

杨敏、王庆：《试析郭沫若译诗“偶成”》，《中国西部科技》2011 年第 31 期。

杨敏、王庆合：《从郭沫若译诗“真的美”看“风韵译”的得失》，《世纪桥》2012 年第 13 期。

杨楠、黄玲：《安得翻译双全法，不负原创不负卿——浅谈郭沫若翻译思想》，《河北旅游职业学院》2013 年第 1 期。

杨平、谭春林：《论译者的移情——以郭沫若的翻译和创作为例》，《北京第二外国语学院学报》2007 年第 6 期。

杨琴：《郭沫若翻译思想研究》，《四川教育学院学报》2008 年第 8 期。

杨玉明：《弃医从文的郭沫若在翻译领域的成就》，《兰台世界》2014 年第 13 期。

叶航宇、李旭晴：《前景化角度看郭沫若译诗的韵律》，《海外英语》2010 年第 5 期。

叶航宇：《诗歌翻译中的平行和变异——郭沫若诗歌翻译中的前景化特征》，西南交通大学学位论文，2008 年 5 月。

尹穗琼：《迎新不易弃旧难——郭沫若译雪莱的描写性研究》，《天津外国语大学学报》2014 年第 4 期。

于立得：《郭沫若翻译研究二十年》，“当代视野下的郭沫若研究会议”论文集，2007 年 7 月。

于立得：《郭沫若与文学翻译研究述评》，《郭沫若学刊》2008 年第 2 期。

俞森林、傅勇林、王维民：《郭沫若译著详考》，《郭沫若学刊》2008 年第 4 期。

袁荻涌：《郭沫若为什么要翻译〈鲁拜集〉》，《郭沫若学刊》1990 年第 3 期。

袁荻涌：《郭沫若文学翻译思想管窥》，《贵州社会科学》2003 年第 1 期。

袁荻涌：《简说郭沫若的翻译成就》，《文史杂志》1998 年第 3 期。

袁锦翔：《郭沫若翻译初探》，《中国翻译》1984 年第 9 期。

张慧：《多元系统论视野下的郭沫若诗歌翻译》，《郭沫若学刊》2014 年第 2 期。

张剑平：《郭沫若对马克思主义经典著作的翻译》，“走向世界的郭沫若与郭沫若研究学术会议”论文集，2014 年 6 月。

张洁：《郭沫若诗歌翻译中的解构主义特征》，安徽师范大学学位论文，2006 年 5 月。

赵群：《郭沫若多彩的翻译人生及其辉煌成就》，《兰台世界》2014 年第 16 期。

赵霞、李娟：《郭沫若与五四时期的诗歌翻译》，《兰台世界》2013 年第 1 期。

郑丽莉：《郭沫若诗歌翻译中的译者主体性研究》，暨南大学学位论文，2009 年 5 月。

周玲：《论郭沫若白话诗歌翻译的转折》，《铜陵学院学报》2007 年第 3 期。

（作者为西南大学新诗研究所所长、教授）

医学·文学·身体——以郭沫若为例

藤田梨那

序

在郭沫若研究中，“医学·文学·身体”是一个重要的论题。他青年时代曾留学日本，学习医学，又开始文学创作。在这两个领域中他都受到了日本与西方的影响。医学以人体为其研究对象，文学则以人心、精神为其描写对象。他虽未曾行过医，但现代科学与医学却在他的文章及作品中频频出现。现代科学与医学在他的精神世界中已成为一条重要的血脉。科学知识及科学精神如何与他的新文学创作相关联，对文学研究者来说，这是一个极富有兴趣的课题。本论文准备以郭沫若的早期作品《残春》为例，探讨郭沫若文学中“医学·文学·身体”的问题。

一　结核病在现代社会中的流行

自16世纪至19世纪，结核病蔓延于地球上的广泛地区。数世纪以来结核病夺去众多人的生命，特别是年轻人的生命。日本明治时代也遭遇了结核病的大流行，曾有“国民病”“亡国病”之称。其实，结核病是一个很古老的疾病。早在古代希腊和古埃及就已出现。奈良时代结核病已传入日本，大流行始于都会化、产业化急速发展的现代。当时结核病一般被称做“肺病”“肺劳”“劳咳”。

现代医学出现之前，人们以为疾病是神对人们的惩罚。还有遗传病和传染病的不同说法。1882年德国细菌学家罗伯特·科赫（Robert Koch）发现了结核菌，确定了结核病的传染病学说。结核的病原体学说虽然只不过在一个世纪前才登场，但它足以推翻有关结核病的传统性观点，并一直主导着今日的医学界。继科赫之后，1908年开发了结核检查药结核菌素（Tuberculin），1928年英国细菌学家亚历山大·弗莱明（Alexander Fleming）发现了盘尼西林（Penicillin），实现了对淋病、梅毒、肺炎的有效治疗。1944年美国微生物学家赛尔曼·A. 瓦克斯曼（Selman Abraham Waksman）发现了链霉素（Streptomycin），他的发现使结核病的治疗变为可能。日本于1949年进口链霉素，翌年开始生产，于是链霉素开始普遍使用于结核病的治疗。自明治十年

（1878 年）开始结核病的死亡率不断升高，到明治四十年（1908 年）死亡人数已达 11 万。进入大正时期又上升到 14 万人。结核病的死亡率一直上升到昭和二十五年（1950 年），之后就急速下降。链霉素的使用始于 1950 年，治疗效果十分明显，自此结核病不再是不治之症了。

郭沫若留学日本是在大正三年（1914 年）到大正十二年（1923 年）之间，这正是结核病流行最猖獗的时期。死亡率达到最高水平。[①] 而且 20 岁上下的青年人的死亡率非常突出。[②] 这个时期出版的留学指南书《留学生鉴》[③] 里特设有肺病注意事项的章节，即第 14 章“肺病及脚気的予防”。其中对肺病的预防、肺病的征候、治疗的注意事项、转地疗养进行了具体的说明。这正反映了当时结核病流行的社会现象。而且当时留学生中已出现了结核病患者。郭沫若的同乡陈龙骥就是其中的一个。1916 年陈龙骥患结核病在圣路加医院住院，结核病已到晚期。郭沫若去探望他，劝他转院到北里病院去，并亲自陪他转院。但不久陈去世了。朋友的死给郭沫若带来莫大的悲哀，同时也使他对人生有了新的醒悟。这段经历详见于《三叶集》[④] 所收给田汉的书简。这个事实也证明当时结核病已普遍存在于郭沫若的周围。另一方面，郭沫若 1919 年进入九州岛帝国大学医学部，学习医学。可以说他当时置身于可以从现代医学的角度了解结核病的环境中。1921 年他在写给母亲的书信中曾详细说明如何消毒结核病患者用过的房间，介绍了消毒的方法及药品。[⑤] 如此看来，我认为结核病流行的环境、现代医学这两个要素与日本留学时代郭沫若的文学创作有着密切的关系。

二 作为隐喻的结核

结核病与其他流行病一样曾付与文学以莫大的影响。在欧洲，文艺复兴期的艺术就曾受到结核病的影响；进入 19 世纪结核病在许多文学作品中登场。如小仲马（Alexandre Dumas fils）的《茶花女》、雪莱（Shelley）的《西风歌》、欧·亨利（O. Henry）的《最后的叶子》、托马斯·曼（Thomas Mann）的《魔山》等。在日本，自明治时代到昭和时代也有很多作品描写了结核病。如德富芦花的《不如归》（1898 年）是明治时代读者最多的一部小说。泉镜花的《外科室》（1895 年）、伊藤左千夫的《野菊之墓》（1906 年）、永井荷风的《新任知事》（1902 年）、横光利一的《春天乘着马车》（1926 年），一直到昭和十三年（1938 年）堀辰雄的《风立起

① 《結核死亡数および死亡率の年次推移》『「結核の統計」資料编』。疫学情報センター 結核予防会結核研究所编。

② 近藤宏二《青年と結核》参考。岩波書店 1946 年版。

③ 《留学生鑑》，啓智書社 1906 年版。

④ 《郭沫若致田汉》，1920 年 2 月 15 日，《郭沫若全集·文学编》第 15 卷，第 38—44 页。

⑤ 唐明中、黄高斌编注：《樱花书简》，四川人民出版社 1981 年版，第 164 页。

了》，这些都可以说是书写结核病的文学。这些作品都描写了结核病所致的悲恋、孤独与死亡。都以描写美丽而又衰弱下去的生命为着眼点，很明显，这些作品的主题是属于浪漫派的。

关于浪漫派与结核病的关系早已被苏珊·桑塔格（Susan Sontag）与勒内·杜博斯（Rene Dubos）所关注。杜博斯在《健康幻想》（Mirage of Health）中指出：19世纪“肺病所致的消磨与衰弱增加了妇女们的魅力，也为很多浪漫派艺术家与诗人带来了魔力”。①

结核病的浪漫氛围扩大，唯结核病为上品、纤细、高贵，健康几被视为野蛮的趣味。一种新的时髦意识——服装装饰身体的外表；结核病则装饰身体的内面。当然，实际上的结核是一种非常痛苦的疾病，干咳、喀血、高烧、体力减退等症状反复折磨着病人，最终夺走病人的生命。结核患者常是苍白的脸上时而泛着红晕，时而激动，时而失去活力。“结核病是一种崩溃、发热、肉体的软化。”（TB is disintegration，febrilization，dematerialization.）②。但结核病的这些症状又恰恰大大地刺激了文学。

文学中结核病的隐喻有几个侧面。1. 恋爱的隐喻。桑塔格指出：“结核病，表露在外表的高烧正表示了内心的燃烧。结核病的隐喻首先从描写恋爱开始——‘病了’的爱、‘烧毁’的激情等意向。”③ 因此，结核病以爱之威力的变形的意向被利用于文学。2. 提高死的品位。“结核病的死使肉体解体，使人格灵化。围绕结核病的想象美化了死。结核病以一种充满魅力、每每连接了抒情诗式的死。”④ 3. 成为新的自我态度的比喻。结核病装饰身体内面，基于这个观点，它便充当了表白内心意识的用语，充当了表现自我的手段。人们内心炽烈的欲望和过剩的感情以疾病的表现功能而被开示于光天化日之下。因此我们说“结核病便是病了的自我”（TB was the disease of sick self）⑤。

结核病是激情的病，同时又是压抑的病。在结核病的描写中，常常表露出被压抑的强烈的欲望：来自传染、隔离、恐怖的压抑。桑塔格指出：“疾病的隐喻并不在于表示社会平衡的崩溃，而是用于表示社会的压抑。这样的隐喻不断地出现在浪漫派的相对峙——心与头、自发性与理性、自然与人为、田园与都会——的修辞法中。”⑥ 伴随着现代科学的发展，结核病在文学的世界中更多地承担了宣扬现代自我的角色。

---

① 勒内·杜博斯（Rene Dubos）：《健康的幻想》（『Mirage of Health』），田多井吉之助译，紀伊国屋書店，1988年版，第186页。

② 苏珊·桑塔格（Susan Sontag）：《做为隐喻的疾病》（『Illness as Metaphor』），p. 13。

③ 同上书（『Illness as Metaphor』），p. 20。

④ 同上书（『Illness as Metaphor』），p. 20。

⑤ 同上书（『Illness as Metaphor』），p. 102。

⑥ 同上书（『Illness as Metaphor』），p. 73。

三　郭沫若《残春》中结核病的隐喻

郭沫若来日两年后同乡陈龙骥患结核病在圣路加医院住院，郭沫若去探望他，劝他转院到北里病院去，并亲自陪他转院，但不久陈就去世了。1920年郭沫若在给田汉书信中写道："他睡在车中，被车轮震荡着，不断的只是干咳，他那大理石一样的惨白的面孔一阵阵地晕起桃红色的血潮来。他那两只琳珑的含着眼泪的眼睛，隐含着无限的希望，不断的只是望着我，咳！他那种可怜的样儿，我至今——我一生终不能忘怀。"① 这个体验对他来说是残酷的。不难想象，目睹朋友的痛苦和死亡，年轻的郭沫若定然切身感到结核病的可怕和人生的不测。但同时这次残酷的体验又为他带来了恋爱的机会。他在圣路加医院偶然遇见了护士佐藤富子。郭沫若将这个偶然的相遇称为"bitterish sweetness（带着苦味的甜蜜）"。他在给田汉的书信中写道："我以为上帝可怜我，见我死了一个契己的良朋，便又送一位娴淑的腻友来，补我的缺陷。"② 郭沫若与异国女性的恋爱从朋友的死开始，这个体验对于他日后的文学写作起着重要的作用。

对他来说，结核病意味着两层意义——苦痛、残酷的死与甘美的恋爱。这两层意义时常出现在他的作品中。我们围绕郭沫若文学，探讨"医学·文学·身体"这一课题时，结核病的这两层意义应是一个重要的课题。

郭沫若最初描写结核病的作品就是《残春》（1922年）。主人公爱牟的一位同乡留学生精神失常，在回国的途中在门司港跳海自杀，被救后送进门司的一个医院。在博德湾读书的爱牟接到白羊君的通知赶到医院探视，在病院里认识了女护士S并产生了恋爱之情。故事的高潮是后半部分的梦境，两个人的约会和爱牟之妻的发疯、残杀儿子的事件都以梦的形式描绘出来。梦境在作品中起了重要的作用。这部作品中具有几个重要的要素，结核病就是其中的一个。在进入梦境之前作者已设下了伏线。

1. 自杀未遂的朋友被送进医院，这个病院叫"养生医院"

"养生医院"在明治时代至昭和中期普遍存在于日本各地。这些医院本来是专门收容结核病患者的。前出郭沫若致田汉书信中曾涉及到他陪陈君转院到北里病院去。信中写道："转住养生院里去就北里医治"。"养生院"是北里大学创始人北里柴三郎于明治二十六年开设的日本第一个结核病医疗施设。北里柴三郎明治十八年留学德国，师事于结核菌发现者罗伯特·科赫。回国后在福沢谕吉的援助下，在东京白金町开设了治疗结核病的医疗设施，名叫"土笔冈养生园"。大正三年（1914年）又在"土笔冈养生园"旁边设立"北里研究所"即现在的北里研究所附属病院。北里医院

① 郭沫若：《郭沫若致田汉》，《郭沫若全集·文学编》第15卷，人民文学出版社1990年版，第40页。
② 同上书，第41页。

在当时是治疗结核病的权威医院，非常著名。陈龙骥转院到北里是在1916年，正是“北里研究所”开设两年之后，可见郭沫若当时对日本的结核病研究和治疗已有一定的了解。《残春》中的“养生医院”就已暗示给结核病设下了伏线。

2. 护士S晕着粉红的两颊

文中说这是“处女的夸耀”，但同时也可以表示结核病患者的普遍症状。

3. 白羊君说护士S肺尖不好，怕会得痨症而死

这个猜测在梦境中明确地断定为肺结核。

4. 护士S的父母死在美国

梦境中护士S说她的父母在美国死于肺结核，并认为结核病是有遗传的。

小说通过这些伏线进入梦的世界，逐渐展开恋爱与爱牟妻子发疯的情节。护士S的结核症状在这里被明确地描写出来。盗汗、体力衰退、消瘦、食欲不振、月经失调。这些对医科学生爱牟来说明显地表示着结核病的初期症状。再加上护士S的腺病体质及结核的遗传性等，科学的与迷信的结核病观都表现在这里，切实地反映了当时结核病的社会影响。对护士S的身体有以下的描写：

> 她把眉毛皱成八字。她的眼睛很灵活，晕着粉红的两颊。
>
> S姑娘的面庞不知是什么缘故，分外现出一种苍白的颜色。她的肉体就好像大理石的雕像，她袒着的两肩，就好像一颗剥了壳的荔枝……①

在这里，结核病的身体特征反而将护士S纤美的形象刻画得十分艳丽。实际上，结核病这个要素在这里暗示了恋爱。这个小说的重要构造就是梦境。1923年郭沫若在《批评与梦》一文中对《残春》的构造作了说明。

> 《残春》的着力点并不是注重在事实的进行，我是注重在心理的描写。我描写的心理是潜在意识的一种流动。我在《残春》中做了一个梦，那梦便是《残春》的顶点。②

也就是说，郭沫若在这个作品中刻意描写的是护士S姑娘对爱牟的恋爱感情——一种被压抑的心理。他说这是“意识流”。作为文学手法的“意识流”开始于詹姆斯·乔伊斯（James Joyce）的《尤利西斯》（Ulusses），其手法便是“内心的独白”（Interior monologue）。就是将起伏在心灵深处的思念以连写的形式如实地描写出来。《尤利西斯》1918年登载于杂志《评论》（The Little Review），1922年单行本出版。

① 郭沫若：《残春》，《郭沫若全集·文学编》第9卷，人民文学出版社1985年版，第28、29、31页。

② 郭沫若：《批评与梦》，《郭沫若全集·文学编》第15卷，人民文学出版社1990年版，第236页。

1918 年野口米次郎评发表评论《画家的肖像》(《学灯》1918 年 3 月)，第一次介绍了乔伊斯的“意识流”。1925 年堀口大学发表《小说的新形式内心的独白》(《新潮》1925 年 8 月) 具体介绍了乔伊斯与他的“意识流”。《尤利西斯》的日本译本出版于 1929 年。这样看来，郭沫若在 1922 年就已经在《残春》中尝试了“意识流”的手法，可谓这个领域的先驱。当然，实际上郭沫若如何具体地涉及乔伊斯的《尤利西斯》及“意识流”，这个问题还有待今后的研究。他所说的“意识流”毋宁更多地倾向于弗洛伊德的精神分析与心理学。

在《残春》中郭沫若重视了各个要素的暗喻、联想与全体的有机的统合性。比如以下例子：

医科学生爱牟——→有结核病的医学知识。引 S 姑娘注目。

爱牟之妻——→恋爱的障碍 (压抑)

白羊君的存在——→恋爱的障碍 (压抑)

朋友的精神失常——→妻的发疯

为 S 姑娘打诊——→肉体的接触

血红的晚霞——→被杀儿子的血

Siren 的联想——→Medea 的悲剧

凋零的红蔷薇——→S 姑娘的命运

题目残春——→S 姑娘的纤美、青春的短暂

梦的形式与这些诸要素的隐喻都为描写终不得实现的恋爱起了效果，但同时结核病也为升华恋爱感情起了重要的作用，甚至连爱牟的医学知识也都为诱发恋爱感情发挥了作用。护士 S 姑娘和爱牟有以下的对话：

> “那么，爱牟先生，你就替我诊察一下怎么样?”
>
> “我还是未成林的笋子呢!”
>
> “啊啦，你不要客气了!”说着便缓缓地袒出她的上半身来，走到我身畔。她的肉体就好像大理石的雕像，她袒着的两肩，就好像一颗剥了壳的荔枝……①

在这里护士 S 姑娘迫切地、大胆地来接近爱牟，正如苏珊·桑塔格指出的那样：“因为结核源于激情过多，便常会诱惑溺于官能的人。结核以激情之病而著名，同时也同等程度的被视为压抑之病。”② 护士 S 姑娘与爱牟的恋爱感情都是通过结核病这个要素表现出来的。很明显，在梦境中结核病构成了一个特别的心理环境，使登场人物的告白吐露得更切实，内心世界表象得更真实。

---

① 郭沫若:《残春》,《郭沫若全集·文学编》第 9 卷，人民文学出版社 1985 年版，第 31 页。

② Susan Sontag:『Illness as Metaphor』, p. 21.

结 论

作为隐喻的要素，结核病与其他传染病一样，在现代文学中起了很重要的作用。在郭沫若文学的“医学・文学・身体”中凝结了现代文明与科学精神的问题，现代科学与自我意识在这里交错。社会结核病在他的作品中充当了一个重要的隐喻性角色。对结核病的描写见于郭沫若的早期作品，与这个时期郭沫若尝试心理描写、告白，重视自由恋爱、宣扬个性都有着密切的关联。《残春》中有关结核病的写实性描写与隐喻都体现了郭沫若的浪漫作风。可以说这个作品是探讨“医学・文学・身体”课题的一个恰好的例子。

（作者为日本国士馆大学教授）

关于郭沫若弃医从文的浅析

——与鲁迅对比的视角出发

王　敏　周曙光

一　先行研究

关于郭沫若与鲁迅的个别研究，在全世界范围内一直都是十分受关注的课题，而关于两人的对比研究，亦有诸多研究成果存在。特别是在中日两国，郭沫若和鲁迅作为20世纪中国文学的代表人物，关于两人的比较研究已达到相当高的水准。为方便本稿以及后来研究者做更进一步的调查，笔者认为有必要对中日两国关于郭、鲁两人的比较研究进行一下简单的归纳（见表一、表二）。遗漏之处，敬待补充。

表一　　　　中国关于郭沫若与鲁迅的比较研究①

	论文名称	作者	文献出处	发表年月
1	鲁迅与郭沫若比较论	李彪	赣南师范学院学报	1984. 7
2	鲁迅与郭沫若诗论之比较观	徐放鸣	徐州师范学院学报	1984. 8
3	“五四”时期两个特色鲜明的伟大爱国主义者——鲁迅与郭沫若	王骏骥	湖北大学学报（哲学社会科学版）	1985. 5
4	“问余何所爱，二子皆孤标”——鲁迅、郭沫若旧体诗比较	马宏柏	广西师范大学学报	1985. 7
5	鲁迅与郭沫若文化观略论	赵京华	学习与探索	1986. 10
6	鲁迅与郭沫若之比较研究	吴中杰	郭沫若史学研讨会论文集	1986. 10
7	对人情世态毫无顾忌的描画——鲁迅郭沫若历史小说比较论	赵秋生	郭沫若学刊	1989. 10

① 本表所收录的中国关于郭沫若与鲁迅的比较研究主要是通过对中国最大的论文数据库“中国知网（China National Knowledge Infrastructure）”进行检索和统计所得出的结果。

续表

	论文名称	作者	文献出处	发表年月
8	鲁迅与郭沫若比较研究的新成果	傅正乾	中国社会科学	1990. 9
9	儒、道、墨与作家——鲁迅与郭沫若的思想比较	尾上兼英 王家圣	郭沫若史学研究学术讨论会论文集	1992. 5
10	鲁迅与郭沫若前期创作文化场之比较	冒键	贵州社会科学	1992. 12
11	鲁迅郭沫若侠义观比较论	王骏骥	鲁迅研究月刊	1993. 9
12	承传与择取：面对传统的两类中国知识分子——鲁迅与郭沫若所接受的儒家文化之比较	李怡	鲁迅研究月刊	1994. 1
13	鲁迅与郭沫若早期文化启蒙思想比较——兼论《呐喊》与《女神》的文化取向	杨军	商洛师专学报	1995. 2
14	论鲁迅郭沫若的使命感与重建精神文明构想	王骏骥	鲁迅研究月刊	1995. 2
15	论鲁迅、郭沫若历史小说的文化底蕴	王骏骥	鲁迅研究月刊	1995. 10
16	早期鲁迅郭沫若比较浅论	张万仪	重庆电大学刊	1995. 11
17	鲁迅与郭沫若的儒学观平议	贾锡信 邱文治	天津社会科学	1996. 8
18	理性的光辉与浪漫的风采鲁迅、郭沫若女性观比较	孟悦朴	宁夏大学学报（社会科学版）	1996. 10
19	鲁迅郭沫若的孔子观	罗炯光	中国文化研究	1997. 5
20	变革时代的文化选择——鲁迅、郭沫若弃医从文比较论	张万仪	重庆师院学报（哲学社会科学版）	1997. 9
21	“毁灭”的美与“成功”的美——鲁迅郭沫若悲剧观之比较	刘迎秋	淄博师专学报	1998. 3
22	鲁迅与郭沫若中西文化观之比较	刘季华	郭沫若学刊	1998. 8
23	鲁迅与郭沫若——“五四”前后文化意识的契合与悖逆	张荔	鲁迅研究月刊	1999. 9
24	鲁迅郭沫若爱情婚姻对其创作的影响	张万仪	重庆广播电视大学学报	2000. 3
25	进化与返祖——鲁迅、郭沫若前期思维趋向比较	刘悦坦	青岛大学学报（东方论坛）	2000. 12
26	鲁迅、郭沫若历史题材作品创作观之比较——纪念鲁迅先生诞辰 120 周年	袁联波	涪陵师范学院学报	2002. 2
27	“民族魂”与“球形天才”——从思维方式看“五四”时期的鲁迅与郭沫若	刘悦坦	山东大学学报（人文社会科学版）	2002. 4
28	在文学与革命之间——鲁迅与郭沫若的文字纠葛	项义华	江汉论坛	2003. 4

续表

	论文名称	作者	文献出处	发表年月
29	在“传统”中反传统：鲁迅、郭沫若之比较	杨枫	鲁迅研究月刊	2003. 10
30	鲁迅与郭沫若历史小说陌生化特征比较	廖久明	郭沫若学刊	2004. 9
31	劝转与涅槃——从《狂人日记》与《凤凰涅槃》看鲁迅和郭沫若的救世思想	王雨海	信阳师范学院学报（哲学社会科学版）	2005. 8
32	新时期鲁迅与郭沫若研究述评	魏建 赵强	鲁迅研究月刊	2006. 5
33	德国汉学家顾彬论鲁迅与郭沫若	孔令翠	国外理论动态	2008. 5
34	翻译与中国现代文学——鲁迅与郭沫若在“翻译是媒婆”问题上的分歧	咸立强	贵州社会科学	2009. 2
35	鲁迅与郭沫若译学思想比较研究	文月娥	哈尔滨工业大学学报（社会科学版）	2010. 5
36	鲁迅、郭沫若“历史小说”新论	周文	鲁迅研究月刊	2013. 3

除各期刊所载论文以外，还有《鲁迅与郭沫若》[①]《鲁迅与郭沫若比较论》[②]《中国现代文坛的双子星座——鲁迅郭沫若与新文学主潮》[③]《鲁迅郭沫若与中国传统文化》[④] 等以郭、鲁两人的比较研究为主题的专著。另外，对这些专著进行研究的论文以及对两人个别作品进行对比的研究也大量存在，由于篇幅原因未收录至表一。

表二　日本关于郭沫若与鲁迅的比较研究[⑤]

	论文名称	作者	文献出处	发表年月
1	鲁迅と郭沫若の日本留学時代—救国、実学、留学、そして文学	上垣外憲一	比較文学研究	1974. 11
2	鲁迅と郭沫若—その九州大学との関係	山田敬三	鲁迅の世界	1977. 4
3	郭沫若先生と魯迅	菊地三郎	読者のしおりIV	1978. 12

① 单演义、鲁歌：《鲁迅与郭沫若》，徐州师范学院院报编辑部 1979 年版。
② 张恩和：《鲁迅与郭沫若比较论》，天津人民出版社 1989 年版。
③ 黄曼君：《中国现代文坛的双子星座——鲁迅郭沫若与新文学主潮》，华中师范大学出版社 1992 年版。
④ 王骏骥：《鲁迅郭沫若与中国传统文化》，百花文艺出版社 1995 年版。
⑤ 日本方面关于郭沫若与鲁迅的比较研究主要以《日本郭沫若研究资料总目录》为蓝本进行统计。藤田梨那，明德出版社 2011 年版。

续表

	论文名称	作者	文献出处	发表年月
4	鲁迅と論戦した郭沫若・再論（現代中国の文学と世相〈特集〉）	单演義 鲁歌	アジアクォータリー 12—2・3	1980. 6
5	郭沫若の「女神の復活」と鲁迅の「不周山」	武継平	言語文化論究 18	2003. 6
6	中国新文学の創始者—鲁迅と郭沫若	郝世峰 張菊香	中国文学的昨天与今天	2004
7	中国近代の文人と学術—鲁迅・郭沫若・聞一多	牧角悦子	神話と詩 4	2005

纵览表一和表二可知，不论是中国还是日本，对郭沫若和鲁迅的比较研究在近40年间都是经久不衰的主题。上世纪70年代末期首先兴起的是关于两人的相互关系和历史定位的研究，到了80年代中期，从文学、文化、创作、思想等为切入点的比较研究开始发展起来。关于郭沫若与鲁迅个人经历比较的研究也存在一些。其中，张万仪的论文[①]以两人的早期人生经历为主要对象进行了考察。对于郭、鲁弃医从文的经历亦有论述，主要从家族文化、所受的精英文化和外来文化的影响以及日本这样一个特殊的地理文化环境所造成的影响等方面，对两人弃医从文的原因进行了分析。该论文具有首创意义，对本稿也具有一定的借鉴和参考价值，但是随着时代的发展以及新资料的发现和整理，有必要进行更进一步的考察和研究。本稿主要立足于两人与日本的联系，在引用和借鉴最新的郭沫若、鲁迅研究成果之上，对郭、鲁两人弃医从文这一经历进行一些尝试性分析。

二 关于立志学医

在讨论两人弃医从文之前，首先我们必须要对两人如何走上赴日学医的道路进行分析。在以往的研究中，鉴于郭、鲁两人日后的成就和地位，对于他们赴日学医的缘由的分析和考察往往和民族大义、救国救民等伟大的理由相结合。比如在《变革时代的文化选择——鲁迅、郭沫若弃医从文比较论》中，作者对于两人学医的理由这样论述道："受富国强兵和科学救国、实业救国思想的影响，他们都先后选择了医学救国。"[②] 不可否认，当时的时代背景是两人赴日以及学医的先决条件，也是两人的共同之处。如若没有来自西方的学问以及思想的冲击，两人也就不可能具备学医的客

① 参见表一16、20、24。

② 张万仪：《变革时代的文化选择——鲁迅、郭沫若弃医从文比较论》，《重庆师范学院学报》（哲学社会科学版）1997年第3期。

观条件。然而，从主观上来讲，年轻的郭沫若（23 岁赴日）与鲁迅（22 岁赴日）的个人因素以及偶然因素其实也在他们选择学医的过程中发挥了极重要的作用。按照赴日的时间顺序，首先对鲁迅的学医缘由进行探讨。

（一）鲁迅

1. 家庭的变故

鲁迅出生在一个封建士大夫家庭，到他十三岁时其生活环境“还可以算小康”，然而此后由于祖父因科场案发而被下狱，鲁迅的家庭“忽而遭了一场很大的变故，几乎什么也没有了”。[①] 在切身经历了家庭变故和体会到世态炎凉之后，对鲁迅造成更大冲击的就是其父的重病。在为其父治病的这一过程中，鲁迅受到了日后选择学医的最原始最直接的刺激。

在《父亲的病》[②] 一文中，鲁迅回忆儿时为父亲延医治病的情景，鲁迅的父亲患水肿，长年无法康复，请了两位诊金高昂的人称“神医”的来看，开了不少方，用了不少奇特的药，却无一见效，最终导致了父亲的死亡。文中，鲁迅用尖锐的文笔讽刺几位“名中医”的行医态度、作风、开方等种种表现，揭示了这些人巫医不分、故弄玄虚、勒索钱财、草菅人命的实质。

在《呐喊 · 自序》中，鲁迅对这件事情也有提及。“我有四年多，曾经常常，——几乎是每天，出入于质铺和药店里，年纪可是忘却了，总之是药店的柜台正和我一样高，质铺的是比我高一倍，我从一倍高的柜台外送上衣服或首饰去，在侮蔑里接了钱，再到一样高的柜台上给我久病的父亲去买药。回家之后，又须忙别的事了，因为开方的医生是最有名的，以此所用的药引也奇特：冬天的芦根，经霜三年的甘蔗，蟋蟀要原对的，结子的平地木……多不是容易办到的东西。然而我的父亲终于日重一日的亡故了。”[③]

这一时期的鲁迅还没有对中医持怀疑的态度，因为此时的鲁迅还没有接触到西方的学问或者西医，中医也是当时他所在的绍兴的唯一选择。在《父亲的病》中，鲁迅写到“S 城那时不但没有西医，并且谁也还没有想到天下有所谓西医”。[④] 然而，父亲的死亡对少年时期的鲁迅产生了极大的刺激这一事实是不可否认的，当他日后开始接触到西医的时候，“中医耽误了父亲的病”这一观念逐渐产生，并成为了他日后选择学医的刺激源之一。

2. 牙痛的体验

1941 年，孙伏园（1894—1966）在鲁迅逝世 5 周年纪念会的演讲中说：“鲁迅先

---

① 《鲁迅全集》第 7 卷，人民文学出版社 1973 年版，第 447 页。
② 《鲁迅全集》第 2 卷，人民文学出版社 1973 年版，第 391—398 页。
③ 《鲁迅全集》第 1 卷，人民文学出版社 1973 年版，第 269—270 页。
④ S 城指绍兴，《鲁迅全集》第 2 卷，人民文学出版社 1973 年版，第 395 页。

生决定学医，与这个家庭情境亦有关系。自然事情不是那么简单，只说鲁迅先生学医的原因……据我所知，还有一说是由于牙痛。鲁迅先生十四五岁时患牙痛。告于家中长者，得到的答复是：‘不害羞，还亏你自己说得出来！’从此他便忍痛不说，默默地自己研究，这是一件什么秘密。等到略见梗概，方知旧社会传统的‘无知识’的可怕，而新医学之值得研究。这一说，鲁迅先生生前和我谈过。”①

关于这个问题鲁迅本人也曾在《坟·从胡须说到牙齿》提到：“还记得有一天一个长辈斥责我，说，因为不自爱，所以会生这病的；医生能有什么法？我不解，但从此不再向人提起牙齿的事了，似乎这病是我的一件耻辱。如此者久而久之，直至我到日本的长崎，再去寻牙医，他给我刮去了牙后面的所谓‘齿袱’，这才不再出血了，化去的医费是两元，时间是约一小时以内。”②

牙痛与其父亲的病故一样，对少年鲁迅造成了最直接的影响，虽然这种影响只是最原始的感性层面的刺激，在未遇到理性的引导时也许并不能发挥十分的作用，但当其进一步受到理性层面的刺激时，其作用就会十分明显。对于鲁迅而言，这种理性的刺激就是他日后所接触到的西方的学问。

3. 缠足的恶俗

鲁迅在自己的作品中多次提到中国的缠足的丑恶习俗，并对此进行了猛烈的抨击。例如：

（1）“至于缠足，更要算在土人的装饰法中，第一等的新发明了。……可是他们还能走路，还能做事；他们终是未达一间，想不到缠足者好法子。……世上有如此不知肉体上的苦痛的女人，以及如此以残酷为乐，丑恶为美的男子，真是奇事怪事。”③

（2）“六斤的双丫角，已经变成一支大辫子了；伊虽然新近裹脚，却还能帮同七斤嫂做事，捧着十八个铜钉的饭碗，在土场上一瘸一拐的往来。”④

（3）“五十岁上下的女人站在我面前，两手搭在髀间，没有系裙，张着两脚，正像一个画图仪器里细脚伶仃的圆规。”⑤

此外，《南腔北调集·由中国女人的脚，推定中国人之非中庸，又由此推定孔夫子有胃病（“学匪”派考古学之一）》⑥一文中更是专门对缠足的恶俗进行了辛辣的批判。

鲁迅逝世后，1936年12月17日许寿裳（1883—1948）在北平大学女子文理学院所做的演讲《鲁迅的生活》⑦中谈到鲁迅学医的动机，除了“恨中医耽误了他的父

① 孙伏园：《鲁迅先生二三事》，湖南人民出版社1980年版，第43页。
② 《鲁迅全集》第1卷，人民文学出版社1973年版，第230页。
③ 《热风·随感录四十二》，《鲁迅全集》第2卷，人民文学出版社1973年版，第47—48页。
④ 《呐喊·风波》，《鲁迅全集》第1卷，人民文学出版社1973年版，第343页。
⑤ 《呐喊·故乡》，《鲁迅全集》第1卷，人民文学出版社1973年版，第350页。
⑥ 《鲁迅全集》第5卷，人民文学出版社1973年版，第99—105页。
⑦ 许寿裳：《我所认识的鲁迅》，人民文学出版社1978年版，第20页。

亲的病”和“确知日本明治维新是大半发端于西医的事实”两点以外，鲁迅还对于一件具体的事实起了弘愿，也可以说是一种理想，就是：救济中国女子的小脚，解放那些所谓“三寸金莲”，使其恢复到“天足”模样。虽然后来“经过了人体实地的解剖，悟到了已断的筋骨没有法子续接”的事实，但缠足之恶俗作为鲁迅学医的刺激源之一是成立的。

4. 西医的刺激

通过上述分析可以得知，父亲的病故、儿时的牙痛以及对缠足这一恶俗的厌恶从感性层面给予了鲁迅最直接的影响和刺激，但如果仅仅停留在感性这一层面的话，还不足以促使选择学习西医。在此情况之下，来自外部的理性层面上的刺激则发挥了决定性作用。关于这一点，以往的研究已经做出了一定的分析。例如，张万怡指出，“（鲁迅）从赫胥黎的《天演论》中接受进化论，滋生爱国图强思想”。[①] 吴中杰指出，“鲁迅在南京读书时，正值严复翻译的《天演论》风行，其中所说‘物竞’‘天演’的道理，和针对中国时弊而发的译者‘案’语，大大打开了鲁迅的眼界，并深深地激动了他的心。从此鲁迅接受了进化论的观点，作为自己的思想武器”[②]。进化论作为近代中国启蒙思想的重要组成部分，对鲁迅选择学医以及日后的人生都产生了相当的影响，但与此同时，与西医直接相关的知识，也就是来自西医的直接性刺激也是不可忽视的重要因素。

父亲的病故不仅对鲁迅的情感面造成创伤，更对他的物质生活产生了极大的影响，他的家境由“小康人家而坠入困顿”，而在此过程中鲁迅觉得自己“可以看见世人的真面目”，并决定选择一条并非主流的道路——“到N进K学堂去”[③]。当时的清王朝虽然受到西方列强的冲击而摇摇欲坠，但对于一般民众而言，尚未被废除的科举制依然是读书人最主流的选择，“因为那时读书应试是正路，所谓学洋务，社会上便以为是一种走投无路的人，只得将灵魂卖给鬼子，要加倍的奚落而且排斥的”[④]。

然而这一选择对于鲁迅而言却是一个十分重要的转折点。鲁迅在这里初次接触到了西方的医学以及其他各种新式的学问。“在这学堂里，我才知道世上还有所谓格致，算学，地理，历史，绘图和体操。生理学并不教，但我们却看到些木版的《全体新论》和《化学卫生论》之类了。”[⑤]

鲁迅在这里所提到的两本著作在中国近代医学的历史上也是十分具有影响力的，这些全新的西医知识为少年时期鲁迅的各种疑惑提供了理性且科学的答案。《化学卫

---

① 张万怡：《早期鲁迅郭沫若比较浅论》，《重庆电大学刊》，1995年11月，第40页，参见表一16。

② 吴中杰：《鲁迅与郭沫若之比较研究》，《郭沫若史学研讨会论文集》，1986年10月，第6页，参见表一6。

③ N指南京，K指南京矿路学堂。

④ 《呐喊·自序》，《鲁迅全集》第1卷，人民文学出版社2005年版，第437—438页。

⑤ 同上书，第438页。

生论》正式出版于光绪七年（1881）正月，不过其实翻译工作始于光绪五年（1879）夏天，并在次年正月开始出版的《格致汇编》中连载，由付兰雅①（John Fryer，1839—1928）和他的合作者一起撰写翻译。其英文原名为 *The Chemistry of Common Life*，主要讲述的是日常生活中的化学现象和有关化学知识，论及空气、饮水和土壤、粮食五谷、肉、酒、茶、香烟、鸦片以及工业发展引起的环境污染等内容。

《全体新论》是中国最早有人体解剖图的医学书，由英国传教士合信②（Benjamin Hobson，1816—1873）撰写，在清咸丰元年（1851）由上海墨海书馆刊行出版。全书分39章，将人体的主要器官和系统，全部作了介绍，书中附有大量人体解剖图。此书的出版对中国医学界的影响极其巨大而又深远，从此以后，西医在中国逐渐确立自己的地位，起而与中医抗衡，且有取而代之之势。特别是在序言部分，作者对于当时中国的医学状况这样评价道："予来粤有年，施医之暇，时习华文，每见中土医书所载骨肉脏腑经络，多不知其体用，辄为掩卷叹惜。夫医学一道功夫，甚钜关系非轻。不知部位者，即不知病源，不知病源者，即不明治法，不明治法而用平常之药，犹属不致大害，若捕风捉影以药试病，将有不忍言者矣。然以中华大国，能者固不乏人，而庸医碌碌惟利是图者，也指不胜。"③

这样一种全新的学问和论调的出现，使得鲁迅很自然地联系到他父亲的病故、牙痛等少年期的不幸经历，并且很快产生了共鸣。"我还记得先前的医生的议论和方药，和现在所知道的比较起来，便渐渐的悟得中医不过是一种有意的或无意的骗子，同时又很起了对于被骗的病人和他的家族的同情。"④ 感性的刺激和理性的刺激相互结合，对于中医的怀疑，以及对于学习西医的志向的确立也就顺理成章的完成了。

不仅如此，鲁迅还"从译出的历史上，又知道了日本维新是大半发端于西方医学的事实"⑤。关于这一问题，实际情况也正如鲁迅所说。和中国一样，江户时期的日本也采取了闭关锁国的政策⑥，保持贸易来往的只有中国和荷兰，保持通信来往的

---

① 付兰雅出生在英国的肯特郡海斯，大学毕业后于1861到香港，就任圣保罗书院院长。两年后受聘任北京同文馆英语教习，1865年转任上海英华学堂校长，并主编字林洋行的中文报纸《上海新报》。1868年，受雇任上海江南制造局翻译馆译员长达28年。1876年创办格致书院，自费创刊科学杂志《格致汇编》。由他单独翻译或与人合译西方书籍129部（绝大多数为科学技术性质），清政府曾授予三品官衔和勋章。参见 http://baike.baidu.com/view/865804.htm? fr = aladdin。

② 合信出生于英国北安普敦郡威尔佛特村，1835年伦敦大学医学院毕业。1839年被伦敦教会派往中国澳门为驻澳门教会医院的传教医师。1843年被派往广州，在广州西关外金利埠创办惠爱医馆，施医舍药。1855年在广州用中文著作《博物新编》介绍西方自然科学知识，又著《全体新论》介绍人体生理学和人体解剖学。参见 http://zh.wikipedia.org/wiki/合信。

③ 合信著、高木熊三郎译 《全体新論訳解．一》，文荣堂1874年版。该书问世后在日本亦有出版，在国立国会図書館近代デジタルライブラリー中可以阅览。

④ 《呐喊·自序》，《鲁迅全集》第1卷，人民文学出版社2005年版，第438页。

⑤ 同上书，第438页

⑥ 一般认为从1639年的禁止南蛮（葡萄牙）船入港到1854年的《日米和親条約》签订为止为日本的锁国期间。

只有李氏朝鲜和琉球王国。在这样一种背景之下，通过荷兰语来接触西洋的文化，也就是所谓的“兰学”在日本逐渐兴起。明治维新之后，日本走上了“脱亚入欧”的道路，所谓“文明开化”的也正是一个全面模仿西洋的过程。“从整体上说，在全盘学习西方的科学技术和物质文明上，医学始终走在最前列。从明治时代开始，大学里的医学部都是成立得最早、实力最强。各类专门学校里，也是医学方面的最多最强。”① 由此可见，鲁迅的这样一种认识，也是其选择留日及学医的一个重要原因。

（二）郭沫若

1. 家庭的支持

接下来探讨比鲁迅晚 12 年赴日的郭沫若的学医理由。与少年期经历各种不幸的鲁迅不同，郭沫若的家庭条件要优越不少，这一区别被认为是鲁迅日后成为现实主义作家的代表，而郭沫若的作品时刻透露出乐天主义与浪漫主义的重要原因之一。而家庭环境的影响以及来自家庭的支持则是郭沫若能够东渡日本并学习包括西医在内的任何一门学问的必要条件。

郭沫若出生在四川乐山的一个工商业兼地主家庭，与鲁迅以及当时中国的大多数人一样，幼时入私塾学习，以中国的传统经典作为其最初接受到的知识，“少年时代熟读《三字经》、《诗品》、《诗经》、《春秋》、《古文观止》和《唐诗》”②。在这个时期所接触到的旧体诗也对其日后的诗歌创作打下了坚实的基础。“我自己在小时本来就喜欢念诗，因为母亲爱从口头教我们暗诵唐宋诗人的五绝、七绝。”③

在此之后的郭沫若的学习过程中，虽然也经历了他所说的“转折点”，但从整体上来说不可谓不顺利。1906 年春，郭考入嘉定府乐山县高等小学；1907 年秋，升入新开设的嘉定府中学堂；1910 年初，升入位于成都的四川高等分设中学堂；1912 年冬，考入成都高等学校理科；1913 年 6 月，考入天津陆军军医学校。可以注意到，郭沫若这段求学的历程的前后及其中，1905 年的科举制废除和 1911 年的辛亥革命等重大历史事件先后发生，从社会制度到文化教育，中国的社会整体发生了颠覆性的变化。然而就是在这样一个变化如此剧烈的时代，郭沫若仍然能够顺利地实现自我的成长以及学业的完成，如没有来自其家庭的支持和指引是无法想象的。

虽然鲁迅赴日时是官费留学生的身份④，但在去往南京求学时则是怀揣着东拼西凑的八元川资。另一方面，赴日时的郭沫若手握的是来自兄长的一根六两重的金条。

① 潘世圣：《关于鲁迅与仙台医学专门学校——“日本留学期鲁迅之实证研究”之一》，《鲁迅研究月刊》2001 年第 7 期，第 11 页。

② 武继平：《郭沫若留日十年（1914—1924）》，重庆出版社 2001 年版，第 16 页。

③ 郭沫若：《创造十年》，《郭沫若全集·文学编》第 12 卷，人民文学出版社 1992 年版，第 65 页。

④ 周作人在其 1957 年出版的《鲁迅的青年时代》中提到：“鲁迅在矿路学堂十足的读了三年书。至辛丑（1901）年末毕业，次年二月同了三个同学往日本留学。想起来该是前四名吧。……鲁迅等人由江南督练公所派往日本留学。”

不仅如此，在到达东京后最初的时期，为了使郭沫若能够专心的学习和考试，其家庭一如既往的保持经济上的援助。当他第一次的应试官费学校失败之后，在给家里的信中显露出了内心的不安以及来自经费和考试的双重压力。在这种情况之下，不仅父母从四川托人给郭沫若带去两百银元，长兄郭开文（1878—1936）也从北京汇去两百银票。虽然他的家庭不一定十分富裕，但由此可见，少年时期郭沫若的求学过程受到了来自家庭的绝对支持，而这一点看似理所当然，却是包括学医在内的任何一种学习的必要条件。

2. 兄长的影响

除了来自家庭的支持以外，另外一个对郭沫若赴日以及学医产生重大影响的就是同样有过留日经历的两位兄长，特别是上文提到的长兄郭开文，不论是在思想方面还是在赴日的实际操作方面都发挥了重要作用。郭沫若在自传体小说《少年时代》曾经这样说到，“除了父母和沈先生之外，大哥是影响我最深的一个人”①。

在郭开文赴日留学之前的1904年春，他进入了位于成都的新式学堂之一东文学堂，“新学的书籍就由大哥的采集，像洪水一样，由成都流到我们家塾里来”②。由此可见，少年期的郭沫若虽然深处内陆地区，但却经由其兄长之手，获得了了解当时最先进的知识的途径。不仅如此，1904年暑假，郭开文带两名东文学堂的日本人教习同游峨眉山，回来时顺便邀请他们到郭家的家塾里住了几天。根据郭沫若的回忆，他不仅接触到了日本人，甚至还学了一些简单的日语，更为重要的是，日本人的到来为“我们乡下开通了不少风气，最显著的是我们父亲从那时候起便开始吃生鸡蛋了”③。由此可以认为，通过长兄郭开文而实现的这样一种最直接的感性层面上与日本人及日本文化的接触，为其日后决定赴日是有一定影响的。

在郭开文日本留学归来之后的1913年夏，他以川边经略使尹昌衡代表的虚差进驻北京。而在这期间，郭沫若考取了天津陆军军医学校。然而，面对这样一所在当时的中国可以称得上十分先进的军医学校，郭沫若却选择了放弃，转而进京投靠其兄郭开文。虽然其兄苦劝郭沫若返津学医，但他始终没有接纳。一次偶然的机会，郭开文东文学堂时期的同学来访，在他的建议下，郭开文决意拿出有限的积蓄资助郭沫若赴日留学，而这成了郭沫若人生中的重要转折点之一。关于郭沫若赴日原因，武继平谈到，“有关留日的事宜，一切都是在那一年的12月27日晚上定夺的。可以说郭沫若赴日留学完全是出于一种偶然，事前没有任何计划和安排”④。然而，纵观郭沫若早期的整个学习过程，其兄郭开文的存在，也使得郭沫若的赴日具备了一定的必然成分。

---

① 郭沫若：《少年时代》，《郭沫若全集·文学编》第11卷，人民文学出版社1979年版，第44页。
② 同上书，第36页。
③ 同上书，第41页。
④ 武继平：《郭沫若留日十年（1914—1924）》，重庆出版社2001年版，第19页。

3. 天津陆军军医学校

上文提到，郭沫若在赴日之前考取了天津陆军军医学校，但来到天津后却选择了放弃，郭沫若主观认为该校的师资力量不够①，但实际情况却并非如此。天津陆军军医学校的前身为1902年袁世凯（1859—1916）所设立的北洋军医学堂，也就是现在台湾的国防医学院（National Defense Medical Center，NDMC），或称国防医学中心的前身。创设初期的总办为在德国获得医学博士、被称为中国军医之父的徐华清（1861—1924），总教习为日本人平贺精次郎（？—1932，见图一）。

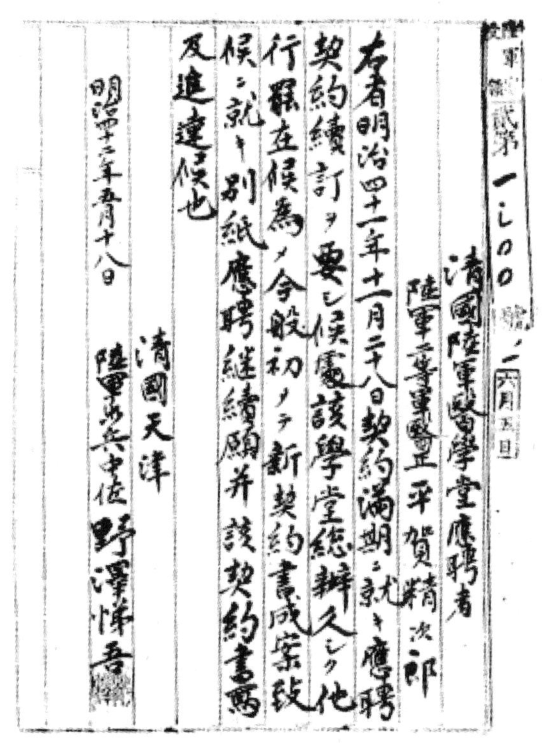

貳第一七〇〇號　六月五日

清國陸軍醫學堂應聘者
陸軍二等軍醫正　平賀精次郎
右者明治四十一年十一月二十八日契約滿期ニ就キ應聘契約續訂ヲ要シ候處該學堂總辦久シク他行罷在候為メ今般初メテ新契約書成案致候ニ就キ別紙應聘繼續願并該契約書為及進達候也
明治四十二年五月十八日
清國天津
陸軍步兵中佐　野澤悌吾

图一　平贺精次郎的续约文件②

1903年，该校增设药科，开西药学教育之先河。1906年后，改属陆军部军医司，改名为陆军军医学堂，教习中的日本人多达5人，还有德国教习。1907年，首期35名学生毕业，分配于北洋陆军各镇任职。1911年4月，万国鼠疫研究会议在沈阳召

① 郭沫若对该校这样评价道：“竟没有一名外国教习，竟没有一名大有名声的中国教员。”（《初出夔门》）

② アジア歴史資料センター　陸軍省－貳大日記－M42－6－29（所蔵館：防衛省防衛研究所）。

开，陆军军医学堂副总办伍连德[①]在会上用英法德日四种语言发言，赢得与会的中外专家好评。中华民国成立之后，该校改名为陆军军医学校，仍归陆军部管辖，分为4年学制的普通医学科和5年学制的军医本科，面向全国招生。武继平谈到，“天津陆军医学校和成都高等学校同属高中，故对郭沫若来说并不意味着升学”[②]，但由上述分析可知，虽然该校当时还不能称为严格意义上的大学，但其性质已远超一般的高中。

更为重要的是，该校对学生水平的要求极高，与之相应也提供十分优越的条件，关于这一点，在1916年7月6日《申报》刊登的陆军军医学校招生广告中可以略知。在其入学资格中，有一条是“汉文精通并英文能直接听讲者为合格”。考试科目也较多，并需“检验体格”。其待遇是，“入校后，所有文具纸张及食宿消耗等，均由本校发给，每人每月津贴银洋二元”。

综合上述分析，当时的这所军医学校不仅有良好的师资和教学水平，更是对学生有着极好的待遇，1913年6月合格的四川考生中，包括郭沫若在内总共才6人。然而，面对这样一所在当时的中国称得上顶尖的医科学校，郭沫若却选择了放弃。笔者认为这一选择只能说明一点，那就是赴日前的郭沫若其志并不在学医，这也为他日后的弃医从文埋下了伏笔。

4. 初到日本的留学体验

郭沫若赴日前并无志于学医，然而当他开始在日本的留学生涯后，他又明确表示志在学医。例如，他在信中这样说到，“男来东留学志向在实业及医学两途”[③]；“男现立志学医，无复他顾，以医学一道，今日颇为重要，……学成可不靠人，自可有用也”[④]。对于为何会产生这样一种变化，在以往的研究中，已经总结出了“近代启蒙思想的影响”[⑤]或者是他的“爱国主义激情”[⑥]这一原因，郭沫若自己也谈到，“认真是想学一点医，来作为对于国家社会的切实贡献”[⑦]。另外武继平还指出了“选择学医之路实属无奈”[⑧]的事实，郭沫若自己也在《我的学生时代》中说道：“政法经济已起了一种厌恶的心理，不屑学；文哲觉得无补于实际，不愿学；理工科是最切实的了，然而因为数学成了畏途，又不敢学；于是乎便选择了医科。”

---

① 伍连德（1879—1960）毕业于剑桥大学伊曼纽尔学院，是中国公共卫生学家，中国检疫、防疫事业的先驱，主持兴办了多所医院、检疫所、研究所，建立了中华医学会，并创刊《中华医学杂志》。

② 武继平：《郭沫若留日十年（1914—1924）》，重庆出版社2001年版，第19页。

③ 郭沫若：《桜花書簡·1914年3月14日家书》，大高顺雄、藤田梨那、武继平译，東京图书出版会2005年版，第44页。

④ 同上书，第64页。

⑤ 武继平：《郭沫若留日十年（1914—1924）》，重庆出版社2001年版，第21页。

⑥ 张恩和：《鲁迅与郭沫若比较论》，天津人民出版社1989年版，第51页。

⑦ 《郭沫若文集》第7卷，人民文学出版社1958年版，第10页。

⑧ 武继平：《郭沫若留日十年（1914—1924）》，重庆出版社2001年版，第23页。

笔者认为，除了上述两条理由之外，还有一点就是郭沫若东渡日本之后，异国他乡的留学生活体验使他少了一些年少的激情，多了一些对现实生活的考虑。初到日本的郭沫若在谈到在东京的生活时说到，他与长兄的中学同学合住一屋，每月租金为15日元（各付一半），由于日本生活成本高，故他只能“吃食俭啬”，每天早饭面包2块，白糖1碟，牛乳1瓶；午、晚餐均为菜1盘，饭1小甑，咸菜1碟，每天取暖用的木炭得花费10日元，几十倍于家乡乐山。每天早晨，他步行4公里前往学校，晚上为了不耽误晚饭才选择乘电车返回。前文提到长兄给了他一根6两重的金条（被郭兑换成365日元），但北京到东京一路就花了200元，到东京后购置桌椅、寝具、衣物等又用了70元。①

在放弃了天津陆军军医学校这样一个难得的机会，并实现了到更远的地方去这一愿望之后，郭沫若不得不面对生活成本以及竞争压力远高于家乡的生活环境。正是这样一种来自生活的压力，使得他在选择专业以及对自己的人生进行规划时，更多的加入了现实的目光。正如上文所提到的一样，他开始认为“文哲无补于实际”，而医学“学成可不靠人，自可有用”。因此，我们可以认为，初到日本时的留学体验使郭沫若个人得到成长，这种体验同时也是郭沫若由赴日前无志学医转变为赴日后立志学医的缘由之一。若非如此，从一开始便有志于医学的话，他也就不会放弃在天津陆军军医学校的机会了。

综上所述，我们可以得出以下一些结论。第一，鲁迅和郭沫若都是在西学东渐以及启蒙思想兴起的背景下立志学医的。然而，二者东渡的时间相差虽然只有12年，各自的时代背景已经发生了根本性变化，所以不能混为一谈。在科举尚未被废除的1902年，包括学医在内的学习洋务还是一种异端；而在中华民国建立后的1914年，学医已经成为了一种“时髦的选择”②。第二，二者都受到了来自家庭环境的影响。不同的是，鲁迅受到的是家道中落以及父亲的病亡所带来的逆向刺激；而郭沫若则是得到了整个家庭，特别是其长兄郭开文的正向支持。第三，二者同为学医，但立志于学医的时间点和决定因素有所不同。鲁迅在赴日之前便有学医之志，决定因素为其在南京求学时所接触到的关于日本和西医的知识；郭沫若虽然在赴日前便有学医的机会，但当时并无其志，反而是东渡之后的留学体验使他立志学医。

三　关于学医过程

接下来我们来分析鲁迅与郭沫若的学医过程并进行对比，为便于考察，首先对二

---

① 郭沫若：《桜花書簡·1914年2月12日家书》，大高顺雄、藤田梨那、武继平译，東京图书出版会2005年版，第35—36页。

② 同注45。

人的日本留学时期的学习经历进行简单概括（见表三）。

表三　　鲁迅与郭沫若日本学习经历对比①

鲁迅		郭沫若	
1902 年 4 月	·到达东京（官费） ·入弘文学院	1914 年 1 月	·到达东京（私费） ·入位于神田的日语学校
1904 年 9 月	·入仙台医学专科学校 ·开始学医	1914 年 6 月	·入东京第一高等学校特设预科 ·获得官费
1906 年 3 月	·从仙台医学专科学校退学 ·返回东京	1915 年 9 月	·入冈山第六高等学校 ·开始学医
1906 年 4 月	·在德语学校挂名 ·偶尔去听课	1918 年 9 月	·入九州帝国大学医科大学
1908 年 7 月	·从学章太炎 ·历时半年	1923 年 3 月	·九州帝国大学医科大学毕业 ·获得医学士考试合格证书、医学士学位证书
1909 年 8 月	·回国	1923 年 4 月	·回国

1. 教育环境的不同

通过上表可知，鲁迅初到日本时是 1902 年，而郭沫若是 1914 年，二者相差 12 年之久。这一时间差，也就是所谓时代的变迁使得二者所处的教育环境发生了巨大的改变。而这一改变也使得二者的学医过程变得截然不同。

清政府向日本官派留学生，最早是在 1896 年。当时驻日公使出于使馆工作需要，从国内选拔了 13 名学生赴日本留学，并请东京高等师范学校校长嘉纳治五郎②负责对他们的教育，揭开了中国人留学日本的序幕。此后，随着清政府采取积极的留日推进政策，日本方面也出于自身利益积极接受中国留学生，到 1905 年为止其人数呈不断增长的趋势。具体人数为：1898 年 77 人、1899 年 143 人、1900 年 159 人、1901 年 266 人、1902 年 727 人、1903 年 1242 人、1904 年 2557 人、1905 年约 8000 人③。而为了接受这些中国留学生的到来，日本的各种专门面向中国留学生教育机构也相继成立，其中具有代表性的主要有以下（见表四）。

① 该表仅以二者的学校教育为对象，文学创作以及其他方面的内容略去。

② 嘉纳治五郎（1860—1938）是日本明治到昭和时期的柔道家、教育家。作为柔道运动的创始者，他被称为“柔道之父”。同时，作为教育家，从 1893 年开始的 25 年间担任了东京高等师范学校及其附属中学的校长，并创办了以中国留学生为对象的弘文学院。

③ 王奇生：《中国留学生的历史轨迹：1872—1949》，湖北教育出版社 1992 年版，第 95—98 页。

表四 日本早期的中国留学生教育机构①

创立时间	学校名称	校长	科系名称
1898 年	东京大同学校	梁启超	
1898 年	日华学堂	高楠顺次郎	正科（普通预备科、高等预备科）/别科（预备专科、日语专修科）
1898 年	成城学校	川上操六	军事学校
1899 年	亦乐书院	嘉纳治五郎	鲁迅所读弘文学院前身
1901 年	东京同文书院	衫浦重刚	进入专业学校的预备科
1902 年	弘文学院	嘉纳治五郎	速成科（师范科、警务科、理化科、音乐科）/普通科
1903 年	振武学校	福岛安正	军事学校
1904 年	实践女子学校清国留学生部	下田歌子	速成科（师范科、工艺科）/中等科/师范科/工艺科
1904 年	经纬学堂	岸本辰雄	速成科（警务科、师范科、商业科）/普通科（普通科、师范科）/专门部（警务科）
1904 年	法政大学法政速成科	梅谦次郎	法政速成科/普通科
1905 年	东斌学堂	寺尾亨	军事学校
1905 年	早稻田大学留学生清国留学生部	青柳笃恒、高田早苗	预科/本科（师范科、政法理财科、商业科）/普通科/优级师范科/补习科
1906 年	成女学校	山根正次	师范速成科

通过对上表进行分析我们可以发现，当时的日本留学生教育从学习年限上来分类，大致可以分为进行短期速成教育的速成科以及进行长期正式教育的普通科、专门科和预科。前者是为培养中国国内急需人才而特别设立的，学习时间大约为几个月到一年左右，后者进行一年以上的正规教育。

面对突如其来的大量中国留学生，当时日本教育界的准备其实并不充分，再加之利益的驱使以及中国留学生自身的急功近利等问题，初期的留学环境可以说是十分不成熟且不稳定的。实藤惠秀明确指出：“清末留日学生教育的另一特征是以‘速成’的教育为主。特别与民国以后比较，显有巨大的差异。中国人由于对近代化的迟缓感到焦虑，进而谋求革新，开始舍弃向西洋直接学习，转而向取得西学要领的日本学习，所以希望日本提供速成教育。”② 1905—1906 年间留日学生近万人，其中习速成

① 该表根据实藤惠秀的调查制成。《中国人日本留学史》くろしお出版，1960 年 3 月。

② 同上书，第 35 页。

者占60%，习普通者占30%，中途退学辗转无成者占5%—6%，入高等专门者占3%—4%，入大学者仅占1%。[①] 这样一种情况同样出现在了鲁迅所在的弘文学院。1902—1906年，弘文学院设有3年的普通科和1年的速成科，而进入普通科的学生仅占6.6%，其余的学生几乎全部进了速成科。[②]

作为弘文学院首批学生，鲁迅在那里学习了2年时间。一般认为鲁迅是由弘文学院的普通科毕业，也有意见认为是经历了先入普通科，后入师范科的过程，[③] 但通过北冈正子对弘文学院及鲁迅的第一手资料的分析，[④] 发现鲁迅的学业履历书上明确地写着“速成普通科毕业”，并非规定需要3年才能毕业的普通科，[⑤] 也非速成师范科。[⑥] 另外，根据北冈正子所作的分析，[⑦] 作为公派学生的鲁迅在当时其实根本没有选择学校的余地，鲁迅入弘文学院只不过是日本政府、清朝政府和弘文学院三方相互调节之后所作的权宜之策。总而言之，鲁迅赴日之时所处的客观性教育环境并不是十分规范和成熟，整体上具有一定的功利性。此外，可供鲁迅自由选择的学习范围十分狭窄，且不具操作性。

与此相对，晚12年赴日的郭沫若所处的教育环境则发生了极大的变化。赴日留学生的人数在1905年达到一个高峰之后，由于清政府、日本政府、在日留学生三者之间的矛盾日益激化，在加之上述速成教育的各种弊病逐渐凸显。1905年11月2日，日本政府以整顿不合格学校和取缔放纵顽劣、性行不良的留日学生为由，颁布了管制留日学生的《关于准许清国人入学之公私立学校之规程》，即中国留日学生所谓的“取缔规则”。受这一规则本身，以及留学生的抵制运动的影响，1905年之后的在日中国留学生的人数整体呈下降趋势（见图二）。

在这样一种背景之下，清政府和日本的教育界不得不对留学生教育的相关政策作出调整。从1906年末开始，清政府经过与日本外务省、文部省多次交涉，最终于1907年与日本政府正式签订了“五校特约”协议。协议主要规定了五所增收中国留日学生学校的接受人数和补助费，具体内容是东京高等师范学校每年招收25人，由中方向学校提供补助费年额1980日元，不另缴学费；第一高等学校50人，每年提供补助费8768日元，不另缴学费；东京高等工业学校40人，每年提供补助费8000日元，并每人另缴学费50日元；山口高等商业学校25人，每年提供补助费7000日元，

---

① 故宫博物院文献馆编印：《清光绪朝中日交涉史料》卷七二，1932年版，第21页。

② 阿部洋：《中国的近代教育和明治日本》，福村出版社1990年版，第77页。

③ 蒙树宏：《在日本留学时的鲁迅》，《云南社会科学》1982年第6期。

④ 北岡正子：《魯迅日本という異文化のなかで》，关西大学出版部2001年版，第94—95页。

⑤ 虽然规定3年才能毕业，但根据《中国人留学生在籍名簿》的记载，很多普通科的学生并没有学满3年才毕业。当时的留学生教育的不规范与不成熟可见一斑。

⑥ 在讲道馆资料部所藏的关于弘文学院的资料中有“速成师范科”的名称，但学科前一般都会冠以各省的名称。

⑦ 北冈正子：《鲁迅弘文学院的入学》，《鲁迅研究月刊》2001年第11期，第33—42页。

不另缴学费；千叶医学专门学校 10 人，无需提供补助费，只收学费。另外，入学者须有相当学力，且入学考试合格。①

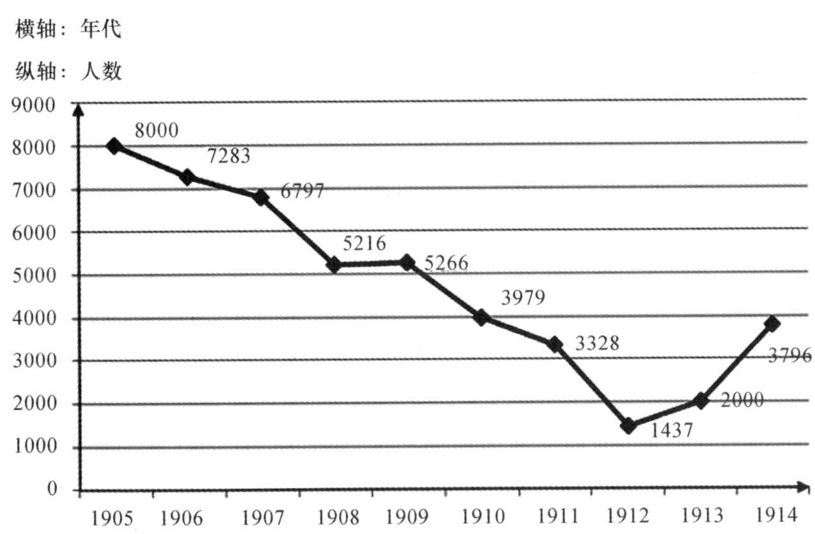

图二　1905—1914 年在日中国留学生人数变迁②

这一协定的签订，与郭沫若日后的留日选择及动向是密切相关的，因为日后郭沫若所上的就是这五所学校之一的“第一高等学校”的预科。与鲁迅来日本前就获得官费生的情况不同，郭沫若是自费来日，然后投考官费学校的。可以说没有这一项留学制度的实行，郭沫若此后的学医是很难想象的。而且根据“五校特约”协议，中国留学生在进入一高预科以后，将分配至一高及其他高等学校，而从这些高等学校毕业之后则能够获得升入帝国大学的机会。郭沫若也正是沿着这样一条路径进入了九州大学。

“五校特约”签订之后，日本政府基本上建立了一整套对中国留日公费生、自费生、军事生以及特约生等各类留学生的接收、教育和管理体系。这一协议作为中日政府间签订的第一份联合培养中国留日学生的正式协议，为中国留学生创造了更为稳定和成熟的学习环境，也在一定程度上保证了学习的质量。因此可以得出结论，虽然郭沫若所处的留学环境也存在诸多矛盾，但从整体上来说，相比更早时候的鲁迅而言，

① 吕顺长：《清末留日学生从量到质的转变——关于清末“五校特约”留学的考察》，《浙江大学学报》（人文社会科学版）2001 年第 1 期。

② 关于留学生的具体人数，有多种说法。本表参照周一川所作的数据考证。《近代中国留日学生人数考辨》，《文史哲》2008 年第 2 期。

已经有了很大的改善和提高。而这也正是郭沫若比鲁迅能在日本受到更完整的官方教育的原因之一。

2. 学医程度的不同

由于上述教育环境的变迁，直接导致鲁迅与郭沫若在学医的道路上所走的远近程度不同。首先，从最直观的角度来说，二人学医上所花费的时间不一样。由表三可以得知，鲁迅在仙台学医历时 1 年半。而郭沫若除去在冈山六高的学习时间不算，学医时间长达 4 年 7 个月。

其次，二人所在学校的性质不同。1904 年 9 月鲁迅从弘文学院毕业之后，进入了仙台医学专门学校学医。这所学校最早被称为仙台医学校，于 1872 年 2 月作为县立医学所诞生，其后几经变迁于 1901 年从第二高中医学部独立出来成为仙台医学专门学校。虽然仙台医学专门学校在 1912 年成为东北帝国大学医学专门部，但鲁迅在籍的这一时期，① 该校的性质还是专门学校。

对于这一选择，有文章指出鲁迅原本是要被指定进入东京帝国大学工学部学习采矿冶金，由于弘文学院教师的推荐才选择去仙台。② 但是根据上述教育环境的分析，从弘文学院毕业后直接升入东京帝大的可能性是很低的。要想进入东京帝大和京都帝大这两所当时仅有的帝国大学之前，必须要在高等学校学习三年，③ 而能够帮助中国留学生实现这一过程的“五校特约”是在 3 年后才签署。所以我们可以认为，去仙台学医是鲁迅的个人志向和当时的客观性教育环境所导致的一个必然结果。

另一方面，郭沫若所在的学校最早为在福冈设立的京都帝国大学第二医科大学，在 1911 年 4 月改名为九州帝国大学医科大学。郭沫若正是在这一时期内进入该校。④ 此后，该校虽然又更名为九州帝国大学医学部，但在性质上并没有太大的变化。在当时，这所学校被认为是“地位仅次于东京帝大和京都帝大的名牌大学”⑤。

郭沫若进入九州大学正式开始学医之前，经历了从日语学校到东京第一高等学校特设预科再到冈山第六高等学校的过程。由于他在报考东京一高时便已选择了医学，再加上“五校特约”的存在，所以被分配到冈山六高是一个被动接受的过程。从六高到九州帝大的过程，虽然过去实行的《日本高等学校预科第三部毕业生中帝国大学医科志愿者分配方案》已被废除，⑥ 可以向希望的大学申请入学，但同样是不能脱

① 鲁迅自 1904 年 9 月入校，1906 年 3 月退学。

② 鲁迅・東北大学留学百周年史編集委員会 《鲁迅と仙台：東北大学留学百周年》 2004 年 10 月 東北大学出版会 34 页。

③ 郭沫若正是在冈山第六高等学校学习三年之后才进入九州帝国大学的。

④ 1918 年 9 月入校，1923 年 3 月毕业。

⑤ 武继平：《郭沫若留日十年（1914—1924）》，重庆出版社 2001 年版，第 57 页。

⑥ 1916 年 1 月 12 日废除。

离医学的范畴。所以，与鲁迅一样，入九州帝大也是郭沫若自身的学医志向与日本当时的教育制度的必然结果。

第三，二人学医的深度有所不同。由于有上述两点相异之处的存在，第三点也就自然而然地产生了。关于鲁迅在仙台医学专门学校的学习状况，除了众所周知的《藤野先生》中的相关记载之外，还可以从他当时的信件中一窥究竟。“校中功课大忙，日不得息。以七时始，午后二时始竣。树人晏起，正与为雠。所授有物理，化学，解剖，组织，独乙（德语）种种学，皆奔逸至迅，莫暇应接。组织、解剖二科，名词皆兼用腊（拉）丁，独乙，日必暗记，脑力顿疲。幸教师语言尚能领会，自问苟侥幸卒业，或不至为杀人之医。”① 此外，鲁迅在此期间所做的笔记也被发现和公开，并受到了极大的关注。② 其内容大致如下（见图三），其图像资料也被公开（见图四）。

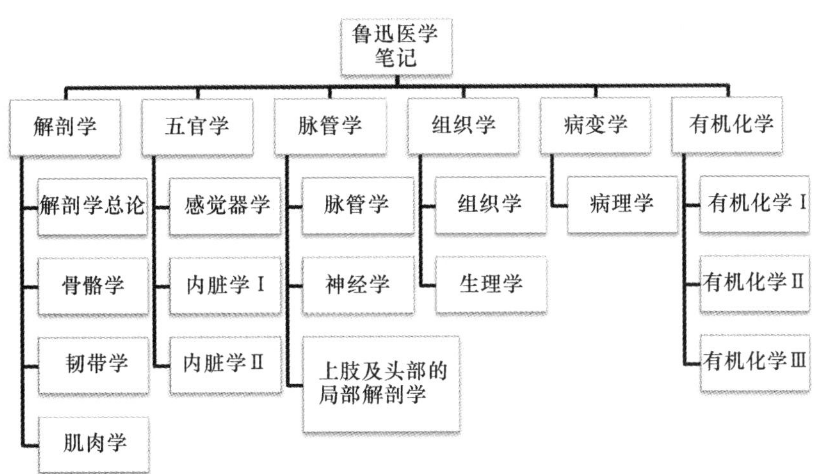

图三　鲁迅医学笔记构成③

---

① 1904 年 10 月 8 日，刚到仙台一个月的鲁迅写给友人蒋抑卮一封信，在信中谈到了相关的生活和学习的情况。

② 鲁迅的医学笔记收藏在北京鲁迅博物馆，是中国的国家一级文物。泉彪之助在 1993 年和 1994 年两次调查该笔记，向鲁迅博物馆提交了报告书，并发表了论文。泉彪之助：《藤野教授与鲁迅的医学笔记》，《鲁迅仙台留学 90 周年纪念国际学术、文化讨论会报告论集》1994 年，154—165 页；泉彪之助：《鲁迅的大学笔记》，《福井县立大学看护短期大学部论集》1995 年，1—10 页。

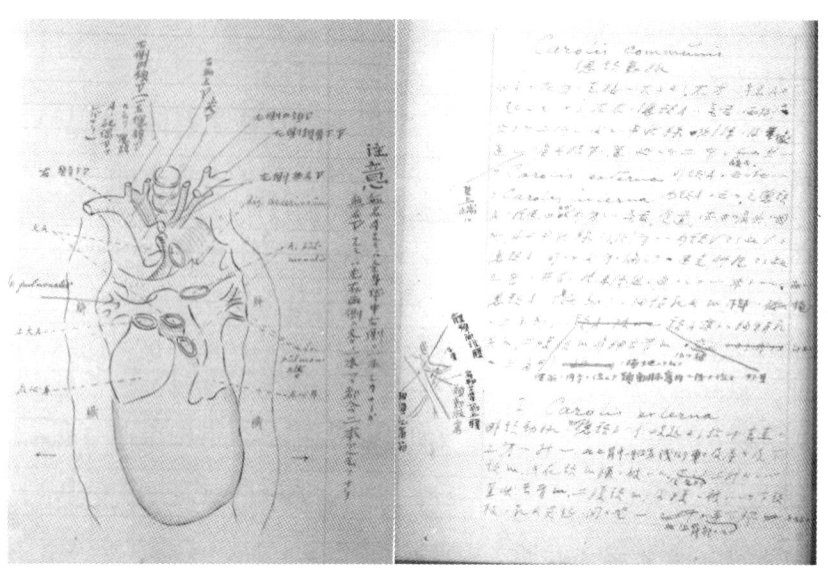

图四　鲁迅医学笔记

另外，鲁迅在此期间的学习成绩也可以作为其学医状况的一个参考。解剖学59.3分，组织学73.7分，生理学63.3分，伦理学83分，德语60分，物理60分，化学60分，平均65.5分，全班第68名（班上同学142人）。

接下来分析郭沫若在九州帝国大学医科大学的学医状况。关于这部分内容武继平做了详尽的考察，本稿不再累述。为了便于对比，仅引用其归纳的关于郭沫若实际修了的医学讲义和临床实习课程表（见表六）。

表六　　郭沫若实际修了的医学讲义和临床实习课程表①

课程名称	所需时间	课程名称	所需时间
解剖学讲义	三学期	解剖学实习	三学期
生理学讲义	二学期	生理学实习	一学期
病理讲义	二学期	病理学实习	一学期
医化学讲义	二学期	医化学实习	一学期
药物学讲义	二学期	药物学实习	一学期
诊断及治疗法	二学期	外科总论	二学期
内科学临床讲义	三学期以上	精神病学临床讲义	三学期以上
小儿科学临床讲义	三学期以上	外科学临床讲义	三学期以上
整形外科学临床讲义	三学期以上	妇产科学临床讲义	三学期以上

① 武继平：《郭沫若留日十年（1914—1924）》，重庆出版社2001年版，第71页。

续表

课程名称	所需时间	课程名称	所需时间
眼科临床讲义	三学期以上	皮肤病梅毒学临床讲义	三学期以上
耳鼻喉科临床讲义	三学期以上	卫生学实习	一学期
卫生学讲义	一学期	霉菌学实习	一学期
霉菌学讲义	一学期	法医学实习	一学期
法医学讲义	二学期		

由于上述课程表是该校医科学生毕业的必需条件，所以郭沫若也应该不例外地修满了这些课程。此外，虽然过程充满了曲折，关于郭沫若学医的经历，最能反映其成果的莫过于在1923年3月31日获得的大学毕业文凭，一张是医学士考试合格证书，另一张是医学士学位证书。①

综合对比鲁迅与郭沫若的学医过程，我们可以总结出以下几点：第一，二者所处的留学教育环境不同。鲁迅来日时留学生赴日潮刚刚兴起，教育环境和制度并不成熟和完善，学医的道路存在客观上的困难；与此相对，晚12年来日的郭沫若所处的留学教育环境则有所改善，特别是“五校特约”的签订，为郭沫若创造了成为官费生以及升入九州帝大学医的客观条件。第二，郭沫若在学医的道路上走得更远。鲁迅为了实现其学医之志，在有限的条件下取得了相当的成绩，其中经历也成为广为人知的佳话；与此相对，郭沫若则在学医上花费了更多的时间，其所在的学校层次更高，所受的医学方面的训练也更为全面、系统和专业，最重要的是他最后从学校顺利毕业并取得了医学学士学位。

四 关于弃医从文

关于郭沫若与鲁迅弃医从文的这一选择，笔者认为从整体上可以归结为时代的推动和文学的吸引两个方面，但在其细节及具体内容上二者却又不尽相同。

1. 时代的推动

关于鲁迅为何弃医这个问题，就一般论断而言，“幻灯片事件”是导致鲁迅选择放弃学医的最直接的原因。鲁迅在《呐喊·自序》中这样阐述道：“有一回，我竟在画片上忽然会见我久违的许多中国人了，一个绑在中间，许多站在左右，一样是强壮的体格，而显出麻木的神情。据解说，则绑着的是替俄国做了军事上的侦探，正要被日军砍下头颅来示众，而围着的便是来赏鉴这示众的盛举的人们。”②

① 武继平：《郭沫若留日十年（1914—1924）》，重庆出版社2001年版，第74页。

② 《鲁迅全集》第1卷，人民文学出版社2005年版，第438页。

“幻灯片事件”看似具有一定的偶然性，实则是在日俄战争背景下日本社会的一个必然的反映。鲁迅在仙台学医的时期，正值日俄战争的顶峰时期，仙台虽然偏居日本东北地区，也不例外地受到了强烈的冲击。从 1904 年到 1905 年之间，在仙台共举行了五次市民祝捷大会。1904 年 5 月 8 日，祝贺九连城（鸭绿江）战胜。地点在川内练兵场，有五千人参加。同年 9 月 6 日，祝贺占领辽阳。地点在樱冈公园，有七千人参加。1905 年 1 月 5 日，祝贺攻克旅顺。地点在仙台停车场前广场，有一万五千余人参加。同年 3 月 15 日，祝贺攻克奉天。地点在仙台城本丸迹的昭和碑建设预定地，有五千余人参加。同年 6 月 4 日，祝贺日本海海战大捷。地点在樱冈公园，有一万五千余人参加。[①] 这些所谓的祝捷大会正是当时时代背景的一个缩影，而且几乎全都发生在鲁迅仙台求学期间，对其造成的影响是不言而喻的。

由于“幻灯片事件”为鲁迅日后的回忆，关于这些幻灯片的真实性，也引发了诸多讨论。根据“仙台鲁迅事迹调查会”的报告，鲁迅讲自己看到的那张为俄国间谍带路的中国人被日本士兵砍头的图像，并没有在 1965 年东北大学医学部细菌学教室发现的幻灯片中。因此，当时是否真的放映过，尚不能确定。[②] 然而即便是鲁迅记忆不准确抑或加入了创作的成分，鲁迅所描述的那样一种场面的发生也是不难想象的。1905 年 7 月 28 日的《河北新报》第二版上登载了名为《四名俄探被斩首》的通信：“看热闹的照例是清人，男女老幼五千余人推推搡搡，拥成一片，酸臭扑鼻，令人喘不过气来。不一会儿，时候到了，四名定为俄探的支那人五花大绑地被我宪兵像牵羊走进屠宰场一般地带了过来。”由此可见，“幻灯片事件”不过是一个表象，重要的是当时的日本社会普遍存在的轻蔑性的中国观以及在日俄两强相争时清政府积孱积弱的时代背景。在这样一种条件之下，类似的事情发生在任何时间和场所都不足为奇。

关于这一点，所谓的“泄题事件”也是其证明。鲁迅在仙台学医时取得了中等的成绩在上文已提到，然而就算是这样一份不算太好的成绩也引发了日本同学的“泄题”的怀疑。写匿名信、写劝降信，以及借阅之名检查笔记等行为使鲁迅饱受屈辱。二十年之后鲁迅这样写道：“中国是弱国，所以中国人当然是低能儿，分数在六十分以上，便不是自己的能力了，也无怪他们疑惑。”[③]

正是在“幻灯片事件”以及“泄题事件”为代表的时代背景的影响之下，使得鲁迅对于学医这一道路产生了怀疑。鲁迅这样回忆道：“从那一回以后，我便觉得医学并非一件紧要事，凡是愚弱的国民，即使体格如何健全，如何茁壮，也只能做毫无意义的示众的材料和看客，病死多少是不必以为不幸的，所以我们的第一要著，是在

① 吉田富夫、李冬木：《周树人的选择——“幻灯事件”前后》，《鲁迅研究月刊》2006 年第 2 期。

② 黄乔生：《“鲁迅与仙台”研究述略》，《鲁迅与仙台：东北大学留学百年——“鲁迅的起点：仙台的记忆”国际研讨会论文集》2005 年 9 月。

③ 《朝花夕拾·藤野先生》，《鲁迅全集》第 2 卷，第 415 页。

改变他们的精神，而善于改变精神的是，我那时以为当然要推文艺，于是想提倡文艺运动了。”①

与鲁迅相同，时代背景的推动在郭沫若弃医的选择中也发挥了十分重要的作用，其具体内容有相似的地方也有新的特点。中华民国成立之后，中日之间的矛盾没有解决，反而越来越尖锐，这一点在日本社会的中国观以及留学生的民族情绪中同样得到了体现。在郭沫若的留日期间，一共发生了两次留日中国学生的集体归国学潮。第一次发生在1915年，其缘由是日本政府与袁世凯政权签订的《对华二十一条》；第二次发生在1918年，其缘由是日本政府与段祺瑞政权签订的《中日共同防敌军事协定》。这两个协定的签署不仅在中国国内引起了反抗运动，更是引发了留日学生的集体归国学潮，和其他的留学生一样，郭沫若的留学过程也不例外地受到了这两次学生运动的影响。这一时期的留日学生、中国政府、日本政府三者之间的矛盾与鲁迅所处的时代有着相似之处。

然而，与鲁迅所处时代不同的新的变化也开始出现。关于这一点，郭沫若这样解释道：“时代是前进着的，特别是自俄国革命成功之后，使在暗中摸索的人类达到了开眼期，开始明确地认识了人类历史发展的历程，中国的将来，各种文化部门的本质和它的机能。……这个时代觉醒促进了我自己的觉醒，而同时也把我从苦闷中解救了。从前我看不起文艺的，经这一觉醒，我认为文艺正是摧毁封建思想，抗拒帝国主义的犀利的武器，它对于时代的革新，国家的独立，人民的解放，和真正的科学技术等具有同样不可缺乏的功能，因此，我可以心安理得地放弃我无法精进的医学而委身于文艺活动了。”②

2. 文学的吸引

除了时代潮流的推动因素之外，来自文学的正向吸引也是其走上从文道路的原因之一。鲁迅幼时便受传统文学的熏陶，在南京求学时更是对文学充满了热情。张协和在《忆鲁迅在南京矿路学堂》③ 一文中回忆说：“鲁迅在下课后从不复习课业，终日阅读小说，过目不忘，对《红楼梦》几能背诵。”在赴日后更是如此，据许寿裳回忆，入弘文书院时就购置了大量的日语文学书，“如拜伦的诗，尼采的传，希腊神话，罗马神话等等”④。鲁迅自己也说道：“记得当时最爱看的作者，是俄国的果戈理（N. Gogol）和波兰的显克微支（H. Sien - kiewitz）。日本的，是夏目漱石和森鸥外。”⑤

与鲁迅一样，郭沫若同样受到了来自文学的正面吸引。由于日本的医学是德国系

① 《呐喊·自序》，《鲁迅全集》第1卷，人民文学出版社2005年版，第439页。

② 阎焕东：《郭沫若自叙》，山西人民出版社1986年版，第117页。

③ 载1956年10月19日的《新华日报》。

④ 许寿裳：《屈原和鲁迅》，《亡友鲁迅印象记》，人民文学出版社1953年版，第4页。

⑤ 《南腔北调集·我怎么做起小说来》，《鲁迅全集》第4卷，人民文学出版社2005年版，第522页。

统，学医必先学德文。教外语的先生大概都是日本帝大出身的文学学士，总爱用一些原版的文学名著来做课本。略通发音和文法之后，便要读歌德，读海涅。这种教学方法虽然不尽合理，却于无意中把郭沫若的文学天赋激发出来，为他开辟出了全新的文学天地。郭沫若说："自己在国内所涉猎的，主要就是文学。到了日本虽然把文学抛弃了，但日本人教外国语，无论是英语、德语，都喜欢用文学作品来做读本。在此，在高等学校的期间，便不期然而然地与欧美文学发生了关系。我接近了泰戈尔、雪莱、莎士比亚、海涅、歌德、席勒，更间接地和北欧文学、法国文学、俄国文学，都得到了接近的机会。这些便在我的文学基底上种下了根，因而不知不觉地便发出枝干来，终竟把无法长成的医学嫩芽掩盖了。"①

除此之外，导致郭沫若选择弃医的另外一个因素就是个人的身体原因。由于这一原因是不可逆的，所以虽然郭沫若在学医的道路上取得了相当的成绩，却仍然不得不放弃。"本来对医学还是很感兴趣的，但学到后来两年临床课程的时候，由于听觉不灵，不能掌握听诊的微妙的医术，学医的兴趣便逐渐淡薄起来，对学医的前途感到暗淡茫然。另一方面文学的兴趣越来越浓。先生在台上讲课，我便在台下看小说。有时灵感一来，我便动手写诗。"②

综上所述，我们可以发现，鲁迅与郭沫若在弃医从文的选择上都受到了来自时代潮流的推动力，同时也受到了来自文学的吸引力。但是在其中的具体内容上略有不同，以日俄战争为背景的"幻灯片事件"以及"泄题事件"带给鲁迅更多的是一种逆向的刺激；而俄国十月革命的胜利等则更多地让郭沫若感受到了时代的正向推动。此外，虽然郭沫若在学医的道路上取得了相当的成就，但听觉不灵这一身体上的原因则成为了其继续从医的决定性障碍。

五　结语

鲁迅和郭沫若都是对20世纪中国产生巨大影响的历史人物。鲁迅以其深刻的现实主义小说奠定了中国新文学现实主义潮流的基础，郭沫若则以他热烈反抗的充满积极浪漫主义的诗歌为中国新文学开辟浪漫主义潮流的先河。③ 青年时期不约而同地经历了从立志学医到弃医从文的过程更是耐人寻味。虽然从形式上来说二者并没有太大的区别，然而不论是从立志学医、学医过程还是弃医从文，其时代背景以及各自的经历本身都截然不同。弗洛伊德将人的精神活动或心理活动分为意识、前意识和潜意识三个不同的层次。潜意识被认为是人的本能欲望以及与之相关的被压抑的情感、意向

① 阎焕东：《郭沫若自叙》，山西人民出版社1986年版，第116页。

② 同上书，第91页。

③ 张万怡：《早期鲁迅郭沫若比较浅论》，《重庆电大学刊》1995年11月，第39页。

的贮存库，具有强烈的心理能量，总是伺机渗透到意识领域，以求得满足，从而构成了人类一切活动的总源泉。按照这一理论，鲁迅和郭沫若这段形似而神不似的弃医从文的经历，从潜意识的层面上对二人以后的创作内容和方向都产生了巨大的影响。

以留日时期为对象的鲁迅与郭沫若的研究已经取得了很多的成绩，但在二者的对比研究方面尚有较大空间。相信这一课题在以后会获得更大的关注和更多的发展。

（作者为东京政法大学教授）

身体的再现、医学与解剖：二三十年代郭沫若小说里的一种含混的态度

宇乐文（Victor Vuilleumier）

关于现代医学、医生的再现，生物学的、解剖学的身体的现代范式，在中国现代文学里起到重要的作用，乃至于一些作者，比如鲁迅或郭沫若都陈述自己在开始写作之前，都曾先去日本学习医学——郭沫若在《创造十年》里说，他在剖检一具尸体时，产生最初的书写欲望。①

在19世纪下半叶，关于身体的新范式被引入中国，主要是可称作"现代西方科学身体"的范式：这种身体观得到陈述；它是依照在肌肉、神经系统、大脑之间的机械联结的模式来组织的，也被视作意识发生的地点。这是一种作为客体（对象）的身体，并没有丝毫的宇宙论或伦理的意涵，与世界相分离。这种身体观的客观化与主体的个体化进程相平行。这种现代的再现主要立足在有关解剖学的实践与认知的基础上。明确地讲，解剖学在有关身体的这些新范式的引入方面起到重要的作用。

关于解剖学的再现，在近代中国曾接纳了意识形态与文化的新意涵：对于19世纪90年代的自强运动，解剖学是国家与民族精神的现代化的有效工具。事实上，身体采取一种知识论的价值：转变身体的再现，即是转变对事物的认识，从而转变文化与政治的现实。比如康有为把中国古代医学里的身体再现与西方的、医学的再现相对立。② 这种再现是现代的，因为它是写实的，奠基在实验的知识基础之上。③

然而，解剖学只构成从国外引入的新范式中的一个元素：它与社会达尔文、生物学、心理学、关于种族、民族主义与优生学的现代理论相结合。在民国时期，身体被构想为体现确定的身份：个体拥有一个身体，被赋予性别、民族与种族的固定属性。

---

① 郭沫若：《沫若文集》第七卷，人民文学出版社1958年版，第49页。

② 康有为：《康有为政论集》第一卷，中华书局1981年版，第174页："人之一体，读《素问》，考名堂；《全体新论》不知也，外国有人身全体，一见则立明矣。"

③ 吕澂与陈独秀：《美术革命》与《独秀答》，载《新青年》第6卷第1号，1919年1月："近年西画东输［…］徒袭西画之皮毛，一变而为艳俗，以迎合庸众好色之心。［…］（海上画工，唯此种画间能成巧；然其面目不别阴阳，四肢不成全体，则比比皆是。盖美术解剖学，纯非所知也。［…］）。""若想把中国画改良，首先要革王画的命。因为改良中国画，断不能不采用洋画写实的精神。［…］画家也必须用写实主义才能发挥自己的天才，画自己的画，不落古人的窠臼。"

关于身体的科学再现，伴随着身份的生物化的形成过程。[①] 对于中国现代的知识分子而言，解剖学的模式构成一种现代化的承载工具。事实上，当维萨里（Vesalius）计划在欧洲形成时，从最初就具有一种人文主义的规划纲领：解剖学是一种方法，是方法的隐喻，是重新组织和承载词与物的话语。[②]

我们在此暂不展开谈论中国与欧洲的文学史中的医学与文学之间的重要关系；但是，却可以提出以下几点：文学的身体是一种符号，对照从最平庸的所指（譬如，身体作为民族）到最独特的所指："疾病的语言"（让·斯塔罗斌斯基的术语）[③] 被转化成文学的话语。如同文学、医学生产一些词语，创造一些术语，（重新）构成一段段历史，探求一些符号，来诠释一些症状。[④] 描述病情的专家也是一个作家；当作家对他的内心疾病进行细致的日记书写时，他也借助于医学的语言。个人的疾病，无论是身体的或心理的疾病，如诸位所知，都是一种重要的文学命题；此外，疾病的命题也被经常与内省式书写、自我表达结合在一起。

我们也可以援引欧洲文学的一个例子，来表明在感性、内省与病情书写之间的联系，即卢梭（Rousseau）在他的《忏悔录》里的情况；[⑤] 但他面对医学也表现出一种含混的态度，正如在《爱弥儿》里所见[⑥]——在此列举这个例子，因为笔者认为，郭沫若曾经受到《忏悔录》这部著作的影响，即使郭沫若与德国和英国浪漫主义的关联或许更明显。在现代中国，众多知识分子与作家都引用卢梭的作品作为参照。郭沫若很可能也同样把卢梭作为参照：如同卢梭，郭沫若对于医学持有暧昧的态度，这也显露在他的自传性与虚构性作品里。[⑦]

在五四时期以及新文化运动中的中国现代作者曾采用对于身体、医学与解剖学的

---

① Frank Dikoetter Frank：*Sex*，*Culture and Modernity in China*，*Medical Science and the Construction of Modern Identities in the Early Republican Period*，Hurst & Co.，London 1995.

② Andrea Carlino："Les fondements humanistes de la médecine"（"医学的人文主义根基"），载 Andrea Carlino，Alexandre Wenger（主编），*Littérature et médecine*，*approches et perspectives*［*XVIe - XIXe siècles*］（《文学与医学，方法与视野》［16—19 世纪］），Droz，Genève，2007，第 19—47 页。

③ Jean Starobinski：*l'Œil vivant II*，*la relation critique*（《灵动的眼睛 II，批评的关系》），Paris，Gallimard，1970，第 230 页。

④ Andrea Carlino："医学的人文主义根基"，见前引书。

⑤ 在《忏悔录》里，卢梭描述他自身生病时的身体症状，并讲述他在童年时代读过几本医学书后如何尝试对自身作诊断。他也讲述他曾经尝试学习解剖学的知识，但后来对此感到恶心。Rousseau（卢梭）：*Les Confessions*（《忏悔录》，第 6 章），Paris，Gallimard，1995，第 314 页。Anne Vila："Somaticizing the Thinker：Biography，Pathography，and the Medicalization of *gens de lettres* in Eighteenth - Century France"，载《文学与医学，方法与视野》（16—19 世纪），见前引书，第 89—111 页。

⑥ 在《爱弥儿》里，卢梭认为医学是无用的，而且最好不要阅读医学书籍。Rousseau（卢梭）：*Emile ou de l'éducation*（《爱弥儿或论教育》，第 1 章），Gallimard，Paris，1995，第 106—108。

⑦ 卢梭的《忏悔录》早在 1910 年代已被翻译成日文（堺利彦訳，《赤裸の人：ルソー自伝》 丙午出版社 1912；石川戯庵訳 《忏悔录》 大日本図書 1916）。因此，当时在日本留学的中国学生有机会先读到日文版的《忏悔录》（中文版 1920 年代末才首次出版）。关于郭沫若对医学的含糊态度，也可参见《漂流三部曲》（1924），《郭沫若全集·文学编》第 9 卷，人民文学出版社 1985 年版，第 243 页。

现代再现。这些模式完美地对应于意识形态与文化的构想：写实主义、现代化、民族与个体的解放。他们欣赏关于身体的这些新范式中对身体的客观再现；尤其因为这种再现可以把身体从任何的“传统的”“儒家式的”或“封建”的价值意涵里释放出来。中国现代作者因而创造出有关身体、主体与身份的全新文学再现，在其中容纳这些范式，并将之文学化。郁达夫与郭沫若的例子尤为如此。

解剖学与疾病的主题也汇拢了关于自我的书写（受到西方浪漫主义的启发，也受到日本私小说的影响）；有一种综合的形式，即我称之为在20世纪20、30年代的中国现代文学中常见的“疾病日记”。也需要把这一点与日本作家厨川白村的文学理论在当时的影响联系在一起，依据厨川白村的观点，艺术与文学构成对于“苦闷”的体验的象征化表达。①

然而，有关身体的客观化、主观化的观念糅合，产生出一些矛盾，尤其是在内省式书写的情况里，肯定主体性与个体主义的价值。此外，这或许是为什么在一些以身体或疾病为命题的中国现代文本里会揭示出的面对医学的含混的态度的理由之一。另一个理由则是由解剖学的范式所带来的象征性断裂（在下文中还将展开论述这个问题）。

而且，中国现代对于文学身份、作者形象的建构，在某种程度上与医生相竞争；新作家希望获得文学权威的地位，成为引入的现代性的主宰——这种现代性也通过科学的威望来体现。作家希望表明他是现代中国所需要的真正的医生，他是现代文化的真正英雄，是“精神界之战士”②。最终，我们会看到，面向医学的这种含混态度，也与中国知识分子与日本的、西方的文化与科学的现代性之间的复杂关系相联系——这也通过解剖学而得到象征化。

在自传性作品《创造十年》（1932）里，郭沫若讲述从1918—1923年的生活，讲述在他进行虚构书写的最初体验时的故事。③ 他说，“最初的创造欲活动了起来”④，当他解剖一具尸体时。这就是他在20年之后所创造的故事里给出的概述。

在小说中的日本叙述者，当他解剖一个死去的罪犯的尸体时，他看到一个裸体女人的刺青，还刻着那女人的名字。这罪犯有爱尸癖，偷窃尸体。当一个同窗给他讲了这个罪犯的故事之后，叙述者取掉尸体上的女体刺青，带回了家。当晚，他梦见，那具骷髅回来找寻那女人的刺青，并喊着：“喂！还我的爱人来！”⑤

这部短篇小说《骷髅》从未发表过——它曾被《东方杂志》所拒绝，文稿被退回

① 鲁迅：《苦闷的象征》，《鲁迅译文全集》第2卷，福建教育出版社2008年版，第225页。
② 鲁迅：《魔罗力诗说》，《坟》，人民文学出版社2006年版，第100页。
③ 郭沫若：《沫若文集》第7卷，人民文学出版社1958年版，第48—52页。
④ 同上书，第49页。
⑤ 同上书，第51页。

给郭沫若。郭沫若说他曾“采用欧洲旧式的小说体裁”[①] ——或许他希望讲的是志怪的体裁。事实上，这种体裁的短篇小说很可能也受到比如日本作家谷崎润一郎的影响。

对于郭沫若而言，医学和解剖学与关于创作根源的想象有一种关联，可以说解剖尸体的行为构成一副原初的场景，构成文学创作的根源，仿佛词语被召唤来言说一种原初的统合。对于郭沫若，解剖与文学之间究竟有什么关系？医学与身体究竟再现了什么？面对它们的态度又如何？

为了提示对于这些问题的一些回答，我将谈论以下几点，从他最早在日本期间（即 1914—1926 年间）撰写的那些短篇小说开始：1. 文学的科学化；2. 身体、疾病与医学，作为隐喻来运用；3. 解剖学。

一

郭沫若在日本开始创作小说的时期是在医科的领域里度过的，这个时段的作品有比如《残春》（1922）、《漂流三部曲》（1924）、《落叶》（1925）、《叶罗提之墓》（1926）、《曼陀罗华》（1926）。这些小说与郭沫若的生平传记之间的联系是明显的，尤其是关涉到他与“安娜”（Anna，佐藤富子）的生活。

在这些小说作品里，郭沫若把他对于身体的再现以及对于身体的叙述加以医学化或科学化。在小说中的叙述者、人物和作者的形象，均把握一种医学的知识。他们可谓是描述病情的专家：他们都可以明确地描述身体的、心理的疾病症状，为疾病作出诊断，讨论病情案例。这也证实了郭沫若所具有的医学知识。这种医学的知识尤其表现为对于西方的、科学的医学术语的运用。正如郭沫若在其自传中所记录的，一个在日本读医科的大学生，要修英文、德文与拉丁文（外语在此是科学的同义词）[②]。这种异国的语汇经常用原文的形式来引用，比如用拉丁文字母，穿插在汉字当中。

从这个视角来看，郭沫若作品中的叙述的医学化特征，也是对于中文的身体或汉字字体（即汉字为象征）的异国化的过程。这些医学术语也是西方现代性的符码：中国现代作家习惯于使用西方的语词、字母，或者把汉语的姓名转写为拉丁字母。这也是示范他的西方知识的一种方式。

在他的短篇小说里，郭沫若创造出对于身体的一种新再现。他容纳并引入我们上文中所谈到的这些再现方式。个体的身体承载一种固定的、民族的、种族的和性别的身份。[③] 一个人的心理是用强烈的方式通过他的习惯、他的身体来确定的。[④] 在一些

---

① 郭沫若：《沫若文集》第 7 卷，人民文学出版社 1958 年版，第 51 页。

② 同上书，第 42—43 页。

③ 郭沫若：《残春》，《郭沫若全集·文学编》第 9 卷，人民文学出版社 1985 年版，第 20—21 页。

④ 郭沫若：《Löbenicht 的塔》（1924），《郭沫若全集·文学编》第 9 卷，人民文学出版社 1985 年版，第 173 页。

极端的例子里，郭沫若还自愿地用机械的再现来描述身体的运作，以及身体对精神的决定作用。筋肉是通过神经系统来驱动的，反过来也产生心理或甚至是“宗教”的内涵。①

此外，在关于身体与主体的再现中，郭沫若把这些客观化的维度与精神分析的某些面向相结合。个体被其生命冲动所驱动，在身体的空间里或平面上，投射身体主体的被压抑的内容：这就是被“力比多身体”体现的“躯体我”。他者的身体被掏空任何个体的灵魂，变成具有异化力和让人烦恼的欲望对象。所有这些再现描述了病理学意义上的主体性，意味着比如“身体只是一架死尸”。②

二

郭沫若的书写仿佛对于心理与身体的疾病加以听诊，这代表了他的小说中的一个核心的主题。医学与身体作为符号或隐喻来运作，承载可能的意义的双重方向：个体或民族，主体性或客观化。

在郭沫若这个阶段的一些叙事作品里，身体衰弱的主体对应旅居日本的中国人的地位低下。这些叙事中的几个人物都是受虐狂，被自身作为低等、弱小的个体的印象所纠缠不休；他们相对于所欲求的日本女人处于从属的地位，但他们却不能占有作为欲望对象的日本女人，反而被其操控。在其他一些例子中，当小说中的人物或叙述者返回中国，疾病与衰弱（尤其是儿童的衰弱）具有另一种意义：这也是象征贫穷、社会不平等、在中国人与上海的西方人之间的地位差距的符号。③ 疾病也是个体的内心苦闷的符号，个体被社会秩序以及传统的家庭所异化。④

这些疾病深刻影响小说中的人物与叙述者，往往被描述为“神经衰弱”“疑病患者”或“忧郁症”。⑤ 我们可以识别出浪漫派疾病的影响，⑥ 或者疾病作为隐喻，⑦ 由患了肺结核的年青女性的形象所体现：这是作为感性的、忧郁的个体的原型，在孤远偏僻的地方隐居，在自然的孤寂中寻求安身之所。这也是患病的女人的隐喻，由于她的生命力与热烈而被欲求。在《残春》或《喀尔美萝姑娘》里，难以抵及或遭到禁止的日本女人，正是以这种形态出现在中国男主角的梦中，作为脆弱的、具有吸引力

---

① 郭沫若：《秦始皇帝将死》（1935）与《楚霸王自杀》（1936），《郭沫若全集·文学编》第10卷，人民文学出版社1985年版，第187—88、196页。

② 郭沫若：《喀尔美萝姑娘》，《郭沫若全集·文学编》第9卷，人民文学出版社1985年版，第238页。

③ 郭沫若：《圣者》（1924），《郭沫若全集·文学编》第9卷，人民文学出版社1985年版，第61页。

④ 参见郭沫若在《落叶》与《漂流三部曲》里所叙述的情形。

⑤ 在原文中使用英文。

⑥ 苏珊·桑塔格（Susan Sontag）：*La Maladie comme métaphore*（《疾病的隐喻》），M. –F. de Paloméra 译，Paris，C. Bourgois，1993。

⑦ 谭光辉《症状的症状：疾病隐喻与中国现代小说》，中国社会科学出版社2007年版。

的女性。[①] 关于医生与医学的形象，郭沫若的小说呈现出复杂的，甚至是负面的再现。医学也被指控为无用的、虚伪的。[②] 医生则是粗蛮的，缺乏人性的；他们给出的诊断并不可靠，找不出关于疾病在人或社会层面的真正缘由。[③]

而且，科学与医学体现出社会与家庭的秩序，小说的主人公们与之相搏斗。《漂流三部曲》里的叙述者在日本研究医学，更愿意成为作家，而不是医生。他拒绝返回故乡四川，那边有提议让他到医院工作：因为这会迫使他回到家人身边生活，还有他曾经被迫娶的妻子——事实上，他在日本与一个日本女人一起同居生活。医生的生涯代表一种义务：如果叙述者接受它，仿佛他接受回到等级中，回到传统中。现代的医学与科学因而无法把患病的或不幸的个体完全解放；这种个体在社会、家庭的义务与期待自由解放的欲望之间被撕裂，而比如在《漂流三部曲》里，这种欲望则是由日本女人以及他选择的文学道路所体现。

医学也同样接纳了一种负面的意义，在其他现代文学文本里，它与秩序、压迫相结合，比如在郁达夫或鲁迅的作品里。在《沉沦》（1921）里，其中主要的人物被他哥哥迫使继续学医；而且，这个人物经常情不自禁地进行手淫的行为，因为这种行为实践遭到医学的规范性话语的禁止而感到痛苦。至于鲁迅，在《呐喊》的《自序》（1923）里，他说，针对身体的医学对于治疗文化与精神的疾病是无效的。在《藤野先生》（1926）里，他甚至提示，科学也可以成为殖民主义和种族主义的工具，尤其比如在日本面向中国的态度里。[④]

最终，郭沫若作品里的医学世界带有诡异的遭到压抑的情色氛围。在《喀尔美萝姑娘》里，叙述者期待成为一个可以触摸难以抵及的女性身体的医生[⑤]。在《残春》里，那个叙述者，学医学的大学生，他梦想和吸引他的护士扮演医生的角色——然而，这在双重意义上是被禁止的（由于医学的伦理，也因为他结婚了）。医院代表医学的空间，对于大学生而言，是一个充满诱惑的地点，对于未成为医生的人而言，也是一个性幻想的空间。但是，这终究是人们在其中受苦并死去的地点。其中的情色描写显得更加诡异。

在这个视野里，由作为叙述者的医科学生所撰写的文学叙事也与医生通常被遭到

① 郭沫若：《郭沫若全集·文学编》第9卷，人民文学出版社1985年版，第30—31页。

② 郭沫若：《漂流三部曲》，《郭沫若全集·文学编》第9卷，人民文学出版社1985年版，第243页。

③ 郭沫若：《曼陀罗华》（1926），《郭沫若全集·文学编》第9卷，人民文学出版社1985年版，第367页。

④ Larissa Heinrich, *The Pathological Body: Science, Race and Literary Realism in China*, 1770 - 1930, Ann Arbor : UMI, 2002, p. 184.

⑤ 郭沫若：《郭沫若全集·文学编》第9卷，人民文学出版社1985年版，第227页。

禁止的“医学愉悦”有关。[①] 把解剖刀转化为笔，使得这种被压抑的欲望化成语言，从而实现崇高化。但是，郭沫若的“创造欲”是在尸体解剖房里苏醒过来的。

三

在有关医学的不同形象与再现中，解剖在郭沫若的文学想象里起到特殊的作用。解剖被文学化。我们前面提到在尸体解剖与文学创作之间的联系，尸体解剖也同样作为文学诡异元素（与骷髅的形象相关联），解剖的范式也是引发象征性的断裂体验的起因。

让我们再回到小说《骷髅》上。是一具碎片的尸体场景，促使郭沫若在 1912 年产生创作的欲望；这也正是在 1932 年的自传叙事里引起他回忆的元素。《骷髅》里讲述的对象是：一具被解剖的尸体对作者郭沫若以及虚构作品里的叙述者的吸引；罪犯对他所偷窃的女性尸体的着迷；叙述者对偷窃的骷髅上的女体刺青的着迷。郭沫若的自传性文本表现出在不同层面之间的镜像游戏，其中每一个层面都实现另一个层面，让我们回溯到最初的层面：郭沫若对尸体的着迷遭到压抑，而尤其，对于这尸体所再现的一切的着迷。因此，这对应关于书写的欲望（郭沫若讲述，他如何在取出大脑中的神经时所体会到的愉悦——取出灵魂的意像，如同探求意义？[②]）。

遭到压抑的欲望也是对于一体统合、记忆、书写的欲望。他在骷髅上取回的女体刺青，如同在自传性叙事里找回曾经丢失的叙事《骷髅》、关于过去的叙事——自传性书写是对于他过去的重新组织，创造出一种前后连贯一致的故事。把刻有刺青的皮肤还回到尸体上，也可以被理解为：把客观的、科学的身体转化为一个文本，在书写时实现欲望的一个平面（这通过刺青的意像来表达），这使得他通过解剖来重组被毁灭的身体——实现找回一幅原初的场景，[③] 一种颠覆（“颠覆是书写的运动本身：死亡的运动”，雅贝尔斯）。[④]

在郭沫若的一些文本里，再现了“撕成碎片的身体”（拉康），[⑤] 等待被重新统合。在《鼠灾》（1920）里，主要人物这样描述：“他的脑筋好象有张布包着，同他

---

① Gérard Danou：“Le plaisir médical ou le ‘jeu du docteur’ retravaillé par l'écriture”（“医学愉悦或由书写重新加工的医生的游戏”），载 *Le corps souffrant, littérature et médecine*（《受苦的身体、文学与医学》），Champ Vallon，1997，第 223—236 页。

② 郭沫若：《沫若文集》第 7 卷，人民文学出版社 1958 年版，第 49 页。

③ Gérard Danou：《受苦的身体、文学与医学》，见前引书，第 224 页。

④ Edmond Jabès，*Le Petit Livre de la subversion hors de soupçon*（《在怀疑之外的颠覆性小书》），Gallimard，Paris，1982，第 7 页。关于真实的再现实现一种被禁止的（因而也是被欲求的）行为，也许因为这种行为会导致一种断裂、在世界的秩序里的一种撕裂——正如解剖学家切割并撕裂身体的整体。但是这种象征性的粗暴的毁灭对于任何创造行为也是必要的。

⑤ Jacques Lacan：“Le stade du miroir”（“镜像”），载 Ecrits I《拉康著作集》，Seuil，Paris，1999，第 92—99 页。

的胴体断了缘的一般”。[①] 在《未央》（1922）里，人物发现“他的‘神’，已经四破五裂，不在他的皮囊里面了”。[②] 这种分裂的意义是通过在郭沫若的作品里经常出现的基督殉难的形象来表达的，被赋予了与亲人、故乡远离的背井离乡的意义。

在郭沫若的短篇小说《曼陀罗华》里，也包含有关解剖学描述的另一个例子：从法医学视角的考察。叙述者参与他朋友儿子的尸体解剖的过程；那孩子在不太清楚的情形下死亡。死亡被与胃病的问题相联系，但又与父母的忽视有关。医生切割尸体，取出器官并且称重；他逐渐地用德文评论他所进行的操作。最终，他给出诊断：但是学习过医学的叙述者，并没有被诊断所说服。[③]

我们看到从事解剖的医生与作家的形象相媲美。两者所进行的实践可谓是类似的：他们都掌握从西方引入的医学话语以及分析性的方法；他们生产出一段故事，来解释孩子的死亡。但是，他们的叙述立足在两种不同的方法基础之上：医生切割尸体，讲德文；作家进行一种综合，用汉字书写。被肢解的孩子尸体，用解剖的方法被度量，是关于根源与现实的一种隐喻。而且，医生没有能力带来一种解释。虚构的书写探求在文学的领域转化医学的话语与再现，以便重建世界的秩序、言说真实。

把医学文学化的过程，是通过把解剖转化为一种诡异志怪的元素来进行的，正如在《骷髅》里的情况。在郭沫若的叙事作品里，骷髅的形象与碎片化、声音、书写的词语相结合。在《牧羊哀话》（1925）里，小说人物梦到正在跳舞的一些骷髅（或许联想到歌德的一首诗“死者的舞蹈”［Totentanz］）要来把他斩首。[④]

在《月蚀》（1923）里，小说主要人物的妻子讲述了一个梦：一些骷髅来宣告，他们家的房子有鬼魂萦绕。她的丈夫，即小说中的叙述者，如此诠释这个梦境：那些骷髅正是他们清贫生活的寓言——他们两人与孩子们都是清瘦的。但是，妻子却梦到，叙述者（作者的形象）变成尸体，并且说他想读书。[⑤] 最终，叙述者把这种类型的梦的书写描述与胡适的体量庞大的书写生产相比拟。[⑥] 当然，这是为了嘲讽胡适，但是，尸体作为叙述的述体的形象来使用，正如意义缺席的符号。[⑦]

---

① 郭沫若：《郭沫若全集·文学编》第9卷，人民文学出版社1985年版，第18—19页。
② 同上书，第40页。
③ 同上书，第368—369页。
④ 同上书，第14页。
⑤ 同上书，第49—51页。
⑥ 同上书，第50页。
⑦ 鲁迅：《墓碣文》（1925），《野草》，人民文学出版社2006年版，第45—46页。

四

身体的再现很明显构成一种汉字或中文的意象，是汉语书写的素材库。[①] 通过解剖的再现而得到象征化的断裂，也可以在一种文化的提问的视野里来理解：汉语的字体可以包容或者表达怎样的新意涵？中国的知识分子是否应当保存他们原有的字体（汉字）还是加以改变（转化成拉丁字母）？如何把汉语的字体现代化？如何把书写的素材库与汉语的语言糅合？换言之：如何使用医学的范式，作为从西方引入的现代性的符号？如何把它运用到汉语的字体、身体之上？

在上文中，我提到在中国现代的文学文本中也有使用拉丁字母的现象（也包括使用古希腊神话或西方作家的姓名）。这些语词在字面上摧毁了中文文本的单一平面，并在民族的字体（汉字）里引入一种异域的字体（拉丁字母）：它们切割、撕裂汉语字体的机体统一体。用第一人称叙事的中国叙述者，表示正在书写，引用德文词，如同解剖的医生用德文评论他自己的解剖操作。对于读者而言，这是一种具体的视觉经验，对于作者而言，则是文化的、身份发生断裂的体验。

笔者认为，解剖作为医学的体现，象征了对于传统的摈弃，也就是说，对于古典文学中对身体的再现。[②] 而这种摈弃是用在切割汉语字体的解剖刀的形象来表达的。这道刀痕，使人可以理解郭沫若在面对医学、从域外引入的现代性的含混态度。

正如其他中国现代文学作者一样，郭沫若探求在叙事里吸纳异国字体、身体的另一种方式。对于这些作者，只有文化与文学可以带来一种解决的办法。问题在于了解是否需要把现代的医学文学化，或者把对应文化问题的中国文学医学化？我们看到，这关涉到一种翻译的问题，从一种书写体到另一种的过渡（我们可以用这种角度来研究翻译的问题，不仅仅作为身体范式的翻译，而且也作为对句法形式或国外诗律形式、意象、语词的翻译）。

对于医学的部分拒绝，对于其负面的、令人扰乱的维度的再现，却是悖论性的，因为郭沫若把这些再现医学化，他同时把医学转化为文学。或许，最终，由于健康的原因，他没有放弃医学，由于他的耳疾，但也由于所有以上申述的理由。

（作者系法国巴狄德罗大学—巴黎第七大学东亚语文学院中文系副教授）

---

① 参见列维纳斯关于被书写的身体与文字的论述。列维纳斯（Emmanuel Levinas）：*A l'heure des nations*（《各民族的时代》），Editions de Minuit，Paris，1988，第52页。

② 鲁迅：《复仇其一》（1924），《野草》，人民文学出版社2006年版，第14—15页。

身体书写在郭沫若小说中的多元意涵

许文荣

身体书写（the writing of body）在当下这后现代的文学场中似乎无所不在，无可回避，甚至被提升到本体的层次，或成为表达创伤与文化抗争的聚焦点，特别是在边缘批评模式中如女性批评、后殖民批评、少数民族批评及黑人文学；或转为消费主义的倾向，身体成为被凝视、被偷窥、被凸显、被玩赏的对象，成为文本中最具魅力、最有愉悦性的物品。

实际上，日光之下无新鲜事，五四时代的文人早已对身体表现出超乎寻常的兴趣与关注。① 他们曾在文本中对身体进行了多元的描写与探索，其中一位代表人物就是郭沫若，特别是他的小说创作。郭沫若（1892—1978）的诗与剧本虽较受瞩目，但他的小说一样也写得很出色，而且还在这文本类型上进行了不少开拓，如自叙传、诗意性、隐喻法等，尤其是在身体书写上，并非只是纯粹的身体的描写，而涉及更深层与多元的旨趣。

从身体书写的视角切入来论述郭沫若早期所创作的小说是具有意义的，尤其是后来收录在《郭沫若文集·文学编》第9卷，他在1919—1926年所写的22篇小说文本。从这时期小说中的身体描写窥探，不只可理解青年郭沫若的情思、欲念、内心冲突及矛盾，同时也可审视其对家国的思考，对民族强大的美好憧憬与理想幻灭的消沉。这段时期也是他第一阶段的留日时期，与之前在原乡的青少年成长时期，以及留日毕业后返国的另一个阶段，这时期日本对他的影响颇深，不管在文学上或政治上，② 并在一定程度上展示在这时期的小说中，尤其是在小说的身体书写上。

这时期的郭沫若约28—34岁，正值青壮时期，小说中的身体描写基本都有他自我情欲的投射，这显示了青年郭沫若正常的欲望本能，并大胆地揭示自我。无论如何，小说如果只停留在欲求的宣泄上，则不能算是成功的艺术。郭沫若在欲求书写中，不管是直接或间接，在很大程度上超越文本的表层，投射到更广阔的人类普遍欲求，男性青年的性幻想又无法实现而产生的焦虑与不安，进而象征了时代对青年的压

---

① 有关这方面的论述，可参考李帅的博士论文《“五四”小说身体话语研究》，辽宁大学，2012年。

② 郭沫若在日本虽然是读医科，但是日本大学教育提倡博学，这时期他也受西方文学与日本文学的熏陶，奠定了他走浪漫主义的文艺路线。参阅黄淳浩《郭沫若自述》，团结出版社1996年版。

抑，表征青年人的理想追求而无法实现所产生的内在挫败、身体的孱弱表征祖国的懦弱、对异性身体的求之不得表征理想之求之不得。通过挖掘更深层的文本内涵，就更能揭示出郭沫若在身体书写中的多元趣味。

这时期的小说就如他的诗一般，比较重内心的表现，具有相当的浪漫笔调与自叙传的书写，比起后来郭回国后所创作的比较富有社会性的小说[①]（收录在《郭沫若全集·文学编》第10卷)，这时期的小说创作具有一定的美学距离，所以写得比较纯粹，抒发小我的生活感触、情欲想象、心情是压抑的、性格是悲观的、对未来的看法很灰色，甚至经常出现死亡的意象。

本文将把郭沫若二十年代上半期小说中的身体书写归纳为三种类型，并检视每种类型的形态与其意涵：

一是“疾病的身体”，包括对尸体的描绘等。这类身体书写有比较强的政治无意识，国族隐喻相对明显，反映了作者对祖国与自身民族的精神病态的焦虑与担忧，并希望借着对肉身疾病的展示，隐喻祖国的政治病况。在《未央》（1922）中身体虚弱的儿子每天晚上都要惊醒好几次，似乎缺乏安全感，主人公爱牟耳鸣的症状越来越恶化，使他感觉非常的困扰与担忧。

> 他的两耳，自从十七岁时患过一场重病伤寒以来，便得下了慢性中耳加答儿(catarrhal)，常常为耳鸣重听所苦，如今将近十年，更觉得将要成为聋聩的倾向了。[②]

主人公爱牟所患的耳疾和郭沫若非常相似，家庭状况大致也和郭沫若二十年代初期相似，因此可视为是郭沫若的一篇自叙传。这时候的书写表现了郭沫若很缺乏安全感，对前途似乎很没信心，“他自己就好像沉没在个无明无夜的漆黑的深渊里一样”[③]，这与郁达夫的《沉沦》中沉溺于欲求、抑郁苦闷的主人公很相似，甚至最终都想要自杀。郭沫若当时有这种消沉的倾向，一方面是身体的疾病（耳疾），再来是家庭的负担（分担妻子照顾两个儿子的责任），以及国内局势的不断变化，这些复杂的问题对郭沫若是难以承受的重，使他年青的心感觉被捆绑，理想抱负好像难以施展，在这样的光景中难免有消极的心理，这也显示了郭也有软弱的一面。

身体疾病的书写，推到极致无可避免的必定出现死亡的状况，而对死亡甚至是死尸的描写，在这时期的郭沫若小说中也没避讳，甚至用了一些夸张的笔调来强化。

---

① 郭沫若在《波斯诗人莪默伽亚谟》中表达他自己的转变时说“把从前的小我放弃了，换成了一个足以代表全世界多数民众的大我。把一时一刻的个人情感扩大了，变成了一时代或一阶级的汇集感情”（郭沫若《文艺论集》，光华书局1925年版）当代表他二十年代后半期的观点，与他二十年代上半期的倾向有些不同。

② 郭沫若：《郭沫若全集·文学编》第9卷，人民文学出版社1985年版，第39页。

③ 同上书，第40页。

《曼陀罗华》（1926）便出现了解剖尸体的情状。这篇文本写一对夫妇，经常纷纷吵吵、没有及时把生病的孩子紧急送医院治疗，家长的疏忽最后导致了只是小病的儿子延误了医治而死亡。文本中有一段医生解剖小孩尸体的特写，这样血腥、残忍的场面为何作者一定要写出来？

> 小小的尸首睡在解剖室中的大理石的解剖台上。死后已经两天，脸上带着惨戚的土色，蒙着白雾的眼儿仍然微微开着，鼻孔里塞着两团棉花。身体各部已经现着紫色的尸斑，脚手的惨白如象羊脂玉一样。R 立在尸的右边，在胸腹上开了刀，把脏腑挨次取出，检查大小形状色泽切面等，一一用德语口说，一位助手在西窗下誊写。尸的左边还有一位校役秤量各种脏器的分两。

郭沫若毕竟是学医的人，对尸体的描绘可说是非常确切的，连尸体各个部分呈现出的色彩都细腻的展示出来。对于解剖的经过，普通人也许无法观看得到，但郭沫若由于是医学生，亲眼目睹，因此写来也特别得心应手，值得注意的是用字很节省，但是却把那惊悚的过程很好的刻画出来。而这并非像余华《现实一种》解剖死尸那样为了暴力而暴力的书写，郭沫若是想借这惊悚的场面，警惕夫妇不要争吵而导致悲剧发生，同时也隐喻了当时中国的国情，国家的内部纷扰最终也将国家带到苦难的边缘，显现了作者的爱国心与对自身民族的关怀。①

二是“梦中的身体”。一方面如弗洛伊德所言，泄露了主人公的潜在欲望，这种欲望在现实中无法获得满足而潜入无意识之中并显现在梦中以获得替代的满足。在《残春》这篇文本中，主人公爱牟与晓芙夫妇有两个儿子，夫妇忙于照顾孩子，忽视了情欲抑或身体的满足，在房事方面可能只是例行公事，或者草草了事，失去了最初的浪漫缱绻。“浪漫”的挫败，导致主人公潜意识中憧憬着另外一个青春的身体。当他去探望一位病得挺重的友人，巧遇一位年轻貌美温柔的护士时，对她产生了非分之想。文本中这样描绘这位看护：“中等身材，纤巧的面庞，她跪在席上，把两手叠在膝头，她说话的时候，爱把她的头偏在一边，又时时爱把她的眉头皱成‘八’字。她的眼睛很灵活，晕着粉红的两颊，表示出一段处子的夸耀。”② 这样的邂逅激起了主人公爱牟“压抑已久”的欲念，特别是她那“处子”的形象，那晚他在梦中泄露了他的欲念，梦中那位患有顽疾的护士要他替她看病：“说着便缓缓地袒出她的上半身来，走到我的身畔。她的肉体就好像大理石的雕像，她掸着的两肩，就好像一颗剥了壳的荔枝，胸上的两个乳房微微向上，就好像两朵未开苞的蔷薇花蕾……”③ 当他

① 郭沫若在《创造十年》中有这样的自述：“自己的爱国心觉得也并不比谁落后”，参见黄淳浩《郭沫若自述》，团结出版社 1996 年版，第 86 页。

② 郭沫若：《郭沫若全集·文学编》第 9 卷，人民文学出版社 1985 年版，第 27—28 页。

③ 同上书，第 31 页。

想要进一步有所行动时，梦境突然转去另一个画面：这时他回到家，发现自己两个儿子血淋淋地死于妻子的刀下，他被妻子一轮痛骂后，也遭妻子投过来的短刀刺中倒下。主人公毕竟是在精神上出轨，内心产生了罪疚感，这种矛盾让他的精神备受折磨与煎熬，因此才会出现被妻刺死的情景。

《喀尔美萝姑娘》（1925）里的主人公迷恋一位卖 karumera（喀尔美萝）的姑娘，在现实中无法获得对方的青睐，唯有在梦中获得实现。在梦中他们双双行到一处山崖地，互述衷情。“我突然跪在她的膝前，握着她膝上放着的两手。啊，姑娘，姑娘！我爱你，我死心爱你，你让我的心子来说我不能说出的话罢！我把她的手引来按着我的心窝，你看它是跳得怎样厉害，怎样厉害哟！”在语言无法更清楚表达之处，文本巧妙地运用了身体书写来表达更精微的意思。通过姑娘的手来探主人公内心的跳动，不只表达了主人公对姑娘的深深的爱慕，也表示了一种很亲近的关系，很好的引向梦醒前的那句“她说着又把我紧紧拥抱着，……（我）急忙伸手去抱她”，使梦中的身体描写具有层次感，从跪在膝旁、抚摸双手、引手按胸到互相拥抱，循序渐进。无论如何毕竟是在梦中，大梦终要醒，醒来时主人公抱住的却是自己的太太。“我们拥抱着睡着，而我拥抱着瑞华，却是默想着西班牙的少女。……啊，我的自我的分裂，我的二重生活的表现，便从此开始了！”[①] 由于梦与现实的落差，导致主人公有点精神分裂。最后为了追求他梦中的情境，他抛妻弃子，回到日本去寻找那位姑娘，并知道了她已成为别人的二房时，他怒不可遏，带着枪械要去杀人，至少要杀了他自己。“我的身体只是一架死尸，火车是我的棺材，要把我送到东京的废墟中去埋葬。”[②] 梦境与现实的巨大落差，反过来给予主人公在精神上产生巨大压抑与折磨，造成主人公甚至萌生轻生念头。五四青年对理想的执著，但理想与现实的落差，特别是那些留学海外的青年，给予他们个人造成无限焦躁与不安，并意志消沉，精神萎靡，身体书写似乎成为他们微妙的自我投射。

三是“透视的身体”，即放大或凸显身体某个部位或器官，以制造夸大或重点论述的效果。如《喀尔美萝姑娘》中那位姑娘的“眼睛、睫毛”，在文本中被无限放大，如“眼睛很美，睫毛是很浓密的”，“它是那么莹黑、那么灵敏、那么柔媚呀！她一见了我便把眼睑低垂下去了，眼睫毛是那样的浓密，那样的鲜明，那样的富有生命呀！我对于她实在起了一种不可遏抑的淫欲呀”，“草场上的每茎嫩草都是她的睫毛，空气中一切的闪烁都是她的眼睛、眼睛，眼睛……她是占领了我全部的灵魂”，“一年多不见，她的姿态已经渐渐模糊，只有她的眼睛，她的睫毛，是印烙在我灵魂深处”。[③] 文本夸大那位姑娘的眼睛和睫毛，成为她吸引主人公最大的魅力。不只勾

---

① 郭沫若：《郭沫若全集·文学编》第9卷，人民文学出版社1985年版，第215页。

② 同上书，第238页。

③ 同上书，第206、209、210、213页。

起了他生理的欲念，更烙印在他灵魂的深处，即使回到中国一年多不见，他还是对她痴迷万分，魂萦梦牵，甚至抛妻弃子，重新回到日本去寻访那位姑娘的踪迹，甚至不惜一切要和没有善待她的男人同归于尽。这篇文本的身体书写成为推动情节的重要元素。

在《叶罗提之墓》中则透视了主人公嫂嫂的“手”①：“嫂嫂的手就像象牙的雕刻，嫂嫂的手掌就像粉红的玫瑰，嫂嫂的无名指上带着一个金色的顶针。”② 自小暗恋嫂嫂的主人公，文本把这种爱恋集中在嫂嫂的手。少年的梦中经常亲吻嫂嫂的手。在现实中由于无法获得这样的身体接触，他便要求嫂嫂送他戴在手指上的顶针，以此作为替代，触碰顶针就如触碰嫂嫂的晶莹剔透的手，因此当嫂嫂因病而逝后，他一时无法接受，在过度刺激下吞下了嫂嫂给他的顶针自尽，似乎表征着愿与嫂嫂的手（顶针）长相厮守。

通过对身体某个部位的透视，虽未臻至梅洛庞帝（法国，1908—1961）所倡导的身体本体性层次，但是却隐含着深刻的意涵。人的存在首先是身体的存在，而局部的透视不只喻表了完整的身体，也是一种以个体性张扬的姿态，即用比个体更渺小的局部，通过放大与夸显局部，来抵抗总体性对个体的压制，例如夸大姑娘的眼，来放大自己的眼光，以对个体遭父母之命的婚姻压抑的抵抗。突出了对手的描写，来表现对传统礼教的不满。此外，夸大某部位也形成了某种隐喻，例如眼代表着眼光、远见、洞察力、见人所不见；而手则是行动、具体、落实、实现的表征，失去两者似乎就失去人的价值，生不如死。自我实现中的挫败，带给当时的年轻人巨大的打击，有者因此而一蹶不振，自暴自弃。

无论如何，郭沫若小说的身体透视没有像后现代较重视于胸部或生殖器，并趋向纯粹消费与观赏性，反之是作为更深层的社会表征，展现郭沫若小说的身体书写更重视社会性与现实性意涵，而非纯粹的玩赏性。总之，郭沫若的身体书写蕴含着多元的国族隐喻和自我象征，同时也是审美情趣的布局，个体性张扬的策略，兼具个人、社会与文学多重性意义，作为与当下的文学性身体书写是具有比照价值的。

（作者系马来西亚拉曼大学中华研究院中文系教授）

① 这篇与发表于1928年的《一只手》对手的描写有显著的不同，《一只手》左派意识非常浓厚，那只已被锯断的手，竟然投向压迫者的枪支，导致工人起来造反，痛击压迫者。《郭沫若全集·文学编》第10卷，人民文学出版社1985年版，第3—36页。

② 郭沫若：《郭沫若全集·文学编》第9卷，人民文学出版社1985年版，第198页。

二　郭沫若大众普及教育

郭沫若的学问与人格
（节选）

李　斌

在某些人眼里，政治跟文学、政治跟学术、学术研究跟文学创作是相互冲突的。但在郭沫若这里，所有这一切都相得益彰，奇妙的交织在一起，且各方面的成就都很突出。正如日本友人中岛健藏所说，“在政治集会上，郭君的发言，历来是激烈的，明确的。而这和文学并不是不相容的。否，应该说他没有失掉艺术、学术、政治各自的特征，也没有相干扰，而一直到最后都相辅相承的，这就是郭君的形象”①。中岛的观察很有普遍性，周扬就曾把郭沫若比作歌德。“两个文化巨人确有相似之处。文思的敏捷和艺术的天才，百科全书式的渊博的知识，对自然科学的高度热爱，都是相似的。”② 如果说这仅属一己之见的话，那么郭沫若逝世后邓小平代表中共中央所致的悼词则代表了大多数人的看法。这份权威文献强调的正是郭沫若多方面的重要建树：

> 郭沫若同志是我国杰出的作家、诗人和戏剧家，又是马克思主义的历史学家和古文字学家。早在“五四”运动时期，他就以充满革命激情的诗歌创作，歌颂人民革命，歌颂社会主义和共产主义，开一代诗风，成为我国新诗歌运动的奠基者。他创作的历史剧，是教育人民、打击敌人的有力武器。他是我国运用马克思主义观点研究中国历史的开拓者。他创造性地把古文字和古代史的研究结合起来，开辟了史学研究的新天地。他在哲学社会科学的许多领域，包括文学、艺术、哲学、历史学、考古学、金文甲骨文研究，以及马克思主义理论著作和外国

---

① 中岛健藏：《失去至为珍贵的人》，《日本朋友悼念郭沫若》，吉林师范大学外研所日本文学研究室 1978 年版，第 7 页。

② 周扬：《悲痛的怀念》，《悼念郭老》，三联书店 1979 年版，第 9 页。

进步文艺的翻译介绍等方面，都有重要建树。他长期从事科学文化教育事业的组织领导工作，扶持和帮助了成千上万的科学、文化、教育工作者的成长，对发展我国科学文化教育事业作出了不可磨灭的贡献。他和鲁迅一样，是我国现代文化史上一位学识渊博、才华卓具的著名学者。他是继鲁迅之后，在中国共产党领导下，在毛泽东思想指引下，我国文化战线上又一面光辉的旗帜。

作为一位在多个领域都有重要建树的文化巨人，郭沫若享有崇高威望，留下了丰富的遗产，需要从各方面深入研究。本文仅作简要探讨。

一 马克思主义的历史学家和古文字学家

20 世纪的国学研究，较有影响的大致有下述几派：章太炎及其弟子，以顾颉刚为代表的疑古派，以郭沫若、范文澜、翦伯赞等人为代表的马克思主义史学派和以钱穆为代表的新儒家史学派。郭沫若是马克思主义史学派的开创者和领军人物，是著名的甲骨文研究“四堂”之一。他的相关研究成果，不仅受到主流学界的推崇，也获得了其他学派的高度肯定。

主流学派对郭沫若的学术研究做出了高度肯定，我们历史教科书中的很多知识，都来自郭沫若的相关研究成果，我们所使用的很多研究方法，也都受到郭沫若学术著作的启示。其他史学派的著名学者对于郭沫若的学术研究也给予了高度评价。章太炎的弟子钱玄同，常常跟儿子钱三强提起郭沫若的学术著作：“特别对郭老的《中国古代社会研究》和《甲骨文研究》等许多运用辨证唯物主义思想于历史和文字学研究的著作，倍加赞赏，认为郭老在这方面的成就远非前人可比。往往不等郭老的著作出版，我父亲就去书店预定，总以先睹为快。”① 40 年代中期，顾颉刚在《当代中国史学》中说：“研究社会经济史最早的大师，是郭沫若和陶希圣两位先生，事实上也只有他们两位最有成绩。”他称赞郭沫若的《中国古代社会研究》为“一部极有价值的伟著”，“中国古代社会的真相，自有此书后，我们才摸着一些边际”②。顾颉刚还认为，在甲骨文以及中国古代史的研究上，王国维之后，能够继承王国维并有开创性贡献的是郭沫若。③ 钱玄同与顾颉刚的治学思路虽跟郭沫若大不一样，但都对郭沫若评价很高。这说明了郭沫若的学术成就早就举世公认。

郭沫若的学术研究大体经历了三个阶段：第一个阶段是 1928—1937 年在日本的流亡十年。郭沫若参加了北伐，并较早识破了蒋介石对北伐政策的背叛，写了《请

---

① 钱三强：《忆我尊敬的长者——郭老》，《光明日报》1982 年 11 月 17 日。

② 顾颉刚：《当代中国史学》，上海古籍出版社 2002 年版，第 96—97 页。

③ 同上书，第 102 页。

看今日之蒋介石》的战斗檄文，受到通缉。郭沫若本来要前往苏联避难，但因各种原因，错过船期，去了日本。虽然此前郭沫若已有过一些学术研究的论文，但在流亡日本时期，郭沫若才开始进行古代社会和古文字的系统研究，撰写并出版了《中国古代社会研究》（1930年）、《殷周青铜器铭文研究》（1931年）、《甲骨文字研究》（1931年）、《金文丛考》（1932年）、《金文余释之余》（1932年）、《两周金文辞大系》（1932年）、《卜辞通纂》（1933年）、《古代铭刻汇考》（1933年）、《古代铭刻汇考续编》（1934年）、《两周金文辞大系图录》（1934年）、《两周金文辞大系考释》（1936年）、《殷契粹编》（1937年）等著作。全面抗战爆发后，郭沫若别妇抛雏，只身回国参战。一方面由于回国的使命是动员民众，另一方面由于手头缺乏研究资料，抗战最初几年，郭沫若中断了学术研究。直到抗战进入中期，在重庆的国民政府对于国民党外人士的抗战活动进行干预和监视，郭沫若的活动受到限制，他才又回到学术研究和历史剧创作上来。郭沫若学术研究的第二阶段是30年代后期至40年代中期。他一方面延续日本时期的学术研究，出版了《石鼓文研究》（1939年）；另一方面纵论先秦诸子思想学说，出版了《青铜时代》（1945年）和《十批判书》（1945年）。新中国成立后，郭沫若迎来了他学术研究的第三阶段。这一时期，他尽管担负着大量的行政工作，但仍锲而不舍，抓住一切空闲时间，继续在学术园地耕耘。在历史研究方面，他出版了《奴隶制时代》（1952年）、《李白与杜甫》（1971年），并研究过武则天、郑成功、李德裕、曹操、蔡琰等历史人物；在古籍整理方面，他出版了《管子集校》（1956年），校释《盐铁论》（1957），校订《崖州志》（1962年）和《再生缘》前十七卷（60年代初）；在考古方面，他不断参与地下文物的发掘工作，并有《出土文物二三事》（1972年）等书的出版。此外，他还不断参与古史分期等问题的讨论，撰写关于古文字、古器物的考释文章。

（一）

“谈‘国故’的夫子们哟！你们除饱读戴东原、王念孙、章学诚之外，也应该知道还有马克思、恩格斯的著作，没有辨证唯物论的观念，连‘国故’都不好让你们轻谈。”① 这句话表明了郭沫若的学术研究，正是以马克思主义理论为指导，带上了马克思主义者的革命精神和科学态度。

郭沫若很早就信仰马克思主义。1924年7月23日，他在给滕固的信中说：“我决心把社会经济方面的学问加以一番的探讨，我近来对于社会主义的信仰，对于马克思列宁的信仰愈见深固了。”同年8月9日，他在致成仿吾的信中说：“我现在成了个彻底的马克斯主义的信徒了！马克斯主义在我们所处的这个时代是唯一的宝筏。”

① 郭沫若：《中国古代社会研究·自序》，《郭沫若全集》（历史编第1卷），人民出版社1982年版，第9页。

对于马克思主义的信念和典籍的阅读，深刻影响了他即将开始的研究工作。1928 年，郭沫若流亡日本，一边翻译《德意志意识形态》和《政治经济学批判》，一边研究中国古代社会。他说："我第二次跑来日本，手里是一本书也没有的。开首耽读了一些关于唯物辩证法的书。在七八月之交，忽而想到幼小时候读得烂熟的《周易》里面，很有丰富的辨证式的意味，便在东京的一家旧书店里，花了六个铜板买了一部'明治十四年辛巳新镌'的《易经》，是薄薄的两册，除了附有日本式的训点及卷头偶尔标注出的反切和字义之外，完全是白文，但那书有点好处，是把经和传分开了的，读起来比一般经传合刊的本子来得便利。我就根据这个本子，费了八天工夫，草出了《周易的时代背景与精神生产》的那篇文章。"不久后，"又继续着作《诗经》和《书经》的研究，但也同样的可怜而且胆大，所凭借的本子也只是花了几毛钱在东京买的朱注本和蔡传本，一口气又写成了那篇题也长文也长的《诗书时代的社会变革及其在精神生产上的反映》。"① 这是郭沫若流亡时期学术研究的发轫，两篇文章都是《中国古代社会研究》的重要部分。从这段话也可以看出，郭沫若之所以产生了研究中国古代社会的念头，是因为《易经》里面有很丰富的辩证意味。同时，《中国古代社会研究》"可以说就是恩格斯的《家庭、私有制和国家的起源》的续编"，"研究的方法便是以他为先导，而于他所知道了的美洲的印第安人、欧洲的古代希腊、罗马之外，提供出来了他未曾提及一字的中国的古代"。② 这些都很好的说明了郭沫若的学术研究和马克思主义理论之间的密切关系。

马克思主义理论指导下的学术研究，强调理论联系实际，强调认识现实和改造现实。《中国古代社会研究》洋溢着郭沫若的现实关怀和革命激情。1927 年大革命失败后，有些人认为共产主义不符合中国国情，马克思主义关于历史发展的一般规律不符合中国的历史实际。如何应对这样的挑战，关系到中国革命的未来，是中国的马克思主义者们必须面对的问题。郭沫若说："对于未来社会的待望逼迫着我们不能不生出清算过往社会的要求"，"中国人有一句口头禅，说是'我们的国情不同'。这种民族的偏见差不多每个民族都有。""然而中国人不是神，也不是猴子，中国人所组成的社会不应该有什么不同。"③ 这清楚表明了郭沫若进行中国古代社会研究背后的深意。《中国古代社会研究》阐述了中国古代社会由原始公社向奴隶制转移的过程，证实了中国古代确实存在过奴隶制社会。这就说明了中国历史的发展，与马克思和恩格斯论证过的人类社会发展的共同规律一致，从而证明了马克思主义是适合中国国情的。

马克思主义理论不是一劳永逸，不是静止不前的，而是在实践中不断完善和发展的科学理论，所以，马克思主义者需要不断深入研究新发现的材料、新出现的问题，

---

① 郭沫若：《我与考古学》，《郭沫若全集·考古编》第 10 卷，科学出版社 2002 年版，第 3 页。

② 郭沫若：《中国古代社会研究·自序》，《郭沫若全集·历史编》第 1 卷，人民出版社 1982 年版，第 9 页。

③ 同上书，第 6 页。

从而丰富和发展马克思主义理论。对于马克思主义理论本身，郭沫若并不简单套用，而是带着审视的眼光和实事求是的科学态度。他在谈到他的古代社会研究时说："我主要是想运用辩证唯物论来研究中国思想的发展、中国社会的发展，自然也就是中国历史的发展。反过来说，我也正是想就中国的思想，中国的社会，中国的历史，来考验辩证唯物论的适应度。"① 这样的学术态度，必然要求充分重视和占有大量第一手资料。不论相识与否，只要得到一点线索，郭沫若总会谦虚的写信去请求阅读相关材料。在日本流亡期间，除就近与日本学者和藏书家切磋外，他还主动跟国内学界互通有无，比如他和容庚之间的文字交，就成为学界的一段佳话。郭沫若阅读的资料十分丰富。"秦、汉以前的材料，差不多被我彻底剿翻了。考古学上的、文献学上的、文字学、音韵学、因明学，就我所能涉猎的范围内，我都作了尽可能的准备和耕耘。"②

郭沫若对甲骨文和金文的研究，其初衷正是为了扩大古代社会研究的资料范围。在写出《中国古代社会研究》的最初几篇文章后，郭沫若发现："诗书易这三部书尽管是为一般人所相信的可靠的书，但那是在世上传了几千年的，有无数先人之见渗杂在那儿，简编既难免偶有夺乱，文字也经过好些次的翻写，尤其有问题的，是三部书的年代都没有一定标准，因此我从那三部书里面所建筑出的古代观，便不免有点仅是蜃气楼的危险。因此，我也就切实地感觉着有研究考古学和考古学类似的那类学识的必要。我的对于甲骨文字和殷周金文的研究，便从这儿开始了起来。"③

郭沫若进入甲骨文研究领域后，做出了突出的贡献。在甲骨文的整理上，郭沫若创造了一个科学的体系。在郭沫若进入甲骨文研究之前，罗振玉、王国维等人就已经做了大量的工作。但已有的10多种甲骨文著作，大都随手编排，不按内容分类，王襄、董作宾虽然做出了分类的尝试，但随意性较大。郭沫若的《卜辞通纂》选辑传世各家"卜辞之精粹者"，按干支、数字、世系、天象、食货、征伐、田游、杂纂等8类编排，并作了考释。这就将甲骨卜辞各项内容联系起来，并为初学者指明了入门途径：即先判读卜辞的干支、数字、世系，确定卜辞的年代，再进一步探究卜辞显示的社会内容。同时，郭沫若在释读甲骨文方面，也取得了突破性成就。除甲骨断代外，他还创造性的使用了断片缀合、残辞互足两种释读方法。因甲骨年代久远而破碎，有很多本来是一片的，碎后散见各处，郭沫若将其拼合在一起，从而得出比较完整的内容，这就是断片缀合。但是，有些残辞可能无法找到缀合的对象，由于"殷人一事必数卜"，所以有很多"同文卜辞"。集中"同文卜辞"分析比较，使一些不能属读的卜辞被解读出来，这就是残辞互足。甲骨断代、断片缀合、残辞互足都为甲骨文研究开辟了新途径。所以著名文字学家唐兰说，在甲骨文研究方面，"雪堂导夫

① 《跨着东海》，《郭沫若全集·文学编》第13卷，人民文学出版社1992年版，第297页。

② 郭沫若：《后记——我怎样写〈青铜时代〉和〈十批判书〉》，《郭沫若全集·历史编》第2卷，人民出版社1982年版，第468页。

③ 郭沫若：《我与考古学》，《郭沫若全集·考古编》第10卷，科学出版社2002年版，第3页。

先路，观堂继以考史，彦堂区其时代，鼎堂发其辞例”。[①]

殷周青铜器，在北宋时就已经成为专门学问，此后，人们陆续发现了4000多件青铜器，但长期以来，这些器物年代和来历不明，没有成为有用的史料。正是在确定青铜器的时代上，郭沫若做出了突出贡献。在具体做法上，他先找出“标准器”。所谓“标准器”，是指铭文中有周王名号或著名人物事迹的器物。标准器确定后：“把它们作为连络站，再就人名、事迹、文辞的格调、字体的结构、器物的花纹形式等以为参验，便寻出了一个至少比较近是的条贯。凡有国度表明了，也在国别中再求出时代的先后。就这样我一共整理出来三百二十三个器皿，都是铭文比较长而史料价值比较高的东西，两周八百年的混沌似乎约略被我凿穿了。从这儿可以发展出花纹学、形制学等的系统，而作为社会史料来征引时，也就更有着落了。”[②] 郭沫若的这一贡献，使得大量金文所具有的价值被彰显出来，从而将古史研究向前推进了一大步。郭沫若创建的青铜器整理和分期方法，一直影响到今天。

郭沫若凿破甲骨文和金文的混沌，主要是为了开拓古史研究的资料来源，重新解读传世文献，识破中国古代社会的生产方式、经济基础和上层建筑。这都说明郭沫若的学术研究，是独立不倚的创造性活动。他信奉马克思主义，但并不将此作为教条，而是从实际出发，既运用马克思主义的基本理论，又检验和发展了马克思主义。

（二）

“中国落后，自然一切都很幼稚，但落后者也有它的便宜，便是可以借鉴于他人，采取最妥当最捷便的道路，而免得作种种暗中摸索与种种无意识的错误与迂回，政治上的道路是这样，学问上的道路也是这样，我们把先进者的最新的方法采用过来，我们所得的利益不仅是事半而功倍。”[③] 作为马克思主义史学家，郭沫若具有全球性的学术视野，总是站在世界学术研究的前沿。

中国的考古学，直到新文化运动之时仍很落后。而“欧美各国在短时期之内，无论是地上的考查，地底的发掘，几乎把所有的领域都踏遍了。旧大陆的西半部就好像行过了开腹手术一样，已经把五腑六脏都阐明无遗，学者的征箭自然是不能不集注在这东半部的少女地——我们的所谓‘赤县神州’了”[④]。郭沫若在研究古代社会时，也迫切感到出土文物的重要与研究方法的匮乏。于是，他于1929年翻译了米海里斯的《美术考古学发现史》，这本书着重介绍了19世纪欧洲考古发现的进程和研究方法，对田野考古学作了综论和概述。该书的翻译对于郭沫若接下来的甲骨文、金文研

① 《天壤阁甲骨文存·自序》，辅仁大学1939年版，转引自谢保成《郭沫若评传》，百花洲文艺出版社1997年版，第51页。

② 郭沫若：《古代研究的自我批判》，《郭沫若全集·历史编》第2卷，人民出版社1982年版，第11页。

③ 郭沫若：《译者序》，《美术考古学发现史》，上海湖风书局1931年版，第4页。

④ 同上书，第3—4页。

究及后来的考古工作，都起到了重要的参考作用。

在后来的研究中，郭沫若对于世界学术前沿进展，一直保持着密切的关注。1931年1月，他写信给容庚，希望能够看到法国*Brozes antigues de la chine*（《支那古代青铜器》）中的一张照片。1955年，郭沫若访日期间："到京都后首先的活动，是拜祭京都大学中国学的创始者狩野直喜、内藤虎次郎二位先生的墓。这感动了大家。他比一般的日本人更熟悉日本学术的历史。"[①] 世界性的学术视野，使郭沫若一直能够走在学术前沿。

作为马克思主义学者，郭沫若勇于承认并改正自己的错误。侯外庐说："他做学问不孤守一说，偏执己见，常常随着新史料的发现和自己认识的提高，不断修正自己的结论。"[②] 郭沫若自己也说："只要有新的材料，我随时在补充我的旧说，改正我的旧说。我常常在打我自己的嘴巴，我认为这是应该的。"[③] 在《甲骨文字研究》和《中国古代社会研究》中，郭沫若把殷商看成"金石并用时代和氏族社会末期""畜牧最盛""农业尚未发达"。但通过后来对相关甲骨的研究，郭沫若改变了以前的看法，在《卜辞通纂》中，认为"殷人产业以农林畜牧为主"。对于中国古史分期，他也曾几易其说，终于在1952年最后确定奴隶社会和封建社会的分期界限为春秋战国之交。饱受非议的"文化大革命"烧书一说，不也可以从这个角度来看么？日本学者吉田实说，1966年4月，郭沫若"作了激烈的自我批判：'用今天的标准看来，我以前所写的东西没有什么价值，严格地说应该烧掉'"。"因此，我们听到了我国有人对郭沫若的治学'节操'提出了疑问。但是，从同艺术至上主义绝缘的、追求革命的浪漫主义而继续不断地改造自己的郭沫若来看，这也许是他万不得已的心情的暴露。"[④] 说要烧掉自己先前的著作，正是郭沫若不断追求进步，不断改造自己的表现，只是言辞激烈些而已。

自30年代开始，郭沫若在学术界一直享有崇高的威望，但他从来不利用自己的声望占用他人成果。在跟学界同仁的探讨中，郭沫若一贯坚持民主学风，这种优良的学术品质，长期被人们传颂着。

作为马克思主义学者，郭沫若坚持学术研究的民主作风。著名学者侯外庐回忆说："在学术问题上，郭老一贯主张各抒己见，取长补短，共同提高。特别是对于与自己持不同意见的同志，他总是尊重对方的劳绩。即使在互相辩难的时候，他也从不以势压人，乱戴帽子，乱打棍子，而是摆事实，讲道理，以理服人。郭老和杜老

---

① 吉川幸次郎：《悼念郭沫若》，《日本朋友悼念郭沫若》，吉林师范大学外研所日本文学研究室1978年版，第25页。

② 侯外庐：《深切悼念郭沫若同志》，《悼念郭老》，三联书店1979年版，第353页。

③ 郭沫若：《关于周代社会的商讨》，《郭沫若全集·历史编》第3卷，人民出版社1984年版，第107页。

④ 吉田实：《生活在革命中的知识分子》，《日本朋友悼念郭沫若》，吉林师范大学外研所日本文学研究室1978年版，第52页。

（杜国庠同志）都是日本留学时代的学友，回国以后都从事革命活动，在政治上是‘志同道合’的亲密同志。而在学术见解上，尤其在关于墨子的评价问题上，他们分歧得很厉害，有时候两人争得面红耳赤，各不相让。但他们又互相尊重，互相爱护。郭老在吊杜老的诗中写道：‘墨名绝学劳指针，马列真诠费火传。’这是他对杜老在学术上，思想上的高度评价，也是他发扬民主学风的一个范例。”[①] 侯外庐本人跟郭沫若在对孔墨的看法上也不一致，发生过争论。但这些争论“从未妨碍我们之间的友谊”[②]。周谷城与郭沫若在中国古史分期问题及某些古字的考释上观点不同，但“意见一致的时候，固然感到很愉快。即使不一致，甚至完全相反，也能实事求是，互相尊重，各抒已见，畅所欲言。从来没有因意见不一致，而感到不愉快的时候”[③]。

同时，郭沫若尊重他人的劳动成果，有着高尚的学术道德。“在他自己的著述活动中，不论是对老专家或青年同志，只要有一技之长，一得之见，他都非常重视，甚至登门拜访。并且在著作中写明，某某问题是向谁请教了的，某某问题采纳了谁的意见，某某问题是经过谁的指正而修改了自己原来的看法。”[④] 30 年代初，郭沫若应一家书店之约，在日本着手翻译《战争与和平》。但书译到一半，书店因营业困难，不能继续出版。加上郭沫若不懂俄文，系从德译本转译，并以英译本与日译本为参考，而这几个本子并不完善，所以停止了翻译。但他一直希望这本书能够被完整的介绍过来。1940 年，通晓英法俄文的高地参考郭沫若的译本，从原文将《战争与和平》译完，写信给郭沫若，希望能和郭沫若以合译的名义将该书出版。郭沫若在序文中老老实实地说：“高君一定要我和他联名，我感觉着有些不安。我怕的是会窃取了高君的劳绩和美誉。因此我要诚恳地向读者奉告：我在这次的全译上丝毫也没有尽过点力量。这完全是高君一人的努力的结晶。假使这里面的前半部多少还保存了一些我的旧译在里面，那也只是经过高君淘取出来的金屑。”[⑤] 1962 年，郭沫若到厦门调查郑成功文物，发现了一枚银币，对于银币上的花押究竟写着什么，一时拿不准，于是去厦门大学跟文史方面的教师座谈。“有一位副教授陈文松同志，他提出了一个补充意见。他说，‘那花押应该是‘朱成功’三字的合书’。他这一补充意见，更使我大喜过望，我一再向他表示了谢意。”这段话就写在发表于 1963 年第 1 期《历史研究》中的《由郑成功银币的发现说到郑氏经济政策的转变》一文中。

郭沫若在治学上坚持马克思主义理论的指导，实事求是，勇于改正错误，具有开阔的学术视野，作风民主，从不占有他人劳动成果，这些高贵的学术品格，值得我们

---

① 侯外庐：《深切悼念郭沫若同志》，《悼念郭老》，三联书店 1979 年版，第 358 页。

② 同上书，第 358 页。

③ 周谷城：《怀念郭老》，《悼念郭老》，三联书店 1979 年版，第 360 页。

④ 中国社会科学院历史研究所：《永远激励我们前进的榜样——深切悼念敬爱的郭沫若同志》，《人民日报》1978 年 6 月 27 日。

⑤ 郭沫若：《序〈战争与和平〉》，《文学月报》第 1 卷第 2 期，1940 年 2 月 15 日。

一再学习。

二 杰出的作家、诗人和戏剧家

郭沫若是新文化运动的主将，他的文学创作和翻译，无论是诗歌、戏剧还是评论，总是开风气之先，产生了巨大的影响，具有长久的生命力。“创造哟！创造哟！努力创造哟！人类创造力的权威可与神祇比伍！”这是郭沫若在《金字塔》中的诗句。自由的创造精神，是郭沫若文学创作和翻译的不竭动力，也是其作品的重要主题。

（一）

郭沫若是中国现代文学史上成就最高、影响最大的诗人之一。他一生创作了《女神》（1921年）、《星空》（1922年）、《瓶》（1927年）、《前茅》（1928年）、《恢复》（1928年）、《战声集》（1938年）、《蜩螗集》（1948年）、《新华颂》（1953年）、《百花齐放》（1958年）、《长春集》（1959年）、《潮汐集》（1959年）、《骆驼集》（1959年）、《东风集》（1963年）等多部诗集。其中以《女神》质量最高、影响最大。

有人这样评价郭沫若：“从一九一九年就开始写诗，是新诗实绩最早的奠基者。几十年来，他在新诗领域中，创作最多，劳绩最著，贡献最力，影响最大。他把历史题材带进了新诗的领域；他给新诗的田园开辟了广阔的天地；他把诗剧、叙事和抒情融为一炉，解除了诗体的束缚；他创造了多采多姿的样式，在新诗的园地中培植了各种各样的奇花。他以充沛的爱国主义热情，以反抗一切压迫、摧毁传统势力的精神，并以创造理想世界的歌唱，活跃了新诗的生命。他以倾向于革命浪漫主义的激情，给广大青年燃起了反抗现实的怒火。他承前启后，继往开来，发扬了历史上进步诗人的优良传统，为后起的诗人树立了不朽的楷模。”① 这是非常中肯的。

新文化运动后，最早出版的新诗集是胡适的《尝试集》，但留有浓厚的旧诗痕迹。从旧诗向新诗的转型是由《女神》完成的。《女神》被誉为“第一部伟大新诗集”② 和“现代新诗的奠基之作”③。闻一多说：“若讲新诗，郭沫若君底诗才配称新呢，不独艺术上他的作品与旧诗词相去最远，最要紧的是他的精神完全是时代的精神——二十世纪底时代的精神。”④ 周扬则认为，郭沫若的新诗“比谁都出色地表现了‘五四’精神，那常用‘暴躁凌厉之气’来概说的‘五四’战斗精神。在内容

① 楼栖：《论郭沫若的诗》，上海文艺出版社1978年版，第1页。

② 周扬：《郭沫若和他的〈女神〉》，《解放日报》1941年11月16日第4版。

③ 钱理群等：《中国现代文学三十年》，北京大学出版社1998年版，第103页。

④ 闻一多：《〈女神〉之时代精神》，《闻一多全集》第2卷，湖北人民出版社1993年版，第110页。

上，表现自我，张扬个性，完成所谓‘人的自觉’，在形式上，摆脱旧诗格律的镣铐而趋向自由诗，这是当时所要求于新诗的。”①

《女神》给青年以极大的鼓舞，很多青年从《女神》那里，知道了什么是新诗，怎样写新诗。中国新诗从《女神》开始，走上了一条健康的发展道路。“我最爱读郭沫若君的作品，因为旧来的诗，与现在粗制滥造的新诗，都是好像奄奄待毙的病人，毫无一点生气；然而在郭君的诗里，我却常常感到一种反抗的精神，流露其间。对于现世的不满，人们的恶浊，作者在那里悲愤填胸发出无数沉痛之词，醒觉了人寰的迷梦，引人向上。”② 臧克家也说，《女神》“出现在1921年的新诗坛上，真好像暗夜里通红的火把，暮天中雄壮的号角。它不但一鸣惊人地给作者赢得了很高的声誉，它也扩大了新诗的影响，巩固和提高了新诗的地位。当时的青年受到了巨大的鼓舞，从它里面吸取了奋斗的力量；对于一般新诗的作者，它成为模拟的范本和走上创作途程的指路碑”③。后来成为著名诗人的冯至，则满怀感念地回忆《女神》给他的影响：“当我住在狭隘的、窒闷的小城里读到诗人向世界上一切崇高的事物和人物祝贺‘晨安’、同古今中外‘匪徒’倾泻热情的赞颂、让他的想象奔腾在金字塔旁和贝加尔湖畔、以无限的关怀神驰于英国牢狱中绝食而死的爱尔兰烈士的身边时，我的思想和感情得到很大的解放。”“有了《女神》，我才明确一首诗应该写成什么样子，对自己提出较高的要求，应该像哪个方向努力。从此以后，我才渐渐能够写出可以叫作‘诗’的诗，这期间虽然尝到不少摸索和失败的苦恼，但是写诗却没有中断过。”④ 这些回忆与评价充分说明了《女神》的重要意义。

（二）

在中国现代文学史上，话剧取得了很高的成就，而郭沫若的剧作，历来被认为是中国现代话剧的代表作品。这也是他本人多方面成就中的重要一面。郭沫若一生创作了十多个历史剧：《卓文君》（1923年）、《王昭君》（1923年）、《棠棣之花》（1941年）、《屈原》（1942年）、《虎符》（1942年）、《高渐离》（1942年）、《孔雀胆》（1942年）、《南冠草》（1943年）、《蔡文姬》（1959年）、《武则天》（1962年）等。这些剧作，强烈地奏响了时代的高音，在思想内容和艺术形式上都达到了现代文学史上历史剧创作的最高峰。学者高国平说：“郭沫若留给我们的浩瀚如海的著作中，历史剧创作占有重要地位，是一份极其宝贵的文学遗产。郭沫若在民主革命时期创作的历史剧，借着古人的骸骨，吹嘘现实的生命，以‘英雄的格调’，描写‘英雄的行为’，为中国人民反对帝国主义、封建主义的前仆后继，英勇卓绝的斗争，唱出了慷

① 周扬：《郭沫若和他的〈女神〉》，《解放日报》1941年11月16日第4版。
② 焦尹孚：《读〈星空〉后片段的感想》，李霖《郭沫若评传》，开明书店1936年版。
③ 臧克家：《反抗的、自由的、创造的〈女神〉》，《文艺报》1953年第23号，第13页。
④ 冯至：《我读〈女神〉的时候》，《诗刊》1959年第4期。

概悲壮、激越清亮的赞歌，产生了巨大的‘借古鉴今’的战斗作用和鼓舞人心的社会影响。郭沫若在社会主义时期创作的历史剧，以唯物主义为武器，重新评价了被歪曲的历史人物，以满腔革命热情讴歌了新的时代和新的生活。”①

郭沫若是著名历史学家，他的历史剧有着历史学家的严谨和特殊诉求。同时，郭沫若也是著名的革命家和社会活动家，他的历史剧古为今用，有着独特的动机和目的。

郭沫若是马克思主义史学派的代表人物，他的历史剧创作与他的史学观点相互印证。中国传统史学著作，多半是帝王将相的家谱，而新史学家却希望探究下层民众的生活状况、社会发展的阶段等问题。郭沫若认为："写历史剧原有几种动机，主要的就是在求推广历史的真实，人类发展的历史。""以前的历史家，常用封建思想而歪曲了当时的事实，凡是背叛朝廷的人，一概就把他们看成乱臣贼子。这是过去的历史家的看法。在今天，我们的看法却不同了。历史家把事实现实的记录下来，戏剧家就在认识了这历史的真实以后，用象征的比喻的手法，写出更现实的历史剧来。"②

作为历史学家，郭沫若在历史剧创作之先，总是阅读大量史料。写作《屈原》之前，他对屈原和楚辞有过深入研究和独特发现，并出版了《屈原研究》。写《孔雀胆》时，他参考了《明史》《元史》《新元史》《蒙古史》等多种资料。《棠棣之花》的本事虽取材于《史记》，但同时还参考了《战国策》《竹书纪年》等史书。创作《蔡文姬》时，他还写作了《替曹操翻案》的学术论文。创作《武则天》时，他写下了《武则天生在广元的根据》《关于武则天的两个问题》等学术论文。郭沫若的历史剧，建立在扎实的历史研究的基础上，体现了他的学者本色。

作为有信仰的革命家，郭沫若的历史剧作，往往结合当时的时代背景，起到了重要的宣传动员作用。《屈原》在山城重庆演出，引起轰动。人们看完戏后，大街小巷时时传来"咆哮吧！咆哮吧！"的怒吼。屈原要把"这包含着一切罪恶的黑暗烧毁"，要把"这比铁还坚固的黑暗"劈开，"和着那茫茫的大海，一同跳进那没有边际的没有限制的自由里去"，充分体现了那个苦闷和充满期待的时代的创造精神。"从屈原那种爱国舍身的高尚思想和坚毅不拔的卓越人格上，给予目前在为复兴抗战而奋斗的中华儿女，一番宝贵的教训和楷模。"③ 写于1943年的《南冠草》，以明末少年英雄夏完淳为原型，展现当时的抗清活动。"以一个十七岁的青年学生，献身国家民族，尽着领导责任，曾轰轰烈烈的做出了使敌人闻而丧胆的成绩，在中国历史上是不多见的。""现在，这种精神被阐发在这部剧本里，将会感召着更多的人们吧。特别是在今天，特别是对于全中国的青年们，夏完淳的事迹与精神，应该是不朽的典范，光荣

① 高国平：《革命浪漫主义的奇花异果——论郭沫若历史剧的艺术特色》，《文学评论丛刊》第9辑，1979年12月。

② 郭沫若：《谈历史剧》，《文汇报》1949年6月26、28日版。

③ 刘遽然：《评〈屈原〉的剧作和演出》，《中央日报》1942年5月17日版。

的典范。"[①] 无论是《屈原》还是《南冠草》，对于鼓舞人们团结抗战，都起到了不可替代的重要作用。

作为诗人，郭沫若有时并不考虑太多的现实功利因素，而凭着自己的一腔诗意进行创作。《孔雀胆》美化了跟农民革命站在反对立场的段功，受到郭沫若的朋友的批评。但这是郭沫若从心底流出来的诗。"因为我同情阿盖公主的遭遇，就用很多材料来烘托她，使她成为一个可爱的人物。因之我联带的把阿盖公主底丈夫段功这个人底性格，也写得很好。"[②]《孔雀胆》上演后。观众对它特别喜爱。"这是一个颇能吸动观众的戏。不看见吗？在将要接近零度的寒夜里，国泰门前还集满了来自各方的观众，他们在那儿站着，听着，谈着，等着最末一场电影映出'明日请早'的字样，等着这名剧的开场。""不看见吗？在演到第四幕时，有多少观众为阿盖公主洒了同情之泪，当车力特穆尔被刺死时，又有多少观众拍了快意的掌声。"[③] 多年后，郭沫若仍然难掩对这部剧作的喜爱。"《孔雀胆》在我的各部剧作里面仍然是我比较喜欢的一部。在重庆、成都、昆明、汉口、天津等地都曾经演出，听说都受到了观众的欢迎。"[④]《孔雀胆》的创作与成功，充分说明了作为诗人的郭沫若独立不倚的创造精神。

郭沫若的历史剧，在艺术上取得了很大的成就，历来受到人们的极高评价。《屈原》演出后，人们"深深觉到他采取历史事实完成这一部空前的巨著，在考证上是怎样的正确与精深，在笔力上是怎样的博大与浑融；而感情丰富激越，如崩山倒海的气势，真可推为千古不朽的名著，掷之世界名著如荷马之《伊里亚特》与《奥地赛》，歌德之《浮士德》，莎士比亚之《哈姆莱特》之中，亦毫无逊色"[⑤]。"《虎符》是悲剧，是真实的历史，是生活的真实，是完美的艺术品，是文学的珍宝，也许将是文学史中的纪念碑之一，它也许将给我们同时代的人和若干后代以无量欢喜的吧？"[⑥] 新中国成立后创作的《蔡文姬》让人们感到："郭沫若真是大手笔！他这样熟悉中国古代社会，历史人物、历史事务，这一切他写得熟练之极。丝丝入微，环环相扣，伏笔于千里塞外，决胜于帷幄之中。真是天衣无缝一般，自然成趣。"[⑦]

（三）

20世纪的中国不断吸收世界各国的先进文化，与民族固有的文化相融合，创造出崭新的具有中国特色的文化。近现代许多成就卓著的文化名人，都从事过翻译工

---

① 金梓凡：《读〈金风剪玉衣〉》，《新华日报》1943年11月1日。
② 郭沫若：《抗战八年的历史剧》，《新华日报》1946年5月22日。
③ 徐飞：《〈孔雀胆〉演出以后》，《新华日报》1943年1月18日。
④ 郭沫若：《迎接大众的考验》，《新民报晚刊》1948年8月26日。
⑤ 周务耕：《从剧作〈屈原〉想起》，《文艺生活》1942年4月15日第2卷第2期。
⑥ 柳涛：《〈虎符〉中的典型和主题》，《中原》1943年9月创刊号。
⑦ 徐迟：《郭沫若、屈原和蔡文姬》，《剧本》1979年1月号。

作。郭沫若就是一位杰出的翻译家。

郭沫若高度重视翻译的价值，深知翻译工作的艰辛。“翻译是一种创造性的工作，好的翻译等于创作，甚至还可以超过创作。这不是一件平庸的工作，有时候翻译比创作还要困难。创作要有生活体验，翻译却要体验别人所体验的生活。翻译工作者要精通本国的语文，而且要有很好的外文基础，所以它并不比创作容易。”“翻译工作者必须具备高度的责任感。他不能随便抓一本书就译，他要从各方面衡量一部作品的价值和影响。在下笔之前，对于一部作品的时代、环境、生活，都要有深刻的了解。翻译工作者没有深刻的生活体验，对原作的时代背景没有深入的了解，要想译好一部作品很不容易。”①

从1915—1969年，郭沫若翻译了来自德国、英国、美国、日本、俄苏、爱尔兰、印度、古代波斯等国家上百位作者的近六百万字的作品，涉及英语、日语、德语等多种语言，包括马克思、恩格斯经典著作及诗歌、小说、戏剧、音乐、美术、考古等多个种类。其翻译作品主要由四部分构成：1. 马克思、恩格斯的经典著作和宣传马克思主义的社会科学著作，如马克思《政治经济学批判》（1931年）、《艺术作品之真实性》（1936年），马克思、恩格斯合著《德意志意识形态》（1931年），以及河上肇《社会组织与社会革命》（1925年）。2. 外国文学作品，如施托姆《茵梦湖》（1921年），歌德《少年维特之烦恼》（1922年）、《浮士德》（上卷1928年，下卷1947年）、《赫曼与窦绿台》（1942年），莪默伽亚谟《鲁拜集》（1924年），屠格涅夫《新时代》（1925年），霍普特曼《异端》（1926年），高尔斯华绥《争斗》（1926年）、《法网》（1927年）、《银匣》（1927年），约翰·沁孤《约翰·沁孤戏曲集》（1926年），辛克莱《石炭王》（1928年）、《屠场》（1929年）、《煤油》（1930年），介川龙之芥等人《日本短篇小说集》（1935年），席勒《华伦斯太》（1936年）等。3. 艺术史和美术考古的著作，如米海里司《美术考古学发现史》（1929年），林谦三《隋唐燕乐调研究》（1936年）。4. 科学史著作，如威尔士的巨著《生命之科学》。

郭沫若的翻译风格独特，受到了人们的高度评价。冰心说：“他的创作固然是清艳雄奇，而他的译诗译文，也是青出于蓝，不同凡响！不是对于中西文字、文化，都有很深的研究者，是发挥不出来的。”② 学者王秉钦认为：郭沫若是20世纪百年历史造就出的杰出翻译宗师。他在这个波澜壮阔的宏大历史背景下，肩负着人民和时代赋予的历史使命，从事着艰苦卓绝的翻译大业，为中华民族的强盛和世界文明的交流做出了卓越贡献。他的翻译业绩和翻译思想在一定程度上构成了从旧中国到新中国，从近、现代到当代翻译思想发展史的一个缩影。③

① 郭沫若：《谈文学翻译工作》，《郭沫若全集·文学编》第17卷，人民文学出版社1989年版，第72页。

② 冰心：《悼郭老》，《悼念郭老》，三联书店1979年版，第46页。

③ 王秉钦：《20世纪中国翻译思想史》，南开大学出版社2004年版，第72页。

郭沫若的翻译作品，切合时代氛围，引导很多年轻人走上了文学与革命的道路。王冶秋回忆说，“五四运动后的青年，的确像初春的花草，披着阳光，吸着乳露，不怕雨，不通风，呼喊着自由，蔑视着黑暗”。在这样的时代氛围下，郭沫若翻译的《茵梦湖》，“正是冲荡着这一时代的男女血液”，“是郭先生在那个时候赠与青年的水和草，粮食和花朵”。而《少年维特之烦恼》也“为那个时代的青年所热爱。”《石炭王》这本轰动一时的新书，王冶秋“在不能停歇的情况下读完”“是一本最使我不能忘却的书”①。文学作品的翻译，让青年们受到潜移默化的美的熏陶，理论著作的翻译，则引导了很多青年走上了革命的道路。著名作家艾芜回忆说：“郭沫若同志还指引我们从文艺的道路走上革命的道路。他在《洪水》半月刊上，发表的《共产与共管》、《马克斯进文庙》等文章，又翻译马克思的《政治经济学批判》，使人突破了文艺这个圈子，引起更新更美的憧憬。”②

郭沫若的创作和翻译之所以成就卓著，跟大胆的创造精神有关。这种精神，也正是我们今天所需要的。正如四川省原文联主席马识途所说：“我们现在也正需要他那种敢于蔑视一切陈规教条，敢闯敢冒险的创造精神，需要他那种扫荡一切因循守旧，怠惰停滞的狂飙精神，需要他的热血沸腾，他的奋不顾身，天不怕、地不怕、不信神、不信鬼的勇敢精神。”③

（选自中国老教授协会主编：《大师风范（人文社会科学卷）》，
高等教育出版社 2014 年版）

---

① 王冶秋：《我所认识的沫若先生》，《抗战文艺》第 7 卷第 6 期，1942 年 6 月 15 日。

② 艾芜：《你放下的笔，我们要勇敢的拿起来》，《悼念郭老》，三联书店 1979 年版，第 75 页。

③ 郭庶英：《我的父亲郭沫若》，辽宁人民出版社 2004 年版，第 190 页。

郭沫若的历史剧创作：以《屈原》为中心

刘子凌

这一讲现在我们来到郭沫若建国前文学创作的第二个“井喷”时期，也就是20世纪40年代。这个年代，产生了郭沫若的六大抗战史剧《棠棣之花》《屈原》《虎符》《高渐离》《孔雀胆》《南冠草》。这六个剧本，都是历史剧。时间关系，我们不可能一一介绍。我们以《屈原》为重点，谈谈郭沫若历史剧创作的一些相关情况。

一 《屈原》之诞生

1. 关于“历史”

既然是讲“历史剧”，我们不妨迂回一点，从中国人的历史观讲起。

大家都知道，中国是一个重视历史的国家。世界史上的四大文明古国——埃及、巴比伦、印度、中国，其中文明唯一没有中断的，就是中国。几千年来，中国人积累起了浩如烟海的历史著述。从历史出发，是中国人的某种思维定式。比如说，我们喜欢说自古以来怎么怎么样。从前是这样，现在是这样，以后也要这样下去，这是古代中国人看待世界大势的基本思路。古代中国人谈起理想社会，都是三代上古，唐尧虞舜，羲皇上人，都想回到古代去。传统中国人对现实的表达，往往通过披着历史外衣的形式，比如王莽的托古改制，甚至康有为对孔子的包装……明明是一种革新，却要拿前人来做论证的依据。所以传统中国人的时间观念，近乎循环论——所谓“分久必合，合久必分”，历史在这里只是绕了一个圈，没有进步可言。所以鲁迅在《狂人日记》里讲“从来如此，便对么?”才会造成巨大的冲击力。所以进化论这种思想，在中国人的时间观念里，是纯粹的新鲜事物。总之，历史，始终是中国人当下生活的一个有机的组成部分。

具体到郭沫若，他对历史的兴趣由来已久。很远的不说，在他开始新诗写作的日本留学时期，孔子、王阳明这些人物，他就念念不忘了。他写过《中国文化之传统精神》，称赞孔子是“兼有康德与歌德那样的伟大的天才”，极尽推崇；他也写过《王阳明礼赞》，对王阳明有高度评价。在文学创作方面，《女神》的新诗里常有历史人物的名字，不仅有达芬奇、惠特曼……也有老子、墨子、庄子、苏武……他甚至很早就尝试了历史剧的写作。《女神》里面就收录了三篇，可以称之为诗剧：《女神之再生》《湘累》《棠棣之花》，分别表现了共工之战、屈原和聂嫈的故事。所以《女神》并非一部纯粹的诗集，郭沫若对它的定位是“剧曲诗歌集”。

2. 关于“历史”剧

诗剧也是剧，郭沫若为什么忽然要写历史剧？首先是因为他喜欢。根据我的理解，这和郭沫若那种“泛神论”的思维方式有关系。所谓“泛神论”，根据郭沫若自己的概括：“泛神便是无神。一切的自然只是神的表现”，“我即是神，一切自然都是我的表现”（《少年维特之烦恼·序引》）。推论下来，那就是“我 = 神 = 自然”。《凤凰涅槃》里的诗句也比较通俗易懂：“我们便是他，他们便是我/我中也有你，你中也有我。/我便是你。/你便是我。”“我”“你”“他”“我们”“他们”，在这里是一种不分彼此，混融一片的关系。

“泛神论”使郭沫若的新诗插上了想象力的翅膀。这个和神、自然等同的“我”，显然不可能是个小“我”，只可能是个大“我”。读一读《女神》就能强烈感受到，里面的抒情主人公“我”，手挥五弦，吞吐八荒，这个“我”因为厕身于大海、太阳、天空、地球、天狗、凤凰之中，类比性地获得了极大的人格体量。这里面当然投射了郭沫若的一些自我想象的成分，也是五四时代精神的一种诗化的表征。

历史剧的道理和新诗一样。郭沫若的抒情主人公“我”，既需要自然物象的类比，也需要历史人物的类比。我们可以看到，郭沫若历史剧的主人公，都不是小人物，至少都具有伟岸的人格，一定是高大的、圣洁的——这跟后来的新历史小说是截然不同的。所以，郭沫若写“历史”剧，他要中意的，是与大海、太阳、天空、地球这些自然物象具备同样体量的人格形象。不管是自然物，还是人，在这一方面，它或他们之于“我”的意义是相通的。

3. 关于历史“剧”

历史剧还需要具备“剧”的一般特征。一般说来，戏剧这种体裁，强调“戏剧性”——通俗的理解，就是要有集中的冲突：冲突，而且是集中的冲突。像“三一律”，强调时间、地点和人物的一致，一度是西方古典主义戏剧所遵守的重要规范。“三一律”的目的，正是为了加强冲突的集中性。我们熟悉的例子比如曹禺的《雷雨》，从白天到午夜，发生在周家客厅里的爱恨情仇，造成了非常紧张激烈的戏剧冲突。在古典主义戏剧规范中，没有戏剧冲突的戏剧是不能想象的。

《女神》里的“我”，确实是因为类比获得了极大的人格体量，但是这种类比都是正面的肯定，都是单面的。戏剧这种形式提供了复线的可能，那就是通过与负面的东西的对抗，烘托正面的东西，让正面的东西更加高大。像《凤凰涅槃》，除了新鲜、华美……还有黑暗、羞辱……这里有对立，也就来了冲突，来了戏剧性，也就更加重了凤和凰的光彩。这首长诗里面已经有了各种鸟对凤凰的幸灾乐祸，它们是作为凤凰的对立面出现的，只是矛盾没有充分展开。从这个意义上，可以认为《凤凰涅桀》有剧本的雏形，是没有充分发育的诗剧。

传统戏剧还有一个特点，那就是它的情节里是没有作者本人直接出场的，作者本人不能直接进入到戏剧的冲突之中，而是隐藏在戏剧的情节之后，居于纯粹客观的位置。作者不出场，通过剧中人的言行，用近乎代言的方式去表达自己，这种特性，也跟“泛神论”的思维方式恰好契合。

所以，对郭沫若来说，戏剧是一种很“方便”、很“趁手”的体裁。

事实上郭沫若好像确实对历史剧情有独钟。在《女神》的三篇诗剧之后，郭沫若的历史剧写作不绝如缕。1920 年前后他还先后写出了《卓文君》《王昭君》和《聂嫈》，收到一个集子里，取名《三个叛逆的女性》。

但是标志着郭沫若建国前历史剧创作走向巅峰的，还是六大抗战史剧，《棠棣之花》《屈原》《虎符》《孔雀胆》《高渐离》《南冠草》。其中最著名的当然是《屈原》。

4.《屈原》的写作背景和故事情节

郭沫若在大革命失败后流亡日本，1937 年回国。流亡日本的十年间，郭沫若由名满天下的新文学家，华丽转身为中国顶尖的历史学家和古文字学家，开创了一个中国古代历史研究的新时代。本来，郭沫若流亡日本，用的是化名。后来他的身份被日本警察发现了。这位左派大人物遭到他们的高度忌惮，一行一动都有严密监控。在艰苦的工作条件下，郭沫若能取得这样的成就，他的悟性和才情，确实让人惊叹。

抗战爆发后，郭沫若非常惊险地逃脱监控，返回中国。国民政府安排他担任军事委员会政治部第三厅厅长。以郭沫若的资历，这样的安排，并不恰当。郭沫若也觉得自己只是被利用做了幌子，极为不满，结果从武汉不辞而别。经周恩来做工作，才勉强就任。这个选择意味着郭沫若和共产党方面的合作姿态。当然，在厅长任内国民党势力总是暗中掣肘，郭沫若的工作并不总是愉快的。1940 年，他又转任文化工作委员会主任。

六大抗战史剧是抗战进入最艰苦的相持阶段的产物。1938 年 10 月，武汉会战结束后，日本暂时无力再进一步，速胜论破产；中国也暂时无力反攻，抗战进入相持阶段。这一阶段，国共摩擦剧烈，1941 年还发生了震惊中外的皖南事变。政治上黑云压城，社会上人心浮动，士气也从高昂到低落。文学界和思想界也是在这种十分压抑的总体氛围里，由抗战之初的激昂慷慨同声合唱，转入苦涩的反思和沉潜：为什么社会上的丑恶现象沉滓泛起？在这场惨烈的民族革命战争中，中华民族的未来在哪里？他们思考的视线，不再局限于现实的政治和社会环境，而是还引向对民族痼疾乃至人性劣根性的考问上来。20 世纪 40 年代文学史上一大批史诗性的作品，随之产生。《四世同堂》《北京人》《财主底儿女们》《马伯乐》《霜叶红似二月花》……

郭沫若六大抗战史剧就是在这种背景下产生的。

我们先简单介绍一下《屈原》的故事情节。《屈原》这个剧本的版本也比较复杂，经过多次修改。目前比较通行的版本，来自《沫若文集》。

大幕拉开，一开始，是屈原教育弟子宋玉，并把新写成的一首《橘颂》赠给他。这相当于屈原的自白，描绘出他的高洁的人格形象。

两人谈话时，屈原的婢女婵娟来告诉屈原，说上官大夫靳尚留话，楚王拒绝了秦国使者张仪的意见，不愿意和齐国绝交。屈原很高兴。张仪使命没有完成，无法向秦王复命，决定回到他的老家魏国去。

后来我们知道，张仪还扬言，回到魏国，要挑选年轻貌美的女子来送给楚王。这刺激了楚王的爱妃，南后郑袖。她害怕自己的地位受到影响，于是便决定破坏屈原为楚国制定的政策。她假装头晕，要屈原扶她，故意让楚王等人看到这一场面。楚王怀疑屈原的品行，进而便要推翻既定国策。屈原百口莫辩，又被关到东皇太一庙里。无比悲愤的他，在一个大风雨之夜，来了一段著名的雷电颂。

与此同步，婵娟也因为拒绝怀疑屈原的品德，又触怒了南后，被关了起来。屈原的另一个弟子，南后的儿子公子子兰早就垂涎于婵娟。他跑来探监，以答应他的要求为条件，释放婵娟。被婵娟拒绝了。

一个好心的看守擅自释放了婵娟，带她到了屈原的监禁之处。师徒相见，当然是很感人的场面。可是婵娟随后喝下了南后打算毒死屈原的一杯酒，毒发身亡。屈原的悲伤可想而知，他还感慨“《橘颂》不如说是为婵娟所写更为恰当”，为她进行了祭礼。然后，他跟随释放婵娟的看守去汉北之地，去到人民中间去。

屈原是郭沫若一直十分心折的一个古代人物。《湘累》是写屈原的，这是诗剧。郭沫若还写过感怀屈原的诗，写过不止一部研究屈原的著作。

尽管如此，历史剧《屈原》的创作过程也还是很奇特的。简单说，就是如有神助。郭沫若自己说：

> 目前的《屈原》真可以说是意想外的收获。各幕及各项情节差不多完全是在写作中逐渐涌出来的。不仅在写第一幕时还没有第二幕，就是第一幕如何结束，都没有完整的预念。实在也奇怪，自己的脑识就象水池开了闸一样，只是不断地涌出，涌到了平静为止。（《我怎样写五幕史剧〈屈原〉》）

具体来说，从1942年1月2日开始，11日夜半完毕，总计10天完成。但在这10天里，他曾作过四次讲演，每天照常会客，平均一天要会见10个人。照常替别人看稿子，照常在外面应酬，看电影。实际上的写作时间，每天平均不到四小时。激情到处，一只派克笔的笔尖，都被他戳断了。完稿后，又陶醉其间三个星期之久，才逐渐清醒过来。

这样的写作状态，很自然地让我们想起他早年写诗的场景，比如《凤凰涅槃》，郭沫若有过这样的自述：

象《凤凰涅槃》那首长诗，前后怕只写了三十分钟的光景，写的时候全身发冷发抖，就好象中了寒热病一样，牙关只是震震地作响，心尖只是跳动得不安，后一半部还是临睡的时候摊在被盖里写出的。假使所谓“茵士披里纯”（Inspiration）的状态就是这样，我那时候要算是真是感受过些“茵士披里纯”的了。（《写在〈三个叛逆的女性〉后面》）

这是艺术带来的，裹挟作者的能量。这种能量从何而来呢？这是我们下一讲要分析的问题。

二 《屈原》之艺术能量

1. 《屈原》的艺术气质

从上一讲可以感觉出来，《屈原》的写作，既有长期的酝酿，也有短期的风云际会。但是，那些原因，都是偏于外部背景性的。从《屈原》的艺术结构内部，又怎么理解它的艺术能量呢？

首先，《女神》和《屈原》写作状态的相通性，提醒我们注意两部作品在艺术气质上的相通之处。

《屈原》最广为人知的一个情节，是“雷电颂”。仔细读一读，这段颂词从风，到雷，到电，到光明，到对诸神的斥责，最后落脚到了“我”：

但是我，我没有眼泪。宇宙，宇宙也没有眼泪呀！眼泪有什么用呵？我们只有雷霆，只有闪电，只有风暴，我们没有拖泥带水的雨！这是我的意志，宇宙的意志。鼓动吧，风！咆哮吧，雷！闪耀吧，电！把一切沉睡在黑暗怀里的东西，毁灭，毁灭，毁灭呀！

同时代的诗人徐迟，一眼看出这一段内容接近莎士比亚《李尔王》里的旷野呼告：

吹吧，风啊！胀破了你的脸颊，猛烈地吹吧！你，瀑布一样的倾盆大雨，尽管倒泻下来，浸没了我们的尖塔，淹沉了屋顶上的风标吧！你，思想一样迅速的硫磺的电火，劈碎橡树的巨雷的先驱，烧焦了我的白发的头颅吧！你，震撼一切的霹雳啊，把这生殖繁密的饱满的地球击平了吧！打碎造物的模型，不要让一颗忘恩负义的种子遗留在世上！

于是徐迟问郭沫若是否受过莎士比亚的启发。但是郭沫若回应说，他没有读过《李尔王》。他说幸亏没有读过，否则，他就写不出“雷电颂”来了，所谓“眼前有景道不得，崔颢题诗在上头”，正是这个道理。

同时郭沫若也提出：“好在《屈原》的雷电独白和《厘雅王》的也有一些很大的不同，便是屈原是与雷电同化了，而厘雅王依然保持着异化的地位，屈原把自然力与神鬼分化了，而厘雅王则依然浑化，屈原主持自己的坚毅，厘雅王则自承衰老……”（《〈屈原〉与〈厘雅王〉》）

看原文就能知道，郭沫若不是强辩，他的“雷电颂”确实跟李尔王不一样。看：“火！你在天边，你在眼前，你在我的四面，我知道你就是宇宙的生命，你就是我的生命，你就是我呀！”是不是想起了《凤凰涅槃》？这是《女神》的复活。再有：“这是我的意志，宇宙的意志。”不错，“我”跟“宇宙”等同起来了。这跟李尔王确实不一样了。我们再一次体会到郭沫若的那种“泛神论”的思维方式。

从这个意义上讲，屈原确实是郭沫若的化身。徐迟是这样认为的（“你——溶化了屈原的人与诗的诗人”），恐怕郭沫若本人也会这样自认。屈原面临的生死存亡，被投射到郭沫若本人的创作体验中，艺术的激情，于是扑面而来。

2. “古为今用”和“失事求似”

其次，这里面也不仅仅是一个激情的问题，也渗透了郭沫若对那个时段政治现实的思考。

我们发现屈原形象的内涵前后是有变化的。

在《湘累》里，屈原的理想是个性解放。他说，南后就是想让他当御用文人：“我如做首诗去赞美她，我想她必定会叫楚王来把我召回去。”“但是，那个是我所能忍耐的吗？我不是上天底宠儿？我不是生下地时便特受了一种天惠？我不是生在寅年寅月寅日的人？我这么正直通灵的人，我能忍耐得去学娼家惯技？我的诗，我的诗便是我的生命！我能把我的生命，把我至可宝贵的生命，拿来自行蹂躏，任人蹂躏吗？”

可是到了《屈原》里，他被陷害是因为反对楚国的国家政策，他变成了政治家。个性解放的一面当然也有一些，但变得很次要了。

这是郭沫若历史剧创作的一个很重要的特点，“古为今用”。

这样的例子在郭沫若的历史剧里很多。再比如《三个叛逆的女性》里的《聂嫈》，它表现的是聂嫈视死如归的精神，歌颂她勇于挑战强权。

可是到了抗战时的《棠棣之花》，因为皖南事变的背景，聂政的形象突出出来了。而且，聂政之所以刺杀韩国的宰相侠累，郭沫若给他平添了一条理由，就是反对媚外求荣。侠累明确讲：“反正我们韩国原本是晋国的一个家臣，就是晋国也不过是周朝的一个诸侯罢了。我们和秦国联合起来，把中原统一了的时候，我们韩国的江山社稷至少是可以安然无恙的。我们将来就做秦国的诸侯，不也和从前做周朝的诸侯是一样的吗?”当然这是卖国贼的口吻，有现实的影射意味，仿佛抗战时期的一些亡国奴论调一样。问题的关键是，《聂嫈》这个剧本里没有这段话，甚至是历史上也没有留下这样的痕迹。史书上严仲子之所以请聂政去刺杀侠累，只是因为他和侠累“有郤”，有过节，但具体是什么性质的“郤”，没有记载。郭沫若评价道:“这实在不够味。”我们知道，历史就是历史，它已经发生了，它就是那个样子，我们不能用“够不够味”来要求它。但是郭沫若还是给聂政的故事平空加上了这么一段内容。这就是典型的“古为今用”。

那么，“古为今用”的艺术目标，是怎么实现的呢?这就涉及郭沫若历史剧的一个重要的创作原则，“失事求似”。

对这个词，郭沫若自己是这样解释的:

> 历史的研究是力求其真实而不怕伤乎零碎，愈零碎才愈逼近真实。史剧的创作是注重在构成而务求其完整，愈完整才愈算得是构成。
>
> 说得滑稽一点的话，历史研究是“实事求是”，史剧创作是“失事求似”(《历史·史剧·现实》)。

还有:

> 写历史剧并不是写历史，这种初步的原则，是用不着阐述的。剧作家的任务是在把握历史的精神而不必为历史的事实所束缚。剧作家有他创作上的自由，他可以推翻历史的成案，对于既成事实加以新的解释，新的阐发，而具体地把真实的古代精神翻译到现代(《我怎样写〈棠棣之花〉》)。

事实不必完全照抄，但是，“精神”不能错。实际上，“精神”怎样才不会错?“精神”的对错，由什么来决定?由谁来决定?从郭沫若的历史剧写作，我们发现最终的决定者，是当时的现实环境。这还是一个“古为今用”的问题。

这里涉及一个很复杂的历史哲学问题:历史究竟是客观的还是主观的?以前人们总以为历史是客观的，一件事，已经发生，不可更改，当然是客观的。可是后来，这样的看法，遭到了怀疑。历史确实是已经发生的事情，这没问题，但是，后来的人要重温历史，只能通过前人对历史的“记录”——文字、影像、传说……来实现，没有其他途径。历史本身是不可能“重现”的。对历史的“记录”，是历史本身吗?好像不能完全等同。那么，根据“记录”来了解历史，历史就会受到“记录”的影响了。“记录”历史的载体，必然会有记录者的主观筛选和过滤，必然会有主观性。当然这个主观性是由记录者的身份、理念、态度、所处年代……构成的。也就是说，前人的历史之中其实暗中渗透了后来的记录者的个人色彩。所以意大利历史学家克罗齐说“一切历史都是当代史”，郭沫若的历史剧清晰地表明了这一点。

我们看《屈原》，很有意思的。郭沫若会给每个剧本写很长的说明，说这段历史，史书上是怎么记录的，他又是怎么改动的。他有时候考证还很详细，可是他写的剧本却没有完全忠实于他的考证。大的章节目，他是遵守的，而细节的更动，有时候偏于臆断。当然，写历史剧不是写学术著作，可是郭沫若的剧本和他的说明对照起来看，还是很有意思的。

就因为郭沫若的剧作在现实生活里能找到蛛丝马迹，所以他的写作是有感而发，他自己也被深深地席卷其中。

3. 戏剧的时代

郭沫若被艺术的能量所感染，读者和观众也被这种能量深深打动了。《屈原》的发表和公演，是当时重庆文化界的一件大事。《屈原》在重庆正式公演，是 1942 年 4 月 3 日。接连演了 21 场，轰动整个山城。据说为了看戏，很多观众甚至半夜里带着铺盖来等待买票，走了很远的路冒雨来买票，像现在的春运一样。在剧场里，台上台下浑然一体，水乳交融。据说，在那段时间里，在学校里，马路上，轮渡上，常常可以听到“爆炸了吧……”的背诵台词的声音。

这是抗战时期戏剧领域出现的典型现象。似乎每一个时代都有每一个时代的中心文体，“戏剧”，就是抗战时代的中心文体。

我们看，《屈原》的故事是层层加码的。一开始楚王是听他的话的，他跟南后关系好像也不坏，他的两个学生——宋玉和子兰——表面上也都对他恭敬有加。但慢慢地，南后陷害他，楚王不信任他，徒弟背叛他，老百姓也怀疑他。一切不幸都集中到了他一个人身上。最后爆发出来，就是雷电颂。一个与风雨雷电共其体量的好人没有好下场，呼天抢地，才气壮山河。郭沫若要表现的就是这个呼天抢地的场面。由此剧本很有一点“崇高”的悲剧精神。

但是《屈原》并不是没有缺陷的。有研究者指出，屈原的形象，因为过于高大，反而显得有些苍白，有些不近人情。很多年过去了，再看剧本里的政治斗争，也没有了当年的感染力——郭沫若自己也说，张仪其实要算促进中国统一的英雄。但在那个时代，这个剧本激起的巨大共鸣也是真实的。“把一切的有形，一切的污秽，烧毁了吧！烧毁了吧！把这包含着一切罪恶的黑暗烧毁了吧！”台上台下打成一片。既然现实生活里确实有大量的污秽，屈原的台词就不能不唤起观众巨大的共鸣。甚至这些台词之下的潜台词，观众恐怕也是心知肚明，心照不宣，别有会心。背诵“爆炸了吧”的那些人，当然不是在背诵玩玩，他们也是“古为今用”，用他人的酒杯浇自己的块垒。

在现代文学的四大体裁里，小说、诗歌、散文，都是读者个人就可以欣赏的。在阅读行为发生时，读者就好像置身于作品所虚构的空间和时间之中，仿佛与此时此地的现实切断了联系。所以，在现代社会，阅读是一种很独特的审美行为。如果我们承认戏剧的欣赏不能光是读剧本，还要看演出的话，就可以说戏剧跟小说、诗歌、散文不一样，它要诉诸剧场性。剧场性是戏剧性的实践，它唤起的是观众与演员之间、观众与观众之间的连带感。所以，戏剧确实是带有大众性的一种文学形态。戏剧之所以在抗战时代是中心文体，不仅是因为电影胶片稀缺，人们没有其他更好的娱乐方式，实际上那个时候，很多人看戏并不纯粹是为了娱乐，还是为了寻找那种连带感。戏剧不是要让观众坐着看看，娱乐一下，还要让观众彼此同声相求、同气相应，甚至最后起来行动。

这就是《屈原》的艺术能量，也是戏剧的艺术能量。

（作者为山东师范大学文学院教师）

中　　编

资讯·动态

第四篇

媒体专访、学人回忆

一　媒体视野

编者按：

2014年7月9日，《中国社会科学报》A4版刊登了一组有关郭沫若史学方面的文章，有专题论文、访谈、史料辑佚等方面的内容，这组稿件既有深刻的学理性，又有很强的可读性。

郭沫若：从这样的历史态势中走进历史学

蔡　震

作为中国现代学术史上的代表人物，郭沫若在马克思主义史学界的学术成就与地位毋庸置疑。然而，在当代史学研究领域出现多元化取向的情势下，对郭沫若的评价或被质疑或被模糊，甚至被颠覆。个中缘由，既源于对唯物史观史学做历史思考时走入误区，也由于将郭沫若史学研究等同于郭沫若史学论著（其阐述的种种学术观点）研究所造成的偏谬。

郭沫若进入学术领域并领一时之风骚已为往事，但那是现代学术史上一个非常重要的历史存在，具有开拓意义的存在。我们今天来回看、评说这一学术文化存在，当然不应该“架空”历史，更不能妄说历史。然而实际情况是，在说到史学家郭沫若的时候，许多人已经忽略，或者说不清郭沫若是怎样走进了史学，并且走出了那一片辉煌。所以，我们还是需要回到80余年前的历史场景中，再去看一看这一切是怎样发生的。

转向历史学研究

“想运用辩证唯物论来研究中国历史的发展”

1928年仲夏，携家人流亡日本、避居千叶县市川市乡下的郭沫若又被一种写作欲望扰动了。他已沉寂了近半年，其间主要精力都用来读书，因为一方面，远离国内生活现实，削弱了他的文学创作冲动；另一方面，与创造社同仁开展的文化批判运动，迫使他大量阅读社会科学方面的理论书籍，广泛涉猎文学、文艺理论、哲学、经济、历史等社科领域书籍。与此同时，经受过大革命风云激荡的洗礼，国内思想文化领域正围绕中国社会的性质和中国革命的问题展开激烈讨论。亲历了大革命的郭沫若当然也在思考这些问题。

于是，在阅读与思考中，郭沫若萌生了学术写作的冲动："对于未来社会的待望逼迫着我们不能不生出清算过往社会的要求。"他生出一个雄心勃勃的念头："想运用辩证唯物论来研究中国思想的发展，中国社会的发展，自然也就是中国历史的发展。"同时，也"想就中国的思想，中国的社会，中国的历史，来考验辩证唯物论的适应度"。

那么，从哪里切入学术思考？郭沫若首先想到把幼时背得烂熟的古代典籍《易经》作一番研究。在东京的旧书店，他花六个铜板买了本日本版《易经》，还是明治时代水户藩的藩学读本，就这样，他开始了中国古代社会研究。郭沫若很快便写出《周易的时代背景与精神生产》一文，在上海《东方杂志》上连载，初秋之际又完成了《诗书时代的社会变革与其思想上的反映》的初稿。一年后，他将考察和研究中国古代社会陆续撰写的一组论文及"追论及补遗"三篇汇集成《中国古代社会研究》，由上海联合书店于1930年2月出版。三个月后，郭沫若又增补了根据新见史料所作"追论及补遗"七篇，印行了该书第三版，始成内容完整的《中国古代社会研究》一书。

《中国古代社会研究》甫一出版，即在中国社会史论战中激起很大反响，成为论战各方关注的焦点。学术界关注的不仅是他的观点，更关注他的历史观和研究方法。《中国古代社会研究》标志着郭沫若以唯物史观史家的学术姿态登上中国史坛，也成为中国马克思主义史学的拓荒之作。

从文学创作骤然转向历史学研究，从革命活动转入学术领域，郭沫若在人生道路上的这一转变，颇有点戏剧性，而且看似带有某种偶然性因素（譬如，他的流亡之地如果不是在日本，他或许不会走进中国古代史和金文甲骨之学）。不过这一带有偶然性的选择，实际上正表现出郭沫若身上所葆有的创新意识和创造精神。从五四时期以新诗歌创作登上人生舞台起，郭沫若便始终保持着锐意进取的姿态和文化创造的活力。他总是敢于挑战传统的思想观念，从不株守成说，勇于开拓新的人生追求，弄潮于时代激流的浪头。

郭沫若进入历史学研究领域，是在他认真接受了马克思主义之后，所以用唯物史观来考察中国古代社会，支撑自己的学术研究，在他而言是一个必然的归宿。这并不单纯是对一种学术流派或学术思潮的认同，更是维系于对一个科学思想体系的信仰与理性认知的选择。正如郭沫若致成仿吾的信中所写："马克思主义在我们所处的这个时代是唯一的宝筏。"

接受马克思主义

“把我从歧路的彷徨里引出了的是它”

郭沫若接受马克思主义不是在朝夕之间，而是经历了一个认知学习的过程。在日本留学期间，他即接触过马克思的社会主义学说，但那时仅将其作为近代以来西方思想文化的一个派别予以认识和了解。而对他更富有吸引力的是泛神论、生命哲学，是斯宾诺莎、伯格森、尼采，是“所谓个性的发展，所谓自由，所谓表现”。然而，当郭沫若回到国内，接触到“水平线下”的中国社会，对于中国社会与现实有了比较切实的观察和了解之后，他的思想逐渐发生变化，“从前在意识边沿上的马克思、列宁不知道几时把斯宾诺莎、歌德挤掉了，占据了意识的中心”。

1924 年，郭沫若翻译了日本马克思主义经济学家河上肇的《社会组织与社会革命》一书，这使他比较系统地阅读、了解了马克思主义。这种阅读和了解不是照本宣科、机械接受，翻译的过程同时是学习、思考马克思主义理论的过程，因此，他能够看到河上肇著作的不足之处：“作者只强调社会变革在经济一方面的物质条件，而把政治一方面的问题付诸等闲了。”《社会组织与社会革命》一书的翻译，使得郭沫若在思想上发生了飞跃。他说：“这书的译出在我一生中形成了一个转换期，把我从半眠状态里唤醒了的是它，把我从歧路的彷徨里引出了的是它，把我从死的暗影里救出了的是它，我对于作者非常感谢，我对于马克思、列宁非常感谢。”郭沫若“凿死了”思想上的“混沌”，马克思主义作为世界观、方法论，作为一种科学信仰为他所完全接受。

接受了马克思主义，进入人生与思想转换期的郭沫若，首先在文学观念、文学创作、文学理论著述等方面摈弃了五四时期以个性本位为思想主导的观念意识。他从理论阐释到创作实践上大力倡导无产阶级革命文学，与创造社作家一起开展对封建主义、资本主义的思想文化批判。继而他又投身国民革命的社会实践之中，历经北伐军旅、南昌起义的炮火硝烟。郭沫若再次回到文化战线，虽然是走进一个新的领域：学术研究领域，但他将以什么样的文化姿态前行，其实已经是不言自明的。在郭沫若那一代知识分子中，有他那样的社会经历、文化经历、革命经历，而又能在学术上登堂入室的人，确是凤毛麟角了。

入史学之门前传

“历史癖”与“爱科学”

郭沫若没有学院派的教育背景，他走进历史学研究领域是一件很有意思的事情，让我们从另一角度看到他学术生涯富有特色的一面。

青少年时代，郭沫若从读家塾开始，到就学高等小学堂、中学堂，系统地接受了传统文化的教育。高等小学堂帅平均先生和嘉定府中学堂黄经华先生所讲授的经学，是郭沫若最有兴趣的课程。郭沫若自谓其文化个性中的“历史癖”，即是从这样的学习阅读中培养而成。

帅、黄两位先生恰好都是清末经学家廖平的弟子，在他们的课堂授业中自然给学生传授廖平的学问之道。廖平尊崇今文经学，贬抑古文经学，讲“信古”同时讲“疑古”，开启学术界厚今疑古之风。他的经学思想凡六变，还力倡“托古改制”，很有些离经叛道的意味。郭沫若在一次听帅平均按廖平观点课堂讲授《礼记》中《王制》一篇后觉得大受启发，曾作诗三首，其中一首写道：“博士非无述，传经夹注疏。先生真有力，大作继程朱。”他称廖平“在新旧过渡的时代，可以说是具有革命性的一位学者”。郭沫若后来好作翻案文章，不迷信成说，他在五四时期用现代启蒙思想的观点阐释传统文化精神的思路，在研究中国古代社会时因对文献典籍流传之中的真实性产生质疑，转向地下考古发掘的史料去寻找古代的真实，进而开始对甲骨金文的研究，凡此种种，都与廖平治学理念和学术思想对其影响不无关系。

负笈东瀛，郭沫若开始在日本九州帝国大学留学，并选择了医学专业。这是他在“科学救国”时潮中所做的选择，文史之学那时被看作无用之学。整整十年，郭沫若经历了与在国内求学完全不同的学习过程，概言之“读的是西洋书”。郭沫若系统学习了西方近代以来的自然科学知识，并接触了前沿科学理论。譬如，他听过爱因斯坦讲“相对论”，观摩学习巴甫洛夫的生物学试验。与此同时，他还大量阅读了西方近代以来文学、美学、哲学等人文与社会科学著作，这让他在弃医从文之时能够从容不迫地转身。

郭沫若曾用一个短语，概括其留学十年的收获：“爱科学。”那是他在1955年率领中国科学代表团访问日本，重返母校作讲演时说到的。他感谢母校的教育给予他两样东西：爱祖国、爱科学。所谓“爱科学”，其实就是赋予他以科学精神、科学思维。医学、自然科学的学习，或许并不能直接运用于历史学研究，但是科学精神的涵养、科学思维的训练，是任何一种学术研究所不可或缺的。

两段不同的学习经历，从传统到现代、从东方到西方，不同学科领域的知识积累，使郭沫若的知识系统具有跨越学科和时代的丰富性、开放性与包容性。这使他具有将自然科学与人文社会科学相互融通的能力，将科学思维与形象思维统合在一起的能力。这正是他所推崇的像歌德那样的文化巨人所具有的百科全书式的学识与能力。

开创中国马克思主义史学

“这样的社会生出了这样的一个人”

郭沫若的个人经验、社会经历、文化背景、文化个性都有其独异之处，多重因素集合在一起，让郭沫若具有了一些他人难以望其项背的文化特质。所以他能够在学术思想上（当然不止于此，譬如，在文学创作上）得时代风气之先，领时代风气之先。尽管如此，郭沫若个人所做的文化选择，其实还是包含在时代必然发展的选择之中。他，也可以说是生逢其时。

20 世纪中国的历史进程中，有一个突出并且贯穿整个世纪的主题：革命。推翻几千年封建专制皇权的辛亥革命、进行现代思想启蒙的新文化运动、废文言兴白话开创新文学的文学革命……从国体、政体，到思想、文化、经济、法律、教育……中国社会的各个领域无不进行着革故鼎新的变动。这一场风起云涌的世纪革命在根本上是中国社会从传统到现代转型的一个过程，学术亦不例外。中国史学原本就有经世致用的传统，当然更不可能游离于"革命"这个主题。所以从史学史、学术史的视野来说，郭沫若开创中国马克思主义史学，也是在 20 世纪中国史学从传统向现代发展的进程中实现的。

向西方思想文化学习先进的东西，是 20 世纪中国史学各个学术流派都曾持有的态度，包括被视为文化保守者的学衡派、南高史地学派，这给中国史学提供了许多选择的可能性，马克思主义唯物史观在开始时处在一个非主流的地位。但是随着中国革命的发展进程，引领了社会革命、政治革命的马克思主义势必会在思想文化领域逐渐壮大，从非主流走向主流。郭沫若在这样的历史态势中走进历史学，可以借他自传"前言"中的一句话说：正是"这样的社会生出了这样的一个人"。马克思主义具有的真理性，是建立在它的科学性、实践性之上的。郭沫若以他的学术研究，为中国史学验证了这一点，所以他对中国马克思主义史学有筚路蓝缕之功。

在完成《中国古代社会研究》，并进入到古文字研究领域之时，郭沫若曾为东洋文库主任石田干之助题写过一首诗："呢喃剪新谱，青翠滴清音。对此欣欣意，如窥造化心。"石田干之助为郭沫若开始甲骨文研究提供了很大帮助，郭沫若为之题诗有答谢之意。而诗中表达的是他在做出新的人生选择之后充满自信、欣然雀跃的心情。尽管马克思主义当时在中国社会还远未成为主流思想，《中国古代社会研究》引起的关注也是批评、攻击多于赞誉，但郭沫若仍有理由自信。他的学术自信，源于他在理论上的自信，他相信唯物主义、辩证法可以科学地阐述、揭示中国社会的历史进程及其未来走向。郭沫若此后在历史学术领域的耕耘、收获，也诠释着他的自信。

二　访　谈

20世纪中国史学的弄潮儿——郭沫若

——访乐山师范学院四川郭沫若研究中心副主任何刚

中国社会科学报记者　曾　江　郝　欣

四川乐山是郭沫若的故乡，四川郭沫若研究中心就设在乐山师范学院，该中心副主任何刚博士的论文选题即是“郭沫若史学研究史”，他对这一问题进行了全面梳理和研究。近日，记者就相关问题对何刚进行了专访。

记者：请问“郭沫若史学研究”的内容是什么？

何刚：郭沫若史学研究是指人们在不同时期针对郭沫若史学（包括郭沫若的史学活动、史学思想及其史学成果等）的各种褒贬评论、研究、反思，或者是指郭沫若史学在社会或学界所引起的各种反响。

作为唯物史观派的奠基人和开创者，郭沫若及其史学成就一直以来受到各方学者视角各异、褒贬有别的评论研究。它构成了中国现代学术史图景中的重要组成部分，从一个侧面反映了20世纪中国史学的丰富面向和行进轨迹。

记者：根据您的研究，郭沫若史学研究史可以分为几个阶段，分别具有什么特点？

何刚：以时间为序，郭沫若史学研究史可以分为三个历史时期。

1949年以前的史学批评总体上是以非唯物史观史学为中心的叙述。唯物史观史学逐渐被纳入其叙述框架之中，人们大都肯定其“融会贯通”、“成一体系”等功能，进而主张史料与史观、考证辨伪与阐释二者的调适等。对于郭沫若史学，各方均给予高度评价，这也提示中国史学在即将获得新的发展和蜕变前夜，已取得一定程度的内部认同与整合基础。

1949年新中国成立后，马克思主义史学从边缘走向正统，掀起发展的崭新篇章，史学家们相互间展开热烈的争鸣讨论。其中对郭沫若史学，如战国封建论、“替曹操翻案”等的评价讨论，是重要组成内容，并推动了中国马克思主义史学的发展。这一时期的讨论除了本身的学术意义之外，背后蕴涵的现实关怀与浓厚政治色彩也是无法回避的。当时的中国史学是在不时受到政治情势干扰下负重前行，而当“左”倾错误发展到顶峰时，中国史学遭受到严重伤害，郭沫若史学也无可避免地遭际了跌宕命运。

新时期以来，郭沫若史学研究呈现出多种样态。首先，随着史学与政治意识形态的关系开始松解，过去一些历史观念和认识受到“挑战”，人们提出要进行价值“重估”。就郭沫若史学而言，其古史分期观点、历史人物研究等，或再次成为质疑批评的对象，引起激烈学术争论，或被一些学者从“革命”之外的视角进行观照阐释。同时，一股针对郭沫若及其文化学术成就的诋毁贬损之风由海外而入国内。他们罔顾20世纪中国历史发展基本事实，借“反思”郭沫若之名，将真正的矛头对准现时的“权力”，其所论遭到学界“有理有据”的驳斥。其次，20世纪90年代，郭沫若史学研究迎来了一个学术高点，在研究领域和研究方法上都有新的拓展和整合，主要包括：郭沫若史学的整体研究，从20世纪中国思想文化的激荡大潮中审视郭沫若及郭沫若史学，注重郭沫若同20世纪众多文化名家及学术大师的交往和比较研究等。

记者：郭沫若史学研究具有哪些重要学术意义？

何刚：郭沫若一生都兼具革命家（政治家）和学术家的双重身份，他的学术生涯和学术命运总与政治紧紧相关，因而，在以“革命”为主潮的20世纪里，有关郭沫若史学的研究和争鸣在很大程度上烙上了政治意识形态竞争与建构的深刻烙印。我认为，史学本属于文化，甚或是“文化中的文化”，围绕郭沫若史学展开的评论研究，直接或间接地同中国现代思想文化诸多方面交织在一起，反映出中国现代思想史、文化史的时代精神风貌。

实现史学科学化，建立“科学史学”，进而对中国社会发展演变及其规律作出合理解释，应该是20世纪涌现出的各种史学思潮、各家史学流派的共同职志。马克思主义史学在批判继承中国传统史学、近代史学的基础上，在历史观上实现了唯物史观对近代进化论的超越，这一具有根本性质的变革使中国史学真正走上了科学化的道路。20世纪中国史学的这一流变轨迹，在郭沫若身上有着清晰体现。作为中国马克思主义史学的奠基人和开拓者，郭沫若代表了一个新的时代，即马克思主义学术时代。

史料辑佚（图：郭沫若手录致董作宾）

雨　辰

郭沫若最初知道董作宾，是在《中国古代社会研究》将完稿之时。他从容庚那里得知董作宾主持的第一次小屯殷墟考古发掘和发表的《新获卜辞写本》，并从容庚处借到该书。得阅新的卜辞写本资料后，郭沫若又为《中国古代社会研究》撰写了

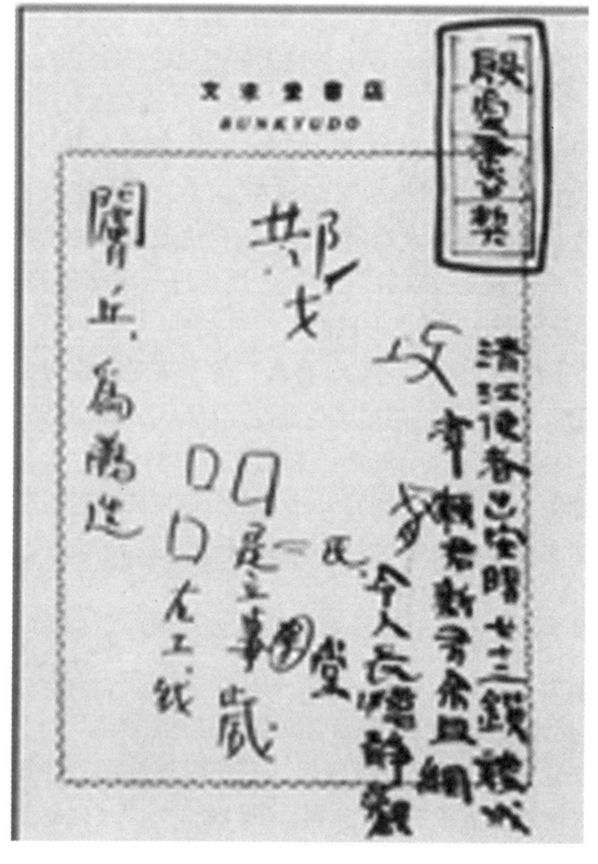

三篇“追论及补遗”文章，时为1930年2月。

郭沫若与董作宾直接有交集，是在1932年夏秋之际，那时他开始着手编撰《卜辞通纂》。他请董作宾帮助找寻一殷墟陶器上的刻文，董作宾很快亲自用素缣摹录了该陶文并寄到日本。郭沫若为答谢董作宾，作七绝一首并手书相赠：“清江使者出安阳，七十二鑽礼成章。赖君新有余且网，令人长忆静观堂。”（据手迹，原件藏日本东京亚洲文化图书馆“沫若文库”，郭沫若还曾在文求堂的一纸信笺上书录此诗，但无落款）诗用《庄子·杂篇·外物》中宋元君事的典故，赞誉董作宾在1928年秋主持的殷墟发掘，出土了大量甲骨，好比余且网捕到大白龟一样。郭沫若以董作宾为王静安之后最有影响的甲骨文研究者，所以诗的结句写到“令人长忆静观堂”。此后，郭沫若与董作宾隔着浩瀚的东海以书信开始了学术交往，但很长时间内，他们都系神交、文字交。两人初次见面，已经到了抗战期间的1942年，郭沫若又赋绝句一首相赠：“卜辞屡载正尸方，帝乙帝辛费考量。万蟠千牛推索遍，独君功力迈观堂。”董作宾后来以文字记述了这次见面：“三十一年春，访沫若于渝，十年神交，握手言欢。”

* 声音 *

新时期以来，特别是20世纪80年代，由于各种复杂因素的影响，郭沫若的学术观点和史学著作，受到一些学者的质疑。然而，经过学界充分论辩，除了《李白与杜甫》对于杜甫具有求全责备的非历史主义不足之外，其他方面，绝难否定其科学价值。

比如，《甲申三百年祭》是郭沫若在1944年撰写的一篇论述明末农民战争的文章，也是中国马克思主义农民战争史研究的开山之作。该文在《新华日报》发表后，在国统区引起很大反响，国民党政府发动了声势浩大的围剿行动，以毛泽东为首的中共中央将其列为全党的整风文献，要求广大干部吸取李自成失败的教训，这篇文章为中国新民主主义革命的胜利发挥了重要作用。在新时期，有些学者围绕这篇文章展开新的讨论，讨论的结果证明郭沫若的基本论点是能够站得住脚的。

新中国成立后，郭沫若就曹操和武则天的评价，撰写了文章和历史剧《蔡文姬》《武则天》，从而引发了学术界关于曹操和武则天评价的讨论热潮。今天看来，郭沫若对曹操和武则天的评价，其主要论点是站得住脚的。当年的讨论，对于正确评价剥削阶级的代表人物，进一步推动中国马克思主义史学科学化和大众化都发挥了积极作用。在新时期，一些学者就郭沫若关于武则天的评价提出质疑，学术讨论和学者对武则天的进一步研究，证明郭沫若的基本观点是正确的。

以郭沫若为代表的中国第一代马克思主义史学家关注社会现实，注意发挥历史学的现实教育功能，是对中国历史学经世致用优秀传统的继承和发扬。在推动中国历史学发展的今天，正确处理学术与政治的关系，恰如其分地发挥历史学的社会功能，仍是当代史学家义不容辞的社会责任。

（河北大学教授张剑平）

三　年度专访

魏建教授访谈录

——“耐得多年寒窗苦，方有一朝立项时”
访中国郭沫若研究会副会长魏建

张勇（以下简称“张”）：魏老师，《郭沫若研究年鉴》从 2014 年卷开始设立“年度人物访谈”，请您接受我的采访。

魏建（以下简称“魏”）：你怎么能先采访我呢？郭沫若研究界杰出人物多了，先采访别人吧。

张：那些杰出人物以后都是要采访的，但 2014 年的年度人物理应是您。

魏：为什么？

张：只要检索 2014 年郭沫若研究的资讯就会发现，这一年郭沫若研究的大事全都与您有关。特别是一些非常重要的事情与您关系最密切，例如 2014 年 9 月在奥地利维也纳大学举行的国际郭沫若学会第四届学术研讨会，您是会上最引人瞩目的中国学者。这次会议的中心议题是“医学・文学・身体”。您对郭沫若“弃医从文”的质疑和重新认识，受到与会学者的高度评价，成为会上的一个学术热点。另外您在会上的学术主持和学术评议也很精彩。您还是这次会议论文集中文版的主编。对于国内的郭沫若研究专家们来说，2014 年有一件事大家印象很深，那就是，您申报的《郭沫若作品修改及其因由研究》获得了 2014 年度国家社会科学基金重点研究项目立项。这是郭沫若研究的第一个国家社会科学基金重点研究项目。此前您 2008 年申请成功的《郭沫若文学佚作收集、整理和研究》是郭沫若研究的第一个国家社会科学基金一般项目。迄今为止，有关郭沫若研究的国家社科基金项目立项很少，不超过五项，而您自己就主持了两项，而且还有一项是唯一的重点项目。请您先谈谈对这两个课题申请方面的感想。

魏：好。2008 年是我第一次申请国家社会科学基金项目。此前我没有申报，有四个方面的原因：第一个原因是不愿意填表。我特别厌烦填表，一看到复杂的表格我就头大。我所申请立项的省级课题和教育部项目都是由于某种压力才不得不申报的。听说申报国家社科基金项目的表格更麻烦，我更不敢问津了；第二个原因是缺乏动力。当年我评职称的时候，没有课题要求。后来评职称有课题要求了，却与我无关了。许多郭沫若研究界的老专家不申报国家课题，可能也是因为没有动力；第三个原因是以前我对科研经费的需求并不迫切。过去我们人文学科学者搞科研，大都是在家里“爬格子”，几乎不需要项目经费支持。而我过去做的研究课题都不大，总觉得达不到申请国家社会科学基金项目的分量，也花不了多少钱，很少打国家社科基金的主意。

以上这一切，到了2007年以后，都发生了重大变化。其一，我本人有申报压力了。2007年我校中国现当代文学学科被评为国家重点学科。与其他入选的国家重点学科相比，我们学科的一个差距就是国家级科研项目相对较少。更重要的是学校要求我们申报国家级项目。我们学科多数老师都感到了一种前所未有的压力。其二，我个人申报的积极性大大提高了。申报积极性提高的主要原因是我特别需要项目经费支持。当时我已开始了对《郭沫若全集》文学编以外散佚作品的收集、整理工作。这项工作需要很多钱。其三，国家社科基金项目的评审方式明显改进了。2007年底我校社科处有关人员向我宣传：国家社科基金评审与以前不同了，采取了一系列改进措施。我印象较深的有几条，如全部实行匿名通讯初评，对会议评审专家实行轮换制和回避制，还有公示评审立项结果接受社会监督等。于是2008年我以《郭沫若文学佚作收集、整理和研究》为题申请了国家社科基金项目，很幸运我成功了！这一课题结项后，我们学校社科处的领导又动员我申报国家社科基金重点项目。2014年我又以《郭沫若作品修改及其因由研究》申报了国家社科基金重点项目，再次获得立项。就这样。

张：您说得好像很轻松，可事实上，申报郭沫若研究的国家社科基金项目非常难！我有数据为证：从2008—2014年以来有关鲁迅的课题就有10余项，沈从文、林语堂等也有多项获得资助，而有关郭沫若的项目却寥寥无几。据我所知，许多郭沫若研究的课题申请了许多年，总是失败。有些申报者认为，评审专家对郭沫若有偏见，所以郭沫若研究的课题很难通过评审。对此，您怎么看?

魏：这种看法不是没有依据的。在中国文学和中国历史研究界，有许多专家对郭沫若是缺乏好感的，严重者到了厌恶的程度。其中有不少朋友不理解我为什么还在研究郭沫若，更有劝我“弃暗投明”者。这不是个别人的问题，这几乎是一种思潮。这一思潮从郭沫若逝世不久就出现了。由于极“左”时代的黑白颠倒，粉碎“四人帮”以后，中国社会出现了这样的现象：以往官方肯定的东西备受冷遇，甚至被唾弃，以往官方否定或冷落的东西却备被青睐，甚至受热捧。郭沫若逝世时悼词评价之高、葬礼仪式之隆重，可称现代中国文人之最。但无论评价再高、仪式再隆重，都难以改变人们对郭沫若“文革”中的印象：“文革”初期，当绝大多数党和国家领导人被打倒、文化名流几乎全部遭受迫害的时候，郭沫若却经常在各种大会上讲话，在报刊上发表一些美化“文革”的诗词；“文革”后期，中国政治舞台上的活跃人物多是“文革”的既得利益者，郭沫若却频繁地出现在新闻媒体和纪录片《新闻简报》上。当然，这一切都是有特殊历史原因的。但普通人都不知情，他们只能对郭沫若的政治立场产生怀疑。新的中共中央对郭沫若的评价无以复加，却有可能适得其反：会陷入官方评价越高，民间评价越低的“怪圈”。鲁迅在“文革”中被神化了。但是伴随中共十一届三中全会掀起的思想解放运动，中国社会形成强大的思想启蒙热潮。鲁迅开始与中国社会深刻对话，而郭沫若却难有这种对话的机缘。这时期研究中国现代文学的学者出现了“以鲁视郭”的偏向，也就是用观察鲁迅的眼光去审视郭沫若，把研究鲁迅的范式套用于郭沫若研究。往往是以“鲁”之长量“郭”之短。此后对郭沫若和左翼作家们更为不利的是，中国知识界的价值取向开始向远离政治、思想独立的自由主义知识分子靠拢。这是中国知识界在官方话语之外建构属于知识分子自己的意识形态。在这种知识分子话语的建构中，自由主义作家钱钟书、沈从文、张爱玲、徐志摩等人越来越“热”，而郭沫若、茅盾、赵树理等体现官方主流意识形态的作家越来越“冷”。这一现象，到了1990年代以后更加突出。“体制内”作家与“体制外”作家及其作品的接受命运截然相反。

直到今天，许多中国学人对郭沫若的偏见并没有好转，反而有扩大化的趋势。在大学的课堂上，一些中文专业和历史专业的教师，以反主流的姿态表现自己的“创见”和“骨气”。主流评价认为郭沫若开了现代中国一代诗风，反主流者就说郭沫若“诗多好的少”；主流评价认为郭沫若创建了历史唯物主义的中国新史学，反主流者就说郭沫若开创了高度意识形态化的中国历史研究；主流评价认为郭沫若是中国现代历史剧的开创者与成功者，反主流者就说郭沫若的历史剧创作具有“时代精神传声筒”的“席勒式”倾向……就这样，对郭沫若的偏见有可能是呈几何级数增长。这应是郭沫若研究课题立项较少的一个潜在原因。

张：我同意您的分析。在这种情势下，您的郭沫若研究项目能一再立项就更为难得。您是否有“秘笈”还没说出来？

魏：真的没有什么“秘笈”。非要说点可称为“经验”的东西，我总结了两句话：第一句是“好课题肯定有没立项的，但立项的应该都是好课题”；第二句是“耐得多年寒窗苦，方有一朝立项时”。我不知道其他人是怎样的，反正我身边的申报国家社科基金项目能立项者，莫不如此。

第一句话是说课题本身要过硬，要经得起专家们严苛的评审。虽然2007年以后国家社科基金项目评审规则大有改善，但依然存在不少问题。之所以有许多好课题没被立项，主要是偶然性的变数太多。例如，初审专家由五人组成。那么，这五个人中有多少人真能读懂你选题的价值？即使懂，有没有他的学术偏见？即使没有学术偏见，他的评审态度是否认真？即使他态度认真，你同组的竞争者如何？如果你幸运地通过了匿名的初审，到了会议评审时，你还会遇到以上问题。这一系列问号就是你申报过程中的一个个变数。所以，能通过这一系列变数者，肯定是好课题；当然，没有通过这一系列变数者，未必不是好课题。

第二句话是说好课题是长期研究的阶段性成果。所谓能经得起专家们严苛评审立项的课题，一定是很有学术价值的课题。凡是很有学术价值的课题，不会是拍拍脑袋就冒出来的，而是项目申请人多年思考和研究所获得的学术发现。这种学术发现包含一系列申报课题的要素。一是在你的研究对象范围内，有哪些有价值的研究问题？二是这些有价值的研究问题中前人没有解决的是哪些课题？三是你凭什么能攻克这些前人没有解决的课题？……没有几年的认真思考和研究，这些问题是难以想清楚的，即使想到一个好题目，也很难论证好。

以上就算我的一点经验吧。

张：您讲得很有道理，但我觉得还是有点抽象。请结合您的课题申报，您再说得具体一些，好吗？

魏：好吧。如前所说，好课题是长期研究的阶段性成果。很早以前，我就发现：《郭沫若全集》可能是最不“全”的全集之一。其中《郭沫若全集》文学编的作品遗漏现象特别突出，多数散佚作品甚至连研究郭沫若的学者都没有看到。《郭沫若全集》文学编之外的这些佚作由于缺乏汇总和整理，更谈不上对这些作品进行研究了。多年以来，我们的郭沫若研究就是建立在大量作品遗漏的基础上进行的，所以以往发表的许多研究成果对郭沫若的基本把握多是很有限的，其结论的科学性也是很难保证的。例如，世人只知《女神》收入了郭沫若五四时期的诗歌，但很少有人知道《女神》时期的郭沫若还发表了50多首诗作（与《女神》中诗篇的数量差不多）散佚在《郭沫若全集》之外，也未见于郭沫若的所有结集。这些佚诗具有多样的风格、体式和创作追求，其中有相当多的作品并不具有五四时代的时代特征，并不带有浪漫主义或现代主义的艺术倾向，也并不是饱含火山爆发式的激情。阅读这些佚诗，有助于我们更为全面地认识五四时期的郭沫若，更有利于揭示当时郭沫若对中国新诗的多方面求索。再比如，郭沫若在抗战八年中发表各类演讲至少有110多次。但《郭沫若全集》中收入的演讲稿只有19篇。由于原始文献的不足，使得大名鼎鼎的演讲家郭沫若，几乎没有进入学者的研究视野，更没有多少郭沫若演讲方面的研究成果发表。以上这些问题，许多郭沫若研究专家也不掌握。早在上个世纪我们就发现了《郭沫若全集》文学编存在的这些问题。当时我以为《郭沫若全集》还没出齐或将来再出“集外集”“补编”之类。2002年11月，在宣传郭沫若诞辰110周年纪念活动的同时，主流媒体披露了一个信息：由人民出版社、人民文学出版社和科学出版社共同出版的《郭沫若全集》已经“大功告成”，三十八卷已全部出齐。这时候，我找到了我今后的研究方向——把这些佚作搜集起来。开始我以为只是少量作品散佚在《郭沫若全集》以外，后来我发现散佚作品数量之多达到惊人的程度，远远超出我的想象。随着我搜集佚作的深入，对这一课题的意义也有了更深的认识：既可以补充《郭沫若全集》文学编的欠缺，还可以订正以往郭沫若研究文献的错误和模糊认识，有助于更深入、准确地了解当时的历史事件和细节。而且，这些佚作的有效利用和研究必将大大拓展郭沫若的文学和文化世界，丰富我们对郭沫若的形象认识。因为郭沫若佚作多是新中国成立后的作品，所以这些文字对后期郭沫若及其创作的复杂性将会获得更多新的学术发现。另外，由于郭沫若在现当代中国文学史上具有重要的地位和影响，因而这一课题的研究不仅是郭沫若研究的一项重要的学术工程，而且对于深化中国现当代文学史、文化史、思想史、艺术史乃至政治史的研究也具有重要的意义。经过数年对郭沫若佚作的收集、整理和研究，我才开始填写 2008 年的国家社科基金项目申请书。

在我的“郭沫若文学佚作收集、整理和研究”结项之前，我的下一个大型研究课题已经浮现，那就是对郭沫若作品修改的研究。这是因为，我在收集和整理郭沫若佚作的过程中发现，许多郭沫若作品不是佚作，只是与《沫若文集》或《郭沫若全集》里的作品版本不同，有的差异极大。这是因为郭沫若的作品在再次发表、结集和再结集时，作者大都做了修改，大量作品做了与原版本差别很大的改动，但郭沫若从不注明做过修改。郭沫若修改自己作品绝大部分都处于不为人知的隐秘状态，而这层具有欺骗性的历史地表已然形成了巨大的历史和文化遮蔽。以往的许多研究成果由于不了解郭沫若所做的修改，导致许多研究者因此得出“时间穿越”的错误结论。把郭沫若所有修改作品弄个水落石出，将有助于恢复郭沫若其人其文以及相关历史现场的一些本来面目。郭沫若经历了现代中国从五四时期到极“左”年代的漫长过程而且他始终处在时代旋涡的中心，探究他在不同时期修改自己作品的原因，将会看到现代中国历史进程中一些隐秘的东西。因此，对郭沫若作品修改的揭秘，有助于中国现当代文学及中国现当代文化研究获得新的突破。我在关注郭沫若修改自己作品时，还发现郭沫若修改自己作品的原因各式各样：有政治上的随风变，也有艺术的再加工；有坚守，也有媚俗；有明显的自我否定，也有悄悄的自我拔高；有正常的润色，亦有莫名的“易容”……通过研究这些不同目的的修改，努力还原郭沫若当时创作和后来修改的历史现场及其时空变化，揭示郭沫若变化着的生存处境及其心灵波动，挖掘郭沫若这些文字改动背后所隐含的深层信息，回答以往郭沫若研究中一些未知的问题。在此基础上，知人论世地回答现当代中国文学史、以及现当代中国社会的一些被遮蔽的复杂问题，还将获得研究郭沫若这个人和那个时代的新的学术增长点。

张：我找到答案了。您能获得这两个重量级的郭沫若研究国家级的课题，是您多年郭沫若研究学术积累的结果。那么，您是怎样走上郭沫若研究之路的呢？

魏：这个话题说来话长。我从事郭沫若研究快 30 年了。回溯这 30 年，我首先想到的不是一个个时间单元，而是一个又一个让我不能忘怀的人物。

把我引上郭沫若研究之路的第一人是黄侯兴先生。我写第一篇郭沫若研究论文是在 1985 年，那是我读硕士研究生的第一学期。论文是我为冯光廉教授开设的“中国现代文学研究之研究”课所做的作业。当时我迫不得已，“被”做郭沫若历史剧研究之研究。交稿后，当着我们这一级 19 个研究生同学的面，冯光廉先生表扬了我的这篇文章，还鼓励我投稿给正式的学术期刊。抱着几乎不可能的希望，我把这篇两万多字的文章寄给了《郭沫若研究》编辑部。不到一个月，我收到署名“黄侯兴”的亲笔信，通知我稿件拟用，但要修改，希望我到北京郭沫若故居商谈修改意见。我喜出过望，很快就赶到北京。那是我第一次走进郭沫若故居，在院子里见到的唯一一人正是黄侯兴先生。我原以为他要详细地教我怎样修改文章，没想到他只提了两条修改意见：一是字数要压缩，不超过一万五千字；二是建议文章题目《郭沫若历史剧研究：挣脱狭隘功利羁绊的曲折历程》改为《郭沫若历史剧研究述评》。说完这两条意见他就与我闲聊起来。我事后想，他这两条修改意见完全可以在信里说清楚。他与我聊天，看似闲谈，主旨清晰：鼓励我继续研究郭沫若。当时的我对郭沫若没有什么兴趣，很怕别人误导我的学术方向。他既然是闲聊，我也没有表态。他说到 9 月份将在湖南举办一次郭沫若的学术研讨会，邀请我出席，我有所动心；又说会后安排到张家界旅游，我才激动起来。但当时所有心动都不是为了郭沫若研究本身。然而，正是从这一天开始，我与黄侯兴先生越走越近，也就与郭沫若研究越来越近。黄先生就像在我的牛鼻子上套了一个绳索，牵着我在郭沫若研究的路上行走。每当我偏离这条道路，总是他把我悄悄地拽了回来。

在郭沫若研究界对我影响时间最长的是蔡震先生，从 1988 年至今。他对于我，既像老师，又像朋友。他是黄侯兴先生指导的郭沫若研究方向的硕士研究生。毕业后他追随黄侯兴先生来到郭沫若故居，做研究室和中国郭沫若研究会的工作。像黄先生一样，蔡震先后担任中国郭沫若研究会的副秘书长、秘书长、副会长……他在继承黄先生学术“衣钵”的同时，好像也接过了黄侯兴先生手里那根牵牛绳，不停地拽着我等在郭沫若研究的路上前行。有一段时间，中国郭沫若研究会的学术活动密度很高，或独立举办或与地方合办，几乎每年都有规模大小不等的学术研讨会。开会之前，黄先生、蔡先生就要下达写文章的任务。若当时没有完成，他们事后定会催促交稿。他们组织的科研项目，少不了带上我等。同样是早早布置，紧紧催稿。就这样一路走来，我写了不少郭沫若研究的文字。我是一个一心不可二用的人。做郭沫若研究多了，其他领域的研究自然就减少了。由于年龄更接近一些，我与蔡震先生交往更多，代沟更小，我在他那里获得的启发最多，尤其在郭沫若文献史料研究方面，蔡震先生对我的影响很大。

如果说，在郭沫若研究的路上，黄侯兴先生、蔡震先生一直在前面拽着我，那么山东省郭沫若研究界的一批前辈曾经长时间地在我身后推着我往前走。他们是曲阜师范大学的谷辅林教授、聊城大学的韩立群教授、泰山学院的张杰教授等。他们一直鼓励着我，为此常常不惜夸大我的郭沫若研究实绩。他们与聊城大学的张明教授、山东大学的孟广来教授等人一起，先后把我推到山东省郭沫若研究会副秘书长、副会长以及会长的位置上。在很长时间里，我一直在犹豫：我的郭沫若研究还要做下去吗？每当我犹豫不决的时候，就会想起他们的鼓励，就会想起他们对我的希冀，我就不敢不写郭沫若研究的文字，更不敢放弃郭沫若研究。

让我难忘的郭沫若研究前辈还有：北京大学的孙玉石先生、中国社会科学院的张恩和先生和黄淳浩先生、陕西师范大学的傅正乾先生、华东师范大学的龚济民先生、上海大学的邓牛顿先生、上海外国语大学的陈永志先生、上海文艺出版社的高国平先生等。他们都对我的郭沫若研究悉心指导并产生了积极的影响。还有一些郭沫若研究“圈”外的优秀学者对我的郭沫若研究同样帮助很大。例如中山大学的黄修己教授、吉林大学的刘中树教授、北京大学的钱理群教授、（当时在）北京师范大学的王富仁教授、山东师范大学的朱德发教授、青岛大学的刘增人教授等。

还有一人，我特别想说，他就是中国社会科学院的樊骏先生。是他把我的那篇郭沫若研究作业从《山东师范大学学报增刊》上选出，收入很有影响的《中国现代文学研究：历史与现状》一书①，与王瑶、樊骏、赵园、刘纳、叶子铭、吴福辉等名家的文章编在一起。这对我是怎样的激励啊！不仅如此，自打与樊骏先生相识，就开始了长达20年的通信联系。怕耽误他的宝贵时间，我很少主动写信给他。多数情况是他写信，我回信。他的信一律写在活页芯上，常常是正反两面密密麻麻地写满他那“樊骏体”。信的内容很杂，或了解我的学术进展，或让我谈谈对学界某个热点问题的看法，谈的最多的还是郭沫若研究和我的郭沫若研究。我把他对我的这种指导戏称为“函授”。随着我在学界朋友的增多，我才知道樊骏先生义务地培养了许多像我这样的“函授生”。樊骏先生对我的影响主要在两个方面：一是他让我研究郭沫若的信念越来越坚定。二是他对真理和学术的殉道精神令我敬佩之至。樊骏先生去世后，正式报刊上最早发表的悼念文章很可能就是我的。文章最后是我写给樊骏先生的挽联：

无妻室无家产无专著无一名入室弟子独善其身默默治学不恋常人之所有
有大爱有恒心有卓识有万千私淑门生胸怀天下苦苦殉道只守众生之所无

虽然我的学术研究做得并不好，但是，若没有这些前辈学者的引导和感召，我会更差，至少没有这块属于自己的学术领地。

张：综观您近些年的研究成果，不仅仅是体现在郭沫若研究方面，也体现在中国现代文学其他研究领域，而且您特别注重史料的发掘、整理和研究工作。您主编的《20世纪中国文学主流·历史档案书系》已经引起学界的关注。能否谈谈您为什么这

① 王瑶等：《中国现代文学研究：历史与现状》，中国社会科学出版社1989年版。

么重视文献史料在中国现代文学研究中的作用呢？

魏：对于这个问题，不光我重视，近年来学界越来越重视。在这方面专家们发表的意见，我就不重复了。我想谈的是，仅仅重视文献史料工作就万事大吉了吗？非也。还有一些更深层次的问题需要弄清楚，否则我们的学术研究总是停留在不成熟的状态。

两千多年来，我们的国学从来就有两大派：一派主张“我注六经”，一派主张“六经注我”。前者重文献、重实证；后者重义理、重阐释。这本是中国学术的一体两面，无所谓孰高孰低，孰重孰轻。就像阴阳互补的两极合一。最理想的状态是二者的平衡。然而，学术与世间万物一样，理想的状态（平衡）是暂时的，不理想的状态（不平衡）是常态的。所以，“不是东风压了西风，就是西风压了东风”（时而“我注六经”派占上风，时而“六经注我”派占上风）。两派“轮流坐庄”，如同阴阳转换、一张一弛之道也。这个问题弄明白了，对“我注六经”“六经注我”两派各自的合理性、各自的局限性和两者的相互依赖相互转化的规律就弄清楚了。也就是说：这两派没有是非，不要以为你这一派代表真理，你的对立面就是谬误。所以，重视文献史料，又不能陷入唯文献史料独尊。

张：既然如此，那您这十几年为什么那么重视文献史料研究呢？

魏：我这样做，既是为我所从事的研究事业，也是为我自己。

先说，为什么是为了我所从事的研究事业。20 世纪以来的中国，激进主义、功利主义逐渐成为压倒一切的主潮。这种情形必然会助推学术上的“六经注我”派，压抑“我注六经”派。长期的“六经注我”势必造成多数学人的学术偏执：重视意义阐发，忽视原始文献；重视理论和逻辑，忽视史料和考证；重视现实需要，忽视历史现场；重视“大胆假设”，忽视“小心求证”。这样的现象非常普遍，例如，绝大多数学者都知道恩格斯的名言：“一个民族要想站在科学的最高峰，就一刻也不能没有理论思维。”[①] 然而，他们当中很少有人熟悉恩格斯的另一句名言：“只有靠大量的、批判地审查过的、充分地掌握了的历史资料，才能解决这样的任务。”[②] 甚至不乏对“假大空”的研究熟视无睹者。出现以上这些问题，不必一惊一乍，更不应不知所措。这无非说明中国学术陷入失衡状态。怎么办？补！用什么补？用“我注六经”来补。具体来说，我们的郭沫若研究事业同样应有“我注六经”和“六经注我”两派。但前一派一直很弱，弱到《郭沫若全集》成了最不全的“全集”之一，弱到对郭沫若作品修改的研究还不到应有的1%，弱到《郭沫若研究资料》错误百出且以讹传讹。因此，对郭沫若的文献史料研究亟待加强。同样，对整个中国现当代文学的

① 恩格斯：《自然辩证法》，《马克思恩格斯选集》第三卷，人民出版社 1972 年版，第 467 页。

② 恩格斯：《卡尔·马克思〈政治经济学批判〉》，《马克思恩格斯选集》第二卷，人民出版社 1972 年版，第 118 页。

文献史料研究也需要补救。

再说，为什么是为我自己。我和同时代的学术同行一样，没有受过“我注六经”的专业训练，只会“六经注我”。1999 年至 2004 年，我在山东师范大学齐鲁文化研究中心工作五年。这期间我接触了许多懂得“我注六经”的学者，逼着我读了许多古籍，发现了自己在文献史料方面的严重不足。通过做郭沫若的文献史料研究，重新训练了我自己寻找史料、考辨史料和应用史料的能力。通过做郭沫若的文献史料研究，改变了我对中国现代文学文献的认识，在我主编的著作中“传达出一种重要的文学史理念——文献史料是文学史‘本体’的重要组成部分”①。更重要的是，我有意识地指导我的博士研究生加强“我注六经”的学术训练，培养他们良好的学养、学风和文献史料意识；要求他们有足够的文献和史料的阅读量；要求他们学习版本学、辑佚学、校勘学等文献学的基本知识和方法；要求他们在研究某一个课题前进行文献史料的“独立的准备”。

张：时间不早了。我再提最后一个问题。据我所知，是您提议创办《郭沫若研究年鉴》的，而且您是第一卷《郭沫若研究年鉴》的执行主编。您对今后的《郭沫若研究年鉴》有什么建议吗？

魏：没有建议。从 2013 年卷开始，《郭沫若研究年鉴》的装帧更大气，内容有改进，尤其是增加了“研究综述”，这些都比我当年做得好。

张：谢谢您的鼓励！谢谢您接受访谈！

魏：祝《郭沫若研究年鉴》越办越好！

（2015 年 8 月于山东济南）

---

① 魏建：《20 世纪中国文学主流 · 历史档案书系 · 序》，人民出版社 2013—2015 年陆续出版，第 6 页。

四　学人回忆

学会工作三十年(一)

蔡　震

中国郭沫若研究（学）会成立已逾三十年，我有幸在会也已经三十年。这个在会不是说作为会员，而是指参与学会的工作。中国郭沫若研究会的活动，无疑是郭沫若研究的一个组成部分，对于推进郭沫若研究的拓展和深入发展，发挥了很大的作用。作为一个学术领域，郭沫若研究其实已经需要从学术史的角度去做一番梳理、考察、总结了，那么回顾一下学会的活动和工作，也应该可以为此留下一些有意义的史料。

学会成立之初的名称是“中国郭沫若研究学会”，后来民政部对于社团的名称有一个规范的要求，遂更名为“中国郭沫若研究会”。但习惯上大家仍以“学会”相称，念起来顺口。

“郭沫若研究学术座谈会”

1983 年 5 月，在郭沫若逝世五周年前夕，由中国社会科学院郭沫若著作编辑出版委员会、文学研究所、历史研究所、考古研究所与全国文联在北京共同举办了一个“郭沫若研究学术座谈会”。参加座谈会的有 150 人，开会的地点在位于二里沟的西苑饭店。座谈会于 5 月 23 日开幕，27 日结束。中国郭沫若研究学会就是在这次学术座谈会上成立的，所以在后来的某一年，又一次上报学会登记资料时，我就将 1983 年 5 月 23 日作为学会成立的具体日期。

学术座谈会虽然是一次带有纪念性的学术活动，但在郭沫若研究界可谓一次盛会，不仅参会的人员众多（后来举办过的学术讨论会再没有如此规模），且与会的文化界、学术界重量级人物的数量之多，是空前绝后的。当时留下一张与会者合影的照片，从照片上可以看到这样一些名字：周扬、李一氓、夏衍、石西民、林默涵、梅益、王惠德、林林、曹禺、夏鼐、刘大年、白寿彝、陈荒煤、沙汀、赵寻、冯牧、孔罗荪、马识途、唐弢、王瑶、黄药眠、钟敬文、石凌鹤等。座谈会由郭沫若著作编辑出版委员会副主任石西民主持并致开幕辞，周扬、李一氓、夏衍等人作了讲话。

座谈会讨论的内容围绕对郭沫若研究现状的思考，与对未来发展的展望。而会议所做的最主要的一件事，就是协商成立中国郭沫若研究学会。这是以郭沫若著作编委会的名义提出，由与会者一致同意的，所以学会成立至今一直挂靠在编委会，然后是郭沫若纪念馆。学会定位于“是联络和团结各地郭沫若研究工作者开展研究活动、推动学术交流的群众性学术团体”。参加座谈会的人员成了学会第一批会员，会上通过了学会的章程，选举了第一届理事会，由 47 位理事组成。周扬为会长，成仿吾、李一氓、夏衍、阳翰笙、冯乃超、李初梨为名誉会长，石西民、林林、马识途、黄烈、马良春为副会长。秘书长暂缺，由黄侯兴、雷仲平、叶桂生、王世民任副秘书长。

我那时还在读研究生期间，随我的导师黄侯兴先生参加了座谈会，当然不是正式参会者，算是工作人员吧，协助郭沫若著作编委会的会务人员做会议小组讨论记录和整理大会发言的工作。不过那时可没有想到，这就成了我与学会工作结缘的开始。

一刊一“报”

学会办过一刊一“报”，刊是学术专刊《郭沫若研究》，“报”只是一份不定期的“简报”。

研究生毕业后我被分配至郭沫若著作编委会（后改作郭沫若纪念馆）工作，在编研部（后改称室）。当时的编研部有八九个人，是人员最多的时候。因为是为编辑《郭沫若全集》而设立的部门，所以，以做编辑和资料收集的人员居多，做学术研究的仅有黄侯兴老师与我。不过当时《郭沫若全集》的编辑出版已近尾声，编辑方面的工作主要就是《郭沫若研究》，以及一些相关学术资料的编辑出版。《郭沫若研究》由中国郭沫若研究学会主办，这是学会成立时就确定的一项工作。《郭沫若研究》是不定期的学术专刊，由文化艺术出版社用 ISBN 书号出版，即以书代刊。开始时是按一年两辑的周期出版，后来成了一年一辑。编辑部由黄侯兴老师主持，杨均照、周亚琴加上我三人做编辑。

《郭沫若研究》设有“文学研究”“史学研究”“资料”“书信”“回忆与怀念”“国外郭沫若研究”等栏目，每一辑容量大致在25万字左右。郭沫若研究涉及文学、史学、考古几个不同学科，但从事研究的学者以文学史研究者居多，所以每一辑刊发的论文，也是文学研究方面的居多。这样一来，历史学、考古学方面的学者便有些异议，觉得出版资源占用不均。其实原因在于历史与考古方面研究郭沫若的论文太少，如果没有相关的学术讨论会，平时的来稿难以支撑一个专栏。不过到第10辑《郭沫若研究》，还是编了一本“史学研究”专辑。除了以序号编辑出版的《郭沫若研究》，编辑部还编辑出版过若干本学术会议论文专集，如：《郭沫若与东西方文化》《郭沫若与儒家文化》《郭沫若研究三十年》《文化与抗战——郭沫若与中国知识分子在民族解放战争中的文化选择》等。

我进入编辑部时，《郭沫若研究》已经在编辑第3辑了，所以有一件事一直不大清楚，但也从未问过谁：何以《郭沫若研究》直到编辑第7辑，才亮出编辑委员会的组织构成？我揣测，大概学会成立时只决定了把刊物办起来，并立即由郭沫若著作编委会付诸实施，其他事情并没有确定。到了学会第二次会员代表大会（1988年），无论是总结学会前五年的工作还是规划之后的工作，办《郭沫若研究》都是重要的一项，所以才把办刊的一些具体事项订定下来。刊物的编辑委员会由包括文学、史学、考古几个学科，及分属北京、上海、四川、天津几地的学者组成，林林任主编，黄侯兴任副主编，杨均照、周亚琴和我为责任编辑。编辑部的运行一如既往，发稿也仍由黄老师签发。编辑部实际上从编第4辑起就实行责编制了，老杨老周一起责编一辑，我责编一辑这样轮换，但也是从第7辑（由我责编）开始，才在书刊上作了责编署名。

《郭沫若研究》的学术水准，是得到郭沫若研究界认可的，能够反映和代表当时郭沫若研究的学术水平。当时还没有所谓的核心期刊，高校中也没有普遍施行科研成果分等级统计的方式，但在一些已经将刊物分作不同级别来统计教师科研成果的学校，《郭沫若研究》是被列在第一个级别的。能达到这样一个学术水准的一个原因在于编辑部的人员构成：黄老师和我是搞郭沫若研究的，杨均照、周亚琴长时间在郭沫若著作编委会工作，所以我们对于郭沫若研究的学术动向、动态会有比较好的把握，组稿或处理来稿就会具有相当的学术眼光。同时，在编辑处理稿件时也力争精益求精。那时处理一篇稿件，提出意见请作者修改是常有的事，对于来稿中的引文注释，我们都是要亲自核对的。

当然，现在来回顾《郭沫若研究》，它曾被视为什么样级别的刊物，我觉得倒也没什么了，它有两个栏目留下的文字，却是值得一记的，即“资料”（有时被分作“书信”、“佚文”）与“国外研究”。“资料”栏目陆续刊载了大量郭沫若生平文献史料，而且大都是对于研究郭沫若非常有学术价值的资料。十几年后，我参与主持中国社会科学院重大课题项目《郭沫若年谱长编》的编撰工作时，还特别要求课题组一定要将《郭沫若研究》“资料”栏目刊发的文献史料都梳理一过。“国外研究”刊发过的文章数量不多，因为这样的文章组稿的难度较大（懂外语的人不懂郭沫若研究，不会注意到这方面的文章；搞郭沫若研究的人又没有几个懂外语的，同样注意不到这方面的文章）。自然来稿极少，主要靠自己去查找外文资料，还要请人翻译，我自己也抱着字典勉为其难地译过两篇。不过这个栏目在很长一段时间内，都是郭沫若研究界了解国外郭沫若研究仅有的信息源。直到前些年，一位以“英语世界的郭沫若研究”完成博士论文的学者，其最初收集资料的线索仍是来自这个栏目刊发的文章。

1996 年底，我作为责编，编好了第 12 辑的稿子，那时黄侯兴老师已经退休。给出版社交稿是 12 月 9 日。（因为是一二·九运动的纪念日，所以记得很清楚）转过年的 5 月，我调往传记文学杂志社做主编，《郭沫若研究》没有被当时学会工作负责人接手续编下去。

《郭沫若研究》留下的一个最大遗憾是当年没有办一个刊号，那时申请一个刊号还是比较容易的。之所以一直没有做这样的考虑，大概主要在于编辑部从一开始就不是专门为一个学术刊物组建的，它只是郭沫若著作编委会编研部工作的一个部分。譬如，对于主持编务的黄老师以及做责编的我而言，编《郭沫若研究》实际上是主业研究工作之外的“副业”。以书代刊的运作形式，比较适合当时的工作条件和状态。我是后来去主编《传记文学》杂志的时候才意识到一个刊号的价值。那时，仅仅要求我将杂志换个名，就会开价 100 万元。

从一开始与郭沫若研究结缘，我就是从事研究工作，但自任《郭沫若研究》的责任编辑起，又与编辑工作结下不解之缘。虽然如此，编辑工作方面的业绩，却几乎都未记入我的科研成果中，因为研究工作的成果尽够用了（无论是作为每年的工作总结，还是晋升职称需要的成果统计）。而且，在中国社会科学院的科研系列中，编辑业绩似乎也不被认可（除非你走编辑系列的职称），权当为学术事业奉献吧。不过，如今回顾起来，还是觉得这些工作值得珍视，它让我在实践中学会、练就了编辑业务，而且经手编辑出版了的那字数以百万计的东西毕竟是留在大大小小的图书馆里了。

在来到郭沫若著作编委会工作后不久的 1985 年初，学会副秘书长之一的雷仲平即告诉我学会的日常工作交给我负责，并把学会的资料交我保管。其实在不举办学术讨论会等活动的时候，学会的日常工作没有多少，我就办了一个“简报”，刊发学会活动的报道、郭沫若研究动态的信息等，不定期，只在会员之间印发。

那时没有电脑，打印“简报”要靠打字员操作铅字打字机（有一个很大的铅字盘）打字，油印机印刷。单位只有一台打字机、一个打字员，全单位的文字材料都要借此打印。有时等不及安排，我还曾在钢板上用手写刻蜡纸，然后用手推滚子的油印机印制过“简报”。这些打印工具若还在，应该算是学会的文物了。

上世纪八九十年代，还没有互联网为大家传递信息，学者们外出参加学术讨论会的机会也远没有现在这样频繁，所以一份虽然简陋，但能为大家传递郭沫若研究活动信息的“简报”，还是颇受热心于郭沫若研究者欢迎的。有的会员老师若是长时间没有见到“简报”，就会询问是不是给他漏寄了。编印这样一份“简报”还是很开心的一件事，当然也有觉得很辛苦的一面：邮寄“简报”。当时学会的会员已经近300人，发一次“简报”，就要手写200多个信封，装“简报”，粘信封，那是很枯燥、乏味的事。于是，也就有偷懒的时候：对一些只挂会员名，从不参加学会活动的人便免寄了。

（未完待续）

（作者系中国社会科学院郭沫若纪念馆研究员，
此文作于2015年8月）

我与郭沫若先生的第一次见面

陆庆五

1969年正逢新中国成立20周年，“文化大革命”正进行着，党中央、国务院已清醒地向全国人民发出了“抓革命，促生产”之纲领性号召，各岗各业纷纷响应。我所管辖的，周口店的“北京猿人遗址”和“北京猿人化石及旧石器文化陈列室”因受“文化大革命”初期“破四旧”之风所扰，已关闭三年。为了落实“抓革命，促生产”号召；为了宣传人类起源理论中的辩证唯物主义与历史唯物主义，所领导决定：以马克思主义和毛泽东思想为指导，重新整改周口店猿人展馆，拟于国庆20周年之际向工农兵展出。这次整改任务主要由人类室和绘图室承担。4、5月间，这支整改队伍由当时驻所工宣队之京棉二厂的李师傅带队，来到周口店。根据当时的形势，工宣队领导再次强调：展览内容要以阶级斗争为纲，突出宣传毛泽东思想和唯物史观。具体做法是：基本保留上述300平米的陈列室展品，增设反映中国考古学和古生物学发展的概况之展室。该展室宣传两个重点：即一要宣扬中国人民创造的五千年文明史中的优秀文化遗产；二要批判解放前国外帝国主义列强掠夺中国珍贵文物的行径，以唤起当今中国人民热爱和捍卫中华文化遗珍之意识。这个作为第一展室的内容以图文为主，布置在贵宾休息室的大厅内。整改初稿在9月中旬完成，并首先邀请郭沫若院长前来周口店审阅。那天早晨，郭院长偕同夫人于立群，并由院部两位军代表陪同来到了周口店北京人遗址。郭老一行的两辆小卧车驶入展馆停车场，展馆负责人刘振扬同志马上迎接他们，走向通往半山腰之陈列室的，设有台阶的平缓坡道，郭老一行徐徐地拾级而上，不一会就登上贵宾休息室的平台。郭老他们在休息室的小厅内喝点茶，稍作休息后就步入隔壁的大厅，即新设的第一展室。

此展室宏观地、少而精地展示了我国劳动人民创造的、重大的古建筑和陵墓等概况，如长城和北京、西安等地的陵墓建筑及珍贵文物。其中给人留下深刻印象的是“昭陵六骏”之石雕，其中两块被美国人所盗，今藏在费城。这批珍贵石雕是公元600多年依据唐朝李世民所骑战马的英姿雕成，是国家级特级文物。此外提到我国最大（高度133厘米）、最重（875公斤）的“四足长方形铜鼎”——司母戊鼎（司母戊大方鼎）。照片说明这商代青铜器如何于1939年被安阳农民发现，立即想方设法保藏起来，躲过日寇掠夺的经历。这些内容郭老看后频频点头，并表示，这些珍贵文物被国外帝国主义列强强占的史实只写在教科书中是不够的，这样图文并茂地展示给群众看很有必要。

第一展室看完后郭老一行再上陈列室平台，走进北京人化石及旧石器陈列室。陈列室序言部分展示了郭老在1965年为纪念兰田人化石发现而书写的，毛主席的关于“人类的历史，就是一个不断地从必然王国向自由王国发展的历史……”的语录。当大家走到解放前发现的五个北京猿人头盖骨化石的模型前面时，我解说：“这些头骨化石在美国人手中弄得下落不明。”我向军代表叙说，这个提法在解放后请示过郭老，认为这么说是实事求是的。军代表听后点头认可。郭老一行看到陈列室尾部展示这遗址上部地层发现的，较北京猿人晚得多的，旧石器时代晚期的“山顶洞人”化石。主要代表的化石为三个头骨，与现代人的体质特征很接近。与这些化石相伴出土的骨针和大量穿孔的兽牙和贝壳，研究人员推测这可能是当时的项链，分明是原始的“装饰品”。军代表听了很惊奇。郭夫人表示赞同，兴奋地插话道：“这完全是可能的。你看，杨白劳做了豆腐，到市场上去卖，换来的钱买了两斤白面，回家包饺子，过年，还不忘为喜儿扯上两尺红头绳。”边说边举起双手，用食指和大拇指佯捏着红头绳晃动几下，引起一片笑声。她还补上一句：“劳动人民也有爱美之心，自古以来都是这样的！是嘛。”大家带着一丝欣喜心情走出了陈列室，来到休息室。郭老与我所整改人员交谈了一会，肯定了整改思路，提了一些建议，结束了这次审查，匆匆回城。

（作者为中国科学院古脊椎研究所研究员，
此文于2015年2月）

第五篇

学术会议、文化活动

一　学术会议

“走向世界的郭沫若与郭沫若研究”学术会议综述

李　斌

2014 年 6 月 28—29 日，由中国郭沫若研究会和贵阳学院文化传媒学院联合主办的“走向世界的郭沫若与郭沫若研究”学术研讨会在贵阳召开，来自中国社会科学院、北京大学、四川省社会科学院、北京师范大学、四川大学、山东师范大学等 20 余所科研院校的 70 余位学者围绕郭沫若翻译研究、郭沫若对国学的反思、郭沫若的海外传播与研究、郭沫若的诗歌戏剧创作等议题展开了热烈讨论。

中国社会科学院党组成员、秘书长高翔教授参加研讨会并在开幕式讲话中指出，要坚持用思想史与社会史相结合的方法，在 20 世纪中国的历史大变革中去研究郭沫若；要站在历史和时代的制高点，坚持历史的、科学的态度，完整准确地理解郭沫若，不能从个案到个案，不能从文本到文本，不能求全责备，要旗帜鲜明地反对历史虚无主义；要坚持和继承郭沫若的精神，以求真、务实和经世致用为宗旨，为人民做学问，做一个无愧于历史和时代的马克思主义学问家。

本次会议有关郭沫若国学研究的世界意义和当代价值的讨论最为集中。四川历史学会会长谭继和教授从中国通史和巴蜀文化的视野出发，认为郭沫若在治学方法上"今古并重，尤重今文"，要从今文经学的发展历程中去理解郭沫若的治学特点，郭沫若是文化中国历史长廊中的泰山北斗。四川大学彭邦本教授认为，郭沫若立足于中国问题进行研究时始终保持开阔深邃的世界眼光，自觉在人类文明史这部巨著中"写满中国这一白页"，体现了强烈的主体精神和独立意识。西南民族大学祁和晖教授认为，信古的郭沫若以六经文献的文本自在性为依据研究中国古史，其结论获得学界普遍认可；而疑古的郭沫若陷入一种"强制阐释"的困境中，其研究判断的眼光往往有所扭曲，其结论不能令人信服。山东大学刘悦坦博士认为，郭沫若所开创的唯物史观派史学，真正采用科学的理论和方法对中国古代史进行跨学科研究，有着不容忽视的学术史意义和价值。北京师范大学张越教授认为，民国时期不同史学流派的学者之所以都对郭沫若史学研究做出较高评价，是因为他们很少给自己的批评意见预设否定的前提，这对于今人评价郭沫若有借鉴和启示意义。中国社会科学院历史所谢保成教授辑录了郭沫若关于"国学"的认识及研究成果，认为这些论述还有进一步深入考察的必要。中国社会科学院考古所黄益飞博士认为，郭沫若在治学上善于用新材料解决悬而未决的老问题，善于用具体材料透视中国古代的社会制度，善于用跨学科的方法解决考古学上的疑难问题，对于郭沫若的考古学成就，我们更多的是需要继承和发展。

部分学者通过个案分析对郭沫若的学术研究展开了深入探讨。乐山师范学院杨胜宽教授通过考察郭沫若对《道德经》评价的几次变化，说明郭沫若学术观点与时俱进，其先秦诸子研究是为现实服务的。中国社会科学院考古所冯时研究员认为，郭沫若在《甲骨文字研究》中首先讨论了祖妣与中国上古时代的生殖崇拜问题，这对于研究中国传统的生殖崇拜观念与礼俗具有十分重要的意义。四川郭沫若研究中心廖久明教授通过对《甲申三百年祭》史料运用的考察，驳斥了郭沫若“删减史料以此证明崇祯皇帝‘沽名钓誉’”的说法。四川郭沫若研究中心何刚博士通过考察郭沫若《驳〈说儒〉》这篇重要文章的修改情况，认定这篇文章既是一篇学术论文，也是一篇文化论文，郭沫若既不同意胡适《说儒》所复活的古圣人孔子，也批驳了现代“圣人”胡适们及当时的自由主义言论。郭沫若纪念馆李斌博士认为，郭沫若通过《再生缘》研究，肯定了陈寅恪的“以诗证史”，胡适的小说史考证，顾颉刚的孟姜女故事研究法，于学术兴趣和治学方法上对当时受主流舆论压制的民国学术传统施以援手，在非常时期坚守了纯正的学术品格。

郭沫若翻译了来自德国、日本、美国、俄罗斯等国的近 500 万字作品，内容涉及马克思主义经典著作、文学、考古、生命科学等多种学科，是现代中国最重要的翻译家之一。最近，在中国社会科学院创新工程的支持下，郭沫若纪念馆组织学者编撰 14 卷本的《郭沫若全集·翻译编》，本次会议也专门将“郭沫若的翻译研究”列为分议题，说明郭沫若的翻译已经引起学界的充分重视。在本次会议上，河北大学张剑平教授梳理了郭沫若对马克思主义经典著作的翻译，他认为，通过翻译《德意志意识形态》《政治经济学批判》《神圣家族》的部分内容，以及河上肇的《社会组织与社会革命》，郭沫若一方面增进了自己的马克思主义理论素养，加速了向马克思主义者的转变，另一方面对于马克思主义理论在中国的进一步传播和马克思主义哲学、史学、文学的发展作出了重大贡献。四川大学博士生彭冠龙却认为，翻译河上肇的《社会组织与社会革命》，虽确实影响了郭沫若的思想，但不应夸大该书的作用，郭沫若是在目睹了国内军阀混战，并与“孤军派”的论争实践中完成了其思想转变。西华师范大学傅宗洪教授、罗文军博士通过对《生命的科学》这一逾百万字的“不该遗忘的科学巨译”所涉及的科学知识译介、译者特别意图、具体知识谱系的考察，认为郭沫若选择科学著作的翻译，除开知识传递功能外，还成为寻求民族发展、解决现实问题的有力途径，是新文化启蒙主题的再次投射，但具体的社会环境、篇幅的巨大以及译者笔名的变动等因素，影响了该书的传播和接受。西南大学新诗研究所熊辉教授从译诗语言、译诗形式与风格等方面讨论了郭沫若的译诗文体观念，肯定了译诗对于郭沫若新诗形式建构的积极意义。华北科技学院钱晓宇博士通过考察翻译对象和翻译手法的选择等因素，认为体验是郭沫若翻译的鲜明特征。

有关郭沫若诗歌戏剧的研究，仍具有强大生命力，本次会议就此出现了不少新鲜见解。成都大学邓经武教授考察了《郑成功》这部尚未引起学术界足够重视的电影剧本，认为郭沫若从政治正确、艺术精美等角度精益求精，历时多年方完成其创作，对其踌躇满志，认为定能成功，但却遭受冷遇，原因在于一介书生的郭沫若并未真正知晓中共高层关于台湾问题的思路。北京大学外语学院世界文学研究所喻天舒教授考察了《孔雀胆》中的王后忽的斤的形象，认为这是美狄亚的东方面孔。旅美学者王璞博士探讨了郭沫若的古诗今译，认为古诗今译是用诗的语言来阐释诗，是一种创造性的活动，是重新发明一种抒情传统，由于涉及古今之争和中外之争，指向了内部错乱的时空关系，因此是文化现代性中比较核心的问题。四川大学周维东博士认为，《三叶集》是《女神》的副文本，包含了诗歌观念的转型、文人交际的变迁、文学传媒环境的变化等，由此衍生的西方知识的现代意义及中国现代性等问题值得深究。大同大学刘殿祥教授由闻一多的格律诗理论反观郭沫若的诗学主张，并对形成他们理论差异的个性和时代原因进行了分析。西南大学张武军博士从现代性、唯物主义、颓废、摩登、革命等概念出发，考察了郭沫若的早期诗歌创作。山东师范大学贾振勇教授和郭沫若纪念馆张勇博士分别对《女神》及《女神》时期的佚诗进行了详细解读。

对于郭沫若与现代思潮的关系及郭沫若文献史料辨析，也成为本次会议的热点之一。北京师范大学李怡教授将世界观念与中国意识的纠缠作为20世纪中期郭沫若观念转折的一个内在逻辑来考察，并认为这种纠缠可能更能代表左翼知识分子的思维，其中郭沫若关于“新国家主义”的主张，既能帮助我们洞悉其内心世界，也有利于我们深入20世纪中国的左翼文化内核。山东师范大学博士生周文通过考察1926年巴金、郭沫若之间没有展开的一次论争，认为这是大革命时期文人知识分子聚合分化的缩影。郭沫若纪念馆蔡震研究员对民国时期郭沫若著译作品的盗版情况进行了考察辨析，认为这一现象难有定说，十分复杂，却值得仔细甄别。贵州师范大学颜同林教授考察了《虎符》的版本演变，认为郭沫若50年代修改《虎符》是为了贯彻普通话写作的规约。山东大学威海分校孟文博博士对郭沫若的《文艺论集续集》的各种版本进行了仔细汇校，并将异文全部录出。郭沫若纪念馆郭平英女士整理释读了郭沫若写于1960年的一首散佚长诗。

本次会议还有三位学者注意到了从形象学的角度讨论郭沫若的身份问题。西南交通大学的段从学教授认为，抗战时期郭沫若的公共形象、自我追述的形象以及后来文学史建构的形象存在的差异非常值得关注。乐山师范学院陈俐教授认为郭沫若关于“诗不是做出来的，只是写出来的”观点，成为文学史定位郭沫若诗歌特征的依据和基调，在一定程度上遮蔽了郭沫若艺术风格的多样性。中国传媒大学周靖波教授通过与延安“五老”的对比，认为称“老”的人物一般来说年龄比毛泽东大，威望比较高，但没有政治实权，“郭老”是一种政治修辞，在当代政治语境中既非主角，也非配角，是在舞台下面领头叫好的人。

此外，山东师范大学魏建教授以“走向世界的郭沫若研究”为题，对于近年来日趋活跃的国际郭沫若学术交流活动进行了回顾和展望。乐山师范学院杨玉英教授考察了美国学者威廉·舒尔茨关于“郭沫若与浪漫主义美学”的研究。绵阳师范学院杨华丽博士梳考了与郭沫若关系密切的《杂文》杂志。华南师范大学咸立强博士认为，前期创造社在翻译批评上采取了微观批评的策略，客观上有利于现代文学空间话语的拓展。

学术研讨会期间，中国郭沫若研究会召开第六次会员代表大会，审议并通过了蔡震代表第五届理事会所作的工作报告。通过无记名投票方式，选举王本朝等56人为第六届中国郭沫若研究会理事。理事会选举张中良等19人为常务理事，高翔为会长，蔡震为执行会长，艾克拜尔・米吉提、冯时、李怡、杨胜宽、邱禾、张越、周海波、崔民选、彭邦本、魏建为副会长，李斌为秘书长，并决定增聘郭平英为名誉会长，谢保成、谭继和为顾问。

蔡震研究员在工作报告中从“组织召开各种形式的学术研讨会，参与推动研究课题等其他学术活动”“国际学术交流活动”“编辑出版学术专辑”“学术普及及其他文化活动”“会员发展与会务工作”等五个方面总结了研究会五年以来的工作。中国郭沫若研究会在过去五年中，积极发展会员，开展学术研讨和郭沫若宣教活动；先后在济南、南充、乐山等地以郭沫若文献史料问题，《女神》出版90周年纪念，郭沫若与文化中国为议题组织召开国际学术研讨会；并与国际郭沫若研究会等学术组织合作，先后在美国、俄罗斯等地就郭沫若与远东文化等议题展开学术研讨；创办《郭沫若研究年鉴》，并已接连出版三辑，编辑出版了《郭沫若与文化中国》等论文集；参与组织了郭沫若诞辰120周年系列活动，多次参与郭沫若的展览展陈活动。通过学会全体会员的不断努力和社会各界的大力支持，中国郭沫若研究会目前已经成为中国现代文学界最为活跃的学术团体之一。

新任会长高翔教授高度评价了第五届理事会的工作，对不再担任学会领导职务的学者表达了敬意，并对第六届理事会提出了要求。他说，在中学与西学，传统与现代并存的当今社会，中国郭沫若研究会负有独特的历史使命，它既是学术组织，也是思想组织，要在弘扬文化遗产、在与西方的学术交流对话、在当前各种思潮的激荡斗争中发挥积极作用；要充分利用中国社会科学院的资源优势，充分利用各种社会力量，努力开拓创新，做大做强，取得更大的成就；要跟相关实体单位合作，组建国际性郭沫若研究数据库，创办新的郭沫若研究刊物，组织史学、文学、考古学等相关领域的高水平学者，召开高层次的学术论坛，写出有分量的文章。学术在于薪火相传，郭沫若研究包括马克思主义史学研究在某些领域有边缘化的趋势，中国郭沫若研究会一定要培养马克思主义的新生代研究队伍。

作为郭沫若专题研讨会，本次会议呈现出三方面的特点。一是受到有关方面的高度重视，中国社会科学院秘书长、历史学家高翔教授专程赴贵阳出席研讨会，并先后两次发表讲话，谈到对郭沫若研究的理解和对中国郭沫若研究会的期待，切中要害，言辞恳切，获得与会者的一致认同。二是文史学界就郭沫若研究开展了广泛深入的交流互动，由于郭沫若在文学创作和史学研究、考古发掘等领域都作出了重大贡献，历次郭沫若学术会议都注意邀请文学史家和历史学家共同参加研讨。本次会议这一特征尤为显著。最为引人注目的是，不同学科背景的学者都注意到了跨学科对于研究郭沫若的重要性，因此有不少来自中国现当代文学专业的学者探讨郭沫若的史学贡献，也有不少来自史学界的学者讨论郭沫若的诗歌戏剧创作及文化心态，从而形成了有效的交流互动。三是无论探讨郭沫若的学术研究，还是探讨其文学创作，都注意到将其作品放回相关的时代背景和历史语境中去考察，从而知人论世，实事求是，力争对郭沫若做出客观公正的科学评价。

（原载《中国现代文学研究丛刊》2015 年第 2 期）

“医学·文学·身体” 第四届郭沫若国际学会双年会议纪实

张　勇

第四届郭沫若国际学院双年会议于 2015 年 9 月 11—15 日，在奥地利维也纳大学东方研究学院举行。来自奥地利、德国、法国、中国、日本、马来西亚等国家的十余名学者参加了此次会议。另外，还有十几位学者虽然向会议提交了论文，但由于各种原因未能参加会议。国际郭沫若研究会会长藤田梨娜教授在开幕式上发言，国际郭沫若研究会执行会长冯铁教授主持了会议的开幕式。

本次国际郭沫若年会会议主题议题是“医学·文学·身体”，此议题旨在通过讨论医学与郭沫若文学创作中的关联，特别是对于身体机能方面的书写，展现郭沫若独特的艺术魅力和审美风格，与会的学者围绕着此议题展开了充分而热烈的讨论。

德国海德堡大学萧瑟教授向大会作了《郭沫若转向考：以身体描写为中心》主旨发言。萧瑟教授在前人有关郭沫若转向研究的基础上，改变了以往研究的视角，从“身体描写”“身体思想”等几个方面，全面客观地阐释了郭沫若转向前后的思想变化以及原因和结果。

有关郭沫若“弃医从文”的问题是本次学术研讨会主要的讨论议题之一，多位参会学者都就此问题陈述了自己的观点。来自中国山东师范大学的魏建教授的《郭沫若“弃医从文”考辩》，对于学界的常识郭沫若的“弃医从文”提出了质疑并进行了学术检讨，在对郭沫若有关“弃医从文”自述进行详尽梳理和辨析之后，并结合鲁迅的“弃医从文”，魏建教授认为：“说郭沫若在这一时期‘弃医从文’，不如说他是‘亦医亦文’。……留日时期郭沫若在‘医’与‘文’之间的选择，不是单向的必然关系，而是混杂着学业、职业、爱好、事业等多向维度的或然关系。”魏建教授借助对郭沫若“弃医从文”观念的辨析，揭示出了郭沫若人生选择和道路方向的复杂性与多种可能性。

日本东京法政大学的王敏教授在其参会论文《关于郭沫若弃医从文的浅析——与鲁迅对比的视角出发》中，认为郭沫若与鲁迅同样经历了弃医从文的过程，然而，两者虽然在形式上有着惊人的相似之处，但其实质内容却不尽相同。论文从学医动机、过程以及弃医从文的缘由三个方面，对郭沫若与鲁迅的弃医从文的经历进行了考察和阐释，从而认为医学的学习经历对于郭沫若和鲁迅的创作内容和方向都产生了深远的影响。

中国四川乐山师范学院的廖久明教授提交会议的《不一样的弃医，不一样的从文——鲁迅、郭沫若弃医从文比较论》，则从郭沫若和鲁迅选择学医的原因、弃医从文的原因以及弃医从文的结果等三个方面，揭示出了郭沫若和鲁迅虽然同样是有放弃医学专业的行为，但是却走向了不同的创作和人生的道路。郭沫若弃医从文相较鲁迅来讲有其独特性，只有这样才能认识到郭沫若在中国现代历史上的独特性和真正价值。

中国社会科学院郭沫若纪念馆张勇副研究员在《医学与郭沫若早期翻译关系考释——兼论郭沫若早期留日十年期间的翻译活动》一文中，在梳理郭沫若十年留日期间医学专业的学习与早期翻译活动关系资料的基础上，考证郭沫若从事白话文学活动的最初时间，从而订正以往郭沫若“弃医从文”的普遍说法，进而回答郭沫若最初文艺选择的方向和创作手法以及早期中国知识分子文化方向抉择等方面的研究难点和热点问题。

有关郭沫若的“医学与创作”是本次会议讨论的另外一个重要议题，日本东京国士馆大学藤田梨娜教授的《医学、文学、身体——以郭沫若的〈残春〉为例》结合着郭沫若的小说《残春》中有关结核病的描写，揭示了结核病流行的环境、现代医学这两个要素与日本留学时代郭沫若文学创作有着密切的关系。藤田教授认为

“在郭沫若文学的‘医学·文学·身体’中凝结了现代文明与科学精神的问题，现代科学与自我意识在这里交错”。

马来西亚拉曼大学许文荣教授的《身体书写在郭沫若小说中的多元意涵》论文，从身体书写的角度来将郭沫若早期的小说创作分为了“疾病的身体”“梦中的身体”“透视的身体”三类，在此基础上通过文本的细读揭示出了郭沫若身体书写所隐含的多元的国族隐喻和自我象征，同时还具有审美的情趣和多重的社会意义。

巴黎第七大学宇乐文教授在《20与30年代郭沫若小说里身体的再现、医学与解剖：一种含混的态度》一文中，借助于解剖学的理论揭示出了郭沫若小说创作中独有的有关尸体解剖的意象，从而得出了解剖也构成了郭沫若文学创作的根源以及解剖被郭沫若文学化等方面的结论。

有关医学对于郭沫若人生道路选择的关系研讨也是本次会议的重要议题，中国南京大学沈卫威教授利用比较分析的方法，揭示出了身体受伤对郭沫若与高行健人生道路选择和文艺思想方式表述等方面影响的异同。

中国社会科学院郭沫若纪念馆李斌副研究员的《学医受挫与革命对马克思主义的接受》则认为：“郭沫若对马克思主义的接受，与他学医受挫直接相关。学医与文学创作，是既矛盾紧张，又相辅相成的统一体，共同维持着郭沫若的精神世界。学医受挫，给郭沫若带来了‘推理的真’的匮乏，这一匮乏亟需新的系统的科学理论知识弥补。通过翻译《社会组织与社会革命》，郭沫若以马克思主义理论替代缺失了的医学科学，从而使这一匮乏得到满足，并让其成为他此后精神生活的重要一维。”

中国广州华南师范大学日籍博士生川崎馨子的《考察医学给郭沫若带来的影响》一文，在对郭沫若《创造十年》《黑猫》等自传中有关学医方面的论述进行对比分析的基础上，对武继平、顾伟良等学者有关此论题的论述进行了辩证的阐释，从而认为，郭沫若学医“估计是受到哥哥的影响，凭自己的爱好、经验而立志学医的。就是学医，打开了通往日本的留学之路，获得了与外国文学接触的机会，当初虽然持着否定的态度看待文学，不过还是自己发现创作文学做，用文学救国的方法。”

会议间隙，与会代表在冯铁教授的带领下参观了弗洛伊德位于维也纳大学办公室的旧址。会议还就2016年国际郭沫若研究会双年会议的举办地点和主要议题进行了充分讨论和磋商。

（作者为中国社会科学院郭沫若纪念馆副研究员）

二　郭沫若主题展

"纪念《甲申三百年祭》发表70周年——反腐倡廉话甲申"主题展览纪实

一、展览主旨

1644年（即中国农历的甲申年），李自成领导农民起义军攻占北京，结束了明朝的腐朽统治，建立大顺农民政权。仅40余天后，刚刚建立的政权即宣告败亡。300年后的1944年，又逢甲申年，为纪念李自成领导农民起义，基于对历史的思考，郭沫若搜集资料，精心研究，写成《甲申三百年祭》。该文认为，明朝灭亡是因为执政者的腐败使其失去民心。文中高度评价明末农民起义的历史作用，科学地总结了起义失败的教训，即骄傲必败、分裂必败、腐化必败，提出革命的阶级和政党不能被胜利冲昏头脑这一重要历史经验。《甲申三百年祭》发表70年来，党和国家领导人对该文一直给予高度重视和评价。毛泽东同志称这篇文章是大有益于中国人民的史论，并把它作为整风文件，让全党共同学习。改革开放以来，邓小平、江泽民、胡锦涛、习近平等党和国家领导人高度重视《甲申三百年祭》，在提到反腐倡廉时也多次引用该文。这篇史论在党的思想建设上发挥着积极作用。

为纪念《甲申三百年祭》发表70周年和配合党的反腐倡廉、改变作风的宣传，2014年4月2日—7月15日，郭沫若纪念馆与中国社会科学院监察局共同举办了"纪念《甲申三百年祭》发表70周年——反腐倡廉话甲申"主题展览。

二、展览主题

纪念《甲申三百年祭》发表70周年——反腐倡廉话甲申

三、主办与承办单位

主办方：中国社会科学院监察局、郭沫若纪念馆

承办方：郭沫若纪念馆

四、展览（巡展）时间、地点、展期

开幕时间：2014 年 4 月 2 日
地点：郭沫若纪念馆
展期：6 个月

巡展时间：2014 年 4 月 16 日
地点：北京宣武医院
展期：3 个月

巡展时间：2014 年 5 月 18 日
地点：平谷上宅文化陈列馆
展期：6 个月

五、活动内容

1. 文化展览

2014 年 4 月 12 日，展览开幕式在郭沫若纪念馆西院展厅举行。此次展览分“居安思危、温故知新”“以史为鉴、可知兴替”“经典长传、历久弥新”三个部分，主要介绍了文章的写作背景、历史及现实意义。展览还同时展出了馆藏珍贵文物和资料，其中包括郭沫若亲笔抄录的《明史·李自成传》《剿闯小史》《明季北略》等史籍手稿，以及《甲申三百年祭》历年出版情况和版本等，部分文物是首次展出。

2. 基层巡展

该展览以“20 世纪文化名人的中国梦与反腐倡廉话甲申”为题，进行巡展，如在平谷区进大集，进学校，进部队，在平谷区全方位的进行宣传活动，在宣武医院纪检部门的支持下，将在宣武医院及其附属学校开展系列宣传活动等。这项活动受到中国社会科学院党组的高度重视，党组专门组织了参观学习，并且中国社会科学院几乎所有所、局党委和支部均组织党员学习参观。

3. 出版纪实

郭沫若纪念馆与中国社会科学院监察局共同组织编辑《〈甲申三百年祭〉70 周年展览纪实》一书。该书由当代中国出版社出版发行，共分为展览图景、中国社会科学院领导讲话实录、中国社会科学院党组成员参观展览、70 周年纪念文章、开幕实况、馆内参观、馆外巡展、媒体报道、展览展示、《甲申三百年祭》全文等部分，以图文并茂的形式全方位、多角度的展现出“纪念《甲申三百年祭》发表 70 周年——反腐倡廉话甲申”主题展览活动的过程、意义和社会反响等内容。

附："纪念《甲申三百年祭》发表70周年——反腐倡廉话甲申"部分展板设计

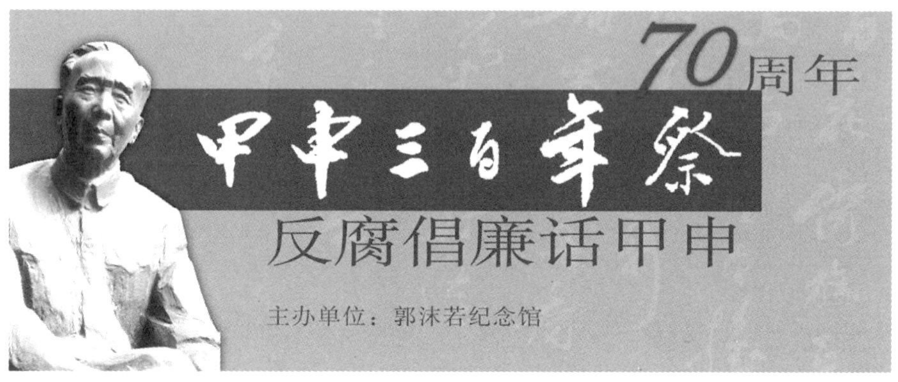

甲申三百年祭70周年·反腐倡廉话甲申

纪念《甲申三百年祭》发表70周年

前 言

1944年3月郭沫若通过鲜活的史料写下了《甲申三百年祭》这篇著名史论，该文认为：明王朝灭亡是因为执政者腐败，而执政者腐败最终导致的结果便是失去了民心。该文还从李自成所领导的农民起义从胜利走向失败的史实为一面历史镜子，提醒革命者在历史关头不要飘飘然、昏昏然，骄傲起来。

毛泽东同志称这篇文章是大有益于中国人民的史论，并把它作为延安整风文件，让全党共同学习。1944年6月7日，中共中央宣传部和总政治部联合发出通知，要求各级党组织及各级政工部门对《甲申三百年祭》给予高度重视，组织干部认真学习，从中吸取力量。改革开放以来，《甲申三百年祭》受到了党和国家领导人邓小平、江泽民和胡锦涛等同志的高度重视，在党的思想建设上发挥了积极的作用。

习近平总书记在中国共产党第十八届中央纪律检查委员会第三次会议上进一步强调：全党同志要深刻认识反腐败斗争的长期性、复杂性和艰巨性，坚决把党风廉政建设和反腐败斗争进行到底，再一次向公众彰显了中央在反腐问题上的坚强意志和坚定决心。“得民心者得天下”是一条亘古不变的永恒真理，并且在人类历史发展过程中得到了实践的检验。在党中央对待腐败“有案必查、有腐必惩”的时刻重温《甲申三百年祭》，旨在教育引导广大党员干部既要居安思危，牢固树立马克思主义群众观点，也要以史为鉴，切实改进工作作风，赢得人民群众信任和拥护。这对于夯实党的执政基础，巩固党的执政地位，将具有十分重大而深远的现实指导意义。

甲申三百年祭70周年·反腐倡廉话甲申

居安思危　温故知新

二零一四年一月十三日，中共中央总书记、国家主席、中央军委主席习近平在中国共产党第十八届中央纪律检查委员会第三次全体会议上发表重要讲话。他强调，坚持党要管党、从严治党，强化党对党风廉政建设和反腐败工作统一领导，强化反腐败体制机制创新和制度保障，加强思想政治教育，严明党的纪律，坚持不懈纠正"四风"，保持惩治腐败高压态势，努力取得人民群众比较满意的进展和成效。

他说，解决好保持党同人民群众的血肉联系问题，不可能一劳永逸，不可能一蹴而就，要常抓不懈。我们开了个好头，要一步一步深化下去。抓作风建设，首先要坚定理想信念，牢记党的性质和宗旨，牢记党对干部的要求。作为党的干部，就是要讲大公无私、公私分明、先公后私、公而忘私，只有一心为公、事事出于公心，才能坦荡做人、谨慎用权，才能光明正大、堂堂正正。作风问题都与公私问题有联系，都与公款、公权有关系。公款姓公，一分一厘都不能乱花；公权为民，一丝一毫都不能私用。领导干部必须时刻清楚这一点，做到公私分明、克己奉公、严格自律。

甲申三百年祭70周年·反腐倡廉话甲申

居安思危 温故知新

一九四四年十一月二十一日，毛泽东在给郭沫若的信中写道："你的《甲申三百年祭》，我们把它当作整风文件看待。小胜即骄傲，大胜更骄傲，一次又一次吃亏，如何避免此种毛病，实在值得注意。"又说："你的史论、史剧有大益于中国人民，只嫌其少，不嫌其多……"

甲申三百年祭70周年·反腐倡廉话甲申

居安思危 温故知新

一九九一年四月二十七日，江泽民在全国党建理论讨论会上讲到重新读一读《甲申三百年祭》。他说："现在有些人贪污腐化，行贿受贿，完全违背了党的全心全意为人民服务的宗旨，完全离开了共产党员的标准……'物必自腐而后虫生'。'上梁不正下梁歪'，'中梁不正倒下来'……我们必须记取中国的古训'身教重于言教'。在改革开放的条件下，发生腐败现象的可能性增加了，但只要我们坚决抵制，就完全可以把它缩小到最低程度。"

甲申三百年祭
70周年·反腐倡廉话甲申

居安思危　温故知新

党的十六大后，胡锦涛带领中央书记处的同志到西柏坡，重温“两个务必”，要求全党同志下大力量发扬艰苦奋斗的作风。温家宝在十届人大二次会议闭幕后的记者招待会上指出：“今年是农历甲申年，提起反腐败，我就想起六十年前毛泽东向全党推荐过一篇郭沫若的文章，《甲申三百年祭》。他谆谆告诫全党，不要犯胜利时骄傲起来、生活腐化的错误。后来，他又要求全党务必保持谦虚谨慎、不骄不躁的作风，务必保持艰苦奋斗的作风。六十年过去了，我们党许多同志经受住了考验，但也有人没有经受住考验，在糖衣炮弹面前倒下了。”

甲申三百年祭70周年·反腐倡廉话甲申

以史为鉴　可知兴替

1644年农历3月19日，闯王李自成攻破北京，明朝崇祯帝吊死煤山（今景山）。但是，由农民起义军建立的大顺王朝，由于种种错误，在紫禁城内仅仅执政40天便兵败山倒。这场瞬间变换的悲剧成为中华民族不能忘怀的一幕。1944年3月19日，重庆《新华日报》开始连载的郭沫若《甲申三百年祭》，透彻地分析了明朝覆灭与李自成得失成败的原因，揭示了农民革命的历史必然性。文章迅速引起深刻社会反响。毛泽东在延安高度评价《甲申三百年祭》，赞许郭沫若的史论、史剧"有大益于中国人民"，号召中国共产党人以史为鉴，不要重蹈李自成的覆辙。

《甲申三百年祭》一直受到党中央领导人的高度重视。得民心者得天下，失民心者失天下，这是一条经过历史反复验证的真理。在全面建设小康社会、努力和平崛起的重要的战略机遇期，重温《甲申三百年祭》，相信更有裨益。

甲申三百年祭70周年·反腐倡廉话甲申

以史为鉴　可知兴替

天官府：1944年春，郭沫若放下先秦思想史的研究计划，在不到两个月的时间里，完成了著名史论《甲申三百年祭》。对李自成、李岩、牛金星等农民起义的典型人物做了比较、分析，总结了得失成败的原因，为他们恢复了历史的本来面目。

郭沫若、于立群夫妇身后的房屋是他们当年的住所——重庆天官府4号，一座被郭沫若称之为“蜗庐”的危楼。

关于李岩：1946年2月12日，郭沫若写了《关于李岩》，图为该文手稿。

甲申三百年祭70周年·反腐倡廉话甲申

以史为鉴 可知兴替

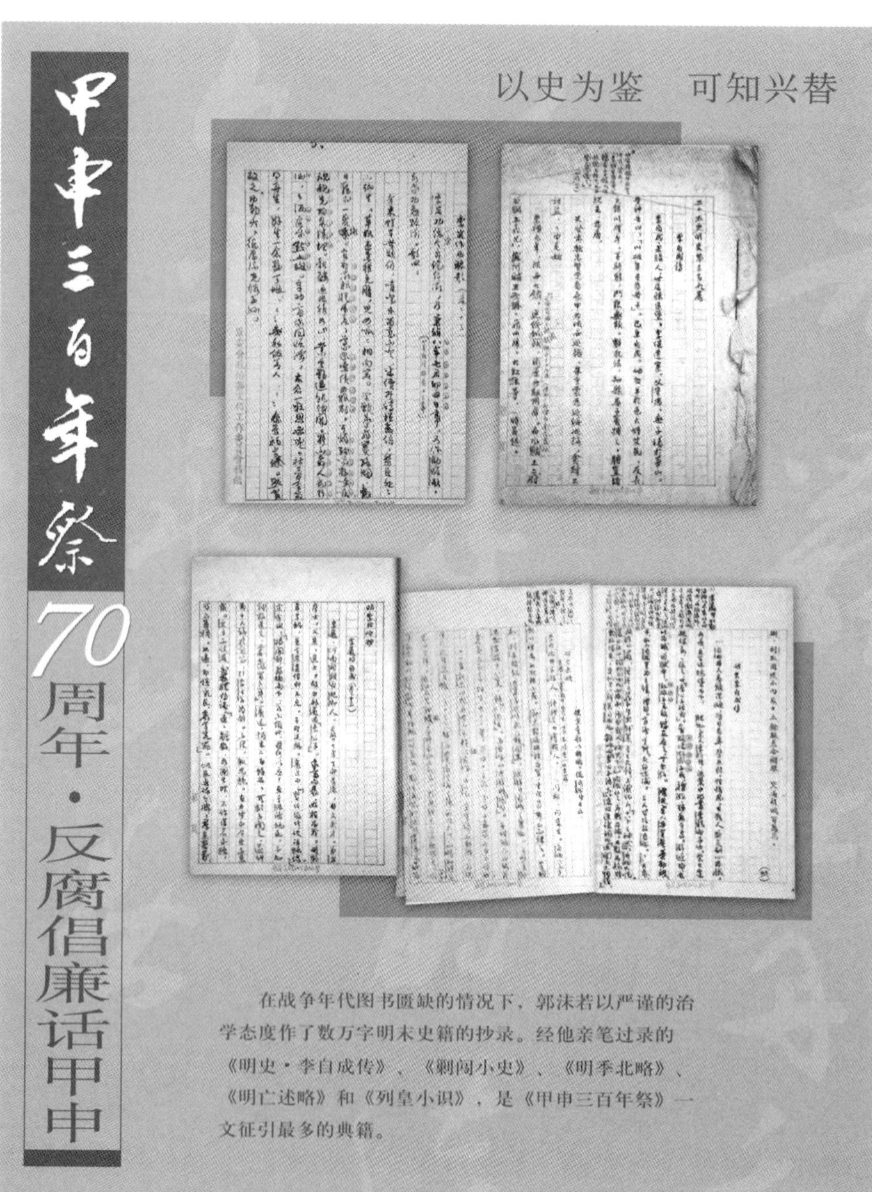

在战争年代图书匮缺的情况下，郭沫若以严谨的治学态度作了数万字明末史籍的抄录。经他亲笔过录的《明史·李自成传》、《剩闯小史》、《明季北略》、《明亡述略》和《列皇小识》，是《甲申三百年祭》一文征引最多的典籍。

以史为鉴　可知兴替

《剿闯小史》

演义小说，又名《李闯贼史》、《馘闯小史》，约成书于明季甲申、乙酉年间（1644—1645）。记述李自成兴兵始末，至南明弘光帝继位南京，吴三桂降清为止。该书当时或曾刊行，清代时被列为禁书。郭沫若在写作《甲申三百年祭》时从友人处得到一套乾隆年间的十卷手抄本，为其作跋文，并亲手抄录一套。图为郭沫若手抄本。

郭沫若1944年录《芝龛记》第40出《狐奔》手稿

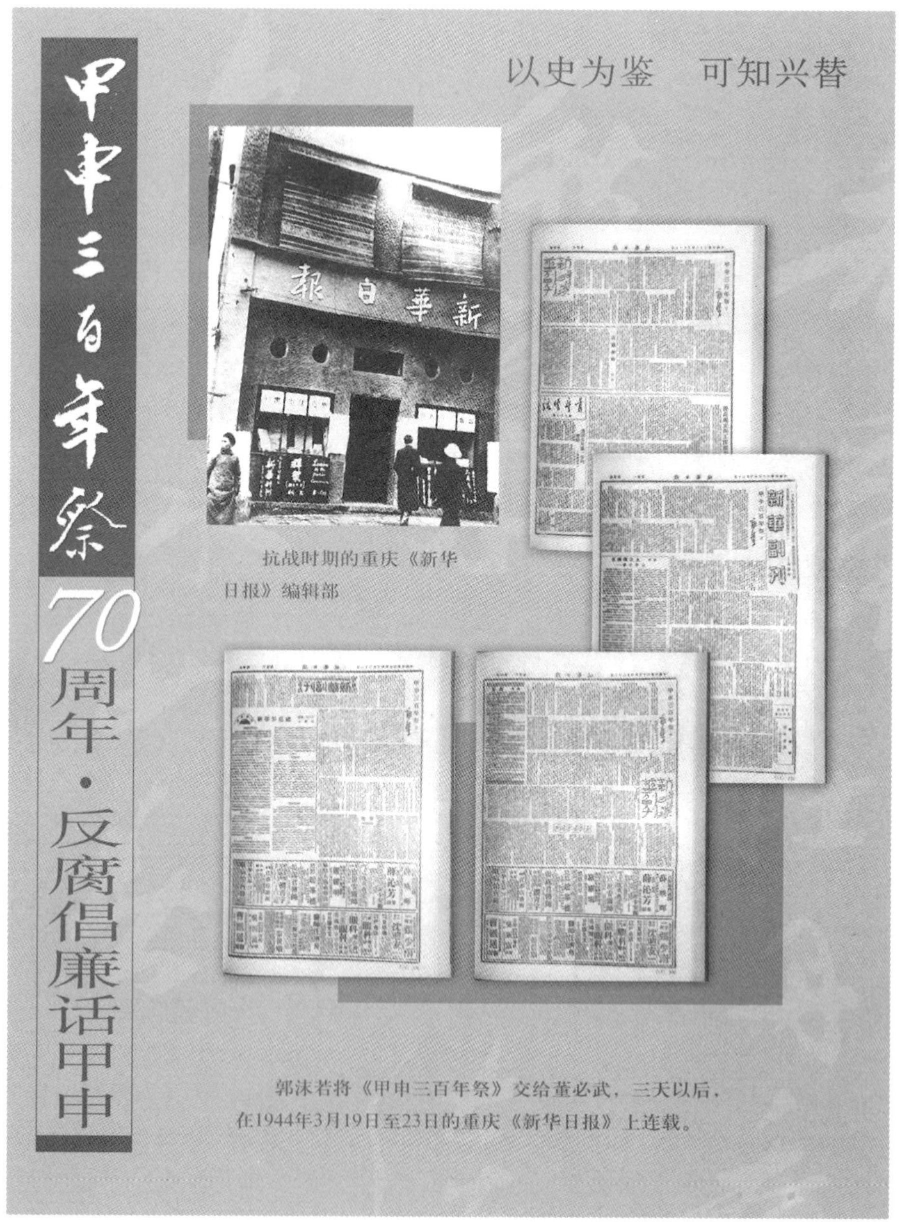

抗战时期的重庆《新华日报》编辑部

郭沫若将《甲申三百年祭》交给董必武，三天以后，在1944年3月19日至23日的重庆《新华日报》上连载。

甲申三百年祭70周年·反腐倡廉话甲申

以史为鉴　可知兴替

延安《解放日报》根据毛泽东的指示，于4月18、19日全文转载郭沫若的《甲申三百年祭》，并在编者按中针对《中央日报》为首的舆论攻击说，“蚍蜉撼大树”，更增加了“郭先生的文章的历史价值”。

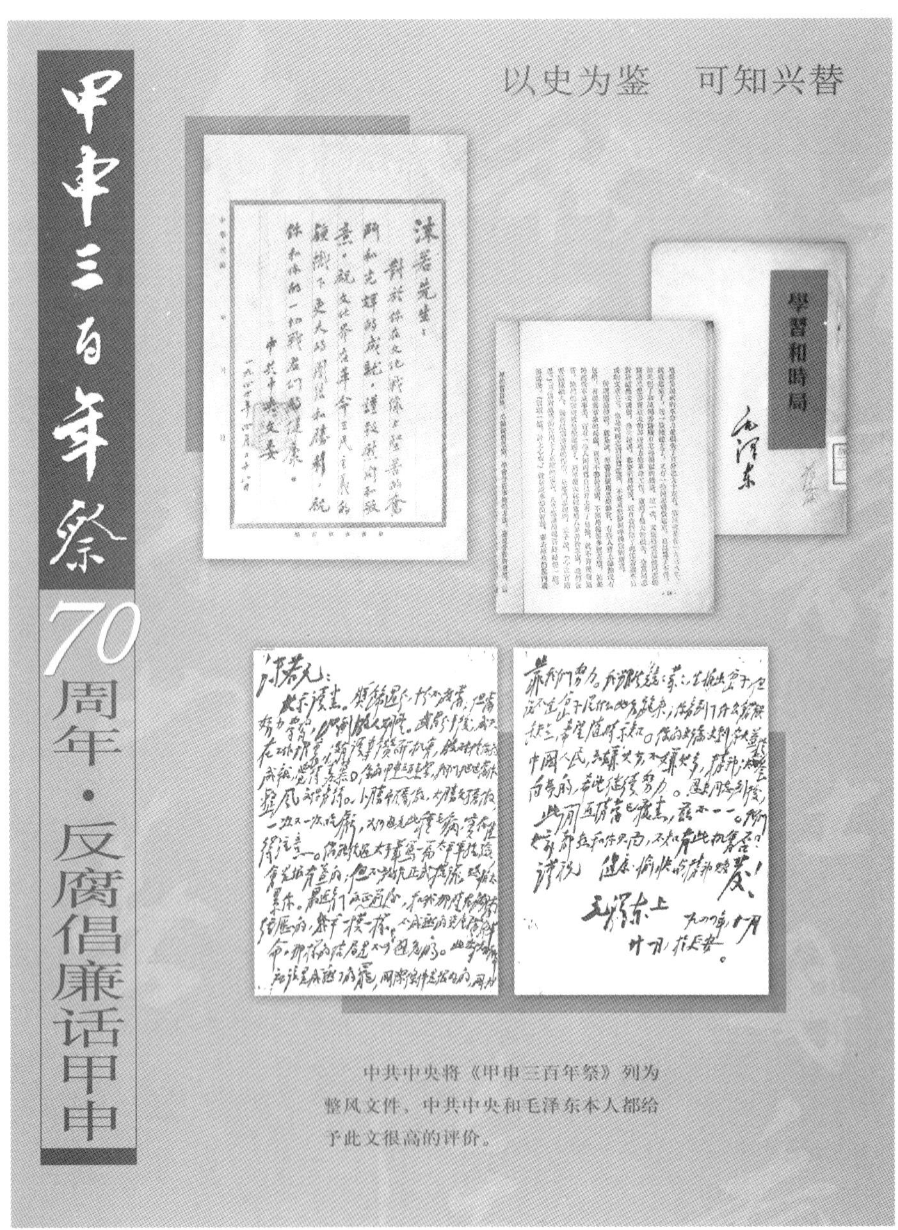

中共中央将《甲申三百年祭》列为整风文件，中共中央和毛泽东本人都给予此文很高的评价。

甲申三百年祭70周年·反腐倡廉话甲申

以史为鉴　可知兴替

翦伯赞、柳亚子：抗战期间特定的历史环境中，《甲申三百年祭》一面世，即引发社会各界关注。晚明史研究一时成为学术界的敏感问题，柳亚子、翦伯赞等史学家都先后撰文研究。

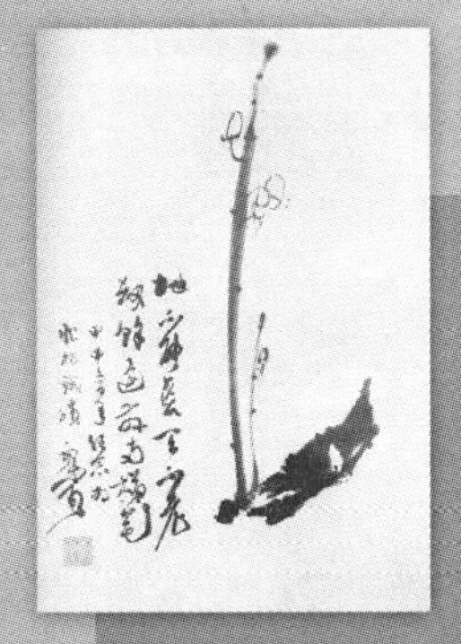

郭沫若的《甲申三百年祭》发表后，引起学界、政界的巨大反响。郭沫若一九四四年画赠爱国民主人士柳非杞，并提：地不能荒天不老，劫余还存两梯花。

李自成之墓：

1955年，郭沫若为湖北九宫山李自成之墓题写墓碑，并题词。

甲申三百年祭70周年·反腐倡廉话甲申

经典长存 历久弥新

郭老面对当时中国共产党所代表的光明前途和国民党所代表的黑暗前途的较量，以高度的使命感和责任感，把个人的学术研究与革命的需要和人民的利益紧密相联，这种服从革命需要和人民利益的精神所体现的，既是马克思主义史学派的党性原则，也是中国史学经世致用的优良传统。

——朱佳木

郭老的《甲申三百年祭》又为历史研究怎样为现实服务作出了榜样。历史是不会重演的，但历史的经验始终值得注意。这里有一个一般和个别、矛盾的普遍性和矛盾的特殊性的关系问题，也就是古人所说的“一”和“多”的关系。矛盾的普遍性，一般总是寓于矛盾的特殊性、个别之中，是从后者中概括出来的。古人把它称为“一多相容”。具体的历史事件（也就是个别）是不会重复的，但它所包含的有普遍意义的带规律性的道理仍可以给后人以很多启示。

——金冲及

是编论证之长约有三点：一、以往统治阶级学者误解历代农民起义为流寇，著者以正确理论之根据，将农民起义提到历史发展之主要力量。二、明末启蒙民主思想学者顾炎武、王夫之等人只有民族思想而无人民思想（即无产阶级意识）。三、从阶级上分析，由于农民的保守性，“他的代表农民利益的运动早迟也会变质”，只有工人无产阶级和党的领导革命始能成功。此均为精辟之论据，起指导之作用者。

——谢国桢

对《甲申三百年祭》，我的意见，首先要看它的政治意义，我们要是置身于当时的历史环境中，就可以明白看出，它并不完全是一篇学术性的，而是具有强烈的战斗性的文章，这是对明末农民战争为什么失败的原因的科学分析。

——方诗铭

作为学术著作的《甲申三百年祭》为中国农民战争史的研究作了奠基和示范，它本身的历史地位和学术价值是不可磨灭的。这一著作并不是一挥而就的应世之作，而有长期的思想准备和深厚的史学基础。

——黄烈

只有从“帝王思想和人民思想的斗争”这一贯穿始终的基本原则来认识《甲申三百年祭》，才能够看到文字即“祭”明亡，又“祭”农民军悲剧结局的真实所在，而且这两者之间还有深刻的内在联系。应该说，这才是《甲申三百年祭》的本来面目——一定要坚持“以人民为本位”的原则！

——谢保成

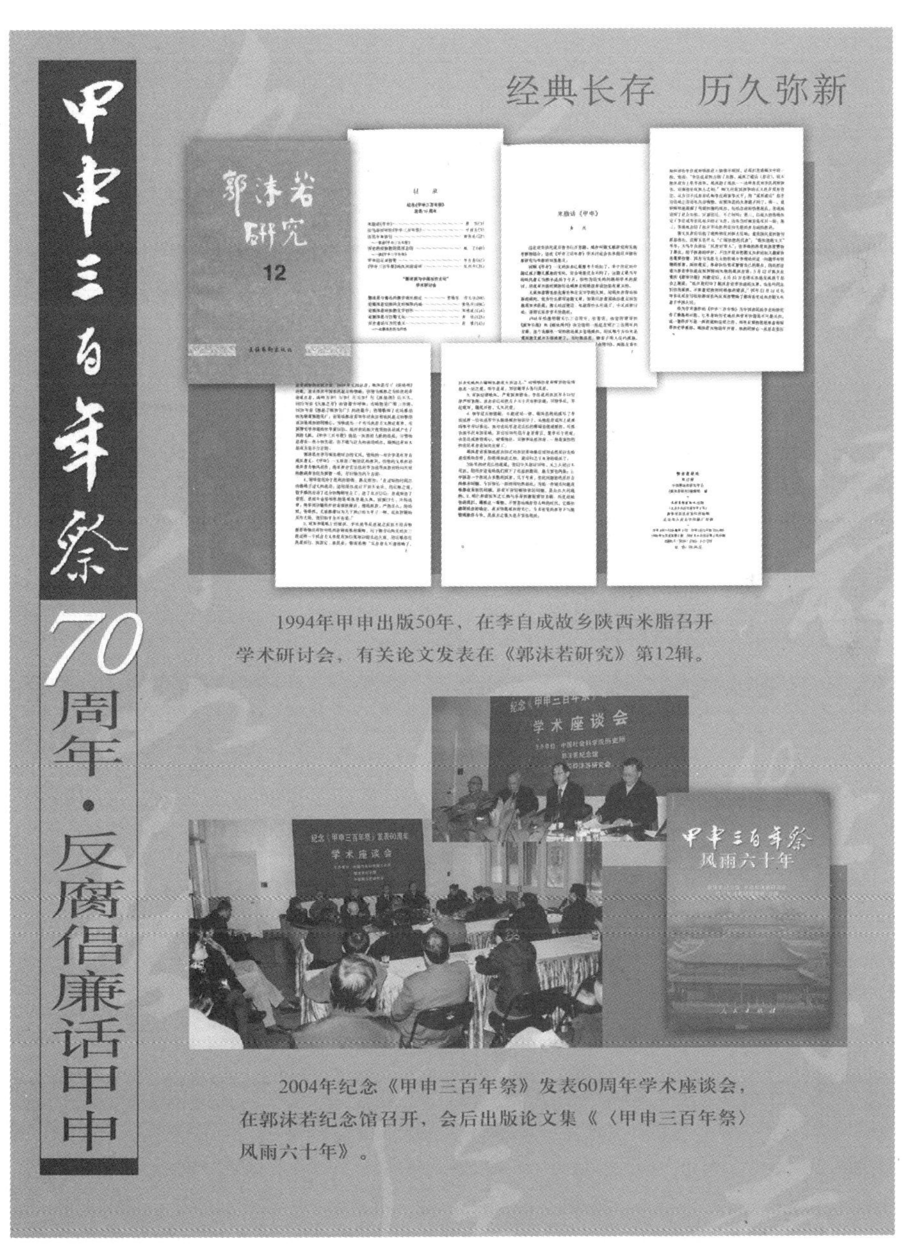

1994年甲申出版50年，在李自成故乡陕西米脂召开学术研讨会，有关论文发表在《郭沫若研究》第12辑。

2004年纪念《甲申三百年祭》发表60周年学术座谈会，在郭沫若纪念馆召开，会后出版论文集《〈甲申三百年祭〉风雨六十年》。

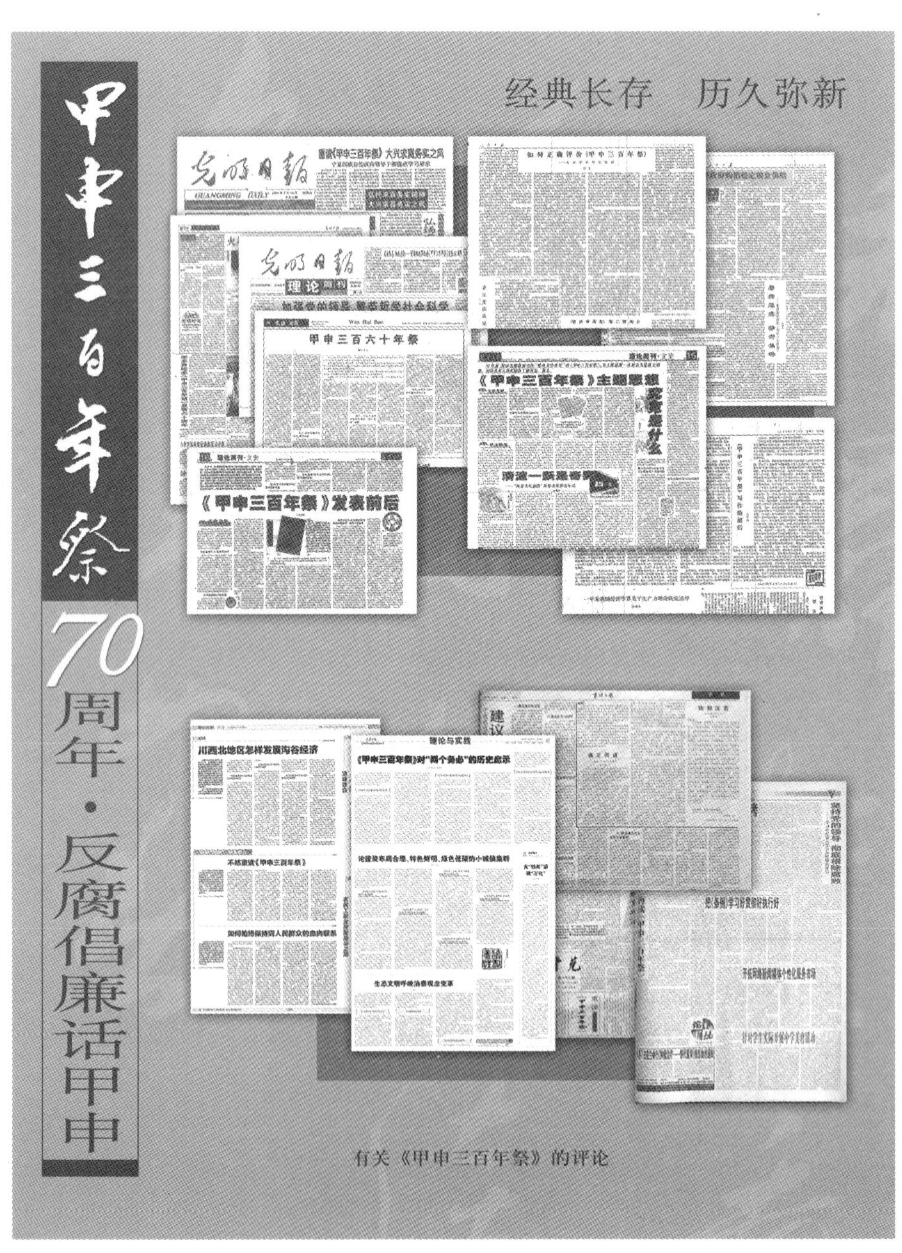

有关《甲申三百年祭》的评论

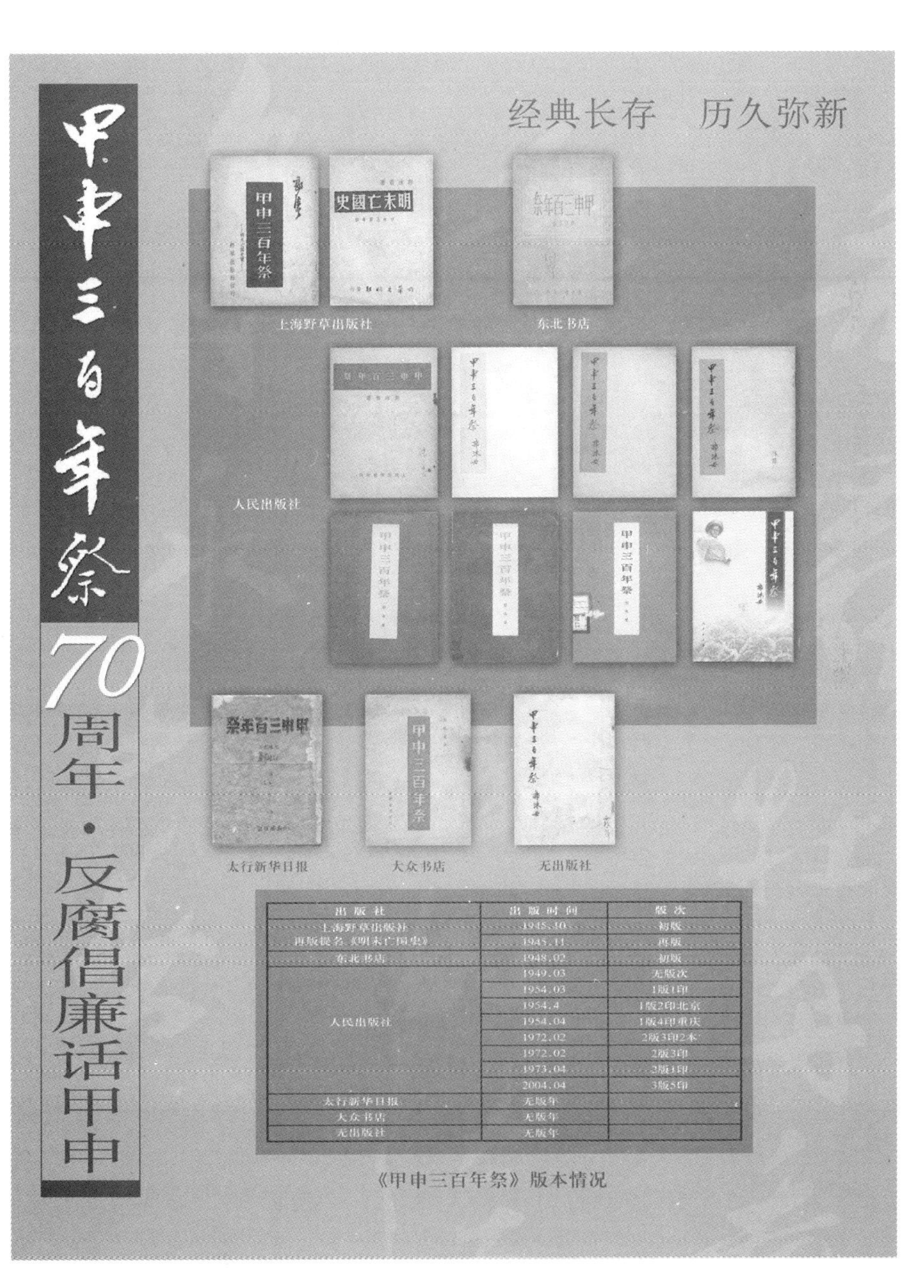

出版社	出版时间	版次
上海野草出版社	1945.10	初版
再版提名《明末亡国史》	1945.11	再版
东北书店	1948.02	初版
人民出版社	1949.03	无版次
	1954.03	1版1印
	1954.4	1版2印北京
	1954.04	1版4印重庆
	1972.02	2版3印2本
	1972.02	2版3印
	1973.04	2版4印
	2004.04	3版5印
太行新华日报	无版年	
大众书店	无版年	
无出版社	无版年	

《甲申三百年祭》版本情况

甲申三百年祭70周年·反腐倡廉话甲申

结 语

以史为鉴，可以知兴替。郭沫若先生在七十年前用饱含激情和睿智的笔调写下的《甲申三百年祭》可谓警钟长鸣，意味深远。“得民心者得天下，失民心者失天下”是历史发展的必然规律。老百姓的支持使李自成领导的农民革命军三天就攻下北京，然而，进京后李自成及手下功臣们就脱离群众、脱离实际，最终以失败告终。90多年来我们党在长期的革命历史发展过程中，始终坚持一切为了群众，一切依靠群众，从群众中来，到群众中去的群众路线。党的十八大以来，以习近平同志为总书记的中央领导集体，进一步强调要从人民根本利益出发，以实现人的全面发展为目标，继续强调走群众路线，保持党的纯洁性，提出自2013年下半年开始，中共中央自上而下紧紧围绕保持和发展党的先进性和纯洁性，以为民、务实、清廉为主要内容，按照“照镜子、正衣冠、洗洗澡、治治病”的总要求，自上而下在全党深入开展党的群众路线实践教育活动。党的群众路线教育活动切实保障了人民群众的经济、政治、文化权益，让社会改革发展的成果惠及全体人民。

甲申三百年祭

70周年·反腐倡廉话甲申

老百姓对腐败深恶痛绝，因此防止党员干部骄奢淫逸，腐化变质也是以习近平为总书记的新一届中央领导集体工作的重中之重。我们党深刻认识反腐败斗争的长期性、复杂性、艰巨性，为此印发了《建立健全惩治和预防腐败体系2013—2017年工作规划》，坚决反对腐败，毫不留情地把腐败分子清除出党的队伍，进一步表明了中国共产党人坚决把党风廉政建设和反腐败斗争进行到底的信心，我们党的铁腕反腐得到了广大人民群众的拥护和爱戴。

通过《甲申三百年祭》的展览，我们重温了党执政六十多年来，始终与时代发展同步伐，与人民同命运，从人民的评判中发现不足纠正缺点，从人民的信任中获得前进动力的光辉岁月，也体验到了党坚持以人为本，执政为民，重在持之以恒，真抓实干的优良品质。民心向背决定事业成败。新一届中央领导集体以史为鉴，在总结我们党执政经验的基础上使我们的各项工作更得民心、顺民意、合民情，在新实践中体现出爱民、为民和亲民的特色，我们党定能应对未来的各种错综复杂的形势，以实现中华民族的伟大复兴为己任。

“大家风范　中国精神——20 世纪八大文化名人的人格和家风”主题展览

一、展览主旨

北京八大名人故居的主人宋庆龄、李大钊、鲁迅、郭沫若、茅盾、老舍、徐悲鸿、梅兰芳等，都是活跃在 20 世纪不同年代的文化名人，他们在不同的领域分别取得了彪炳史册的历史功绩。八大文化名人少年时志存高远、立志报国，壮年时诚信待人、敬业乐业，在日常生活中秉持俭朴本色和诗礼传家的传统道德，在人格和家风上完全体现了中国价值和中国精神，堪称大家风范。

这个展览，就是希望通过八位名人个人修养和生活理念方面的标杆价值和示范作用，弘扬主旋律，传递正能量，推动社会主义核心价值观公民个人层面价值准则的培育和践行。

二、展览主题

大家风范 中国精神——20 世纪八大文化名人的人格和家风

三、主办与承办单位

主办方：国家文物局、中国艺术研究院、中共北京市委宣传部、北京市文物局、首都博物馆联盟、北京市西城区委宣传部

承办方：华中农业大学、宋庆龄故居、李大钊故居、北京鲁迅博物馆、郭沫若纪念馆、茅盾故居、老舍纪念馆、徐悲鸿纪念馆、梅兰芳纪念馆等

四、展览（巡展）时间、地点与展期

开幕时间：2014 年 5 月 18 日

地点：周口店北京人遗址博物馆

展期：1 周

巡展时间：2014 年 5 月 22 日

地点：浙江省桐乡乌镇茅盾纪念堂
展期：3 周

巡展时间：2014 年 7 月 23 日
地点：中国妇女儿童博物馆
展期：3 周

巡展时间：2014 年 9 月 15 日
地点：北京市第十三中学
展期：2 周

巡展时间：2014 年 10 月 13 日
地点：北京市西城区厂桥小学和护国寺小学
展期：2 周

巡展时间：2014 年 11 月 3 日
地点：湖北武汉华中农业大学
展期：3 周

巡展时间：2014 年 11 月 27 日
地点：浙江警察学院
展期：2 周

五、华中农业大学展览活动内容

1. 文化展览

展出由主办单位精心择选八位大家大量珍贵的历史文献、图片和文物，并滚动播放有关影音资料，展示北京八大历史文化名人的爱国主义精神、奉献精神、创新精神和实干兴邦精神。

2. 艺术表演

在展览开幕式上举行相关专题艺术表演活动。

诗文朗诵：将校园文化活动“金秋雅韵”诗文朗诵会的年度主题与展览相结合，挑选各大名家的著名诗义进行专题编排，由北京艺术名家和师生共同演出。

国粹赏析：为纪念梅兰芳诞辰 120 周年，邀请著名表演艺术家和师生共同演出梅派经典剧目，并以主持旁白方式展现梅兰芳先生的艺术风范、高尚人格和爱国主义情怀。

3. 教育普及

形式：专题讲座。邀请部分纪念馆专家举办专题讲座、沙龙交流。

《郭沫若的成功之道》

主讲人：张勇，郭沫若纪念馆副研究员、博士

《徐悲鸿的美术创新》

主讲人：佟刚，徐悲鸿纪念馆社教部。

《梅兰芳的舍与得》

主讲人：梅玮，梅兰芳第四代传人，梅兰芳研究中心主任。

“郭沫若与人民艺术”展览

一、展览主旨

随着2014年第二批党的群众路线教育实践活动的深入开展和梅兰芳先生诞辰120周年，为了拓展文化交流，2014年3月25日—4月25日，郭沫若纪念馆与泰州梅兰芳纪念馆在江苏省泰州市梅兰芳纪念馆联合举办了“郭沫若与人民艺术”展览。

郭沫若是一位百科全书式的文化巨人，他在文学、历史、考古、古文字、翻译等方面成就卓著。但常被人忽视的是他在戏剧、书法、音乐及艺术理论等诸多领域也有着突出贡献。他还身兼数职，除去大家熟悉的担任中国科学院院长职务以外，还长期担任着中国文学艺术界联合会主席，推动了新中国人民艺术的健康发展。

习近平同志在走访内蒙锡林浩特爱民社区时曾说道：“要把人民放在心中最高位置。”这正是举办本展览的目的所在——以郭老为首的人民艺术家们是如何以人民为本位，服务大众，融入百姓的。本次展览聚焦于郭沫若如何以“创造‘人民本位’的艺术作品，为人民大众服务”为信念努力耕耘创作，孕育出一部又一部脍炙人口的艺术作品。

二、展览主题

郭沫若与人民艺术展

三、主办与承办单位

主办方：

中共泰州市委宣传部、泰州市凤城河风景区管委会、泰州市文化广电新闻出版局、北京郭沫若纪念馆、中国郭沫若研究会

承办方：

泰州市梅兰芳纪念馆

四、展览开幕时间、地点与展期

开幕时间：2014年3月25日

地点：江苏泰州市梅兰芳纪念馆

展期：1 个月

五、展览内容

1. 历史追忆

郭沫若纪念馆曾作为北京八大名人故居纪念馆联盟中的一员巡展至泰州，本次“郭沫若与人民艺术展”以 200 余幅珍贵历史照片，50 余件实物展品更为全面的展示了郭沫若这位“时代之子”的辉煌人生。

展览选择了郭沫若历史剧的创作为一个重点，不仅展出了《屈原》《蔡文姬》《武则天》等历史剧的珍贵演出资料，同时还首次展示了一批以历史剧为题材改编的连环画作品，从侧面展现郭沫若历史剧的时代影响力。

2. 书法鉴赏

郭沫若的书法以“回锋转向、逆入平出”为学书执笔要诀，书体既重师承，又多创新，展现了大胆的创造精神与鲜活的时代特征，被世人誉为“郭体”。本次展览选取了郭沫若不同历史时期的 10 余幅代表作品，充分反映了他书法艺术的发展历程。

3. 字画赏析

作为梅兰芳先生诞辰 120 周年系列文化活动的一个部分。展览在展示郭沫若与同时代其他人民艺术家间亲密交往的同时，特别为郭沫若与梅兰芳先生之间的真挚友谊画上浓墨重彩的一笔——不仅让观众见证了“文”“艺”界两位大师的历史影像、字画情谊，还观看到郭沫若为梅兰芳先生赋诗吟诵的珍贵声像资料。随展中的近 60 件展品引起了泰州人民的欢迎，在历时一个月内，收到了很好的社会效益。此次展览是泰州的梅兰芳纪念馆与北京的郭沫若纪念馆馆际之间的首度独立合作，也是两馆通过馆藏珍贵文献共同搭建起的一座文化桥梁，连接着两地的同行博物馆，连接着两地的文化巨人，连接着两地的热心观众。

六、展出物品清单

序号	名称	尺寸（单位厘米）	备注
1	题群益出版社	167 * 68	挂轴、复制件
2	国民七言联	170 * 42. 5 * 2	挂轴、复制件
3	题自画长秆荷花	158 * 39. 5	挂轴、复制件
4	题自画斜竹	39. 5 * 31	镜框、复制件
5	卜算子・咏梅	148 * 59	挂轴、复制件
6	郭沫若题于立群画螃蟹	152. 5 * 69	挂轴、复制件
7	题故宫藏猫蝶砚拓片	166 * 56. 5	挂轴、复制件

续表

序号	名称	尺寸（单位厘米）	备注
8	百花齐放百鸟鸣	145 * 74	挂轴、复制件
9	题李可染《归牧图》	163 * 66. 5	挂轴、复制件
10	题北京中国画院	210 * 77	挂轴、复制件
11	纪念毛主席在延安文艺座谈会上的讲话二十周年	211 * 91	挂轴、复制件
12	《屈原》演出节目单（中国青年艺术剧院）	25. 5 * 19	原件
13	《虎符》演出节目单（北京人民艺术剧院）	18. 5 * 12. 5	原件
14	《武则天》演出节目单（北京人民艺术剧院）	25 * 18	原件
15	《蔡文姬》演出节目单（北京人民艺术剧院 1978）	24 * 15. 5 * 2	原件、2 件
16	《蔡文姬》演出节目单（北京人民艺术剧院 2011）	26 * 17	原件
17	《蔡文姬》演出节目单（天津市话剧团）	25 * 19. 5	原件
18	《蔡文姬》演出节目单（河北京剧院青年团）	27 * 19	原件
19	《蔡文姬》演出节目单（昆明市滇剧团）	18. 5 * 13	原件
20	《蔡文姬》版本书	26 * 19	原件
21	《蔡文姬》舞台设计图	20 * 27. 5	原件
22	《蔡文姬》完成台本（1978）	19 * 26	原件
23	《蔡文姬》电影海报	107 * 77. 5	原件
24	《蔡文姬》京剧改编版	18. 5 * 13	原件
25	《蔡文姬》连环画（吕剧）	10 * 12. 5	原件
26	《蔡文姬》连环画（云南人民）	9 * 12. 5	原件
27	《蔡文姬》连环画（河北美术）	9 * 12. 5	原件
28	《蔡文姬》连环画（浙江人民）	9 * 12. 5	原件
29	《蔡文姬》连环画（辽宁美术）	12. 5 * 9	原件
30	《蔡文姬》连环画（人民美术）	12. 5 * 12	原件
31	《蔡文姬》连环画（辽宁美术）	11 * 14. 5	原件
32	《蔡文姬》连环画（中国电影）	10 * 12. 5	原件
33	《郭沫若剧作选》连环画 孔雀胆、屈原、南冠草、高渐离、棠棣之花、虎符	9. 5 * 12. 7 * 6	原件、6 册
34	《屈原》连环画（上海人民美术）	10 * 12. 5	原件
35	《孔雀胆》连环画（黑龙江人民）	9 * 12. 5 * 2	原件、2 件
36	《孔雀胆》连环画（天津人民美术）	9 * 12. 5	原件
37	《虎符》	10. 5 * 14. 5	书籍、原件
38	《人民文学》1960 年 5 期（《武则天》）	26 * 18. 5	书籍、原件
39	《蜀道奇》	37 * 26 * 13	书籍、原件
40	《艾森豪威尔独白》	19. 5 * 13	书籍、原件
41	《石头记人物画》	23. 5 * 13. 5	书籍、原件

续表

序号	名称	尺寸（单位厘米）	备注
42	《为孩子们写的诗》	20.5＊14	书籍、原件
43	《兰亭论辨》	26＊18.5＊2	书籍、原件、2件
44	《大众电影》	26.5＊18.5	书籍、原件
45	《屈原》英文版	21.5＊13.5	书籍、原件
46	绘图屈原《离骚》	20＊13.5	书籍、原件
47	《中华全国文学艺术工作者代表大会纪念文集》	20.5＊15	书籍、原件
48	《中国少年先锋队队歌》手稿	27.5＊19.5＊2	手稿、复制件
49	序我的诗	A4	手稿、复制件
50	文求堂书简	A4	手稿、复制件
51	英诗译稿	20.5＊28.5＊8	手稿、复制件
52	叶挺将军的诗	24＊31.5＊3	手稿、复制件
53	囚歌	30.5＊23.5	手稿、复制件
54	科技大学题字	30.25.5	手稿、复制件
55	《武则天》初稿	19＊25.5＊2	手稿、复制件
56	祭李闻	25＊35	手稿、复制件
57	文化界时局进言	19.5＊28.5＊5	手稿、复制件
58	跋晚周帛画冢	26.5＊40＊2	手稿、复制件
59	郊原的青草	26＊19	手稿、复制件
60	吊鲁迅	23＊30.5＊6	手稿、复制件
61	题赠李维汉	27.5＊18.5	手稿、复制件
62	《虎符》	17.5＊12.5	书籍、复制件
63	《甲申三百年祭》	18＊13＊3	书籍、复制件
64	《屈原》（东北书店）	18＊13	书籍、复制件
65	《屈原》（文林）	18＊12.5	书籍、复制件
66	《屈原》（新华书店）	18＊12.5	书籍、复制件
67	《屈原》尼泊尔文版	17.5＊12	书籍、复制件
68	《日寇暴行实录》	26.5＊19	书籍、复制件
69	临《兰亭序》		手迹、复制件
70	题咸宁九年砖拓片		手迹、复制件
71	《百花齐放》剪纸，郭沫若著，张永寿剪，江苏扬州人民出版社第2版。	21＊16	书籍、原件
72	《棠棣之花》，郭沫若著，旅大平剧团改编，三联书店1951年3月2版。	17.5＊12.5	书籍、原件

附："郭沫若与人民艺术"展览部分展板设计

郭沫若

与人民艺术

时代之子 辉煌人生

我的童年是封建社会向资本制度转换的时代，

我现在把它从黑暗的石炭的坑底挖出土来。

我不是想学Augustine和Rousseau要表述甚么忏悔，

我也不是想学Goethe和Tolstoy要描写甚么天才。

我写的只是这样的社会生出了这样的一个人，

或者也可以说有过这样的人生在这样的时代。

1928年12月12日

——郭沫若《少年时代》

自己也没有什么天才。大体上是一个中等的资质，并不怎么聪明，也并不怎么愚蠢，只是时代是一个天才的时代，让我们这些平常人四处碰壁。我自己颇感觉着也就象大渡河里面的水一样，一直是在崇山峻岭中迂回曲折地流着。

但我丝毫也不失望。无意识的时代过去了，让它也成为觉醒意识的资料吧。觉醒着的人应该睁开眼睛走路，睁开眼睛为比自己年轻的人们领路。

——郭沫若《少年时代》

郭沫若与人民艺术

时代之子 辉煌人生

■ 少年时代 （1892-1913）

1892年11月16日，郭沫若出生于四川乐山沙湾镇一个中等地主兼商人的家庭。

郭沫若的父亲郭朝沛
（1853-1939）

郭沫若的母亲杜邀贞
（1857-1932）

沙湾郭沫若故居，匾额上题“贞寿之门”。

郭沫若与人民艺术

时代之子 辉煌人生

郭沫若原名开贞，号尚武，笔名“沫若”取自流经家乡的沫水与若水两条河流。图为1910年间的郭沫若。

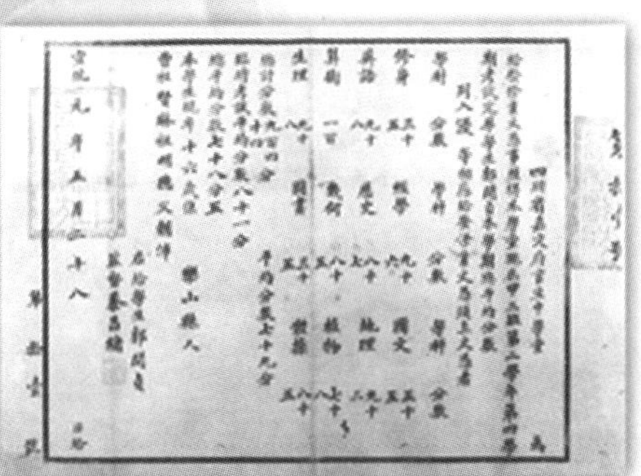

1907年秋，郭沫若升入嘉定府中学堂。图为1909年郭沫若中学2年级的修业文凭。

1912年，郭沫若与中学同学合影。

郭沫若与人民艺术

时代之子 辉煌人生

创造十年 (1914-1924)

1914年至1915年，郭沫若就读于日本东京第一高等学校预科，为求对国家做出切实贡献，他选择了医学专业。

1914年中秋，郭沫若在日本房州海岸的留影。

1915年秋，郭沫若升入日本冈山第六高等学校医学部学习。冈山六高档案中保存有他用原名“郭开贞”注册的学籍登记册。

郭沫若与人民艺术

时代之子　辉煌人生

1918年至1923年间，郭沫若就读于日本九州帝国大学（今九州大学）医学部，获得医学学士学位。图为郭沫若在实验室。

1919年“五四”运动爆发后不久，郭沫若（前中）与部分中国留学生在夏禹鼎（右1）家中成立“夏社”，编写文章揭露日本扩张行径。

1916年郭沫若与东京圣路加医院护士佐藤富(安娜)相识并结合。

郭沫若与人民艺术

时代之子 辉煌人生

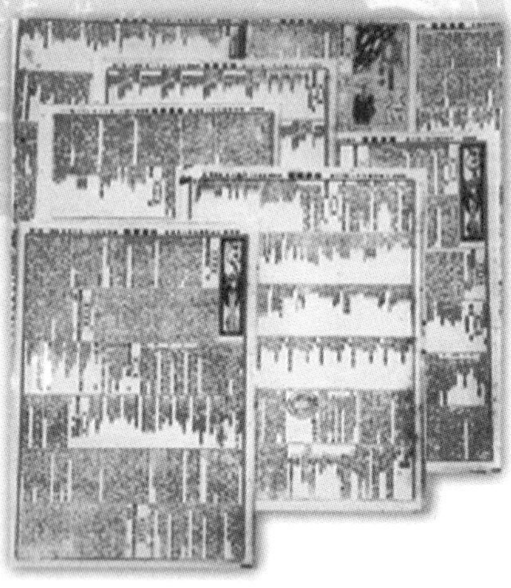

1919年开始，郭沫若的新诗《凤凰涅槃》、《天狗》等陆续发表在上海《时事新报》的副刊《学灯》上，图为时任《学灯》编辑的宗白华与《时事新报·学灯》。

郭沫若的第一部诗集《女神》于1921年8月由上海泰东图书局出版，成为中国新诗史上的奠基之作，开辟了诗歌历史的新时代。

《女神》的诸版本。

郭沫若与人民艺术

时代之子　辉煌人生

1921年6月，郭沫若（中）、郁达夫（右）、成仿吾（左）等留日青年，组成了中国新文化运动最有影响力的文学社团之一创造社。

创造社主要成员：
张资平(1893-1959)、
田汉(1898-1968)、
郑伯奇(1895-1979)、
穆木天(1900-1971)、
陶晶孙(1897-1952)。

郭沫若与人民艺术

时代之子 辉煌人生

北伐烽烟 (1925-1927)

1926年3月18日，郭沫若与创造社同人共赴工农革命运动正在蓬勃发展的广东。图中左起：王独清、郭沫若、郁达夫、成仿吾。

经瞿秋白推荐，1926年3月郭沫若受聘担任广东大学文学院学长。他大胆改革教育制度，受到学生热烈拥护。

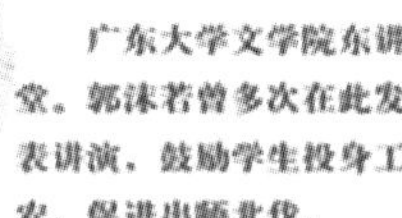

广东大学文学院东讲堂。郭沫若曾多次在此发表讲演，鼓励学生投身工农，促进出师北伐。

1926年5月，郭沫若应毛泽东邀请，为广州第六届农民运动讲习所学员授课。图为广州农民运动讲习所大讲堂。

郭沫若与人民艺术

时代之子 辉煌人生

1926年7月郭沫若投笔从戎参加北伐，任国民革命军政治部宣传科长。出征前他身穿戎装与夫人安娜及孩子和夫（左1）、博生（左2）、复生（中）、淑瑀（右）合影。

1926年7月21日，郭沫若随北伐军出征，经韶关、长沙、汨罗与崇阳，抵达武昌。图为7月22日郭沫若（右1）与国民革命军总政治部主任邓演达（中）、苏联顾问铁罗尼（左1）等抵达韶关后在曲江江畔。

国民革命军北伐出师序列表

（1926年6月5日任命，9日誓师出征）

总 司 令：蒋中正

总参谋长：李济深

参谋次长：白崇禧（兼）

总政治部主任：邓演达

总政治部副主任：郭沫若

总政治部顾问：铁罗尼

第一军：军长 何应钦

第二军：军长 谭延闿

第三军：军长 朱培德

第四军：军长 李济深（兼）

第五军：军长 李福林

第六军：军长 程 潜

第七军：军长 李宗仁

第八军：军长 唐生智

郭沫若与人民艺术

时代之子 辉煌人生

1926年10月，北伐军攻克武昌后，郭沫若被任命为国民革命军总政治部副主任。
图为1927年春，郭沫若（前左2）在南昌与第二军副党代表李富春（前右1）、第三军党代表朱克靖（前右2）、第六军副党代表林伯渠（后左3）、总政治部秘书李一氓（后左2）等人的合影。

1927年3月31日，蒋介石发动反革命政变前夕，郭沫若借住南昌朱德家中，连夜急就讨蒋檄文《请看今日之蒋介石》，指出蒋介石是屠杀民众、出卖工农革命的刽子手。文章在武汉《民国日报》首发。图为4月10日《湖南民报》的转载。

1927年6月，国民革命军与冯玉祥率领的国民联军在郑州会师。图为郭沫若（前排右1）、汪精卫（2排左5）、孙科（2排左6）等在车站迎接冯玉祥。

郭沫若与人民艺术

时代之子　辉煌人生

1927年8月1日南昌起义爆发，郭沫若与宋庆龄、贺龙等7人当选革命委员会主席团成员，并担任宣传委员会主席、总政治部主任。

1927年8月3日，郭沫若与李一氓、阳翰笙等随起义军进发广东。8月下旬途经瑞金时，由周恩来、李一氓介绍加入中国共产党。图为1970年郭沫若书赠王震的诗，作于南昌暴动后行至临川之时："夜雨落临川，军书汗马还。一声传令笛，铁甲满关山。

南昌起义时公布的各种人员名单

革命委员会委员名单：

邓演达、张发奎、谭平山、陈友仁、吴玉章、彭泽民
林祖涵、贺　龙、郭沫若、黄琪翔、恽代英、江　浩
朱晖日、周恩来、张国焘、叶　挺、张曙时、李立三
徐特立、彭　湃、苏兆征、宋庆龄、何香凝、于右任
经亨颐（朱德为后来加的）。

革命委员会主席团名单：

宋庆龄、邓演达、谭平山、张发奎、
贺　龙、郭沫若、恽代英。

参谋团：

参谋长：刘伯承
周恩来、贺　龙、叶　挺、朱　德、
聂荣臻、贺锦斋、蔡廷锴。

秘书厅：

秘书长：吴玉章
高语罕、许忠魂、邹敬芳、丁晓先、肖炳章。

财务委员会：

主　席：林祖涵
恽代英、姜济寰、沈寿楠、罗石冰、邹敬芳、黄太吉。

宣传委员会：

主　席：郭沫若
廖乾吾、方维夏、黄日葵、曹汉埠。

农工运动委员会：

主　席：张国焘
彭　湃、李立三、李小青、黄方城、陈荫林、郭　亮。

政治保卫处：

处　长：李立三

党务委员会：

主　席：张曙时
彭泽民、韩麟符、徐特立、柳景周、林超白、朱蕴山
王积衡、孟湘签、陈日新、林　均、等鹤鸣、张徐生
王一德、张开运、李　森。

（抄自南昌"八一"起义纪念馆）

郭沫若与人民艺术
时代之子 辉煌人生

流亡治史 (1928-1937)

1927年11月底，郭沫若在农会干部的掩护下，从广东惠来县神泉镇脱险，转道香港潜回上海，住在窦乐安路，化名继续从事文艺活动。

在上海，郭沫若重新翻译了歌德的诗剧《浮士德》（第一部），由创造社出版部出版。在给安娜夫人留念的新书扉页上，他写道："此书费了十年的光阴才译成了。这是我们十年来生活的纪念。"

1928年2月，为了保存力量，郭沫若根据周恩来的意见，在日本朋友内山完造的帮助下转往日本，开始流亡生活。

郭沫若 与人民艺术

时代之子　辉煌人生

1928年2月，为躲避国民党的通缉、保存实力，郭沫若潜往日本，避居于市川市须和田。但他很快被日本当局发现，行动受到限制。

1935年间的郭沫若。

困居中，郭沫若开始运用马克思主义对中国古代史进行开拓性的研究，在1930年3月出版了《中国古代社会研究》一书，认定了中国历史经历了原始公社制、奴隶制、封建制等发展阶段。

郭沫若与人民艺术

时代之子 辉煌人生

此木匣装有郭沫若在日本完成的9种甲骨金文研究的手稿，1937年郭沫若秘密回国之后，木匣遗落日本，直到1957年才由朋友带回。郭沫若十分感慨，在木匣上题书“沧海遗粟”四个大字。

1930年春，中国左翼作家联盟在上海成立，身在日本的郭沫若把《少年维特之烦恼》一书的版税捐给“左联”以示支持。1934年春，东京“左联”分盟秘密成立，郭沫若经常参加分盟的活动并常和留日青年在家中座谈。图为他与东京分盟《质文》社同人合影。

1936年11月，郁达夫抵达日本。图为日本文学界友人与郭沫若（前右2）、郁达夫（前左3）聚会时的留影。

郭沫若与人民艺术

时代之子　辉煌人生

1937年7月7日“卢沟桥事变”爆发。24日，郭沫若摆脱日本当局的监视，别妇抛雏，只身回国参加抗战。图为离别前的全家合影。

1937年7月27日，郭沫若回到阔别十年的祖国，归国前后他作成《归国杂吟》七首，表达了自己奔赴国难的决心。图为郭沫若手书《归国杂吟》之二、三、四首。

释文：

《归国杂吟》之二：“又当投笔请缨时，别妇抛雏断藕丝。去国十年馀泪血，登舟三宿见旌旗。欣将残骨埋诸夏，哭吐精诚赋此诗。四万万人齐蹈厉，同心同德一戎衣。一九三七年七月卢沟桥事变日寇侵华益急，月末乃只身冒险回国，赋此誌感”

《归国杂吟》之三：“此来拼得全家哭，今往还将遍地哀。四十六年馀一死，鸿毛泰岱早安排。归国时黄海舟中作此。去秋余年正交四十六也。遍地哀之语不幸而言中”

《归国杂吟》之四：“十年退伍一残兵，今日归来入阵营。北地已闻新鬼哭，南街犹听旧京声。金台寂寞思廉颇，故国苍茫走届平。挈眷挈家何处往，茧茧叹尔众编氓。八月初旬作于沪上，时全国抗战尚未发动，故有寂寞之感”

郭沫若与人民艺术

时代之子 辉煌人生

赴汤蹈火 （1937-1945）

1937年8月，郭沫若、田汉、夏衍与上海劳动妇女战地服务团赴淞沪前线劳军时的留影。

1937年7月24日，上海市文化界救亡协会的机关报《救亡日报》创刊，郭沫若出任报社社长，该报成为宣传团结抗战的阵地。

1938年1月1日《救亡日报》在广州复刊，号召大家在"团结抗战、民族复兴"的旗帜下，"保卫祖国、保卫文化！"。10月21日日寇迫近广州，全体人员散发完当天最后的一份报纸，经粤北转至桂林。郭沫若筹资复刊时，曾得到十九路军吴履逊团长及其弟吴履泰的帮助。图左起：吴履逊、于立群、吴履泰、郭沫若。

郭沫若与人民艺术

时代之子 辉煌人生

国共两党合作抗日，郭沫若奉调武汉，担任国民政府军事委员会政治部第三厅厅长，开展抗日文化宣传。1938年1月6日，郭沫若与于立群由广州赶赴武汉，在车站与送行的林林（左1）、叶文津（左2）、欧阳山（左3）等合影。

1938年1月，郭沫若与周恩来、叶剑英在汉口大智门车站迎接八路军副总司令彭德怀。

郭沫若与北伐时的四位将领重逢于武汉。左起：黄祺翔、陈铭枢、郭沫若、张发奎、叶挺。

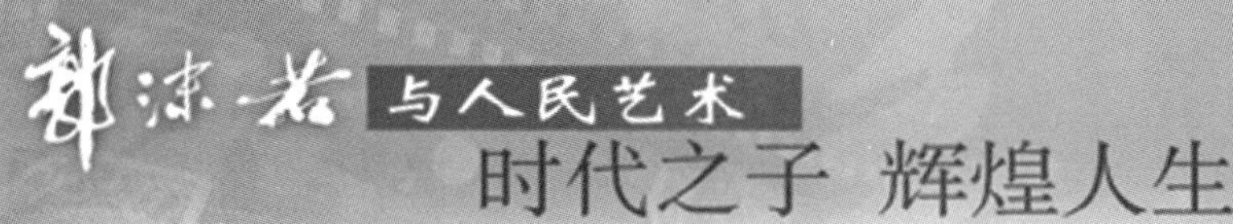

时代之子 辉煌人生

三厅在国统区开展了各种形式的抗日宣传活动，如抗战扩大宣传周与"七七"献金运动，图为郭沫若在武汉带领群众游行的情景。

正在作抗日演讲的郭沫若。

郭沫若、郁达夫与美国记者斯诺在武汉会面。

郭沫若与人民艺术

时代之子 辉煌人生

郭沫若故居

郭沫若在战乱中仍然十分重视文物考古事业。1940年4月，郭沫若与卫聚贤、常任侠等对重庆嘉陵江北岸的一组汉墓进行了试掘，郭沫若完成了《关于发现汉墓的经过》一文。图为郭沫若与卫聚贤在发掘现场。

纪念郭沫若先生创作生活二十五周年特刊

1941年11月16日，由周恩来、冯玉祥、孙科、梁寒操、陈布雷、黄炎培、沈钧儒等百余人联合发起的庆祝郭沫若创作生活25周年暨50寿辰的集会在重庆、延安、成都、桂林、昆明、香港等地举行。重庆《新华日报》为这一纪念活动编排的纪念特刊，刊头有周恩来题字。

抗战后期，郭沫若将自己对中国古代史的研究进行了系统整理，完成了《十批判书》、《青铜时代》两部史学著作。

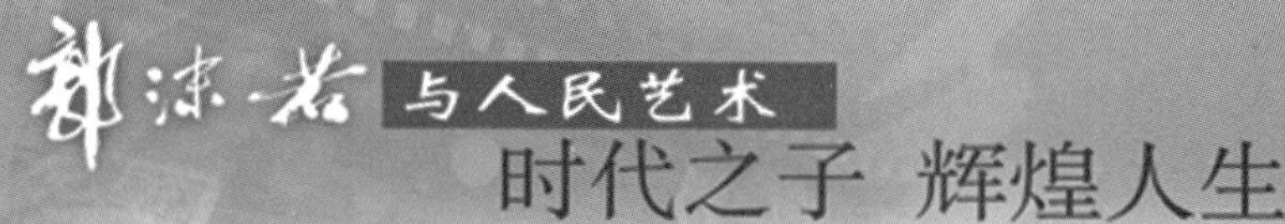

时代之子 辉煌人生

1944年3月19日至22日，郭沫若为纪念李自成农民起义300周年而作的《甲申三百年祭》发表于重庆《新华日报》，被国民党攻击为"映射当局"，引起轩然风波。

1944年11月21日，毛泽东致函郭沫若，称将《甲申三百年祭》当作整风文件看待，并希望后者多出史论与史剧。

1945年6至8月，郭沫若应邀参加苏联科学院建院220周年的庆祝活动，图为他与英国康特伯里主教约翰孙博士在乌兹别克撒马尔罕参观。

郭沫若与人民艺术 时代之子 辉煌人生

民主斗士 (1945-1949)

抗日战争胜利后，1945年8月28日毛泽东飞抵重庆与蒋介石进行国共和谈。图为在重庆机场，毛泽东与前来迎接的张澜（左1）、邵力子（左2）、郭沫若（左3）、傅学东（左4），以及同机抵渝的张治中。

1945年10月19日是鲁迅逝世9周年忌辰，郭沫若与周恩来、宋庆龄等共同发起纪念大会，图为主席团成员。左起：叶圣陶、冯雪峰、老舍、周恩来、冯玉祥、郭沫若、邵力子、柳亚子、胡风。

民主报 号外

1946年2月10日，在重庆各界庆祝政治协商会议成功的集会上，国民党特务将郭沫若、李公朴等多人打伤，是为“较场口血案”。图为重庆《新华日报》对事件的报道和郭沫若向法院提出诉讼，要求严办凶手时的注册照片。

郭沫若与人民艺术

时代之子 辉煌人生

1945年5月，郭沫若离别重庆抵达上海，图为他在上海狄思威路719号的寓所（现溧阳路1269号）。

郭沫若与冯乃超在上海。

1946年10月18日，中共代表及第三方面人士赴南京参加国共和平谈判前在吴铁城公馆合影。一排左起，黄炎培、周恩来、郭沫若、沈钧儒；二排左起，胡政之、陈家康、陈启天、蒋匀田、邵力子、罗隆基、吴铁城、李维汉、左舜生。

郭沫若与人民艺术

时代之子 辉煌人生

郭沫若故居

1946年10月底国共和谈失败，上海中共办事处撤回延安。图为周恩来、李维汉撤离前夕与郭沫若在周公馆前合影。

1947年11月，郭沫若由中共地下党组织护送离开上海抵达香港，领导中华全国文艺界协会香港分会的工作。图为郭沫若、茅盾（右1）、胡风（前左3）及其夫人子女在香港。

1948年11月底，郭沫若为参加新政协筹备会，迎接新中国的诞生，告别家人赴东北解放区。图为与家人的合影留念。左起：世英、郭沫若、民英（郭沫若前立）、汉英、于立群、平英（于立群膝上）、庶英。

郭沫若与人民艺术

时代之子 辉煌人生

歌颂新时代 (1949-1978)

1949年6月，新政治协商会议筹委会成立，郭沫若为副主任之一，分工执笔起草宣言。图为筹委会常务委员合影。一排左起，谭平山、章伯钧、朱德、毛泽东、沈钧儒、李济深、陈嘉庚、沈雁冰；二排左起，黄炎培、马寅初、陈叔通、郭沫若、蔡廷锴、乌兰夫；三排左起，周恩来、林伯渠、蔡畅、张奚若、马叙伦、李立三。

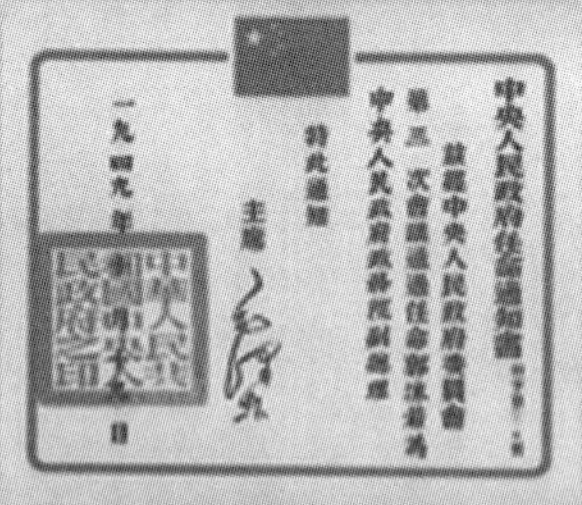

中央人民政府任命通知書

茲經中央人民政府委員會第三次會議通過任命郭沫若為中央人民政府政務院副總理

特此通知

主席

一九四九年 月 日

中央人民政府任命通知書

茲經中央人民政府委員會第三次會議通過任命郭沫若為中央人民政府政務院文化教育委員會主任

特此通知

主席

一九四九年 月 日

中央人民政府任命通知書

茲經中央人民政府委員會第三次會議通過任命郭沫若為中國科學院院長

特此通知

主席

一九四九年 月 日

1949年10月19日，中央人民政府第三次会议在京举行，郭沫若被任命为中央人民政府政务院副总理兼文化教育委员会主任、中国科学院院长，图为对他的任命通知书。

郭沫若与人民艺术

时代之子 辉煌人生

1949年10月21日，文化教育委员会由郭沫若主持成立。

1950年6月，第一次全国高等教育会议在北京举行，图为毛泽东、周恩来、郭沫若、马叙伦、柳亚子等同与会代表们的合影。

1951年4月底，西藏地方政府与中央人民政府签订和平解放西藏17条协议。代表团首席代表阿沛·阿旺晋美（左2）拜会政务院4位副总理董必武（左3）、陈云（左4）、郭沫若（左5）、黄炎培(左6)。

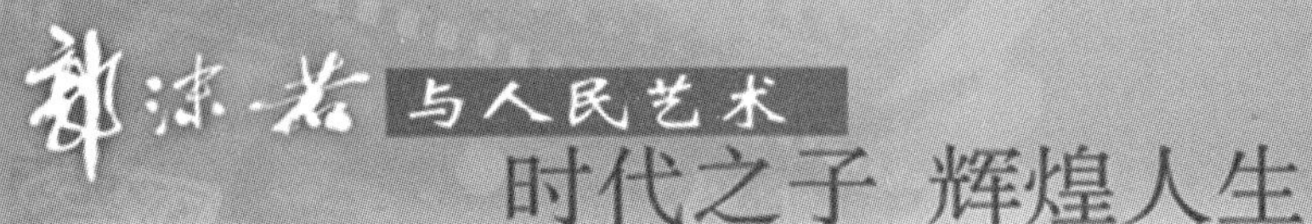

1954年冬，郭沫若与中国科学院的几位副院长在京郊勘选新院址。左起：李四光、竺可桢、张稼夫、郭沫若、钱三强。

1956年春，国务院科学规划委员会成立，陈毅为主任，郭沫若、李富春、李四光为副主任，制订科技发展的12年规划。图为周恩来、李富春、聂荣臻、郭沫若与参加规划工作的科学家们聚谈。

1955年6月，中国科学院成立物理学化学、生物学地学、技术科学和哲学社会科学四个学部，郭沫若兼任哲学社会科学学部主任。

1958年9月，中国科技大学在北京成立，郭沫若任校长。图为郭沫若与同学们在1958年开学典礼上观看文艺演出。前排左起：郁文、郭沫若、华罗庚、严济慈。

郭沫若与人民艺术
时代之子　辉煌人生

1949年10月，郭沫若当选为中国保卫世界和平大会委员会主席，此后他多次率团出国访问，开展和平外交。

图为1950年5月14日，郭沫若在首都人民保卫世界和平签名大会上宣读和平运动宣言。

1950年8月，郭沫若率中国代表团赴朝鲜，参加"八·一五"朝鲜解放五周年庆典，期间目睹了美军对平壤的轰炸暴行。图为代表团在平壤郊区。

1951年12月20日，郭沫若获得"加强国际和平斯大林奖"。图为1952年4月，郭沫若在莫斯科接受奖状奖金奖章，并将全部奖金10万卢布捐给中国人民保卫世界和平大会。

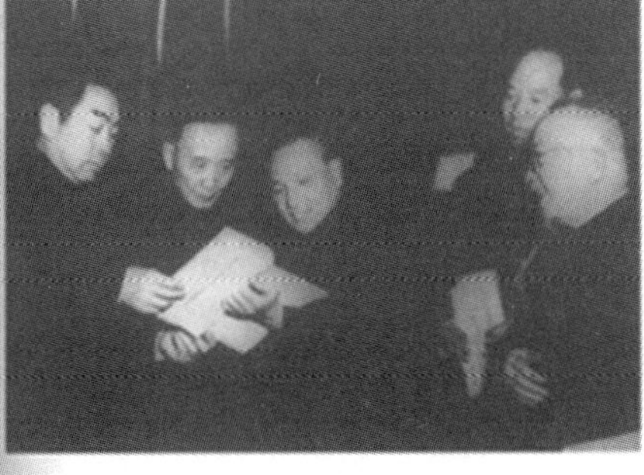

1953年2月1日，郭沫若在全国政协第一届第四次会议开幕式上作《关于世界人民和平大会的经过和成就的报告》。图为周恩来、邓小平与郭沫若交换对报告的意见。

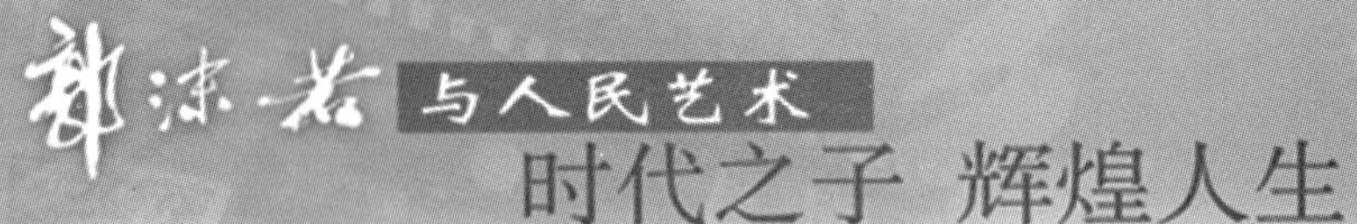

1952年，郭沫若完成史论集《奴隶制时代》，认定春秋与战国时代之交为我国奴隶制社会向封建社会转化的时间。图为郭沫若与这部作品。

1954至1955年，郭沫若在许维遹、闻一多的《管子校释》遗稿基础上，收集、借阅各种版本、稿本17种，参考以往校释专论42种，引用古今中外学者之说110余家，完成了《管子集校》。

1954年夏，郭沫若在北京西四大院胡同寓中集校《管子》。

郭沫若在北京图书馆与研究人员查阅古籍。

1961年5月13日，郭沫若致信《辞海》编写组，对其中“经学”一条的注文提出修改意见，对其极左倾向的观点加以纠正。

郭沫若 与人民艺术

时代之子　辉煌人生

1955年，郭沫若、吴晗等人参与主持了北京明十三陵定陵地下宫殿的发掘。图为郭沫若借助木梯查看墓道拱门结构，以确定打开墓室的方案。

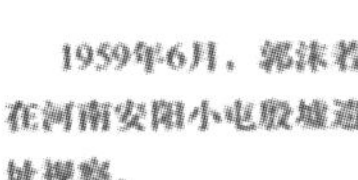

1959年6月，郭沫若在河南安阳小屯殷墟遗址视察。

1959年7月，郭沫若在陕西半坡遗址博物馆与工作人员。

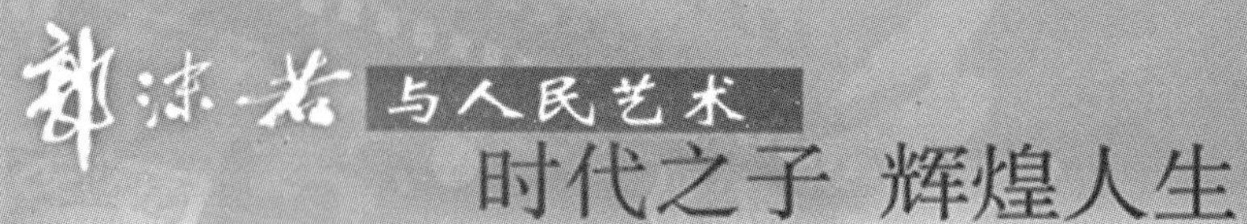

1961年郭沫若全家在海南岛鹿回头合影。

1961年5月，郭沫若一行登临泰山时在“孔子登临处”留影。

1962年10月，郭沫若与于立群在宁波“天一阁”藏书楼。

1966年，郭沫若在山西农村社员家中与社员们吃饭。

郭沫若与人民艺术

时代之子　辉煌人生

1968年7月，郭沫若在河北满城汉墓发掘现场与考古人员商议下一步的发掘方案。

1972年9月28日，郭沫若陪同日本首相田中角荣参观故宫。次日中日两国签署联合声明，恢复邦交。

1976年1月，郭沫若痛悼周恩来总理手稿。

1977年4月，郭沫若在家中观看安阳武丁配偶妇好墓新发现的青铜器。

郭沫若与人民艺术

时代之子 辉煌人生

人民日报 1978年4月1日 星期六 第三版

科学的春天

——在全国科学大会闭幕式上的讲话

（一九七八年三月三十一日）

郭沫若

1978年3月，全国科学大会在北京举行，郭沫若抱病出席开幕式，在闭幕式上他书面发表了著名的《科学的春天》。

1978年6月12日，郭沫若和我们告别了。复苏的祖国用春风送他远行。

郭沫若与人民艺术

人民本位　开辟创造

一切应该以人民为本位，合乎这个本位的便是善，便是美，便是真，不合乎这个本位的便是恶，便是丑，便是伪。我们要制造真善美的东西，也就是要制造人民本位的东西。这是文艺创作的今天的原则。现时代的青年如有志于文艺，自然是应该写作这样以人民为本位的文艺。

——郭沫若《走向人民文艺》

1942年6月24日《新华日报》

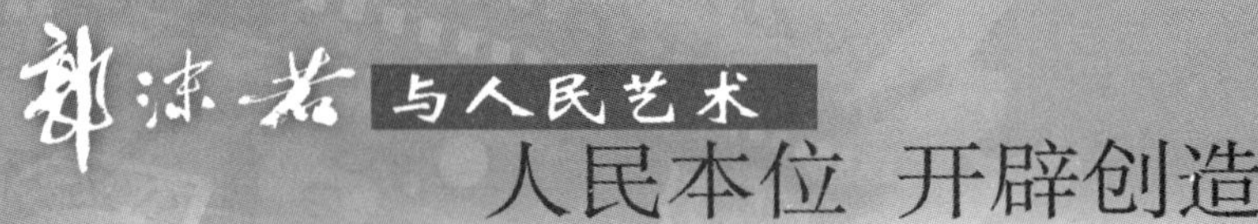

■ 五卅——聂嫈——三个叛逆的女性

1925年5月，郭沫若在上海亲历“五卅惨案”后，为遇难工友作两幕史剧《聂嫈》。对此他在自传《创造十年续篇》中写到：“不料五卅惨案一发生，前面所说的那对现实的‘棠棣之花’（五卅惨案中受害的黄姓姐弟）却使我这虚拟的古事剧复活了转来。我便费了两礼拜光景的工夫把那两幕剧的《聂嫈》写出来了…这剧写成后曾由上海美专学生表演过一次。演了三天，卖了几百块钱，捐献给当时的上海总工会去了。”

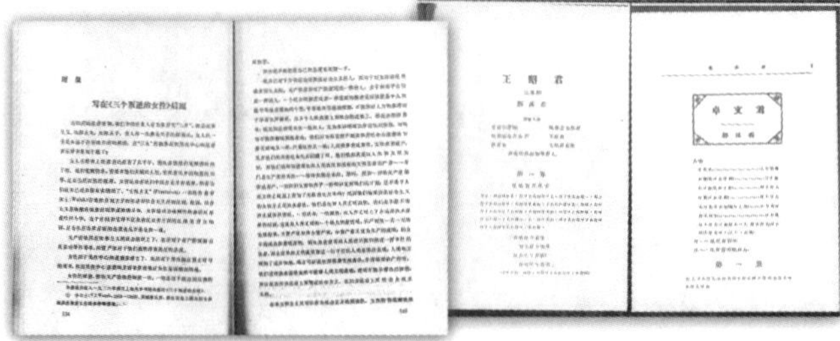

《聂嫈》后与《卓文君》、《王昭君》合刊为郭沫若最早的戏剧集《三个叛逆的女性》。

郭沫若与人民艺术

人民本位 开辟创造

抗战时期的历史剧

抗战时在重庆天官府4号寓所写作的郭沫若。

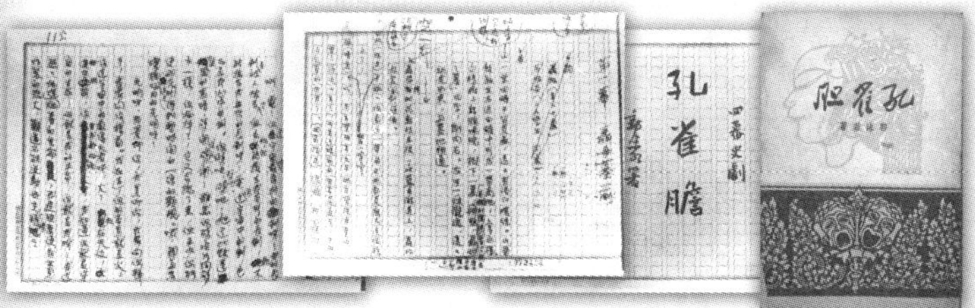

1937年11月，回国不久的郭沫若完成了四幕剧《甘愿做炮灰》，以淞沪抗战为时代背景，剧中阐述了自己“随时随刻都准备着做炮灰的”心声。抗战中期，郭沫若迎来了戏剧创作的一个高潮期。1941至1943年间，他先后完成了《棠棣之花》、《屈原》《虎符》《高渐离》《南冠草》《孔雀胆》6部历史剧的创作。

郭沫若与人民艺术

人民本位 开辟创造

■ 屈原——不可磨灭的经典 抗战演出

1942年4月3日，郭沫若的《屈原》在国泰大戏院上演。金山、张瑞芳、白杨等一批最优秀的演员，连续17天22场演出，场场爆满。对于这一盛况，夏衍在给田汉的信中写到："郭先生的兴奋是可以想象的。客满了十七天，卖座近三十万"

郭沫若（前左4）、于立群（前左5）与《屈原》剧组的演职人员陈鲤庭（前左3）、应云卫（前左1）、金山（后左5）、白杨（后左4）、孙坚白（后左3）、顾而已（后右4）等合影。

《屈原》演出海报。

1937年建造的重庆最大的剧院一国泰大戏院。

《屈原》演出剧照。金山扮演屈原，张瑞芳扮演婵娟，白杨扮演南后。

郭沫若 与人民艺术

人民本位 开辟创造

■ 屈原——不可磨灭的经典 解放后复排 屈原在海外

1953年为纪念屈原逝世2230年，中国青年艺术剧院上演了《屈原》一剧，赵丹饰演屈原，王蓓饰演婵娟，白杨饰演南后。

郭沫若为《屈原》再次上演题词。

释文：在清理古代文化的发展过程上，毛泽东主席要我们“剔除其封建性的糟粕，吸收其民主性的精华”，屈原其人及其作品应该是中国古代文化中民主性精华的一部分，两千多年来中国人民都在纪念他，不是偶然的。

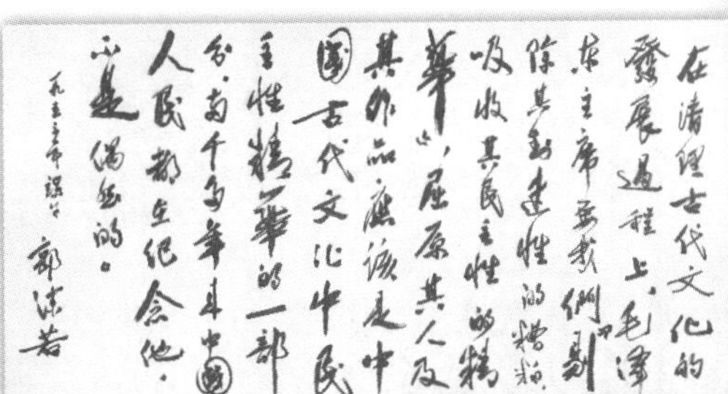

在清理古代文化的发展过程上，毛泽东主席要我们剔除其封建性的糟粕，吸收其民主性的精华，屈原其人及其作品应该是中国古代文化中民主性精华的一部分，两千多年来中国人民都在纪念他，不是偶然的。

郭沫若

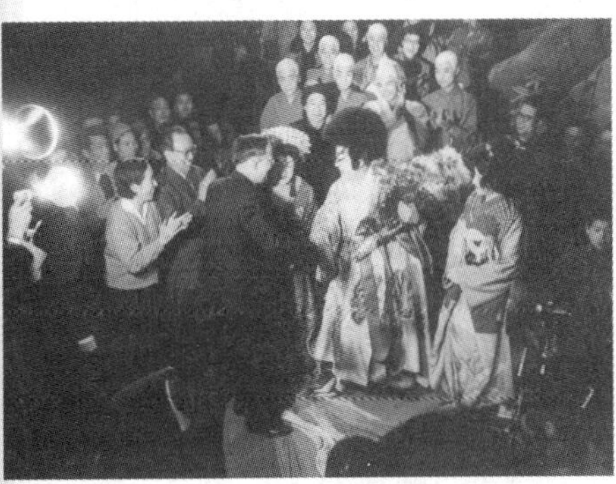

郭沫若与河原崎长十郎。

1952年，日本能剧表演家河原崎长十郎把郭沫若的《屈原》搬上日本舞台。图为1980年，《屈原》来华演出海报。

郭沫若与人民艺术

人民本位 开辟创造

解放后的历史剧 郭沫若与北京人艺

解放后，郭沫若的历史剧《虎符》由北京人民艺术剧院搬上舞台。之后，郭沫若创作的历史剧《蔡文姬》、《武则天》也由北京人艺上演，社会反响强烈。郭沫若也与北京人艺结下了不解之缘。

1956年底，北京人民艺术剧院排演郭沫若的历史剧《虎符》。图为郭沫若同主要演员朱琳（右3）、于是之（右2）等听取老舍意见。

《虎符》剧组与院长曹禺（后左2）等友人一起到郭沫若家中聚会。

《武则天》百场演出时，周恩来总理与大家合影。

《蔡文姬》演出剧照

《郑成功》是郭沫若撰写的唯一的电影文学剧本，因故未能搬上银幕。

郭沫若与人民艺术

艺海撷英 服务人民

1959年2月，郭沫若提笔创作史剧《蔡文姬》，首次替曹操翻案。当年5月，剧目由北京人民艺术剧院演出，剧本由文物出版社出版。在话剧之外，剧本还收入了引发学术争论的《谈蔡文姬的胡笳十八拍》、《替曹操翻案》等文章，充分展示了郭沫若艺术创作与学术研究相结合的创作倾向。

《蔡文姬》剧本

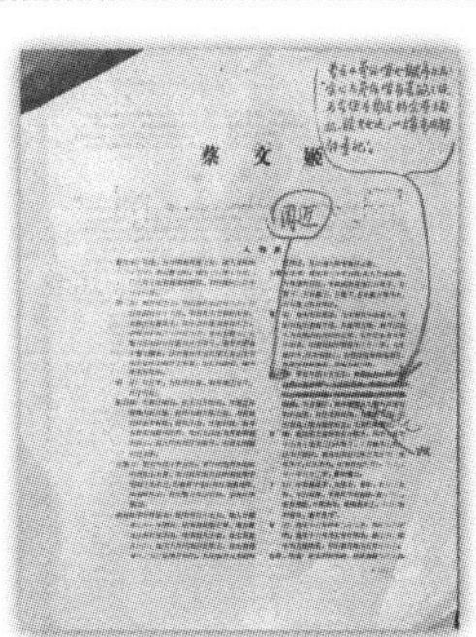

《蔡文姬》校订稿

与《蔡文姬》有关的学术文章

《蔡文姬》人物设计图

郭沫若与人民艺术

人民本位 开辟创造

■ 新时代的舞台艺术 三代蔡文姬

《蔡文姬》一经上演即引起轰动，成为了北京人民艺术剧院的经典剧目。图为朱琳、徐帆、于明加三代表演艺术家饰演的蔡文姬。

郭沫若与人民艺术

艺海撷英 服务人民

郭沫若在书法艺术上的探索与实践历时70余年。他的题词墨迹伴随其充满浪漫气息与爱国情怀的诗文译作走向广阔的社会舞台。他以“回锋转向、逆入平出”为学书执笔要诀，书体既重师承，又多创新，展现了大胆的创造精神与鲜活的时代特征，被世人誉为“郭体”。而面对书法爱好者们的要求，他从不拒绝，题辞题字遍布祖国各地。

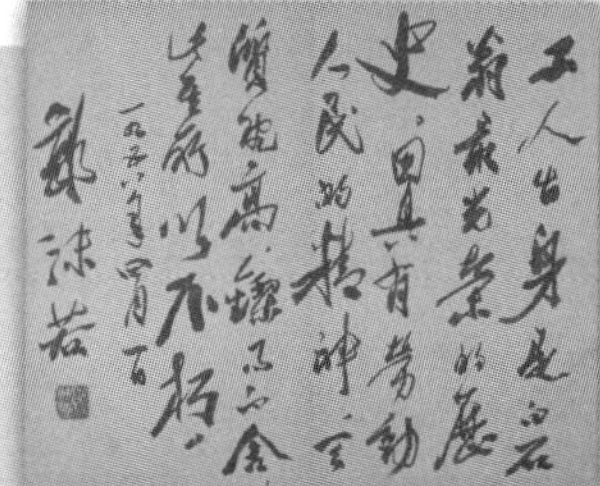

1958年，郭沫若为齐白石画展题词。

释文：

工人出身是白石翁最光荣的历史。因具有劳动人民的精神，天质既高，锲而不舍，此其所以不朽。

1961年，郭沫若为夫人于立群书《咏武则天》

释文：

金轮千载受奇呵，翻案何妨傅粉多？宋璟姚崇蒙哺育，开元天宝沐恩波。声威远届波斯国，文教遥敷吐火罗。毕竟无书遮尽信，丹青原胜素山河。

1963年，郭沫若观中国青年剧院演出《费加罗的婚姻》题诗一首。

释文：

青年演出费加罗，革命精神之赞歌。封建特权教打倒，新婚初夜绝风波。人民自古多机智，阶级从来不协和。堪笑有人呼对表，投降纸虎拜弥陀。

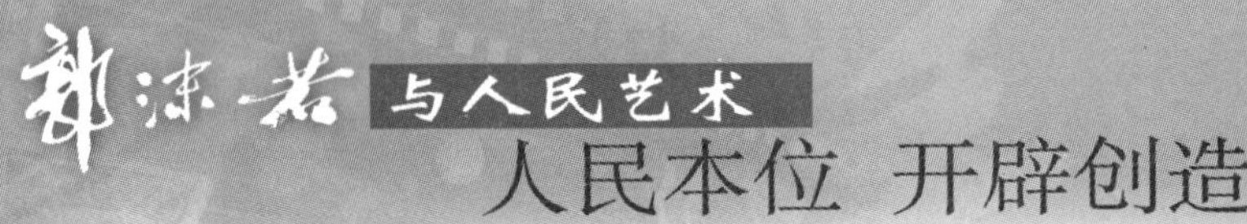

■ 郭体——蔚然一派的书法艺术 题词题字部分

故宫博物院

中国银行

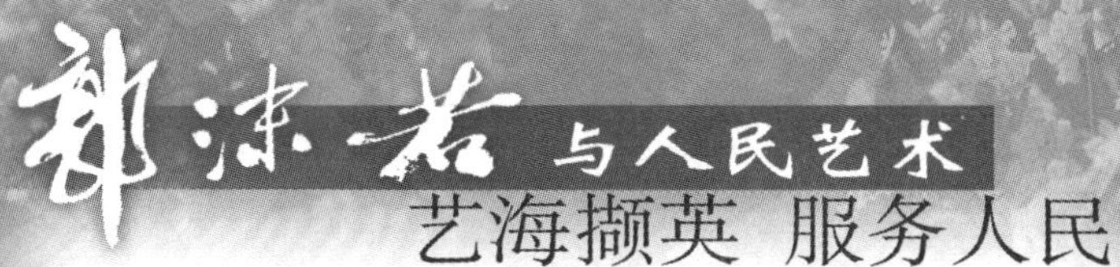

艺海撷英 服务人民

郭沫若因年轻时两次重病，听力几乎为零，但这并不妨碍他在自己诗歌的世界中高声吟唱，歌颂自己所热爱的祖国与人民。他的许多诗作，为著名作曲家谱曲传唱至今。

郭沫若与林谦三

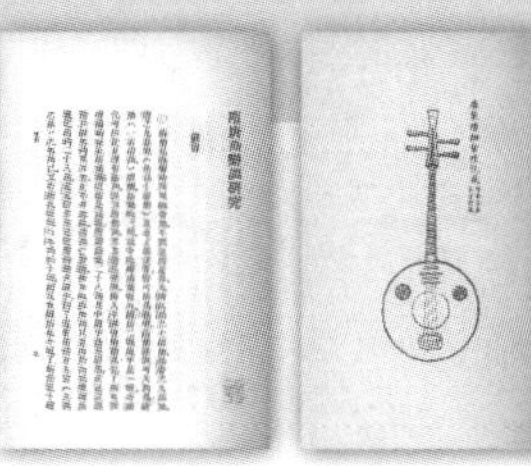

1935年郭沫若将日本艺术家林谦三的著作《隋唐燕乐调研究》译为中文，在中国出版。之后郭沫若又写作了多篇与中国古代音乐有关的学术研究文章。

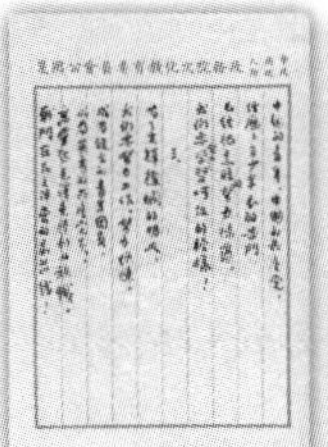

1950年4月召开的“第一次全国少年儿童工作干部大会”上公布《中国少年儿童队队歌》。这首队歌由郭沫若作词，马思聪作曲。

1950年6月1日，郭沫若在为孩子们朗诵自己的另一首作品《六一颂》。

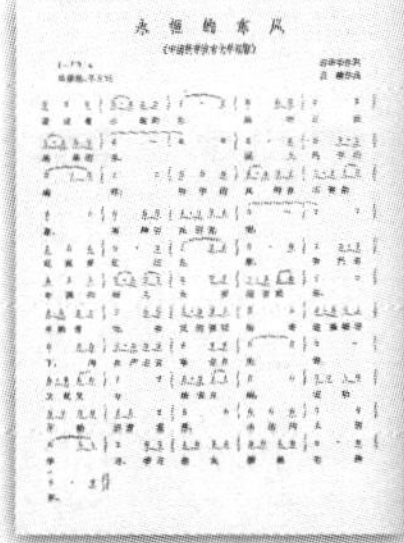

郭沫若作词，吕骥作曲的中国科学技术大学校歌《永恒的东风》。

郭沫若与人民艺术

风雨同行 友谊长存

他的精神完全是时代底精神——二十世纪底时代底精神。有人讲文艺作品是时代底产儿，《女神》真不愧为时代底一个肖子。

——闻一多

我说他是绝顶聪明，因为他知道他自己的天才，知道他自己的地位，而完全不利用它们去取得个人的利益与享受。……我管这叫作愚傻的聪明，假若愚傻就是舍利趋义的意思的话。这种聪明才是一个诗人的伟大处；有了它，诗人的人格才有宝气珠光。

——老舍

郭沫若与人民艺术

风雨同行 友谊长存

■ 五创造社的戏剧艺术

民众戏剧的革命化，根本地，若不站在民众自身的社会的关系上，代表他们自己阶级的感情，意欲，思想，它永远不会成为民众自身的戏剧。

——冯乃超《中国戏剧运动的苦闷》

原载1928年9月10日《创造月刊》第2卷第2期

由郭沫若、郁达夫、成仿吾、张资平等成立的创造社，是“五四”新文学最重要、最有影响的文学社团之一。郭沫若的诗作、郁达夫的小说，以及创造社其他成员的创作，思想内容上大都具有强烈的反帝反封建色彩，所介绍和翻译的欧洲18世纪启蒙主义、19世纪浪漫主义文学作品中表达的人道主义精神和个性解放思想，与民主革命的要求相一致。针对如何启发社会蒙昧、发动社会大众，创造社成员们进行了有益的尝试，从文艺理论的探讨到面向普罗大众的戏剧文学创作，成果颇丰。

《创造季刊》第一卷第一期

创造社出版物

创造社时期文艺理论作品：

郭沫若：《我们的文学新运动》　《创造周报》第3号

《自然与艺术——对于表现派的共感》　《创造周报》第16号

郁达夫：《艺文私见》　《创造》季刊第1卷第1期

成仿吾：《诗之防御战》　《创造周报》第1号

创造社时期戏剧代表作品：

郭沫若：《棠棣之花》（第二部）　《创造》季刊第1卷第1期

《卓文君》　《创造》季刊第2卷第1期

《王昭君》　《创造》季刊第2卷第2期

田　汉：《咖啡店之一夜》　《创造》季刊第1卷第1期

郭沫若与人民艺术

风雨同行 友谊长存

■ 风子——郁风——出一刹那

《救亡日报》成员、画家郁风在1937年6月为郭沫若画的像。郭沫若题："这便是我，出一刹那，艺术之力，千古不磨。民廿六年十月　沫若自赞"。

郭沫若与郁风（右1）、于立群（右2）等在广州合影。

1936年5月，青年话剧演员风子（前右3）应邀赴日演出话剧《日出》，郭沫若（前左1）参加欢迎宴会并合影。

郭沫若与人民艺术

风雨同行 友谊长存

■ 政治部三厅——战乱中艺术家的避风港　三厅序列

在周恩来、郭沫若的领导下，国民政府军事委员会政治部三厅集聚了一批卓有才干的文化工作者。图为周恩来（左4）、郭沫若（左5）、邓颖超与田汉（前右1）、洪深（前右2）、阳翰笙（前右3）、杜国庠（前右5）、范寿康（前左1）、胡愈之（后右1）、冯乃超（后左1）等三厅成员在武汉珞珈山。

三厅序列

军事委员会政治部第三厅序列（创设初期）

厅　长　郭沫若
副厅长　范　杨
主任秘书　阳翰笙

第五处（负责动员工作）　处长　胡愈之
第一科科长 徐寿轩
第二科科长 张志让

第六处（负责艺术宣传）　处长　田　汉
第一科科长 洪　深
第二科科长 郑用之
第三科科长 徐悲鸿

第七处（负责对敌宣传）　处长　范寿康
第一科科长 杜守素
第二科科长 董维键
第三科科长 冯乃超

此表据郭沫若《洪波曲》中三厅人事和计划有关记录制成。除以上各机关领导外，三厅科员还包括了史东山、应云卫、马彦祥、冼星海、张曙等。在基本科室外，三厅还辖孩子剧团、抗战宣传队四队、抗敌演剧队十队、漫画宣传队一队。此外，三厅还管理着电影放映队五队及中国电影制片厂，郭沫若兼任前者总队长，六处二科科长郑用之为后者厂长。

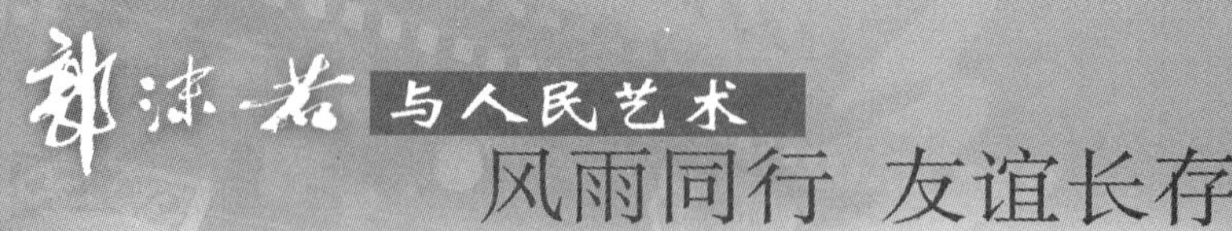

■ 中制电影　抗战演出队

三厅成立后开展了大规模的抗日宣传活动。图为郭沫若在武汉街头参加抗日游行。

正在做抗日演讲的郭沫若。

郭沫若与三厅成员组织的抗战扩大宣传周与“七七”献金活动，在武汉引起轰动。

郭沫若与人民艺术

风雨同行 友谊长存

漫画战 孩子剧团

政治部三厅组建时成员与八路军驻武汉办事处成员在中国电影制片厂的合影。前排：彭德怀（右1）、王明（右2）、曾宪植（右3）、邓颖超（右5）、于立群（右6）；二排：阳翰笙（右1）、郑用之（右2）、童小鹏（右4）、郭沫若（右6）、周恩来（右7）、潘汉年（右8）、博古（右9）、叶剑英（右10）。

中国电影制片厂摄制宣传电影《抗战特辑》宣传海报。

三厅创作的抗日宣传标语。

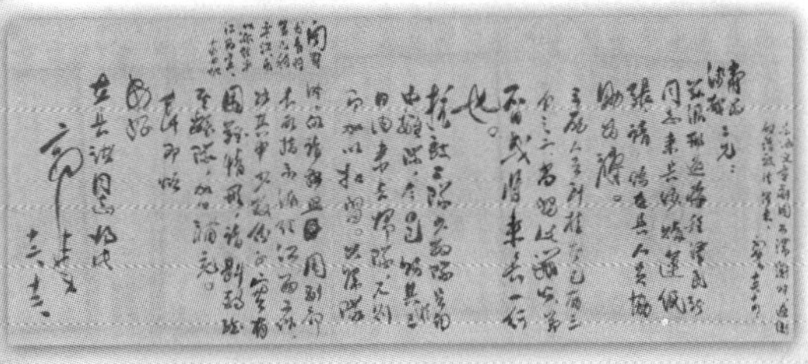

1938年底，郭沫若率三厅撤退至桂林时致田汉、洪深的信。信文内容为对三厅下属抗敌演剧队、孩子剧团的工作安排。

郭沫若与人民艺术

风雨同行 友谊长存

■ 文工会 压迫下的呼声

为抵制国民党政府胁迫三厅集体加入国民党，三厅宣布集体辞职。在舆论压力下，当局只得重新任命郭沫若为主任，另筹建文化工作委员会。图为郭沫若拟写的《文化工作委员会组织大纲》。

郭沫若、阳翰笙、李可染等文工会同仁在重庆。

20世纪50年代李可染所写的自传手稿，此页记载了郭沫若领导三厅成立文化工作委员会，并在国民党当局的打压下从事研究工作。

郭沫若在文工会举办过多种学术报告会，图为他与史学、文学界友人在重庆赖家桥合影：翦伯赞（左7）、杜国庠（左5）、郑伯奇（左2）、臧云远（左8）、朱洁夫（左6）、何成湘（左4）、郭劳为（右1）。

郭沫若与人民艺术

风雨同行　友谊长存

■ 文代会

1949年7月2日至23日，中华全国文学艺术工作者代表大会在北平召开，郭沫若当选为全国文学艺术工作者联合会主席。图为主席团全体成员合影。

郭沫若在第一次文代会期间与京剧艺术家周信芳（左）、程砚秋（中）。

1956年9月1日，郭沫若、茅盾为齐白石颁发世界和平理事会1955年度国际和平奖金。

郭沫若与人民艺术

风雨同行 友谊长存

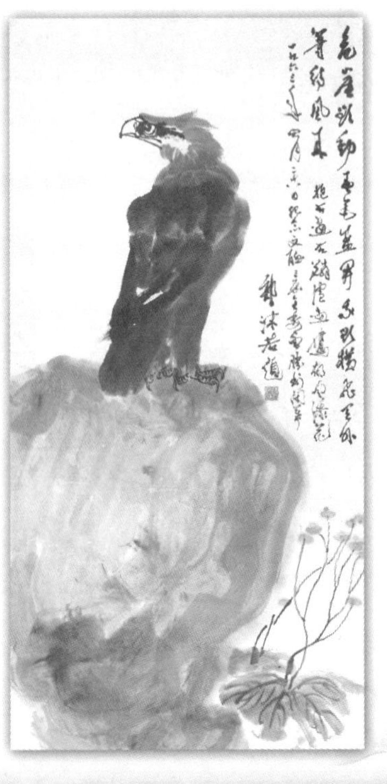

1963年郭沫若在春节联欢会上欣赏傅抱石作画。此画由四人合作完成，其中傅抱石画石，许麟庐画鹰，郁风添花，郭沫若题诗。

郭沫若与人民艺术

风雨同行　友谊长存

邯郸“东风剧团”成立于1959年，完全由12、13岁的“娃娃”组成。郭沫若为其定名“东风剧团”并给予关心。

郭沫若和剧作家在一起。左起：郭沫若、欧阳予倩、田汉、李伯钊、陈其通。

1962年5月，郭沫若为“百花奖”获奖演员祝希娟颁奖。

1963年1月，郭沫若在政协礼堂书画室题字。左1为相声表演艺术家侯宝林。

郭沫若与人民艺术

风雨同行 友谊长存

1961年5月31日，梅兰芳应郭沫若邀请，在中科院礼堂为科学家们表演《穆桂英挂帅》，图为谢幕时两人的合影。

1940年代，郭沫若书赠梅兰芳条幅。

郭沫若与人民艺术

走进故居　感悟大师

1982年1月，中共中央将郭沫若工作和生活的北京前海西街18号院定名为“郭沫若故居”；8月，国务院批准为全国重点文物保护单位；11月16日，郭沫若诞辰90周年时，举行“郭沫若故居”定名揭幕仪式。1988年6月12日，在纪念郭沫若逝世10周年之际，正式对外开放。1994年7月，“郭沫若故居”更名为“郭沫若纪念馆”。如今，郭沫若生前的办公室、客厅、卧室以及生平展览在馆内展出，并常年举办各种丰富多彩的文化活动。

郭沫若与人民艺术

走进故居 感悟大师

■ 纪念馆馆景

郭沫若办公室

郭沫若卧室

郭沫若客厅

妈妈屋（于立群写字间）

展厅

垂花门

馆景四季

影壁

庭院

郭沫若与人民艺术

走进故居 感悟大师

■ 文艺活动

2001年六一儿童节孩子剧团故事会

2005年银杏树下赏秋音乐会

2008年4月清明

2009年4月清明节

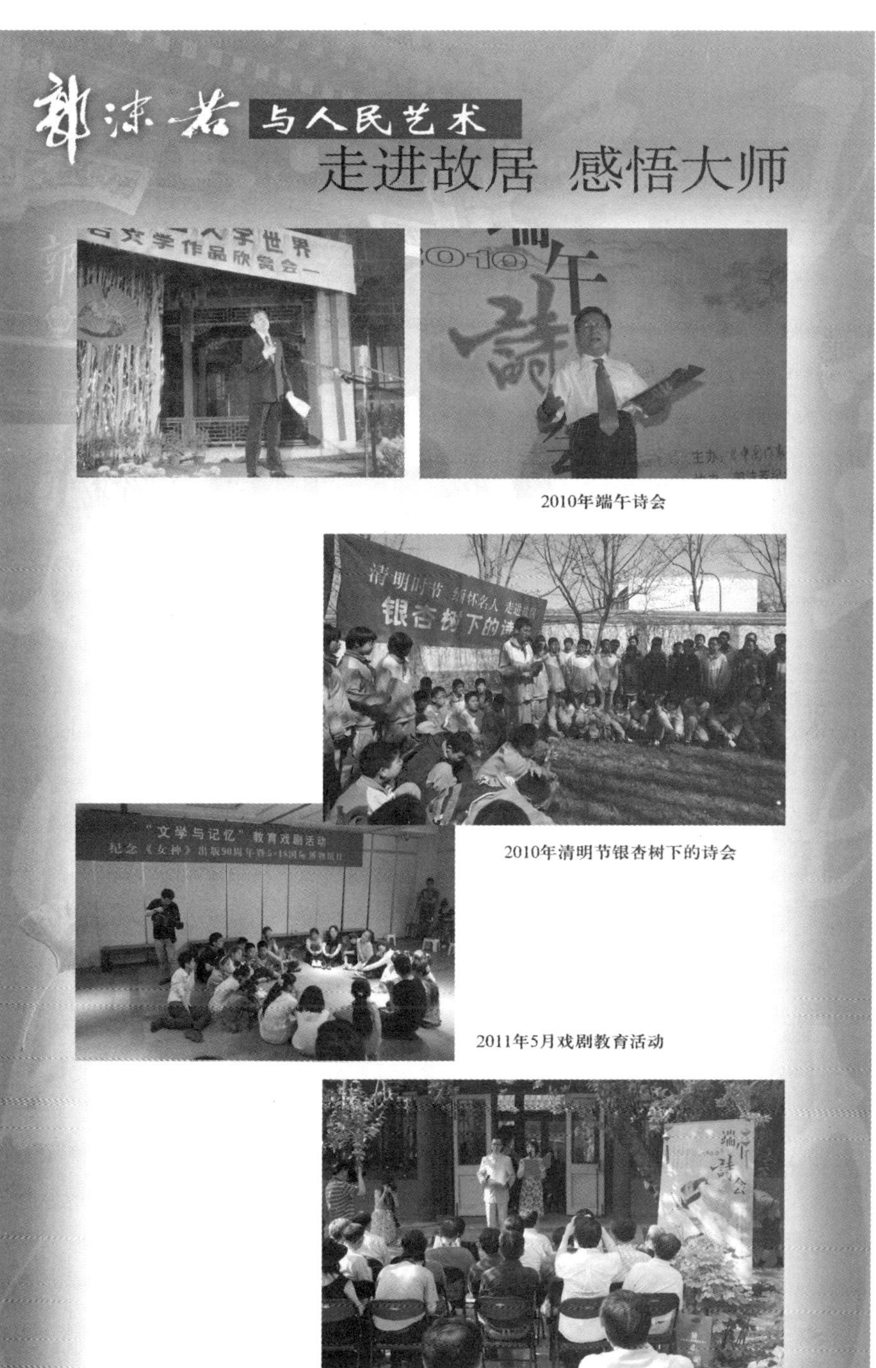

2010年端午诗会

2010年清明节银杏树下的诗会

2011年5月戏剧教育活动

2011年端午诗会

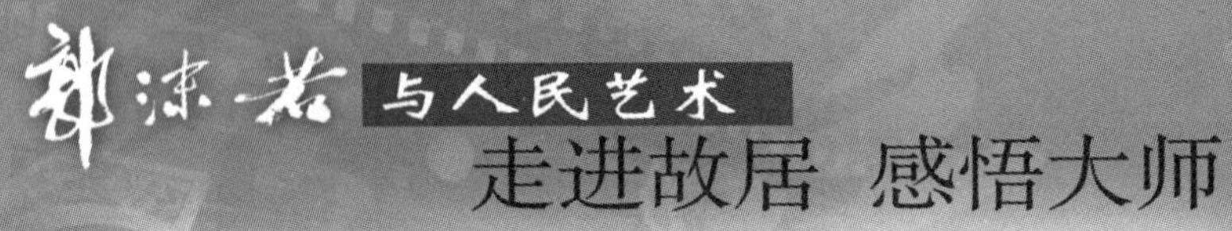

走进故居 感悟大师

■ 观众留言

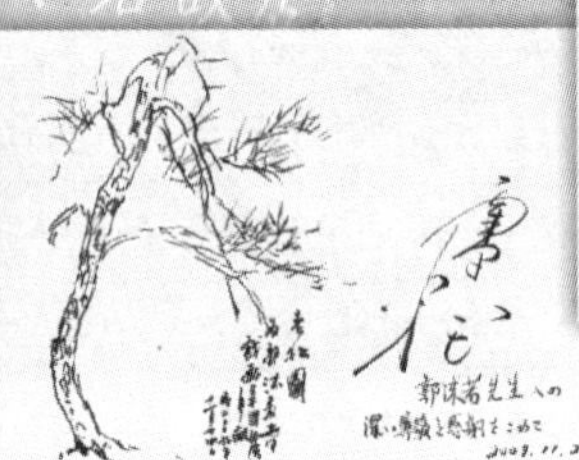

郭沫若与人民艺术

走进故居 感悟大师

心中的怀念

——观众留言集萃

郭沫若先生是继鲁迅先生之后中国文化领域的旗手，他在史学、诗歌、剧本、小说方面的建树，可以说是前不见古人，后不见来者的一代文豪，是中华民族五千年文化历史的骄傲，是后人永远值得崇敬学习的榜样。

——安徽省安庆市 杨斌

《女神》引领我们前进，《屈原》使我们体会到民族的精神力量。他的伟大在于将自己的青春热血化成了文字，感染召唤着后代的国人，那是一种喷薄的力量，是民族的吼声。

——辽宁大学 杨鹤澜

现在我们学习郭爷爷松柏般的精神，以后我们吸取郭爷爷的成功经验，未来我们做像郭爷爷一样的人才。

——学生 张亦驰

郭沫若，时代的巨子，我们无限地怀念你。你的诗歌，在我的学生时代给予我力量，要为社会为祖国努力学习奋斗不息。

——江苏省大丰市万盈镇退休教师 韩龙发

郭老，您永远鼓舞着我们，您是我们后生征程的灯塔。永远怀念您！

——聂震

一直觉得郭沫若这个名字如在云端，圣洁得无法触摸，走过他的故居，才觉得原来郭老就在身边。踏在这木质的地板上，耳边几乎能听到郭老悠长沉稳的呼吸，一个伟人，一个文坛巨匠，曾经在这里思考，在这里创作。而如今，我能够有幸在这里留下自己的足迹……。

——羽清

有一种鸟，每五百年死一次，死时它化为熊熊烈火，但又经过火的洗礼获得重生。这种鸟就叫凤凰。沫若先生就是涅槃中重生的凤凰！

——程立雪

郭老的一生引人深思，发人深省。他饱读诗书，为发扬祖国的传统文化做出了不朽的贡献。作为当代大学生，我们也会以郭老为楷模，像他一样以松柏的态度带给人们一片清荫。"承百年报国志，作世纪栋梁"。

——北京大学经济学院 付璐 李婧谦 林家纯

我还是一个孩子时，在中山公园首次参加少先队，第一次见到郭老先生给我们讲话，终生难忘。五十年代我离开首都到外地参加祖国建设，郭老的教诲永远铭记在心。郭老是我最为敬仰的国家领导人，愿郭老芳名永垂。

——河南省电建二公司 苏玉增

我从小就是郭老的崇拜者，在北京数十年间居然无缘来此。今天我已是花甲之人，终于辗转来到这里，得以瞻仰伟人，感慨万千。郭老是中国文化史上前无古人后无来者之巨人，他对中国文化的贡献永彪史册。斯人已逝，精魂永存。

——郭新兴

怀着崇拜的心情来到中国的文化旗手郭沫若先生曾经工作和生活的地方。他爱国的革命情怀，广博的才学，永恒的激情令人感叹。学习和效仿的自然不是他的人生轨迹，而是他的情怀和文化精神。

——马晓光 闫蓓蓓

民族英雄永垂不朽，世界巨人流芳千古。

——辽宁 张涛

“中华名人展”土耳其巡展

一、展览主旨

每一个国家、每一个民族都孕育了自己杰出的人物。他们既是各个国家和民族的巨大精神财富，也是人类文明共同拥有的精神财富。名人是浓缩的历史，是时代精神的集中体现。了解一个国家、一个民族最为快捷和深入的方式之一，就是从名人入手。刚刚过去的20世纪，是发生了翻天覆地巨大变革的一个世纪，在这个时期，中国出现了许许多多杰出的人物，他们身上凝聚着中华民族的勤劳善良、坚忍不拔、聪明智慧的品质。他们的存在，使得百年中国历史画卷更加丰富多彩。

2014年7月10—18日，“中华名人展”巡展活动在土耳其伊斯坦布尔DOGUS大学成功举办，展览宣传了郭沫若、宋庆龄、李大钊、鲁迅、茅盾、老舍、徐悲鸿、梅兰芳等中华文化伟人为中国及全人类作出的贡献。这八位伟大人物的命运与20世纪中国巨变的历史紧密地联系在一起，他们经历并推动了中华民族走向独立与富强的进程，是中华民族以及人类文明的精神财富。中国与土耳其的交往可谓源远流长，土耳其是连接亚洲与欧洲的重要走廊，在古时便是丝绸之路的重要枢纽，由中国长安出发的商队，长途跋涉，途经土耳其抵达欧洲。奥斯曼土耳其人更是喜爱中国的商品——瓷器，这亦是商队主要货物之一。商贸的兴盛极大地促进了两种文明的交流。1971年两国建交后，双方在政治、经济与文化等领域交往频繁，关系发展十分顺利。2012年、2013年，两国更是互办文化年，代表团正是在这种氛围中访问土耳其。在土耳其，代表团感受到了土耳其人民对中国人民的友好情谊，以及对中国文化的浓厚兴趣。

二、展览主题

中国名人的文化人格和精神内涵

三、主办与承办单位

主办方：

郭沫若纪念馆、DOGUS大学、土耳其土中文化协会、中土文化交流中心

承办方：

DOGUS大学外国语学院

四、展览开幕时间、地点与展期

开幕时间：2014 年 7 月 10 日

地点：土耳其伊斯坦布尔 DOGUS 大学

展期：1 个月

五、活动内容

1. 成功举办“中华名人展”

2014 年 7 月 11 日，代表团在土耳其伊斯坦布尔 DOGUS 大学外文学院举办“中华名人展”。此次展览共展出 300 余幅的珍贵历史图片，以图文并茂、中英双语的形式展现了近代以来为中华民族的崛起作出突出贡献的八位文化名人的生平与成就。他们是 20 世纪的杰出女性宋庆龄、中国共产党主要创始人之一李大钊、新文化运动先驱鲁迅、文化巨匠郭沫若、中国现代文学泰斗茅盾、人民艺术家老舍、中国绘画大师徐悲鸿以及京剧表演艺术大师梅兰芳。这八位伟大人物的命运与 20 世纪中国巨变的历史紧密地联系在一起，他们经历并推动了中华民族走向独立与富强的进程，是中华民族以及人类文明的精神财富。

7 月 10 日，代表团成员抵达土耳其后便马不停蹄地赴 DOGUS 大学进行布展与事前准备活动。在 DOGUS 大学展览室，拆装展板、规划位置，最终完成布置，整个展室焕然一新。代表团与土方人员还共同商议了次日举行开幕仪式的程序等若干事宜，布置了开幕式会场。

7 月 11 日，“中华名人展”开幕。在开幕仪式上，北京梅兰芳纪念馆馆长秦华生代表中方发言，土耳其土中文化协会会长伊凡·卡斯利（Irfan Karsli）、土耳其 DOGUS 大学外文学院院长迈克·奥尼尔（Michael O’Neill）也在开幕式上发表了热情洋溢的讲话。秦华生在讲话中回顾了中土建交以来两国在各领域的合作与交流，希望通过“中华名人展”促使土耳其人民感受到百年来中国历史的发展进程，增进双方的了解，深化中土友谊。迈克·奥尼尔认为，各民族都拥有自己的伟大人物，他们都为本民族的发展作出了无与伦比的贡献。深入了解伟人的生平事迹，是理解一个民族历史的重要途径。

各界嘉宾和 DOGUS 大学 200 余名老师与学生出席了开幕式。在中土双方代表共同剪彩后，展览正式开幕。代表团与嘉宾和师生们一同参观了展览，并就展览内容进行了交流。7 月 12 日，代表团邀请 DOGUS 大学外文学院汉语系学生开展了座谈活动。郭沫若纪念馆馆长崔民选在座谈会上向学生们介绍了展出的八位中华名人与中国近现代历史，收到了热烈的反馈，学生们纷纷踊跃提问发言。代表团还向与会学生们分发了名人展的宣传资料，希望他们成为向土耳其人民传播中国文化的使者。

2. 访问大学、博物馆等文化机构，交流博物馆工作经验

7 月 13 日，代表团参观了著名的伊斯坦布尔考古博物馆，这座博物馆具有超过

百年的悠久历史，收藏和陈列了土耳其境内发掘出的古代东方、希腊与罗马、伊斯兰等文明的珍贵文物，是一座杰出的历史与艺术宝库。代表团主要考察了其特大型博物馆的陈列展示方式与技术。7 月 15 日，代表团访问参观了土耳其安卡拉大学，与土中文化协会联合举办中华名人介绍座谈会，就学生们感兴趣的有关中华文化的问题进行了解答与交流。郭沫若纪念馆馆长崔民选在座谈会开始时发表了致辞。他在致辞中说，郭沫若等八位名人在致力于各自领域奋斗的同时，还为世界和平和世界文化的交流架起了桥梁。我们此行不但要宣传中华文化，也要深入了解土耳其的文化发展现状，学习和借鉴好的做法和经验。7 月 16 日代表团考察了安纳托利亚文明史博物馆，该馆的主体建筑是一座 15 世纪遗存的大型仓库，成员们均认为这种方式兼具对文物的保护与利用的功能，使参观者在历史遗迹之中感受历史。

三　纪念郭沫若文化活动

第七届“清明时节　缅怀名人　走进故居”系列文化活动

2014年4月4日，由郭沫若纪念馆、宋庆龄故居、李大钊故居、鲁迅博物馆、茅盾故居、老舍纪念馆、徐悲鸿纪念馆、梅兰芳纪念馆等北京八家名人故居纪念馆联合举办了第七届“清明时节 缅怀名人 走进故居”系列活动，拉开了2014年“中国精神 大家风范”北京八家名人故居纪念馆联盟系列活动的序幕。清明节当天，郭沫若纪念馆悬挂条幅，用鲜花装点院落，举办“清明时节 缅怀名人 走进故居”的献花活动，以礼敬郭老；馆内设置有“清明寄语墙”，观众可前往留言寄语哀思。郭沫若纪念馆的爱国主义教育基地共建学校——北京什刹海小学学生到纪念馆参加第七届“清明时节 缅怀名人 走进故居”系列文化活动，学生们为郭沫若铜像敬献红领巾和鲜花，并朗诵郭沫若的诗歌。

端午诗会

2014 年 5 月 28 日，由《中国作家》杂志社、中央人民广播电台、郭沫若纪念馆联合推出的“2014 端午诗会”在郭沫若纪念馆成功举办。诗会上朗诵了屈原、郭沫若等名家的诗篇，在朗朗诵读声中追忆诗人的爱国主义情怀。

“端午诗会”活动的成功举办，不仅是当代诗人的一次盛大聚会，而且弘扬了我国历史悠久的诗文化，同时也祭奠了我国古代伟大诗人屈原，追忆了我国近现代新诗的奠基人郭沫若。

考古系列讲座

2014 年，由中国社会科学院考古所、北京市社科联、北京考古学会、郭沫若纪念馆联合推出的考古公益讲座成功举办八场。

5 月 20 日，第一场讲座主讲人为中国社会科学院考古所研究员王仁湘，讲座题目为《昨日盛宴：考古出土食物与相关遗存》。

6 月 11 日，第二场公益讲座主讲人为中国社会科学院考古所研究员李健民，讲座题目为《中国青铜器（第一讲）》。

7 月 9 日，第三场公益讲座主讲人为中国社会科学院考古所研究员李健民，讲座题目为《中国青铜器（第二讲）》。

8 月 6 日，第四场公益讲座主讲人为中国社会科学院考古所研究员王吉怀，讲座题目为《禹会诸侯——禹会遗址考古发掘揭示 4000 年前大禹治水中的一段传奇》。

9 月 10 日，第五场公益讲座主讲人为中国社会科学院考古所研究员王吉怀，讲座题目为《中国原始第一村——安徽蒙城尉迟寺遗址揭示五千年前宏大的原始村落》。

10 月 8 日，第六场公益讲座主讲人为中国社会科学院考古所研究员李健民，讲座题目为《中国青铜器（第三讲）》。

11 月 5 日，第七场公益讲座主讲人为中国社会科学院考古所研究员曹定云，讲座题目为《曹操墓之辨伪》。

12 月 10 日，第八场公益讲座主讲人为中国社会科学院考古所研究员朱乃诚，讲座题目为《中华龙的起源与形成——考古学的一个实证研究》。

下　　编

资料集绵

第六篇

硕博论文摘选

【博士论文：郭沫若前期文艺论著校勘与发现】

论文作者：孟文博

指导教师：魏　建

毕业院校：山东师范大学

论文摘要：长期以来，学界习惯于把郭沫若的生平分为两个时期，新中国成立之前为前期，成立之后为后期。本文即把郭沫若前期的诸多文艺论著作为校勘和研究的对象。所谓论著，是指他的《文艺论集》《文艺论集续集》两部文艺著作，和最初发表在各个报刊上，后又收入到各个版本的《羽书集》《蒲剑集》《今昔集》《沸羹集》《天地玄黄》，以及《沫若文集》十一卷“集外”和《沫若文集》十三卷“集外”中去的文艺论文。需要说明的是，本文判定各篇文献资料是否是“文艺论文”的标准，是看郭沫若有无在其中提出文艺观点，所有提出文艺观点的论文，都算作是“文艺论文”。本文之所以选择对郭沫若前期发表的大量文艺论著进行版本校勘，并标注出他在日后进行的所有改动，就是因为直到目前为止，郭沫若研究学界中的绝大部分学者在对其前期文艺思想进行研究或者对其文艺论著资料加以引用时，都没有注意到郭沫若总是习惯于利用把自己最初发表的文艺论文收入各个文集之机，根据当时的社会政治形势，以及自我思想观念的改变，对其进行不同程度的修改，在做完这些修改完后，又从不加以具体说明，结果这种文本修改便形成了一个非常具欺骗性的历史地表，对他很多最初的思想观念形态以及这些思想观念在日后发生转变的真实状态造成了一种遮蔽，如果不仔细严谨地对这些不同版本文献加以考证校勘，便很难窥视到这种遮蔽之下真实的历史流脉。然而非常遗憾的是，在本论文写作之前，学界对郭沫若前期文艺论著的校勘工作极为缺乏，只在20世纪80年代由黄淳浩先生出版过一部《〈文艺论集〉汇校本》，并且此汇校本对依据“一般文字变动”“则不一一录出”的编写原则，并没有真正全面细致地还原《文艺论集》各个版本历史流变的全貌。同时《文艺论集》中所收入的文艺论文，也仅仅占郭沫若前期发表并在日后又加以修改的所有文艺论文中的很小一部分。也就是说，其他还有相当大部分的文艺论著都是处在从未加以校勘的状态。从这个层面来说，本文是首次对郭沫若前期文艺论著进行了全面而完整地校勘。在最终形成此篇论文定稿之前的两年多时间内，笔者通过从相关网站进行下载，从全国各大图书馆和研究机构复印，从私人手中进行购买等方式，基本找全了郭沫若前期所有发表过的文艺论著最初版本，以及日后又由各个出版社在不同时期出版的收录有这些文艺论著的各种文集。在拥有这些原始资料的基础之上，笔者通过对各个版本的文艺论著内容进行逐字逐句对比的方式，找出了郭沫若在各个时期对其最初版本文艺论著所做的所有修改，最后把这些异文加以汇编，便形成了各章的“校勘成果汇编”部分。

笔者在编写这部分“校勘成果汇编”的过程中，发现了很多学界长期以来因为没有注意到郭沫若的大量文论修改，从而没有涉及乃至结论错讹的问题，对这些问题，笔者进行了较为详细的梳理、阐释和评论，这就是每一章“学术发现”部分的内容。本论文第一章第一节是对郭沫若《文艺论集》的校勘。《文艺论集》是郭沫若的第一部学术论文集，最初由上海光华书局于1925年出版，之后由该书局又于1929年、1930年再版，最后一版就是郭沫若于1959年进行过较大改动后由人民文学出版社出版的《沫若文集》第十卷中的版本。本节的“校勘成果汇编”部分，就是以其中各篇论文的最初版本为底本，与其他日后各版《文艺论集》中的版本进行校对，最后所形成的完整的“异文汇编”。

第二节是依据《文艺论集》校勘成果，对郭沫若在不同历史时期对文艺“无目的性”与“功利性”问题的阐述进行的梳理与评论。郭沫若从20年代初期初登文坛一直到新中国成立之后，在这个问题上总是不断转变，因此这就让后来的研究者们对此非常难以把握和研究，形成了郭沫若研究中的一个难点，而郭沫若对这一问题的不断转变自然与他总是积极参与时代进步浪潮的性情与人生选择紧密相连，同时反过来也折射出他在不同历史境遇中或主动或被动的角色选择与认同，以及他所经历的那些时代的特色，因此厘清和明晰这个问题，对我们全面而正确的认识郭沫若的文艺观，考察他所处的各个历史阶段的特点，都是很有意义的。但是长期以来，众多学者由于没有注意到郭沫若在不同历史时期对此问题相关言论的大量修改，以致在研究结论上莫衷一是，甚至造成结论的错讹和重大偏差。笔者在重新校勘了这些文艺论著版本之后，发现郭沫若虽然在此问题上不断转变，但是从本质层面来说，却有起着决定作用的一点始终不变，那便是郭沫若在不同历史时期，对文坛话语权、社会影响力等知识分子“权力”的寻逐与把握。

第二章第一节是对郭沫若《文艺论集续集》的校勘。《文艺论集续集》收录了郭沫若从20年代初期至30年代初期共11篇文艺论文，这11篇文艺论文全部是体现其无产阶级文艺观的作品，因此总体上看郭沫若日后对其的改动并不算大，但是也有很多细节部分很有研究价值。本节是第一次把这部论文集进行了全面校勘，并标注出了所有异文。第二节是考察郭沫若对五四文学革命的否定及其背后深层的思想观念内因。以往学界几乎都认为郭沫若是文学革命的重要参与者甚至领导者，是文学革命成功的必要保障，从而把他与五四文学革命的成功紧紧联系在一起。但事实上，郭沫若从上世纪20年代一直到30年代，对五四文学革命都是持否定态度的，其中的真实原因并非完全是他表面上所强调的那些“公子派”“好事家”没有“产出”“什么划时代的作品”，而是在更本质层面上源于对其个人“权力”以及与之紧密相连的“名利”的考量。当五四文学革命在国内风起云涌之时，郭沫若因还在日本留学，错过了这场难得的历史机遇，结果造成他虽然日后文名渐盛，却不能及时转化为实际利益，依然经济困窘。之后郭沫若敏锐地感到无产阶级思想在中国的传播洪流，并及时把握住了这一新的历史机遇，利用无产阶级理论否定了五四文学革命的实际功绩，为自己在文坛及社会上的进一步发展，打下基础，开辟道路。可以说，郭沫若对五四文学革命的否定，正源于其对无产阶级话语权的争夺。

第三章第一节是对《沫若文集》十一卷“集外”部分和《羽书集》中所有文艺论文进行的校勘。这两部分所收录的文艺论文最初是发表于30年代中后期到40年代初期，这不到十年的时间，大体可以以郭沫若回国参加全面抗战为界限，分成两个时期。在不同的时期内，郭沫若的文艺思想由于受不同政治军事形势的影响，有着非常大的改变，而尤其是他在抗战时期的文艺观言论，往往又被其在日后进行大幅度的改动。

第二节和第三节是基于校勘工作之上，对郭沫若与李石岑、蒋介石这两个历史人物在特定历史阶段真实关系的考察评论。郭沫若与李石岑历史恩怨的时间跨度长达二十多年，这段恩怨纠葛从20年代初期一开始便体现了郭沫若鲜为人知的一种负面心态：偏狭，一直到了30年代后期，他的这种偏狭心态都始终存在，而且还变本加厉，甚至到了50年代末都还有回响。关于郭沫若与蒋介石的关系，以往人们总是根据郭沫若在解放后编纂的《沫若文集》来认识考察，认为郭沫若是反蒋斗士，但殊不知郭沫若在编纂自己的《沫若文集》时，把他新中国成立前创作中所有涉及蒋介石的言论都删改过了，而这种删改便对他们关系的真实状态形成了巨大遮蔽，尤其是他们非常重要的抗战时期的关系。事实上在全面抗战初期，郭沫若在言论上对蒋介石是非常恭敬的，甚至到了献媚的地步，但是随着政治局势的发展，以及共产党对他的极力争取，他对蒋介石的态度又发生了微妙改变。而从郭沫若更深层的心态考察，无论是他对李石岑的负面评价，还是在抗战时期对蒋介石的献媚态度，其背后都有郭沫若对自我“权力资本”的争取和维持。

第四章第一节是对《蒲剑集》《今昔集》两个集子中所有文艺论文的校勘，这两个集子中的文艺论文均创作和发表于1939—1943年间，也就是全面抗战转入持久战时期这一历史阶段，这一时期由于战争形态的巨大转变，国内政治形势随之发生急剧转变，这些都极大的影响到了郭沫若的文艺思想和言论，使他的言论极具时代色彩，而日后他对这些论文的改动，也是非常大的。第二节是对郭沫若“民间文艺”观的考察评论。“民间文艺”观一直是郭沫若文艺思想中非常重要的组成部分，却至今一直处于被边缘甚至被忽略的状态。笔者通过校勘其文艺论文发现，郭沫若并非像学者们以往所认为的那样“始终关注民间文学事业”，而是在不同的历史时期持不同的态度，其中还有相当长一段时间对中国传统民间文艺有着较低的评价。郭沫若对待民间文艺的态度，与他根深蒂固的“精英—权力”意识紧密相连。第五章第一节是对《沸羹集》《天地玄黄》《沫若文集》第十三卷“集外”中所有文艺论文的校勘，这三个部分中所收录的文艺论文最初主要发表于从40年代前期到40年代后期大约8年的时间内，郭沫若的人生在这一时期内颇为跌宕起伏，他先是被蒋介石免去了政治部第三厅厅长之职，之后他所领导的“文工会”也被解散，由此便彻底结束了其在国民党体制内“交大运”的历程，但在与此同时，他却在共产党方面获得极高的认可，被定为“鲁迅的继承者”，获得了“文化界领袖的地位”，因此他的文艺观言论也明显地向共产党的文艺政策靠拢，因此日后郭沫若对这一部分文艺论文的改动，并不算非常大。第二节是笔者基于校勘工作，发现并阐释了郭沫若在新中国成立前对毛泽东文艺思想的接受及态度转变的真实状态。历史的实情是解放前对待毛泽东的态度是从最初仅仅印象深刻，到之后欣赏敬仰，再到最后达到崇拜歌颂，这样不断进行转变的。这一转变过程本质上体现了郭沫若在不同的历史机遇期中对“权力”的寻逐。总的说来，本文是郭沫若研究90多年来，首次对他所有前期文艺论著进行了全面系统的校勘工作，在整个校勘过程中，笔者发现了诸多久已被遮蔽的重要问题，以及以往学者们由于不清楚郭沫若基于大量修改所得出的错误研究结论，笔者在每一章的“学术发现”部分对这些问题进行了厘清和阐释，并对错误的研究结论进行了纠正。在研读和校勘郭沫若大量前期文艺论著的过程中，笔者还发现，郭沫若虽然在文艺观念上有着明显的与时俱进、因时而变的特点，但是他的这些观念在不断转变的背后，都有一个始终不变的心态在起着决定作用，那便是他在不同历史时期对自己“文化资本”的努力获取，以及在此“文化资本”的基础之上，对社会、政治乃至军事有着直接影响力的“权力资本”的寻逐与把握。

【硕士论文：郭沫若的诗歌翻译研究
——以〈雪莱诗集〉英译本为例】

论文作者：孙慧慧

指导教师：李　丽

毕业院校：山西师范大学

论文摘要：从19世纪50年代开始，中国就有了英语诗歌作品的汉译，它比林纾通过别人口译开始翻译小说至少要早40多年，开创了中国近代翻译文学之先河。从那时起到20世纪20年代末第一次诗歌翻译高潮为止，也只有短短的不到80年时间，但是就它的发展历程和取得的成就来说，在中国近现代翻译文学史上却是不可或缺的。在诗歌翻译中，多人翻译了雪莱的诗歌，其中以查良铮、江枫、郭沫若的翻译最为成功而且被广泛传颂。在他们三人之中，郭沫若的翻译得到最多的关注。本文以郭沫若的翻译为研究对象，原因如下：一是，雪莱是郭沫若在“五四”运动期间介绍、研究最多的外国作家，他对郭沫若思想的影响是不容忽视的。雪莱的美学著作《为诗辩护》对郭沫若早期的美学思想产生了很大的影响。二是，雪莱是郭沫若极为赞赏的诗人，郭沫若曾赞扬雪莱为真正的诗人，而且雪莱诗歌的个性魅力及思想，以至于感情生活都对郭沫若产生了重要的影响与吸引力。三是，雪莱和郭沫若都身处于革命年代，并且有着相似的家庭背景、生活背景以及情感背景。基于相似的大背景，郭沫若可以很好的理解雪莱的诗歌，只有对原诗歌感同身受才可以明白诗歌的内涵，这为郭沫若翻译雪莱的诗歌创造了得天独厚的条件。郭沫若真正做到了“译雪莱的诗歌就是要我自己成为雪莱，雪莱成为我自己”（《雪莱》，1956 年）。换句话说是做到了译者与作者融为一体。

郭沫若有一个独特的翻译理论观，他认为翻译最重要的就是重建原诗歌内在韵味，而不是仅仅翻译其的表面意义。为了达到此目的，他的译本和原本有很多的不同。所以一些人认为他是在胡译。本文先对郭沫若的翻译理论做了一个系统客观的分析，然后从诗歌形式、诗歌内容、诗歌意象三个方面分析郭沫若的译本是否在胡译，他翻译的《雪莱诗集》是否成功。此论证采用描述分析法以及对比分析法，从以上三个方面分析了他的翻译是否成功。其中诗歌形式从韵律、节奏、诗行方面分析；诗歌内容从语义、句法、词汇方面着手；诗歌意象从比喻意象、象征意象以及描写意象出发。经分析发现，虽然郭沫若的译本没有一板一眼地翻译，但是他不是在胡译，他翻译出了原诗的深层意义。他译本中的每一个不同都是郭沫若深思熟虑的结果，都是他了解了目标语言和源语言的不同之后做出的改变。他的翻译更加符合中国文化习惯的表达方式，同时也更适合中国读者阅读。

【硕士论文：郭沫若文艺美学思想研究——浪漫主义与表现主义的融合】

论文作者：夏　蕾

指导教师：宛小平

毕业院校：安徽大学

论文摘要：郭沫若这位百科全书式的文化巨人，在诗歌、散文、小说、历史剧、文艺理论、考古、历史、书法等众多学术领域都取得了令人瞩目的成就，为人类留下了宝贵的财富，尤其在美学方面。从郭沫若的文学作品中可以看出他是自成一路的文艺理论家、美学家，他所构建的美学观，既融入了中西美学思想中优秀的成果，同时又突破了中国古典美学原有的理论框架。郭沫若的思想曾经经历过一个由革命民主主义者到马克思主义者、从小资产阶级的先进分子到无产阶级的先锋战士的发展和转变过程。在 1919 年的五四运动革命浪潮大大激荡起郭沫若的爱国主义热情的同时，他所受的思想影响是相当复杂的。郭沫若既从泰戈尔、歌德、海涅等人的作品中接受了资产阶级的民主思想，也从斯宾诺莎和庄子的著作中受到了哲学上泛神论思想的影响。他是一个浪漫主义者，但他的浪漫主义思想与 19 世纪末西欧的浪漫主义思想却又有着显著的区别，他的浪漫主义是生根在中国的土壤上的，是和中国的革命现实相关联的。在西方浪漫主义思潮的影响下，郭沫若重视感情的自然流露，重视灵感，重视直觉，强调创作的不自觉性。他主张“表现说”，反对模仿和再现，认为主观是艺术的根源，而主观感情的表现是艺术的本质，他把艺术放在一个很崇高的位置上，肯定艺术对社会的改造作用。郭沫若在接受浪漫主义的基础下，吸收了表现主义，他的文艺观具有多元复合的倾向。郭沫若把浪漫主义与表现主义融合起来，注重自我表现和感情的流露，强调主观精神。表现主义使他强调表现自我真实感情不仅仅是局限在个人渺小的感情，而是与时代、人民相一致的感情。这种感情经过加工而形成的精神产品，即艺术，是不能脱离客观世界和社会人生的。郭沫若的“自我表现”概念中包含了强烈的社会愿望，导致他既强调艺术的独立性，又支持把艺术应用到服务人类社会进步的事业中去，在继承与吸收中外美学文艺思想的观念上，郭沫若强调的是思想倾向的一致性、自我思想发展的延续性。本文分为六个部分对郭沫若文艺美学思想进行了简单的分析。在引言部分简单介绍了中国现代美学和郭沫若美学思想的研究现状。紧接着，设置了四个章节进行具体的讨论。第一章节介绍了郭沫若的生平与写作背景；第二章节开始了郭沫若思想发展过程及其美学观形成问题的探究；第三章节分析了郭沫若文学作品中体现出来的文艺美学思想，在这一部分，涉及到了他的诗歌、历史剧和小说的文本分析；第四章节简单的总结了郭沫若文艺美学思想的意义及给我们带来的启发。在文章最后的结束语部分对郭沫若美学思想研究提出了一些不成熟的建议。整篇文章中，第二章与第三章是探讨的重点。在诗歌方面，着重分析了他的《女神》集与《星空》集，诗歌中充满了自我表现和主观情感的不自觉流露，也充满了表现主义对现实的厌恶，对人性和爱的热烈呼唤的基调。他把主观精神的表现作为诗歌创作的基本宗旨，他主张诗的本职是用以抒情，作诗应当要有直觉和灵感，诗歌也要立足于现实，新诗必须要打破一切形式的束缚。在历史剧与小说方面，也体现了一些重要的美学思想。其中不仅洋溢着传统浪漫主义气息，也附有表现主义戏剧所特有的主观性、寓意性和人物形象的变形倾向。中国现代美学研究要从杰出的艺术作品为主要对象，来研究其中中国现代审美文化、审美意识的艺术体现。中国现代美学是扎根中国传统文化的根基之上，这离不开对郭沫若独特的美学见解的探究，他那些体现在作品中的美学观点是中国现代美学理论体系中重要的组成部分。本文将郭沫若先生的文学作品与美学理论相结合，用美学的相关理论来分析和理解郭沫若作品中所要表现的主题与思想，并且从他的文艺创作中寻找宝贵的文艺美学观点。这既是对中国现代文学的深入学习，也丰富了美学内容。研究郭沫若的美学思想不但对认识当时的文学理论及文学创造的审美规律有着很大的帮助，而且对当前的美学建设和文学创作更有着重要的意义。学习和研究郭沫若先生的美学思想和文艺理论是为了我们在继承中国传统文化精髓的同时，继续前进，创造出更好的艺术作品，形成更完善的美学体系。

【硕士论文：论郭沫若戏剧的诗性特征】

论文作者： 石燕波

指导教师： 王泽龙

毕业院校： 华中师范大学

论文摘要： 本文着眼于郭沫若戏剧中鲜明的诗性问题，从表现、溯源、本质及形式等方面展开对郭沫若历史剧中诗性渗透的阐释及探寻。通过对郭沫若历史剧文本和其基本文论的梳理和把握，进一步探究郭沫若诗化历史剧的形成机制和审美特性。

对郭沫若历史剧中的诗性渗透的探讨从三个部分展开。第一章，诗人与诗教。写剧本的郭沫若本质上是个诗人。文体偏好上他天然地爱诗，认为“诗是情绪的直写”“小说、戏剧都没有诗的直切”。他的文艺观是以诗为中心的文艺观。以“抒情说”为核心，包含内容与形式上，“自我表现”和“自然流露”两个方面。以诗人的身份写作，郭沫若把剧当诗来写，堪称“不采诗形的诗”。除了抒情，郭沫若的历史剧又有鲜明的教化的特征，是他以传播和发散为核心，以改变和创造为旨归的生命诗学观的具体表现。他的生命诗学观，融合了诗教与高台教化。其中，诗的教化占据核心位置。第二章，诗情与诗性。在创作的源头，郭沫若推崇歌德的“主情主义”。其戏剧中有一条明显的情绪线，其戏剧结构也是一种情绪结构，这种视情绪为生命的情绪诗学是郭沫若感知世界和构建戏剧结构的方式。在情绪的主线下，郭沫若还构建起了他“失事求似”的历史诗学观，想象与虚构就是他史剧创作观的诗学核心，创造性地把剧当诗来写，郭沫若从中发掘了诗人的主观能动性。第三章，诗艺与诗美。本章着重探讨郭沫若戏剧中的形式问题，与以往研究者重分析郭沫若诗化戏剧形成过程中受到的西方影响不同，笔者认为郭沫若的诗化戏剧更多的建立在传统文化的根基上，是将中西文艺观去芜存菁，融入一炉而成。关于郭沫若的诗化戏剧，本质是为剧诗还是诗剧，笔者也进行了分析。同时，具体从语言与节奏、意象与意境等四个方面着重分析郭沫若诗化戏剧中诗的因素是如何融入剧的，诗的美又是如何转化成剧的美的。

【硕士论文：初期创造社作家作品中的日本想象】

论文作者： 朱晓盈

指导教师： 丁　琪

毕业院校： 内蒙古大学

论文摘要： 本文以初期创造社的几位作家为对象，以他们的小说创作为重点，研究其早期作品中的日本想象。文章主要分为以下三个部分来进行阐述分析。首先，具体分析其作品中的日本想象，将其概括归纳为以下三类想象，分别是日本的自然风光想象、现代文明都市想象以及日本人想象，其中日本人想象是主要论述的对象，尤其是作家笔下鲜活的日本女人想象。通过对这几类日本想象进行宏观概括，不难发现，几位作家笔下的日本想象呈现出了明显的共性，那就是无论是哪一类的日本想象，均被作家赋予了强烈的主观情感，具有了特定的象征指示意义，成为了作家主观精神层面建构出来的象征物。同时，值得注意的是在共性之下，由于作家情感经历、价值体系、创作风格等影响，这些日本想象在保持共性的同时又各具差异性，这也是文本不能忽视的闪光点之一。其次，通过对作品主题的解读，不难发现“恋情”主题是这些作品所共有的特征，并且每一段恋情都以悲剧收场。仔细研读，可以发现这是作家有意为之，作家想通过看似轻松的“恋情”主题来承载自己沉重又充满磨难的“救国之志”，这样“以情诉志”的写作手法，使得每一段恋情都被作家赋予了政治意义，恋情的开始、发展与结束的过程，正是作家为了救国而自强、迷茫与遭受挫败的历程。用“恋情”来抒写“政治抱负”，含蓄鲜明又不过于沉重。最后，在前文研究的基础上，透过这些日本想象，整体把握作家对于日本的宏观态度以及通过观察日本得到的关于建构现代化中国的反思。当作家踏上东洋岛国，日本于他们来说就是可触、可碰、可感的直接存在，也正是因为这样多维度的接触，他们发现眼前的日本远非他们在中国所间接了解的那样，进而引发了他们的反思，通过日本这面“他者之镜”，他们意识到中国的救国之路无法复制日本以及任何一国的改革之法，中国的糜烂源于内部机制，改革需要直接切入肿瘤，腐朽的政治、经济、封建伦理道德以及落后自闭的民族国民性，都需要从根源彻底摒弃并加以变革。反思之后，日本于他们眼中便以另一番集体想象物的形象出现，对于这个在文化上很大程度滋养他们却又在战争中肆无忌惮凌辱中国的日本，他们无法分明决绝的报以亲近或痛恨。从文化角度审视，作家受到了日本文艺思潮以及民族文化的很大影响，感情上对其报以亲近感；从民族角度审视，在祖国面临灭族瓜分的危机下，这种民族仇恨感以无法遏制之势喷薄而出，直白地呈现于他们的作品之中。于是，在日本侵略者的铁蹄之下，在东洋文化之风的渐染下，作家宏观的日本观便可以概括为文化上的亲近感与民族上的仇恨感相交融。通过文本来分析想象，通过想象来研究作为他者的日本，进而透过这面“他者之镜”达到自我反省，在自我与他者的互动中，解析作家的情感，概括作家的日本观及现代化中国观，具有现实意义与时代精神，不仅促进了中日文化的交流，也保留了一份珍贵的记忆。

第七篇

出版与课题动态

一　出版零讯

【**面向历史的心灵救赎**——郭沫若历史剧研究】

王小强

中国社会科学出版社

2014 年 11 月版

该书主要从“内部”动力学视角对郭沫若的历史剧进行研究。郭沫若坚信文艺由“内部”发生，其真谛在于表现。这一认识贯穿于其历史剧创作实践。基于这一认识，该书根据他历史剧探索的不同阶段，试图从其“内部”世界的发展变化，找到其创作的动力学及价值学依据，以重新解析其史剧。郭沫若历史剧创作的发展历程被深深地打上了鲜明的“内部”规定的印痕，而背后隐含着的，是他面向历史的心灵救赎历程。对于历史剧，郭沫若将历史、现实和艺术三者关系的思考，与他个人的生命追求紧密融合在一起，使他的历史剧既具有鲜明的个性色彩，又具有普遍的社会文化蕴含。

【郭沫若生平文献史料考辨】

蔡　震

社会科学文献出版社

2014 年 7 月版

该书是作者在长期的收集、整理和研究关于郭沫若生平的文献基础上将研究成果集结而成的作品。其主旨是对郭沫若生平文献史料工作回顾与考察，同时梳理、发掘、考辨有关的文献史料。本书对郭沫若生平原始资料的挖掘和整理，填补了郭沫若生平叙述的历史空白。同时，作者订正了郭沫若生平重要经历的历史叙述偏差及舛误。在考订、辨析史料的同时，将郭沫若生平活动、思想发展、创作著述中的相关问题予以解读，并做出了新的学术分析和研究。作者为郭沫若的基础性研究工作作出了贡献。

【《郭沫若全集》集外散佚诗词考释】

丁茂远编著

浙江大学出版社

2014 年 7 月版

郭沫若被誉为我国现代诗坛泰斗。他在创作以开一代诗风的《女神》为代表的大革新诗的同时，还写了数以千计的旧体诗词，从而丰富了我国现代文学的宝库。《郭沫若全集》文学编 1—5 卷，虽已收入郭沫若旧体诗词 1100 余首，却仍有不少散佚在外，让人产生“全集”不全之憾。丁茂远的《〈郭沫若全集〉集外散佚诗词考释》意在弥补上述缺憾，明显具有下列特点：一是搜罗宏富。《郭沫若全集》文学编原有诗词 1100 余首，编著者三十年辛勤搜集，又得集外散佚诗词近 700 首。二是考订翔实。所有散佚诗词均取自公开出版的图书报刊，且都加以甄别校勘，务求信而有征。三是注释到位。

【郭沫若文艺与史学思想新论】

何　刚　王海涛

武汉大学出版社

2014 年 7 月版

该书主要采用史论结合的方法研究郭沫若的文艺与史学思想。在对郭沫若文艺与史学思想中的相关研究作出简要梳理和综述的基础上，从新角度切入展开论述，其中涉及的一些问题是以往研究较为忽略的。上篇“文艺思想研究”部分主要关注的是郭沫若与中外文艺理论的关联；下篇“史学思想研究”部分主要关注的是围绕郭沫若史学思想的论战和郭沫若史学思想的形成过程。相对于以往研究，本书在研究内容和研究方法上都有一定的创新，反映了郭沫若文艺与史学思想领域的最新动向。

二　2014 年郭沫若研究各类立项、结项课题

（一）立项课题

1. 国家社科基金重点项目：

课题名称：郭沫若作品修改及其因由研究

课题负责人：魏　建

本课题国内外研究现状述评，选题的价值和意义

郭沫若的作品在重新发表、结集和再结集时，作者大都做了修改。大量作品做了与原版本差别很大的“易容”。改动最大的不是《女神》，而是他 1949 年后的作品，有的作品甚至改变了创作主旨。问题的关键有二：一、目前读者所看到的郭沫若作品几乎都是改动后的版本；二、郭沫若从不注明做过修改。这就使许多研究者因此得出“时间穿越”的错误结论。本课题不仅要考证郭沫若对自己的作品做了哪些修改？还要探究他为什么要做这些修改？既要恢复郭沫若作品改动前的原始风貌及其历史现场；又要辨析郭沫若作品“易容”背后一些耐人寻味的因由，发掘其中有关这一个人和那个时代的历史文化隐秘，力求为今后的研究提供新的学术增长点。上世纪 70 年代，杨芝明、孙玉石、吴泰昌等人就提出了《女神》的改动问题，陈永志等人开始了初步的研究。80 年代初中期有郭沫若三部作品集汇校本出现（均由湖南人民出版社出版），即桑逢康校《〈女神〉汇校本》、黄淳浩校《〈文艺论集〉汇校本》、王锦厚校《〈棠棣之花〉汇校本》。这些汇校本奠定了郭沫若作品修改研究的基础。后来出现了倪宝元、张宗正著《改笔生花——郭沫若语言修改艺术》（宁夏人民出版社，1994 年），侧重研究郭沫若部分作品修改的修辞艺术。近年来，这一课题更加引起专家们的重视，成果逐渐增多，如陈永志、蔡震等对《女神》版本的修改研究，金宏宇、李畅等对《屈原》等史剧作品的版本批评，王本朝等对《创造十年》删改的研究，刘再复、林岗等人对《匪徒颂》等个别作品改写的思考……其中最见功力的是陈永志的《〈女神〉校释》（华东师范大学出版社，2008 年）。不过，已往的研究成果主要存在两大问题：一是主要关注郭沫若“改了什么”，很少回答他“为什么改”；二是只触及了郭沫若前期的少量作品，所触及作品还不到总数的十分之一。郭沫若大量作品的“前文本”依然不为人知，更谈不上研究。对郭沫若作品修改的整体性研究，至今还没有出现。

由于郭沫若修改作品数量太多，使得本课题研究工程量很大，难度也很高；加之郭沫若涉世太深而且在现代中国众多领域都产生了重要影响，所以，这一课题的研究不仅是郭沫若研究的重要学术工程，对于深化现代中国文学、社会和文化的研究，也具有重要的“抽样”意义。

2. 2014 年度四川省教育厅人文社会科学（郭沫若研究）立项课题及资助金额一览表

编号	单位	部门	项目负责人	项目名称	计划完成时间	成果形式
GY2014－01	中国社会科学院	郭沫若纪念馆	蔡震	郭沫若著译作品版本研究	2016.6	专著
GY2014A01	中国社会科学院	郭沫若纪念馆	张勇	郭沫若翻译作品版本研究	2016.6	论文
GY2014A02	乐山师范学院	文学与新闻学院	邓帮云	郭沫若文学作品四川方言词语研究	2016.6	论文
GY2014A03	中国海洋大学	文学与新闻传播学院	王小强	郭沫若历史剧创作中的文化救赎意识研究	2016.6	论文
GY2014B01	乐山师范学院	四川郭沫若研究中心	马文美	郭沫若小说的情欲书写研究	2016.6	论文
GY2014B02	乐山师范学院	旅游与经济管理学院	任文举	沫若品牌规划与设计系统研究	2016.6	论文
GY2014B03	乐山师范学院	旅游与经济管理学院	王娴	沫若文化旅游品牌发展研究	2016.6	论文
GY2014B04	乐山师范学院	文学与新闻学院	吴胜景	郭沫若书法笔法研究	2016.6	论文
GY2014B05	乐山师范学院	文学与新闻学院	于立得	郭沫若作品在俄苏的传播与研究	2016.6	论文
GY2014B06	四川理工学院	人文学院	高文波	郭沫若三四十年代文学批评研究	2016.6	论文
GY2014B08	湖州师范学院	社会发展与管理学院	李学功	郭沫若中国古史分期理论研究——以先秦史为视阈	2016.6	论文

续表

编号	单位	部门	项目负责人	项目名称	计划完成时间	成果形式
GY2014B09	四川音乐学院	绵阳艺术学院	耿纪朋	郭沫若古文字研究中的历史审美观研究	2016.6	论文
GY2014B10	西南交通大学	外国语学院	何俊	郭沫若德语译诗补遗研究——兼及德语世界的郭沫若	2016.6	论文
GY2014B11	西南民族大学	文学与新闻传播学院	贾剑秋	郭沫若左翼文艺观及对中国现代文学理论建设影响研究	2016.6	论文
GY2014C01	成都师范学院	团委	雷源	郭沫若自传散文的立德树人思想研究	2016.6	论文
GY2014C02	海南大学	人文传播学院中文系	蒋磊	日本风景与郭沫若的现代性体验研究	2016.6	论文
GY2014C03	华东理工大学	外国语学院	金春岚	《*Chinese Literature*》（1949—1978）中的郭沫若作品研究	2016.6	论文
GY2014C04	绵阳师范学院	新闻与传媒学院	冯清贵	现代民族国家文学的嬗变与发展研究——以郭沫若现代诗歌话语空间为中心	2016.6	论文
GY2014C05	商丘师范学院		郭俊然	《十批判书》的历史影响与贡献研究	2016.6	论文
GY2014C07	西南科技大学	文学与艺术学院	周于飞	郭沫若与二十世纪旧体诗坛研究	2016.6	论文
GY2014C08	四川大学锦江学院		康斌	郭沫若小说创作与现代性想象研究	2016.6	论文

（二）结项课题

结项证书

项目类别：国家社会科学基金青年项目（批准号：09CZW048 ）
项目名称：20世纪中国文化语境中的郭沫若
负 责 人：刘悦坦　　主要参加人：张 勇 李欣人 丛新强 邱 凌 贾振勇 周 文
证 书 号：20140996
鉴定等级：良好
本项目经审核准予结项，特发此证。

全国哲学社会科学规划办公室
2014年7月7日

项目名称：20 世纪中国文化语境中的郭沫若

项目负责人：刘悦坦

负责人单位：山东大学文学与新闻传播学院

项目批准号：09CZW048

成果形式：专著

成果名称：20 世纪中国文化语境中的郭沫若

课题组主要成员：张勇、李欣人、丛新强、邱凌、贾振勇、周文

1. 项目研究的目的和意义

郭沫若是一位多种才华综合发展的“球形天才”，他长寿的一生几乎经历了 20 世纪中国每一个风云变幻的重要历史时期，他在文学、历史、考古、政治乃至世界和平等领域都作出了大量一般人难以企及的开创性贡献，同时，也留下了比一般人多得多的缺失和纰漏。在这个意义上讲，郭沫若又成为 20 世纪中国评价褒贬反差最大的文化名人之一。郭沫若的创作与 20 世纪中国文学发展的同步性以及他对中国新文化建设贡献的多方位性，使得他不能不成为研究 20 世纪中国思想文化的曲折历史进程和丰富内涵的一个不可多得的特殊“标本”。

2. 研究成果的主要内容和重要观点

（1）20 世纪中国文化语境背景下，对郭沫若身份重新定位。

在大量研究的基础上，本成果认为 20 世纪中国文化语境下的对郭沫若评价和研究，大致有四种话语系统：主流话语（中国官方对郭沫若的定位和评价）、精英话语

（大陆学院派知识分子的郭沫若研究）、商业话语（以“反思”为借口的商业炒作）、民间话语（平民百姓心中的郭沫若）和海外批判话语（史剑、金达凯、余英时等港台学者带有政治色彩的对郭沫若的批判）等不同的价值尺度与衡量标准下，呈现出“球形”的不同侧面。郭沫若研究的困难也就在于其“球形”的复杂性。而这种复杂性又由于不同的话语系统的不同侧面的不同观照而显得更为斑驳。

新世纪郭沫若研究最重要的课题不是纠缠郭沫若的人格问题，因为郭沫若在20世纪中国文化界的崇高地位不是作为道德家确立的；也不是指责郭沫若学术结论的纰漏，因为郭沫若在艺术创作和学术研究中表现出来的开拓精神和创造性的思维方式带给后人的启示已经远远大于其在特定的历史条件下得出的具体结论。目前郭沫若研究最迫切的课题是在“球形天才”的定位基础上探讨郭沫若的认知结构和思维方式，揭开郭沫若这位现代中国“全能型文化巨人”惊人创造力的奥秘，使不同话语系统对郭沫若的认识渐趋一致，形成一次整合，随着新观点、新见解的不断出现，再形成新的整合，在这样一个有机的动态研究系统下，不断向研究对象的整体和深层本质逼近。

（2）20世纪中国文化语境背景下，对郭沫若思维方式与认知结构的界定

巴蜀的地域背景以及郭沫若幼年时的个人经历都深深影响了郭沫若后来的认知结构和思维方式，形成了郭沫若性格特征的“二维性”。对于“时间”，郭沫若总是“叩其两端”。他永远意气风发地站在时代的最前沿，指点江山、激扬文字，郭沫若永远是当代的郭沫若，这是郭沫若“当代意识”的一维；但是他又永远沉浸于遥远虚幻的远古历史的地平线，在龟甲兽骨上摸索另一个鲜为人知的“迷失的世界”，郭沫若的全部文化成就都与远古文明有着密不可分的关系，这是郭沫若“返祖情结”的一维。本来趋向于无限分离的时间的两个极端在郭沫若的主体意识中却鬼使神差地接起轨来，构成了一个“时间隧道”，任由郭沫若在当代和古代、文学和史学中自由穿梭。郭沫若有一种神奇的能力可以自由穿梭于“时空隧道”，而我们研究者却被隔离在不同的“时空壁垒”之中。郭沫若“互渗”的思维方式融合了其“当代意识”与“返祖情结”，使郭沫若得以自由跨越“时空隧道”。另外，本课题从郭沫若早期的文学思维看其后来的史学研究，探索了郭沫若独特的学术“天赋”，还原了郭沫若思维方式中的“相对”的时间、空间关系，为全面把握郭沫若提供了新的视角和观点。

（3）郭沫若与创造社关系新解读

在五四文学革命时期，创造社以攻击“新文学阵营内部投资分子的粗制滥造和粗翻滥译”为出发点，提倡纯美的文艺，为五四文学革命补课。20年代后期，当新文学建设业已取得显著的实绩时，不甘寂寞的创造社诸君再掀狂飙，从提倡纯美的文艺转而提倡无产阶级革命文学，对于这一转变，人们先是惊异，后是费解，但轰轰烈烈的左翼文学大潮，却又一次被创造社所掀起。作为单个的人，他们也许不被重视，

但是作为一个集体，却没有人敢忽略他们的存在。创造社这个由几个非文学专业的留日学生组成的文学社团，何以会成为中国现代文学史上最活跃、最富有成果、最具影响力的文学社团？这一“秘密”，我们不得不深入到创造社内部去探讨原委。

创造社是20世纪中国文化语境中与郭沫若关系最密切的“具体语境”，郭沫若与前期创造社互相影响，本成果深入研究了郭沫若与创造社之间的密切关系，分析了创造社的创造性激励机制、创造社的角色分工优化机制、创造社的创造性转化机制等，对郭沫若与创造社期刊、出版社之间的张力关系。对郭沫若与创造社之间的关系做出了清晰深刻的分析，对这一学术课题的研究作出了新的贡献。

（4）解决前人没有解决的学术问题。

郭沫若研究中一直存在着许多“共识”。如果在较短的时间内出现“共识”还不奇怪，如果在若干年后的成果依然变相地重复已知的认识，那么就意味着学术研究的停滞。本成果突破了前人把“泛神论”当作郭沫若的“哲学思想”的“共识”，在思维方式这一全新视角下，深入探索郭沫若的认知结构，从思维矢量的角度对进化论（鲁迅）与泛神论（郭沫若）进行全新对比。从更根本的层面上分析了五四时期“为人生”与“为艺术”两大道路选择。

在解决郭沫若的思想转换之谜时，本成果创造性地发掘了苏俄无产阶级文化这一“中介”，使得对这一难题的解释获得学界认可。通过对郭沫若的前期新诗重新细读，本成果分析了《女神》的文本结构，指出了《女神》在20世纪中国新诗发展史上的地位：不是终结旧体诗，而是终结了20世纪初直白浅陋的早期白话诗。

众所周知，郭沫若是“唯物史观派”的创立者，但是郭沫若所开创的“唯物史观派”与20世纪中国史学之间到底是一种什么关系？一个充满着澎湃激情的浪漫主义诗人，在几乎没有任何学术积累的情况下，短短几年，却一跃成为古代史、甲骨文、青铜器、古籍整理等众多领域都有着开拓性贡献的大宗师。这一“转换”确实是一个难解的“谜团”。尽管人们对郭沫若的学术结论有着见仁见智的不同认识，但对郭沫若表现在学术研究中的开拓精神和创造力，却不能不表示佩服和感到惊异：郭沫若在中国现代史学上的价值何在？郭沫若何以能有如此“神迹”的创造能力？郭沫若治史的思路和方法是什么？本成果从郭沫若的认知与元认知等角度对郭沫若的史学研究及其成就进行了全新解读，提出了郭沫若史学研究中所采用的原型与理论结合的新的“二重证据法”。并对今文经学传统与郭沫若学术研究的创造性思维之间的关系做了深刻分析。

郭沫若历史剧研究，是整个郭沫若研究中成就较高的一个部分。20世纪80年代，郭沫若历史剧研究取得了很大的进展，这个时期集中了最多的研究成果。郭沫若历史剧研究中的某些热点问题，例如历史剧中历史、现实、艺术三者的关系，历史剧中的女性形象、悲剧意义等课题都得到了深入的探讨。应该说，80年代的郭沫若历史剧研究为后来的研究者奠定了一个可供继续攀登的坚实台阶。但遗憾的是，20世纪 90 年代以来的郭沫若历史剧研究却没有在前人成果的基础上继续前进，反而搁浅在一个即将取得更大突破的边缘上。目前较为低落的研究状况并不是表明郭沫若历史剧研究中缺乏可供研究的重大课题，而是我们缺乏更有利的研究视角。历史剧是如何有机地包含在郭沫若的整个学术、艺术创造体系中的？郭沫若历史剧与 20 世纪中国现代戏剧之间到底有什么关系？

本成果从史诗结合的角度入手，分析郭沫若的历史剧创作中的创造性，以及与 20 世纪中国现代戏剧之间的关系，解释了郭沫若从古诗今译到翻译历史的历史剧创作过程，创造性地挖掘出了“仪式”这一郭沫若的精神基因。并对郭沫若历史剧创作中的艺术构思以及郭沫若历史剧戏剧性的创造原理进行了深刻分析。

另外，对郭沫若后期创造力衰退现象等郭沫若研究中的难点、热点问题进行富有创造性的重新探讨，以突破前人在这些问题上形成的“共识”，推进郭沫若研究的深入发展。

3. 成果的学术价值以及社会影响

作为 20 世纪中国文化史上一位“全能型”的“文化冠军”，郭沫若身上所蕴含的丰富的历史文化信息已经扩展到各个领域。他是文学家、史学家、考古学家、书法家、革命家、国家领导人、社会活动家，郭沫若已经成为我们国家不可多得的民族巨人。这就使对郭沫若的评价与研究已经不能再限于学术界的小圈子内，而在于民族化——必须使更多的人了解郭沫若，必须把郭沫若当成民族伟人加以认识、评价和研究。因此，郭沫若研究的根本出路也就不在于“封闭”，而在于“开放”。本成果的研究目的就在于消除郭沫若“研究”和“评价”之间的“错位”，让更多的人了解真实的郭沫若。在这方面，本成果已经取得了较明显的成绩。目前课题负责人已经有阶段性研究成果核心期刊、CSSCI 来源期刊论文二十余篇。

第八篇

馆藏资料与索引

一　郭沫若纪念馆馆藏资料

编者按：

郭沫若纪念馆是一个占地面积 7000 多平方米的庭院式两进四合院，原为中医世家乐达仁堂私宅的一部分，始建于 20 世纪 20 年代，50 年代以来先后做过蒙古驻华大使馆和宋庆龄寓所。1963 年 11 月郭沫若由北京西四大院 5 号迁入，至 1978 年 6 月 12 日病故，在这里度过了他的晚年。1982 年这里被列为全国重点文物保护单位。1988 年郭沫若故居正式对外放。1992 年被北京市政府命名为爱国主义教育基地，1994 年更名为郭沫若纪念馆。

自从 1978 年 6 月开始筹建以来，郭沫若纪念馆已经走过了风风雨雨的历程。在这些时间里，郭沫若纪念馆历经了由郭沫若著作编辑委员会到郭沫若故居再到郭沫若纪念馆名称变更，职能也由当初的单一的出版郭沫若全集转变为具有科研、文物保护、对外展览以及公众教育的对外开放的博物馆。

自本卷年鉴起，我们将陆续向广大读者介绍郭沫若纪念馆中所藏的有关郭沫若的书信、书法、书稿等方面的馆藏物品，以飨读者。

作品名称：

民族的杰作

说明：

本文以《民族的杰作——悼唁鲁迅先生》为名，最初发表于1936年11月上海《质文》月刊第2卷第2期。现收《郭沫若全集·文学编》第16卷。

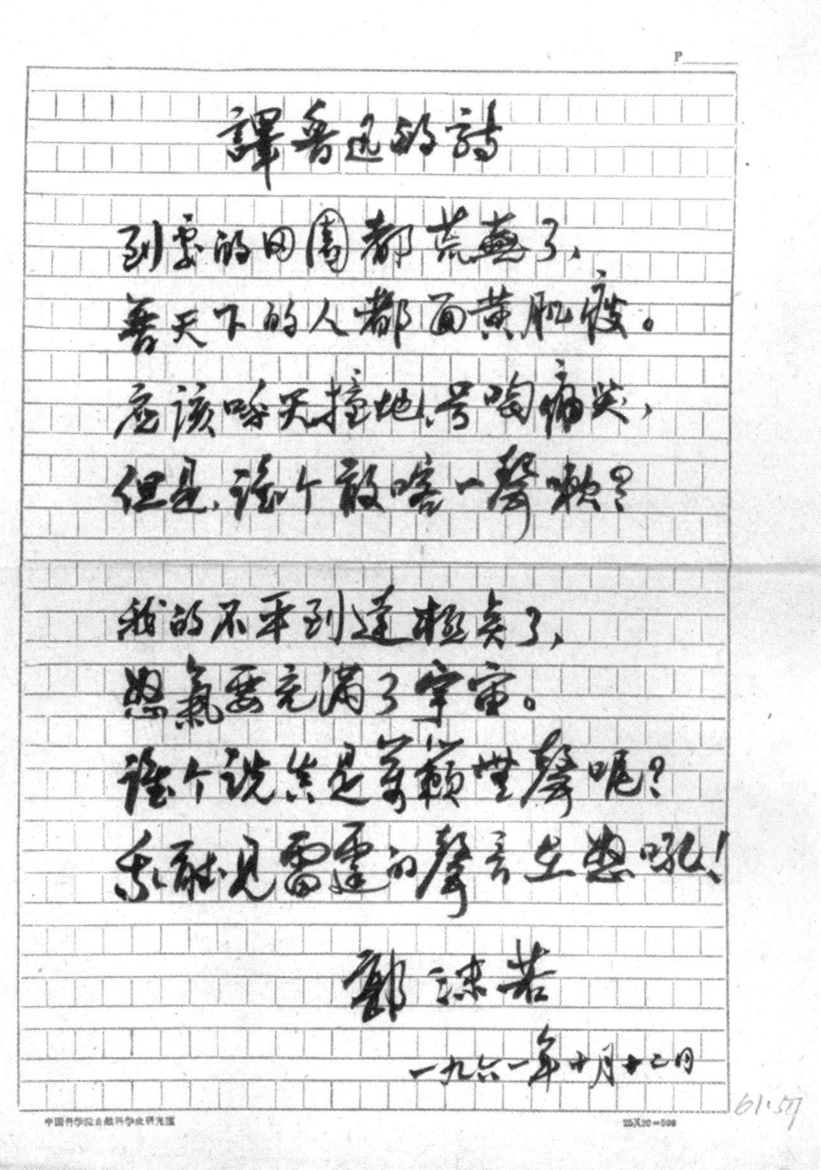
譯魯迅的詩

到處的田園都荒蕪了，
普天下的人都面黄肌瘦。
應該呼天搶地號啕痛哭，
但是，誰个敢哼一聲呢？

我的不平到這極点了，
怨氣要充滿了宇宙。
誰个說這是寂寞無聲呢？
我聽見雷霆的聲音出現了！

郭沫若
一九六一年十月十二日

61.57

中国科学院自然科学史研究室 25×20=500

作品名称：
译鲁迅的诗

释文：

到处的田园都荒芜了，
普天下的人都面黄饥瘦。

应该呼天撞地，号啕痛哭，
但是，谁个敢咳一声嗽？

我的不平到达极点了，
怒气要充满了宇宙。
谁个说真是万籁无声呢？
我听见雷霆的声音在怒吼！

郭沫若
一九六一年十月十七日

说明：

本作品为郭沫若对鲁迅《无题》一诗："万家墨面没蒿莱，敢有歌吟动地哀。心事浩茫连广宇，于无声处听惊雷。"所作的翻译。

1961 年国庆，毛泽东接见黑田寿男为首的日中友好代表团时，亲笔书赠了鲁迅原诗，并提议郭沫若翻译。郭沫若将该诗译为日文和中文新诗，并于当年 11 月 10 日在《人民日报》发表《翻译鲁迅的诗》一文记述了译诗的经过。

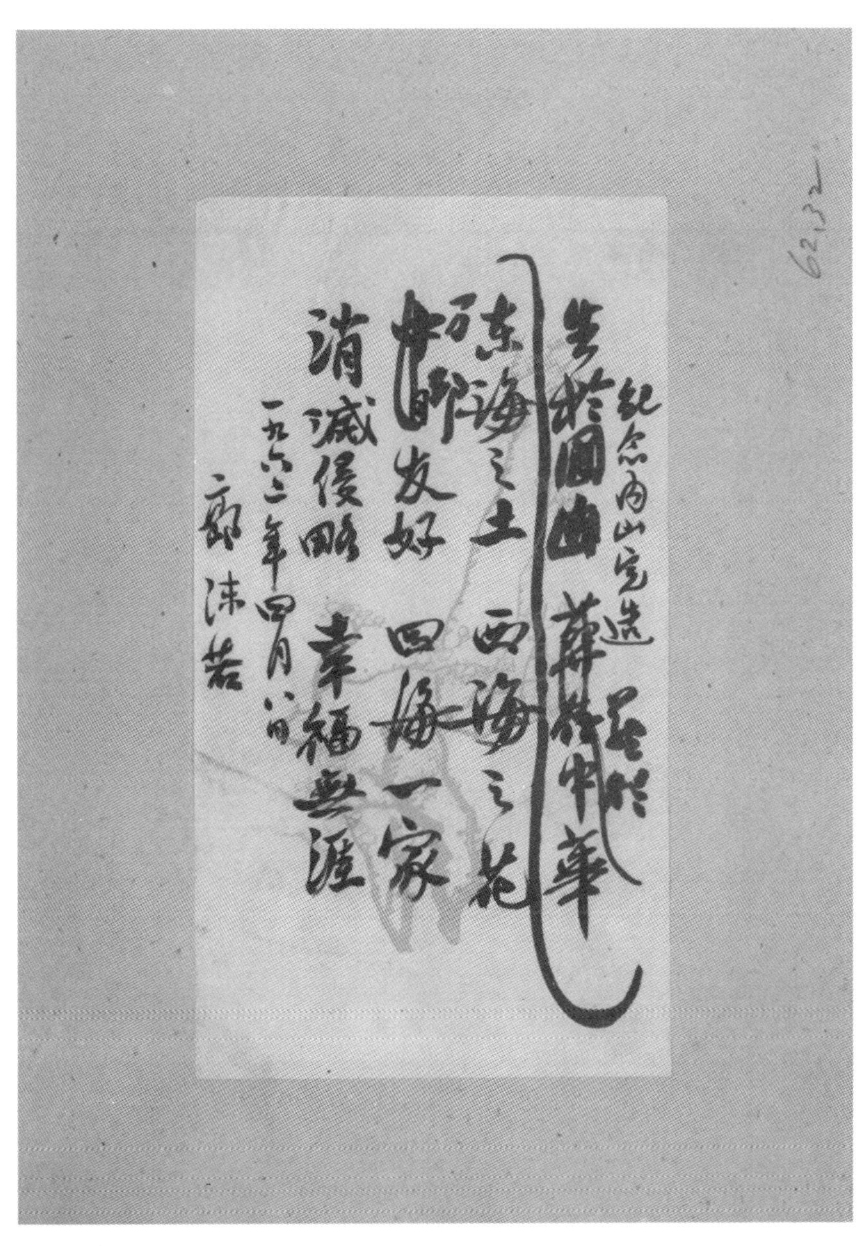

图1

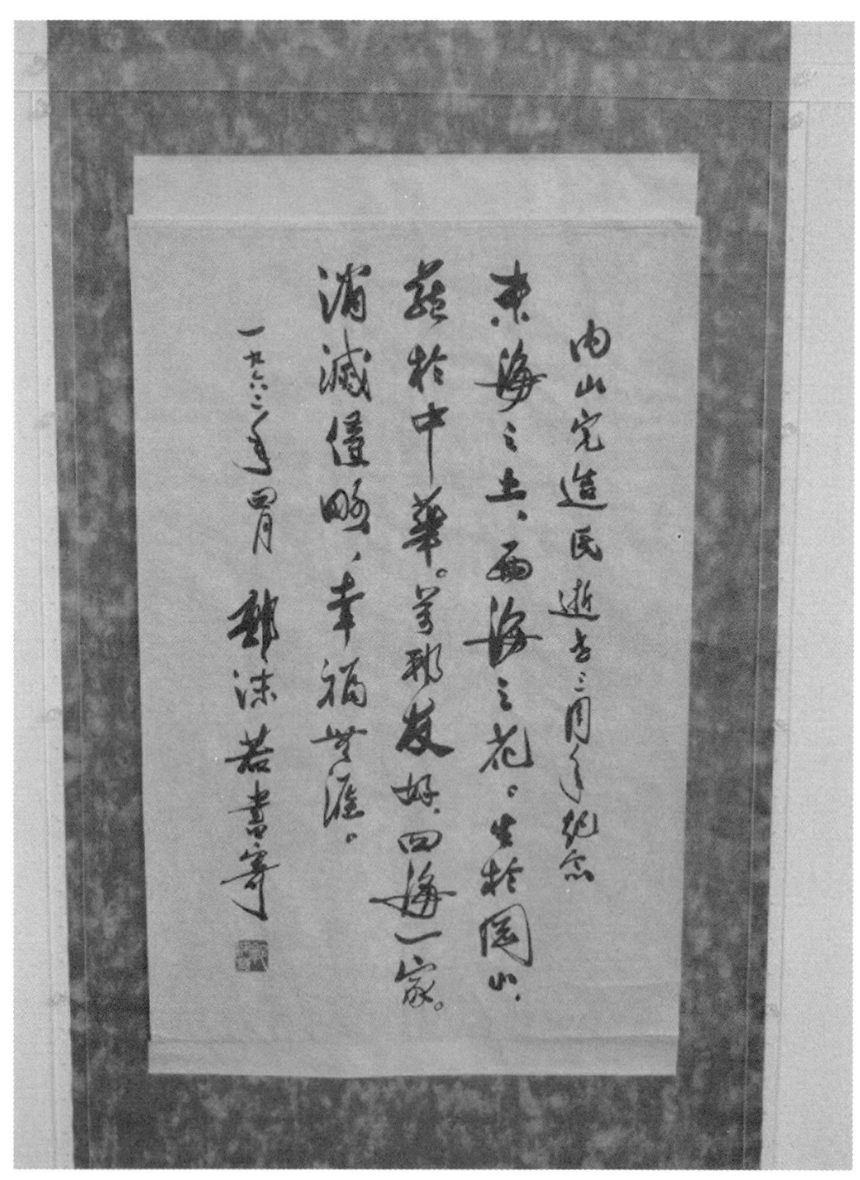

图2

作品名称：

内山完造氏逝世三周年纪念

释文（图片1）：

东海之土，

西海之花。

生于冈山，
葬于中华。
万邦友好，
四海一家。
消灭侵略，
幸福无涯。
一九六二年四月八日
郭沫若

说明：本作品未发表。图片 1 为郭沫若纪念馆馆藏手稿，图片 2 为日本内山书店藏郭沫若手书。

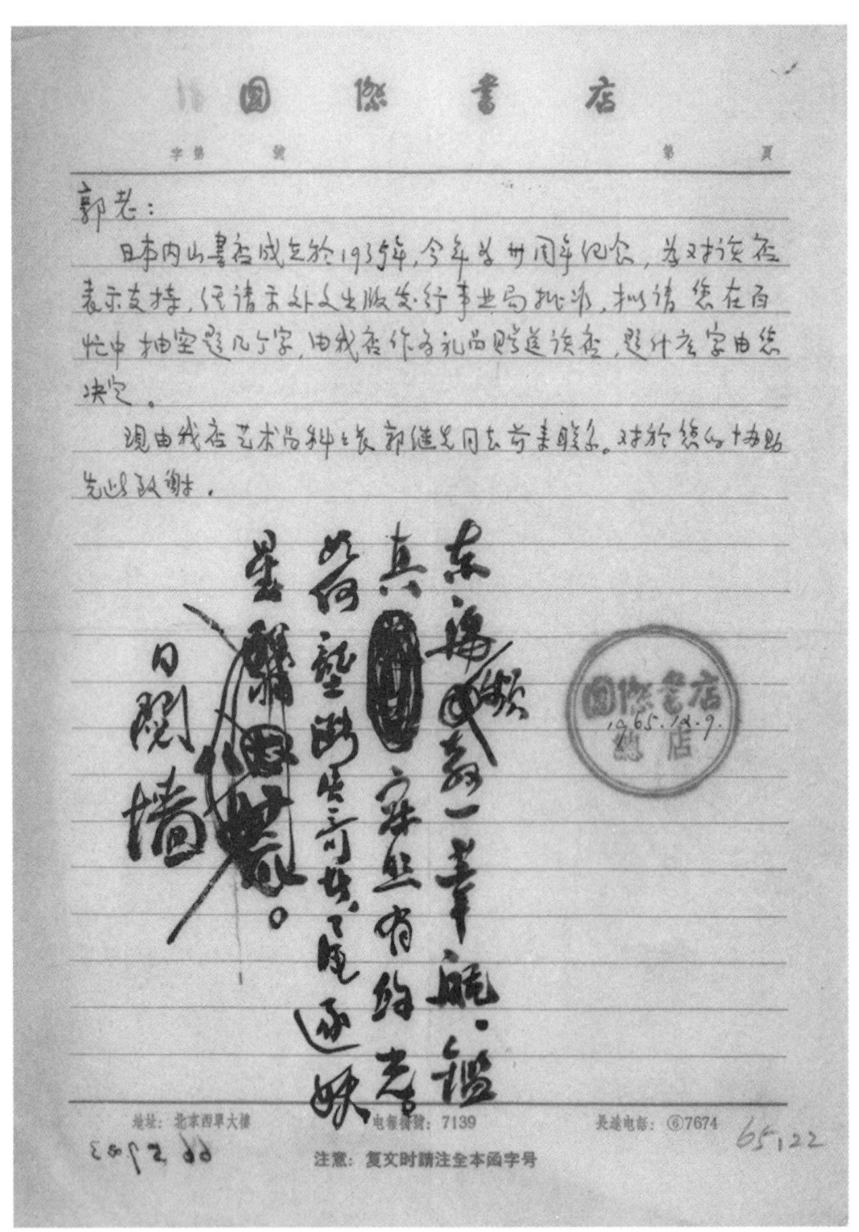
国际书店

字第 号 第 页

郭老：

日本内山书店成立于1935年，今年为卅周年纪念，为了对该店表示支持，经请示外文出版发行事业局批准，拟请您在百忙中抽空题几个字，由我店作为礼品赠送该店，题什么字由您决定。

现由我店艺术品科科长郭继先同志前来联系。对于您的协助先此致谢。

国际书店 1965.12.9 总店

地址：北京西单大楼 电报挂号：7139 长途电话：⑥7674

注意：复文时请注全本函字号

65.122

图1

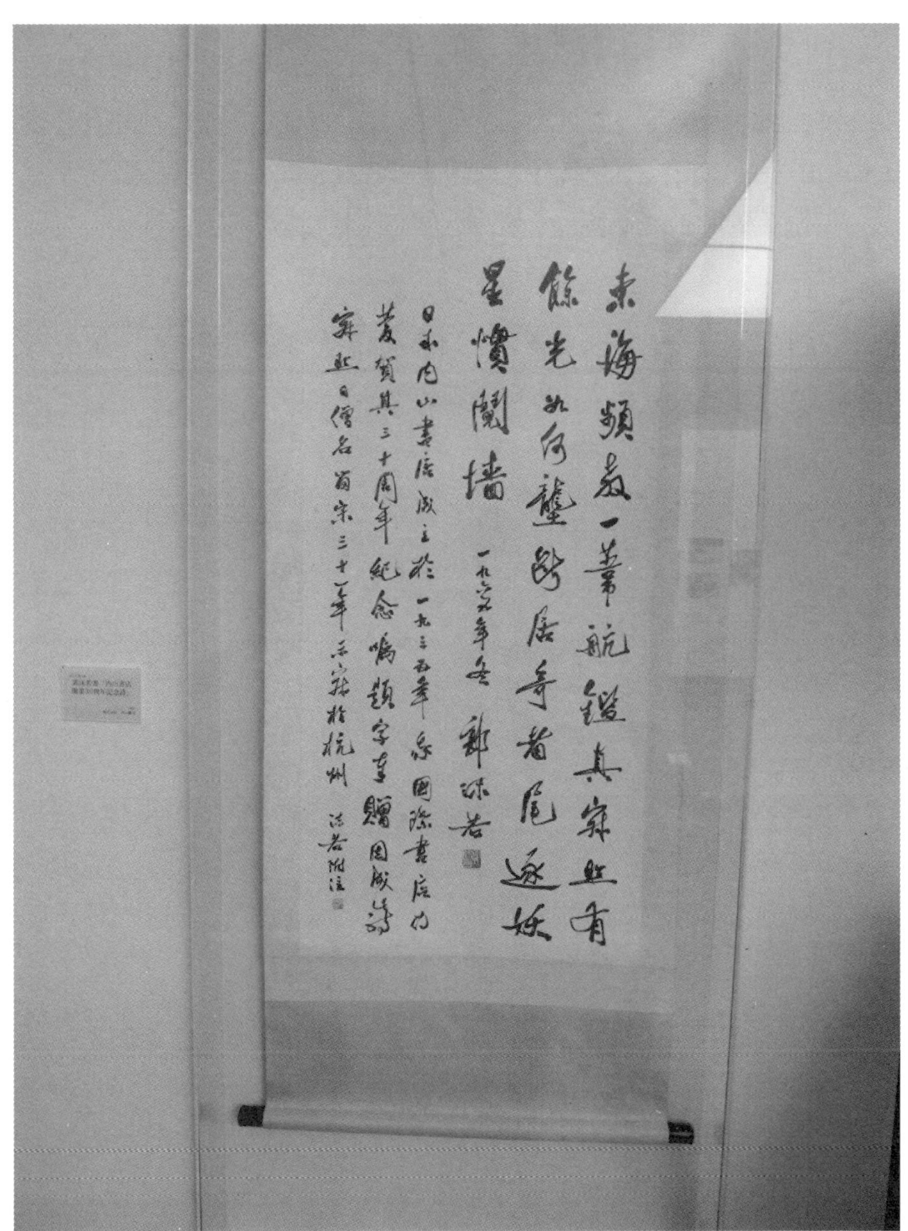

图2

作品名称：

贺日本内山书店成立三十周年纪念

释文（图片2）：

东海频教一苇航，

鉴真寂照有余光。
如何垄断居奇者，
尾逐妖星惯阋墙。

日本内山书店成立于一九三五年，我国际书店为庆贺其三十周年纪念嘱题字奉赠，因成此诗。寂照，日僧名，留宋三十一年示寂于杭州。

沫若附注

说明：本作品收入《沫若诗词选》，现收《郭沫若全集·文学编》第5卷。图1为郭沫若纪念馆馆藏手稿，图2为内山书店藏郭沫若手书。

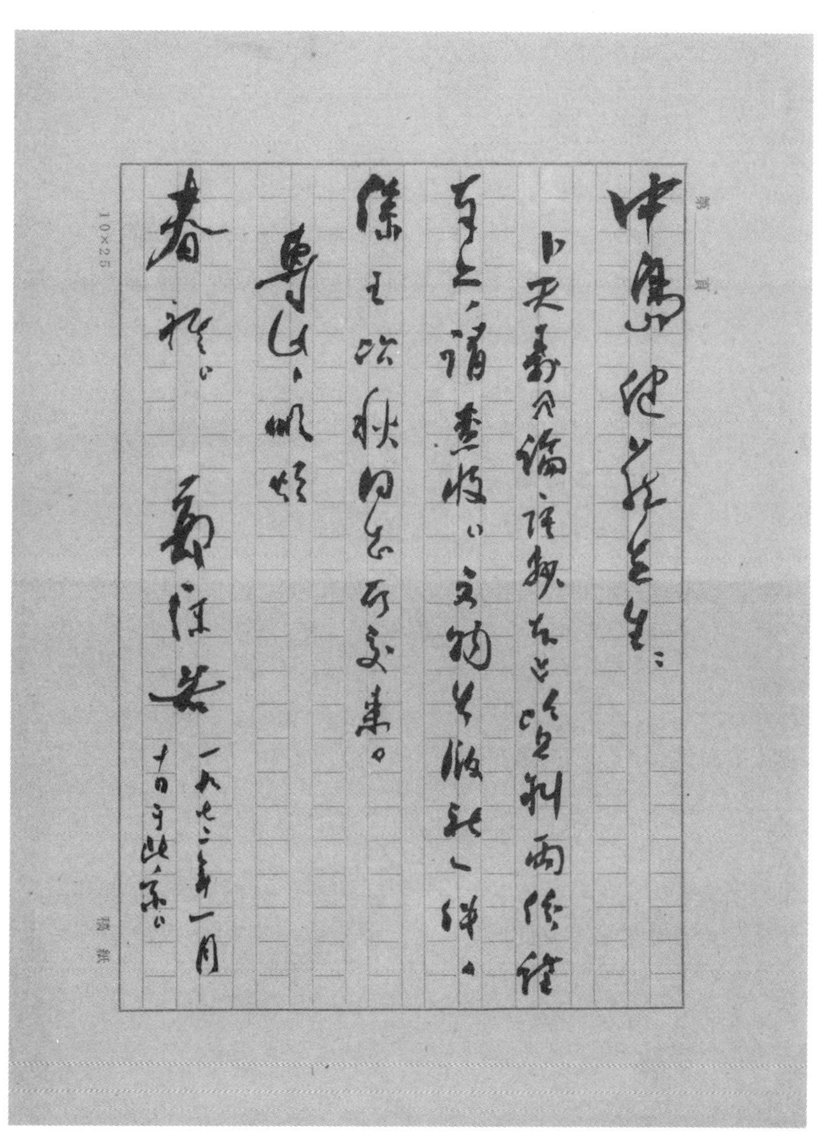

中島健藏先生：

卜天寿[illegible]论语郑[illegible]两份，经奉上，请查收。文物出版社[illegible]

[illegible]

专此，顺颂

春祺！

郭沫若

一九七二年一月十日于北京

图1

講師プロフィール

佐藤　純子

昭和　9 年　山形県鶴岡市生れ
昭和 28 年　山形県立鶴岡南高等学校卒業
昭和 32 年　昭和女子大学英米文学科卒業
昭和 32 年　日本中国文化交流協会勤務

平成 22 年まで日本中国文化交流協会勤務。
その間に事務局長、常任理事、専務理事を経て
現在は日本中国文化交流協会理事。

图2

作品名称：
郭沫若致中岛健藏函

释文：
中岛健藏先生：
卜天寿《论语抄本》资料两份谨奉上，请查收。文物出版社一件，系王冶秋同志所交来。
专此　顺颂
春祺
郭沫若
一九七二年一月十日于北京

说明：
中岛健藏（1903—1979）日本友好人士，社会活动家，文学评论家，生于东京。在东京帝国大学求学期间，创办《法国文学研究》杂志。1934 年出版评论集《怀疑与象征》。1936 年发表《现代文艺论》。1941 年发表《现代作家论》。第二次世界大战后，积极参加文化与社会活动，领导日本文艺家协会与日本笔会的重建工作，创立了日本比较文学会与著作权协会。1950 年任新日本文学会中央委员会主席。1956 年

组织建立日中文化交流协会，担任理事长。1957 年后多次访问中国，为促进日中友好、恢复邦交作出了很大贡献。

此信捐赠者为日本友人佐藤纯子女士。佐藤女士为日中文化交流学会最早的工作人员之一，现为协会理事，长期致力于日中友好工作。2012 年 6 月，佐藤女士委托日中友好会馆工作人员风见治子女士将此信捐献给郭沫若纪念馆。

二　2014 年郭沫若研究资料索引

（一）2014 年郭沫若研究论著（含其他论著中的郭沫若研究章节）

凤凰涅槃　郭沫若诗文经典/郭沫若著//南昌：二十一世纪出版社，2014.10

女神　星空　全本/郭沫若著//北京：北京燕山出版社，2014.08

女神　郭沫若作品菁华集　插图珍藏本/郭沫若著//长沙：湖南文艺出版社，2014.06

郭沫若诗精编/郭沫若著//武汉：长江文艺出版社，2014.12

天上的市街/郭沫若著//北京：海豚出版社，2014.07

《郭沫若全集》集外散佚诗词考释/丁茂远编著//杭州：浙江大学出版社，2014.08

郭沫若生平文献史料考辨/蔡震著//北京：社会科学文献出版社，2014.07

蔡文姬/郭沫若原著；李光羽改编；项维仁绘画//上海：上海人民美术出版社，2014.07

郭沫若传/黄曼君，王泽龙，李郭倩著//长春：长春出版社，2014.12

郭沫若文艺与史学思想新论/何刚，王海涛著//武汉：武汉大学出版社，2014.07

中国近代思想家文库　郭沫若卷/谢保成、魏红珊、潘素龙编//北京：中国人民大学出版社，2014.11

面向历史的心灵救赎　郭沫若历史剧研究/王小强著//北京：中国社会科学出版社，2014.11

论著析出文献

《浮士德》的纪念：郭沫若故居［M］//《中国名人故居游学馆 上海卷 霓虹背面》/本社编，合肥：黄山书社，2013.01 p.78

《甲申三百年祭》文.《十批判书》郭沫若［M］//《毛泽东评述中国历史名人名著》/邸延生著，北京：人民出版社，2013.01 p.177

郭沫若［M］//《敦煌的诗》/方健荣、郑宝生编，兰州：甘肃人民美术出版社，2013.01 p.1

郭沫若［M］//《民国学术文化丛书 近五十年中国思想史》/郭湛波著，长沙：岳麓书社，2013.01 p.169

郭沫若、冯雪峰、萧乾的杂文［M］//《中国散文通史 现代卷 上》/黄开发主编，合肥：安徽教育出版社，2013.01 p.145

郭沫若：不忘故土［M］//《名人取名的故事》/吴东平著，武汉：湖北人民出版社，2013.01 p.193

郭沫若的《沫若自传》［M］//《中国传记文学发展史》/陈兰村主编，北京：语文出版社，2013.01 p.429

郭沫若的贡献［M］//《近代后编 1919—1949》/白至德编著，北京：中国友谊出版公司，2013.01 p.45

郭沫若故居［M］//《北京旅行口袋书》/NowStart 丛书编委会编著，北京：旅游教育出版社，2013.01 p.95

郭沫若及其《凤凰涅槃》［M］//《现代中国文学史精编 1900—2000》/朱德发编，济南：山东教育出版社，2013.01 p.45

郭沫若书法风格及其作品鉴赏［M］//《书法鉴赏》/倪文东编著，上海：上海音乐出版社，2013.01 p.228

和郭沫若同志［M］//《问根集 我爱唐山我爱家 上》/韩溪著，北京：当代中国出版社，2013.01 p.192

略述郭沫若发表在《东流》上的两文［M］/李浩//《上海鲁迅研究 2012 冬》/上海鲁迅纪念馆编，北京：上海社会科学院出版社，2013.01 p.92

毛泽东请郭沫若讲课［M］//《毛泽东与郭沫若》/张洁宇著，武汉：湖北人民出版社，2013.01 p.43

诗人郭沫若投身革命［M］//《毛泽东与郭沫若》/张洁宇著，武汉：湖北人民出版社，2013.01 p.28

中国的第一部新体诗集：《女神》［M］//《人一生不可不知的中外名著》/杨飞，童小珍编著，北京：中国华侨出版社，2013.01 p.256

做无愧于历史和时代的马克思主义学问家：写在郭沫若诞辰 120 周年之际［M］//《人民日报理论著述年编 2012》/人民日报社理论部，北京：人民日报出版社，2013.01 p.1174

“便是阋墙的兄弟应该外御其侮的”：略谈郭沫若 1936 年的三件事［M］//《中国现代文学史料研究举隅：鲁迅 郭沫若 高长虹及相关研究》/廖久明著，北京：中国社会科学出版社，2013.02 p.182

郭沫若［M］//《党性教育 井冈山红色诗词与歌曲选编》/中国井冈山干部学院编著，北京：党建读物出版社，2013.02 p.67

郭沫若［M］//《中国文学通史 第 8 卷 现代文学 上》/张炯、邓绍基、郎樱总主编；张中良本卷主编，南京：江苏文艺出版社，2013.02 p.127

郭沫若的孝心［M］//《青少年不可不读的敬亲孝老故事》/金波、卢德娥编著，北京：北京工业大学出版社，2013.02 p.163

郭沫若［M］//《中华文化百科丛书 飞扬文学 文学》/《中华文化百科丛书》编委会编著，北京：中国大百科全书出版社，2013.03 p.125

郭沫若：静坐有益于养生［M］//《家庭养生常识 1000 例》/谢丽娟编，贵阳：

贵州科技出版社，2013.03 p.256

郭沫若《归国杂吟》诗情感的日本指向［M］//《中国留日作家观照日本的抗战文学》/靳明全主编；杨小雷、郎艳丽副主编，成都：巴蜀书社，2013.03 p.32

郭沫若和胡适的接吻风波［M］//《活在民国也不错》/林怀青著，武汉：长江文艺出版社，2013.03 p.196

郭沫若抗战杂文的日本论［M］//《中国留日作家观照日本的抗战文学》/靳明全主编；杨小雷、郎艳丽副主编，成都：巴蜀书社，2013.03 p.1

郭沫若史剧的反秦主旨再研究［M］//《中国留日作家观照日本的抗战文学》/靳明全主编；杨小雷、郎艳丽副主编，成都：巴蜀书社，2013.03 p.15

郭沫若为母寻药［M］//《中华经典孝行故事》/宋帅、宋月航编著，北京：金盾出版社，2013.03 p.219

力促郭沫若出任［M］//《魅力周恩来 共和国开国总理与总管家》/余玮著，北京：人民日报出版社，2013.03 p.219

评郭沫若的《西周也是奴隶社会》兼及《科图法》、《中图法》［M］//《图书分类法评论选集》/皮高品著，武汉：武汉大学出版社，2013.03 p.28

忆郭沫若先生［M］//《磨砺89 一个老八路的跌宕人生》/傅克，刘明明著，北京：团结出版社，2013.03 p.137

竹桌便宴郭沫若［M］//《在宋美龄身边的日子 机要秘书详谈宋美龄》/张紫葛著，贵阳：贵州科技出版社，2013.03 p.21

“女神”演出的悲剧［M］//《岁月物语 润禾堂文钞》/秦柏柳著，广州：中山大学出版社，2013.04 p.178

“我对于周公向来是心悦诚服的”：周恩来与郭沫若［M］/李畅培//《周恩来交往纪实》/于俊道主编，北京：中国社会科学出版社，2013.04 p.25

读郭沫若［M］//《解读诗词大家 4 现代卷》/魏丕植著，北京：作家出版社，2013.04 p.108

读郭沫若氏谈话纪事后作二首［M］//《中华民国诗千首》/石叟、刘慧勇著，海口：海南出版社，2013.04 p.197

尔雅台诗话：朱德和郭沫若［M］/毛西旁//《朱德交往纪实》/于俊道主编，北京：中国社会科学出版社，2013.04 p.42

郭沫若［M］//《中国新文学史 上》/教育部中文学科教学指导委员会组编；丁帆主编，北京：高等教育出版社，2013.04 p.84

郭沫若［M］//《初中语文四库全书》/秦泉主编，南昌：江西教育出版社，2013.04 p.405

郭沫若［M］//《中华民国诗千首》/石叟、刘慧勇著，海口：海南出版社，2013.04 p.260

回望郭沫若［M］//《地老天荒》/［美］叶周著，乌鲁木齐：新疆美术摄影出版社，2013.04 p.25

挚友和诗友：毛泽东与郭沫若［M］/齐得平//《毛泽东与中外名人交往纪实》/梅文、恭武源编，北京：中国社会科学出版社，2013.04 p.9

《虎符》《屈原》［M］//《毛泽东的艺术情怀》/盛巽昌著，上海：上海人民出版社，2013.05 p.133

郭沫若、潘天寿与丰子恺书法作品鉴识［M］//《书画鉴赏与收藏》/单国强著，北京：印刷工业出版社，2013.05 p.382

郭沫若暗渡陈仓［M］//《仁者彰风 纪念饶彰风诞辰一百周年》/林干著，广州：广东经济出版社，2013.05 p.142

郭沫若文艺审美学思想探索［M］//《王世德文艺审美学文集 第1卷》/王世德著，成都：巴蜀书社，2013.05 p.323

郭沫若与西方表现主义美学思潮［M］//《王世德文艺审美学文集 第1卷》/王世德著，成都：巴蜀书社，2013.05 p.359

郭沫若怎样对待西方美学［M］//《王世德文艺审美学文集 第1卷》/王世德著，成都：巴蜀书社，2013.05 p.377

论郭沫若（节选）［M］/沈从文//《经典悦读知人篇》/中共滨州经济开发区工委，南开大学语文教育研究中心编，广州：中山大学出版社，2013.05 p.90

述评《郭沫若与西方美学》（摘录）［M］/王岳川//《王世德文艺审美学文集 第3卷》/王世德著，成都：巴蜀书社，2013.05 p.486

挚友和诗友：毛泽东和郭沫若［M］/吴正裕//《毛泽东交往纪实》/于俊道著，北京：中国社会科学出版社，2013.05 p.197

致郭沫若、郁达夫函［M］//《我的母亲》/胡适著，天津：天津人民出版社，2013.05 p.211

“残春”体验与《女神》时期的郭沫若［M］/周维东//《现代中国文化与文学 12》/四川大学文化遗产与文化互动研究基地，现代中国文化与文学研究中心主办；李怡、毛迅主编，成都：巴蜀书社，2013.06 p.201

“副文本”审视下的郭沫若译诗序跋及其观念与意义［M］/罗文军、傅宗洪//《现代中国文化与文学 12》/四川大学文化遗产与文化互动研究基地，现代中国文化与文学研究中心主办；李怡、毛迅主编，成都：巴蜀书社，2013.06 p.167

《名人传记》对郭沫若的贬评及其他［M］//《文史鉴真录》/陈福季著，武汉：武汉出版社，2013.06 p.148

《女神》、《瓶》、《恢复》等诗集［M］//《中国文学通史 第8卷 现代文学上》/张炯、邓绍基、郎樱总主编；张中良本卷主编，南京：江苏文艺出版社，2013.06 p.133

郭沫若［M］//《二十世纪中国文学作品选 上》/严家炎编，北京：高等教育出版社，2013.06 p.178

郭沫若［M］//《中国通史 第12卷 近代后编 1919—1949 下 第2版》/白寿彝总主编；王桧林、郭大钧、鲁振祥主编，上海：上海人民出版社，2013.06 p.1180

郭沫若斥责沈从文前沈对郭的评议［M］//《昨日文坛的别异风景》/杨建民编，西安：西安出版社，2013.06 p.288

郭沫若赐给的教训［M］//《南渡北归 北归 全2册》/岳南著，长沙：湖南文艺出版社，2013.06 p.627

郭沫若的《中国古代社会研究》［M］//《中国通史 第3卷 上古时代 上 第2版》/白寿彝总主编；徐喜辰、斯维至、杨钊主编，上海：上海人民出版社，2013.06 p.114

郭沫若的缙云诗文缘［M］/蔡震//《现代中国文化与文学 12》/四川大学文化遗产与文化互动研究基地，现代中国文化与文学研究中心主办；李怡、毛迅主编，成都：巴蜀书社，2013.06 p.166

郭沫若二十四字短简考［M］/龚明德//《海上文坛掠影》/李果编，上海：上海科学技术文献出版社，2013.06 p.242

郭沫若和马克思主义史学的传播［M］//《中国通史 第3卷 上古时代 上 第2版》/白寿彝总主编；徐喜辰、斯维至、杨钊主编，上海：上海人民出版社，2013.06 p.114

郭沫若鲁迅的恩怨及余响［M］//《昨日文坛的别异风景》/杨建民编，西安：西安出版社，2013.06 p.172

郭沫若书法管见［M］/［日］河内利治（君平）//《现代中国文化与文学 12》/四川大学文化遗产与文化互动研究基地，现代中国文化与文学研究中心主办；李怡、毛迅主编，成都：巴蜀书社，2013.06 p.169

郭沫若与《资本论》［M］//《昨日文坛的别异风景》/杨建民编，西安：西安出版社，2013.06 p.94

郭沫若在今天能进大学吗［M］//《万国之上还有人类在》/徐迅雷著，桂林：广西师范大学出版社，2013.06 p.213

和郭沫若、鲁迅通信，与曹禺同为校友［M］//《洗马塘 毛家一百年的故事》/毛健全口述，南昌：二十一世纪出版社，2013.06 p.105

纪念郭沫若诞辰一百二十周年专辑［M］//《现代中国文化与文学 12》/四川大学文化遗产与文化互动研究基地，现代中国文化与文学研究中心主办；李怡、毛迅主编，成都：巴蜀书社，2013.06 p.166

江青曾在“一·二五”大会上羞辱过郭沫若吗?［M］//《文史鉴真录》/陈福季著，武汉：武汉出版社，2013.06 p.216

鲁迅郭沫若与“文求堂”主人［M］/邓牛顿//《海上文坛掠影》/李果编，上海：上海科学技术文献出版社，2013.06 p.122

毛泽东与郭沫若：挚友、诗友［M］/吴正裕//《中南海里的肝胆相照》/于俊道主编，北京：中国社会科学出版社，2013.06 p.18

牛肉“三汤”：郭沫若与星临轩［M］//《寻味中国 成都·重庆》/董仁威主编，北京：人民邮电出版社，2013.06 p.117

评郭沫若《中国古代社会研究》［M］//《张荫麟全集 中》/［美］陈润成、李欣荣编，北京：清华大学出版社，2013.06 p.1211

评郭沫若译《浮士德》上部［M］//《张荫麟全集 中》/［美］陈润成、李欣荣编，北京：清华大学出版社，2013.06 p.955

斯坦纳翻译四步骤视野下的《女神》日文全译本浅析［M］/史瑞雪//《现代中国文化与文学 12》/四川大学文化遗产与文化互动研究基地，现代中国文化与文学研究中心主办；李怡、毛迅主编，成都：巴蜀书社，2013.06 p.189

特赦郭沫若［M］//《话题书系 皇上走了》/章敬平编，北京：生活·读书·新知三联书店，2013.06 p.102

一代文史巨擘郭沫若的故乡乐山市［M］//《穴苔游记》/李良辉著，北京：中国旅游出版社，2013.06 p.1170

有关郭沫若先生位于日本的五大诗碑考论［M］//《文史鉴真录》/陈福季著，武汉：武汉出版社，2013.06 p.310

与郭沫若在北伐途次［M］//《孙席珍评传》/王姝著，杭州：浙江大学出版社，2013.06 p.70

周、鲍通信中的老舍、郭沫若［M］//《中国社会科学院老年学者文库 周作人论》/袁良骏著，北京：中国社会科学出版社，2013.06 p.289

周恩来与郭沫若：协力．同心．共命［M］/曹应旺//《中南海里的战友情深》/于俊道主编，北京：中国社会科学出版社，2013.06 p.190

朱德与郭沫若：元戎与诗翁［M］/冯锡刚//《中南海里的战友情深》/于俊道主编，北京：中国社会科学出版社，2013.06 p.329

《屈原》的“爆炸性”演出［M］//《中国现代文学编年史 以文学广告为中心 1937—1949》/陈子善主编，北京：北京大学出版社，2013.07 p.223

关于郭沫若的“两极阅读”现象［M］//《中国现当代文学专题研究》/温儒敏、赵祖谟主编，北京：北京大学出版社，2013.07 p.20

关于郭沫若集外文《〈鲁迅传〉中的误谬》［M］//《沉醉春风 追寻郁达夫及其他》/陈子善著，北京：中华书局，2013.07 p.272

郭沫若［M］//《民国诗论精选》/肖向云编，杭州：西泠印社，2013.07 p.160

郭沫若：生命文学的追求［M］//《文学的秩序世界 中国现代文学批评新论》/周海波著，南昌：二十一世纪出版社，2013.07 p.122

郭沫若：吸吮欧西的纯粹科学的甘乳［M］//《中国现代作家论科学与人文》/俞兆平、王文勇著，桂林：广西师范大学出版社，2013.07 p.150

郭沫若《读随园诗话札记》［M］//《袁枚研究学术档案》/严明、陈清云，武汉：武汉大学出版社，2013.07 p.78

郭沫若叹服一字师［M］//《大人物小故事丛书 文学家》/颜煦之编著，北京：台海出版社，2013.07 p.56

郭沫若译郁达夫德文诗［M］//《沉醉春风 追寻郁达夫及其他》/陈子善著，北京：中华书局，2013.07 p.270

郭沫若致胡适（5月17日）［M］//《胡适来往书信选 上》/中国社会科学院近代史研究所中华民国史研究室编，北京：社会科学文献出版社，2013.07 p.146

胡适致郭沫若、郁达夫（5月15日，稿）［M］//《胡适来往书信选 上》/中国社会科学院近代史研究所、中华民国史研究室编，北京：社会科学文献出版社，2013.07 p.144

记郭沫若与齐白石一事［M］//《那些人那些事》/谢蔚明著，上海：上海远东出版社，2013.07 p.75

论曹禺和郭沫若悲剧中死亡意识与悲剧美感［M］//《悲剧意识与文化传统》/胡明伟著，北京：中国文史出版社，2013.07 p.203

新发现的郭沫若集外文和题词［M］//《沉醉春风 追寻郁达夫及其他》/陈子善著，北京：中华书局，2013.07 p.278

也谈《女神》纪念会［M］//《沉醉春风 追寻郁达夫及其他》/陈子善著，北京：中华书局，2013.07 p.266

庄子与郭沫若的浪漫主义美学［M］//《庄子的“古典新义”与中国美学的现代建构》/但同壮著，广州：暨南大学出版社，2013.07 p.81

《屈原》及其他剧作［M］//《中国文学通史 第8卷 现代文学 上》/张炯、邓绍基、郎樱总主编；张中良本卷主编，南京：江苏文艺出版社，2013.08 p.145

陈寅恪、郭沫若之于20世纪中国史学的意义［M］//《学术的张力 史与论之间的思想操练》/何晓明著，北京：人民出版社，2013.08 p.41

给郭沫若等作家祝寿的政治文化深意［M］//《中国现代文学编年史 以文学广告为中心 1937—1949》/陈子善主编，北京：人民出版社，2013.08 p.207

郭沫若［M］//《安阳古艺文选辑》/金静编注，北京：中国文联出版社，2013.08 p.464

郭沫若［M］//《国学知识全知道》/梦远编著，北京：中国华侨出版社，2013.08 p.274

郭沫若［M］//《中国现当代文学史简明教程》/席扬主编，北京：北京师范大学出版社，2013.08 p.52

郭沫若：无产阶级文艺是倾向社会主义的文艺［M］//《中国左翼文学编年史》/张大明著，北京：社会科学文献出版社，2013.08 p.144

郭沫若抄袭钱穆了吗？［M］//《方舟子自选集》/方舟子，郑州：郑州大学出版社，2013.08 p.449

郭沫若斥骂董作宾［M］//《南渡北归 离别 上》/岳南，长沙：湖南文艺出版社，2013.08 p.340

郭沫若故居知多少［M］//《老北京的趣闻传说 超值白金版》/张卉妍编著，北京：中国华侨出版社，2013.08 p.185

郭沫若考"舜"、"啓"、"俊"与"唐、场"［M］//《与大师一起读历史 顾准历史笔记》/顾准著，北京：光明日报出版社，2013.08 p.216

郭沫若离沪去日本，开始10年流亡生涯［M］//《中国左翼文学编年史》/张大明著，北京：社会科学文献出版社，2013.08 p.211

郭沫若诗集《前茅》《恢复》出版［M］//《中国左翼文学编年史》/张大明著，北京：社会科学文献出版社，2013.08 p.203

郭沫若研究概况［M］//《灵芝 从神奇到科学》/林志彬编著，北京：北京大学医学出版社，2013.08 p.32

郭沫若译辛克莱《屠场》出版［M］//《中国左翼文学编年史》/张大明著，北京：社会科学文献出版社，2013.08 p.530

郭沫若自称从1924年起就已经成了一个马克思主义者［M］//《中国左翼文学编年史》/张大明著，北京：社会科学文献出版社，2013.08 p.85

郭沫若自历法、干支推论中国文化西来［M］//《与大师一起读历史 顾准历史笔记》/顾准著，北京：光明日报出版社，2013.08 p.212

鲁迅、郭沫若与中国新文学主潮［M］//《现代化与中国20世纪文学》/黄曼君著，北京：高等教育出版社，2013.08 p.35

晚年住进乾隆宠臣和珅府邸，被政治边缘化的才子［M］//《春明门内客 北京老宅院里的文化名人》/汪兆骞，北京：中华书局，2013.08 p.14

现代人眼中的古代：介绍郭沫若著《十批判书》［M］//《朱自清经典》/朱自清著，北京：北京联合出版公司，2013.08 p.231

现代诗人郭沫若颂灵芝［M］//《灵芝 从神奇到科学》/林志彬编著，北京：北京大学医学出版社，2013.08 p.9

易坎人（郭沫若）译辛克莱《石炭王》［M］//《中国左翼文学编年史》/张大明著，北京：社会科学文献出版社，2013.08 p.390

余英时篡改引文诬陷郭沫若的铁证［M］//《方舟子自选集》/方舟子，郑州：

郑州大学出版社，2013. 08 p. 464

"劝君少骂秦始皇"：毛泽东与郭沫若［M］//《毛泽东情感实录》/张鹏、张明林著，北京：红旗出版社，2013. 09 p. 241

读《女神》要"知人论诗"［M］//《中国现当代文学专题研究》/温儒敏、赵祖谟主编，北京：北京大学出版社，2013. 09 p. 28

关于战国的楚帛画：给王伯敏的一封信［M］/郭沫若//《王伯敏美术史研究文汇 第2编》/中国美术学院编，杭州：中国美术学院出版社，2013. 09 p. 288

郭沫若［M］//《中国现代文学作家作品选读》/胡建军、郭恋东主编，上海：上海交通大学出版社，2013. 09 p. 140

郭沫若《狼群中一只白羊》［M］//《中国现当代文学中的跨文化书写》/［日］藤田梨那著，北京：中央编译出版社，2013. 09 p. 41

郭沫若《牧羊哀话》［M］//《中国现当代文学中的跨文化书写》/［日］藤田梨那著，北京：中央编译出版社，2013. 09 p. 8

郭沫若的朝鲜半岛书写［M］//《中国现当代文学中的跨文化书写》/［日］藤田梨那著，北京：中央编译出版社，2013. 09 p. 144

郭沫若的民族精神家园构建［M］//《从阶级话语到民族话语 抗战与左翼文学话语转型》/张武军著，北京：中华书局，2013. 09 p. 157

郭沫若书法［M］//《毛泽东的艺术情怀》/盛巽昌著，北京：社会科学文献出版社，2013. 09 p. 220

郭沫若与于立忱姊妹的情感故事［M］//《作家文摘 5 沉浮人生 20周年珍藏本》/《作家文摘》编，北京：现代出版社，2013. 09 p. 73

女神—郭沫若—中国的第一部新体诗集［M］//《人一生要读的书 超值彩图白金版》/桑楚主编，北京：中国华侨出版社，2013. 09 p. 401

田汉、宗白华与郭沫若：《三叶集》［M］//《中国现代文人的唱和与辩驳》/耿宝强著，北京：中国文史出版社，2013. 09 p. 45

挚友·知音：周恩来与郭沫若［M］//《走在西花厅的小路上 忆在恩来同志领导下工作的日子》/章文晋、张颖著，北京：社会科学文献出版社，2013. 09 p. 144

中国的歌德：郭沫若［M］//《最成长：青少年成长手册 文学篇》/卞庆奎编著，北京：北京时代华文书局，2013. 09 p. 19

郭沫若即兴打油诗［M］//《古今打油诗趣事趣话》/王北生编著，北京：金盾出版社，2013. 10 p. 54

郭沫若：鲁迅之后革命文化界领袖［M］//《民国文化名流百人传》/谢世诚主编，南京：南京出版社，2013. 10 p. 40

人间诗话：《屈原》［M］//《民国戏剧 守望》/于嘉茵著，北京：东方出版社，2013. 10 p. 175

文化身份、民族认同的含混与危机：论郭沫若五四时期的创作［M］//《租界文化语境下的中国近现代文学》/李永东著，北京：人民出版社，2013. 10 p. 121

意韵和谐：郭沫若［M］//《民国书法鉴藏录》/章用秀著，上海：上海远东出版社，2013. 10 p. 220

用郭沫若口吻自解《娄山关》［M］//《毛泽东诗词佳话》/刘汉民著，北京：人民出版社，2013. 10 p. 82

"忏悔"意识与郭沫若的身份认同［M］/刘奎//《郭沫若研究年鉴 2012 卷》/《郭沫若研究年鉴》编委会编，北京：人民出版社，2013. 11 p. 57

"郭沫若与文化中国"国际学术研讨会侧记［M］/何刚//《郭沫若研究年鉴 2012 卷》/《郭沫若研究年鉴》编委会编，北京：人民出版社，2013. 11 p. 389

"国防民用两兼顾 技术革命攀高峰"：郭沫若视察国营西安机械厂和庆安机器厂［M］//《中国航空工业老照片 6》/中国航空工业史编修办公室编，北京：航空工业出版社，2013. 11 p. 84

"纪念郭沫若诞辰 120 周年全国书画邀请展"亮相劳动人民文化宫［M］//《郭沫若研究年鉴 2012 卷》/《郭沫若研究年鉴》编委会编，北京：人民出版社，2013. 11 p. 412

"两个口号"论争中的鲁迅与郭沫若［M］/廖久明//《郭沫若研究年鉴 2012 卷》/《郭沫若研究年鉴》编委会编，北京：人民出版社，2013. 11 p. 337

"五四"退潮后的微波：郭沫若《星空》艺术风格探源［M］/杨芝明//《郭沫若研究年鉴 2012 卷》/《郭沫若研究年鉴》编委会编，北京：人民出版社，2013. 11 p. 377

《"球形天才"的奥秘：郭沫若创造力综论》［M］//《郭沫若研究年鉴 2012 卷》/《郭沫若研究年鉴》编委会编，北京：人民出版社，2013. 11 p. 404

《巴金 郭沫若》［M］//《郭沫若研究年鉴 2012 卷》/《郭沫若研究年鉴》编委会编，北京：人民出版社，2013. 11 p. 401

《郭沫若全集·文学编》的编纂与出版［M］/黄侯兴//《郭沫若研究年鉴 2012 卷》/《郭沫若研究年鉴》编委会编，北京：人民出版社，2013. 11 p. 299

《郭沫若思想整体观》序［M］//《钱谷融文集 散文、译文卷 灵魂的怅望》/钱谷融著，上海：上海人民出版社，2013. 11 p. 261

《郭沫若研究文献汇要（1920—2008）》［M］//《郭沫若研究年鉴 2012 卷》/《郭沫若研究年鉴》编委会编，北京：人民出版社，2013. 11 p. 401

《郭沫若研究资料索引》［M］//《郭沫若研究年鉴 2012 卷》/《郭沫若研究年鉴》编委会编，北京：人民出版社，2013. 11 p. 403

《狂飙少年：郭沫若》［M］//《郭沫若研究年鉴 2012 卷》/《郭沫若研究年鉴》编委会编，北京：人民出版社，2013. 11 p. 403

《鲁迅与郭沫若：“呐喊”与“涅槃”》［M］//《郭沫若研究年鉴 2012 卷》/《郭沫若研究年鉴》编委会编，北京：人民出版社，2013. 11 p. 403

《神话的世界》：郭沫若早期文艺思想的一面镜子［M］/钱晓宇、李怡//《郭沫若研究年鉴 2012 卷》/《郭沫若研究年鉴》编委会编，北京：人民出版社，2013. 11 p. 371

《文学·历史·政治：从王国维到郭沫若》［M］//《郭沫若研究年鉴 2012 卷》/《郭沫若研究年鉴》编委会编，北京：人民出版社，2013. 11 p. 401

《中国作家》郭沫若诗歌奖颁奖活动落户连云港［M］//《郭沫若研究年鉴 2012 卷》/《郭沫若研究年鉴》编委会编，北京：人民出版社，2013. 11 p. 411

本宜坚守却疏离：郭沫若旧体诗词创作刍议［M］/唐瑛//《郭沫若研究年鉴 2012 卷》/《郭沫若研究年鉴》编委会编，北京：人民出版社，2013. 11 p. 377

从版本变化看郭沫若心中的王阳明［M］/李晓虹//《郭沫若研究年鉴 2012 卷》/《郭沫若研究年鉴》编委会编，北京：人民出版社，2013. 11 p. 253

从文献史料看郭沫若主政三厅始末（节选）［M］/蔡震//《郭沫若研究年鉴 2012 卷》/《郭沫若研究年鉴》编委会编，北京：人民出版社，2013. 11 p. 309

从佚文《新书业和作家》看沈从文与郭沫若的关系［M］/李扬//《郭沫若研究年鉴 2012 卷》/《郭沫若研究年鉴》编委会编，北京：人民出版社，2013. 11 p. 327

多种郭沫若著译作品集体出版［M］//《郭沫若研究年鉴 2012 卷》/《郭沫若研究年鉴》编委会编，北京：人民出版社，2013. 11 p. 400

父亲的叛逆是与生俱来的：郭沫若之女郭庶英回忆实录［M］//《百年风流 文化名人后代回忆实录》/《环球人物》杂志编，北京：人民出版社，2013. 11 p. 81

歌德《浮士德》在郭沫若写作与翻译中的接受与复兴（1919—1922）［M］/［斯洛伐克］马利安·高利克著 林振华译//《郭沫若研究年鉴 2012 卷》/《郭沫若研究年鉴》编委会编，北京：人民出版社，2013. 11 p. 381

关于郭沫若研究中值得思考的问题［M］/崔民选//《郭沫若研究年鉴 2012 卷》/《郭沫若研究年鉴》编委会编，北京：人民出版社，2013. 11 p. 23

郭沫若［M］//《珞珈诗词集 2》/张天望、陈志鸿编，武汉：武汉大学出版社，2013. 11 p. 417

郭沫若“两极评价”的再思考［M］/魏建//《郭沫若研究年鉴 2012 卷》/《郭沫若研究年鉴》编委会编，北京：人民出版社，2013. 11 p. 97

郭沫若诞辰 120 周年纪念［M］//《郭沫若研究年鉴 2012 卷》/《郭沫若研究年鉴》编委会编，北京：人民出版社，2013. 11 p. 3

郭沫若诞辰 120 周年纪念会在京举行 第四届郭沫若中国历史学奖颁奖［M］//《郭沫若研究年鉴 2012 卷》/《郭沫若研究年鉴》编委会编，北京：人民出版社，2013. 11 p. 406

郭沫若的经济生活与他的文学创作：以早期创作（1918—1926 年）为例［M］/李金凤//《郭沫若研究年鉴 2012 卷》/《郭沫若研究年鉴》编委会编，北京：人民出版社，2013. 11 p. 372

郭沫若的科学思想及其时代价值［M］/刘福敏 李后强//《郭沫若研究年鉴 2012 卷》/《郭沫若研究年鉴》编委会编，北京：人民出版社，2013. 11 p. 29

郭沫若的留学体验：“风景”与“内心世界”的发现［M］/［日］藤田梨那//《郭沫若研究年鉴 2012 卷》/《郭沫若研究年鉴》编委会编，北京：人民出版社，2013. 11 p. 170

郭沫若的人格反思及其当下意义［M］/刘海洲//《郭沫若研究年鉴 2012 卷》/《郭沫若研究年鉴》编委会编，北京：人民出版社，2013. 11 p. 372

郭沫若的现代歌诗观［M］/刘东方//《郭沫若研究年鉴 2012 卷》/《郭沫若研究年鉴》编委会编，北京：人民出版社，2013. 11 p. 180

郭沫若的知识分子身份早期构建：美国文学的影响［M］/张宝林//《郭沫若研究年鉴 2012 卷》/《郭沫若研究年鉴》编委会编，北京：人民出版社，2013. 11 p. 82

郭沫若纪念馆举办“郭沫若著译版本书展”［M］//《郭沫若研究年鉴 2012 卷》/《郭沫若研究年鉴》编委会编，北京：人民出版社，2013. 11 p. 411

郭沫若纪念展在上海中共四大纪念馆举办［M］//《郭沫若研究年鉴 2012 卷》/《郭沫若研究年鉴》编委会编，北京：人民出版社，2013. 11 p. 412

郭沫若楷书研究［M］/徐立昕 宣海生//《郭沫若研究年鉴 2012 卷》/《郭沫若研究年鉴》编委会编，北京：人民出版社，2013. 11 p. 286

郭沫若名物新证研究述评［M］/侯书勇//《郭沫若研究年鉴 2012 卷》/《郭沫若研究年鉴》编委会编，北京：人民出版社，2013. 11 p. 275

郭沫若诗歌英译述论［M］/北塔//《郭沫若研究年鉴 2012 卷》/《郭沫若研究年鉴》编委会编，北京：人民出版社，2013. 11 p. 188

郭沫若是有争议的人物吗？——在郭沫若诞辰 120 周年纪念会上的发言［M］/马识途//《郭沫若研究年鉴 2012 卷》/《郭沫若研究年鉴》编委会编，北京：人民出版社，2013. 11 p. 9

郭沫若苏轼比较论［M］//《郭沫若研究年鉴 2012 卷》/《郭沫若研究年鉴》编委会编，北京：人民出版社，2013. 11 p. 398

郭沫若文化在公共文化服务体系中的应用价值研究［M］//《郭沫若研究年鉴 2012 卷》/《郭沫若研究年鉴》编委会编，北京：人民出版社，2013. 11 p. 397

郭沫若文学佚作的收集、整理与研究［M］//《郭沫若研究年鉴 2012 卷》/《郭沫若研究年鉴》编委会编，北京：人民出版社，2013. 11 p. 397

郭沫若五幕史剧《屈原》版本试疏［M］/龚明德//《郭沫若研究年鉴 2012

卷》/《郭沫若研究年鉴》编委会编，北京：人民出版社，2013. 11 p. 208

郭沫若戏剧研究的生态图景［M］/杨兴玉//《郭沫若研究年鉴 2012 卷》/《郭沫若研究年鉴》编委会编，北京：人民出版社，2013. 11 p. 378

郭沫若新中国成立后历史剧题材处理方法探析［M］/王小强 徐磊//《郭沫若研究年鉴 2012 卷》/《郭沫若研究年鉴》编委会编，北京：人民出版社，2013. 11 p. 379

郭沫若译《鲁拜集》的生态解读［M］/金春岚 黄芳//《郭沫若研究年鉴 2012 卷》/《郭沫若研究年鉴》编委会编，北京：人民出版社，2013. 11 p. 382

郭沫若与马克思主义史学中国化［M］//《郭沫若研究年鉴 2012 卷》/《郭沫若研究年鉴》编委会编，北京：人民出版社，2013. 11 p. 398

郭沫若与吴虞孔子观之比较［M］/文天行//《郭沫若研究年鉴 2012 卷》/《郭沫若研究年鉴》编委会编，北京：人民出版社，2013. 11 p. 375

郭沫若与中国古史分期论争：兼论中国古代社会形态研究的未来路向［M］/周书灿//《郭沫若研究年鉴 2012 卷》/《郭沫若研究年鉴》编委会编，北京：人民出版社，2013. 11 p. 262

郭沫若之“泪”与新文学的想象力［M］/咸立强//《郭沫若研究年鉴 2012 卷》/《郭沫若研究年鉴》编委会编，北京：人民出版社，2013. 11 p. 72

郭沫若中国传统文化观的变迁：从发表于日本《朝日新闻》的文章说起［M］/郭玮//《郭沫若研究年鉴 2012 卷》/《郭沫若研究年鉴》编委会编，北京：人民出版社，2013. 11 p. 373

郭沫若中后期小说创作模式的演变［M］/贾剑秋//《郭沫若研究年鉴 2012 卷》/《郭沫若研究年鉴》编委会编，北京：人民出版社，2013. 11 p. 234

郭沫若著作韩文翻译概述［M］/［韩］梁楠 李晓虹//《郭沫若研究年鉴 2012 卷》/《郭沫若研究年鉴》编委会编，北京：人民出版社，2013. 11 p. 381

回归本相：郭沫若研究存在的问题、挑战与可能［M］/贾振勇//《郭沫若研究年鉴 2012 卷》/《郭沫若研究年鉴》编委会编，北京：人民出版社，2013. 11 p. 107

惠特曼影响下的有岛武郎与郭沫若［M］/刘立善//《郭沫若研究年鉴 2012 卷》/《郭沫若研究年鉴》编委会编，北京：人民出版社，2013. 11 p. 376

记日本对郭沫若《女神》的研究［M］/［日］岩佐昌暲著 顾雯译//《郭沫若研究年鉴 2012 卷》/《郭沫若研究年鉴》编委会编，北京：人民出版社，2013. 11 p. 119

纪念郭沫若诞辰 120 周年塔什干硬笔书法赛规模空前［M］//《郭沫若研究年鉴 2012 卷》/《郭沫若研究年鉴》编委会编，北京：人民出版社，2013. 11 p. 407

纪念郭沫若诞辰 120 周年学术研讨会在圣彼得堡召开［M］/郭沫若纪念馆//《郭沫若研究年鉴 2012 卷》/《郭沫若研究年鉴》编委会编，北京：人民出版社，2013. 11 p. 385

困惑与遗憾：在纪念郭沫若100周年诞辰国际学术研讨会上的发言［M］//《钱谷融文集 散文、译文卷 灵魂的怅望》/钱谷融著，上海：上海人民出版社，2013.11 p.77

历史巨变中的周恩来与郭沫若［M］//《历史巨变中的周恩来》/穆欣著，北京：中国青年出版社，2013.11 p.225

梁启超、胡适、郭沫若学术个性之比较［M］/周文玖//《郭沫若研究年鉴 2012卷》/《郭沫若研究年鉴》编委会编，北京：人民出版社，2013.11 p.375

论郭沫若两篇历史小说与新生活运动的关系［M］/杨华丽//《郭沫若研究年鉴 2012卷》/《郭沫若研究年鉴》编委会编，北京：人民出版社，2013.11 p.380

略论郭沫若历史剧的叙事模式［M］/王萍//《郭沫若研究年鉴 2012卷》/《郭沫若研究年鉴》编委会编，北京：人民出版社，2013.11 p.379

毛泽东与郭沫若的诗词来往［M］//《毛泽东与中国诗词》/孙琴安编著，上海：上海辞书出版社，2013.11 p.174

缅怀巨匠风采：乐山开展系列活动纪念郭沫若诞辰120周年［M］//《郭沫若研究年鉴 2012卷》/《郭沫若研究年鉴》编委会编，北京：人民出版社，2013.11 p.405

试论郭沫若晚年民族主义情结［M］/逯艳//《郭沫若研究年鉴 2012卷》/《郭沫若研究年鉴》编委会编，北京：人民出版社，2013.11 p.374

试论屈原的政治思想：兼与郭沫若先生商讨［M］//《楚辞新论及其他》/王锡荣著，长春：吉林文史出版社，2013.11 p.23

四川省郭沫若研究会第五次会员代表大会在乐山市沙湾区召开［M］//《郭沫若研究年鉴 2012卷》/《郭沫若研究年鉴》编委会编，北京：人民出版社，2013.11 p.413

四川省教育厅人文社会科学重点研究基地（郭沫若研究）2012年立项目录［M］//《郭沫若研究年鉴 2012卷》/《郭沫若研究年鉴》编委会编，北京：人民出版社，2013.11 p.399

汪静之与郭沫若［M］/邓牛顿//《郭沫若研究年鉴 2012卷》/《郭沫若研究年鉴》编委会编，北京：人民出版社，2013.11 p.376

文化身份、民族认同的含混与危机：论郭沫若五四时期的创作［M］/李永东//《郭沫若研究年鉴 2012卷》/《郭沫若研究年鉴》编委会编，北京：人民出版社，2013.11 p.42

无政府观念对郭沫若、郁达夫早期创作的影响［M］//《中国近现代文学的发展与无政府主义思潮》/张全之著，北京：人民出版社，2013.11 p.203

现代中国史学的双子星座：论郭沫若与陈寅恪［M］/吴定宇//《郭沫若研究年鉴 2012卷》/《郭沫若研究年鉴》编委会编，北京：人民出版社，2013.11 p.374

现代最杰出的作家、诗人、戏剧家、历史学家和古文字学家：郭沫若［M］//《中国人应该知道的文学之最》/赵杰、赵卜筠编著，南宁：广西人民出版社，2013. 11 p. 76

新发现的三篇郭沫若访谈解读［M］/李斌//《郭沫若研究年鉴 2012 卷》/《郭沫若研究年鉴》编委会编，北京：人民出版社，2013. 11 p. 356

新诗的奠基作：郭沫若的《女神》［M］//《武汉大学百年名典 中国新文学史初稿》/刘绥松著，武汉：武汉大学出版社，2013. 11 p. 62

移孝作忠与儒学复兴：以抗战时期郭沫若和马一浮讲“孝”为个案［M］/陈俐 王海涛//《郭沫若研究年鉴 2012 卷》/《郭沫若研究年鉴》编委会编，北京：人民出版社，2013. 11 p. 347

由《虎符》说到悲剧精神［M］//《名家读书系列 郭沫若读书》/郭沫若著，北京：中国社会出版社，2013. 11 p. 148

在郭沫若诞辰 120 周年纪念会上的讲话［M］/王伟光//《郭沫若研究年鉴 2012 卷》/《郭沫若研究年鉴》编委会编，北京：人民出版社，2013. 11 p. 3

在时代的风陵渡口：郭沫若与现代中国的权势转移［M］/王本朝//《郭沫若研究年鉴 2012 卷》/《郭沫若研究年鉴》编委会编，北京：人民出版社，2013. 11 p. 32

中国现代知识分子的心路历程：郭沫若现代小说独特的艺术世界和文化世界探索［M］/刘同般//《郭沫若研究年鉴 2012 卷》/《郭沫若研究年鉴》编委会编，北京：人民出版社，2013. 11 p. 228

走向“文化中国”的解读（节选）：近十年郭沫若研究的回顾与展望［M］/谭继和、魏红珊//《郭沫若研究年鉴 2012 卷》/《郭沫若研究年鉴》编委会编，北京：人民出版社，2013. 11 p. 93

郭沫若的骨灰为何撒往大寨［M］/冯锡刚//《中共风云人物录 下》/江涌主编，北京：中国文史出版社，2013. 12 p. 189

郭沫若历史剧《蔡文姬》、《武则天》的艺术探索［M］//《学路履痕》/夏崇德著，杭州：浙江大学出版社，2013. 12 p. 146

论郭沫若［M］//《沈从文读书与做人》/沈从文著，北京：国际文化出版公司，2013. 12 p. 95

他说自己是民主人士跟党走：陈明远谈郭沫若［M］/丁东//《文人名士的那些事》/江涌主编，北京：中国文史出版社，2013. 12 p. 243

完美解决鲁迅与郭沫若、阳翰笙的矛盾［M］//《新四军 1943—1945》/胡兆才著，西安：陕西人民出版社，2013. 12 p. 227

我们把它当作整风文件看待：致郭沫若（1944 年 11 月 21 日）［M］//《毛泽东致民主党派及知名人士》/杨庆旺编著，北京：中共党史出版社，2013. 12 p. 79

有趣的《女神》读后感［M］/陈青生//《海上文坛掠影》/李果编，上海：上海科学技术文献出版社，2013.12 p.14

（二）2014 年郭沫若研究学位论文、会议论文

学位论文

浅析郭沫若文学翻译与创作的关系［D］/白玉；指导导师：杨显宇//西南科技大学硕士论文，2014

目的论视角下郭沫若英译诗歌翻译策略研究：以《雪莱诗选》为例［D］/刘井利；指导导师：黄晓燕//湖南大学硕士论文，2014

爱尔兰芳香的蔓延：论爱尔兰近代剧与郭沫若、田汉剧作［D］/刘晓帆；指导导师：姜文清//云南大学硕士论文，2014

郭沫若前期文艺论著校勘与发现［D］/孟文博；指导导师：魏建、刘东方//山东师范大学博士论文，2014

席勒与 20 世纪上半叶中国美育思潮：郭沫若美育思想与席勒［D］/莫小红；指导导师：赵炎秋//湖南师范大学博士论文，2014：164—181

现代汉语虚词与现代汉语诗歌研究：现代汉语虚词与《女神》的审美效应［D］/钱韧韧；指导导师：王泽龙//华中师范大学博士论文，2014：61—84

现代汉语虚词与现代汉语诗歌研究：现代汉语虚词与《女神》的节奏特征［D］/钱韧韧；指导导师：王泽龙//华中师范大学博士论文，2014：84—102

论郭沫若戏剧的诗性特征［D］/石燕波；指导导师：王泽龙//华中师范大学硕士论文，2014

郭沫若诗歌翻译研究：以《雪莱诗集》英译本为例［D］/孙慧慧；指导导师：李丽//山西师范大学硕士论文，2014

郭沫若文艺美学思想研究：浪漫主义与表现主义的融合［D］/夏蕾；指导导师：宛小平//安徽大学硕士论文，2014

会议论文

《杂文》相关问题梳考/杨华丽（绵阳师范学院文学与对外汉语学院）. 中国贵州贵阳："走向世界的郭沫若与郭沫若研究"学术会议//"走向世界的郭沫若与郭沫若研究"学术会议论文集，2014

观察郭沫若在信古与疑古之间的路径而得到的警悟（提纲）/祁和晖（西南民族大学）. 中国贵州贵阳："走向世界的郭沫若与郭沫若研究"学术会议//"走向世界的郭沫若与郭沫若研究"学术会议论文集，2014

从"摹仿"到"表现"：胡适、郭沫若与早期新诗本体进化关系漫议/吴凌（贵

阳学院文化传媒学院）．中国贵州贵阳：“走向世界的郭沫若与郭沫若研究”学术会议//“走向世界的郭沫若与郭沫若研究”学术会议论文集，2014

中国问题的世界视野：郭沫若古史研究特点再探（提要）/彭邦本（四川大学历史文化学院）．中国贵州贵阳：“走向世界的郭沫若与郭沫若研究”学术会议//“走向世界的郭沫若与郭沫若研究”学术会议论文集，2014

郭沫若《文艺论集续集》汇校异文全录/孟文博（山东大学（威海）文化传播学院）．中国贵州贵阳：“走向世界的郭沫若与郭沫若研究”学术会议//“走向世界的郭沫若与郭沫若研究”学术会议论文集，2014

国家话语中的“时代颂歌”：论郭沫若建国后的诗歌创作与时代政治的互动/刘海洲（商丘师范学院文学院）．中国贵州贵阳：“走向世界的郭沫若与郭沫若研究”学术会议//“走向世界的郭沫若与郭沫若研究”学术会议论文集，2014

美国学者威廉·舒尔茨的“郭沫若与浪漫主义美学”研究/杨玉英（乐山师范学院外国语学院）．中国贵州贵阳：“走向世界的郭沫若与郭沫若研究”学术会议//“走向世界的郭沫若与郭沫若研究”学术会议论文集，2014

郭沫若与礼制研究/黄益飞（中国社会科学院考古研究所）．中国贵州贵阳：“走向世界的郭沫若与郭沫若研究”学术会议//“走向世界的郭沫若与郭沫若研究”学术会议论文集，2014

略论郭沫若“十七年”外交诗文的复杂性/逯艳（山东青年政治学院）．中国贵州贵阳：“走向世界的郭沫若与郭沫若研究”学术会议//“走向世界的郭沫若与郭沫若研究”学术会议论文集，2014

论郭沫若的译诗文体观念/熊辉（西南大学中国新诗研究所）．中国贵州贵阳：“走向世界的郭沫若与郭沫若研究”学术会议//“走向世界的郭沫若与郭沫若研究”学术会议论文集，2014

郭沫若著译作品盗版本的考察辨析（上）/蔡震（中国社会科学院郭沫若纪念馆）．中国贵州贵阳：“走向世界的郭沫若与郭沫若研究”学术会议//“走向世界的郭沫若与郭沫若研究”学术会议论文集，2014

“马克斯进孔庙”：郭沫若、《诗经》和“今译”问题（英文）/王璞（Brandeis University）．中国贵州贵阳：“走向世界的郭沫若与郭沫若研究”学术会议//“走向世界的郭沫若与郭沫若研究”学术会议论文集，2014

是积极的浪漫还是唯美的颓废：对作为主义的郭沫若早期创作的重新考察/张武军、赖雅琴（西南大学文学院）．中国贵州贵阳：“走向世界的郭沫若与郭沫若研究”学术会议//“走向世界的郭沫若与郭沫若研究”学术会议论文集，2014

意气之争抑或主义之辩?：对1926年郭沫若、巴金论战的再考察/周文（山东师范大学）．中国贵州贵阳：“走向世界的郭沫若与郭沫若研究”学术会议//“走向世界的郭沫若与郭沫若研究”学术会议论文集，2014

《社会组织与社会革命》的翻译与郭沫若思想转变/彭冠龙（四川大学文学与新闻学院）．中国贵州贵阳："走向世界的郭沫若与郭沫若研究"学术会议//"走向世界的郭沫若与郭沫若研究"学术会议论文集，2014

纵论郭沫若翻译实践的体验观/钱晓宇（华北科技学院人文社科学院）．中国贵州贵阳："走向世界的郭沫若与郭沫若研究"学术会议//"走向世界的郭沫若与郭沫若研究"学术会议论文集，2014

《女神》等同于"五四"时期的郭沫若吗?："女神时期"郭沫若佚诗解读/张勇（中国社会科学院郭沫若纪念馆）．中国贵州贵阳："走向世界的郭沫若与郭沫若研究"学术会议//"走向世界的郭沫若与郭沫若研究"学术会议论文集，2014

重识郭沫若与"唯物史观"的国学研究/刘悦坦（山东大学）．中国贵州贵阳："走向世界的郭沫若与郭沫若研究"学术会议//"走向世界的郭沫若与郭沫若研究"学术会议论文集，2014

诗的"写"与"做"与郭沫若的文学史定位/陈俐（乐山师范学院）．中国贵州贵阳："走向世界的郭沫若与郭沫若研究"学术会议//"走向世界的郭沫若与郭沫若研究"学术会议论文集，2014

郭沫若《再生缘》研究的学术史意义（讨论稿）/李斌（中国社会科学院郭沫若纪念馆）．中国贵州贵阳："走向世界的郭沫若与郭沫若研究"学术会议//"走向世界的郭沫若与郭沫若研究"学术会议论文集，2014

自由还是格律：由闻一多的新格律诗理论反观郭沫若的诗学理论/刘殿祥（山西大同大学云冈文化研究中心）．中国贵州贵阳："走向世界的郭沫若与郭沫若研究"学术会议//"走向世界的郭沫若与郭沫若研究"学术会议论文集，2014

文学场域视野里的前期创造社翻译文学批评/咸立强（华南师范大学文学院）．中国贵州贵阳："走向世界的郭沫若与郭沫若研究"学术会议//"走向世界的郭沫若与郭沫若研究"学术会议论文集，2014

郭沫若史剧研究综论：伦理与文学的纠葛/杨兴玉（乐山师范学院）．中国贵州贵阳："走向世界的郭沫若与郭沫若研究"学术会议//"走向世界的郭沫若与郭沫若研究"学术会议论文集，2014

从民国时期对郭沫若史学的评论看郭沫若史学/张越（北京师范大学历史学院）．中国贵州贵阳："走向世界的郭沫若与郭沫若研究"学术会议//"走向世界的郭沫若与郭沫若研究"学术会议论文集，2014

鲁迅、唯物史观与"民族复兴"：郭沫若《驳〈说儒〉》撰著缘起初论/何刚（乐山师范学院四川郭沫若研究中心）．中国贵州贵阳："走向世界的郭沫若与郭沫若研究"学术会议//"走向世界的郭沫若与郭沫若研究"学术会议论文集，2014

郭沫若电影剧本《郑成功》的尴尬/邓经武（成都大学）．中国贵州贵阳："走向世界的郭沫若与郭沫若研究"学术会议//"走向世界的郭沫若与郭沫若研究"学

术会议论文集，2014

《虎符》版本校释与普通话写作/颜同林（贵州师范大学文学院）．中国贵州贵阳："走向世界的郭沫若与郭沫若研究"学术会议//"走向世界的郭沫若与郭沫若研究"学术会议论文集，2014

我们的《女神》，中国的《女神》/贾振勇（山东师范大学文学院）．中国贵州贵阳："走向世界的郭沫若与郭沫若研究"学术会议//"走向世界的郭沫若与郭沫若研究"学术会议论文集，2014

走向世界的郭沫若研究/魏建（山东师范大学文学院）．中国贵州贵阳："走向世界的郭沫若与郭沫若研究"学术会议//"走向世界的郭沫若与郭沫若研究"学术会议论文集，2014

巴蜀文化视野下的郭沫若文学思想/王学东（西华大学人文学院）．中国贵州贵阳："走向世界的郭沫若与郭沫若研究"学术会议//"走向世界的郭沫若与郭沫若研究"学术会议论文集，2014

美狄亚的东方面孔：论郭沫若历史剧《孔雀胆》中的王后忽的斤形象/喻天舒，刘海英（北京大学外语学院世界文学研究所；中国农业大学人发学院外语系）．中国贵州贵阳："走向世界的郭沫若与郭沫若研究"学术会议//"走向世界的郭沫若与郭沫若研究"学术会议论文集，2014

难忘郭沫若/李继凯（陕西师范大学）．中国贵州贵阳："走向世界的郭沫若与郭沫若研究"学术会议//"走向世界的郭沫若与郭沫若研究"学术会议论文集，2014

郭沫若对马克思主义经典著作的翻译/张剑平（河北大学历史学院）．中国贵州贵阳："走向世界的郭沫若与郭沫若研究"学术会议//"走向世界的郭沫若与郭沫若研究"学术会议论文集，2014

郭沫若对老子和《道德经》评价的几个问题/杨胜宽（乐山师范学院）．中国贵州贵阳："走向世界的郭沫若与郭沫若研究"学术会议//"走向世界的郭沫若与郭沫若研究"学术会议论文集，2014

论郭沫若对曹丕、曹植的臧否/乔凤岐（许昌学院魏晋文化研究中心）．中国贵州贵阳："走向世界的郭沫若与郭沫若研究"学术会议//"走向世界的郭沫若与郭沫若研究"学术会议论文集，2014

知识、社会与译介谱系：郭沫若对《生命之科学》的翻译（概要）/罗文军，傅宗洪（西华师范大学文学院）．中国贵州贵阳："走向世界的郭沫若与郭沫若研究"学术会议//"走向世界的郭沫若与郭沫若研究"学术会议论文集，2014

世界观念与中国意识的纠缠：20年代中期郭沫若观念转折的一个内在逻辑（提要）/李怡（北京师范大学文学院）．中国贵州贵阳："走向世界的郭沫若与郭沫若研究"学术会议//"走向世界的郭沫若与郭沫若研究"学术会议论文集，2014

能够说郭沫若“删减史料以此证明崇祯帝‘沽名钓誉’”吗？——谨以此文纪念《甲申三百年祭》发表七十周年/廖久明（乐山师范学院四川郭沫若研究中心）．中国贵州贵阳：“走向世界的郭沫若与郭沫若研究”学术会议//“走向世界的郭沫若与郭沫若研究”学术会议论文集，2014

《三叶集》研究二题/周维东（四川大学）．中国贵州贵阳：“走向世界的郭沫若与郭沫若研究”学术会议//“走向世界的郭沫若与郭沫若研究”学术会议论文集，2014

郊禖与閟宫（简稿）/冯时（中国社会科学院考古研究所）．中国贵州贵阳：“走向世界的郭沫若与郭沫若研究”学术会议//“走向世界的郭沫若与郭沫若研究”学术会议论文集，2014

从女性主义视域看郭沫若历史剧中的性别观/秦坤（贵阳学院社会管理学院）．中国贵州贵阳：“走向世界的郭沫若与郭沫若研究”学术会议//“走向世界的郭沫若与郭沫若研究”学术会议论文集，2014

（三）2014 年郭沫若研究期刊论文、资料

少年郭沫若为何最喜爱《启蒙画报》[J]/陈俐//郭沫若学刊.2014（1）

沙湾镇，忆郭老[J]/王火//郭沫若学刊.2014（1）

前言[J]//郭沫若学刊.2014（1）

面对文学的思索：1999 年 5 月 1 日在台湾高雄中山大学“两岸文学研讨会”上的讲话[J]/王火//郭沫若学刊.2014（1）

毛泽东给失败者鼓掌：一段真实的回忆[J]/王火//郭沫若学刊.2014（1）

坚定地为和平歌唱吧：在第 34 届国际作家会议上的讲演[J]/王火//郭沫若学刊.2014（1）

辑录与辨误：《南冠草》抗战时期的研究资料[J]/熊飞宇//郭沫若学刊.2014（1）

郭沫若异体诗初探[J]/丁茂远//郭沫若学刊.2014（1）

郭沫若眼中的“宗教家”墨子——关于郭沫若从负面评价墨子的原因考察[J]/杨胜宽//郭沫若学刊.2014（1）

郭沫若海洋体验与《女神》中“海的精神”[J]/彭冠龙//郭沫若学刊.2014（1）

答中央电视台主持人问[J]/白岩松、王火、金弓等//郭沫若学刊.2014（1）

从郭沫若翻译《茵梦湖》看其“风韵译”[J]/何俊//郭沫若学刊.2014（1）

编后[J]/王锦厚//郭沫若学刊.2014（1）

《论国内的评坛及我对于创作上的态度》的修改[J]/孟文博//郭沫若学刊.

2014（1）

“绝好的启蒙书籍”：《史鉴节要便读》［J］/万保君//郭沫若学刊.2014（1）

李劼人与嘉乐纸厂的文化补助金［J］/付金艳//郭沫若学刊.2014（2）

我们有战胜日本的把握［J］/郭沫若//郭沫若学刊.2014（2）

威廉·舒尔茨的《郭沫若与浪漫主义美学》译介［J］/杨玉英、廖进//郭沫若学刊.2014（2）

试析郭沫若对《周礼》态度的转变［J］/付瑞珣//郭沫若学刊.2014（2）

史料·讯息［J］//郭沫若学刊.2014（2）

全集就要全——《郭沫若全集》重新出版之我见［J］/廖久明//郭沫若学刊.2014（2）

满江红·卢沟闻警［J］/郭沫若//郭沫若学刊.2014（2）

论中国现代文学研究的版本问题［J］/孟文博//郭沫若学刊.2014（2）

论郭沫若小说创作中的陌生化手法［J］/韩静//郭沫若学刊.2014（2）

抗战初期郭沫若创作编辑的部分著作［J］//郭沫若学刊.2014（2）

奸雄的歌唱完了［J］/郭沫若//郭沫若学刊.2014（2）

郭沫若对制定和实施中国科技发展战略规划的贡献［J］/乐山市社科联课题组王素英//郭沫若学刊.2014（2）

访郭老日本十年之遗存（访问日志）［J］/孟世凯//郭沫若学刊.2014（2）

反战战友出征之际的欢送辞［J］/郭沫若//郭沫若学刊.2014（2）

多元系统论视野下的郭沫若诗歌翻译［J］/张慧//郭沫若学刊.2014（2）

编者按［J］//郭沫若学刊.2014（2）

1938年郭沫若在武汉向人民群众演讲［J］//郭沫若学刊.2014（2）

《在轰炸中来去》一文的误传［J］/蔡震//郭沫若学刊.2014（2）

《一桩学术公案的真相》发表前前后后［J］/翟清福//郭沫若学刊.2014（2）

《外人目睹中之日军暴行》序［J］/郭沫若//郭沫若学刊.2014（2）

《瓶》的研究述略与文学史形象［J］/叶大翠、颜同林//郭沫若学刊.2014（2）

《李劼人全集》补遗［J］/见证人//郭沫若学刊.2014（2）

《静晤室日记》中的郭沫若［J］/李斌//郭沫若学刊.2014（2）

“首届巴蜀文化名人与巴蜀地域文化学术论坛”综述［J］/吴会蓉//郭沫若学刊.2014（2）

中国郭沫若研究会召开第六次会员代表大会［J］/李斌//郭沫若学刊.2014（3）

在真实历史的画幅中——读《毛泽东与郭沫若》［J］/陈羲、谭春霞//郭沫若学刊.2014（3）

我追求中国作风和中国气派［J］/马识途//郭沫若学刊.2014（3）

我怎样写起小说来的？［J］/马识途//郭沫若学刊.2014（3）

马识途与郭沫若研究——为马老百年寿诞作［J］／陈俐//郭沫若学刊 . 2014（3）

论郭沫若历史小说的浪漫气质［J］／王开志、周洪林//郭沫若学刊 . 2014（3）

读《夜谭十记》随笔［J］／韦君宜//郭沫若学刊 . 2014（3）

从词语的遣用看《女神》的“天人合一”思想［J］／崔莹//郭沫若学刊 . 2014（3）

《屈原》人物形象的浪漫主义特征［J］／邹佳良//郭沫若学刊 . 2014（3）

《牧羊哀话》隐藏的情感模式［J］／马文美//郭沫若学刊 . 2014（3）

《看虹摘星录》研究综述［J］／周威//郭沫若学刊 . 2014（3）

《笔算数学》的内容特点及社会影响［J］／侯学刚、万保君//郭沫若学刊 . 2014（3）

《〈郭沫若全集〉集外散佚诗词考释》序［J］／王锦厚//郭沫若学刊 . 2014（3）

题为重庆图书馆［J］／郭沫若//郭沫若学刊 . 2014（4）

高校教材中《屈原》研究述评［J］／杨宏//郭沫若学刊 . 2014（4）

《社会组织与社会革命》书影［J］//郭沫若学刊 . 2014（4）

重读《地球，我的母亲》［J］／林荣松//郭沫若学刊 . 2014（4）

学术视野下的《甲申三百年祭》研究［J］／何刚//郭沫若学刊 . 2014（4）

论《甲申三百年祭》与国共两党的关系［J］／廖久明//郭沫若学刊 . 2014（4）

浪打沙湾寂寞回［J］／王巨才//郭沫若学刊 . 2014（4）

抗战时期嘉乐纸厂的纸张供应［J］／付金艳//郭沫若学刊 . 2014（4）

接受美学视域下的《炉中煤》［J］／何睿//郭沫若学刊 . 2014（4）

郭沫若对中国科学院组建、发展的贡献［J］／乐山市社科联课题组 王素英//郭沫若学刊 . 2014（4）

郭沫若对老子和《道德经》评价的几个问题［J］／杨胜宽//郭沫若学刊 . 2014（4）

郭老书赠宫崎世民的书法挂轴［J］／殷志敏//郭沫若学刊 . 2014（4）

给《郭沫若学刊》编辑部的信［J］／陆继权//郭沫若学刊 . 2014（4）

高校教材中《屈原》研究述评［J］／杨宏//郭沫若学刊 . 2014（4）

读《〈郭沫若全集〉集外散佚诗词考释》［J］／李斌//郭沫若学刊 . 2014（4）

创造社“转向”再释［J］／张剑//郭沫若学刊 . 2014（4）

驳《盟主鲁迅也是左的》并请教《炎黄春秋》：也以梁实秋为例［J］／王锦厚//郭沫若学刊 . 2014（4）

2014 年《郭沫若学刊》总目录［J］//郭沫若学刊 . 2014（4）

2013 年郭沫若研究述评——兼论近年郭研现状与问题［J］／张勇、周文//郭沫若学刊 . 2014（4）

《豕蹄》成书与“新文字”等史事［J］／蔡震//郭沫若学刊 . 2014（4）

《郭沫若学刊》征稿启事［J］//郭沫若学刊.2014（4）

《郭沫若年谱》补遗［J］/龚明德//郭沫若学刊.2014（4）

《创造》季刊“评论”栏综论［J］/咸立强//郭沫若学刊.2014（4）

蔡侯申盘注释［J］/韩炅澔//华中师范大学学报（人文社会科学版）.2014（S4）

片面之词何时休——评郭沫若抄袭说［J］/廖久明//博览群书.2014（1）

《天上的街市》拓展阅读：夕暮［J］/郭沫若//初中生世界.2014（1）

那些离去的文化巨匠并没有走远［J］/本刊编辑部//当代图书馆.2014（1）

中国的虎符［J］/姜奇平//互联网周刊.2014（1）

那棵银杏树［J］/郭雪波//金秋.2014（1）

生存压迫与现代作家自传创作——以郭沫若、郁达夫为例［J］/谢子元//荆楚理工学院学报.2014（1）

郭沫若新诗创作的历史意义——风景、内心世界的发现与言文一致的摸索［J］/藤田梨那//励耘学刊（文学卷）.2014（1）

文学视域下的历史人物重塑：解读《蔡文姬》中的曹操形象［J］/董龙//芒种.2014（1）

“叫同志们引为鉴戒”——毛泽东读《甲申三百年祭》和《前线》［J］/陈晋//秘书工作.2014（1）

诗苑玫瑰——莪默的诗魂［J］/孙慕天//民主与科学.2014（1）

抗战时期的追忆与被遮蔽的解读——《昨今》之中国新文学作家述评［J］/蔡春华//日本问题研究.2014（1）

文人情怀词作戏［J］/易凌启//上海戏剧.2014（1）

读《天问》笔记［J］/朱亦秋//书屋.2014（1）

试探“男/外·女/内”与“男/公·女/私”对应的源起——兼论梁启超和郭沫若的性别理论的影响［J］/邓淼//苏州科技学院学报（社会科学版）.2014（1）

“君子遗泽”20世纪文化巨擘手迹集体亮相匡时秋拍［J］//文艺生活（艺术中国）.2014（1）

1927—1936年“作家论”写作潮成因探究［J］/周婕舒//现代中国文化与文学.2014（1）

郭沫若文学创作中的自我意识探讨［J］/刘顺//新课程学习·中旬.2014（1）

蒋介石两大“文胆”的迥异人生［J］/刘继兴//学习博览.2014（1）

《天上的街市》教学设计［J］/刘桂萍//语文世界（教师之窗）.2014（1）

论现代作家自传的“心理化”叙事［J］/雷莹//枣庄学院学报.2014（1）

《甲骨文合集》缀合整理三则［J］/莫伯峰//中国典籍与文化.2014（1）

流风遗韵勉登攀 同圆一个“中国梦”——纪念郭沫若《一九六四年夏初饮高桥

银峰》诗作五十周年［J］/刘君奇//茶叶通讯.2014（2）

郭沫若巧解寿谜［J］/王清//当代老年.2014（2）

郭沫若：运用卜辞彝铭论断古代社会的开辟者［J］/陈方//档案.2014（2）

《水浒传》里的地理学［J］/周岩壁//国学.2014（2）

社会史论战背景下学术界对《中国古代社会研究》的辩难［J］/周书灿//河南社会科学.2014（2）

概念隐喻视角下郭沫若诗歌语篇连贯性分析——以《凤凰涅槃》为例［J］/胡小曼//吉林省教育学院学报（上旬）.2014（2）

抗战墨宝留缙云［J］/韩西芹//今日重庆.2014（2）

现代爱情诗对牛郎织女的重新建构——以五四时期三首新诗为例［J］/李青峰//晋中学院学报.2014（2）

纪念"五四"讲演词［J］/许德珩//民主与科学.2014（2）

名人的"雅量"［J］/孙晶//侨园.2014（2）

国家话语中的"时代颂歌"——论郭沫若新中国成立后的诗歌创作［J］/刘海洲//商丘师范学院学报.2014（2）

"默证法"与古史研究［J］/周书灿//史学理论研究.2014（2）

郭沫若题字"岳阳楼"［J］/张鹰//文史博览.2014（2）

"误记"与郭沫若诗学观［J］/周文//现代中国文化与文学.2014（2）

"古诗今译"与中国现代文学——以郭沫若《卷耳集》为考察中心［J］/王学东//现代中国文化与文学.2014（2）

与大师接触：郭沫若、冯雪峰、巴金、姚雪垠——我的文学记忆之二［J］/骆寒超//新文学史料.2014（2）

不经意间诞生的经典［J］/张鹰//学习博览.2014（2）

《资本论》里的中国人［J］/林珍//炎黄纵横.2014（2）

李自成起义失败的教训再思考——兼及《甲申三百年祭》［J］/樊明方//中共贵州省委党校学报.2014（2）

一士谔谔，胜于千夫诺诺 高二适与兰亭论辨（附年谱）［J］/尹樹人//中国文化.2014（2）

郭沫若《英诗译稿》的创造性叛逆探析［J］/胡小曼//重庆科技学院学报（社会科学版）.2014（2）

记郭沫若佚作《讨论〈马克斯进文庙〉》［J］/逯艳//淄博师专学报.2014（2）

"民国机制"与男性作家的"女权思想"——以郭沫若《三个叛逆的女性》为例［J］/倪海燕//成都大学学报（社会科学版）.2014（3）

《天狗》"饕餮"特质的"现代性"解读［J］/谢天开//当代文坛.2014（3）

傅崇碧与文化名人的交往［J］/张治宇//党史纵览.2014（3）

毛泽东手迹中的秘密［J］//福建党史月刊.2014（3）

“不当李自成”的话题为何常说常新［J］//福建党史月刊.2014（3）

论歌德《浮士德》第一部及郭沫若的翻译［J］/彭建华//吉林艺术学院学报.2014（3）

郭沫若的“静坐健身法”［J］/摘自《长沙晚报》//家庭医药·快乐养生.2014（3）

率性童真的郭沫若［J］/鲁先圣//老年教育（书画艺术）.2014（3）

郭沫若的屈原研究［J］/王海远//南京邮电大学学报（社会科学版）.2014（3）

我眼中的大艺术家（上）［J］/鲁景超//农家女.2014（3）

精选教点 精简课堂：《天上的街市》教学案例［J］/蔡丽亚//青年教师.2014（3）

郭沫若留日小说与川端康成小说的基调比较［J］/吴小华//山东青年.2014（3）

我与郭老的文字交往［J］/徐正之//书屋.2014（3）

伦理与文学的纠葛——郭沫若史剧研究综论［J］/杨兴玉//四川戏剧.2014（3）

郭沫若、阿英《郑成功》创作意图和人物形象比较［J］/李畅//四川戏剧.2014（3）

跳出历史周期律须加强制度建设［J］/程念祺//探索与争鸣.2014（3）

跳出历史周期律何以可能——纪念《甲申三百年祭》发表70周年［J］/秦维宪，杜运泉//探索与争鸣.2014（3）

三场悲剧 三种启示［J］/刘世军//探索与争鸣.2014（3）

关于“甲申悲剧”的再思考［J］/王长江//探索与争鸣.2014（3）

被遮蔽的新诗与歌之关系探析［J］/吕周聚//文学评论.2014（3）

郭沫若与吴芳吉：一首佚诗，几则史料［J］/蔡震//新文学史料.2014（3）

论郭沫若的歌德作品翻译［J］/邢莉君、彭建华//盐城师范学院学报（人文社会科学版）.2014（3）

郭沫若论历史剧［J］/古远清//艺术百家.2014（3）

试析“泛神论”对郭沫若墨学态度的影响——从“扬墨”到“非墨”［J］/曹顺庆，聂韬//北京联合大学学报（人文社会科学版）.2014（4）

大音无声［J］/丁吉林//财经界.2014（4）

试论“甲申史剧”——《李闯王》的艺术价值与现代意义［J］/贾冀川//成都大学学报（社会科学版）.2014（4）

毛泽东与四大书法家［J］/孙琴安//党的生活（河南）.2014（4）

王肃作伪和郭沫若受骗背后的现实逻辑［J］/张军//法人.2014（4）

创造社诗人写作的“个人性”与“公共性”——以穆木天为例［J］/易亚云//湖北文理学院学报.2014（4）

抗日文学的浪漫主义抒写［J］/王健//湖南税务高等专科学校学报.2014（4）

郭沫若翻译咏梅词［J］/建新//花卉.2014（4）

文学场域视野里的前期创造社翻译文学批评［J］/咸立强//华南师范大学学报（社会科学版）.2014（4）

从南后和婵娟的形象看《屈原》的悲剧性［J］/冷卓凡//剧作家.2014（4）

唯物史观与学者的学术个性［J］/陈其泰//廊坊师范学院学报（社会科学版）.2014（4）

《牧羊哀话》重读［J］/李波//南昌教育学院学报.2014（4）

走进古镇沙湾——郭沫若故居行［J］/关加强//侨园.2014（4）

论中国现代文学史（著作）的《女神》书写［J］/逯艳//山东青年政治学院学报.2014（4）

迎新不易弃旧难——郭沫若译雪莱的描写性研究［J］/尹穗琼//天津外国语大学学报.2014（4）

宗白华“助燃”郭沫若［J］/杨建民//文史天地.2014（4）

“首届巴蜀文化名人与巴蜀地域文化学术论坛”述略［J］/吴会蓉//西华大学学报（哲学社会科学版）.2014（4）

郭沫若的第一次婚姻［J］/邢小群//现代阅读.2014（4）

郭沫若《驳》撰写缘起初论［J］/何刚//新文学史料.2014（4）

捍卫墨子：论侯外庐对郭沫若墨子明鬼主张之驳议［J］/安妮//学术月刊.2014（4）

郭沫若向老师请罪［J］/徐长才//做人与处世.2014（4）

郭沫若报刊品牌经营思想初探［J］/王立新//编辑学刊.2014（5）

仰望星空 涵养诗意——《天上的街市》教学实录［J］/沈寿鸿//初中生世界（初中教学研究）.2014（5）

郭沫若与《兰亭序》［J］/李秀潭//国学.2014（5）

“赶考”提出的背景及“赶考”精神的内涵［J］/李彦青、贾丽云//河北青年管理干部学院学报.2014（5）

郭沫若文化在当代大学生中推广与普及研究［J］/吴小彦//黑龙江教育学院学报.2014（5）

中国现代作家媚俗的改写［J］/刘再复，林岗//华文文学.2014（5）

美学和诗学的“生命”之异——宗白华、郭沫若文缘关系比较［J］/王艳//佳木斯教育学院学报.2014（5）

郭沫若《女神》与浪漫主义中国化［J］/张德明//内江师范学院学报.2014（5）

郭沫若体书法家——丁晓翁［J］/丁晓翁//品牌与标准化.2014（5）

20 世纪 30 年代中国社会史论战问题探实［J］/乔治忠//天津社会科学 . 2014（5）

郭沫若新诗史地位形成中的《女神》版本错位问题［J］/余蔷薇//文艺争鸣 . 2014（5）

郭沫若学术研究的“疑”与“通”——兼论郭沫若学术精神与蜀学精神的一致性［J］/杨胜宽//西华大学学报（哲学社会科学版）. 2014（5）

有情诗语与别样词章:《归国杂吟》的张力之美［J］/张勇、陈欢//宜宾学院学报 . 2014（5）

郭沫若斥责沈从文前沈对郭的批评［J］/杨建民//长城 . 2014（5）

“赶考”命题的提出及赶考精神的内涵［J］/李彦青、贾丽云//中共石家庄市委党校学报 . 2014（5）

《甲申三百年祭》的历史启示［J］/付春、赵丽娟//中共云南省委党校学报 . 2014（5）

“凤凰涅槃”：一个经典话语丰富内涵的建构历程［J］/孙绍振//中国现代文学研究丛刊 . 2014（5）

蜀地“郭研”有秦川——从《敝帚集与游学家书》说开来［J］/赵遐秋//中华文化论坛 . 2014（5）

浅谈郭沫若的甲骨档案观［J］/陈敏、王珠珠//黑龙江档案 . 2014（6）

女儿眼中的郭沫若——郭庶英访谈录［J］/郭庶英、刘志平//红岩春秋 . 2014（6）

郭沫若历史剧现实批判精神的审美价值——以郭沫若抗战历史剧为例［J］/杨宏//湖北经济学院学报（人文社会科学版）. 2014（6）

从《西域的健儿》的改编看跨文化戏剧实践［J］/李娟//吉林艺术学院学报 . 2014（6）

从“兰亭论辩”看郭沫若的碑学观念［J］/吕金光、吕亚泽//江西社会科学 . 2014（6）

论郭沫若晚年的文学思想［J］/张荣花//金田 . 2014（6）

郭沫若甲骨文字考释方法浅析［J］/郑真真//科教导刊（中旬刊）. 2014（6）

《女神》等同于“五四”时期的郭沫若吗？——“女神时期”郭沫若佚诗解读［J］/张勇//鲁迅研究月刊 . 2014（6）

政治家的独具只眼——毛泽东读郭沫若诗文［J］/冯锡刚//同舟共进 . 2014（6）

郭沫若与金斯堡诗歌创作题材的取舍差异［J］/廖飞//文学教育（中）. 2014（6）

《甲申三百年祭》的三个版本［J］/陆其国//寻根 . 2014（6）

被郭沫若称为“政治启蒙老师”的早期党员刘子通［J］/朱自干//中国老区建

设 . 2014（6）

郭沫若题画诗中的艺术主张［J］/陈欲晓、梁川//中华文化论坛 . 2014（6）

钱学森珍爱的一幅书法作品［J］/安慧//国际太空 . 2014（7）

郭沫若、高亨《周易》研究之比较——兼谈二十一世纪《周易》研究的“度”与“向”［J］/姜文华//理论月刊 . 2014（7）

少年郭沫若巧题联［J］/曾昭安//天天爱学习（六年级）. 2014（7）

郭沫若擅长改诗［J］/王刚//文史博览 . 2014（7）

这两句诗该怎么读［J］/鹿崇涛//小学教学设计（语文）. 2014（7）

郭沫若早期诗歌的时空形式探析［J］/汤巧巧//艺术时尚（下旬刊）. 2014（7）

四川名人故居“情景教育空间”特征与环境行为分析［J］/冯琳、罗谦//中华文化论坛 . 2014（7）

郭沫若抗战史剧语言探索及实践［J］/王小强、张敏//哈尔滨学院学报 . 2014（8）

英译郭沫若赋昆明律诗两首［J］/任诚刚//开封教育学院学报 . 2014（8）

两个“嘉定府中学堂”与巴蜀文化名人的关系杂考［J］/陈俐//乐山师范学院学报 . 2014（8）

从五四时期到 20 世纪 40 年代我国译学思想概述［J］/李懿//林区教学 . 2014（8）

郭沫若的虎符［J］/杨建民//文学教育（下）. 2014（8）

毛泽东曾想让郭沫若写太平天国［J］/晓政、李响//党史博览 . 2014（9）

向郭沫若学放松［J］//红蕾（教育文摘）（下旬）. 2014（9）

郭沫若与毛泽东《西江月・井冈山》墨迹［J］/李乐源//老年教育（书画艺术）. 2014（9）

文就金声玉振 书成虿尾银钩——简谈马识途先生书法［J］/陈志云//美与时代（中旬）. 2014（9）

《凤凰涅槃》语境带来的意象含混［J］/刘路//牡丹江教育学院学报 . 2014（9）

《天上的街市》教学实录与评析［J］/赵海燕//七彩语文（教师论坛）. 2014（9）

郭沫若与田汉的不同遭际与命运［J］/吕传彬//文史春秋 . 2014（9）

郭沫若自叙传小说中的孤独者形象［J］/李波//文学教育（上）. 2014（9）

论郭沫若《蔡文姬》的接受史［J］/潘晶晶、陈军//戏剧文学 . 2014（9）

郭沫若在日本：译介与研究［J］/胡媛媛//新西部（中旬刊）. 2014（9）

《天上的街市》的语言特点［J］/吴江芸//语文教学与研究（大众版）. 2014（9）

郭沫若生态理念教育思想探析及其现实启示［J］/佘万斌//长春教育学院学报 .

2014（9）

郭沫若抗战中二三事［J］/张正霞//党史博览.2014（10）

郭沫若翻译成就探析［J］/刘卓媛//兰台世界.2014（10）

论陈树人传统文人价值的继承［J］/卢磊//美术教育研究.2014（10）

郭沫若改诗［J］/王刚//南国博览.2014（10）

郭沫若成就散论：从摘译本《德意志意识形态》说起［J］/郭卓茂//青春岁月.2014（10）

重读郭沫若诗《赠钱学森》［J］/黄志澄//新天地.2014（10）

“两个务必”与《甲申三百年祭》［J］/简奕//福建党史月刊.2014（11）

读者意识与马克思主义经典作家的群众观［J］/颜同林//理论与当代.2014（11）

郭沫若的“石鼓文”研究及出版［J］/梁雪松、雨辰//鲁迅研究月刊.2014（11）

论谷崎润一郎文艺思想对前期创造社的影响［J］/张能泉//社会科学.2014（11）

他在痛苦中开花［J］/东方小四//视野.2014（11）

民厚里名人尘影录［J］/祝淳翔//书城.2014（11）

宗白华先生佚文一篇及佚信两封［J］/万宇//唯实.2014（11）

从《甲申三百年祭》看群众路线教育实践活动［J］/曲韵畅、赵曼宇//湘潮（下半月）.2014（11）

渐变迷人情怀［J］//中国制衣.2014（11）

乡贤文化对少年郭沫若成长的影响——以“嘉定四谏”为例［J］/万保君、杨胜宽//中华文化论坛.2014（11）

掰开生涩的“石榴”——记《石榴》教学［J］/江小强//作文成功之路（下旬）.2014（11）

郭沫若的党籍真相［J］/秦立海//党课.2014（12）

跳出历史周期律何以可能：关于“甲申悲剧”的再思考［J］/王长江//党政干部参考.2014（12）

郭沫若小说思想内涵探源［J］/谢睿宁//都市家教（下半月）.2014（12）

浅谈郭沫若的新诗创作［J］/周雨璇、刘小萌、张彤等//商品与质量·理论研究.2014（12）

郭沫若左翼文艺观及其影响［J］/贾剑秋//四川戏剧.2014（12）

“红楼弦歌处，毛李笔砚在”——从北大图书馆的一首旧诗说起［J］/向南//同舟共进.2014（12）

“二简字”的难产和废止［J］/马永春//文史精华.2014（12）

儒家文化影响下的郭沫若历史剧［J］/李晓梅//戏剧文学.2014（12）

西部学子——谭继和［J］//新西部（理论版）.2014（12）

界画理论三部曲［J］/黄志坚//艺术教育.2014（12）

殊途中的生命求索——宗白华、郭沫若文缘寻踪［J］/王艳//长春教育学院学报.2014（13）

郭沫若与金斯堡诗歌创作的人文社会影响［J］/廖飞//青年文学家.2014（15）

郭沫若多彩的翻译人生及其辉煌成就［J］/赵群//兰台世界.2014（16）

郭沫若《女神》的当代诗学意义［J］/张德明//山花.2014（16）

重读《甲申三百年祭》有感［J］/犁农//企业改革与管理.2014（17）

以鲁迅、郭沫若和茅盾为例论五四时期知识分子的婚恋观［J］/王云龙//青年与社会.2014（17）

郭沫若在日本：译介与研究［J］/胡媛媛//新西部（理论版）.2014（17）

“双重身份”与郭沫若早期创作之联系［J］/樊昕玲//青年文学家.2014（18）

论郭沫若的“革命文学”理论主张［J］/乔春梅//山花.2014（18）

弃医从文的郭沫若在翻译领域的成就［J］/杨玉明//兰台世界.2014（19）

高处不胜寒：致“逝去了的女神时代”［J］/张佳颖、曹克亮//青年文学家.2014（20）

解读郭沫若的小说《柱下史入关》［J］/李波//文教资料.2014（22）

武汉会战中中共发动群众运动和文化救亡运动［J］/王光辉//新教育时代电子杂志（教师版）.2014（23）

《管子集校》引《管子杂志》的对比浅析［J］/何和平//语文学刊.2014（24）

郭沫若小说创作中的“怨恨者心态”［J］/李波//长春教育学院学报.2014（24）

交流促发展 特色铸品牌——沙面小学游学报告［J］/关玉华//新课程导学.2014（28）

郭沫若诗歌作品的形成渊源研究［J］/蒲仕江//语文建设.2014（32）

郭沫若绿色文论的生态诗学［J］/张放//青年文学家.2014（33）

罗斯·特里尔的中国故事［J］/栾小惠、刘富国//走向世界.2014（33）

“大快人心”不等于“大快”［J］/赵丕杰//青年记者.2014（36）

（四）2014年郭沫若研究报纸论文、资料

杜国庠，与郭沫若并称“北郭南杜”［N］/蔡炫辉//汕头都市报，2014.01.01

杜国庠，与郭沫若并称“北郭南杜”［N］/蔡炫辉//汕头都市报，2014.01.03

大师的修养和襟怀：读郭沫若散文集《秦淮河畔》［N］/李成生//云南日

报，2014. 01. 06

郭沫若《游闵行》石碑字迹模糊［N］/屠仕超//新民晚报，2014. 01. 12

郭沫若题匾岳阳楼［N］/邓建龙//岳阳日报，2014. 01. 13

巴金老舍和郭沫若的茶痴茶趣［N］/汤贵成//羊城晚报，2014. 01. 15

巴金老舍郭沫若的茶趣三则［N］/汤贵成//人民政协报，2014. 01. 17

郭沫若为何骂麻雀“混蛋鸟”［N］//老年生活报，2014. 01. 17

郭沫若：神游宝鸡的国学大师［N］/张琼，苏静怡//宝鸡日报，2014. 01. 24

郭沫若为何骂麻雀“混蛋鸟”［N］//福州晚报，2014. 02. 04

郭沫若题字泰安［N］//老年生活报，2014. 02. 12

郭沫若与前海西街［N］//中国社会科学报，2014. 02. 14

吸引更多会员深入研究郭沫若艺术成就［N］//抚顺日报，2014. 02. 17

郭沫若与《兰亭序》［N］/李秀潭//学习时报，2014. 02. 24

郭沫若与黄岩［N］//今日黄岩，2014. 02. 26

郭沫若题字“岳阳楼”［N］/张鹰//湖南工人报，2014. 03. 05

晚年郭沫若［N］//淄博晚报，2014. 03. 05

谁被郭沫若称为妄人?［N］//北方新报，2014. 03. 12

泽流半岛颂丰功：郭沫若《题东圳水库》小议［N］//湄洲日报，2014. 03. 20

“郭沫若与人民艺术展”昨起免费展出一个月［N］//泰州晚报，2014. 03. 26

郭沫若问廖冰兄［N］/王充闾，陆兆平//解放日报，2014. 03. 27

郭沫若塾师［N］/石念文//三江都市报，2014. 03. 29

郭沫若慧眼识虎符［N］/常新//株洲日报，2014. 03. 31

鲁迅与郭沫若有没有见过面?［N］//泰州晚报，2014. 04. 06

沙湾区编发“郭沫若”地方教材［N］/江登贵//乐山日报，2014. 04. 07

郭沫若女儿郭庶英到我市考察［N］//贺州日报，2014. 04. 09

郭沫若塾师［N］/石念文//三江都市报，2014. 04. 12

父亲的成功也有母亲的一份功劳：访郭沫若、于立群之女郭庶英［N］/曾志//贺州日报，2014. 04. 19

郭沫若与佛山［N］//佛山日报，2014. 04. 19

《反思郭沫若》的意外遭遇［N］/石湾//中华读书报，2014. 04. 23

“半坡遗趾”是郭沫若笔误?［N］//快乐老人报，2014. 04. 28

面向未来的赶考：读郭沫若《甲申三百年祭》［N］/石峰//中国石化报，2014. 04. 30

郭沫若与他的《咏巢湖》［N］/王兴涛//江淮时报，2014. 05. 06

郭沫若的第一次婚姻（图）［N］//每日新报，2014. 05. 11

郭沫若的虎符［N］/杨建民//光明日报，2014. 05. 14

巴金与郭沫若的一次论战［N］/黄恽//南方都市报，2014. 05. 21

静以修身：郭沫若的长寿之道［N］//老年生活报，2014.05.21

鲁迅和郭沫若的笔墨官司［N］//库尔勒晚报，2014.05.22

郭沫若令人叹为观止的生命历程（图）［N］//每日新报，2014.05.25

你还记得郭沫若的《屈原》吗？［N］/杭程//北京青年报，2014.05.30

郭沫若情系屈原故里［N］//三峡日报，2014.06.01

郭沫若作诗张永寿剪纸 市民网上淘到半世纪前剪纸佳作［N］//扬州晚报，2014.06.02

郭沫若斥责沈从文前因探析［N］/杨建民//团结报，2014.06.05

郭沫若的虎符［N］//牛城晚报，2014.06.07

郭沫若为名利争风吃醋［N］//侨报，2014.06.11

郭沫若的留日生活［N］//江南晚报，2014.06.15

郭沫若的佳联［N］/石川//潮州日报，2014.06.18

郭沫若留诗大石庵［N］//大理日报，2014.06.18

郭沫若与三位夫人之间的悲欢离合［N］//山西商报，2014.06.20

郭沫若晚年的败笔：为自保向江青献诗不是他一个人的悲剧［N］//新晨报，2014.06.21

郭沫若研讨会在贵阳举行［N］//贵州都市报，2014.06.29

郭沫若学术研讨会在筑召开［N］//贵阳日报，2014.06.30

郭沫若笔下的觉华岛［N］/张恺新//葫芦岛日报，2014.07.01

求自保晚年郭沫若败笔连连［N］//侨报，2014.07.01

20世纪中国史学的弄潮儿——郭沫若：访乐山师范学院四川郭沫若研究中心副主任何刚［N］/曾江、郝欣//中国社会科学报，2014.07.09

郭沫若：从这样的历史态势中走进历史学［N］/蔡震//中国社会科学报，2014.07.09

又见郭沫若［N］//大河报，2014.07.11

现代杰出文学家郭沫若［N］//开封日报，2014.07.17

郭沫若张治中因文夕大火结怨［N］//快乐老人报，2014.07.21

郭沫若吟扇［N］//南岛晚报，2014.07.26

郭沫若受惊张发奎受辱［N］//长江日报，2014.08.01

郭沫若研究案头必备书［N］/李斌//中国社会科学报，2014.08.04

郁达夫德文诗及郭沫若的翻译［N］/杨建民//中华读书报，2014.08.06

毛泽东与郭沫若的情谊［N］//忻州晚报，2014.08.08

与郭沫若通信的章丘人［N］//齐鲁晚报，2014.08.12

张炜：郭沫若借李杜说了许多真话［N］/齐思贤//中华读书报，2014.08.13

丰子恺郭沫若等墨迹将亮相［N］//无锡商报，2014.08.18

丰子恺郭沫若等一批民国名人墨迹信札将亮相匡时夏拍［N］//嘉兴日报，2014.08.18

丰子恺郭沫若等一批民国名人墨迹信札将亮相夏拍［N］//攀枝花日报，2014.08.19

郭沫若的一幅祝寿帛书［N］//重庆晚报，2014.08.19

鲁迅文学奖是如何变成郭沫若文学奖的？［N］//哈尔滨日报，2014.08.19

一批民国名人墨迹信札将拍卖：包括沈钧儒、张伯苓、郭沫若等［N］/岳瑞芳//松江报，2014.08.19

郭沫若养生秘诀：数十年如一日坚持静坐［N］//江南保健报，2014.08.21

鲁奖如何变成郭沫若文学奖［N］//长沙晚报，2014.08.22

鲁迅郭沫若手稿亮相文博会分会场［N］//齐鲁晚报，2014.08.27

尚长荣与戏迷分享艺术人生：鲁迅之孙、郭沫若之女都将来我市开讲座［N］//常州日报，2014.08.27

郭沫若的“静坐”健身法［N］//山西农民报，2014.09.02

郭沫若题字“乌鲁木齐”承载城市情怀［N］//乌鲁木齐晚报，2014.09.10

34年前的今天“二安”纪念馆旧貌换新颜：李清照纪念堂新增了郭沫若题写的对联［N］//济南时报，2014.09.16

郭沫若翻译郁达夫的德文诗［N］/杨建民//人民政协报，2014.09.18

民国文人的笔名好奇怪：郭沫若叫“安娜”茅盾用“四珍”［N］/王吴军//黄海晨刊，2014.09.19

“郭沫若纪念馆”入选第三批省级国防教育基地——授牌仪式昨日在沙湾举行［N］//三江都市报，2014.09.20

傅抱石女儿出书忆父亲：抗战时曾做郭沫若秘书［N］//江南时报，2014.09.21

郭沫若女儿郭平英来常说父亲［N］//常州日报，2014.09.22

郭沫若与达县县立小学校歌［N］//达州晚报，2014.09.22

郭沫若题写华佗纪念馆的来历［N］//亳州晚报，2014.09.26

郭沫若是否为《艳阳天》题写过书名［N］//河北法制报，2014.10.14

郭沫若咏巢湖［N］//环湖晨刊，2014.10.16

给郭沫若的一封信［N］/赵范奇//黔西南日报，2014.10.21

郭沫若的“白日见鬼”［N］/孙玉祥//羊城晚报，2014.10.26

周恩来如何评价鲁迅与郭沫若［N］//余姚日报，2014.10.31

周恩来如何评价鲁迅与郭沫若［N］//邢台日报，2014.11.01

周恩来如何评价鲁迅与郭沫若［N］//萍乡日报，2014.11.02

郭沫若改联励晚辈［N］//南方农村报，2014.11.06

北洋军阀焚毁滕王阁郭沫若审判纵火主犯［N］//南昌晚报，2014.11.12

张炜与李白、杜甫、郭沫若潜对话［N］//济南时报，2014. 11. 17

郭沫若在日本筹办《创造》［N］//中卫日报，2014. 11. 19

周恩来如何评价鲁迅与郭沫若［N］//茂名晚报，2014. 11. 19

郭沫若曾自称“安娜”［N］//鄂尔多斯晚报，2014. 11. 28

郭沫若留下不少品茗佳作［N］//济南时报，2014. 11. 28

周恩来如何评价鲁迅与郭沫若？［N］//北方新报，2014. 12. 02

铜坐龙剪影 郭沫若题写馆名［N］//黑龙江晨报，2014. 12. 04

郭沫若、秦怡、张瑞芳等名流常点它［N］//重庆晚报，2014. 12. 07

为抗美援朝捐飞机，为啥命名 101 号 月刊请郭沫若题字，为啥有人说不好看［N］//重庆晚报，2014. 12. 12

邮票上的郭沫若及作品［N］//江南时报，2014. 12. 14

郭沫若批明版《管子》［N］/韦力//南方都市报，2014. 12. 28

后　记

郭沫若纪念馆院外游客人声鼎沸，嘈杂纷繁，院内却清净幽然，优雅别致。虽仅有一墙之隔，但身在两处却有着不一样的心态和感受，就在这闹中取静的环境中《郭沫若研究年鉴·2014卷》编纂完成了。

通过编纂年鉴，不断阅读有关郭沫若相关的学术成果，参加各种有关纪念郭沫若的活动和会议，我们还是欣喜地发现郭沫若研究其实一直在以细微坚实的脚步和不同的方式往前行进。老一辈学者还在孜孜不倦地耕耘于这片学术的沃土，新一代学者也不断以新颖的学术视野和多元的研究方法，完成着一个个有关郭沫若学术难题的解析和突破。

《郭沫若研究年鉴·2014卷》较之以往在栏目编排和内容选取方面都有了非常明显的变化。首先，在学术研究部分，咸立强教授、何刚副教授、张勇副研究员分别负责了文学研究、历史、考古和古文字研究、海外郭沫若研究和大众普及教育部分的编选工作，他们以自己别致的眼光选取2014年郭沫若研究代表性的成果；其次，我们强化了有关郭沫若年度活动和相关展览展示的报道和宣传，以此来拓宽郭沫若研究的视阈和内涵；最后，我们新增了海外郭沫若研究、郭沫若大众教育和传播、学人回忆、年度人物、专家访谈等方面的栏目和内容。创新的目的就是不断延续《郭沫若研究年鉴》的吸引力，以此来增强郭沫若研究的社会影响力，推动其相关研究健康有序的向前发展。

年鉴的编纂其实并非仅仅只是选取几篇相关文章这么简单，这其实是一次艰苦的价值判断过程，尤其是处于这样一个多媒体的信息传播时代，如何全面而客观、准确而新颖地反映出一年内有关郭沫若研究的全貌，成为了我们编纂工作的难点。“衣沾不足惜，但使愿无违”，只愿我们的努力能够给郭沫若研究贡献微薄之力也就足矣。

“问渠哪得清如许，为有源头活水来”，《郭沫若研究年鉴》之所以能够顺利编辑出版，最主要还是得到了社会各界朋友的帮助、支持、理解和宽容，虽不能一一致谢，但我们却心存感激。

《郭沫若研究年鉴》编委会

2015 年 7 月